Histoire de la révolution du 18 mars • and Paul Corriez and Frank W. Tober

Note de l'éditeur

Les descriptions du livre que nous demandons aux libraires de placer en évidence préviennent qu'il s'agit d'un livre historique contenant de nombreuses coquilles ou du texte manquant ; il n'est pas référencé ni illustré.

Le livre a été créé en recourant au logiciel de reconnaissance optique de caractères. Le logiciel est précis à 99 pour cent si le livre est en bon état. Toutefois, nous comprenons que même un pour cent peut représenter un nombre agaçant de coquilles ! Et, parfois, il peut manquer une partie d'une page voire une page entière dans notre copie du livre. Il peut aussi arriver que le papier ait été si décoloré avec le temps qu'il est difficile à lire. Nous présentons nos excuses pour ce désagrément et remercions avec gratitude l'assistance de Google.

Après avoir recomposé et reconçu un livre, les numéros de page sont modifiés et l'ancien index et l'ancienne table des matières ne correspondent plus. Pour cette raison, nous pouvons les supprimer ; sinon, ignorez-les.

Nous corrigeons attentivement les livres qui vendront suffisamment d'exemplaires pour payer le correcteur ; malheureusement, c'est rarement le cas. C'est pourquoi, nous essayons de laisser aux clients la possibilité de télécharger une copie gratuite du livre original sans coquilles. Entrez simplement le code barre de la quatrième de couverture du livre de poche dans le formulaire Livre gratuit sur www.RareBooksClub.com.

Vous pouvez également remplir les conditions pour adhérer gratuitement et à l'essai à notre club de livres pour télécharger quatre livres tout aussi gratuitement. Entrez simplement le code barre de la quatrième de couverture sur le formulaire d'adhésion qui se trouve sur notre page d'accueil. Le club de livres vous permet d'accéder à des millions de livres. Entrez simplement le titre, l'auteur ou le sujet dans le formulaire de recherche.

Si vous avez des questions, pourriez-vous d'abord consulter la page de notre Foire Aux Questions sur www.RareBooksClub.com/faqs.cfm ? Vous pouvez également nous y contacter.
General Books LLC™, Memphis, USA, 2012. ISBN: 9781235218675.

☜☞ ☜☞ ☜☞ ☜☞ ☜☞

L'histoire de faits tels que ceux qui se sont produits à Paris, du 18 mars au 28 mai 1871, est une œuvre complexe, et dont tous les éléments ne peuvent être réunis que lorsque les événements sont échus depuis un temps déjà assez long. L'histoire d'un mouvement quelconque ne peut être complète, en effet, que lorsqu'il est possible de présenter ses origines, d'indiquer tous ses incidents, toutes ses phases; enfin, de dire ses résultats, ses suites.

Ce n'est pas au lendemain du jour où, dans une révolution, un parti a vaincu l'autre, qu'on peut aspirer à en embrasser l'ensemble et à en relater les causes, les faits et les conséquences.

Les conséquences, elles n'ont pas eu le temps encore de se manifester; elles n'existeront que plus tard. Les faits, lorsque surtout l'insurrection est dans les murs et la répression hors des murs, il est bien difficile de se flatter de les présenter sans la moindre erreur. Les causes seules sont complétement appréciables.

Ceci donne une idée sommaire de ce qu'est l'ouvrage que nous publions. Notre prétention n'est pas, on le voit, d'avoir fait *Y Histoire de la Révolution du 18 mars* 1871 dans toute l'étendue que comporte ce titre, — ce qui n'est pas réalisable maintenant.

Nous avons tâché de remplir, aussi complétement que possible, le seul cadre qu'on se puisse assigner à l'heure qu'il est: rechercher les causes qui ont amené la Révolution du 18 mars; — dire, des faits qui ont suivi cette journée, ce qu'ont pu nous apprendre des informations scrupuleuses; — donner, des choses que nous racontons, une appréciation que nous nous sommes efforcés de rendre impartiale; — exposer, enfin, les conclusions qui nous ont paru ressortir de l'ensemble de ce travail.

Partisans de l'autonomie communale, mais nullement des hommes qui composèrent la Commune, nous croyons nous être constamment tenus au point de vue du principe que nous approuvons; nous sommes certains de ne nous être jamais placés au point de vue des hommes, que nous avons eu trop souvent à réprouver.

N'ayant participé à la lutte ni dans un sens ni dans l'autre, nous étant constamment attachés à faire, des événements qui se produisaient, l'objet d'une sérieuse étude, à la fois en vue de notre édification personnelle et de la présente publication, nous sommes restés absolument en dehors et au-dessus des passions qui accompagnent toujours les grands mouvements politiques, et n'avons ainsi pas eu difficulté à garder l'impartialité qui convient à l'histoire.

Dans ces récits écrits au jour le jour, à fur et mesure que les événements se produisaient, le lecteur, en présence de certaines appréciations, pourra quelquefois croire que nous penchons par ici plutôt que par là. Qu'il ne s'en tienne pas à une vue fragmentaire, qu'il poursuive; nous avons confiance que promptement il reconnaîtra son erreur, et s'apercevra qu'elle n'a pu naître qu'en raison de la disposition par journées, qui exclut, jusqu'à lecture complète, toute vue d'ensemble en ce qui concerne l'esprit général de l'œuvre, autant qu'en ce qui a rapport aux faits.

Des amis, plus timorés qu'il ne convient sans doute, ont voulu voir, dans ce que nous appelons notre impartialité, un péril pour notre œuvre, et nous ont rappelé le mot de P.-L. Courier: « Malheur à celui par qui le scandale t arrive, qui sur quelque sujet important et d'un intérêt « général, dit au public la vérité. Proscription, persécution, « récompense ordinaire de Ceux qui seuls se hasardent à « dire ce que chacun pense. »

A cette citation, nous avons répondu en empruntant à Prévost-Paradol les paroles suivantes: « Poursuivre un « livre (en dehors de la question des bonnes mœurs ou de la « diffamation personnelle) est toujours une niaiserie. Que « des poursuites puissent intimider la presse périodique, « influer sur sa conduite générale et rendre les journaux « plus modérés par prudence, on peut le comprendre; mais « un livre qui, une fois publié, est un acte irrévocable, qui « doit infailliblement prospérer ou périr, selon le sujet « qu'il traite et selon le talent de l'écrivain, à quoi bon le « poursuivre? Est-ce pour le supprimer, l'anéantir? Certes, « si l'imprimerie n'existait pas, ou si les tribunaux français « avaient juridiction sur toute la terre, on pourrait conce« voir une telle espérance. Mais, dans notre état actuel de « civilisation, c'est une illusion puérile que de prétendre « arriver par des arrêts de justice à la suppression d'un « écrit, pour peu que le public éclairé ait un motif quelif conque d'en prendre connaissance. Je n'ai pas grand « mérite à affirmer, par exemple, qu'il ne serait au pouvoir « de personne d'empêcher le présent ouvrage d'arriver aux « lecteurs français et étrangers, en vue desquels je le « publie. »

Paris, juin 1871.

HISTOIRE
DE LA
RÉVOLUTION DU 18 MARS
PRÉLIMINAIRES

Avant de commencer le récit des événements survenus à Paris à la suite de l'insurrection du 18 mars, il est nécessaire de rappeler d'une façon sommaire quel était à leur début l'état moral de la population de cette grande cité. En nous faisant discerner les vraies causes des événements ultérieurs, ce rapide examen rétrospectif nous permettra d'en apprécier plus justement les conséquences.

On ne subit pas, sans en ressentir de profondes et durables impressions, le régime de privations de toutes natures auquel les Parisiens eurent le courage de s'astreindre pendant cinq mois. Les atroces souffrances physiques et morales qu'ils endurèrent produisirent une extrême irritation des esprits, qui fut encore accrue par la convention du 28 janvier, terminaison douloureuse autant qu'inattendue d'un siège de quatre mois et demi.

Paris avait vu avorter l'un après l'autre, par suite de l'incapacité de ses chefs militaires et de ses gouvernants, toutes les tentatives, tous les efforts faits pour rompre l'investissement.

Aussi, à la fin de janvier, sa population était-elle morne et triste. Elle s'apercevait alors qu'on l'avait énervée, qu'on l'avait bernée, qu'on n'avait pas su ou voulu faire un suffisant usage de son courage, pour provoquer des actions énergiques et incessantes qui eussent probablement déterminé le succès.

Appelé, dans ces conditions, à faire choix de représentants à l'Assemblée nationale, Paris envoya à Bordeaux une députation composée d'éléments assez hétérogènes. Néanmoins, elle manifestait toutes ses colères et ses justes mépris: à l'exception de M. Jules Favre, aucun membre du Gouvernement de la défense nationale, resté à Paris, n'était élu. Elle affirmait en même temps, son intention formelle de conserver la République que Paris avait proclamée le 4 septembre et pour la défense de laquelle il venait de supporter, à l'éternelle admiration de l'histoire, — on peut le dire aujourd'hui sans puérile forfanterie, — les plus horribles angoisses.

Paris pensait que la République est la seule forme de gouvernement qui convienne aux nations modernes civilisées, puisque c'est la seule qui garantisse à la fois l'ordre et le progrès, et qui assure à l'individu comme à la collectivité, leur plus complet développement, la plus complète réalisation de leurs droits. Ce caractère, ces vertus de la forme républicaine, paraissaient à la population parisienne des vérités incontestables qui, faisant sortir la République du domaine des choses controversales, devaient la placer au-dessus de toute atteinte.

Dans l'opinion de Paris, la forme républicaine était en dehors de la compétence du suffrage universel. Une majorité, pas plus qu'un groupe ou une individualité quelconque, ne pourrait légitimement la supprimer. Ce serait porter atteinte aux droits individuels les plus essentiels; chacun aurait le devoir de réprimer une telle tentative.

Paris ignorait absolument l'état de la province, avec laquelle il était sans communications depuis cinq mois. Quoique isolée de la France et du monde, la cité parisienne n'avait rien perdu de son incomparable grandeur; elle était restée le foyer le plus intense de la civilisation moderne. om-'

La stupéfaction y fut bien profonde lorsqu'on connut la composi tion de l'Assemblée nationale. Paris, qui avait été partisan de la *guerre à outrance,* se trouva en présence de paysans dont la plupart avaient désiré la *paix à tout prix.* Ce contraste inattendu produisit sur la population parisienne une impression très-aftligeante. En contemplant la majorité rurale (ainsi que l'a qualifiée si heureusement M. Gaston Crémieux, de Marseille), Paris comprit instinctivement que cette « image fidèle de la France », incarnation des idées rétrogrades, des lâchetés égoïstes de la masse paysanne, était hostile à la République, et s'efforcerait de reconstituer, au plus tôt, une monarchie.

Désolé d'avoir été contraint, par son gouvernement, à ne pas continuer plus longtemps une résistance qu'il croyait encore possible, Paris fut bientôt informé que certains départements avaient à peine concouru à la défense nationale. Il sut que l'idée dominante, parmi les populations rurales, était celle-ci: « On dit que la France est envahie jusqu'à la Loire; qu'on va en détacher l'Alsace et la Lorraine. — Eh bien! que nous importe! que ces pays-là se défendent, c'est leur affaire. Quant à nous qui ne sommes pas au pouvoir des Prussiens, nous verrons à marcher si l'invasion nous gagne. »

Ainsi, pendant que Paris luttait et souffrait, non-seulement pour sa propre défense, mais surtout pour la cause de la France, en province, il y avait de nombreuses agglomérations d'êtres qui n'avaient pas même la notion élémentaire du sentiment de solidarité nationale. Et c'étaient elles qui, représentées par la majorité de l'Assemblée, allaient imposer à Paris leur volonté, leur loi. N'y avait-il pas là de quoi exaspérer la capitale de la France?

L'idée anti-sociale du « chacun chez soi, chacun pour soi », professée par la généralité des populations rurales, concluait, en dernière analyse, à la désorganisation de toute société, à la dissolution de tout organisme national.

La grande cité parisienne qui est, en quelque sorte, un microcosme de l'unité française, constata, avec une patriotique tristesse, les conséquences logiques de cette idée dissolvante. Mais elle discerna immédiatement quel procédé on devait employer pour entraver la désagrégation de la nation française, tout en assurant à ses divers éléments leur légitime autonomie. Loin de prétendre anéantir l'unité nationale, Paris comprit alors comment on pouvait la recon.iituer, et assurer au pays une influence incomparable.

Cette idée de reconstitution de la France, que nous développerons ultérieurement, a donné naissance au mouvement du 18 mars.

L'Assemblée nationale, dont la composition affligea Paris, saisit tous les prétextes pour manifester son antipathie, son hostilité pour la capitale. Celle-ci avait désigné Garibaldi comme l'un de ses représentants. On se souvient de l'accueil injurieux qui lui fut fait. L'horreur que Paris inspirait à l'Assemblée se manifesta surtout lorsqu'il fut question d'y transporter, comme cela était naturel, le siège de ses délibérations. Les invectives les plus haineuses furent prononcées contre la grande cité parisienne; on parla même de la *décapitaliser*. Prétention insensée, dont la réalisation ne priverait pas Paris de son immense influence dans les affaires nationales, car il serait toujours le centre où se réuniront les sommités de la science et de l'art.

Pendant que l'Assemblée nationale délibérait à Bordeaux, diverses causes encore avaient aussi contribué à mécontenter profondément Paris.

Le maintien du général Vinoy comme gouverneur de la capitale continuait à déplaire à la population, qui n'avait pas oublié décembre 1851.

La garde nationale avait peu approuvé la nomination du général d'Aurelles de Paladines, comme commandant en chef. L'homme qui avait laissé reprendre Orléans par les Prussiens, ce qui avait contraint Gambetta à lui retirer son commandement, ne devait pas être sympathique. De plus, ses sentiments républicains étaient douteux, quoique, quelque temps après son installation, le général d'Aurelles eût fait, en présence des chefs de bataillon réunis à l'état-major, une sorte d'adhésion à la République.

La garde nationale était très-inquiétée par les bruits de prochain désarmement qui circulaient, et que le gouvernement ne faisait pas démentir, ce qui accroissait de jour en jour l'irritation.

Avec raison, la garde nationale parisienne attachait une extrême importance à sa bonne organisation ct à son armement. C'était pour elle la plus sérieuse assurance qu'on respecterait ses droits politiques et qu'on n'oserait pas attenter à la République. Cette opinion avait été partagée en 1830 par Lafayette, qui fit procéder très-activement, après la révolution de Juillet, à la reconstitution de la garde nationale pour sauvegarder d'une façon efficace les droits des citoyens.

Après avoir supporté le siège, la garde nationale était, moins que jamais, disposée à se laisser désarmer par le gouvernement issu de l'Assemblée. Ce gouvernement, elle le reconnaissait, mais il lui était antipathique. La garde nationale avait peu de confiance dans la sincérité du sentiment qui avait rallié à la République des hommes qui, par leur passé et leurs tendances, en étaient les ennemis acharnés.

La pensée de solidariser les divers bataillons de la garde nationale, pour s'opposer à toute atteinte contre la République, correspondait si réellement à une nécessité généralement ressentie, que l'idée en fut formulée de plusieurs côtés.à la fois.

Elle fut émise presque en même temps par des hommes ou des groupes ayant des points de vue divers, qui se proposaient des buts assez opposés. Constituer un Comité de la garde nationale était la pensée générale. Les uns avaient en vue d'appuyer leurs candidatures dans les élections; les autres se proposaient le but plus désintéressé de grouper les bataillons pour en faire une organisation puissante. Dans ces derniers, quelques-uns désiraient éliminer de la garde nationale l'élément ouvrier, par trop révolutionnaire, qui y avait été incorporé.

Ces tendances, ayant des traits communs, donnèrent naissance à deux organisations importantes qui, à un moment donné, opérèrent leur fusion. L'alliance de ces deux groupes constitua la *Fédération de la garde nationale* dont le *Comité central* a été amené, le 18 mars, à prendre la direction des affaires parisiennes. Le rôle important qui incomba à ce Comité par suite des événements, rend nécessaires quelques développements sur son origine.

Quelques citoyens habitant le XV arrondissement, avec quelques orateurs connus dans les réunions publiques de ce quartier, émirent l'avis qu'il serait bon d'établir un lien entre les gardes nationaux. Dans ce but, ils rédigèrent un appel adressé aux divers bataillons, leur demandant d'envoyer des délégués afin de se renseigner sur l'association projetée, pour laquelle ils avaient adopté la forme fédérative d'après le conseil de M. Chalain (de *l'Internationale).*

Un grand nombre de gardes nationaux saisirent avec empressement cette occasion de se rallier à une idée dont la réalisation probable leur semblait de nature à satisfaire leurs désirs. Ils se firent nommer délégués par leurs compagnies, ou se rendirent de leur propre mouvement à une réunion qui eut lieu le 15 février au Waux-Hall.

Les principaux instigateurs de cette réunion, constitués en comité provisoire, soumirent aux assistants un projet de statuts par eux élaboré.

La discussion de ce projet fut mise à l'ordre du jour. Mais on fit justement remarquer qu'il serait bon de se rallier d'autres comités en voie de formation avant de procéder à la rédaction définitive des statuts. Cette opinion ayant été adoptée par l'Assemblée, elle se sépara sans avoir fait une besogne bien effective.

Cependant le but de la réunion avait été atteint. On s'était vu, on avait commencé à s'entendre. Un délégué provisoire par arrondissement avait été désigné, avec mission de provoquer dans son quartier la formation d'un comité définitif dont chaque compagnie élirait un membre. Il devait, en outre, s'occuper de poser les bases de statuts qui détermineraient la conduite à tenir par la garde nationale en présence des événements qui pourraient survenir.

L'événement dont on se préoccupait principalement était l'entrée des Prussiens à Paris, sujet d'inquiétude et d'angoisses pour tous.

Une nouvelle réunion eut lieu au Waux-Hall le 24 février. Deux mille délégués environ étaient présents; des chefs de bataillon et des officiers y assistaient. Chaque compagnie avait envoyé un représentant. Ils avaient été nommés avec plus de régularité que ceux qui avaient formé la première réunion le 15 février. Cependant cette délégation n'était pas encore faite dans les formes rigoureuses; il n'y avait pas de pouvoirs signés. La mise en discussion du projet de statuts rencontra une forte opposition de la part de la portion turbulente de l'assemblée, qui proposa de faire une imposante manifestation pacifique, calme, à la colonne de Juillet, en commémoration de la proclamation de la République en 1848. Cette idée fut mise à exécution.

Avant de se rendre à la place de la Bastille, la résolution suivante avait été adoptée par la réunion: « La garde nationale proteste, par l'organe de son Comité central, contre toute tentative de désarmement, et déclare qu'elle y résistera au besoin par les armes. » Puis il avait été décidé, malgré les énergiques protestations de la partie raisonnable de l'assemblée, que la garde nationale, lors de l'entrée des Prussiens à Paris, se porterait à leur rencontre, en armes, pour s'y opposer. Chaque délégué devait faire voter sa compagnie sur cette question ainsi résolue, et s'enquérir des dispositions des officiers.

La manifestation projetée à la place de la Bastille fut véritablement grandiose.

Nous n'avons pas à la décrire ici; il nous suffira de noter la profonde impression qu'elle produisit sur tous ceux qui en furent spectateurs. En contemplant cette foule calme, sérieuse et triste, on sentait que chacun de ses membres prenait dans son for intérieur de ces graves résolutions dont le souvenir est impérissable!

Conformément à la décision prise par la réunion du 24 février, la conduite à tenir par la garde nationale lors de l'entrée des Prussiens fut soumise aux compagnies qui y avaient envoyé un représentant. Dans le plus grand nombre, l'opinion de la réunion prévalut; chez quelques-unes à l'unanimité.

La population parisienne fut en proie à une très-vive inquiétude lorsqu'elle apprit que la plupart des compagnies de la garde nationale étaient dans l'intention de s'opposer par la force à l'entrée des Prussiens.

Alors le Comité provisoire de la garde nationale qui s'était formé intervint. Quelques-uns de ses membres appartenant à l'*Association internationale des travailleurs,* avaient mis en relation ce Comité avec le *Conseil fédéral* de l'association. Le Comité provisoire fut d'avis de s'adjoindre quelques membres du Conseil fédéral, à titre de membres libres, afin de contre-balancer l'influence de l'élément violent et exalté qui existait en lui.

Ainsi modifié, le Comité provisoire de la garde nationale, qui s'intitulait déjà *Comité central,* prévoyant les désastreuses conséquences qui pouvaient résulter d'une collision avec les Prussiens, rédigea un manifeste adressé à la garde nationale. Il l'invitait à former autour des Prussiens un cordon défensif et la suppliait de ne pas prendre l'offensive. Ce chaleureux appel, qui fut affiché dans Paris et inséré dans tous les journaux, eut la plus heureuse influence. Il modifia les résolutions de la majeure partie de la garde nationale, et contribua principalement à donner à Paris, en ce triste jour d'invasion, cette attitude digne et calme qui imposa une crainte si respectueuse à nos ennemis.

La bourgeoisie parisienne, qui manifesta plus tard un si profond mépris pour le *Comité central,* lui fut alors, bien qu'ignorant assez généralement ce qu'il était, reconnaissante de son intelligente intervention, dont les effets indiquaient qu'il avait déjà une réelle influence sur la garde nationale.

Après le départ des Prussiens, ce Comité central fut pendant un moment presque complètement désorganisé. On put croire, un instant, qu'aucune organisation féconde ne sortirait des tentatives faites jusqu'alors. Mais cette apparente désagrégation ne dura pas. A l'instigation des membres de *l'Association internationale* qui faisaient partie du Comité central, une nouvelle assemblée générale des délégués des compagnies fut convoquée pour le 3 mars. Du 26 février à cette date, tous les comités d'arrondissements qui étaient constitués, établissaient une permanence, formée, à tour de rôle, des délégués des compagnies. Les trois membres du Comité d'arrondissement, délégués au Comité central, venaient rendre compte des décisions de ce dernier, et s'inspirer de l'esprit de l'arrondissement. L'organisation commençait à devenir importante.

Un fait, survenu dans l'intervalle de ces deux réunions, acheva de la compléter.

Le Comité central, ayant été informé qu'une autre organisation similaire tendait à s'effectuer dans la garde nationale, envoya des délégués au comité qui en était l'expression et qui s'intitulait *Comité fédéral républicain.*

Quelques détails sur l'origine de ce nouveau comité sont indispensables.

La solde des officiers de la garde nationale fut la question qui donna naissance à ce comité. Mais bientôt cette question fut abandonnée, et les événements se précipitant avec une extrême rapidité, on s'y occupa exclusivement de politique et d'organisation de la garde nationale.

Ce groupe, uniquement composé, au début, de chefs de bataillons, admit ensuite les officiers de tous grades. Une réunion générale eut lieu, au commencement de mars, chez Lemardelay, rue de Richelieu, sous la présidence du commandant Raoul du Bisson. C'est à cette réunion, dont l'annonce avait été reproduite par les journaux, que le *Comité central* introduisit ses délégués, les citoyens Arnold, Bergeret et Viard. Ils firent voir l'inconvénient de deux directions dans la garde nationale; ils insistèrent sur la nécessité de ne pas disséminer les forces, de les grouper pour une action commune, recevant une impulsion unique. Après une trèsvive discussion, on décida la nomination d'une commission de fusion qui se mettrait en rapport avec le Comité central. Elle était composée des citoyens R. du Bisson, président, Jaclard, Tribalet, Garcin, Grélier et d'un sous-liéutenant au 172 bataillon, dont le nom ne nous est pas connu.

Cette commission se rendit dans la soirée à la place de la Corderie, où siégeait le Comité central.

Celui-ci délégua sept de ses membres, les citoyens Bergeret, Boursier, Chouteau, Courty, Pindy, Varlin, Viard, pour discuter avec les envoyés du *Comité fédéral républicain,* sur l'accord projeté.

Une nouvelle réunion de ces deux commissions eut lieu le lendemain pour s'expliquer sur le seul point qui les divisât, relatif au nombre des délégués, jugés trop nombreux par le Comité central. On parvint enfin à s'entendre, et il fut admis que les officiers choisiraient parmi eux un délégué pour les représenter, mesure que le *Comité central* s'était refusé à adopter jusqu'alors, parce qu'elle ne lui semblait pas démocratique.

En prévision des événements qui pourraient survenir, on choisit deux membres du Comité fédéral républicain pour les adjoindre à la commission exécutive du Comité central.

Dès ce moment, la fusion était accomplie entre ces deux organisations, sous le titre de *Fédération républicaine de la garde nationale.*

Le 3 mars, à la séance des délégués, le projet de statuts, qui avait été de nouveau élaboré par le Comité central, fut voté, presque sans discussion. Voici le texte de ces statuts:

Fédération républicaine de la Carde nationale

STATUTS

DÉCLARATION PIIÉALABLE

La République, étant le seul gouvernement de droit et de justice, ne peut être subordonnée au suffrage universel qui est son œuvre.

La garde nationale a le droit absolu de nommer tous ses chefs et du les révoquer dès qu'ils ont perdu la confiance de ceux qui les ont élus; toutefois, après enquête préalable destinée à sauvegarder les droits sacres de la justice.

ARTICLE PREMIER

La Fédération républicaine de la garde nationale est organisée ainsi qu'il suit: 1 L'Assemblée générale des délégués;

2 Le Cercle de bataillon;

3 Le Conseil de légion;

îo Le Comité central.

Art. 2.

L'Assemblée générale est formée: 1» D'un délégué élu à cet effet dans chaque compagnie, sans distinction de grade; 2 D'un officier par bataillon, élu par le corps des officiers; 3 Du chef de bataillon.

Ces délégués, quels qu'ils soient, sont toujours révocables par ceux qui les ont nommés.

Art. 3.

Le Cercle de bataillon est formé: 1 Du délégué à l'Assemblée générale; 2» De deux délégués par compagnie, élus sans distinction de grade; 3 De l'officier délégué à l'Assemblée générale; .i Du chef de bataillon.

ART. 4.

Le Conseil de légion est formé: 1 De trois délégués par cercle de bataillon, élus sans distinction de grade; 2 Des chefs de bataillon de l'arrondissement. (Les chefs de bataillon ne prennent pas part à l'élection dés trois délégués.)

ART. 5.

Le Comité central est forme t 1 De trois délégués par arrondissement, élus sans distinction de grade par le Conseil de légion, 2 D'un chef de bataillon par légion, délégué par ses collègues.

ABT. 6.

Les délégués aux Cercle de bataillon, Conseil de légion et Comité central sont les défenseurs naturels de tous les intérêts de la garde nationale. Ils devront veiller au maintien de l'armement de tous les corps spéciaux et autres de ladite garde, et prévenir toute tentative qui aurait pour but le renversement de la République.

Ils ont également pour mission d'élaborer un projet de réorganisation complet des forces nationales.

Art. 7.

Les réunions de l'Assemblée générale auront lieu les premiers dimanches de chaque mois, sauf l'urgence.

Les diverses fractions constituées de la Fédération Axeront, par un règlement intérieur, les modes, lieux et heures de leurs délibérations.

Art. 8.

Pour subvenir aux frais généraux d'administration, de publicité et autres du Comité central, il sera établi dans chaque compagnie une cotisation qui devra produire au minimum un versement mensuel de 3 francs, lequel sera effectué du 1er au 5 du mois entre les mains du Trésorier, par les soins des délégués.

Art. 9.

H sera délivré à chaque délégué, membre de l'Assemblée générale, une carte personnelle qui lui servira d'entrée à ses réunions.

Art. 10.

Tous les gardes nationaux sont solidaires, et les délégués de la Fédération sont placés sous la sauvegarde immédiate et directe de la garde nationale tout entière.

On décida l'application immédiate de ces statuts, qui eut pour effet de constituer définitivement le Comité central» jusque-là provisoire.

Sur la proposition du citoyen Varlin, la réunion vota à l'unanimité, la résolution suivante: « La garde nationale entend reven« diquer le droit absolu de nommer tous ses chefs et de les ré« voquer dès qu'ils ont perdu la confiance de ceux qni les ont élus;

« Et pour affirmer par un acte cette revendication, l'Assemblée « décide que les chefs de tous grades devront être soumis immé« diatement à une nouvelle réélection. »

Puis le citoyen Boursier engagea les délégués à proposer à l'étude de leurs cercles respectifs une motion ainsi conçue: « Dans « le cas où, comme certains bruits tendent à le faire croire, le « siège du gouvernement viendrait à être transporté ailleurs qu'à « Paris, la ville de Paris devrait se constituer immédiatement en « République indépendante. » Il annonça l'intention de soumettre cette motion à la prochaine réunion.

Lors de la séance suivante (au Waux-Hall, 13 mars), toutes les élections avaient été faites régulièrement dans les bataillons adhérents a la Fédération. Chaque délégation d'arrondissement se présenta avec les procès-verbaux en règle; les pouvoirs étaient, en majeure partie, légalisés par la signature du sergent-major des compagnies. La *Fédération* et le *Comité central* se trouvaient constitués définitivement: 215 bataillons environ y avaient adhéré.

Dans cette réunion, la fusion des deux sociétés fut complètement opérée; on s'occupa de préparer les moyens d'action de la Fédération: Garibaldi fut acclamé général en chef; le citoyen Ch. Lullier fut nommé colonel d'artillerie; les citoyens Jaclard et Faltot, chefs de légion. Ces citoyens composaient une Commission d'exécution, formée dans le but de se préparer à toutes les éventualités qui pourraient survenir.

L'organisation que nous venons de décrire avait, — est-il besoin de l'ajouter, — une intention politique non dissimulée: « prévenir « toute tentative qui aurait pour but le renversement de la Répu« blique, » qui, d'après la déclaration préalable des statuts, « ne peut être subordonnée au suffrage universel. » Et, pour réaliser ces intentions, on devait s'efforcer de retirer insensiblement toute influence aux chefs de bataillon actuellement en dissidence avec le Comité central, de façon à ce que celui-ci eût seul l'autorité directrice.

La *Fédération de la garde nationale,* c'était, en définitive, le corps électoral armé, mettant, au besoin, sa force au service de son droit pour le faire prévaloir si l'on y portait atteinte.

Lorsque le gouvernement parlera, par la suite, du Comité central, il le qualifiera dédaigneusement « d'organisation occulte, » formée, « d'une façon inconnue, d'éléments obscurs ». Cependant toutes les réunions qui ont constitué le Comité central ont été publiquement annoncées; leur compte rendu a été publié par la voie de la presse. Aucune création n'a donc moins cherché à se dissimuler; aucune société n'a moins caché son objet, ses tendances, son but.

Il est vrai qu'aucune personne étrangère à ces réunions n'y était admise; et des précautions prudentes furent prises pour qu'aucun agent de police n'y assistât.

La feinte ignorance manifestée plus tard par le gouvernement ne sera pas plus excusable que celle du public. Quoi qu'il en ait dit, le gouvernement était informé de la constitution de la Fédération de la garde nationale. Au commencement du mois de mars, l'un des membres de ce Comité central si inconnu, eut même l'occasion d'entrer en rapports avec le ministre de l'intérieur, à propos de l'action du Comité. Quelques jours après leur entrevue, le citoyen Courty adressait à M. Picard une lettre rendue publique. Le gouvernement fera donc preuve de peu de mémoire ou de peu de bonne foi lorsqu'il déclarera ignorer l'existence du Comité central.

Nous avons dit que le Comité central eut une grande influence sur la conduite de la garde nationale lors de l'occupation de Paris par les Prussiens. Dans la nuit qui précéda leur entrée, il fit aussi preuve de bon sens et de patriotisme.

La nouvelle se répandit soudainement dans Paris que des canons appartenant à la garde nationale se trouvaient à Neuilly et avenue de Wagram, emplacements qui devaient être occupés le lendemain par les Prussiens. On n'avait pas songé à les en retirer.

Par les soins du *Comité central,* le tocsin est sonné. Aussitôt, dans tous les quartiers, la garde nationale s'émeut. On n'a qu'une pensée: soustraire ces canons aux Prussiens qui, certainement, s'en empareraient. Les bataillons, réunis à la hâte, se dirigent vers les points indiqués. Chacun d'eux s'efforce de ramener, en lieu sûr, le plus de canons qu'il est possible.

Cette œuvre, accomplie avec une extrême précipitation, s'effectua dans un assez grand désordre. Les canons furent transportés un peu partout, mais spécialement place des Vosges, à Belleville, aux Buttes-Chaumont, à Charonne, à La Villette et à Montmartre. Ce sont les habitants de ce quartier qui en avaient emporté le plus grand nombre.

Nous ne nous occuperons que de ceux qui furent transportés en cet endroit, puisque ce sont eux seuls qui donnèrent lieu au mouvement dont nous entreprenons le récit.

Les canons rapportés par les bataillons de Montmartre furent d'abord placés boulevard Ornano, où l'on forma un parc. Chaque bataillon établit un service pour leur garde.

C'est alors que survint la loi sur les échéances, dont l'application devait ruiner un si grand nombre de commerçants; c'est au même moment que s'accrédita le bruit de suppression de la solde attribuée à la garde nationale. La loi sur les loyers, impatiemment désirée, n'avait pas même encore été proposée à l'Assemblée nationale.

Dans ces conditions, Paris et la population de Montmartre, que nous avons surtout en vue maintenant, étaient très-irrités.

Une réunion, qui eut lieu salle Robert, près du boulevard Rochechouart, rassembla les hommes énergiques et entreprenants du quartier. On y décida que la population de Montmartre placerait de suite les canons sur les hauteurs, afin d'intimider les partisans des idées monarchiques, s'ils tentaient d'imposer à Paris un système politique contraire à ses aspirations. On forma immédiatement, en *dehors de la Fédération et de l'influence du Comité central,* un comité que l'on chargea de la défense de l'arrondissement. 11 était présidé par le cit. Landowski; les cit. Brun et Grollard en étaient membres. Le cit. Dardelles, ex-commandant des cavaliers de la République, fut nommé commandant en chef des forces.

Ce Comité, institué salle Robert, siégea rue des Rosiers, 6, et entra immédiatement en fonctions. Le concours des artilleurs de la garde nationale et celui du génie auxiliaire furent acceptés. Par les soins de ce dernier corps, des tranchées furent creusées sur les buttes.

Avant que ce Comité d'exécution n'eût été nommé, une réunion provoquée par des personnes qui n'étaient pas d'avis que Montmartre dût entrer immédiatement dans une voie aussi révolutionnaire, avait eu lieu salle Robert. Dans cette séance, à laquelle assistait une délégation du 61 bataillon (de Montmartre), avait été rédigée une note, par laquelle on déclarait qu'on devait rendre les canons au gouvernement. Ce document fut rendu public par son insertion dans le journal *le Rappel.*

Lorsqu'on en eut connaissance à Montmartre, le fil» bataillon el ses délégués furent unanimement blâmés. On leur fit observer qu'un bataillon n'avait pas le droit d'agir, d'engager les autres, sans leur assentiment.

Sur ces entrefaites, le général Vinoy ordonna la suppression de plusieurs journaux; *le Figaro* publia des articles qui provoquaient le gouvernement à une action violente, qui surexcitaient incessamment la réaction et menaçaient des dernières rigueurs les habitants des buttes.

Tout ceci contribua, naturellement, à augmenter l'irritation de la population de Montmartre.

L'opinion publique, à Paris, était généralement que les canons rentreraient promptement en la possession du gouvernement s'il avait recours à des moyens modérés. Ces canons braqués sur la ville, inquiétaient, effrayaient bien la population bourgeoise; mais elle pensait que cet enfantillage ne durerait plus longtemps; elle était convaincue que les gardiens des canons se fatigueraient bientôt de cette corvée exceptionnelle.

Telle était la situation de Paris et de Montmartre lorsque le gouvernement entreprit, sans avertissement préalable, dans la nuit du 17 au 18 mars, l'attaque des buttes.

Journée du Samedi 18 mars

La proclamation suivante, datée du 17 mars, et qui a dû être rédigée à une heure avancée de la soirée, fut placardée le matin dans Paris:

Habitants de Paris,

Nous nous adressons encore à vous, à votre raison et à votre patriotisme, et nous espérons que nous serons écoutés.

Voire grande cité, qui ne peut vivre que par l'ordre, est profondément troublée dans quelques quartiers, et le trouble de ces quartiers, sans se propager dans les autres, suffit cependant pour y empêcher le retour du travail et de l'aisance.

Depuis quelque temps, des hommes malintentionnés, sous prétexte de résister aux Prussiens, qui ne sont plus dans vos murs, se sont constitués les maîtres d'une partie de la ville, y ont élevé des retranchements, y montent la garde, vous forcent à la monter avec eux, par ordre d'un comité occulte qui prétend commander seul à une partie de la garde nationale, méconnaît ainsi l'autorité du général d'Aurelles, si digne d'être.à votre tète, et veut former un gouvernement en opposition au gouvernement légal, institué par le suffrage universel.

Ces hommes qui vous ont causé déjà tant de mal, que vous avez dispersés vous-mêmes au 31 octobre, affichent la prétention de vous défendre contre les Prussiens, qui n'ont fait que paraître dans vos murs, et dont ces désordres retardent le départ définitif; braquent des canons qui, s'ils faisaient feu, ne foudroieraient que vos maisons, vos enfants et vousmêmes; enfin, compromettent la République au lieu de la défendre; car, s'il s'établissait dans l'opinion de la France que la République est la compagne nécessaire du désordre, la République serait perdue. Ne les croyez pas, et écoutez la vérité que nous vous disons en toute sincérité!

Le gouvernement, institué par la Nation tout entière, aurait déjà pu reprendre ces canons dérobés à l'État, et qui, en ce moment, ne menacent que vous; enlever ces retranchements ridicules qui n'arrêtent que le commerce, et mettre sous la main de la justice les criminels qui ne craindraient pas de faire succéder la guerre civile à la guerre

étrangère; mais il a voulu donner aux hommes trompés le temps do se séparer de ceux qui les trompent.

Cependant le temps qu'on a accordé aux hommes de bonne foi pour se séparer des hommes de mauvaise foi est pris sur votre repos, sur votre bien-être, sur le bien-être de la France tout entière. Il faut donc ne pas le prolonger indéfiniment. Tant que dure cet état de choses, le commerce est arrêté, vos boutiques sont désertes, les commandes qui viendraient de toutes parts sont suspendues, vos bras sont oisifs, le crédit ne renaît pas; les capitaux, dont le gouvernement a besoin pour délivrer le territoire de la présence de l'ennemi, hésitent à se présenter. Dans votre intérêt même, dans celui de votre Cité, comme dans celui de la France, le gouvernement est résoiu à agir. Les coupables qui ont prétendu instituer un gouvernement à eux vont être livrés à la justice régulière. Les canons dérobés à l'État vont être rétablis dans les arsenaux, et, pour exécuter cet acte urgent de justice et de raison, le Gouvernement compte sur votre concours. Que les bons citoyens se séparent des mauvais; qu'ils aident à la force publique au lieu de lui résister. Ils hâteront ainsi le retour de l'aisance dans la Cité, et rendront service à la République elle-même, que le désordre ruinerait dans l'opinion de la France.

Parisiens, nous vous tenons ce langage parce que nous estimons votre bon sens, votre sagesse, votre patriotisme; mais, cet avertissement i!onné, vous nous approuverez de recourir à la force, car il faut à tout prix, et sans un jour de retard, que l'ordre, condition de votre bien-être, renaisse entier, immédiat, inaltérable.

Paris, le 17 mars 1871.

THIERS, *Président du conseil, chef du pouvoir exécutif de la République.*

Dufaure, ministre de la justice.

E. Picard, ministre de l'intérieur.

Pouïer-quertier, ministre des finances.

Jules Favre, minisre des affaires étrangères.

Général Le Flô, ministre de la guerre.

Amiral Pothuau, ministre de la marine'.

Jules Simon, ministre de l'instruction

publique.

De Larcy, ministre des travaux publics.

Lahbrecht, ministre du commerce.

Cet appel à la force pour ramener les canons dans la possession du gouvernement reçut une application immédiate.

La population de'Montmartre, que la décision prise intéressait spécialement, n'était pas informée de la résolution gouvernementale, qu'elle était déjà en voie d'exécution.

Vers trois heures du matin, les buttes Montmartre sont envahies et cernées militairement. Quelques heures après, le 88 régiment de ligne, le 1 bataillon de chasseurs de Vincennes, précédés de 200 gendarmes, gravissent la butte du côté de la tour Solférino en suivant la rue Millier. Ces divers corps formaient un effectif de 3,000 hommes environ, sous la direction du général Lecomte. Au faîte de la butte, dans une maison appartenant à M veuve Scribe, située rue des Rosiers, n 6, siège du Comité d'arrondissement, était installé un poste de gardes nationaux, préposés à la garde des canons placés sur la butte. Ordinairement occupé par 60 hommes, ce poste ne renfermait, dans la matinée du 18 mars, que 25 hommes du 61 bataillon (Montmartre), dont 7 étaient de faction auprès des canons.

Le nombre des gardes présents à ce poste, moins considérable que d'habitude, indique suffisamment que la population de Montmartre ignorait la tentative projetée par le gouvernement, sans quoi on eût vraisemblablement pris des dispositions pour essayer de repoussef cette attaque.

En apercevant la troupe qui, dans son mouvement d'ascension, couronnait peu à peu toutes les hauteurs, l'un des factionnaires, nommé Turpin, s'avance résolument au devant d'elle. Il croise la baïonnette et crie: Qui vive? — Pas de réponse. Alors il met en joue, mais sans faire feu. A ce moment, part de la troupe une décharge qui le blesse grièvement. Cette première scène sanglante avait lieu rue Miiller, en face du n 30, entre cinq et six heures du matin.

Dès leur arrivée, les gendarmes firent un feu de peloton sur le poste de la rue des Rosiers dont les gardes furent faits prisonniers. La troupe procéda aussitôt à l'enlèvement d'une dixaine de canons. On fait venir des attelages et des artilleurs qui dirigent les pièces parla rue des Rosiers vers la place du Tertre. Plus loin, nous préciserons l'endroit où ils furent repris par la foule ameutée.

Pendant ce temps, ou commandait aux chasseurs de détruire les tranchées et les retranchements construits sur la butte. Le cornmandant fit placer des sentinelles au bai de la rue Millier, afin d'être informé de l'arrivée des gardes nationaux.

La détonation des feux de peloton avait, en effet, jeté l'alarme dans le quartier. L'éveil était donné; les gardes nationaux descendaient dans les rues où se formaient des groupes de ménagères, sorties pour faire leurs emplettes matinales. On apprenait, on répandait partout la nouvelle de la reprise des canons.

Bientôt une soixantaine de gardes nationaux se trouvent groupés au bas de la rue Miiller; ils gravissent la butte. A une assez grande distance, deux gardes semblent les devancer comme parlementaires. Le plus âgé mit son mouchoir au bout du fusil, comme ils arrivaient près de la troupe. Ces deux gardes étaient suivis d'un homme armé, revêtu d'un costume de garde national.

A l'approche de ce groupe, les sentinelles se replient vers la butte, en annonçant l'arrivée des gardes nationaux qui s'arrêtent à droite de la tour Solférino. Les deux gardes qui les précédaient parlementent avec les chasseurs.

La foule, composée, en majeure partie, de femmes et d'enfants, s'était accumulée aux abords de la rue Millier.

Aucun renfort n'arrivait à ce petit détachement de gardes nationaux.

Lorsqu'il eut avancé sur la butte, le général Lecomte ordonna à sa troupe de mettre enjoué, ce qui fut exécuté. Ensuite il commanda: Feu! Les soldats n'obéissent pas à cet ordre; ils replacent leurs fusils dans la position de l'arme au repos. Au commandement de Lecomte, un seul coup de fusil avait été tiré, non par la troupe, mais par l'homme qui suivait les parlementaires: il s'était retourné vers les gardes nationaux et avait fait feu sur eux. Ceux-ci ripostèrent par quelques coups de fusil, auxquels les chasseurs ne répondirent pas. De toutes parts, la foule criait avec animation: a Ne faites pas feu! cessez le feu! » Cette fusillade dura peu d'instants, et n'eut pas d'effet meurtrier.

Par trois fois, le général Lecomte réitère à sa troupe l'ordre de tirer. Elle ne veut pas obéir, bien qu'il menace très-rudement ses soldats de leur brûler la cervelle s'ils n'obtempèrent pas à ses ordres. L'attitude des soldats ne se modifiant pas, le général Lecomte leur dit ironiquement: « Alors, rendez-vous I » — « Nous ne demandons que cela », lui répondit-on. Et un grand nombre de soldats jettent leurs fusils h terre.

Les gardes nationaux, dont le nombre s'était accru d'un bataillon environ, lèvent la crosse en l'air et fraternisent avec les soldats. On recherche l'homme qui avait tiré le premier sur la garde nationale, et comme la foule s'aperçoit que c'est un sergent de ville déguisé, il est malmené; on lui fait dégringoler la butte.

Les gardes nationaux du poste des Rosiers, faits prisonniers au début de l'action, furent délivrés, et une soixantaine de gendarmes emmenés à la mairie du XVIII arrondissement, où ils restèrent détenus.

Le général Lecomte fut alors fait prisonnier avec tout son étatmajor. Il donna à sa troupe Tordre d'évacuer. En ce moment, on le prenait pour le général Vinoy. II fut mené, sous les huées de la foule, au Château-Rouge, où il y avait un poste très-nombreux de gardes nationaux, composant ce qu'on appelle un piquet d'attente. Ce poste était commandé par les capitaines Garcin et Meyer, du 169» bataillon.

A son arrivée au Château-Rouge, le général Lecomte, visiblement troublé, fut placé dans une salle au premier étage, à gauche. Dans une autre pièce du même étage, on plaça son état-major.

Après que le général Lecomte eut quitté la butte, un assez grand nombre de ses soldats passèrent dans les rangs de la garde nationale; le reste se dispersa. La plupart abandonnèrent leurs fusils aux gardes nationaux en descendant la rue Mliller.

Nous avons dit que la butte Montmartre avait été cernée militairement dès l'aube. Pendant qu'elle était envahie du côté de la tour Solférino, où se passait la scène que nous venons de reproduire, divers incidents avaient lieu sur d'autres points de Montmartre.

A la place Pigalle se trouvaient un escadron de chasseurs à cheval, de la ligne et au moins une compagnie de gendarmes, sous le commandement du général Susbielle.

Au bas de la rue Houdon, il y avait un rassemblement compact de femmes qui s'opposaient à l'ascension de cette rue par la troupe. En cet endroit étaient massés une centaine de gardes nationaux.

Le général ordonne aux chasseurs de charger. Ils mettent le sabre hors du fourreau et refusent d'avancer. A un nouveau commandement, ils essaient de repousser la foule avec ménagements. Ils font marcher leurs chevaux à reculons. Cette manœuvre provoqua une hilarité générale. Le capitaine fait remettre ses hommes en rang, et leur enjoint de nouveau de charger. Seul, il s'élance en avant, et frappe avec son sabre sur la foule. Les gardes nationaux paraient ses coups avec le canon de leur fusil. Dans ses mouvements violents, ce capitaine blesse un soldat de la ligne qui fait feu sur lui. En même temps des gardes nationaux l'ajustaient: il mourut immédiatement.

Les gendarmes embusqués derrière les baraquements du boulevard extérieur, déchargent leurs armes sur les gardes nationaux, qui ripostent.

Dans le passage Piemontesi, où les gendarmes avaient pénétré, il y eut aussi une collision entre eux et les gardes nationaux, dont quelques-uns furent blessés.

Aussitôt que le feu eut cessé sur la place Pigalle, la foule, où dominait surtout l'élément féminin, se répandit dans les rangs de la troupe. Des pourparlers s'engagent, et insensiblement les soldats se trouvent désarmés.

Ce mélange de la troupe et du peuple se continua sur le boulevard extérieur des deux côtés de la place Pigalle. Ensuite, on s'empara, sur le boulevard Clicby, d'une mitrailleuse et d'une batterie de canons, dont les chevaux furent dételés. Lorsque le boulevard eut été évacué, ces canons furent roulés sur la place de la Mairie.

Le général Vinoy avait pris position sur le boulevard Clichy à la hauteur du n 48. Entendant la fusillade de la place Pigalle, qui avait lieu vers huit heures et demie, et apercevant les soldats débandés, il se retira promptement sur la place Clichy.

A la place Blanche avait lieu un incident analogue à celui de la place Pigalle.

La foule, formée, comme ailleurs, de femmes et d'enfants entourant des gardes nationaux, stationnait au bas de la rue Lepic. Bientôt elle s'insinua dans les rangs des troupiers groupés sur la place et fraternisa avec eux.

Les canons pris au parc des Rosiers avaient été amenés difficilement, par suite de l'affluence de la foule irritée, dans la rue Lepic, à la hauteur des moulins dits de la Galette. L'encombrement était si considérable en cet endroit, que la marche eu avant fut arrêtée. 300 gardes nationaux environ se trouvèrent groupés sur ce point. La foule, furieuse, interpellait avec vivacité les artilleurs: « Rendez les canons; remontez les canons. » Ces clameurs impressionnaient vivement les artilleurs qui semblèrent hésiter. On insiste: « Dételez, crie-t-on; allez-vous-en I » Cependant un garde national parvient à dominer le tumulte; il fait remarquer qu'il faut soi-même couper les traits; qu'ainsi les artilleurs ne sembleront point complices de la population, qu'ils paraîtront céder à la force. Cette opinion prévalut. La foule livra passage aux artilleurs et ramena, à force de bras, les canons sur le haut de la butte.

A l'exception des gendarmes, l'armée s'était refusée, sur tous les points, à tirer sur le peuple. Les colonnes avaient été désorganisées par l'intervention de la foule et de la garde nationale. Après en avoir reçu l'ordre, ou même sans l'attendre, les détachements quittaient Montmartre; plus d'un mettait la crosse en l'air.

Vers neuf heures et demie il n'était plus douteux qu'on ne pouvait compter sur le concours de la troupe pour reprendre les canons. Elle avait énergiquement manifesté son intention formelle de ne pas servir les projets violents d'un gouvernement imprudent. En ce moment, on essaya vainement, sur la place Clichy, de rallier quelques bataillons pour tenter une seconde offensive. Les détachements n'obéirent point aux ordres donnés; ils se dirigèrent vers l'intérieur de Paris.

La garde nationale triomphait sans avoir eu, en fait, à lutter. La tentative du gouvernement qui avait déclaré « qu'il fallait, à *tout prix,* et *sans un jour de retard,* que l'ordre renaisse entier, immédiat, inaltérable, » avortait misérablement.

Et cependant le succès n'avait pas fait un instant question pour le gouvernement. Dans la certitude que les mesures militaires ordonnées auraient pour effet immédiat de faire rentrer les canons dans les arsenaux de l'État, le général d'Aurelles rédigea, *avant leur accomplissement,* l'ordre du jour suivant:

« Une proclamation du f.hef du pouvoir exécutif va paraître, et « sera affichée sur les murs de Paris, pour expliquer le but des « mouvements qui s'opèrent. Ce but est l'affermissement de la « République, la répression de toute tentative de désordre, et la « reprise des canons qui effraient la population. Les buttes Montâtmartre sont prises et occupées par nos troupes, ainsi que les « buttes Chaumont et Belleville. Les calons de Montmartre, des « buttes Chaumont et de Belleville sont au pouvoir du gouver« nement de la République.

« D'AliUELLES DE Palamnes. »

Reproduite par les journaux du soir, cette pièce officielle, authentique, ne figura pas au *Journal officiel* du lendemain.

On n'enregistre pas de semblables bévues; c'est assez de les commettre.

La garde nationale de Montmartre, surprise par cette attaque nocturne et imprévue, se réunit par bataillons. Durant toute la matinée, on battit le rappel et la générale dans les divers quartiers de Montmartre. Bientôt les bataillons furent groupés et répartis sur différents points. Une extrême agitation régnait dans toutes les rues, sans cesse parcourues par des gardes nationaux armés, en troupe ou isolés. On ignorait quelles résolutions le gouvernement allait prendre lorsqu'il apprendrait son insuccès causé par la défection de l'armée. En faisant appel à d'autres régiments, il pouvait provoquer une nouvelle attaque. Quoiqu'on pensât généralement que les régiments réunis à Paris étaient animés de sentiments analogues à ceux manifestés, le matin, par la troupe envahissante, néanmoins il devenait urgent d'organiser la résistance.

Le soin d'y pourvoir était naturellement réservé au Comité de la garde nationale, qui se réunit au siège ordinaire de ses délibé rations, rue des Rosiers, 6. Là se discutèrent la question de mise en défense de Montmartre et les moyens d'exécution. On décida la construction de barricades, et le cit. Bergeret fut immédiatement nommé chef de la légion de Montmartre. S'occupant ensuite de décider si l'on prendrait l'offensive, des avis très-divergents furent émis sur ce point. Cette question était vivement controversée lorsque les cit. Jaclard et Ferré furent introduits dans le Comité qui se rendit, presque aussitôt, en leur compagnie, à la mairie de Montmartre, où la discussion engagée fut continuée. L'offensive fut définitivement décidée.

Avant que cette grave résolution ne fut prise, il y avait eu, vers deux heures, réunion, à la même mairie, des chefs des bataillons de Montmartre, des membres de la municipalité et des cit. Langlois, Tolain, Ed. Lockroy, députés de Paris. Une adresse au gouvernement y fut rédigée. Elle réclamait l'élection du commandant en chef de la garde nationale, le remplacement du général Vinoy, des élections municipales parisiennes immédiates. L'adresse exprimait l'espérance que ces diverses mesures donneraient satisfaction aux exigences de la population et calmeraient son effervescence.

Une délégation, composée des députés présents à cette réunion, fut chargée de porter ces propositions au gouvernement.

Dans l'intervalle, Paris apprit les événements survenus dans la matinée à Montmartre. Ils causèrent dans les quartiers bourgeois une stupéfaction profonde; dans les quartiers ouvriers, une extrême irritation. Partout, ils suscitèrent une réprobation trèsvive.

Le rappel et la générale furent battus dans tous les quartiers. Après plusieurs heures de sonneries assourdissantes, il se trouvait à peine vingt ou trente hommes au point de réunion des bataillons conservateurs. Sans être absolument au complet, les bataillons révolutionnaires se réunissaient en beaucoup plus grand nombre.

Cette inertie de la bourgeoisie inquiéta le gouvernement. Dans la pensée de la déterminer à intervenir, l'appel suivant, adressé à la garde nationale, fut immédiatement affiché dans Paris:

A LA GARDE NATIONALE DE LA SEINE

Le gouvernement vous appelle à défendre votre cité, vos foyers, vos familles, vos propriétés.

-Quelques hommes égarés, se mettant au-dessus des lois, n'obéissant qu'à des chefs occultes, dirigent contre Paris les canons qui avaient été soustraits aux Prussiens. Ils résistent par la force à la garde nationale et à l'armée.

Voulez-vous le souffrir?

Voulez-vous, sous les yeux de l'étranger, prêt à profiter de nos discordes, abandonner Paris à la sédition?

Si vous ne l'étouffez pas dans son germe, c'en est fait de la République et peut-être de la France!

Vous avez leur sort entre vos mains.

Le gouvernement a voulu que vos armes vous fussent laissées.

Saisissez-les avec résolution pour rétablir le régime des lois, sauver la République de l'anarchie, qui serait sa perte; groupez-vous autour de vos chefs: c'est le seul moyen d'échapper à la ruine et à la domination de l'étranger.

Paris, le 18 mars 1871.
Le général commandant supérieur des gardes nationales,
D'AURELLES.
Le ministre de l'intérieur,-Ernest Picard.
Quelques heures après, le gouvernement, de plus en plus étonné par la per-

sistante inaction de la bourgeoisie, tenta de la décider à agir en agitant devant elle le spectre communiste:

GARDES NATIONALES DE PARIS

On répand le bruit absurde que le gouvernement prépare un coup d'État.

Le gouvernement de la République n'a et ne peut avoir d'autre but que le salut de la République. Les mesures qu'il a prises étaient indispensables au maintien de l'ordre; il a voulu et il veut en finir avec un comité insurrectionnel dont les membres, presque tous inconnus à la population, ne représentent que lés doctrines communistes, et mettraient Paris au pillage et la France au tombeau, si la garde nationale et l'armée ne se levaient pour défendre, d'un commun accord, la patrie et la République.

Paris, le 18 mars 1871.

Thiers, Dufaiire, Ernest Picard, J. Favhe,
Jules Simon, Pouyer-quertier, général Le Flô, amiral Pothuau, Lambrecht, De Larcy.

On invoquait vainement les sentiments, les préjugés les plus enracinés de la classe bourgeoise. Les conservateurs, dont on réclamait si vivement le concours, n'apparaissaient pas; ils étaient inébranlables dans leur résolution de ne point intervenir. Paris ne comptait-il donc plus parmi ses habitants de défenseurs « de l'ordre et de la propriété », capables, au besoin, de sacrifier leur existence pour assurer le triomphe de leurs opinions? Il y en avait, sans doute; mais leur inaction, qualifiée défection par le gouvernement, résultait surtout de sa maladresse. La bourgeoisie parisienne n'approuvait pas le procédé violent employé parle gouvernement. D'ailleurs, elle avait contre lui et contre l'Assemblée dont il était issu, d'autres griefs que nous exposerons ultérieurement.

Les forces conservatrices étaient donc inactives, et les forces révolutionnaires violemment agitées.

Ces dernières venaient se réunir à La Villette, à Belleville, surtout à Montmartre, principal foyer de l'insurrection qui s'ébauchait. Les bataillons affluaient sans cesse dans ces localités qui en étaient sillonnées.

Conformément aux résolutions prises par le Comité du XVIII arrondissement, on commençait à construire des barricades à Montmartre. Elles étaient élevées rapidement sur les divers points établissant la communication de Montmartre avec Paris, et, dans la rue des Abbesses, au sommet des rues descendant au boulevard extérieur.

Formées de pavés superposés sur deux rangs, ces barricades, qui présentaient aux deux extrémités un passage ménagé pour la Circulation des piétons, ne constituaient pas de bien solides, de bien redoutables retranchements. Quoiqu'on les garnît de canons ou de mitrailleuses, elles avaient un aspect plutôt théâtral que sérieux. Construites sans connaissances techniques, ces barricades auraient faiblement protégé Montmartre contre l'attaque de bataillons énergiques. Faites avec des pavés non recouverts de terre, elles eussent peut-être été dangereuses pour leurs défenseurs sur lesquels les éclats de pierre détachés par les boulets auraient jailli inévitablement.

Pendant que Montmartre était mis ainsi en état de défense, une scène tragique se passait sur le haut de la butte, rue des Rosiers.

Le général Lecomte avait été retenu prisonnier, avons-nous dit, au Château-Rouge.

Ceux qui l'avaient arrêté crurent devoir l'envoyer rue des Rosiers, 6, au siège du Comité de Montmartre, afin de sauvegarder leur responsabilité.

Avant son départ, on l'interrogea sommairement. Il signa une déclaration par laquelle il s'engageait à ne plus servir le gouvernement actuel et à ne plus faire tirer sur le peuple.

Au moment de quitter le Château-Rouge, le général Lecomte implora le capitaine Mayer, lui disant qu'il avait de tristes pressentiments. Le souvenir des huées de la foule qui l'avait escorté le matin, son aspect irrité, se présentaient probablement à son esprit et lui semblaient dangereux. Ces appréhensions se réalisèrent. Quoique protégé par un peloton-de gardes nationaux, il fut l'objet des invectives d'une foule furieuse qui l'accompagna jusqu'au haut de la butte.

Une centaine de soldats de la ligne qui avaient passé dans les rangs de la garde nationale, se trouvaient alors réfugiés au poste de la rue des Rosiers, 6. En apercevant leur général, leur irritation fut très-vive. Ils joignirent leurs clameurs à celles de la foule, criant comme elle qu'il fallait exécuter Lecomte. Le comité de l'arrondissement délibérait alors, ainsi que nous l'avons dit plus haut, à la mairie de Montmartre.

On procéda aussitôt à la formation d'un conseil de guerre improvisé, opération qui demanda un assez long temps, parce que tous ceux auxquels on s'adressait refusaient d'en faire partie. Cependant quelques officiers de la garde nationale, qui se trouvaient là, et un officier garibaldien de l'armée des Vosges, furent contraints de remplir les fonctions de conseil de guerre.

Le général Lecomte, interrogé, nia, tout d'abord, avoir commandé le matin de faire feu. Sur la déposition d'un sergent qui affirmait le fait, il avoua enfin qu'il avait ordonné de tirer sur le peuple. Le conseil improvisé demanda au général, si, le cas échéant, il agirait de même—— On voulait essayer de le soustraire aux projets de vengeance d'une foule affolée et de ses soldats révoltés et furieux. — Il répondit: « Ce que j'ai fait a été bien fait. »

Une vive discussion s'engage parmi les membres du conseil, désireux de sauver le général Lecomte. Quelques-uns demandent qu'il soit renvoyé salle Robert. Un délégué est dirigé vers la mairie afin d'informer la municipalité du grave événement qui se préparait.

Au dehors, le tumulte grondait toujours. Les exclamations violentes, sanguinaires, sinistres, de cette populace, parvenaient distinctement jusque dans la petite salle où se trouvaient le général et le conseil. Les protestations les plus énergiques s'élevaient contre ces façons sommaires de jugement. L'officier garibaldien surtout insistait pour qu'il eût lieu en règle comme devant l'ennemi.

En ce moment, on amena Clément Thomas. Sans son arrivée, le général Lecomte aurait peut-être été sauvé.

Clément Thomas se promenait sur la place Pigalle lorsqu'on commençait à y élever une barricade. Aperçu et reconnu par un factionnaire, la nouvelle de sa présence se répandit bientôt parmi les gardes nationaux groupés sur la place. L'homme qui avait tant contribué, pendant le siège, à fatiguer inutilement, à décourager la garde nationale, leur parut de bonne prise. Ils décidèrent son arrestation, qui fut immédiatement effectuée. Clément Thomas, accusé de venir inspecter les travaux de défense de Montmartre) protesta vainement de son innocence; il fut entouré par un peloton de gardes nationaux, au nombre de quarante environ. Ce détachement se dirigea par le boulevard Clichy, la rue des Martyrs, la rue Marie-Antoinette et la place Saint-Pierre, vers la butte, et atteignit la rue des Rosiers.

Son arrivée exalta encore l'exaspération de la foule qui stationnait aux abords de la maison où l'on jugeait Lecomte, et qui avait aussi pénétré dans la cour.

Clément Thomas est conduit dans la salle où était réuni le conseil. Il n'est pas procédé à son jugement comme pour Lecomte. On constate son identité. Alors on lui reproche violemment d'avoir fait tirer sur le peuple en 1848, d'avoir fait massacrer inutilement les gardes nationaux à Montrelout. Il répond à peine à ces accusations énergiquement formulées. Aussitôt il est entraîné, par un mouvement de la foule envahissante, hors Je la salle, dans le jardin. Dès qu'il paraît, un tumulte indescriptible se produit. Tous les griefs, toutes les rancunes, toutes les haines, toutes les passions sauvages de cette foule surexcitée se manifestent en un instant sous l'influence de souvenirs multiples: les dures souffrances du siège, l'agonie des siens, la mort de tant d'autres; sacrifices surhumains que l'incapacité ou la trahison des chefs militaires a rendus inutiles. Clément Thomas est l'un d'eux. Comme il descendait les marches, un coup de feu part, son chapeau est traversé par une balle. Il est amené auprès du mur du jardin, le long des pêchers, à gauche. Devant lui se trouve un peloton composé surtout de francs-tireurs et de soldats de la ligne auxquels se mêlèrent quelques gardes nationaux. De tous côtés, une foule immense; les femmes sont en grand nombre. Les murs du jardin sont couronnés de spectateurs. Cette cohue humaine réclame immédiatement l'exécution.

Le peloton d'exécution était commandé par un jeune sous-lieutenant du 169 bataillon, homme d'aspect très-doux que les circonstances amènent à participer à l'un des actes les plus terribles que puissent entraîner les mouvements populaires.

Clément Thomas, très-pâle, se découvre; il veut parler; son émotion l'en empêche. Avant que l'ordre de faire feu ait été donné, une détonation retentit. Clément Thomas tombe, la face contre terre. La fusillade se poursuit.

Le général Lecomte est amené.

Lorsque Clément Thomas eut quitté la salle où était le conseil de guerre, la discussion avait continué, très-animée, à propos du jugement de Lecomte. Ceux qui s'opposaient à son exécution, entre autres l'officier garibaldien, n'étaient plus écoutés. La foule, furieuse, proférait contre eux les plus violentes menaces. Elle les entraîna, en quelque sorte, jusqu'auprès du jardin.

Le général Lecomte fut poussé à côté du corps de Clément Thomas. Il était en proie à une extrême émotion; il tremblait; il fléchissait sur ses jambes.

Cet homme qui, le matin, commandait à trois reprises avec sang-froid, avec calme, de faire feu sur la foule, ne sut pas mourir dignement.

On tire sur lui. Il tombe sur le dos, la face découverte.

La foule se disperse alors. Elle sort par la portsdu jardin qui donne sur une petite ruelle communiquant avec la rue des Rosiers, aux cris répétés de: « Vive la République! Mort aux traîtres! »

Après que la foule se fut écoulée, un assez grand nombre de curieux, amenés par les détonations, entrèrent dans le jardin pour contempler les.cadavres.

Vers six heures, un sergent-major du 169 bataillon, en sortant par la rue des Rosiers, dans le but de commander des bataillons pour la surveillance des ca-

nons, rencontra le citoyen Clémenceau, maire du XVIII arrondissement, qui se disposait à entrer, revêtu de ses insignes municipaux.

Il questionna le sergent-major, sans même pénétrer dans la cour: « Eh bien! qu'y a-t-il?... Et quoi? » — « Us n'existent plus, » répondit le sergent.

M. Clémenceau resta quelques instants dans la rue, accueilli par les murmures de la foule, auxquels il se déroba bientôt en accompagnant jusqu'au Château-Rouge plusieurs officiers supérieurs de la ligne qui venaient d'être arrêtés sur la butte, et qui furent relâchés le lendemain.

La conduite de M. Clémenceau dans la journée du 18 mars a donné lieu aux interprétations les plus diverses, aux jugements les plus opposés.

afin que le lecteur soit complètement informé et puisse se prononcer en pleine connaissance de cause, nous ne croyons pouvoir mieux faire que de reproduire la lettre suivante, écrite et publiée quelques jours après les événements, par le maire de Montmartre, en réponse aux accusations qu'elle relate, formulées publiquement par M. Beugnot, officier d'ordonnance du ministre de la guerre: ...',... Paris, 30 mars 1871.

Monsieur le Rédacteur,

Vous avez publié dans votre numéro du 27 courant un récit de la journée du 18 mars par M. le capitaine Beugnot, officier d'ordonnance du ministre de la guerre.

On me le communique, et j'y relève les deux phrases suivantes:

« Nous tenons seulement à constater que M. Clémenceau n'a paru au milieu de ces scènes honteuses et sanglantes, qu'il aurait pu peut-être empêcher, qu'à six heures du soir, après l'assassinat des deux généraux.

« Ce qui est plus triste à constater, c'est que les autorités municipales de Montmartre ne parurent ni au Château-Rouge ni à la maison de la rue des Rosiers, et ne firent dans la journée aucun effort apparent pour sauver Tes apparences. »

Je ne m'arrête pas à ce qu'il y a de contradictoire à me reprocher, d'une part, de n'être venu qu'à six heures à la

maison de la rue des Rosiers, et, d'autre part, de n'y pas être venu du tout.

Je n'insiste même pas sur une troisième phrase où l'auteur du récit, qu'une émotion bien naturelle a, sans doute, empêché de se rendre un compte exaofcde la situation, se plaint de ce que les efforts que je fis en sa faveur faillirent lui être fatals.

Je veux seulement déclarer que les deux phrases que je viens de citer renferment un reproche que je n'accepte pas et une insinuation sur laquelle je suis heureux de voir M. Beugnot s'expliquer.

Je passai la journée du 18 mars à la mairie, où me retenaient de nombreux devoirs, dont le plus impérieux peut-être était de veiller sur le sort des prisonniers qu'on m'avait amenés le matin. Il est inutile d'ajouter que je n'avais et ne pouvais avoir aucune connaissance des faits qui étaient en train de s'accomplir, et que rien ne pouvait faire prévoir.

J'ignorais absolument l'arrestation du général Clément Thomas, que, sur la foi des journaux, je croyais en Amérique.

Je savais le général Lecomte prisonnier au Château-Rouge; mais le capitaine Mayer, dont le nom revient à plusieurs reprises dans le récit de M. Beugnot et qui avait été chargé par moi de pourvoir à tous les besoins du général, m'avait affirmé que la foule n'était point hostile. Enfin, je m'étais assuré que le Château-Rouge était gardé par plusieurs bataillons de la garde nationale.

De nombreux groupes armés défilèrent tout le jour sur la place de la Mairie au son d'une musique joyeuse. le le répète, rien ne pouvait faire prévoir ce qui se préparait.

Vers quatre heures et demiei le capitaine Mayer accourut et m'apprit que le général Clément Thomas avait élé arrêté, qu'il avait été conduit, ainsi que le général Lecomte, à la maison de la rue des Rosiers, et qu'ils allaient être fusillés si je n'intervenais au plus vite. Je m'élançai dans la rue en compagnie du capitaine Maycr et de deux aulres personnes. J'escaladai la butte en courant.

J'arrivai trop tard. J'omets à dessein de dire quels risques j'ai courus et quelles menaces j'ai bravées au milieu d'une foule surexcitée qui s'en prenait a moi du coup de force tenté le matin par le gouvernement, à mon insu. Je demande seulement à M. le capitaine lieuguot de me dire avec une netteté parfaite ce que j'aurais dû, ce que j'aurais pu faire, que je n'aie pas fait.

Je lui demande surtout de s'expliquer clairement sur la phrase où il reproche aux autorités municipales de Montmartre « de n'avoir pas fait d'efforts apparents pour sauver les apparences. »

Si, ce que je me refuse à croire, il entendait par là que j'ai connu le danger que couraient les deux généraux, et que c'est en connaissance de cause que je me suis abstenu d'intervenir jusqu'à quatre heures et demie (et non pas six), je me verrais dans l'obligation de donner à cette asser tion le démenti le plus formel et le plus catégorique, démenti que je pourrais appuyer du témoignage de personnes qui ne m'ont pas quitté de toute cette journée.

Je vous prie, monsieur le Rédacteur, de vouloir bien publier cette lettre et d'agréer l'assurance de mes sentiments distingués.

Clemenceau,

Ex-maire du xvm *arrondissement.*

Le sergent du 169" bataillon fit relever Clément Thomas. Il était affreusement mutilé. Il avait reçu près d'une quarantaine de balles. On lui recouvrit la figure avec son chapeau.

Le général Lecomte avait été frappe en pleine poitrine; il n'était point défiguré, comme Clément Thomas. Il avait conservé son sabre au côté.

Afin d'éviter que la foule ne vienne plus longtemps regarder les cadavres, le docteur Gouyon, qui arrivait, fit placer des factionnaires chargés de la contenir.

Les cadavres restèrent sur le lieu de l'exécution jusque vers six heures; après quoi on les déposa dans une salle du rez-dechaussée, où ils furent laissés jusqu'à dix heures du soir. Alors, sous la direction du citoyen Clémenceau, on les transporta dans un caveau provisoire, au cimetière situé rue Saint-Vincent, sur le versant de la butte.

Le meurtre des généraux Clément Thomas et Lecomte a été l'objet des récits les plus inexacts. Ainsi, entre autres, le *Journal officiel* du lendemain 19 mars, encore rédigé sous l'inspiration de M. Thiers, publiait la note suivante:

Ce matin, vers midi, le général Lecomte, séparé de ses troupes, a été amené par une bande de forcenés rue des Rosiers, à Montmartre, devant quelques individus prenant le litre de Comité central. Des cris A mort! » se faisaient entendre.

Le général Clément Thomas, survenu peu de temps après, en habit de ville, a été reconnu. Un des assistants s'est écrié: « C'est le général Clément Thomas; son affaire est faite! »

Le général Lecomte et le général Clément Thomas ont été poussés dans un jardin, suivis par une centaine d'hommes. Ils ont été attachés et fusillés. Leurs cadavres ont été mutilés à coups de baïonnette.

Ce crime épouvantable, accompli sous les yeux du Comité central, donne la mesure des horreurs dont Paris est menacé, si les sauvages agitateurs qui troublent la cité et déshonorent la France pouvaient triompher.

Les deux aides de camp du général Lecomte allaient subir le même sort que leur général, quand ils ont été sauvés par l'intervention d'un jeune homme de dix-sept ans, qui s'est écrié que ce qui se passait était horrible; qu'après tout on ne connaissait pas ceux qui prononçaient ces condamnations à mort. Il a réussi à faire épargner les deux jeunes officiers, menacés d'une mort affreuse.

Que la population de Paris, si indulgente jusqu'ici pour les fauteurs de désordres, comprenne enfin qu'elle doit se montrer énergique contre de pareils forfaits, sous peine d'en être complice!

Le rédacteur des lignes précédentes a commis autant d'inexactitudes que d'assertions. Il est visible qu'il ignorait absolument les faits survenus le 18.

Rendre le Comité central responsable des deux meurtres qui ont souillé Montmartre, c'est commettre plus qu'une grave erreur; c'est commettre une calomnie que la mauvaise foi et la crédulité contribuèrent à propager, de telle sorte que, par la suite, on ne désignera plus que par l'épithète *d'assassins* ceux que les circonstances poussèrent au pouvoir dans la soirée du 18 mars.

Le Comité central n'eut connaissance du fait qu'après son accomplissement. Ce n'est pas lui qui a pu le causer ou le provoquer.

L'opinion publique, très-mal renseignée par les journaux sur les faits survenus le 18 mars, a été amenée à faire des confusions regrettables. Elle n'a vu, dans les événements de cette journée, que les effets d'une action occulte, préparée depuis longtemps par le Comité central. Rien n'est moins exact, rien n'est moins conforme à la réalité. Où il n'y eut qu'imprévu et spontanéité, on lui a fait entrevoir des desseins habilement concertés, des plans fidèlement exécutés.

D'abord, le Comité central n'avait pas, à Montmartre, le 18 mars, l'influence prépondérante; elle appartenait au comité de l'arrondissement, dont la direction était suivie par la garde nationale. Et pas plus que celui-ci, ce sous-comité ne peut être déclaré coupable de l'exécution de Clément Thomas et de Lecomte. Ce n'est pas lui qui l'a voulue, qui l'a ordonnée. Sa non participation à ces déplorables événements est attestée par le document suivant, publié quelques jours après le 18 mars; il contient quelques erreurs de fait que le récit précédent a rectifiées d'avance:

Le Comité du XVIII arrondissement (Montmartre) proleste en ces termes contre les récits qui lui imputaient une participation quelconque dans l'assassinat des généraux Clément Thomas et Lecomte:

Les récits les plus contradictoires se répètent sur l'exécution des généraux Clément Thomas et Lecomte. D'après ces bruits, le Comité se serait constitué en cour martiale et aurait prononcé la condamnation des deux généraux.

Le Comité du XVIII arrondissement proteste énergiquement contre ces allégations.

La foule seule, excitée par les provocations de la matinée, a procédé à l'exécution sans aucun jugement.

Les membres du Comité siégeaient à la mairie au moment où l'on vint les avertir du danger que couraient les prisonniers.

Us se rendirent immédiatement sur les lieux pour empêcher un accident: leur énergie se brisa contre la fureur populaire; leur protestation n'eut pour effet que d'irriter cette fureur, et ils ne purent que rester spectateurs passifs de cette exécution.

Le procès-verbal suivant, signé de cinq personnes retenues prisonnières pendant ces événements, qui ont assisté forcément à toutes les péripéties de ce drame, justifiera complètement le comité.

Procès-verbal attestant que les membres du Comité ne tont pour rien dans le fait qui vient de s'accomplir dans le jardin des Rosiers.

Les deux personnes désignées ont été fusillées à quatre heures et demie, contre l'assentiment de tous les membres présents, qui ont fait oe qu'ils ont pu pour empêcher ces accidents, car les victimes de ce fait sont le général Lecomte et un individu en bourgeois désigné par la foule comme élanl Clément Thomas.

Les personnes qui attestent ce qui est ci-dessus désigné ont été amenées par cas d'arrestation.

Le fait a été accompli généralement par des soldats appartenant à la ligne, puis quelques mobiles et quelques gardes nationaux.

Les victimes étaient au Châtcau-Rouge, et c'est en ramenant ces individus que la foule, en s'en emparant, a exécuté cet acte que nous répudions.

Montmartre, le 18 mars 1871.

Signé: Lannes De Montebello (Napoléon-Camille), officier de marine démissionnaire, rue de la Beaume, 51.

Douyille De Aiaii.lefin (Gaston), officier de marine, démissionnaire, 32, rue Blanche.

Leduc, serrurier, 17, rue Fcudaii.

Miradaine (Henri), employé, 6, rue Cuaron.

Léon Marin, 92, rue de Richelieu.

Déposition du citoyen Du fil.

Le citoyen Dùfil (Alexandre), ayant exercé les fonctions de souslieutenant en second (2 escadron) dans le corps franc des *cavaliers de la République,* a assisté à l'exécution des deux accusés Clément Thomas et Lecomte, et affirme que le Comité de légion du XVIII arrondissement a fait tout son possible pour que l'exécution n'ait pas lieu; mais malgré nos efforts, il nous a été impossible d'y remédier, même aux dépens de notre vie.

Signé: Dufil (Alexandre). 19 mars 1871.

Ont également signé les membres du Comité du XVIII arrondissement.

Imputer, après ces explications, à un groupe quelconque, le meurtre des généraux Clément Thomas et Lecomte, serait injuste. Il est le produit regrettable d'une rébellion militaire et d'une effervescence populaire. Le seul auteur du drame odieux qui a ensanglanté, le 18 mars, le jardin de la rue des Rosiers, c'est cette chose souvent abjecte et violente qu'on appelle la foule, qui n'est capable que d'exagérations, et se laisse plutôt entraîner par la passion qui irrite et envenime, que guider par la raison qui argumente et concilie.

De Montmartre le mouvement insurrectionnel avait rapidement gagné les autres quartiers de Paris où prédomine l'élément ouvrier. Sur divers points de La Chapelle, de La Villette, de Belleville, de Charonne, du faubourg Saint-Antoine, du faubourg du Temple, des Gobelins, de Montrouge, de Vaugirard, de Grenelle, des Batignolles, s'élevaient des barricades. Les plus importames étaient garnies de canons ou de mitrailleuses. Ces travaux de défense, commencés dans l'après-midi, ne furent achevés qu'assez tard dans la nuit.

Dans la journée, vers trois heures, les portes de la' caserne du Prince-Eugène (place du Château-d'Eau) avaient été ouvertes de force par des gardes nationaux et des mobiles de la Seine. L'on allait et venait dans l'intérieur, malgré les efforts des officiers. Des gardes nationaux et des individus en bourgeois désarmaient les soldats qui y étaient casernés et s'en allaient avec les chassepots soustraits à la troupe.

Sur l'ordre de l'autorité militaire, les diverses casernes dela capitale étaient évacuées.

Que prévoyait donc le gouvernement? que faisait-il? quels étaient ses desseins?

Réuni pendant toute cette journée au ministère des affaires étrangères, quai d'Orsay, le gouvernement y recevait de fréquences délégations. La plupart avaient pour objet de l'informer exactement de la gravité du mouvement qui se propageait, et de proposer, d'urgence, à son adoption, les mesures jugées nécessaires pour le contenir et le modérer.

C'est ainsi que les délégués choisis par la réunion qui *avait* eu lieu à deux heures à la mairie du XVIII arrondissement firent part à M. Picard, ministre de l'intérieur, des dema'ndes qu'on les avait chargés de transmettre au gouvernement. M. Picard, se trouvant alors éloigné de ses collègues, ne crut pas devoir y faire une réponse formelle. Il déclara que le conseil des ministres serait probablement d'avis de remplacer le général Vinoy, de substituer le général Faidherbe au général d'Aurelles de Paladines; toutefois, il ne concéderait point l'élection du commandant en chef de la garde nationale.

Mais l'importance, la gravité du soulèvement populaire, qui s'accentuaient d'heure en heure, devaient modifier les intentions gouvernementales.

Les municipalités n'étaient pas restées spectatrices passives de l'agitation de Paris. Par leur constitution même, par leurs rapports constants avec la population, elles pouvaient, elles devaient connaître ses aspirations et ses désirs. Aussi se réunirent-elles plusieurs fois dans cette journée.

Une première réunion se tint vers trois heures à la mairie du II arrondissement. Les maires et adjoints y avaient été convoqués par le cit. Bonvalet, maire du III arrondissement, et les députés de Paris par le cit. Tolain, adjoint au XI arrondissement et représentant du peuple.

Quoique la situation fut jugée très-grave, l'assemblée, avant de prendre des résolutions, voulut avoir de plus amples renseignements sur les événements survenus depuis le matin, et connaître l'avis du gouvernement. A cet effet, une députation fut envoyée auprès de M. Thiers pendant que MM. Bonvalet et Tirard se rendaient chez le général d'Aurelles de Paladines. M. Thiers n'étant pas visible, on s'adressa à M. Picard, qui répondit ne pouvoir prendre aucune décision sans l'assentiment de ses collègues. Quant au général d'Aurelles, il fit quelques déclarations importantes à consigner. Il se serait tout d'abord disculpé complètement de toute responsabilité pour l'attaque de la nuit. Puis il aurait ajouté: « Ce sont les avocats qui l'ont voulue. Cependant je leur « avais bien dit que cela se terminerait ainsi. Ils ont cru pouvoir d compter sur l'armée, et l'armée fraternise avec l'émeute. Réu« nissez-vous, Messieurs, et décidez. Le sort de Paris, que dis-je, « le sort de la France, est entre vos mains. »

Voilà une indication précieuse à conserver. Ce sont messieurs les avocats du gouvernement, et en disant cela, le général d'Aurelles a voulu très-vraisemblablement désigner MM. Picard et Jules Favre, qui, d'accord avec le général Vinoy, ont conseillé la tentative de la nuit.

A six heures eut lieu, à la mairie du I arrondissement, une autre réunion des municipalités et des députés de Paris. Il y fut

N nommé une délégation de douze membres chargés d'aller demander au gouvernement: 1 La nomination du colonel Langlois, représentant de Paris, comme commandant en chef de la garde nationale. L'assemblée pensait que cette nomination satisferait la majeure partie de la garde nationale dans laquelle le cit. Langlois s'était acquis de nombreuses sympathies par sa courageuse conduite pendant le siège; 2 La nomination du cit. Dorian comme maire de Paris; 3 Les élections municipales immédiates; 4 L'assurance que la garde nationale ne serait pas désarmée.

Après des pourparlers avec M. Hendlé, secrétaire de M. Jules Favre, cette délégation fut reçue par le ministre des affaires étrangères. Il commença par demander si la nouvelle de l'exécution de Clément Thomas et de Lecomte était authentique. On lui répondit affirmati-

vement. — « Alors, il n'est plus possible, dit-il, de faire aucune concession. Demain nous ferons appel à la garde nationale; nous nous mettrons à sa tête et essaierons de maîtriser cette insurrection. » Il fut impossible d'argumenter, de raisonner avec lui. Les maires déclarèrent formellement qu'ils croyaient qu'il y avait encore des issues possibles à une situation que chaque heure aggravait. M. Jules Favre ne voulut rien entendre. En terminant l'entrevue, il annonça qu'il soumettrait à ses collègues les propositions des municipalités.

« On ne discute pas, on ne parlemente pas avec l'émeute; on ne traite pas avec des assassins! » Nous entendrons fréquemment répéter ces paroles dans les jours qui vont suivre. Hélas! ce n'est pas par des phrases toutes faites, à l'usage de tous les gouvernements qui ont eu à compter avec les emportements populaires, ce n'est pas par des lamentations sur l'iniquité des hommes que l'on fait œuvre d'homme politique, que l'on parvient à concilier les intérêts, à apaiser les passions que l'on a imprudemment excitées. M. Jules Favre aurait dû se souvenir que lorsqu'on remplit les fonctions de ministre, on doit être, avant tout, un homme d'État; c'est-à-dire rechercher, sans se laisser dominer par ses sentiments personnels, toutes les combinaisons qui, par leur immédiate application, peuvent calmer les esprits, faire cesser le trouble.

Vers neuf heures, M. Jules Mahias, secrétaire de la mairie de Paris sous la direction de M. Jules Ferry, vint avertir la réunion des maires, restée en permanence, que l'Hôtel-de-Ville était désert. Sur l'ordre du général Vinoy, les troupes qui l'occupaient venaient de l'évacuer M. Jules Mabias supplia les maires d'aller en prendre possession.. Une délégation fut nommée à cet effet. Elle arrivait à l'Hôtel-de-Ville vers onze heures et demie, lorsque des bataillons de garde nationale aux ordres du Comité central y pénétraient. Les délégués firent connaître aux gardes nationaux l'objet de leur venue. On leur répondit que la garde nationale saurait maintenir l'ordre dans J'Hôtel-de-Ville, que ce soin ne regardait pas les maires.

Quelques membres du Comité central, qui suivaient presque immédiatement les bataillons, confirmèrent leur déclaration et ajoutèrent que le maintien de l'ordre dans l'Hôtel-de-Ville les concernait exclusivement.

La délégation des maires vint rendre compte de sa mission à la mairie du I« arrondissement, où M. Jules Ferry s'était réfugié après avoir quitté l'un des derniers l'Hôtel-de-Ville.

Le Comité central ayant été prévenu de ce fait envoya un détachement de gardes nationaux cerner cette mairie. En en sortant chacun donnait son nom. M. Jules Ferry put échapper à cette formalité et sedéiober aux recherches des gardes nationaux, en fuyant par une petite porte donnant accès sur la cour située entre la mairie et l'église Saint-Germain TAùxerrois. On avait omis de faire garder cette issue.

Les municipalités et les députés de Paris se transportèrent alors à la mairie du II arrondissement, où M. Labiche, secrétaire du ministre de l'intérieur, leur apporta, vers minuit et demi, la réponse du gouvernement à leurs propositions. Il leur transmit la nomination du colonel Langlois au commandement en chef de la garde nationale, signée par le chef du pouvoir exécutif, M. Thiers; ik promesse de la nomination du citoyen Dorian à la mairie de Paris, et celle de faire procéder prochainement à l'élection d'un conseil municipal. .'

Ces concessions du gouvernement, qui auraient dû être faites à la nécessité des choses depuis plusieurs heures, ne donnaient pas complète satisfaction aux désirs des maires; mais, au moins, elles manifestaient un sens politique et pratique, dont M. Jules Favre s'était montré bien dénué. Accordées plus tôt, vers le milieu de la journée, elles eussent probablement empêché l'effervescence populaire dé produire une révolution.

Cet atermoiement du pouvoir, qui se détermine à consentir, incomplètement et trop tard, aux mesures exigées par la situation, est l'éternelle histoire des gouvernements en France. Ne sachant pas se mettre en communication avec le peuple, ils ignorent ses besoins et ses tendances. Lorsque survient une crise, le pouvoir, n'étant pas éclairé sur ses véritables causes, croit devoir opposer sa force d'inertie aux réclamations faites. Alors, au lieu d'un dénouement pacifique et progressif, le mouvement évolutif suscite des catastrophes violentes préjudiciables à la société, et aussi au gouvernement, qui en est souvent la première victime.

Immédiatement après avoir appris sa nomination, le citoyen Langlois rédigea un ordre du jour adresse à la garde nationale. 111e soumit à ses collègues et se rendit à l'Hôtel-de-Ville, où il informa les membres du Comité des décisions du gouvernement. Le Comité central lui demanda qui l'avait nommé. — « M. Thiers, « dit-il. » — « Nous ne reconnaissons pas son autorité; nous « nommerons nous-mêmes notre chef, » lui répliqua le Comité.

En présence de semblables prétentions, le citoyen Langlois, qui n'avait pas à les discuter, revint à la Mairie du II arrondissement. 11 apprit à la réunion de quelle façon les concessions du gouvernement étaient accueillies par le Comité central. « De ce « conflit de pouvoirs va surgir une lutte, dit-il. Je ne puis accep « ter de diriger la guerre civile; je ne veux pas être le généralde « la réaction. » Et le citoyen Langlois s'empressa d'aller reprendre au *Journal officiel* son ordre du jour qui, déjà composé, devait paraître le lendemain matin.

Le gouvernement avait donné aux troupes l'ordre d'évacuer les casernes. Dans l'après-midi et dans la nuit on dirigea les régiments sur Versailles. Il est remarquable que la garde nationale ne se soit pas opposée à leur sortie; et cependant quelques-uns d'entre eux, pour quitter Paris, franchirent des quartiers trèspopuleux, où des bataillons de gardes nationaux, adhérents à la *Fédération*, étaient sur pied. Il eût été très-facile de retenir la plupart des régiments dans la capitale. On aurait ainsi soustrait au gouvernement des ressources trèsutiles, ce qui lui eût occasionné, au moins au début, de nouveaux embarras. Pourquoi la garde nationale insurgée ne le fit-elle pas? C'est qu'elle manquait de direction; c'est que, pendant cette jour-

née du 18 mars, son mouvement fut tout spontané. Il fut provoqué, dans chacun dès quartiers excentriques, par le *comité d'arrondissement*. Ces comités ne se concertèrent pas pour une action commune; à peine échangèrent-ils entre eux quelques correspondances. Ceci explique pourquoi, dans certains arrondissements, les mouvements de la garde nationale paraissaient si mal ordonnés. Beaucoup de bataillons étaient en marche, suivis de canons, mais leur promenade n'avait pas de but déterminé. Cette démonstration de forces était, en fait, plus apparente que réelle. Imposante par le nombre, elle n'eût pas été capable de soutenir une lutte un peu sérieuse. Beaucoup de bataillons n'avaient pas de cartouches à leur disposition; on ne s'était pas encore emparé des poudrières, et l'on ne possédait pas de munitions pour les canons et les mitrailleuses.

A Montmartre et à Belleville, l'organisation était cependant meilleure. Le commandement, mieux entendu, dirigeait des forces susceptibles de soutenir une résistance prévue. La disposition des lieux lui était beaucoup plus favorable qu'ailleurs. On avait une assez grande quantité de cartouches et de munitions.

Le manque de direction générale, de coordination dans les mouvements de la garde nationale, provenait de l'impossibilité où se trouvait le Comité central de se réunir au complet. Les trois membres par arrondissement, dont l'ensemble le constituait, étaient retenus, occupés, dans leurs quartiers respectifs. Il n'y avait donc pas moyen de prendre une résolution en commun. Chacun agissait, dans son arrondissement, d'après sa propre inspiration.

Dans la nuit du 17 au 18 mars, il y avait bien eu réunion du Comité central; mais aucun plan militaire, aucune mesure, n'avaient été adoptés en prévision d'une provocation du gouvernement. On la pressentait, mais on ne la croyait pas prochaine, imminente. Cependant, quelques membres du Comité parvinrent à se réunir en divers groupes; ils siégèrent rue de l'Entrepôt, chaussée Clignancourt et rue Basfroy.

Le gouvernement faisait insensiblement ses préparatifs de départ, et il donnait en conséquence, dans les divers postes encore occupés par la garde nationale d'ordre, la consigne de ne pas opposer de résistance à la garde nationale révolutionnaire si elle se présentait pour en prendre possession.

C'est ainsi que vers neuf heures du soir, un bataillon de gardes nationaux venant de Montmartre, et commandé par les citoyens Bergeret et Arnold, s'empara de la place Vendôme, gardée alors par des détachements du 1 bataillon, sans que celui-ci tentât de s'y opposer. Il se replia en bon ordre, laissant au pouvoir des nouveaux arrivants le Ministère de la Justice, la place de Paris, déserte depuis quelque temps déjà, et l'état-major de la garde nationale.

Un bataillon adhérant à la Fédération avait envahi, vers cinq heures, la gare du chemin de fer d'Orléans. A l'arrivée des trains, il procédait à leur visite. On découvrit dans l'un d'eux le général Chanzy, qui venait de Tours. Il fut immédiatement arrêté. M. Turquet, député de l'Aisne, qui arrivait par le même train, fit entendre des protestations contre cette arrestation, qui ne lui paraissait pas légitime. On l'arrêta. Entourés par un peloton de gardes nationaux, tous deux furent environnés par une foule furieuse, qui aurait peut-être maltraité e général Chanzy, si le citoyen Léo Meillet, adjoint au XIf arrondissement, n'était courageusement intervenu. Grâce à son influence, il parvint, non sans difficultés, à les dérober aux vociférations de la foule. Les deux prisonniers furent envoyés à la prison de la Santé.

Pendant la nuit, la plupart des ministères et l'Imprimerie nationale furent occupés par la garde nationale insurgée.

Nous avons dit que l'Hôtel-de-Ville avait été envahi, vers onze heures et demie, par plusieurs bataillons, et que, bientôt après, quelques membres du Comité central y pénétraient; mais ils n'étaient pas assez nombreux pour pouvoir se constituer et délibérer. Ce n'est que le dimanche matin, de très-bonne heure, que tous les membres du Comité furent invités, par estafette, à se rendre à l'H&tel-de-Ville.

Quelques membres du gouvernement restèrent jusqu'à une heure avancée de la nuit, au ministère des affaires étrangères. Puis, toutes les dispositions étant prises, l'armée étant sortie de Paris, ils se dirigèrent sur Versailles.

Cette conduite fut sévèrement jugée par la classe bourgeoise lorsqu'elle se trouva, le lendemain, livrée à ses seules forces, abandonnée par le gouvernement, en présence d'une insurrection provoquée par sa maladresse et victorieuse par suite de sa faiblesse. Elle appela cette retraite subite une désertion.

Dans la journée du 18 mars, le gouvernement fit preuve d'ignorance et d'inhabileté.

Il fut coupable d'ignorance, car il ne connaissait pas quelle était la puissance du Comité central, quelle était sa force d'organisation. Il ne savait pas à quel point les esprits étaient surexcités; il n'était pas renseigné sur l'état de l'opinion; il ne se doutait point des conséquences que son projet intempestif allait peut-être provoquer.

Le gouvernement fut coupable d'inhabileté, car après avoir commencé si maladroitement l'action de reprise des canons, il devait, ou la continuer jusqu'à complète réussite, conformément à l'engagement pris dans sa proclamation du matin, ou faire droit, à temps, aux légitimes réclamations de la population, de façon à calmer son effervescence, en obtenant, par un arrangement amiable, la reddition des canons, objets du conflit.

Le gouvernement ne sut prendre ni l'un ni l'autre de ces partis.

Il présuma que les bataillons de garde nationale, dont le Comité central était la représentation, étaient tous disposés à une résistance qu'il serait difficile de vaincre; qu'ils étaient capables d'une action persistante dont l'anéantissement exigerait de longs efforts. Le gouvernement se trompait.

Il ne sut pas comprendre ce qu'il y avait de légitime et d'immédiatement réalisable dans les besoins manifestés par la population parisienne qui, ce jour-là, était très-indécise, très-peu fixée sur les moyens à employer pour faire prévaloir ses vagues aspirations. Une seule chose était nette dans l'esprit des Parisiens: leur ardent désir de conserver la République, leur inébranlable résolution de s'opposer à sa destruction. Eh bien! le gouvernement aurait pu, s'il l'avait voulu, donner satisfaction, au moins provisoirement, à ces tendances, et éviter ainsi l'insurrection. Il préféra quitter Paris et se déclarer vaincu, ou mieux, impuissant et incapable, car il n'y avait pas eu, en réalité, de collision décisive.

Dans la séance de l'Assemblée nationale du 21 mars, M. Thiers a cherché à justifier cette fuite du gouvernement. Elle aurait eu pour but de ne pas le séparer de P Assemblée dont il est issu; de ramener l'armée sur la rive gauche de la Seine; de la dérober à l'influence funeste du milieu parisien pour procéder à sa réorganisation, de façon à constituer à l'Assemblée une « garde fidèle, » qui assurât la liberté de ses délibérations.

Pour produire ces résultats, il n'était pas nécessaire que le gouvernement abandonnât Paris, ce qui laissait le champ libre à l'insurrection. Celle-ci a été admirablement favorisée par les circonstances.

Le Comité central qui, d'après les statuts de la Fédération, « avait pour mission de veiller au maintien de l'armement de tous « les corps spéciaux et autres de la garde nationale, et *de préve« nir toute tentative qui aurait pour but le renversement de la « République,* » était, en effet, poussé par la force des choses, à se transporter à l'Hôtel-de-Ville pour essayer d'y suppléer le gouvernement évanoui, — prétention qu'il n'avait certes point, la veille au soir.

L'impression générale fut que, dans cette fuite du gouvernement, il y eut autant de pusillanimité que de prétendue prudence.

Dimanche 19 mars 1891

Le dimanche 19, au matin, le *Journal officiel,* encore aux mains du Gouvernement, publiait les proclamations suivantes:

Le Gouvernement, voulant éviter une collision, a usé de patience et de temporisation envers des hommes qu'il espérait par là ramener au bon sens et au devoir. Ces hommes, se plaçant en révolte ouverte contre la loi, s'étaient constitués en comité insurrectionnel, ordonnant à la garde nationale de désobéir à ses chefs légitimes. C'est à leur action qu'a été due la résistance opposée à la reprise des canons que l'autorité militaire voulait replacer dans leurs arsenaux, sous la garde de la garde nationale et de l'armée. La ville entière s'était émue de l'établissement de redoutes sur les hauteurs de Montmartre et des buttes Chaumont, et tout homme d'un peu de bon sens comprenait combien il était à la fois ridicule et criminel de déployer contre Paris cet attirail menaçant.

Tant qu'un pareil état de choses se prolongeait, la reprise du travail était impossible, la province s'éloignait de la capitale, et toute espérance de crédit et de prospérité était indéfiniment ajournée. Après avoir épuisé toutes les voies de conciliation, le Gouvernement a senti qu'il était de son devoir de faire respecter la loi et de rendre à la garde nationale son autorité légale. Ce matin, à la pointe du jour, les hauteurs ont été enlevées, les canons allaient être reconduits aux arsenaux sous l'escorte de la troupe, lorsque des gardes nationaux armés et d'autres sans armes, excitant et entraînant la foule, se sont jetés sur nos soldats et leur ont arraché leurs armes. Plusieurs bataillons ont été cernés, d'autres forcés de se replier. A partir de ce moment, l'émeute a été maîtresse du terrain. Nous racontons plus bas comment ses criminels artisans ont mis en arrestation le général Lecomte et le général Clément Thomas, qui se trouvaient dans la mêlée, et comment ces deux captifs ont été lâchement assassinés.

La journée s'est terminée dans le désordre sans que la garde nationale, convoquée, cependant, dès le matin par le rappel, parût en nombre suffisant pour le réprimer sur le théâtre où il se développait. Ce soir, l'insurrection a envahi l'état-major de la garde nationale. On se demande avec une douloureuse stupeur quel peut être le but de ce coupable attentat; des malveillants n'ont pas craint de répandre le bruit que le Gouvernement préparait un coup d'État, que plusieurs républicains étaient arrêtés. Ce sont d'odieuses calomnies. Le Gouvernement, issu d'une Assemblée nommée par le suffrage universel, a plusieurs fois déclaré qu'il voulait fonder la République. Ceux qui veulent la renverser sont les hommes de désordre, les assassins qui ne craignent pas de semer l'épouvante et la mort dans une cité qui ne peut se sauver que par le calme, le respect des lois. Ces hommes ne peuvent être que les stipendiés de l'ennemi ou du despotisme. Leurs crimes, nous l'espérons, soulèveront la juste indignation de la population de Paris, qui sera debout pour leur infliger le châtiment qu'ils méritent.

GARDES NATIONAUX DE PARIS

Un comité, prenant le nom de Comité central, après s'être emparé d'un certain nombre de canons, a couvert Paris de barricades, et a pris possession pendant la nuit du ministère de la justice.

Il a tiré sur les défenseurs de l'ordre; il a fait des prisonniers, il a assassiné de sang-froid le général Clément Thomas et un général de l'armée française, le général Lecomte.

Quels sont les membres de ce comité?

Personne à Paris ne les connaît; leurs noms sont nouveaux pour tout le monde. Nul ne saurait même dire à quel parti ils appartiennent. Sontils communistes, ou bonapartistes, ou prussiens? Sont-ils les agents d'une triple coalition? Quels qu'ils soient, ce sont les ennemis de Paris, qu'ils livrent au pillage; de la France, qu'ils livrent aux Prussiens; de la République, qu'ils livreront au despotisme. Les crimes abominables qu'ils ont commis ôtent toute excuse à ceux qui oseraient ou les suivre ou les subir.

Voulez-vous prendre la responsabilité de leurs assassinats et des ruines qu'ils vont accumuler? Alors, demeurez chez vous! Mais si vous avez souci de l'honneur et de vos intérêts les plus sacrés, ralliez-vous au gouvernement de la République et à l'Assemblée nationale.

Paris, 49 mars 1871.

Les ministres présents à Paris,
DUFAURE, JULES FAVRE, ERNEST PICARD, JCI.ES SIMON,

AMIRAL FOTBCAC, GÉNÉRAL LE FLÔ.

Les explications que nous ayons précédemment données sur le Comité central de la garde nationale et sur l'affaire des canons de Montmartre, ainsi que le récit des faits du 18, mettent à même de juger de ce qu'il peut y avoir de juste ou d'erroné dans la première de ces pièces. La note relative à l'exécution des généraux Lecomte et Clément Thomas, à laquelle il y est fait allusion, a été insérée plus haut, à propos de cet épisode.

La seconde proclamation était un dernier appel, un appel désespéré, à cette garde nationale « d'ordre » qui, après s'être montrée le 18 en petit nombre, avait subitement disparu dans la nuit.

Beaucoup, à Paris, s'attendaient pour le dimanche à une démonstration sérieuse, réelle, des « hommes d'ordre », et l'on fut quelque peu surpris en apprenant que les Ministères, l'État-Major de la place Vendôme, l'Imprimerie nationale, avaient été occupés dans la nuit par l'insurrection, sans qu'elle rencontrât la moindre résistance.

Le succès de ce mouvement, qui n'avait point été voulu, cherché, calculé par ceux qui le faisaient, était dès lors assez certain pour que personne ne le contestât. Le *Temps,* qu'on ne saurait soupçonner d'un optimisme démesuré en faveur de l'émeute, disait le soir même: « L'insurrection a vaincu sur tous les points, et « presque sans combat, par la défection de l'armée, la conni« vence d'une partie de la garde nationale, et l'indifférence de « l'autre. »

« L'indifférence! » ce n'était point là le côté le moins singulier de la physionomie publique en ces premiers jours de révolution. Malgré les appels les plus pressants du pouvoir, malgré la certitude que l'armée ne donnerait pas son concours à une action répressive, bien peu étaient venus se ranger autour du gouvernement pour rétablir l'ordre ébranlé. Les partisans de l'ordre restaient chez eux.

Est-ce, comme on l'a dit, que le décret sur les loyers et la loi sur les échéances, qui menaient tant de gens vers la gêne ou la ruine, avaient suscité

des mécontentements assez vifs pour qu'ils en vinssent à abandonner les hommes à qui ils semblaient devoir plus que jamais, en cet instant de crise grave, prêter leur appui? Cette cause agissait sûrement sur l'esprit général de la bourgeoisie; mais d'autres encore venaient s'y ajouter et contribuaient chacune pour "sa part à déterminer l'inaction, l'inertie des conservateurs. D'abord, un certain mépris pour les anciens membres du gouvernement de la défense nationale faisant partie du ministère actuel, demeurait encore profondément enraciné dans les esprits, chez qui le temps n'avait pu effacer si promptement le souvenir des fautes commises durant le siège et des souffrances de toutes natures qu'elles avaient entraînées. En outre, l'attaque maladroite de la veille faisait au plus grand nombre une impression fâcheuse. Il n'est pas téméraire, croyons-nous, d'ajouter à cela l'absence de convictions profondes chez l'élément conservateur, soucieux peutêtre de voir persister l'ordre de choses qui lui agréait, sans y avoir pourtant foi suffisante pour concourir efficacement à son maintien. Causes multiples, effet unique: l'indifférence, l'inertie.

L'Opinion nationale, le 19 au soir, publiait à ce sujet quelques réflexions énergiques.;

Après avoir rappelé en termes vifs les faits écoulés depuis la veille, ce journal disait:

« Mais, selon nous, il y a quelque chose de plus abominable

« encore, c'est la lâcheté, la mollesse, l'inertie, l'égoïsme de la

« population soi-disant honnête, subissant toutes ces infamies avec

« une parfaite résignation. C'est cette garde nationale des quar

« tiers centraux, envoyant trente hommes par compagnie, quatre

« vingts hommes par bataillon de douze cents hommes; ces bou

« tiquiers ne voulant pas quitter leur boutique, et s'en remettant

« à la ligne ou la Providence pour les sauver. »

Un motif moins regrettable d'iDaction agissait sur quelques-uns; et nous avons entendu prononcer cas paroles, dans un groupe auquel nous nous étions mêlés : « Entre l'anarchie à Paris et la « monarchie à Versailles, il est difficile de prendre parti. »

Quoi qu'il en soit, ce fut un sujet d'étonnement, nous dirions presque de tristesse, pour ceux qui, considérant les choses d'un point de vue élevé et abstraction faite de toute divergence d'opinions, voient avec peine une cause qui compte des partisans être réduite à néant, au moins momentanément, faute de défenseurs qui se produisent.

Le même sentiment d'indifférence prédominait parmi les groupes formés autour des affiches que fit apposer vers midi le Comité central.

L'une était adressée au peuple, l'autre à la garde nationale. RÉPUBLIQUE FRANÇAISE *Liberté.* — *Égalité.* — *Fraternité*

AU PEUPLE

Citoyens,

Le peuple de Paris a secoué le joug qu'on essayait de lui imposer.

Calme, impassible dans sa force, il a attendu sans crainte comme sans provocation les fous éhontés qui voulaient toucher à la République.

Cette fois, nos frères de l'armée n'ont pas voulu porter la main sur l'arche sainte de nos libertés. Merci à tous, et que Paris et la France jettent ensemble les bases d'une République acclamée avec toutes ses conséquences, le seul Gouvernement qui fermera pour toujours l'ère des invasions et des guerres civiles.

L'état de siège est levé.

Le peuple de Paris est convoqué dans ses sections pour faire ses élections communales.

La sûreté de tous les citoyens est assurée par le concours de la garde nationale.

Hôtel-de-Ville, Paris, le 19 mars 1871.

Le Comité central de la garde nationale:

Assi. — Billioray. — Ferrat. — Babick. — Edouard Moreau. — G. Dupost. — Varlin. — Boursier. — Mortier. — Gouhier. — Lavalette. —

Fr. Jocrde.
— Rousseau.— Ch. Lullier. — Blanchet.— J. Groi.-
LARD. — Barroxjd. — H. GÉRESME. — Fabre. —

Pougeret. AUX GARDES NATIONAUX DE PARIS

Citoyens,

Vous nous aviez chargés d'organiser la défense de Paris et de vos droits.

Nous avons conscience d'avoir rempli cette mission: aidés par votre généreux courage et votre admirable sang-froid, nous avons chassé ce gouvernement qui nous trahissait.

A ce moment, notre mandat est expiré, et nous vous le rapportons, car nous ne prétendons pas prendre la place de ceux que le souffle populaire, vient de renverser.

Préparez doue et faites de suite vos élections communales, et donnez-nous pour récompense la seule que nous ayons jamais espérée: celle de vous voir établir la véritable République.

En attendant, nous conservons, au nom du peuple, l'Hôtel-de-Ville.

Hôtel-de-Ville, Paris, le 19 mars 1871.

Le Comité central de la garde nationale:

Assi. — Bilmoray. — Ferrat. — Babick. — Edouard Moreau. — C. Dupont. — Varlin. — Boursier. — Mortier. — Gochier. — Lavalette. — Fr. Jourde, —Rousseau. — Ch. Lullier.— Blanchet.—J. GrolLard. — Barroud. — H. Géresme — Fabre. —

POUGERET.

La seule réflexion que ces affiches suscitaient dans la foule était relative aux noms des signataires, pour la plupart inconnus.

On lisait, puis on s'en allait; à peine de temps à autre se faisaient entendre ces mots: « Qu'est-ce que c'est que ces gens-là? » ou, plus rarement encore, quelque qualificatif déplaisant à l'adresse des membres du Comité central et de leurs partisans. Les affiches elles-mêmes étaient d'ailleurs respectées. Contrairement à ce qui se passe habituellement lorsqu'une démonstration publique, surtout partie d'un pouvoir nouveau, blesse les convictions, les sen-

timents d'une fraction de la population, on n'en rencontrait point qui fussent lacérées. Le seul grief vraiment articulé se résumait en ce mot: « Inconnus 1 »

Les origines du Comité central, que nous avons exposées plus haut avec un suffisant détail, montrent que si ces noms apposés au bas des affiches étaient en effet inconnus en majeure partie, ce n'était pas faute d'une réelle publicité donnée aux actes qui les avaient mis en avant. Les réunions qui avaient donné naissance à ce Comité furent, nous l'avons constaté, publiquement annoncées, et leurs procès-verbaux insérés dans les journaux. La garde nationale tout entière, — et elle était devenue, par suite des circonstances, l'ensemble des citoyens de Paris, — avait été appelée à nommer les hommes dont les noms semblaient à ce moment surprendre la foule.

En dehors de ces considérations, que valait par lui-même ce reproche de porter des noms jusque-là ignorés? Notre histoire n'est-elle pas remplie du souvenir de gens qui tout d'un coup se sont montrés capables de grandes choses, quand la veille personne ne savait même leur existence?

Mais c'est un reste parmi nous d'un vieil esprit d'aristocratie, dont nous prétendons être exempts plus que nous ne le sommes en réalité, qui fait que, en tant de sortes de choses, nous commençons, avant de connaître et de juger l'œuvre, par nous enquérir si celui qui la fait est célèbre, ou pour le moins connu.

Ces noms ignorés dont on s'étonnait, étaient, sauf très-peu d'exceptions, des noms d'ouvriers, de prolétaires. Et ceux qui sont familiers avec le mouvement politique et social contemporain pressentaient, en les lisant, l'importance, la gravité possible des conséquences que pouvait amener à prochaine échéance le mouvement qui venait de se produire avec une si remarquable spontanéité.

Les bataillons révolutionnaires circulaient dans Paris, au milieu des promeneurs, que la situation nouvelle ne semblait nullement empêcher de profiter d'une journée remarquablement belle.

A Montmartre, grande affluence de monde: on circulait sans encombre autour des barricades nombreuses que les gardes nationaux achevaient de mettre en état. Les canons mis en position derrière ces barricades étaient, pour les promeneurs, un objet de curiosité plus que de terreur. En somme, sauf les allées et venues d'un grand nombre de gardes nationaux en armes, on eût dit un dimanche ordinaire. Le calme semblait être partout et n'avoir jamais cessé de régner.

Quelques journaux exprimèrent des appréhensions en ce qui concernait les Prussiens; ils se demandaient quelle attitude allaient prendre les troupes allemandes qui occupaient les alentours de Paris, en présence des événements qui venaient de s'accomplir. Quelques-uns même allaient jusqu'à prévoir leur entrée dans Paris dans un délai très-bref. »

Les journaux plus spécialement dévoués au gouvernement, comme *l'Électeur libre,* voulaient voir surtout dans les faits récents un mouvement bonapartiste. « L'or et l'argent bonapar« tistes, » dit le journal que nous indiquons, « se remuent et « cherchent des complices. — Et qui sait si les canons de Mont« martre, qui n'ont l'air de cacher qu'un vain essai de terreur « socialiste, ne révèlent pas autre chose? — Qui sait si ces canons « ne sont pas vendus et payés, déjà inscrits au registre des dé« penses à Wilhelmshœ? »

M. Thiers expédiait la circulaire suivante dans les départements: 19 mars 1871, 8 h. 25 m. du matin.

Le gouvernement tout entier est réuni à Versailles; l'A»semblée s'y réunit également.

L'armée, au nombre de 40,000 hommes, s'y est concentrée en bon ordre, sous le commandement du général Vinoy. Toutes les autorités, tous les chefs de l'armée, y sont arrivés.

Les autorités civiles et militaires n'exécuteront d'autres ordres que ceux du gouvernement légal résidant à Versailles, sous peine d'être considérées comme en état de forfaiture.

Les membres de l'Assemblée nationale sont invités à accélérer leur retour pour être tous présents à la séance du 20 mars.

La présente dépêche sera livrée à la connaissance du public.

A. Thiers.

En même temps, tous les employés des ministères recevaient communication d'une note conçue en ces termes:

« D'après l'ordre du chef du pouvoir exécutif, vous êtes invité à vous rendre à Versailles aussitôt que possible, pour vous mettre à la disposition du gouvernement. »

On s'occupait, en effet, de préparer dans le palais les locaux nécessaires à l'installation des divers services. Quelques députés étaient réunis au lieu préparé pour les séances de l'Assemblée; et M. Thiers leur expliquait comment le gouvernement avait été obligé de fuir de Paris, ajoutant qu'ils étaient en sécurité à Versailles.

« N'étant pas sûrs de la troupe, disait-il, la garde nationale « n'ayant pas répondu à l'appel du ministre de l'intérieur, ce que « nous avions de mieux à faire, c'était d'abandonner Paris à lui« même. C'est ce que nous avons fait; il ne reste plus à Paris ni « un homme des troupes régulières, ni un ministre, ni un fonc« tionnaire.

« Demain, vous aurez ici quarante mille hommes, avec un assez « grand nombre de mitrailleuses; vous pourrez donc délibérer en « paix, sans crainte de Paris. Les départements sont prévenus, et « je ne doute pas qu'ils soient prêts à soutenir le gouvernement « issu du suffrage universel, D

Tel était le sens, sinon le texte même de ses paroles.

Les députés et les maires de Paris n'étaient pas restés inactifs pendant cette journée. Ils s'étaient réunis une première fois, à deux heures, à la mairie du III arrondissement. Environ quarante chefs de bataillons de la garde nationale s'y étaient également rendus pour conférer avec eux.

Dans cette première réunion, on était d'avis que, le gouvernement ayant fui, il fallait laisser la garde nationale nommer ses chefs, et le Comité central organiser sa force de résistance dans Paris. Mais le désir général était que la garde nationale demeurât absolument sur la défensive; et, pour cela, les maires auraient voulu conserver l'administration civile.

Ils étaient d'ailleurs munis des pouvoirs nécessaires pour administrer sans la moindre apparence de rupture ou de désaccord avec le gouvernement. M. Tirard, maire du II arrondissement, qui avait vu le matin, à Versailles, le chef du pouvoir exécutif, M. Thiers, avait reçu de lui une lettre lui remettant en quelque sorte les pleins pouvoirs pour l'administration civile à Paris.

On décida vers six heures d'envoyer à l'Hôtel-de-Ville une commission, qui fut composée de deux représentants et six maires ou adjoints, afin de connaître les intentions du Comité central.

Là eut lieu une longue discussion. Les maires et représentants firent observer combien il était important et désirable à tous égards d'éviter la guerre civile, et rappelèrent que les Prussiens étaient encore là, tout près de Paris, ce qui offrait un réel danger. Les membres du Comité central semblaient à peu près ébranlés; ils se retirèrent pour délibérer.

A minuit, quatre d'entre eux, parmi lesquels les cit. Varlin, Jourde, Boursier, venaient déclarer que le Comité ne voulait absolument pas se départir du pouvoir militaire, seule garantie des droits qu'il revendiquait. Les maires tombèrent d'accord sur ce point, mais insistèrent pour que l'Hôtel-de-Ville leur fût laissé, et pour qu'il y eût une base de transaction posée entre le Comité et le gouvernement.

Enfin, vers quatre heures du matin, on se séparait, d'accord sur les termes suivants:

L'administration municipale devait être remise, à neuf heures du matin, aux officiers municipaux élus, représentés par une délégation. Les cit. Bonvalet, maire du III arrondissement, Murat, adjoint du X, et Denizot, adjoint du XII, devaient s'installer à ladite heure, à l'Hôtel-de-Ville.

Le Comité central devait quitter l'Hôtel-de-Ville et se transporter place Vendôme, à l'état-major, où il aurait continué à gouverner la garde nationale.

Enfin, les députés et les maires, ne pouvant accorder les élections municipales, que l'Assemblée seule peut établir législativement, devaient publier une affiche où ils promettraient de s'interposer auprès de l'Assemblée pour obtenir ces élections, et aussi — par la même raison — celles des officiers de la garde nationale pour tous les grades.

Le gouvernement de l'Hôtel-de-Ville devait, quelques heures après cette affiche apposée, en apposer une où il aurait, de son côté, annoncé les résolutions qui précèdent.

Un fait fâcheux s'était produit dans la journée: les bureaux des journaux le Figaro et le Gaulois avaient été envahis par un détachement de gardes nationaux, et interdiction avait été faite aux imprimeurs de les faire paraître. On ne peut que déplorer ces attentats à la liberté de la presse, et nous nous associons pleinement à la réflexion que fit à ce sujet le Rappel du 20:

« Que ces journaux aient été et soient encore hostiles à la cause « républicaine, c'est une raison de plus pour que la République « démontre, la supériorité de son principe en les préservant et en « les protégeant. »

Ce semble être le sort de tout ce qui est ou devient pouvoir, de se trouver entraîné à mettre des restrictions, des entraves, aux libertés mêmes qui, avant l'accès à la puissance, semblaient le plus indiscutables.

Voici des hommes que les circonstances poussent au pouvoir, après avoir toute leur vie lutté obscurément pour toutes les libertés; ils ont, ils doivent avoir la conscience que leur cause est grande et juste au suprême degré; hélas! à peine ont-ils vécu deux jours qu'ils ont recours contre leurs adversaires à des mesures qu'ils avaient blâmées, flétries de toutes leurs forces alors qu'ils étaient, eux, les adversaires de l'ordre de choses établi.

Les prétendues nécessités du moment feront-elles donc toujours oublier les principes aux hommes même qui ne sont quelque chose, qui n'existent, pour ainsi dire, que par ces principes?

Le général Vinoy, peu de jours avant les événements, avait suspendu un certain nombre de journaux; et à très-juste titre on avait blâmé chez lui cette manière autoritaire de répondre à la critique, à la discussion. Ce n'était pas un exemple à imiter. Les hommes qui,

poussés par l'attaque du 18 mars, effectuaient la révolution au nom des libertés, des droits de la cité, devaient prendre garde, ce nous semble, à ne porter atteinte en rien aux droits de la discussion, à la liberté de la presse.

Dans la soirée, le Comité central apprit que les forts de la rive gauche n'étaient pas occupés. Il y fit diriger des bataillons de garde nationale. Quelques-uns, grâce à la prise des fusils dans les casernes, qui avait commencé le 19 et s'était continuée le 20, avaient pu échanger les vieux fusils qu'ils pouvaient encore avoir contre des armes à tir rapide.

Le lundi 20, paraissait le Journal officiel, publié cette fois sous l'inspiration du Comité central. Le Gouvernement n'existait plus à Paris; il n'y possédait plus aucune de ses attributions habituelles.

Le Comité faisait paraître à l'Officiel, en même temps qu'il les faisait afficher dans Paris, un certain nombre de pièces, que leur importance, à ce début des choses, nous contraint à reproduire:

FÉDÉRATION RÉPUBLICAINE DE LA GARDE NATIONALE

Si le Comité central de la garde nationale était un gouvernement, il pourrait, pour la dignité de ses électeurs, dédaigner de se justifier. Mais comme sa première affirmation a été de déclarer « qu'il ne prétendait pas prendre la place de ceux que le souffle populaire avait renversés, » tenant à simple honnêteté de reslcr exactement dans la limite expresse du mandat qui lui a été confié, il demeure un composé de personnalités qui ont le droit de se il fendre.

Enfant de la République qui écrit sur sa devise le grand mot de: Fraternité, il pardonne à ses détracteurs; mais il veut persuader les honnêtes gens qui ont accepté la calomnie par ignorance.

Il n'a pas été occulte: ses membres ont mis leurs noms à toutes ses affiches. Si ces noms étaient obscurs, ils n'ont pas fui la responsabilité, et elle était grande.

Il n'a pas été inconnu, car il était issu de la libre expression des suffrages de deux cent quinze bataillons de la garde nationale.

Il n'a pas été fauteur de désordres, car la garde nationale, qui lui a fait l'honneur d'accepter sa direction, n'a commis ni excès ni représailles, et s'est montrée imposante et forte par la sagesse et la modération de sa conduite.

Et pourtant, les provocations n'ont pas manqué; et pourtant, le gouvernement n'a cessé, par les moyens les plus honteux, de tenter l'essai du plus épouvantable des crimes: la guerre civile.

Il a calomnié Paris et ameuté contre lui la province.

Il a amené' contre nous nos frères de l'armée qu'il a fait mourir de froid sur nos places, tandis que leurs foyers les attendaient.

Il a voulu vous imposer un général en chef.

Il a, par des tentatives nocturnes, tenté de nous désarmer de nos canons, après avoir été empêché par nous de les livrer aux Prussiens.

Il a enfin, avec le concours de ses complices effarés de Bordeaux, dit à Paris: « Tu viens de te montrer héroïque; or, nous avons peur de toi, donc nous t'arracherons ta couronne de capitale. »

Qu'a fait le Comité central pour répondre à ces attaques? Il a fondé la Fédération; il a prêché la modération — disons le mot — la générosité; au moment où l'attaque armée commençait, il disait à tous: « Jamais d'agression, et ne riposte qu'à la dernière extrémité! »

Il a appelé à lui toutes les intelligences, toutes les capacités, il a demandé le concours du corps d'officiers; il a ouvert sa porte chaque fois que l'on y frappait au nom de la République.

De quel côté étaient donc le droit et la justice? De quel côté était la mauvaise foi?

Cette histoire est trop courte et trop près de nous, pour que chacun ne l'ait pas à la mémoire. Si nous l'écrivons à la veille du jour où nous allons nous retirer, c'est, nous le répétons, pour les honnêtes gens qui ont accepté légèrement des calomnies dignes seulement de ceux qui les avaient lancées.

Un des plus grands sujets de colère de ces derniers contre nous, est l'obscurité de nos noms. Hélas! bien des noms étaient connus, trèsconnus, et cette notoriété nous a été bien fatale!...

Voulez-vous connaître un des derniers moyens qu'ils ont employés contre nous? Us refusent du pain aux troupes qui ont mieux aimé se laisser désarmer que de tirer sur le peuple. Et ils nous appellent assassins, eux qui punissent le refus d'assassinat par la faim!

D'abord, nous le disons avec indignation: la boue sanglante dont on essaye de flétrir notre honneur est une ignoble infamie. Jamais un arrêt d'exécution n'a été signé par nous; jamais la garde nationale n'a pris part à l'exécution d'un crime.

Quel intérêt y aurait-elle? Quel intérêt y aurions-nous?

C'est aussi absurde qu'infâme.

Au surplus, il est presque honteux de nous défendre. Notre conduite montre, en définitive, ce que nous sommes. Avons-nous brigué des traitements ou des honneurs? Si nous sommes inconnus, ayant pu obtenir, comme nous l'avons fait, la confiance de deux cent quinze bataillons, n'est-ce pas parce que nous avons dédaigné de nous faire une propagande? La notoriété s'obtient à bon marché: quelques phrases creuses ou un peu de lâcheté suffit; un passé tout récent l'a prouvé.

Nous, chargés d'un mandat qui faisait peser sur nos tètes une terrible responsabilité, nous l'avons accompli, sans hésitation, sans peur; et dès que nous voici arrivés au but, nous disons au peuple qui nous a assez estimés pour écouter nos avis, qui ont souvent froissé son impatience: « Voici le mandai que tu nous as confié: là où notre intérêt personnel commencerait, notre devoir finit; fais ta volonté. Mon maître, lu t'es fait libre. Obscurs il y a quelques jours, nous allons rentrer obscurs dans tes rangs, et montrer aux gouvernants que l'on peut descendre, la tête haute, les marches de ton Hôtel-de-Ville, avec la certitude de trouver au bas l'étreinte de ta loyale et robuste main. » *Les membres du Comité central:*

Ant. Arnaud, Assi, Billioray, Ferrat, Babick, Edouard Moreau, C. Dupont, Varlin, BourSier, Mortier, Gouhier, Lavalette, F. JouRrE, Bousseau, Ch. Luluer, Henry ForTuné, G. Arnold, Viard,

Blanchet, J. GrolLard, Barroud, H. Géresme, Fabre, PougeRet, Bouit.

Le Comité central, dans cette longue proclamation, répondait aux accusations qui, pendant les deux derniers jours, c'est-à-dire depuis qu'il s'était trouvé entraîné à prendre le pouvoir, avaient été lancées contre lui.

On lui reprochait d'être inconnu; il répondait en rappelant son origine, puisée dans un appel au suffrage de tous.

On l'accusait de désordres, d'excès; il faisait remarquer qu'il n'avait fait que répondre à une attaque violente dirigée contre lui, en évitant lui-même, jusqu'à ce qu'il fût forcé de se considérer comme en légitime défense, de donner naissance à la guerre civile. 11 était une émanation du suffrage parisien comme l'Assemblée et le gouvernement qu'elle avait institué étaient une émanation du suffrage national. Les attributions de ces deux délégations pouvaient et devaient rester absolument distinctes, si la violence ne fût intervenue. Fallait-il donc que le désir d'une exclusive prépotence jetât l'un contre l'autre ces deux pouvoirs, dont le concours simultané eût pu produire tant et de si grands résultats? La situation étant telle, la faute était à qui engageait une lutte, alors qu'il eût fallu songer à une sage délimitation d'attributions, que la nature des choses indiquait comme facile.

En ce qui concerne la question des canons de Montmartre, si le gouvernement eût agi avec prudence, avec modération, nul doute que les faits ne fussent pas devenus ce qu'ils ont été depuis. Personne, assurément, ne voulait la guerre civile; mais l'insurrection, dans ce cas comme dans tous les cas analogues de la vie publique, ne pouvait guère être qu'amenée par les procédés dont on usa, sans doute avec l'espoir de l'empêcher I

Mis au pouvoir par les circonstances, le Comité déclare dès le début de son administration qu'il n'entend nullement y rester, et il convie les électeurs à nommer leur représentation municipale:

Le Comité central de la garde nationale,

Considérant:

Qu'il y a urgence de constituer immé-

diatement l'administration communale de la ville de Paris,

Arrête: 1 Les élections du Conseil communal de la ville de Paris auront lieu mercredi prochain, 22 mars.

2» Le vote se fera au scrutin de liste et par arrondissement.

Chaque arrondissement nomaiera un conseiller par chaque vingt mille habitants ou fraction excédante de plus de dix mille.' ,3 Le scrutin sera ouvert de huit heures du matin à six heures du soir. Le dépouillenwnt aura lieu immédiatement.

4 Les municipalités de» vingt arrondissements sont chargées, chacune en ce qui la concerne, de l'exécution du présent arrêté.

Un avis ultérieur indiquera le nombre de conseillers à élire par arrondissement.

Hôtel-de-Ville de Paris, ce 19 mars 1871.

Le Comité central de la garde nationale,

Asstj Billioray, Ferrat, Bamck, Edouard Moreaù,

C. Dupont, Varlin, Boursier, Mortier, Gouhier,

La Valette, Fr. Jouhde, Rousseau, Ch. Liillier.

Blanchet, J. Grollard, Barrou», II. Géresme,

Fabre, Pougeret, Bouit, Viarii, Ant. Arnaid.

V

En même temps, et ceci en réponse aux inquiétudes que quelques-uns manifestaient relativement aux Prussiens encore sur le territoire français et voisins de Paris, le Comité faisait connaître qu'il n'entendait en rien revenir sur ce qui avait été fait depuis la cessation de la guerre:

Citoyens De Paris,

Dans trois jours vous serez appelés, en toute liberté, à nommer la municipalité parisienne. Alors, ceux qui, par nécessité urgente, occupent le pouvoir, déposeront leurs titres provisoires entre les mains des élus du peuple.

Il y a, en outre, une décision importante que nous devons prendre immédiatement; c'est celle relative au traité de paix.

Nous déclarons, dès à présent, être fermement décidés à faire respecter ses préliminaires, atin d'arriver à sauvegarder à la fois le salut de la France républicaine et de la paix générale.

Le délégué du gouvervsment au *minUtère de l'intérieur,*
V. Grêlier.

Des décisions prises par le Comité central, le 19 au soir, étaient publiées: l'état de siège était levé dans le département de la Seine, sur cette considération que ce n'était qu'un moyen de despotisme miHtaire;

Les conseils de guerre de l'armée permanente étaient abolis, sur la proposition du cit. Assi, qui les flétrissait comme tribunaux d'exception;

Une amnistie pleine et entière était accordée pour tous les crimes et délits politiques.

Une autre proclamation était relative aux faits écoulés; le Comité y déclarait de nouveau qu'il n'avait pas, comme on l'avait prétendu, été l'auteur de l'exécution des deux généraux fusillés le 18, à Montmartre:

Citoyens,

La journée du 18 mars, que l'on cherche par raison et intérêt à travestir d'une manière odieuse, sera appelée dans l'histoire: la journée de la justice du peuple!

Le gouvernement déchu, — toujours maladroit, — a voulu provoquer un conflit sons s'être rendu compte ni de son impopularité, ni de la con fraternité des différentes armes. — L'armée entière, commandée pour être fratricide, a répondu à cet ordre par le cri de: Vive la République! Vive la garde nationale!

Seuls, deux hommes qui s'étaient rendus impopulaires par des actes que nous qualifions dès aujourd'hui d'iniques, ont été frappés dans un moment d'indignation populaire.

Le Comité de la fédération de la garde sationale, pour rendre hommage à la vérité, déclare qu'il est étranger à ces deux exécutions.

Aujourd'hui, les ministères sont constitués; la préfecture de police fonctionne, les administrations reprennent leur activité, el nous invitons tous les citoyens à maintenir le calme et l'ordre le plus parfait.

Citoyens,

Vous avez vu à l'œuvre la garde nationale; l'union, établie au milieu lant de difficultés par le Comité de la fédération de la garde nationale, a montré ce que nous aurions pu faire et ce que nous ferons dans l'avenir.

Quelques journaux ayant mis en circulation ou propagé, répété des bruits dénués de vérité, une note de *l'Officiel,* en reconnaissant le respect dû à la liberté de la presse, émettait l'espoir que les journaux comprendraient « que le premier de leurs devoirs est « le respect dû à la République, à la vérité, à la justice et au droit, « qui sont placés sous la sauvegarde de tous. »

Une adresse aux départements, rédigée par le cit. Vésinier, alors l'un des délégués au *Journal officiel* (l'autre était le cit. Lebeau), faisait appel au concours de toute la nation, et plus spécialement des grandes villes qui avaient plus d'une fois été en communion de tendances avec Paris.

AUX DÉPARTEMENTS

Le peuple de Paris, après avoir donné, depuis le 4 septembre, une preuve incontestable et éclatante de son patriotisme et de son dévouement à la République; après avoir supporté avec une résignation et un courage au-dessus de tout éloge les souffrances et les luttes d'un siège long et pénible, vient de se montrer de nouveau à la hauteur des circonstances présentes et des efforts indispensables que la patrie était en droit d'attendre de lui.

Par son attitude calme, imposante et forte, par son esprit d'ordre républicain, il a su rallier l'immense majorité de la garde nationale, s-'atiirer les sympathies et le concours actif de l'armée, maintenir la tranquillité publique, éviter l'effusion du sang, réorganiser les services publics, respecter les conventions internationales et les préliminaires de pais.

Il espère que toute la presse reconnaîtra et constatera son esprit d'ordre républicain, son courage et son dévouement, et que les calomnies ridicules et odieuses répandues depuis quelques jours en province cesseront.

Les départements, éclairés et désabusés, rendront justice au peuple de la capitale, et ils comprendront que l'union de toute la nation est indispensable au salut commun.

Les grandes villes ont prouvé, lors des élections de 1869 et du plébiscite, qu'elles étaient animées du même esprit républicain que Paris; les nouvelles autorités républicaines espèrent donc qu'elles lui apporteront leur concours sérieux et énergique dans les circonstances présentes, et qu'elles les aideront à mener à bien l'œuvre de régénération et de salut qu'elles ont entreprise au milieu des plus grands périls.

Les campagnes seront jalouses d'imiter les villes. La France tout entière, après les désastres qu'elle vient d'éprouver, n'aura qu'un but: assurer le salut commun.

C'est là une grande tâche, digne du peuple tout entier, et il n'y faillira pas.

La province, en s'unissant à la capitale, prouvera à l'Europe et au monde que la France tout entière veut éviter toute division intestine, toute effusion de sang.

Les pouvoirs actuels sont essentiellement provisoires, et ils seront remplacés par un Conseil communal, qui sera élu mercredi prochain, 22 courant.

Que la province se hâte donc d'imiter l'exemple de la capitale en s'organisant d'une façon républicaine, et qu'elle se mette au plus tôt en rapport avec elle au moyen de délégués.

Le même esprit de concorde, d'union, d'amour républicain nous inspirera tous. N'ayons qu'un espoir, qu'un but: le salut de la patrie et le triomphe définitif de la République démocratique, une et indivisible.

Les délégués au Journal Officiel,
Une autre proclamation encore était publiée le même jour:

Le nouveau gouvernement de la République vient de prendre possession de tous les ministères et de toutes les administrations.

Cette occupation, opérée par la garde nationale, impose de grands devoirs aux citoyens qui ont accepté cette tâche difficile.

L'armée, comprenant enfin la position qui lui était faite et les devoirs qui lui incombaient, a fusionné avec les habitants de la cité: troupes de ligne, mobiles et marins se sont unis pour l'œuvre commune.

Sachons donc profiter de cette union pour resserrer nos rangs, et, une fois pour toutes, asseoir la République sur des bases sérieuses et impérissables!

Que la garde nationale, unie à la ligne et à la mobile, continue son service avec courage et dévouement;

Que les bataillons de marche, dont les cadres sont encore presque au complet, occupent les forts et toutes les positions avancées afin d'assurer la défense de la capitale;

Les municipalités des arrondissements, animées du même zèle et du marne patriotisme que la garde nationale et l'armée, se sont unies à elles pour assuror le salut de la République et préparer les élections du conseil communal qui vont avoir lieu.

Point de divisions! Unité parfaite et liberté pleine et entière!

« Le nouveau gouvernement de la République... » ainsi débute ce dernier document.

L'opinion publique était singulièrement divisée sur l'appréciation de ce que devait faire le Comité central: les uns, qui s'appelaient à ce moment les « hommes d'ordre », pensaient que le Comité n'aurait jamais dû exister, et que, dans tous les, cas sa résistance à l'agression du gouvernement de M. Thiers était un crime à tous les égards.

Les autres trouvaient, tout au contraire, que le Comité n'avait d'autre devoir, d'autre mission que de supplanter le pouvoir alors existant, sauf examen des mesures à prendre à la suite de cette révolution.

D'autres encore estimaient que mettant en avant des griefs légitimes et appuyé par ses commettants, le Comité central devait s'efforcer de faire prévaloir les idées qui lui avaient donné naissance, Bans empiéter en rien sur les attributions gouvernementales.

Une chose est à considérer par-dessus toute autre, c'est qu'en notre pays la volonté du plus grand nombre fait loi: le suffrage universel, est à l'heure pré-

sente, la base de l'état social parmi nous. Que cette base vaille plus ou moins, qu'il soit ou non désirable de la réformer, cela est certes très discutable; — mais enfin le fait existe, et nous sommes de ceux qui pensent que, pour avancer sûrement l'avènement de ses idées, il faut partir de l'état de choses existant, quia toujours sa raison d'être, et en amener s'il est possible la modification sans se mettre en état de révolte contre lui, mais bien en agissant sur la conviction générale et en ne prétendant traduire dans les faits que ce qui est déjà réalisé dans les esprits.

Poursuivre ces considérations serait anticiper sur les conclusions que nous comptons tirer de ce travail; mais il n'était pas inutile d'en donner ici un aperçu très-rapide pour faire plus nettement saisir en quoi nous pensons devoir nous séparer des hommes « d'ordre », en quoi nous ne croyons pas pouvoir suivre les hommes « de révolution ».

En ce qui concerne les faits dont nous tentons de retracer l'impartiale histoire, il est certain que la minorité parisienne eût été mal fondée à s'emparer des fonctions gouvernementales et à prétendre les exercer sur tout le pays *sans* son assentiment formel. Mais il est non moins évident qu'il était légitime que les Parisiens demandassent à ne pas constituer plus longtemps une monstrueuse exception dans le pays, à la fois par leur administration communale spéciale, et par les rigueurs exceptionnelles que leur avait valu jusqu'à ce moment la proximité du pouvoir central. En un mot, ce que les aspirations de Paris avaient de particulier, de personnel, pourrions-nous dire, à cette grande cité, devait être écouté, et ceux qui, au lieu de prêter l'oreille à de légitimes réclamations, au lieu de les discuter pacifiquement, entreprenaient de les étouffer ou de les prévenir par une agression violente, amenaient immanquablement la guerre civile. Ce devait être le résultat fatal, quoique peut-être inconscient, de leur conduite.

Rentrant dans les faits même du moment, nous dirons que le Comité central, se donnant comme « le nouveau gouvernement de la République », prenant

possession de tous les ministères et de toutes les administrations, enjoignant aux divers employés de l'État d'avoir à rejoindre leurs postes sous peine d'être tenus pour démissionnaires, a certainement excédé sa tâche. Ajoutons qu'à notre sens, en agissant autrement, il eût mieux atteint son but, il fût parvenu à amener une réalisation plus générale, plus complète de l'idée qu'il représentait.

La fin de la proclamation citée ci-dessus faisait allusion à l'entente intervenue la veille entre les municipalités et le Comité.

Mais, du 19 au 20, les choses s'étaient modifiées. Lorsque les cit. Bonvalet, Murât et Denizot se présentèrent le 20 au matin à l'Hôtel-de-Ville, pour prendre possession, conformément aux conventions de la nuit, lecture leur fut donnée d'une résolution écrite du Comité central, qui concluait à ce que: « Dans les circons« tances actuelles, le Comité était responsable des conséquences » de la situation, et ne pouvait se dessaisir ni du pouvoir militaire « ni du pouvoir civil. » Ces changements n'étaient pas absolument le fait du Comité central lui-même. Ses membres, ayant été consulter les comités d'arrondissement dont ils étaient les délégués, n'avaient pas été approuvés, pour la plupart.

On leur avait dit qu'on ne voulait pas faire de compromis avec les maires; et, pour certains du moins, on leur avait fait entrevoir qu'il pourrait bien se faire qu'ils fussent fusillés s'il était donné suite, sur les bases convenues, à l'arrangement conclu.

Les trois délégués municipaux, surpris et désolés de ce revirement, essayèrent de mettre de nouveau en avant les arguments qu'ils avaient cru faire prévaloir dans la précédente entrevue; mais il leur fut répondu que les membres du Comité avaient à faire, et que, d'ailleurs, leur résolution était prise d'une manière irrévocable.

Il n'y avait plus qu'à se retirer. Le cit. Mahias, secrétaire de la mairie de Paris sous l'administration de M. Jules Ferry, avait accompagné dans leur démarche les maires ou adjoints que nous venons d'indiquer. Les membres du Comité central voulaient le garder à l'Hôtel-de-Ville pour l'y employer dans ses anciennes fonctions; mais enfin, après quelques pourparlers, on le laissa partir.

Il fallait maintenant aller prévenir les députés, qui étaient partis à l'Assemblée, à Versailles, porter la nouvelle de la transaction intervenue le 19 dans la nuit, et qui, en exécution de cet arrangement, avaient fait placarder l'affiche suivante sur les murs de Paris:

Citoyens,

Pénétrés de la nécessité absolue de sauver Paris et la République en écartant toute cause de collision, et convaincus que le meilleur moyen d'atteindre ce but suprême est de donner'Satisfaction aux vœux légitimes du peuple, nous avons résolu de demander aujourd'hui même à l'Assemblée nationale l'adoption de deux mesures qui, nous en avons l'espoir, contribueront, si elles sont adoptées, à ramener le calme dans les esprits.

Ces deux mesures sont: l'élection de tous les chefs de la garde nationale et l'établissement d'un conseil municipal élu par tous les citoyens.

Ce que nous voulons, ce que le bien public réclame en toute circons tance et ce que la situation présente rend pins indispensable que jamais, c'est l'ordre dans la liberté et par la liberté. Vive la France! Vive la République!

Les représentants de la Seine,

Louis Blanc, V. Schoelcher, A. Peyrat, Edmond

Adam, Floqeet, Martin Bernard, Langlois, Ed.

Lockroy, Farcy, H. Brisson, Greppo, Millière,

Les maires et adjoints de Paris.
(Suivent les signatures.)

Les cit. Murât et Mahias partirent donc à Versailles pour y faire connaître aux députés de Paris que l'arrangement conclu avec le Comité central n'avait pu être suivi d'exécution. A leur arrivée, les représentants parisiens se réunirent et rédigèrent la proposition suivante, qui fut lue à la tribune parle cit. Clémenceau, représentant, maire du XVIII arrondissement:

« Les représentants de la Seine soussignés ont l'honneur de proposer à l'Assemblée nationale le projet de loi suivant:

« Art. 1— Il sera procédé, dans le plus bref délai, à l'élection d'un conseil municipal pour la ville de Paris.

« Art. 2. — Ce conseil sera composé de quatre-vingts membres.

« Art. 3. — Le conseil nommera dans son sein son président, qui aura le titre et exercera les fonctions de maire de Paris.

« Art. 4.— Il y aura incompatibilité entre les fonctions de conseiller municipal et celles de maire ou d'adjoint de l'un des vingt arrondissements de Paris.

« *Signé:* Schoelcher, Louis Blanc, H. Brisson,

TOLAIN, TIRARD, LOCKROY, CLEMENCEAU,

Langlois, Edgar Quinet, Brunet, Millère, Martin Bernard, Greppo, Cour-Net, Floquet, Razoua, Farcy. »

Dans la journée, il y avait eu une vive inquiétude au sujet de la solde des gardes nationaux. Le Trésor ayant été complètement abandonné, le gouvernement ayant, disait-on, emporté le numéraire de la Banque et fait brûler les billets, on avait eu la plus grande difficulté à effectuer le paiement habituel. On n'avait pu sortir de cette fâcheuse situation qu'en empruntant aux grands établissements de crédit.

Les personnes qui arrivaient à Versailles devaient, en quittant la gare, passer entre deux haies d'agents de police, pour la plupart en bourgeois, et elles subissaient là un véritable examen. Il fallait prouver son identité par une pièce quelconque. En outre, des agents spéciaux avaient pour mission de saisir les journaux apportés de Paris. Nous avons vu subsister cette inquisition tout le temps qu'il nous a été possible de nous rendre à Versailles.

A l'Assemblée, M. Jules de Lasteyrie propose de nommer une commission de quinze membres « qui réunisse toutes les pensées « de l'Assemblée et qui s'entende avec le pouvoir exécutif, afin « d'agir comme il convient dans les circonstances actuelles. » Cette commission est nommée le jour même.

Sur la demande de M. Picard, ministre de l'intérieur, et dans le but de protéger l'Assemblée, le département de Seine-et-Oise était mis en état de siége, malgré la vive opposition de M. Louis Blanc, qui conseillait sagement à ses collègues « une politique de conci« liation et d'apaisement. »

Nous avons vu plus haut qu'une proposition de loi, relative aux élections municipales à Paris, avait été présentée par des représentants de la Seine. L'Assemblée avait déclaré l'urgence.

Elle avait de même déclaré l'urgence sur une proposition de loi du cit. Minière, représentant de Paris, tendant à proroger de trois mois les délais fixés par la loi du 10 mars 1871 sur les échéances des effets de commerce.

Les dépêches suivantes étaient envoyées de Versailles dans les départements:

Versailles, 20 mars, 12 h. SS, soir.

Donnez l'ordre à tous les militaires, soldats ou officiers, venant isolément ou en troupe, de s'arrêter aux stations de Versailles, Étampes, Corbeil, Melun, Nogent-sur-Seine, Meaux, Soissons, Pontoise, Chantilly et Poissy. Donnez le même ordre aux marins ainsi qu'aux fonctionnaires publics.

Hifne : A. Thiers.

Le 20 mars 187-1, 9 h. 40 du matin.

Intérieur aux préfett et sous-préfets.

« Faites saisir de suite le *Journal officiel* du 20 mars, daté de Paris; il est l'œuvre de l'insurrection qui s'est emparée des presses de *l'Officiel* à Paris: prévenez les populations. »

Ernest Picahd.

Quelques protestations contre le Comité central commençaient à circuler, où l'on déclarait ne pas vouloir se séparer du gouvernement, tant qu'il ne s'écarterait pas « de la ligne de conduite qu'il « s'était tracée lui-même dans la note insérée, le 9 mars, au *Jour« nal officiel.* »

Dans le même ordre d'idées, un capitaine de la garde nationale faisait placarder l'affiche suivante:

RÉPUBLIQUE FRANÇAISE *Liberté, Égalité, Fraternité.*

Je viens faire appel au patriotisme et à la virilité de la population qui veut l'ordre, la tranquillité et le respect des lois.

Le temps presse pour former une digue à la révolution. Que tous les bons citoyens viennent me donner leur appui.

A. Bonne, *Capitaine commandant la 4 compagnie du 253 bataillon,* 12, *boulevard des Capucines.*

Nous reproduisons cette pièce parce qu'elle fut l'origine de démonstrations qui aboutirent deux jours après à une collision.

Mardi SI mars 1891

Le lendemain 21, les représentants et les maires de Paris s'empressaient de porter à la connaissance de la population la décision qui venait d'être prise par l'Assemblée relativement aux élections municipales; et l'affiche suivante était apposée sur tous les murs:

Les maires et adjoints de Paris et les représentants de la Seine font savoir a leurs concitoyens que l'Assemblée nationale, dans la séance d'hier, a vote l'urgence d'un projet de loi relatif aux élections du conseil municipal de la ville de Paris.

La garde nationale, ne prenant conseil que de son patriotisme, tiendra à honneur d'écarter toute cause de conflit, en attendant les décisions qui seront prises par l'Assemblée nationale.

Vive la France! Vive la République!
Paris, le 21 mars 1871.

Les représentants de la Seine:
Louis Blanc, V. Schoelcher, A. Peyrat, Edmond
Adam, Floquet, Martin Bernard, Langlois,
Edouard Lockroy, Farcy, H. Brisson, Greppo,
Millière, Edgar Quinet.
Les maires et adjoints de Paris.
(Suivent les signatures.)

Un certain nombre de journaux, de leur côté,, publiaient une déclaration aux électeurs, les exhortant à ne pas prendre part au vote auquel le Comité les conviait pour le 22:

DÉCLARATION DE LA PRESSE AUX ÉLECTEURS DE PARIS

Attendu que la convocation des électems est un acte de la souveraineté nationale;

Que l'exercice de cette souveraineté n'appartient qu'aux pouvoirs émanés du suffrage universel;

Que, par suite, le Comité qui s'est installé à l'Hôtel-de-Ville n'a n droit ni qualité pour faire cette convocation,

Les représentants des journaux soussignés considèrent la convocation affichée pour le 22 mars comme nulle et non avenue, et engagent les électeurs à n'en pas tenir compte.

Ont adhéré: *Le Journal des Débats, — le Constitutionnel, — l'Electeur libre, —*
le Petit Moniteur, — la Vérité, — le Figaro, — le Gaulois, — la
Petite Presse, — le Petit Journal, — Paris-Journal, — le Petit
National, — la Presse, — la France, — la Liberté, — le Pays,
— le National, — l'Univers, — la Cloche, — la Patrie, — le
Français, — la Gazette de France, — l'Union, — le Bien public,
— l'Opinion nationale, .— l'Avenir libéral, — Journal des Villes et des Campagnes, — le Journal de Paris, — le Moniteur universel,
— la France nouvelle, — le Monde, — le Temps, — le Soir, — l'Ami de la France, — le Messager de Paris, — le Peuple français.

Certes, il était du droit des journaux de conseiller l'abstention à leurs lecteurs; ce pouvait être de bonne guerre contre un mouvement qui n'avait pas leurs sympathies, sinon bien habile de leur propre part. Mais les raisons dont ils appuyaient ce conseil avaient-elles une bien sérieuse valeur?

« La convocation des électeurs est un acte de souveraineté K nationale. » C'est écrit ainsi dans nos lois. Mais qui prétendra que tout ce qui y est écrit est sensé?

Supposons qu'un citoyen isolé, une « individualité sans mandat, » posant à ses concitoyens une question qui ne soit pas approuvée par le pouvoir quelconque sous lequel il vit, — la question de déchéance de ce pouvoir, par exemple, — parvienne à grouper autour de son opinion la majorité des électeurs, quelqu'un songera-t-il à contester la validité du vote émis? Nous disons quelqu'un, bien entendu, en dehors des inté-ressés.

A tort ou à raison, nous l'avons déjà dit, chez nous le nombre domine. Ou il faut se mettre en révolte contre ce principe qui, dans notre pays, est — actuellement — la base de toutes choses; ou il faut admettre que le vote, de quelque façon qu'il soit provoqué, de quelque manière qu'il se manifeste, doit être pris en considération. Sinon, le gouvernement n'est que l'art de poser des questions en un moment et sous une forme tels que le grand nombre réponde dans un sens voulu, calculé d'avance. Ce régime ne nous est pas inconnu; et nous savons trop bien où il conduit.

Lorsqu'une occasion de manifester leur avis s'offre aux électeurs, nous ne croyons pas qu'ils doivent, qu'ils puissent — moralement — la négliger; sauf indifférence coupable ou ignorance fâcheuse.

Lorsque des empêchements sont mis à la libre expression du suffrage universel consulté, lorsque des entraves existent, qui sont de nature à altérer la sincérité du vote, l'électeur qui pour ces raisons ne veut pas s'associer à un acte faussé par avance, ne peut désigner les candidats de son choix. Mais si, non content de subir passivement, il veut protester comme il le doit contre ce qu'il considère à bon droit comme une iniquité, un moyen lui est offert: c'est le bulletin blanc.

De même, lorsqu'est mise aux voix la nomination de délégués devant constituer par leur réunion un mode de représentation que l'on considère comme mauvais, auquel on est hostile, le même moyen de protestation subsiste; et s'il réunit la majorité, il est absolument irrésistible.

Mais l'abstention pure et simple, manifestée par la non-comparution au scrutin, et qui peut être confondue avec l'indifférence ou l'ineptie, ne saurait être une force que si la totalité des électeurs s'y ralliait; elle n'est en aucun cas un devoir, pas même une manœuvre adroite.

Le *Journal officiel* de Paris publiait les pièces suivantes:

Les mesures lages et prévoyantes piises par le Comité central dela garde nationale ont complètement calmé l'effervescence de la population parisienne.

Sur les boulevards et dans les rues, la circulation est aussi active que d'habitude. Bien que les événements accomplis ces derniers jours soient commentés avec animation, les citoyens acceptent franchement le nouvel état de choses, garanti du reste par l'aide et le concours de la garde nationale tout entière.

La troupe régulière a, de son côté, compris que ses chefs ne pouvaient plus lui commander le feu sur les Français après les avoir fait fuir devant les Prussiens.

Les auteurs de tous nos maux ont quitté Paris sans emporter le moindre regret.

Et maintenant, soldats, mobiles et gardes nationaux sont unis par la même pensée, le même désir, le même but: nous voulons tous l'union et la paix.

Plus d'émeutes dans les rues! Assez de sang versé pour les tyrans!

Que les ambitieux ou les traîtres se le tiennent pour dit.

Vous, commerçants, qui voulez la stabilité dans les affaires; vous, boutiquiers, qui demandez le va-et-vient favorable à la consommation;, vous, ouvriers, qui avez besoin d'utiliser vos bras pour assurer l'existence de vos familles; vous tous, enfin, qui, après tant de calamités, aspirez a jouir de la sécurité indispensable au bonheur d'un grand peuple, rejetez les conseils funestes qui tendent à nous mettre de nouveau entre des mains royales ou impériales.

Pour renverser notre République sacro-sainte, cimentée hier encore par l'œuvre commune, il faudrait supporter l'horreur d'une nouvelle lutte fratricide, et passer sur nombre de cadavres républicains.

Sacrifions toutes nos jalousies, toutes nos rancunes sur l'autel de la patrie, et que de toutes les poitrines françaises parte ce cri grand et sublime:

Vive à jamais la République!

LA RÉVOLUTION DU 18 MARS

Les journaux réactionnaires continuent à tromper l'opinion publique en dénaturant avec préméditation et mauvaise foi les événements politiques dont la capitale est le théâtre depuis trois jours. Les calomnies les plus grossières, les inculpations les plus fausses et les plus outrageantes sont publiées contre les hommes courageux et désintéressés qui, au milieu des plus grands périls, ont assumé la lourde responsabilité du salut de la République.

L'histoire impartiale leur rendra certainement la justice qu'ils méritent, et constatera que la révolution du 18 mars est une nouvelle étape importante dans la marche du progrès.

D'obscurs prolétaires, hier encore inconnus, et dont les noms retentiront bientôt dans le monde entier, inspirés par un amour profond de la justice et du droit, par un dévouement sans borne à la France et à la République, s'inspirant de ces généreux sentiments et de leur courage à toute épreuve, ont résolu de sauver à la fois la patrie envahie et la liberté menacée. Ce sera là leur mérite devant les contemporains et devant la postérité.

Les prolétaires de la capitale, au milieu des défaillances et des trahisons des classes gouvernantes, ont compris que l'heure était arrivée pour eux de sauver la situation en prenant en mains la direction des affaires publiques.

Ils ont usé du pouvoir que le peuple a remis entre leurs mains avec une modération et une sagesse qu'on ne saurait trop louer.

Ils sont restés calmes devant les provocations des ennemis de la République, et prudents en présence de l'étranger.

Ils ont fait preuve du plus grand désintéressement et de l'abnégation la plus absolue. A peine arrivés au pouvoir, ils ont eu hâte de convoquer dans ses comices le peuple de Paris, afin qu'il nomme immédiatement une municipalité communale dans les mains de laquelle ils abdiqueront leur autorité d'un jour.

Il n'est pas d'exemple dans l'histoire d'un gouvernement provisoire qui se soit plus empressé de déposer son mandat entre les mains des élus du suffrage universel.

En présence de cette conduite si désintéressée, si honnête et si démocratique, on se demande avec étonnement comment il peut se trouver une presse assez injuste, malhonnête et éhontée pour déverser la calomnie, l'injure et l'outrage sur des citoyens respectables, dont les actes ne méritent jusqu'à ce jour qu'éloge et admiration.

Les amis de l'humanité, les défenseurs du droit, victorieux ou vaincus, seront donc toujours les victimes du mensonge et de la calomnie?

Les travailleurs, ceux qui produisent tout et qui ne jouissent de rien, ceux qui souffrent de la misère au milieu des produits accumulés, fruit de leur labeur et de leurs sueurs, devront-ils donc sans cesse être en butte à l'outrage?

Ne leur sera-l-il jamais permis de travailler à leur émancipation sans soulever contre eux un concert de malédictions?

La bourgeoisie, leur aînée, qui a accompli son émancipation il y a plus de trois quarts de siècle, qui les a précédés dans la voie de la révolution, ne comprend-elle pas aujourd'hui que le tour de l'émancipation du prolétariat est arrivé?

Les désastres et les calamités publiques dans lesquels son incapacité politique et sa décrépitude morale et intellectuelle ont plongé la France devraient pouriant lui prouver qu'elle a fini son temps, qu'elle a accompli la tache qui lui avait été imposée en SI), et qu'elle doit sinon céder la place aux travailleurs, au moins les laisser arriver à leur tour à l'émancipation sociale.

En présence des catastrophes actuelles, il n'est pas trop du concours de tous pour nous sauver.

Pourquoi donc persiste-t-elle avec un aveuglement fatal et une persistance inouïe à refuser au prolétariat sa part légitime d'émancipation'

Pourquoi lui conteste-t-elle sans cesse le droit commun? pourquoi s'oppose-t-elle de toutes ses forces et par tous les moyens au libre développement des travailleurs?

Pourquoi met-elle sans cesse en péril toutes les conquêtes de l'esprit humain accomplies par la grande révolution française?

Si, depuis le 4 septembre dernier, la classe gouvernante avait laissé un libre cours aux aspirations et aux besoins du peuple; si elle avait accordé franchement aux travailleurs le droit commun, l'exercice de toutes les libertés; si elle leur avait permis de développer toutes leurs facultés, d'exercer tous leurs droits et de satisfaire leurs besoins; si elle n'avait pas préféré la ruine de la patrie au triomphe certain de la République en Europe, nous n'en serions pas où nous en sommes, et nos désastres eussent été évités.

Le prolétariat, en face de la menace permanente de ses droits, de la négation absolue de toutes ses légitimes aspirations, de la ruine de la pairie et de toutes ses espérances, a compris qu'il était de son devoir impérieux et de son droit absolu de prendre en main ses destinées et d'en assurer le triomphe en s'emparant du pouvoir.

C'est pourquoi il a répondu par la révolution aux provocations insensées et criminelles d'un gouvernement aveugle et coupable, qui n'a pas craint de déchaîner la guerre civile en présence de l'invasion et de l'occupation étrangères.

L'armée, que le pouvoir espérait faire marcher contre le peuple, a refusé de tourner ses armes contre lui, elle lui a tendu une main fraternelle et s'est jointe à ses frères.

Que les quelques gouttes de sang versé, toujours regrettables, retombent sur la tête des provocateurs de la guerre civile et des ennemis du peuple, qui, depuis près d'un demi siècle, ont été les auteurs de toutes nos luttes intestines et de toutes nos-ruines nationales.

Le cours du progrès, un instant interrompu, reprendra sa marche, et le prolétariat accomplira, malgré tout, son émancipation!

Le délégué au *Journal officiel.*

Nous nous abstiendrons de longues réflexions sur ces deux articles, déjà bien longs par eux-mêmes, et que nous avons reproduits intégralement parce que nous tenons à mettre sous les yeux du lecteur les diverses pièces du procès, qu'elles viennent d'un côté ou d'un autre, afin qu'il puisse juger en parfaite connaissance de cause.

Quant aux événements récents, auxquels il y est fait allusion, les récits qui précèdent suffisent à faire voir ce qu'il peut y avoir de fondé dans les interprétations qui trouvent place dans ces pièces.

Nous nous bornerons à y faire remarquer d'abord le souvenir amer des faits écoulés depuis le 4 septembre, puis une certaine aspiration à l'ascension du prolétariat, très-réelle dans le mouvement commencé le 18 mars, mais que la forme employée ne servait peut-être pas aussi bien que se le proposait certainement l'auteur.

Le *Journal officiel* de Paris publiait également un appel aux électeurs, les exhortant à prendre part au vote, et s'efforçant, à son point de vue, de leur en faire sentir l'importance.

LES ÉLECTIONS COMMUNALES

Le Comité central de la garde nationale a convoqué pour mercredi prochain, 22 du courant, les électeurs des vingt arrondissements dans leurs comices, afin de nommer le conseil communal de Paris.

Tous les citoyens comprendront l'utilité et l'importance de ces élections, qui assureront d'une manière régulière tous les services publics et l'administration de la capitale, dont le besoin est si urgent dans lus graves circonstances présentes.

En votant pour des républicains socialistes connus, dévoués, intelligents, probes et courageux, les électeurs parisiens assureront non-seulement le salut de la capitale et de la République, mais encore celui de la France.

Jamais occasion aussi solennelle et aussi décisive ne s'est présentée pour le peuple do Paris; il tient son salut dans ses mains; du vole de mercredi prochain dépend son avenir.

S'il suit le conseil que nous lui donnons, il est sauvé; s'il vote pour des réactionnaires, il est perdu.

Il ne peut donc hésiter: il donnera une nouvelle preuve d'intelligence et de dévouement en consolidant à jamais par son vote la République démocratique.

Le Comité signalait à la vigilance de la garde nationale des repris de justice) rentrés, paraît-il, à Paris.

FÉDÉRATION RÉPUBLICAINE DE LA GARDE NATIONALE

Hôtel-de-Ville, 20 mars 1871, 6 h. du soir.

De nombreux repris de justice, rentres à Paris, ont été envoyés pour commettre quelques attentats à la propriété, afin que nos ennemis puissent nous accuser encore.

Nous engageons la garde nationale à la plus grande vigilance dans ses patrouilles.

Chaque caporal devra veiller à ce qu'aucun étranger ne se glisse, caché sous l'uniforme, dans les rangs de son escouade.

C'est l'honneur du peuple qui est en jeu; c'est au peuple à le garder.

Selon cette affiche, les repris de justice en question avaient été *envoyés* à Paris par les ennemis du mouvement commencé. D'autre part, à Versailles, on accusait le Comité de les avoir volontairement lâchés sur la ville.

Un avis annonçait qu'à partir du 21, la solde de la garde nationale serait faite régulièrement, et les distributions de secours reprises sans interruption.

On a vu que la veille, en effet, il y avait eu un moment d'embarras à ce sujet..

La note suivante annonçait la rupture des communications télégraphiques avec le reste de la France.

COMITÉ CENTRAL DE LA GARDE NATIONALE

Citoyens, 'i'.

En quittant Paris, le pouvoir qui vient de crouler sous le mépris populaire a paralysé, désorganisé tous les services publics.

Une circulaire a enjoint à tous ses employés de se rendre à Versailles.

La télégraphie, ce service utile entre tous dans ces moments de crise suprême, de rénovation, n'a pas été oubliée dans ce complot monarchique. *Tous les services, toutes les communications avec Iq, province sont interrompus.* On veut nous tromper. Les employés sont à Versailles — avec le roi.

Nous signalons au peuple de Paris ce procédé criminel. C'est une nouvelle pièce à charge dans ce grand procès entre peuples et rois.

En attendant, et pour consacrer tout entières à l'œuvre du moment les forces qui nous restent, nous suspendons, à partir d'aujourd'hui, le service de la télégraphie privée dans Paris.

Le directeur général,
J. Lucien Combatz.

En effet, le Gouvernement avait fait couper les fils qui mettaient Paris en communication avec la province; et nous aurons occasion de constater combien celle-ci était mal renseignée sur ce qui se passait réellement dans la capitale.

Le Comité avait décidé une prorogation d'un mois dans les échéances des effets de commerce. De plus, et « dans le seul but de maintenir l'ordre, » il arrêtait que, « jusqu'à nouvel ordre, les propriétaires et les maîtres d'hôtel ne pourraient congédier leurs locataires. »

Revenant à la question des préliminaires de paix, le Comité faisait entrevoir l'intention d'une répartition spéciale pour le paiement de l'indemnité:

Le Comité central de la garde nationale est décidé à respecter les conditions de la paix.

Seulement, il lui parait de toute justice que les auteurs de la guerre maudite dont nous souffrons subissent la plus grande partie de l'indemnité imposée par nos impitoyables vainqueurs.

j, 'Grèlieh, "'. '.. *Délégué à l'Intérieur.*
Enfin, il publiait un programme succinct des aspirations qu'il avait mission de représenter; et, répondant à des bruits du moment, déclarait que la révolution du 18 mars n'avait en aucune façon pour but d'amener une séparation entre Paris et la province.

Paris, depuis le 18 mars, n'a d'autre gouvernement que celui du peuple: c'est ie meilleur.

Jamais révolution ne s'est accomplie dans des conditions pareilles à celles où nous sommes.

Paris est devenu ville libre.

Sa puissante centralisation n'existe plus.

La monarchie est morte de cette constatation d'impuissance.

Dans cette ville libre, chacun a le droit de parler, sans prétendre influer en quoi que ce soit sur les destinées de la France.

V

Or, Paris demande: 1o L'élection de la mairie de Paris; 2 L'élection des maires, adjoints et conseillers municipaux des vingt arrondissements de la ville de Paris; 30 L'élection de tous les chefs de la garde nationale, depuis le premier jusqu'au dernier; 4 Paris n'a nullement l'intention de se séparer de la France, loin de là; il a souffert pour elle l'Empire, le Gouvernement de la défense nationale, toutes ses trahisons et toutes ses lâchetés. Ce n'est pas, à coup sûr, pour l'abandonner aujourd'hui, mais seulement pour lui dire, en qualité de sœur aînée: Soutiens-toi toi-même comme je me suis soutenu; oppose-toi à l'oppression comme je m'y suis opposé!

Le commandant délégué à Vex-préfecture de police,
E. Du VAL.
Les délégués adjoints:
E. Teuillière, Edouard Rouillier, L. Ddvivier,
Chardon, Vergnaud, Moutoh.

Les maires et les représentants faisaient afficher la proclamatiou suivante, par laquelle ils déclaraient rester étrangers aux élections qui devaient avoir lieu le lendemain. Cette pièce montre à quel point ils se faisaient illusion à ce moment; et peu de jours après ils eurent lieu de s'en apercevoir.

A LA GARDE NATIONALE ET A TOUS LES CITOYENS *Les maires et adjoints de Paris et les députés de la Seine*

La patrie sanglante et mutilée est près d'expirer, et nous, ses enfants, nous lui portons le dernier coup! L'étranger est à nos portes, épiant le moment d'y rentrer en maître, et nous tournerions les uns contre les autres nos armes fratricides!

Au nom de tous les grands souvenirs de notre malheureuse France, au nom de nos enfants, dont nous détruirions à jamais l'avenir, nos cœurs brisés font appel aux vôtres.

Que nos mains s'unissent encore comme elles s'unissaient durant les heures douloureuses et glorieuses du siège! Ne perdons pas en un jour cet honneur qu'avaient gardé intact cinq

mois de courage et de constance sans exemple!

Cherchons, citoyens, ce qui nous unit et non ce qui nous divise.

Nous voulions le maintien, l'affermissement de la grande institution de la garde nationale, dont l'existence est inséparable de celle de la République: /
Nous l'aurons.

Nous voulions que Paris retrouvât sa liberté municipale, si longtemps confisquée par un arrogant despotisme:
Nous l'aurons.

Vos vœux ont été portés à l'Assemblée nationale par vos députés: l'Assemblée y a satisfait par un vote unanime, qui garantit les élections municipales, sous bref délai, à Paris et dans toutes les communes de France.

En attendant ces élections, seules légales et régulières, seules conformes aux vrais principes des institutions républicaines, le devoir des bons citoyens est de ne pas répondre à un appel qui leur est adressé sans titre et sans droit.

Nous, vos représentants municipaux; nous, vos députés, déclarons donc rester entièrement étrangers aux élections annoncées pour demain, et protestons contre leur illégalilé.

Citoyens, unissons-nous dans le respect de la loi, et la patrie et la République seront sauvées.

Vive la Frapcel Vive la République!
(*Suivent les signaturesj.*
Le seul incident remarquable de la journée fut la première manifestation « de l'ordre. »

Elle s'était formée vers une heure de l'après-midi, sur les boulevards, sans doute en suite de l'appel affiché par M. Bonne, capitaine au 253 bataillon. Un certain nombre de citoyens s'étaient réunis autour d'un drapeau portant: « Réunion des Amis de l'ordre, » et se promenaient par les rues, excitant les passants à se joindre à eux.

Après avoir été acclamés sur la place de la Bourse, ils s'étaient portés sur la place Vendôme, devant l'État-Major de la garde nationale, qui occupe le n 22, en criant: « Vive l'Assemblée. »

Là, un membre du Comité, accompagné de plusieurs officiers de la garde nationale, paraît au balcon et veut parler. Grand tumulte. Quand la foule s'apaise, il s'écrie: « Citoyens! » Le tumulte reprend. Après quelques instants, la foule se calme, de nouveau. L'orateur: « Les membres du Comité,.... » A ces mots, les cris redoublent: « Pas de Comité 1 A bas le Comité 1 Vive l'Assemblée! » Un silence relatif s'établit au bout de plusieurs minutes, et permet à l'orateur de prononcer ces mots: « Envoyez« nous des délégués, nous nous expliquerons avec eux, » El la fenêtre se referme.

Pendant que quelques-uns, dans la foule, se préparent à désigner deux délégués, le plus grand nombre s'écrie: « Non! pas de « délégués 1 Nous ne vous reconnaissons pas! Pas de délégués! « vous les assassineriez!»

La réunion des « Amis de l'ordre » stationna quelques instants encore devant l'Ètat-Major, continuant à manifester son hostilité; puis les gardes nationaux qui gardaient la porte se déployèrent et refoulèrent en dehors de la place la foule, qui continua sa marche par les rues. Le soir, en se séparant, on se donna rendez-vous pour le lendemain, à une heure, *t* sans armes, » sur la place du Nouvel-Opéra.

Le *Journal officiel* de Versailles faisait de nouveau un exposé sommaire de la situation, et le terminait par un appel à la province:

Versailles, 20 mars 1871.

Le gouvernement n'a pas voulu engager une action sanglante, alors qu'il était provoqué par la résistance inattendue du Comité central de la garde nationale. Cette résistance, habilement organisée, dirigée par des conspirateurs audacieux autant que perfides, s'est traduite par l'invasion d'un flot de gardes nationaux sans armes et de population, se jetant sur les soldats, rompant leurs rangs et leur arrachant leurs armes. Entraînés par ces coupables excitations, beaucoup de militaires ont oublié leur devoir. Vainement aussi la garde nationale avait-elle été convoquée; pendant toute la journée elle n'a paru sur le terrain qu'en nombre insignifiant.

C'est dans ces conjonctures graves que, ne voulant pas livrer une bataille sanglante dans les rues de Paris, alors

surtout qu'il semblait n'être pas assez fortement soutenu par la garde nationale, le gouvernement a pris le parti de se retirer à Versailles, près de l'Assemblée nationale, la seule représentation légale du pays.

En quittant Paris, M. le ministre de l'intérieur a, sur la demande des maires, délégué à la commission qui serait nommée par eux, le pouvoir d'administrer provisoirement la ville. Les maires se sont réunis plusieurs fois sans pouvoir arrivei à une entento commune

Pendant ce temps, le comité insurrectionnel s'installait à l'llôtel-deVille, et faisait paraître deux proclamations, l'une pour annoncer sa prise de possession du pouvoir, l'autre pour convoquer les électeurs de Paris, dans le but de nommer une assemblée communale.

Pendant que ces faits s'accomplissaient, le comité de la rue des Rosiers, à Montmartre, était le théâtre du criminel attentat commis sur la personne du général Lecomte et du général Clément Thomas, lâchement assassinés par une bande de sicaires. Le général de Chanzy, qui arrivait de Bordeaux, était arrêté à la gare d'Orléans, ainsi que M. Turquct, représentant de l'Aisne.

Les ministères étaient successivement occupés, les gares des chemins de fer envahies par des hommes armés se livrant sur les voyageurs à des perquisitions arbitraires, mettant en état d'arrestation ceux qui leur paraissaient suspects, désarmant les soldats isolés ou en corps qui voulaient entrer à. Paris. En même temps, plusieurs quartiers se couvraient de barricades armées de pièces de canons, et partout les citoyens étaient exposés à toutes les exigences d'une inquisition militaire, dont il est impossible de deviner le but.

Ce honteux état d'anarchie commence cependant à émouvoir les bons citoyens, qui s'aperçoivent trop tard de la faute qu'ils ont commise en ne prêtant pas de suite leurs concours actif au gouvernement nommé par l'Assemblée. Qui peut, en effet, sans frémir, accepter les conséquences de cette déplorable sédition, s'abattant sur la ville comme une tempête soudaine, irrésistible, inexpli-

cable? Les Prussiens sont à nos portes, nous avons traité avec eux. Mais si le gouvernement qui a signé les conventions de préliminaires est renversé, tout est rompu. L'état de guerre recommence et Paris est fatalement voué à l'occupation.

Ainsi sont frappés de stérilité les longs et douloureux efforts à la suite desquels le gouvernement est parvenu à éviter ce malheur irréparable; mais ce n'est pas tout, avec cette lamentable émeute, il n'y a plus ni crédit ni travail. La France, ne pouvant pas satisfaire à ses engagements, est livrée à l'ennemi qui lui imposera sa dure servitude. Voilà les fruits amers de la folie criminelle de quelques-uns, de l'abandon déplorable des autres.

Il est temps encore de revenir à la raison et. de reprendre courage. Le gouvernement et l'Assemblée ne désespèrent pas. Ils font appel au pays, ils s'appuient sur lui, décidés à le suivre résolument et à lutter sans faiblesse contre la sédition. Des mesures énergiques vont être prises; que les départements les secondent en se groupant autour de l'autorité qui émane de leurs libres suffrages. Ils ont pour eux le droit, le patriotisme, la décision: ils sauveront la France des horribles malheurs qui l'accablent.

Déjà, comme nous l'avons dit, la garde nationale de Paris se reconstitue pour avoir raison de la surprise qui lui. a été faite. L'amiral Saisset, acclamé sur les boulevards, a été nommé pour la commander. Le gouvernement est prêt à la seconder. Grâce à leur accord, les factieux qui ont porté à la République une si grave atteinte, seront forcés de rentrer dans l'ombre: mais ce ne sera pas sans laisser derrière eux, avec les ruines qu'ils ont faites, avec le sang généreux versé par leurs assassins, la preuve certaine de leur affiliation avec les plus détestables agents de l'empire et les intrigues ennemie). Le jour de la justice est prochain. Il dépend de la fermeté de tous les bons citoyens qu'il soit exemplaire.

L'Assemblée adoptait à l'unanimité la proclamation suivante, qui fut affichée le lendemain: *L'Assemblée natio-*

nale au peuple et à l'armée.

Citoyens Et Soldats,

Le plus grand attentat qui se puisse commettre chez un peuple qui veut être libre, une révolte ouverte contre la souveraineté nationale, ajoute en ce moment comme un nouveau désastre à tous les maux de la patrie. Des criminels, des insensés, au lendemain de nos revers, quand l'étranger s'éloignait a peine de nos champs ravagés, n'ont pas craint de porter dans ce Paris, qu'ils prétendent honorer ci défendre, plus que le désordre et la ruine: le déshonneur. Ils l'ont taché d'un sang qui soulève contre eux la conscience humaine, en même temps qu'il leur interdit de prononcer ce noble mot de « République », qui n'a de sens qu'avec l'inviolable respect du droit et de la liberté.

Déjà, nous le savons, la France entière repousse avec indignation cette odieuse entreprise. Ne craignez pas de nous ces faiblesses morales qui aggraveraient le mal, en pactisant avec les coupables. Nous vous conserverons intact le dépôt que vous nous avez commis pour sauver, organiser, constituer le pays, ce grand et tutélaire principe de la souveraineté nationale.

Nous le tenons de vos libres suffrages, les plus libres qui furent jamais; nous sommes vos représentants et vos seuls mandataires; c'est par nous, c'est en notre nom que la moindre parcelle de notre sol doit être gouvernée; à plus forte raison cette héroïque cité, le cœur de notre France, qui n'est pas faite pour se laisser longtemps surprendre par une minorité factieuse.

Citoyens et soldats,

Il s'agit du premier de vos droits, c'est à vous de le maintenir. Pour faire appel à vos courages, pour réclamer de vous une énergique assistance, vos représentants sont unanimes. Tous à Penvi, sans dissidence, nous vous adjurons de vous serrer étroitement autour de cette Assemblée, votre œuvre, votre image, votre espoir, votre unique salut.

Les réclamations de deux représentants de Paris, MM. Peyrat et Langlois, n'avaient pu amener l'Assemblée à terminer sa proclamation par ces mots: a Yive la République! » La droite poussait des cris, à cette proposition, comme si elle eût eu quelque chose de séditieux. On se serait cru aux beaux jours d'un empire, d'une monarchie quelconque, où prononcer le seul mot de république était un acte insurrectionnel.

Aucune observation ne fut d'ailleurs faite sur la teneur même de la proclamation; le cit. Millière, qui n'avait pu obtenir la parole avant le vote, ne put que dire, après adoption, qu'il y voyait « des mots malheureux. »

MM. Clémenceau, Langlois, Henri Brisson et Léon Say, à propos des élections à la Commune, annoncées par le Comité pour un moment très-prochain, adjuraient l'Assemblée de faire rentrer Paris dans le droit commun, en l'admettant à nommer son conseil municipal. M. Thiers, chef du pouvoir exécutif.leur répondait que tout en étant disposé à reconnaître à la capitale le droit de désigner des délégués municipaux, le gouvernement ne croyait pas possible cependant « que Paris soit gouverné comme une ville de o trois mille âmes. » Qu'en conséquence, il lui fallait le temps suffisant pour établir une sage organisation.

Après insistance de M. Clémenceau, M. Jules Favre prenait la parole.

Avec quelle tristesse ne l'avons-nous pas entendu prononcer ce discours de forme magnifique et si magnifiquement débité! Tout ce qu'un homme pour qui l'art oratoire n'a pas de secret, peut mettre de fiel et de venin dans ses paroles, tous les artifices qu'il peut employer pour exciter les passions haineuses d'hommes déjà affolés par la terreur d'un mouvement qu'ils ne connaissent ni ne comprennent, tout cela se trouve accumulé dans le discours que prononça M. Jules Favre.

A l'entendre, ceux qui, poussés par l'agression du pouvoir, avaient fait le mouvement du 18 mars, étaient « une poignée de « misérables », des gens « mettant au-dessus de l'autorité légi« time issue du suffrage universel, *je ne sais quel idéal sanglant et « rapace »,* des'gens a ayant usurpé le pouvoir et ne voulant s'en « servir que pour la violence et l'assassinat, et le vol. »

M. Jules Favre ne craignait pas d'altérer cruellement la vérité pour augmenter la terreur de la majorité rurale. Il lui disait que Paris prétendait « imposer sa domination à la France pour ne pas « la subir! »

Il lui représentait Paris marchant contre elle: « Marcher contre « vous! C'est une entreprise qui n'est point ici à discuter; mais « c'est leur dessein que j'expose, et si quelques-uns d'entre vous « tombaient entre leurs mains, le sort des malheureuses victimes « de férocité serait le vôtre I »

C'est ainsi que le ministre des affaires étrangères entendait l'apaisement. Il y a quelque chose de plus triste, de plus navrant, en ces jours de révolution, que les excès auxquels peuvent se porter les partis dans la chaleur de la lutte, ce sont les violences, les horreurs de langage auxquelles se livre, au milieu d'une Assemblée, un. homme dont la mission serait de chercher le bien de tous, lorsque ses paroles haineuses doivent avoir pour effet d'amener et d'aggraver la guerre civile.

La majorité de l'Assemblée fut vivement impressionnée par le discours de M. Jules Favre; et certes, son antipathie pour Paris ne put que s'en accroître,

Cette majorité se montra durant toute la séance d'une violence excessive; point n'était besoin de M. Jules Favre pour l'exciter encore.

Lorsque, après la lecture de la proclamation « au peuple et à « l'armée », que nous avons citée plus haut, M. Thiers tenta de faire entendre quelques paroles calmes à l'Assemblée, toute excitée contre ceux qui voulaient la terminer par les mots: « Vive la République! » ce fut à peine s'il put se faire écouter. Interrompu à chaque instant, il dut faire cette observation:#« Soyez sûrs que « vous n'ajoutez pas à votre autorité en interrompant le chef du « pouvoir exécutif. » Ce fait montre mieux que tout autre quel était l'état de surexcitation, d'exaspération de la majorité de l'Assemblée.

Après le discours de M. Jules Favre, qui contrastait à un si haut degré avec les paroles de modération, de prudence, du chef du pouvoir exécutif, celui-ci prit de nouveau la parole pour tenter d'atténuer l'effet produit sur la majorité par les paroles venimeuses du ministre des affaires étrangères.

M. l'amiral Saisset, qui avait fréquemment interrompu M. Jules Favre par des marques d'approbation, eut une interruption plus spécialement malheureuse.

M. Gaslonde, après une période où le ministre parlait du « niveau sanglant qui est dans la main d'une minorité factieuse, » venait de s'écrier: « Il faut faire appel à la province! » M. l'amiral Saisset ajouta, sur le même thème: « Oui, appelons la province et « marchons, s'il le faut, sur Paris. Il faut qu'on en finisse! »

Nous n'ignorons pas que le *Rappel* du 25 insérait la note suivante:

« Dans le compte-rendu in extenso de la séance du 21, le *Jour« nal officiel* avait prêté à M. l'amiral Saisset les paroles suite svantes: Appelons la province et marchons sur Paris! »

« M. l'amiral Saisset nous prie de déclarer que ces paroles n'ont « jamais été prononcées par lui. »

Mais il nous est difficile de douter de nos propres oreilles. Nous voyons encore M. Saisset, debout, à droite de la tribune qu'occupait M. Jules Favre, et lançant cette phrase fâcheuse qu'il nous semble entendre de nouveau en nous rappelant ce souvenir.

Nous aurons tout dit sur cette journée, lorsque nous aurons mentionné les deux dépêches qu'envoyèrent dans les départements M. Thiers et M. Picard.

«

Versailles, 21 mars, 10 h. soir.

Les nouvelles de toute la France sont parfaitement rassurantes. Les hommes de désordre ne triomphent nulle part, et à Paris même les bons citoyens se rallient et s'organisent pour comprimer la sédition. A Versailles, l'Assemblée, le gouvernement, ralliés, entourés d'une armée de 43,000 hommes, nullement ébranlés, sont en mesure de dominer les événements et les dominent dès aujourd'hui.

Hier, l'Assemblée a tenu sa première séance et s'est montrée calme, unie et résolue. Elle a formé une deuxième commission qui s'est entendue avec le

chef du pouvoir exécutif et qui est convenue avec lui de toutes les mesures à prendre dans les circonstances actuelles. Elle va publier une proclamation.

Lille, Lyon, Marseille, Bordeaux, sont tranquilles; vous pouvez donner aux populations ces nouvelles qui sont rigoureusement vraies, car le gouvernement qui vous les adresse est un gouvernement de vérité. Il reste bien entendu que tout agent de l'autorité qui pactiserait avec le désordre sera poursuivi selon les lois, comme coupable de forfaiture.

Thiers. *Intérieur à préfets.*

La situation n'est pas aggravée. L'insurrection est désavouée par tout le monde; elle est déshonorée par des actes de violence individuels. Le général Chanzy et plusieurs officiers sont retenus prisonniers. Les maires protestent unanimement et se refusent à procéder aux élections. L'Assemblée est unanime pour flétrir ses désordres et leurs auteurs.

Des officiers et des gardes nationaux sont venus à Versailles demander la nomination de l'amiral Saisset et promettent une action prochaine et énergique. La séance de l'Assemblée a été excellente; tous les partis sont d'accord pour condamner le mouvement.

Mercredi «S mars 1891

Le 22, paraissait au *Journal officiel* de Paris l'arrêté du Comité, remettant au jeudi 23 les élections municipales, qu'une décision précédente avait fixées au mercredi.

Quatre-vingt-dix conseillers devaient être nommés, à raison de un pour 20,000 habitants et par fraction de plus de 10,000. Le vote avait lieu au scrutin de liste et par arrondissement.

La convocation se terminait par les mots suivants:

Citoyens,

Le Comité central remet aux mains du peuple de Paris le pouvoir tombé de mains indignes. Les élections communales se feront d'après le mode ordinaire; mais le Comité central exprime le vœu qu'à l'avenir le vote nominal soit considéré comme le seul vraiment moral et digne des principes démocra-

tiques.

Le Comité central de la garde nationale.

Le *Journal officiel* publiait un avertissement où il relevait « la déclaration de la presse » que nous avons insérée ci-dessus:

AVERTISSEMENT

Après les excitations à la guerre civile, les injures grossières et les calomnies odieuses, devait nécessairement venir la provocation ouverte à la désobéissance aux décrets du gouvernement siégeant à l'Hôtel-dcVille, régulièrement élu par l'immense majorité des bataillons de la garde nationale de Paris (215 sur 266 environ).

Plusieurs journaux publient en effet, aujourd'hui, une provocation à la désobéissance à l'arrêté du Comité central do la garde nationale, convoquant les électeurs pour le 22 couraut, pour la nomination de la commission communale de la ville de Paris.

Voici cette pièce, véritable attentat contre la souveraineté du peuple de Paris, commis par les rédacteurs de la presse réactionnaire: *Suit la déclaration que nous avons reproduite plus haut.*

Comme il l'a déjà déclaré, le Comité central de la garde nationale, siégeant à l'Hôtel-de-Ville, respecte la liberté de la presse, c'est-à-dire le droit qu'ont les citoyens de contrôler, de discuter et de critiquer ses actes à l'aide de tous les moyens de publicité, mais il entend faire respecter les décisions des représentants de la souveraineté du peuple do Paris, et il ne permettra pas impunément qu'on y porte atteinte plus longtemps, en continuant à exciter à la désobéissance à ses décisions et à ses ordres.

Une répression sévère sera la conséquence de tels attentats, s'ils continuent à se produire.

Les réflexions que nous avons faites au sujet de la « déclaration de la presse » sont encore présentes à la mémoire du lecteur. 11 se souvient que, tout en la discutant, nous avons reconnu qu'il était du droit strict des journaux de la faire et de la publier. Nous croyons regrettable que le Comité ne l'ait pas compris ainsi. Nonseulement la presse doit avoir droit de contrôle, de critique et de discussion sur les actes des gouvernants, quels qu'ils soient; mais il nous semble très-légitime qu'elle donne à ses lecteurs les conseils qu'elle juge à propos de leur donner sur la conduite à tenir dans telle ou telle circonstance.

Pour nous, les journaux, en publiant leur « déclaration, » ne montraient pas une intelligence réelle de la situation et de ce qu'elle commandait; mais il n'en reste pas moins vrai qu'ils avaient tout droit faire de part à leurs lecteurs de ce qu'ils pensaient au sujet des élections.

Un article du délégué au *Journal officiel* appelait les électeurs à prendre part au vote du lendemain; il établissait que Paris était dans le droit en nommant sa municipalité, et la garde nationale en désignant librement tous ses chefs sans exception. En outre, il notait que Paris ne pouvait ni ne voulait se détacher de la province.

PARIS EST DANS LE DROIT

Le droit, la souveraineté du peuple sont-ils à Versailles ou à Paris?

Poser cette question, c'est la résoudre.

L'Assemblée, siégeant d'abord à Bordeaux et actuellement à Versailles, a été nommée dans des circonstances particulières et chargée d'une mission déterminée à l'avance, «l'une sorte de mandat impératif restreint.

Élue à la veille d'une capitulation, pendant l'occupation du territoire par l'ennemi, les élections de ses membres ont nécessairement et forcément subi la pression de l'étranger et des baïonnettes prussiennes; une partie au moins des députés, ceux des départements envahis, n'ont pu être nommés librement.

Aujourd'hui que les préliminaires de paix, cédant deux provinces à la Prusse sont signés, les représentants de l'Alsace et de la Lorraine ne pouvaient plus siéger à l'Assemblée: ils l'ont compris eux-mêmes, c'est pourquoi ils ont donné leur démission.

Un grand nombre d'autres représentants, pour des motifs divers, ont imité cet exemple.

L'Assemblée est donc incomplète, et l'élection d'une partie de ses membres a été entachée et viciée par l'occupation et la pression étrangères.

Cette Assemblée ne représente donc pas d'une manière complète, incontestable, la libre souveraineté populaire.

D'un autre côté, par son vote de défiance et de haine contre Paris, où elle a refusé de venir siéger, l'Assemblée de Bordeaux et de Versailles a méconnu les services rendus par Paris et l'esprit si généreux et si dévoué de sa population. Elle n'est plus digne de siéger dans la capitale.

Par l'esprit profondément réactionnaire dont elle a fait preuve, par son étroitesse de vues, son caractère exclusif et rural, par l'intolérance dont elle s'est rendue coupable envers les plus illustres et les plus dévoués citoyens, cette Assemblée provinciale a prouvé qu'elle n'était pas à la hauteur des événements actuels, et qu'elle était incapable de prendre et de faire exécuter les résolutions énergiques indispensables au salut de la patrie.

Il n'y a qu'une Assemblée librement élue, en dehors de toute pression étrangère et de toute influence officielle réactionnaire, et siégeant à Paris, à qui la France entière puisse reconnaître le caractère de souveraineté nationale et déléguer le pouvoir législatif ou constituant.

Hors de l'indépendance cl de la liberté des élections, et en dehors de Paris, il ne peut exister que de faux semblants de représentation nationale et d'assemblée souveraine.

Que l'Assemblée actuelle se hâte donc d'achever la triste besogne qui lui a été confiée: celle de résoudre la question de la paix ou de la guerre, et qu'elle disparaisse au plus vite. Elle n'a reçu qu'un mandat limité et ne peut, sans violer la souveraineté du peuple, s'octroyer le pouvoir constituant et le droit d'élaborer les lois organiques.

C'est à Paris qu'incombe le devoir de faire respecter la souveraineté du peuple et d'exiger qu'il ne soit point porté atteinte à ses droits.

Paris ne peut se séparer de la province, ni souffrir qu'on la détache de lui.

Paris a été, est encore et doit rester définitivement la capitale de la France, la lête et le cœur de la République démocratique, une et indivisible.

Il a donc le droit incontestable de procéder aux élections d'un conseil communal, de s'administrer lui-même, ainsi que cela convient à toute cité démocratique, et de veiller à la liberté et au repos public à l'aide de la garde nationale, composée de tous les citoyens élisant directement leurs chefs par le suffrage universel.

Le Comité central de la garde nationale, en prenant les mesures nécessaires pour assurer l'établissement du conseil communal de Paris et l'élection de tous les chefs de la garde nationale, a donc pris des mesures trèssages, indispensables et de première nécessité.

C'est aux électeurs et aux gardes nationaux qu'il appartient maintenant de soutenir les décisions du gouvernement, et d'assurer par leurs votes, en nommant des républicains convaincus et dévoués, le salut de la France et l'avenir de la République.

Demain ils tiendront leurs destinées dans leurs mains et nous sommes persuadés à l'avance qu'ils feront bon usage de leurs droits. Que Paris délivre la France et sauve la République!

Le délégué au Journal Officiel.

La séance de l'Assemblée du mardi 21 avait fait impression sur les députés parisiens; et l'affiche qu'ils firent placarder le mercredi n'avait guère de ressemblance avec celle qu'ils avaient signée le mardi:

RÉPUBLIQUE FRANÇAISE *Liberté, Égalité, Fraternité*

Paris, le 22 mars 1871. Citoyens,

Nous ne douions pas que vous n'éprouviez, à la lecture de la séance d'hier, le sentiment dont notre âme est saisie. Il n'a pas dépendu de nous que cette séance n'ait eu un autre caractère et de meilleurs résultats.

Toutefois, nous avons obtenu la reconnaissance formelle du droit de Paris, qui, en conséquence, sera appelé dans le plus bref délai à dlire son conseil municipal.

Dans cette situation, vous comprendrez comme nous la nécessité d'éviter les désastres qui naîtraient en ce moment de tout conflit entre les citoyens.

Vive la France! Vivo la République!

Les représentants de la Seine:
Louis Blanc, Edgar Quinet, V. Scuoëlcher, A. Pev-
Rat, Edmond Adam, Floquet, Martin Bernard,
Langlois, Edouard Lockroy, Farcy, H. Brisson,
Greppo, Millière, Clemenceau, Tirard et Tolaik.

Le rendez-vous que s'étaient donné la veille les membres de la « manifestation de l'ordre, » n'était pas oublié.

A une heure, des groupes commençaient à se former sur la place du Nouvel-Opéra, et s'étendaient jusque devant la porte principale du Grand-Hôtel. Vers une heure et demie, de nouveaux arrivants, dont quelques-uns en costume de garde nationale, se mirent à distribuer des rubans bleus que les manifestants s'attachaient à la boutonnière.

On aperçut tout-à-coup un peloton de gardes nationaux qui, venant de la place Vendôme, suivaient la rue de la Paix et marchaient vers le boulevard. Aussitôt, la foule se porte au devant d'eux jusqu'à l'entrée de la rue de la Paix, et les entoure en criant: « A bas le Comité! A bas les assassins! Vive l'ordre! « Vive l'Assemblée! »

Les gardes nationaux croisent la baïonnette et chargent ou font mine de charger leurs armes; mais ne tirent pas. Les cris continuent de la part de la manifestation, et le peloton de gardes se replie sur la place Vendôme, suivi pied pour pied par la foule.

L'Officiel du 25 donnait ainsi le récit des faits qui se passèrent alors à la place Vendôme: j.-i.. i. . i

Le Comité central a ordonné une enquête sur les événements qui se sont passés place Vendôme, dans la journée du *22*. Le Comité n'a pas voulu publier un récit immédiat, qui aurait pu être accusé de parti pris. Voici les faits, tels qu'ils résultent des témoignages produits dans l'enquête.

A une heure et demie, la manifestation, qui se massait depuis midi sur la place du Nouvel-Opéra, s'est engagée dans la me de la Paix. Dans les premiers rangs, un groupe irès-exalté, parmi lequel les gardes nationaux affirment avoir reconnu MM. de Heeckercn, de Cofflegon et H. de Tène, anciens familiers de l'empire, agitait violemment un drapeau sans inscription. Arrivée à la hauteur de la rue Neuve-Saint-Augustin, la manifestation a entouré, désarmé et maltraité deux gardes nationaux détachés en sentinelles avancées. Ces citoyens n'ont dû leur salut qu'à la retraite, et aans fusils, les vêtements déchirés, ils se sont réfugiés sur la place Vendôme. Aussitôt les gardes nationaux, saisissant leurs armes, se sont portés immédiatement, en ordre de bataille, jusqu'à la hauteur de la rueNeuve-des-Petits-Champs.

La première ligne avait reçu l'ordre de lever laciosse en l'air, si elle était rompue, et de se replier derrière la troisième; de même pour la seconde-, la troisième devait croiser la baïonnette; mais recommandation expresse était faite de ne pas tirer.

Le premier rang de la foule, qui comptait environ huit cents à mille personnes, se trouve bientôt face à face avec les gardes nationaux. Le caractère de la manifestation se dessine dès lors nettement. On crie: *A bas les assassins! A bas le Comité!* Les gardes nationaux sont l'objet des plus grossières insultes. On les appelle *assassins 1 lâches! brigands!* Des furieux saisissent les fusils des gardes nationaux. On arrache le sabre d'un officier. Les cris redoublent, on a affaire non à une manifestation, mais à une véritable émeute. En effet, un coup de revolver vient atteindre à la cuisse le citoyen Maljournal, lieutenant d'état-major de la place, membre du Comité central. Le général Bergeret, commandant la place, accouru au premier rang dès le début, fait sommer les émeutiers de se retirer. Pendant près de cinq minutes on entend le roulement du tambour.

Dix sommations sont faites. On n'y répond que par des cris et des injures. Deux gardes nationaux tombent grièvement blessés. Cependant leurs camarades hésitent et tirent en l'air. Les émeutiers s'efforcent de rompre les lignes et de las désarmer. Des coups de feu retentissent, et l'émeute est subitement dispersée. Le général Bergeret fait immédiatement cesser le feu. Les ofti.

ciers se précipitent, joignant leurs efforts à ceux du général. Cependant, quelques coups de fusil se font entendre encore dans l'intérieur de la place; il n'est que trop vrai que des maisons on a tiré sur les gardes nationaux. Deux d'entre eux ont été tués: les citoyens Wahlin et François, appartenant au 7 et au 215 bataillon; huit ont été blessés; ce sont les citoyens Maljournal, Cochet, Miche, Ancelot, Légat, Reyer, Train, Laborde.

Le premier des morts, porté à l'ambulance du Crédit mobilier, est le vicomte de Molinet, atteint a la tête et par derrière, au premier rang de l'émeute. Il est tombé au coin de la rue de la Paix et de In rue Neuve-des-Petils-Chnmps, la face contre terre, du côté de la place Vendôme. Il est de toute évidence que le vicomte de Molinet a été frappé par les émeutiers; car, s'il eût été atteint, en fuyant, le corps serait tombé dans la direction du nouvel Opéra. On a trouvé sur le corps un poignard fixé à la ceinture par une chaînette.

Un grand nombre de revolvers et de cannes à épée ont été ramassés dans la rue de la Paix et portés à l'état-major de la place.

Le docteur Ramlow, ancien chirurgien-major du camp de Toulouse, domicilié 32, rue de la Victoire, et un certain nombre de médecins accourus ont donné leurs soins aux blessés et signé les procès-verbaux.

Les valeurs trouvées sur les émeutiers ont été placées sous enveloppes scellées, et déposées à l'état-major de la place.

C'est grâce au sang-froid et à la fermeté du général Bcrgcret, qui a su contenir la juste indignation des gardes nationaux, que de plus grands accidents ont pu être évités.

Le général américain Shéridan, qui, d'une croisée de la rue de la Faix, a suivi les événements, a attesté que des coups de feu ont été tirés par les hommes de la manifestation.

Bien des récits ont été publiés sur ces faits, et beaucoup sont inexacts. Celui de *l'Officiel,* que nous venons de reproduire, ne nous paraît pas non plus exempt d'erreur.

Venant de la rue de Castiglione, nous arrivions, après pas mal de pourparlers, à la porte d'une maison de la place Vendôme où nous avions affaire, — naturellement, escorté d'un garde national qui, l'arme au bras, ne nous quittait pas d'un centimètre, — lorsque la fusillade éclata.

D'où partirent les premiers coups? Nous ne saurions le dire, car, surpris et saisis de l'événement, notre attention n'était pas au début suffisante; mais il est certain', pour nous, que des coups de pistolet ou de revolver ont été tirés de la « manifestation pacifique non armée. » Nous avons vu transporter un des morts, la tête percée d'une oreille à l'autre, qui avait sur lui deux revolvers et un énorme poignard. Notre pensée est que la majorité des citoyens composant la manifestation était venue sans armes et avec l'intention de ne faire rien d'autre qu'une démonstration pacifique; mais des meneurs, appartenant à certains partis intéressés au trouble, s'y étaient assurément mêlés, comme il ne saurait manquer d'arriver en pareil cas, et des coups de pistolet ont été tirés sans doute par ceux-là.

Que l'on ait tiré des maisons de la place Vendôme sur les gardes nationaux, cela nous parait plus que douteux. Du point où nous étions placé, nous n'aurions certainement pas manqué de l'entendre et de le voir.

Le feu des gardes nationaux, si l'on en croit un récit donné par *le Journal des Débats,* n'aurait pas été commandé.

Le fait est que, sur la place, nous avons entendu des officiers gourmander vivement leurs hommes, ce qui exclut évidemment toute idée de commandement de leur part.

Le soir.même, des deux côtés de la place Vendôme, étaient élevées des barricades armées de canons.

A l'Assemblée, M. Vacherot, rapporteur, concluait, au nom de la Commission chargée d'examiner le projet de loi sur les élections municipales de Paris, « qu'il n'y avait pas lieu d'adopter la pro« position. »

M. Picard, ministre de l'intérieur, donnait aussitôt lecture d'un projet de loi municipale, d'où nous extrayons

quelques articles spécialement relatifs à Paris: *Titre II.* — Art. 4. Les vingt arrondissements de la ville de Paris, nomment chacun trois membres du conseil municipal dela ville de Paris. Ces trois membres seront nommés au scrutin de liste, à moins que, par décret, l'arrondissement n'ait cté divisé en sections.

Les membres choisis par les arrondissements de Paris sont pris parmi les-éligiblcs domiciliés depuis trois ans dans l'arrondissement ou y exerçant leur industrie.

Art. 5. Les élections sont faites dans chaque arrondissement par des assemblées électorales convoquées par le préfet de la Seine. Sont électeurs tous les citoyens français âgés de vingt et un ans accomplis, et jouissant de leurs droits civils et politiques.

Art. 8. Il y a un maire et trois adjoints par chacun des vingt arrondissements de Paris; ils sont choisis par le chef du pouvoir exécutif de la République.

Ari. 9. Les membres du conseil municipal nomment chaque année l'un d'entre eux pour remplir les fonctions de président, de vice-président et de secrétaire.

Art. 10. Le préfet de la Seine et le préfet de police peuvent assister aux séances du conseil municipal; ils y ont voix consultative.

Art. 11. Le conseil municipal ne s'assemble que sur la convocation du préfet de la Seine. Il ne peut délibérer que lorsque la majorité de ses membres assiste à la séance.

Art. 12. Il y a chaque année une session ordinaire qui est spécialement consacrée à la présentation et à la discussion du budget. Cette session ne peut durer plus d'un mois.

Art. 13. Le conseil municipal voie le budget, et ne délibère que sur les objets d'administration municipale.

L'urgence fut déclarée sur ce projet de loi. i

Il est inutile de commenter ces quelques articles; chacun sent combien peu ils étaient faits pour séduire et pour apaiser la population parisienne.

Il nous semble que si, au temps où M. Picard était l'un des *a cinq* », un

ministre fût venu, au milieu de circonstances aussi graves, lire sérieusement un pareil projet de loi, ledit M. Picard n'eût pas eu assez de saillies pour bafouer à la fois et ministre et projet de loi. Mais quoi! M. Picard n'était plus un opposant, c'était un ministre! cela change.

M. Jules Favre donnait connaissance à l'Assemblée des deux dépêches suivantes échangées entre lui et le commandant des troupes prussiennes à Rouen:

Rouen, le 21 mars, midi 20, *Le général von Fabrice à Son Excellence M. Jules Favre.*

J'ai l'honneur d'informer Votre Excellence que, en présence des événements qui viennent de se passer à Paris et qui n'assurent presque plus l'exécution des conventions dans la suite, le commandement supérieur de l'armée devant Paris interdit l'approche de nos lignes devant les forts occupés par nous, réclame le rétablissement dans les vingt-quatre heures des télégraphes détruits à Pantin, et traitera en ennemie la ville de Paris, si Paris use encore de procédés contradictoires avec les pourparlers engagés et les préliminaires de paix, ce qui entraînerait l'ouverture du feu des forts occupés par nous.

Signé: Fabrice. *Le ministre des affaires étrangères à M. le général comte de Fabrice, à Rouen.*

Je reçois seulement co soir fort tard le télégramme que Votre Excellence m'a fait l'honneur de m'adresser aujourd'hui même à midi vingt minutes. Le mouvement insurrectionnel qui a triomphé a Paris n'a été qu'une surprise devant laquelle le gouvernement ne s'est momentanément retiré que pour éviter la guerre civile. Il est l'œuvre d'une poignée de factieux désavouée par la grande majorité de la population, énergi quement combattue par les maires qui résistent courageusement.

Les départements sont unanimes à le condamner et à prometttre leur concours à l'Assemblée. Le gouvernement le maîtrisera, et s'il ne le fait pas demain même, c'est pour épargner l'effusion de sang. Votre Excellence peut donc être rassurée: Aos. engagements seront tenus. Elle ne voudra pas, en présence de ces faits et de notre déclaration formelle, infliger à la ville de Paris, protégée par des préliminaires de paix, les calamités d'une exécution militaire: ce serait faire expier par des innocents le crime de quelques hommes pervers, ennemis de leur patrie.

Quant aux dommages causés au télégraphe de Pantin, le gouvernement n'a malheureusement pas, quant à présent, les moyens de les réparer.

Il en avise les maires qui peut-être pourront y pourvoir, mais j'ai l'honneur de répéter à Votre Excellence que, grâce au bon sens de la grande majorité de la population de Paris, grâce à la ferme attitude de l'Assemblée et à l'appui sans réserve des départements, la cause du droit prévaudra, et sous peu de jours il me sera possible de donner une entière satisfaction à Votre Excellence pour celles de ces réclamations que justifient nos engagements.

Le ministre des affaires étrangères,
Jules Favre.

On voit de nouveau figurer dans la dépèche de M. J. Favre cette a poignée de factieux » dont il est tant parlé depuis le 18 dans le style officiel.

C'était pourtant la fonction du gouvernement de savoir en face de quoi il se trouvait, et s'il avait affaire à une « poignée de misérables » ou à un réel mouvement de l'opinion parisienne. Mais tous les pouvoirs semblent en être là: ils ont des yeux pour ne point voir, des oreilles pour ne pas entendre.

Le gouvernement adressait les dépêches qui suivent aux départements:

Le 22 mars 1871, a 7 h. 40 du matin.

L'ordre se maintient partout et tend même à se rétablir à Paris, où les honnêtes gens ont fait hier une manifestation des plus significatives.

A Versailles, la tranquillité est complète; l'Assemblée, dans sa séance d'hier, a voté à l'unanimité une proclamation digne et ferme et s'est associée au gouvernement, dans l'attitude à l'égard de Paris. Une discussion forte et animée a contribué à resserrer l'union entre l'Assemblée et le pouvoir exécutif.

L'armée réorganisée, campée autour de Versailles, montre les plus fermes

dispositions, et, de toutes paris, on offre au gouvernement de-la République des bataillons de mobiles pour le soutenir contre l'anarchie, s'il pouvait en avoir besoin.

Les bons citoyens peuvent donc se rassurer et prendre confiance.

Versailles, 22 mars 1871, 8 h. 17 matin. Intérieur *à préfets et sout-préfett,*

A Paris, grande manifestation aux cris de: *Vire VAssemblée nationale! A bat let comités!*

Le concours des départements est unanime.

Le mouvement de Paris n'a eu aucun écho.

Les journaux de Paris de toute nuance ont fait une déclaration collective qui les honore; ils réprouvent l'insurrection, désavouent le Comité et déclarent non avenue la convocation faite pour élire la Commune.

Ernest Picard.

Les élections pour le Conseil municipal, fixées d'abord par le Comité central au 22 mars, remises au 23,. furent encore ajournées. Le *Journal officiel* du jeudi 23 mars publiait la proclamation suivante, explicative de ce nouveau retard:

Citoyens,

Votre légitime colère nous a placés, le 18 mars, au poste que nous ne devions occuper que le temps strictement nécessaire pour procéder aux élections communales.

Vos maires, vos députés, répudiant les engagements pris à l'heure où ils étaient des candidats, ont tout mis en œuvre pour entraver ces élections, que nous voulons faire à bref délai.

La réaction, soulevée par eux, nous déclare la guerre.

Nous devons accepter la lutte et briser la résistance, afin que vous puissiez y procéder dans le calme de votre volonté et de votre force.

En conséquence, les élections sont remises à dimanche prochain, 26 mars.

Jusque là, les mesures les plus énergiques seront prises pour faire respecter les droits que vous avez revendiqués.

Hôtel-de-Ville, 22 mars 1871.
Le Comité central de la garde nationale.

(Suivent les signatures.)

D'après le Comité, les députés de Paris et les maires étaient seuls causes de cet ajournement. Tout avait été par eux mis en œuvre pour le provoquer.

Effectivement, les municipalités se refusaient à prêter leur concours pour l'organisation des élections successivement annoncées. C'était, légalement, leur devoir. D'ailleurs, elles s'efforçaient alors d'amener le Comité central à consentir à une transaction avec le gouvernement; elles ne pouvaient donc l'aider à réaliser un projet qui leur semblait funeste.

Une autre proclamation, insérée à *l'Officiel,* en engageant les électeurs à participer au YOte du 26 mars, précisait les pouvoirs, les attributions de l'Assemblée qu'il s'agissait de constituer. Voici ce document, dont la conclusion très-nette était un formel démenti aux paroles prononcées la veille par M. Jules Favre, à la tribune de l'Assemblée nationale:

Citoyens,

Vous êtes appelés à élire votre assemblée communale (le conseil municipal de la ville de Paris).

Pour la première fois, depuis le 4 septembre, la République est affranchie du gouvernement de ses ennemis.

Conformément au droit républicain, vous vous convoquez vous-mêmes, par l'organe de votre comité, pour donner aux hommes que vous-mêmes aurez élus un mandat que vous-mêmes aurez défini.

Votre souveraineté vous est rendue tout entière, vous vous appartenez complètement; profitez de cette heure précieuse, unique peut-être, pour ressaisir les libertés communales dont jouissent ailleurs les plus humbles villages, et dont vous êtes depuis si longtemps privés.

En donnant à votre ville une forte organisation communale, vous y jetterez les premières assises de votre droit, indestructible base de vos institutions républicaines.

Le droit de la cité est aussi imprescriptible que celui de la nation; la cité doit avoir, comme la nation, son assemblée qui s'appelle indistinctement: assemblée municipale ou communale, ou commune.

C'est cette assemblée qui, récemment, aurait pu faire la force ot le succès de la défense nationale, et, aujourd'hui, peut faire la force et le salut de la République.

Cette assemblée fonde l'ordre véritable, le seul durable, en l'appuyant sur le consentement souvent renouvelé d'une majorité souvent consultée, et supprime toute cause de conflit, de guerre civile et de révolution, en supprimant tout antagonisme contre l'opinion politique de Paris et le pouvoir exécutif central.

Elle sauvegarde à la fois le droit de la cité ot le droit de la nation, celui de In capitale et celui de la province, fait leur juste part aux deux influences et réconcilie les deux esprits.

Enfin, elle donne à la cité une milice nationale qui défend les citoyens contre le pouvoir, au lieu d'une armée permanente qui défend le pouvoir contre les citoyens, et une police municipale qui poursuit les malfaiteurs, au lieu d'une police politique qui poursuit les honnêtes gens.

Cette assemblée nomme dans son sein des comités spéciaux, qui se partagent ses attributions diverses (instruction, travail, finances, assistance, garde nationale, police, etc.).

Les membres de l'assemblée municipale, sans cesse contrôlés, surveillés, discutés par l'opinion, sont révocables, comptables et responsables; c'est une telle assemblée, la ville libre dans le pays libre, que vous allez fonder. Citoyens, vous tiendrez à honneur de contribuer par votre vote à cette fondation. Vous voudrez conquérir à Paris la gloire d'avoir posé la première pierre du nouvel édifice social, d'avoir éln le premier sa Commune républicaine.

Citoyens,

Paris ne veut pas régner, mais il veut être libre; il n'ambitionne pas d'autre dictature que celle de l'exemple-, il ne prétend ni imposer ni abdiquer sa volonté; il ne se soucie pas plus de lancer des décrois que de subir des plébiscites; il démontre le mouvement en marchant lui-même, et il prépare la liberté des

autres en fondant la sienne. 11 ne pousse personne violemment dans les voies de la République; il se contente d'y entrer le premier.

Hotel-de-Ville, 32 mars 1871.
(Suivent les signatures.

Le Comité avait envoyé des délégués aux diverses mairies pour en prendre possession, spécialement dans le but de faire les élections. Le 21 et le 22,. la plupart des municipalités avaient été congédiées par ces délégués, escortés de détachements de gardes nationaux qui devaient procéder à l'arrestation des maires récalcitrants. Certains d'entre eux furent détenus pendant quelques heures, pour avoir protesté contre ces agissements arbitraires.

Les mairies du I et du II arrondissement résistèrent seules aux diverses tentatives qui furent faites pour s'en emparer. Il est juste de dire qu'elles étaient entourées de forces imposantes; elles servaient de centre de ralliement aux gardes nationaux « d'ordre » partisans de l'Assemblée nationale.

Dans le but de dénombrer et de concentrer autour de la mairie de la Bourse les gardes nationaux disposés à résister au Comité central, les délégués élus par les maires et adjoints firent afficher, le 23, l'avis suivant:

SOLDE DE LA GARDE NATIONALE *Avis*

La solde de la garde nationale et les services d'assistance seront régulièrement continués, par les soins des officiers payeurs de chaque bataillon.

Les.fonds publics, nécessaires à cet effet, sont à la disposition exclusive des maires issus du suffrage universel.

Le service sera provisoirement établi dès demain au palais de la Bourse pour les bataillons dépendant des mairies envahies.

Il sera repris dans ces dernières aussitôt que les maires et adjoints y seront réinstallés.

Pour les maires et adjoints de Paris,
Les délégués,

T;RARD, DUBAIL, HÉLIGON.

25,000 hommes environ vinrent se grouper dans le I et le II arrondissements, qui furent militairement occupés. L'accès des lignes « de l'ordre » fut

bientôt plus difficile que celui des quartiers au pouvoir des gardes nationaux révolutionnaires. Paris se trouva ainsi divisé en deux véritables camps, dont les sentinelles avancées, placées vis-à-vis les unes des autres sur un assez vaste périmètre, se regardaient avec méfiance. Plusieurs fois, on put craindre, en divers endroits, qu'une collision se produisit.

Cette concentration des gardes nationaux hostiles au Comité central avait commencé la veille, quelques heures après la fusillade de la place Vendôme, qui la provoqua. La veille aussi, les insurgés, au pouvoir desquels était la gare Saint-Lazare depuis le 19, en avaient été chassés par des gardes nationaux partisans de l'Assemblée.

Dans la séance de mercredi, M. Jules Favre avait communiqué à l'Assemblée nationale une dépêche reçue de l'état-major prussien, relative à la rupture des fils télégraphiques au poste de Pantin. « Les mesures annoncées par les Prussiens ne seront, « j'espère, avait-il dit en terminant, que comminatoires. »

L'attitude que prenaient les Prussiens en présence du mouvement révolutionnaire parisien était un sujet de préoccupation et d'inquiétude pour tous. Aussi, la communication de M. Jules Favre avait-elle jeté une sorte d'effroi dans beaucoup d'esprits.

En réponse au discours du Ministre des affaires étrangères, le *Journal officiel* du jeudi 23, débutait par les lignes suivantes:

Comité central.

Citoyens,

Le Comité central a reçu du quartier général prussien la dépêche suivante:

COMMANDEMENT EN CHEF DU 3» CORPS D'ARMEE

Quartier général de Compiègne, le 21 mars 1871. *Au commandant actuel de Paris.*

Le soussigné, commandant en chef, prend la liberté de vous informer que les troupes allemandes qui occupent les forts du Nord et de l'Est de Paris, ainsi que les environs de la rive droite de la Seine, ont reçu l'ordre de garder une attitude amicale et passive tant que les événements, dont l'intérieur de Paris est le théâtre, ne prendront point, à l'égard des armées allemandes, un caractère hostile et de nature à les mettre en danger, mais se maintiendront dans les termes arrêtés par les préliminaires de la paix.

Mais dans le cas où ces événements auraient un caractère d'hostilité, la ville de Paris serait traitée en ennemie.

Pour le commandant en chef du 3 corps des armées impériales,
Le chef du quartier général,
Signé: Von Schlotheim,
Major général.

Le délégué du Comité central aux relations extérieures a répondu:

Paris, le 22 mars 1871. *Au commandant en chef du 3 corps des armées impériales prussiennes.*

Le soussigné, délégué du Comité central aux affaires extérieures, en réponse à votre dépêche en date de Compiègne, 21 mars courant, vous informe que la révolution accomplie à Paris par le Comité central, ayant un caractère essentiellement municipal, n'est en aucune façon agressive contre les armées allemandes.

Nous n'avons pas qualité pour discuter les préliminaires de la paix volée par l'Assemblée de Bordeaux.

le Comité central et son délégué aux affaires extérieures.

Interpellé dans la séance de nuit du jeudi sur l'authenticité de la dépêche ci-dessus mentionnée, M. Jules Favre déclara ne pouvoir se prononcer. Son opinion, heureusement, importait peu aux Parisiens. Assez généralement dédaigneux des usages diplomatiques, il leur sembla qu'on devait accorder autant de créance à la dépêche signée Von Schlotheim qu'à celle signée Fabrice, produite par le Ministre des affaires étrangères. Quoique de source différente, toutes deux exprimaient d'ailleurs la même intention de ne pas intervenir dans nos dissensions intérieures, tant qu'elles n'entraîneraient pas une violation des préliminaires de paix. Cette assurance calma, apaisa l'inquiétude générale.

Le *Journal officiel* du 23 publiait, en outre, divers arrêtés. L'un, relatif aux soldats licenciés, était ainsi conçu:

Vu les mesures prises par le gouvernement de Versailles pour empêcher le retour dans leurs foyers des soldats licenciés par le fait des derniers événements,

Le Comité central décide que, jusqu'à ce qu'une loi ait fixé la réorganisation des forces nationales, les soldats actuellement à Paris seront incorporés dans les rangs de la garde nationale et en toucheront l'indemnité.

Hôtel-de-Ville, 22 mars 1871.
Le Comité central de la garde nationale.

Le 18 mars, un assez grand nombre de soldats étaient passés dans les rangs de la garde nationale. Plusieurs manifestèrent le désir de retourner dans leurs foyers. Le Comité central s'opposa à leur départ de Paris, parce qu'il présumait que ces soldats seraient arrêtés par les ordres du gouvernement, conduits à Versailles, où ils passeraient immédiatement en conseil de guerre, sous l'inculpation, entraînant la peine capitale, de refus d'obéissance et de désertion devant l'ennemi.

L'entrefilet suivant, inséré à *l'Officiel* du 23, suscita les blâmes les plus énergiques de la plupart des journaux:

La presse réactionnaire a recours au mensonge et à la calomnie pour jeter la déconsidération sur les patriotes qui ont fait triompher les droits du peuple.

Nous ne pouvons pas attenter à la liberté de la presse: seulement, le gouvernement de Versailles ayant suspendu le cours ordinaire des tribunaux, nous prévenons les écrivains de mauvaise foi auxquels seraient applicables en temps ordinaire les lois de droit commun sur la calomnie et l'outrage, qu'ils seront immédiatement déférés au Comité central de la garde nationale.

Dans les lignes précédentes, il y a une phrase malheureuse: « Nous ne pouvons pas attenter à la liberté de la presse. » Le Comité central avait ce pouvoir, puisqu'il disposait à Paris de la force armée. Aussi, cette déclaration parut menaçante; elle put faire craindre à certains journaux qu'on employât contre eux des procédés semblables à ceux qui avaient suspendu la publication du *Figaro* et du *Gaulois.*

Les maires et adjoints avaient fait en vain, auprès du Comité central, toutes les démarches, toutes les tentatives possibles pour loi faire accepter un arrangement avec le gouvernement. A cette œuvre si difficile de conciliation, beaucoup d'entre eux perdirent leur popularité.

Il devenait évident que le Comité ne voulait rien entendre. Tout effort fait auprès de lui était maintenant inutile.

L'Assemblée de Versailles refusait de « pactiser avec l'émeute, » le Comité central refusait de « pactiser avec l'Assemblée. » Des deux côtés l'irritation était extrême, plus intense cependant à Versailles qu'à Paris. Les représentants violents de la droite étaient aussi peu raisonnables que les exagérés du Comité; ils étaient également effarés. Mais la revendication de l'autonomie communale pour Paris, poursuivie par le Comité central, était fondée, tandis que le refus persistant de l'Assemblée était inexplicable.

En définitive, l'Assemblée, par ses lois inacceptables, inapplicables, par son antipathie et son mépris pour Paris, était la cause première du trouble actuel. Dès lors, si elle avait été douée de raison et de patriotisme, elle aurait dû s'efforcer de rechercher les bases d'un accord possible; elle eût pallié ses torts en proposant elle-même la réconciliation.

Il y avait peut-être encore alors un moyen d'éviter les terribles catastrophes qui survinrent plus tard.

Si l'Assemblée, précédée des maires avec leurs insignes et des députés de Paris, s'était présentée dans ce solennel appareil à la gare Saint-Lazare, ce retour soudain dans la capitale, gage d'une prochaine entente, aurait probablement tout pacifié. Les gardes nationaux fédérés auraient peut-être porté les armes sur le passage de ce cortège... Mais pour entreprendre une pareille entrée, il eût fallu plus de vraie grandeur et plus d'audace qu'on n'en pouvait attendre de l'Assemblée.

Après avoir vu échouer leurs essais de conciliation auprès du Comité central, les maires et adjoints s'adressèrent alors à l'Assemblée. C'était une tentative désespérée, que quelques-uns avaient même désapprouvée.

La réunion des maires, avant d'envoyer une délégation à Versailles, avait décidé l'affichage immédiat de la déclaration suivante:

L'assemblée des maires et adjoints de Paris,

En vertu des pouvoirs qui lui ont été conférés,

Au nom du suffrage universel, dont elle est issue et dont elle entend faire respecter le principe,

En attendant la promulgation de la loi qui conférera à la garde nationale de Paris son plein droit d'élection,

Vu l'urgence,

Nomme provisoirement:

L'amiral Saisset, représentant de la Seine, commandant supérieur de la garde nationale de Paris;

Le colonel Langlois, représentant de la Seine, chef d'élat-major général;

Le colonel Scbœlclier, représentant de la Seine, commandant en chef de l'artillerie de la garde nationale.

Suivent les signatures des maires et adjoints de Paris.)

« En vertu des pouvoirs qui nous ont été conférés, D disaient les maires. Ce passage faisait allusion à la lettre écrite, le dimanche 19, par M. Thiers à M. Tirard, maire du II arrondissement, lettre par laquelle il lui déléguait en quelque sorte toute l'administration civile de la cité parisienne.

Le choix de l'amiral Saisset comme commandant en chef de la garde nationale n'était pas heureux. Nommé à cette fonction par le chef du pouvoir exécutif, dès le 19 mars, il n'avait pu rallier autour de lui, en trois jours, de son propre aveu, plus de 350 gardes nationaux pour réprimer l'émeute. C'est assez dire combien la garde nationale avait peu de sympathie pour le chef qu'on voulait placer à sa tête. L'interruption violente: « Appelons la province et marchons sur Paris, » lancée par l'amiral Saisset pendant le discours de M. Jules Favre, du mardi, ne dut certes pas contribuer à accroître sa popularité.

Dans la journée de jeudi 23, l'Assemblée nationale vota la loi ayant pour but d'organiser dans les départements des bataillons de volontaires chargés de protéger la souveraineté nationale et de réprimer l'insurrection de Paris. C'était « organiser purement et « simplement en France la guerre civile, » ainsi que le fit judicieusement observer le citoyen Tolain, le seul orateur qui combattit le projet de loi.

Pour apaiser l'effervescence parisienne, il aurait fallu adopter d'autres mesures plus conciliantes, plus modérées. Les représentants de Paris n'avaient cessé depuis trois jours de les réclamer. Ils demandaient instamment et vainement à l'Assemblée de pouvoir reporter à Paris la promesse d'élections municipales immédiates, qui donneraient satisfaction aux légitimes aspirations de la capitale.

Toutes leurs sollicitations, toutes leurs démonstrations, n'avaient d'autre effet que d'accroître l'exaspération de l'Assemblée, qui se refusait obstinément à voir la réalité, à constater la gravité de la situation, l'immensité du péril.

M.Bérenger venait de soumettre àl'Assemblée la proposition d'envoyer à Paris une délégation de quinze ou trente membres, chargés d'aller concourir aux efforts tentés pour l'apaisement et la répression de l'insurrection, lorsqu'on apprit que les maires de Paris étaient arrivés à Versailles pour faire une communication à l'Assemblée. Celle-ci, quelques instants avant que cette nouvelle ne fût annoncée, avait décidé qu'elle se réunirait immédiatement dans ses bureaux, à l'issue de la séance, pour examiner la proposition faite par M. Bérenger.

Il avait été entendu que la communication des maires serait lue à la trbune par l'un d'eux, député de Paris; que les maires seraient admis à assister à la séance dans une tribune. M. Baze, questeur de l'Assemblée, expliquait, dans un ridicule langage, qu'à cet effet il s'était empressé de faire mettre à la disposition des maires « une vaste tribune, située dans les lieux les plus distin« gués, » lorsque les maires, avec leurs écharpes en sautoir, se montrèrent dans la tribune indiquée, située à droite du président. Leur entrée, qui s'effectue lentement, provoque une extrême animation dans l'Assemblée et dans le public qui occupe les tribunes. Tous les regards sont tournés vers les maires et adjoints délégués.

Leur émotion, comme celle do l'Assemblée, est très-vive. Dans le but d'éviter l'atroce guerre civile, ces magistrats municipaux viennent tenter une démarche suprême. Cette apparition de Paris républicain impressionne profondément tout le monde. L'Assemblée tout entière, obéissant à un mouvement spontané de respect et d'admiration, se lève. De chaleureux applaudissements retentissent. La gauche pousse un formidable cri de: « Vive la République! » la droite fait entendre celui de s « Vive la France! » A ces acclamations réitérées, les maires répondent par les cris de: K Vive la République! » auxquels se mêle celui de: « Vive la France I » La gauche et les maires, à qui se joignent quelques tribunes, confondent leurs acclamations, répétant, les uns après les autres: « Vive la République I » Pendant plusieurs minutes, la République est acclamée dans le théâtre de Louis XIV, en présence d'une assemblée qui lui est ouvertement hostile. Ce spectacle émouvant et grandiose indigne la droite, qui devient subitement furieuse. Du centre et de la droite partent les cris: « A l'ordre 1 à l'ordre 1 » Les interpellations les plus violentes sont échangées entre la gauche et la droite. Des députés, siégeant de ce côté de l'Assemblée, se couvrent; quelques-uns lancent aux maires des invectives. Au milieu de ce tumulte, toujours dominé par le cri de: « Vive la République! » s'entrecroisent les exclamations les plus diverses, que le bruit empêche de percevoir. On entend crier de la gauche: « A bas les chapeaux! Respectez donc votre président! Respectez-vous vousmêmes! Découvrez-vous! »

M. Floquet, s'adressant à la droite, s'écrie: « Vous insultez Paris! » On lui réplique: « Et vous, vous insultez la France! »

L'agitation, loin de s'apaiser, s'accroît. Les députés de la gauche restent à leurs bancs, tandis qu'un grand nombre de députés de la droite et du centre, très-animés, sortent de la salle.

Le président, qui n'avait pu dominer l'émotion de l'Assemblée et empêcher cette scène de se produire, déclare que la séance est levée, qu'il y a de suite réunion dans les bureaux et séance de nuit.

A la séance du soir, quelques maires seulement sont présents» Les autres sont repartis pour Paris.

M. le président fait observer que si la séance a été levée aussitôt après l'entrée des maires, c'est quo l'Assemblée avait déclaré que rien n'était plus à l'ordre du jour; il regrette cette fâcheuse coïncidence.

Au nom des maires de Paris, M. Arnaud (de l'Ariége), l'un d'eux, donne lecture de la déclaration suivante, rédigée avant leur arrivée à Versailles:

« Messieurs,

« Nous avons des communications très-importantes à vous faire. Paris est à la veille, nous ne dirons pas d'une insurrection, mais de la guerre civile, — de la guerre civile dans tout ce qu'elle a de plus affreux. La population attend avec une anxiété Inexprimable, de vous d'abord, messieurs, et de nous autres ensuite, des mesures qui soient de nature à éviter une plus grande effusion de sang.

« Nous croyons bien connaître l'état des esprits, et nous sommes convaincus que le triomphe de l'ordre et le Salut de la République exigent ce qui suit.

« Scion nous, il serait d'une indispensable nécessité:

« Premièrement, que l'Assemblée nationale «e mit en communication permanente avec les maires de la capitale, par les moyens que, dans sa sagesse, elle jugera les meilleurs.

« Secondement, qu'elle voulût bien autoriser les maires à prendre, au besoin, les mesures que le danger public réclamerait impérieusement, sauf à vous rendre compte de leur conduite et à en répondre;

« Troisièmement, que l'élection du général en chef de la garde nationale par la garde nationale fût fixée au 28 de ce cmois;

« Quatrièmement, que l'élection du conseil municipal de Paris eût lieu

même avant le 5 avril, si c'est possible;

« Et enfin, en ce qui concerne la loi relative à l'élection municipale, que la condition d'éligibilité fût réduite à six mois de domicile, et que les maires et adjoints procédassent de l'élection. »

Ces propositions, incontestablement très-modérées, furent prises en considération, d'urgence, par l'Assemblée, et renvoyées à l'examen des bureaux. Transformées immédiatement en lois, elles auraient produit une très-heureuse impression à Paris, où une fraction importante ne suivait pas l'impulsion du Comité central. L'adoption de ces lois aurait rallié cette portion hésitante, flottante, de la population parisienne, qui, dans les situations troublées, donne toujours son appui et son appoint au parti conservateur..

A la fin de la journée du 23, M. Thiers adressait, de Versailles aux préfets, la circulaire suivante, que nous reproduisons pour faire connaître au lecteur comment la situation était alors appréciée par le chef du pouvoir exécutif. 23 mars 1874, 12 h. 45 du soir.

La situation se maintient telle que nous l'avons décrite les jours précédents. Toutes les parties de la France sont unies et ralliées autour de l'Assemblée nationale et du gouvernement.

Hier, l'Assemblée a tenu un comité secret qui a duré une partie de la nuit, pendant lequel on a discuté le projet d'un envoi de gardes nationaux chargés de concourir à la défense de la représentation nationale. Le principe de cet envoi a été posé. Les départements doivent s'y préparer. A Paris, le parti de l'ordre a été en collision avec les insurgés; il faisait une manifestation sans armes dans le sens de l'ordre.

Un feu ouvert sur cetle foule désarmée a fait de trop nombreuses victimes et soulevé une indignation générale. Le parti de l'ordre a couru aux armes et occupé les principaux quartiers de la capitale. Les insurgés sont contenus (*Suivent quelques lignes relatives à Lyon.*) L'armée se renforce à chaque instant; le 43, resté dans le jardin du Luxembourg, a fait noblement son devoir en traversant tout Paris, sans avoir

consenti à rendre ses armes. 11 vient de défiler devant le chef du gouvernement, au milieu des acclamations générales.

Les officiers et soldats qui se sont honorés par cette conduite si méritoire ont été justement récompensés.

A. Tiiilus. !

Vendredi 24 *mars* 1891

Pendant que les maires essayaient d'obtenir de l'Assemblée nationale la reconnaissance des droits de Paris, le Comité central rédigeait l'arrêté suivant que publia *le Journal officiel* du 24 mars:

Le Comité central, n'ayant pu établir une entente parfaite avec les maires, se voit forcé de procéder aux élections sans leur concours;

En conséquence, le Comité arrête: do Les élections se feront dans chaque arrondissement par les soins d'une commission électorale nommée à cet effet par le Comité central; 2o Les électeurs de la ville de Paris sont convoqués le Dimanche 26 mars 1871, dans leurs collèges électoraux, à l'effet d'élire Je conseil communal de Paris; 3 Le vote se fera au scrutin de liste et par arrondissement; 4 Le nombre des conseillers est tixé à 90, soit 1 pour 20,000 habitants et par fraction de plus de 10,000; 5 Ils sont répartis d'après la population, ainsi qu'il suit: (Suit le tableau de la population et du nombre de conseillers par arrondissement).

6 Les électeurs voteront sur la présentation de la carte qui leur a été délivrée pour l'élection des députés à l'Assemblée nationale, le 8 février 1871, DANS LES MÊMES LOCAUX ET D'APRÈS LE MODE ORDINAIRE; 7 Ceux des électeurs qui n'auraient pas retiré leur carte à cette époque ou l'auraient égarée depuis, prendront part au vote, après vérification de leur inscription sur la liste électorale. Ils devront faire constater leur identité par deux électeurs inscrits dans leur section; 8 Le scrutin ouvrira à huit heures du matin et sera clos à six heures du soir; le dépouillement commencera immédiatement après la clôture du scrutin.

Hôtel-de-Ville, 23 mars 1871.
Suivent les signatures,!.

Malgré cet arrêté, les pourparlers recommencèrent entre les maires et le Comité.

Le voyage des maires à Versailles avait fait disparaître leurs dernières illusions concernant l'Assemblée nationale. Comme on pouvait le prévoir, ils s'aperçurent qu'aucune décision satisfaisante ne devait être espérée d'une majorité profondément impolitique.

Ils n'étaient plus seuls à proposer une transaction. De toutes parts un accord amiable était souhaité, de toutes parts on s'efforçait de le réaliser. On comprenait qu'une catastrophe sanglante ne pouvait être évitée que par des concessions mutuelles et une sagesse extrême des deux côtés. Actuellement la première nécessité était de prévenir une lutte horrible que le moindre incident pouvait provoquer à tout instant dans les quartiers du centre de la ville.

L'amiral Saisset, que la proclamation des maires affichée la veille nommait commandant supérieur de la garde nationale, participait très-activement à cette œuvre conciliatrice. Dans le but de précipiter la solution, il fit placarder, dans la matinée du 24, la proclamation suivante, datée du 23 mars:

Chers concitoyens,

Je m'empresse de porter à votre connaissance que, d'accord avec les députés de la Seine et les maires élus de Paris, nous avons obtenu du Gouvernement de l'Assemblée nationale: 1 La reconnaissance complète de vos franchises municipales; 2» L'élection de tous les officiers de la garde nationale, y compris le général en chef; 3» Des modifications à la loi sur les échéances; 40 Un projet de loi sur les loyors, favorable aux locataires jusque.; et y compris les loyers de 1,300 francs.

Kn attendant que vous me confirmiez ma nomination ou que vous m'ayez remplace, je resterai à mon poste d'honneur, pour veiller i l'exd cution des lois de conciliation que nous avons réussi à obtenir, et contribuer ainsi à l'affermissement de la République.

Paris, le 23 mars 1871.

te *vice-amiral commandant en chef provitoire,*

Saisset.

Les promesses annoncées étaient bien séduisantes; mais, hélas! elles étaient toutes chimériques! Cette proclamation a été rédigée, cela n'est pas discutable, avant que l'on pût connaître à Paris l'accueil fait par l'Assemblée aux propositions des maires. Pourquoi donc l'amiral Saisset donnait-il comme *obtenues,* des mesures sur lesquelles l'Assemblée n'avait point encore manifesté son opinion? Qui lui avait donné ce droit?

Ou l'amiral Saisset agissait à l'instigation de M. Thiers, d'après ses ordres; et alors c'est vraiment un étrange spectacle que celui d'un gouvernement qui déclare tenir tous ses pouvoirs d'une Assemblée, et qui préjuge néanmoins ses résolutions, qui déclare votées, sanctionnées par elle, des mesures sur lesquelles cette Assemblée ne s'est point encore prononcée. Ou l'amiral Saisset agissait suivant sa propre inspiration, et alors il est inconcevable qu'il n'ait pas été renseigné sur ce qui avait eu lieu à Versailles dans la journée du 23; il est incroyable qu'il ait pu annoncer comme résultats acquis ce qui n'avait pas même été mis en discussion.

Dans tous les cas, l'amiral Saisset pécha, soit par faiblesse, soit par calcul. . Cette proclamation est en contradiction si formelle avec la réalité qu'on est amené à se demander si l'amiral Saisset n'était pas sous l'influence d'une aberration mentale lorsqu'il la rédigea.

Pouvait-on sérieusement penser qu'une proclamation aussi inexacte pourrait longtemps mystifier les Parisiens et faciliter une transaction qui n'eût été qu'une duperie? Pensait-on qu'informée» à temps ou trop tard, de sa mystification, la population excuserait le Gouvernement ou son porte-parole de l'avoir sciemment induite en erreur? Ne voyait-on pas qu'ainsi la surexcitation des esprit», loin d'être calmée, ne pourrait qu'augmenter? Espérait-on rallier, par de telles manœuvres, ceux qu'on appelait: les égarés? Espé rait-on ravir toute influence à ceux qui dirigeaient le mouvement insurrectionnel? Se flatter d'un semblable résultat eût été commettre

une véritable bévue. En résultat définitif, on ne pouvait ainsi qu'accroître la désunion qui existait entre Paris, le Gouvernement et l'Assemblée. Pour un pacificateur, pour un conciliateur, c'était atteindre un but en contradiction avec sa mission.

Vers trois heures, des délégués du Comité central, escortés par une forte colonne de gardes nationaux, emmenant avec elle plusieurs pièces d'artillerie, se présentèrent à la mairie du I arrondissement. Quoique ce détachement de garde nationale ne fit aucune démonstration d'hostilité, son passage répandit la panique dans le quartier. Les délégués du Comité, après de longs pourparlers, furent admis à la mairie où ils eurent un entretien avec les adjoints MM. Méline et Adam. Après une délibération assez vive on parvint à se mettre d'accord sur les bases suivantes: Nomination du chef de la garde nationale par le suffrage direct, élections municipales à très-bref délai. Les délégués, en quittant la mairie du Louvre, se dirigèrent vers celle du II arrondissement, toujours escortés ainsi que nous l'avons dit. Introduits au palais de la Bourse, ils y trouvèrent réunis douze maires et adjoints, avec lesquels la discussion s'engagea. Les membres des municipalités résistèrent longtemps avant d'admettre les résolutions auxquelles avaient adhéré leurs collègues du I arrondissement. Ils conservaient encore quelque faible espoir d'obtenir de l'Assemblée l'adoption des propositions qu'ils avaient été lui soumettre la veille; puis ils craignaient de paraître céder à un ultimatum imposé par la force armée. Enfin, en résultat d'une longue discussion, il fut provisoirement décidé, entre les municipalités et les délégués du Comité central, que les élections municipales seraient fixées au 30 mars, et que l'élection du général en chef de la garde nationale aurait lieu le 2 avril.

La nouvelle de cette entente, acheminement à un accord définitif, se répandit promptement dans Paris. Elle y fut accueillie avec une très-vive satisfaction par la foule qui voyait approcher le dénouement, si impatiemment désiré, d'une situation intolérable.

En reprenant le chemin de l'Hôtel-de-Ville, les gardes nationaux fédérés mirent la crosse en l'air, et défilèrent devant les gardes nationaux ralliés autour de la Bourse, qui suivirent leur exemple aux cris répétés de: « Vive la République. »

Le Comité central ne pouvait se résigner à se soumettre aux raisons invoquées parles maires pour retarder les élections jusqu'au 30 mars. Ceux-ci faisaient remarquer qu'il fallait laisser à la population le temps de préparer ces élections, de discuter les candidatures. La fixation des élections au 26 ne donnait pas aux électeurs un laps de temps suffisant pour procéder avec pleine connaissance de cause, à la constitution du conseil municipal. Les maires désiraient que l'élection fût reconnue par l'Assemblée; ils présumaient que cela était peut-être encore possible.

Le Comité central insistait spécialement sur ce point: l'élection de la Commune, revendiquée depuis longtemps par la population parisienne, avait été officiellement annoncée par lui depuis plusieurs jours. Déjà différée deux fois, elle ne pouvait l'être davantage sans compromettre la dignité du Comité. La discussion entre les municipalités et le Comité, reprise dans la soirée, s'engagea sur ce terrain.

Toute ébauche de conciliation fut sur le point d'être compromise.

Le Comité central ne manquait pas de faire remarquer à chaque occasion que le gouvernement avait désorganisé tous les services publics. Les employés des diverses administrations avaient ordre de ne pas prêter leur concours aux délégués du Comité. La plupart s'étaient transportés à Versailles. La désorganisation ainsi obtenue très-facilement s'étendait aux divers services relatifs à la ville de Paris, notamment à l'octroi, qui faisait l'objet de notes publiées le même jour aux deux journaux officiels. En agissant ainsi le gouvernement avait abusé de son pouvoir. Désorganiser, quelque soit le mode employé, les divers services généraux relevant de l'État, était jusqu'à certain point légitime, de la part du gouvernement, qui doit toujours avoir sous la main les administrations publiques. Mais priver la ville de Paris des produits qui lui sont propres en supprimant les agents qui les perçoivent; enlever à cet immense organisme tous les moyens d'action, c'était commettre une confusion d'attributions regrettables.

Depuis le 20 mars, il fallait subir, avant de pénétrer dans Versailles, le munitieux examen des agents de la préfecture de police de Paris, et établir son identité en présence d'un commissaire de police. Ces précautions ne furent probablement pas jugées suffisantes pour assurer la quiétude du gouvernement et de l'Assemblée nationale. Par arrêté en date du 24 mars, inséré au *Journal officiel* de Versailles du lendemain, M. Thiers étendait Jes pouvoirs de police générale conférés au préfet de police du département de la Seine, par arrêté du 3 brumaire an IX, pour certaines communes de Seine-et-Oise, à l'ensemble de ce département. Une simple délégation du général Valentin, préfet de police, pouvait autoriser les commissaires de police du département de la Seine et leurs agents, à exercer leurs attributions dans le département de Seine-et-Oise.

A l'instar de Versailles, le Comité central crut devoir faire procéder à la visite de tous les trains se rendant dans cette ville ou en arrivant. Cette reconnaissance, qui commença le jeudi 23 mars, avait surtout pour but de rechercher si les trains n'emmenaient ou n'amenaient pas des armes et des munitions. Elle s'effectuait à la hauteur de Batignolles. Un détachement de gardes nationaux adhérents au Comité central occupait la voie eu cet endroit, et sur son ordre, tous les trains s'arrêtaient. Ces formalités irritantes n'avaient d'autre effet que d'augmenter le temps nécessaire au parcours. De telle sorte que le trajet de Paris à Versailles, effectué en temps ordinaire en cinquante minutes, exigeait alors une heure et demie ou deux heures.

L'occupation de la gare Saint-Lazare par un bataillon de gardes nationaux hostiles au Comité n'avait donc aucun effet. Chassés de la rue d'Amsterdam, les fédérés s'étaient postés à Batignolles, l'un des quartiers où ils se trouvaient en grand nombre; et là, ils étaient aussi bien maîtres de surveiller la marche des trains que s'ils avaient possédé la gare à Paris,

L'aspect de Paris se modifiait de jour en jour. Les barricades élevées le 18 mars dans divers quartiers étaient ouvertes de façon à laisser circuler les voitures de toute espèce. Quelques-unes étaient même complètement détruites, La compagnie des omnibus recommençait son service, interrompu pendant quelques jours, autant par crainte de voir ses voitures arrêtées pour former des barricades que par suite des modifications que leur élévation devait nécessairement produire dans le trajet. Sur la place Vendôme, la circulation, loin de devenir plus libre, plus facile, comme dans les autres quartiers, était absolument interdite aux voitures par deux grandes barricades formées de pavés superposés, élevées le lendemain de la fusillade.

L'Assemblée nationale, dans la séance du 24, discuta et vota une loi prorogeant d'un mois l'échéance des effets de commerce.

Le délai obtenu de l'Assemblée n'était pas de nature à satisfaire aux exigences du commerce et de l'industrie parisienne.

Sur la demande de M. Tirard, on décida qu'il y aurait une séance de nuit, où l'on s'occuperait de la situation de Paris. Cette séance allait devenir sans objet par suite de l'absence de la commission chargée de faire le rapport sur la proposition des maires (elle était alors en conférence avec M. Thiers), lorsque les membres de cette commission entrèrent dans la salle; M, de Peyraraont, qui en était président, déclara que dans l'état actuel des choses, la discussion de cette proposition serait pleine de dangers; et il adjura ses auteurs de la retirer, pensant que le résultat qu'ils voulaient obtenir serait ainsi plus sûrement atteint qu'en laissant leur proposition livrée à la discussion, Ces-paroles énigmatiques produisirent une sorte de stupéfaction dans le public; l'Assemblée parut aussi très-étonnée. En voyant monter M. Thiers à la tribune, on pensa que tous les doutes allaient être éclaircis, toutes les angoisses calmées. Ce fut le contraire qui se produisit. Comme celui de M. de Peyramont, le discours du chef du pouvoir exécutif fut très-ambigu; on ne pouvait en déduire aucune donnée précise, aucune conclusion rassurante; il pouvait donner lieu aux plus sinistres présomptions.

Citons-en quelques extraits:

« Il serait possible qu'une parole malheureuse, dite sans

« mauvaise intention, fasse couler des torrents de sang

« Si vous êtes une Assemblée vraiment politique, je vous adjure « de voter comme le propose la commission et de ne pas vouloir « des éclaircissements qui, dans ce moment-ci, seraient très

« dangereux Si la discussion s'engage pour le malheur du

« pays, vous verrez que ce n'est pas nous qui avons intérêt à « nous taire. »

Et la discussion de la proposition des maires fut renvoyée à un jour suivant.

En sortant de cette séance, on était sous une impression de malaise indicible. On ne pouvait rien augurer d'un langage aussi mystérieux; on formait malgré soi les plus affreuses prévisions.

Ceux o/ii, comme nous, avaient quitté Paris depuis le matin, ignoraient la suite des négociations engagées entre les maires et les membres du Comité central, que nous avons indiquée plus haut. Pourquoi M. Thiers ne voulait-il pas informer l'Assemblée de ces faits? Il devait connaître la proclamation de l'amiral Saisset, qui posait des bases fallacieuses de transaction. Pourquoi la laissait-il ignorée de l'Assemblée? A quel but tendait cette dissimulation volontaire?

Il est très-probable que M. Thiers ne voulait pas laisser soupçonner les tentatives de transaction qui étaient poursuivies. Il savait trop bien que l'Assemblée les eût violemment réprouvées. Et cependant la seule issue possible à cette situation pénible, c'était l'élection immédiate d'un conseil communal. Les journaux qui avaient été d'abord le plus opposés à cette opinion, s'y ralliaient maintenant.

La conduite obscure de M. Thiers

laissait s'accréditer les bruits les plus étranges. Ce soir-là, on disait à Versailles que le duc d'Aumale allait être nommé lieutenant-général; que le général Ducrot avait pris le commandement d'un corps qui opérait contre Paris.

Cette dernière nouvelle était seule exacte. Depuis le 19 mars, les forts du sud, les forts de la rive gauche, étaient occupés parles gardes nationaux adhérents au Comité central. Chaque nuit, ils faisaient de petites reconnaissances dans les environs, ils s'étaient même portés et établis du côté de Clamart, de Bagneux et de Châtillon.

Dans la nuit du 24, le général Ducrot dirigea vers ces localités une reconnaissance offensive; l'action fut sans gravité et cessa promptement.

Le vendredi 24, M. Thiers adressait aux préfets, etc., la circulaire suivante, destinée à renseigner la France sur la situation:

CIRCULAIRE DE VERSAILLES 24 mars 1871, 11 h. 30 m.

La situation n'est pas sensiblement changée; mais le changement est dans le sens du bien. Le parti de l'ordre s'est organisé dans Paris et occupe les principaux quartiers de la ville, notamment la partie ouest, et se trouve ainsi en communications continuelles avec Versailles.

L'armée se renforce et se consolide. Des bataillons constitutionnels, destinés à la garde de l'Assemblée, s'organisent, et les populations, ainsi que les autorités, ne sauraient trop s'occuper de cet objet. Hier, la présence des maires de Paris a produit une émotion vive dans l'Assemblée. Dans la séance du soir, l'explication de l'un des maires de Paris (M. Arnaud de l'Ariège) a fait disparaître les impressions pénibles de la journée. L'Assemblée reste unie avec elle-même, et surtout avec le pouvoir exécutif.....

L'armée allemande, devenue menaçante lorsque l'on pouvait craindre le triomphe du désordre, a changé tout à coup et est redevenue pacifique depuis qu'elle a vu le gouvernement raffermi. Elle a fait parvenir au chef du pouvoir exécutif les explications les plus satisfaisantes.

A. Thiers.

Le discours prononcé à l'Assemblée nationale, dans la séance du mardi 21 mars, par M. Jules Favre, provoqua à Paris une légitime indignation, dont on retrouve l'écho dans la proclamation suivante, adressée à la population parisienne par le Comité central, et insérée au *Journal officiel* du 25 mars.

Les griefs qui provoquèrent le mouvement du 18 mars y sont exposés avec netteté et vigueur.

Citoyens,

La cause de nos divisions repose sur un malentendu. En adversaires loyaux, voulant le dissiper, nous exprimerons encore nos légitimes griefs.

Le gouvernement, suspect à la démocratie par sa composition même, avait néanmoins été accepté par nous, en nous réservant de veiller à ce qu'il ne trahit pas la République, après avoir trahi Paris.

Nous avons fait, sans coup férir, une révolution: c'était un devoir sacré; en voici les preuves:

Que demandons-nous?

Le maintien de la République comme gouvernement seul possible et indiscutable.. Le droit commun pour Paris, c'est-à-dire un conseil communal élu.

La suppression de la préfecture de police, que le préfet de Kératry avait lui-même réclamée.

La suppression de l'armée permanente et le droit pour vous, garde nationale, d'être"-seule à assurer l'ordre dans Paris.

Le droit de nommer tous nos chefs.

Enfin, la réorganisation de la garde nationale sur des bases qui donneraient des garanties au peuple.

Comment le gouvernement a-l-il répondu à cette revendication légitime?

Il a rétabli l'état de siège, tombé en désuétude, et donné le commandement à Vinoy, qui s'est installé la menace à la bouche.

Il a porté la main sur la liberté de la presse en supprimant six journaux.

11 a nommé au commandement de la garde nationale un général impopulaire, qui avait mission de l'assujettir à une discipline de ter et de la réorganiser sur les vieilles bases antidémocratiques.

Il nous a mis la gendarmerie à la préfecture dans la personne du général Valentin, ex-colonel de gendarmes.

L'Assemblée même n'a pas craint de souffleter Paris qui venait de prouver son héroïsme.

Nous gardions, jusqu'à notre réorganisation, des canons payés par nous et que nous avions soustraits aux Prussiens. On a tenté de s'en emparer par des entreprises nocturnes, et les armes à la main.

On ne voulait rien accorder; il fallait obtenir, et nous nous sommes levés pacifiquement, mais en masse.

On nous objecte aujourd'hui que l'Assemblée, saisie de peur, nous promet, pour un temps non déterminé, l'élection communale et celle de nos chefs, et que, dès lors, notre résistance au pouvoir n'a plus à se prolonger.

La raison est mauvaise. Nous avons été trompés trop de fois pour ne l'être pas encore; la main gauche, tout au moins, reprendrait ce qu'aurait donné la droite, et le peuple, encore une fois évincé, serait une fois de plus la victime du mensonge et de la trahison.

Voyez, en effet, ce que le gouvernement fait déjà I

Il vient de jeter à la Chambre, par la voix de Jules Favre, le plus épouvantable appui à la guerre civile, à la destruction de Paris par la province, et déverse sur nous les calomnies les plus odieuses.

Citoyens,

Notre cause est juste, notre cause est la vôtre; joignez-vous donc à nous pour son triomphe. Ne prêtez pas l'oreille aux conseils de quelques hommes soldés qui cherchent à semer la division dans nos rangs; et, enfin, si vos convictions sont autres, venez donc protester par des bulletins blancs, comme c'e3t le devoir de tout bon citoyen.

Déserter les urnes n'est pas prouver qu'on a raison; c'est, au contraire, User de subterfuge pour s'assimiler comme voix d'abstemlons les défaillances des indifférents, des paresseux ou des citoyens sans foi politique.

Les hommes honnêtes répudient d'habitude de semblables compromissions.

Avant l'accomplissement de l'acte après lequel nous devons disparaître, nous avons voulu tenter cet appel à la raison et à la vérité.

Notre devoir est accompli.

Hôtel-de-Ville, 24 mars 1871.

Suivent les signatures.)

Les paroles qui précèdent, concluant à la manifestation de son opinion par le vote, au vote par bulletin blanc pour les opinions adverses, étaient éminemment sages. Le conseil qu'elles donnaient, conforme aux réflexions que nous avons faites à propos de la « *Déclaration de la presse* » (journée du 21 mars), méritait d'être suivi par tous les hommes de bonne foi.

Après cette proclamation à la population, le Comité central adressait, le même jour, aux gardes nationaux, l'appel et les remercîments que nous reproduisons:

Citoyens, gardes nationaux,

Brutalement provoqués, vous vous êtes levés spontanément pour assurer par votre attitude la mission que vous nous aviez confiée.

La tâche est ardue pour tous: elle comporte beaucoup de fatigues, beaucoup de résolution, et chacun a fait preuve du sentiment de ses devoirs.

Quelques bataillons cependant, égarés par des chefs réactionnaires, ont cru devoir entraver notre mouvement par une opposition incompréhensible, puisqu'elle apporte un obstacle aux volontés de la garde nationale.

Des maires, des députés, oublieux de leurs mandats, ont encouragé cette résistance.

Une partie de la presse, qui ne voit pas sans dépit l'avènement du monde des travailleurs, a répandu sur nous les calomnies les plus absurdes, rééditant les épithètes de communistes, de partageux, de pillards, de buveurs de sang, etc.; et des citoyens craintifs ont ajouté foi à ce» mensonges. Mais nous avons laissé passer cet orage; nous apportions les libertés soustraites, et, bien qu'on s'en servit contre noua, nous avons dédaigné l'abus.

On a agité le fantôme prussien, menacé du bombardement, de l'occupation, etc., et les Prussiens, qui nous ont jugé à notre valeur, ont répondu en reconnaissant notre droit.

La cause de la démocratie, la cause du peuple, la sainte cause de la justice et de la liberté doit triompher de tous les obstacles, et elle en triomphera.

Quant à nous, sûrs du succès de l'œuvre commune, nous vous remercions avec effusion de votre dévouement en face des fatigues d'un service extraordinaire; nous comptons sur votre courage pour aller avec nous jusqu'au bout. Nos adversaires, mieux éclairés, quand ils auront compris la légitimité de nos revendications, viendront à nous; ils y viennent déjà chaque jour, et dimanche, au scrutin, il n'y aura définitivement au chiffre des abstentions que ceux qui caressaient traîtreusement l'espérance d'un retour à la monarchie et à tous les privilèges, et aux institutions plus ou moins féodales qui en sont le cortège obligé.

Citoyens, gardes nationaux,

Nous comptons sur votre courage, sur vos efforts persévérants, sur votre abnégation et votre bon vouloir en présence des charges du service, des croisements d'ordres qui peuvent se produire cl de vos fatigues de tous les jours.

Marchons fermement au but sauveur: l'établissement définitif de la République par le contrôle permanent de la Commune, appuyé par cette seule force: la garde nationale élective dans tons les grades.

Quand nous pourrons avoir les yeux partout où se traitent nos affaires, partout où se préparent nos destinées, alors, mais seulement alors, on ne pourra plus étrangler la Republique.

HôteWe-Ville, 24 mars 1871. *(Suivent les signatures.)*

Le Comité central, expression en cela d'un grand nombre de citoyens de Paris, blâmait l'attitude des maires et des députés, leurs tentatives de conciliation. Selon lui, elles étaient une entrave, un obstacle au mouvement populaire.

Nous ne pouvons nous associer à ce blâme du Comité central.

Les maires et les députés de Paris, en ces jours de désordres où l'on allait vers un inconnu formidable, mirent tout en œuvre pour éviter cette chose horrible, atroce: la guerre civile. Dans ces essais de transaction, beaucoup perdirent leur popularité, et, ce qui importe davantage, l'appui, l'estime d'anciens amis avec lesquels ils avaient lutté depuis longtemps pour le triomphe de leurs idées, de leurs aspirations communes. Lorsque, par suite de divergence d'opinions, on se place dans cette attristante situation de compromettre les plus chères et plus ancienllesmitiés, on ne saurait être justement accusé de mauvaise foi. ',,-,

La défiance générale devint en effet l'un des caractères de la période que nous racontons. Les plus graves accusations étaient légèrement lancées. On qualifiait sérieusement les meilleurs répu

« blicains, même des socialistes-fédéralistes, de réactionnaires. On était parvenu à un tel point d'irritation, d'exaspération, que tous ceux qui n'emboîtaient pas absolument votre pas devaient être considérés comme des ennemis déclarés. Tel est l'effet ordinaire des perturbations profondes et des crises sociales; on perd alors la notion des nuances et des degrés.

Les efforts persistants des maires et des députés en vue d'une transaction méritaient non le blâme, mais l'éloge. Plus tard, nous aurons à critiquer la conduite des députés qui ne comprirent pas l'importance, la gravité du mouvement rénovateur, qui entraînait la masse populaire. Mais leur conduite, dans la première semaine qui suivit le 18 mars, nous semble être exempte de reproche.

Une autre tendance, qu'il importe de signaler, était manifestée par l'adresse à la garde nationale que nous venons de reproduire.

Le mouvement du 18 mars, accompli par la classe ouvrière, était une rupture avec l'ancien ordre de choses. Depuis près d'un siècle, la bourgeoisie avait en France la direction des affaires sociales; son influence était prédominante. Une classe nouvelle surgissait, qui prétendait enlever à la bourgeoisie sa suprématie, et la suppléer dans le rôle, qu'elle remplit d'ailleurs si mal, de directrice de la société. Cette classe prolétaire, cette classe travailleuse, sous l'influence,

sous l'impulsion d'une minorité virile, avait l'intention de faire scission avec tout le système politique et social créé par la classe bourgeoise, et d'édifier, sur des bases nouvelles, un nouvel ordre social.

M. l'amiral Saisset, qui continuait sans succès les négociations qu'il avait engagées, fit afficher samedi matin la proclamation suivante, adressée aux gardes nationaux:

Le Vice-amiral Saisset A Ses Concitoyens

Investi du commandement en chef des gardes nationales de la Seine et d'accord avec MM. les maires de Paris, élus par le suffrage universel, j'entre en fonctions à partir de ce jour.

Je n'ai d'autre titre à l'honneur de vous commander, mes chers concitoyens, que celui de m'être associé à votre héroïque résistance en défendant de mon mieux, contre l'ennemi, jusqu'à la dernière heure, les forts et les positions placés sous mon commandement.

M'appuyant sur les chefs élus de vos municipalités, j'espère arriver, par la persuasion et de sages avis, à opérer la conciliation de tous sur le lorrain de la République; mais jo suis fermement résolu à donner ma vio s'il lo faut pour la défense de l'ordre, le respect des personnes et de la propriété, comme mon fils unique a donné la sienne pour la défonse de la patrje., i

Groupez-vous autour de moi, accordez-moi votre confiance, et la République sera sauvée.

Ma devise reste celle des marins: *Honneur et Patrie. , ...il Le vice-amiral, membre de l'Assemblée nationale, , i, commandant en chef les gardes, nationales de la Seine,* l" SAISSET.''

Les pourparlers continuaient entré les maires et le Comité central. Ayant que l'accord ne fût intervenu, celui-ci fit afficher la déclaration suivante, datée du 25 mars, et publiée le lendemain à l'*Officiel*: COMITÉ CENTRAL

Citoyens, . -.. i

Entraînés par notre ardent désir de concllinlion, heureux de réaliser cette fusion, but incessant de tous nos efforts,-nous avons loyalement ouvert à ceux qui nous combattaient une main,.

fraternelle. Mais la continuité de certaines manoeuvres et notamment *ie* transfert nocturne de mitrailleuses à la mairie du II arrondissement, nous, obligent à maintenir notre résolution première. .

Le vote auralieu dimanchq 26 mars, ... Si nous nous sommes mépris sur la pensée de nos adversaires, nous les invitons à nous le témoigner en s'unissant à nous dans le vole commun de Dimanche...,, Hôfel-de-Ville, 23 mars 1871.

Les membres du Comité central. (Suivent les signatures.)

Des mitrailleuses avaient.été effectivement transportées à la mairie du II arrondissement, et les gardes nationaux groupés autour de la Bourse possédaient des cartouches comme ceux qui reconnaissaient l'autorité du Comité central. Mais celui-ci ne pouvait pas comprendre, ne pouvait pas admettre que ses ennemis fussent armés, sur la défensive, alors que tous les gardes nationaux fédérés se trouvaient dans cet état depuis le 18 mars.

Enfin, pour éviter la guerre civile, les maires, auxquels s'étaient réunis quelques députés de Paris, s'accordèrent avec le Comité central. La transaction fut signée à la mairie du 1 arrondissement. Les maires devaient être réintégrés dans leurs mairies et procéder aux élections qui furent fixées au 30 mars. En outre, les bataillons qui ne reconnaissaient pas l'autorité du Comité central devaient abandonner leurs postes qui seraient occupés aussitôt par des bataillons de la Fédération.

La transaction fut portée à l'Hôtel-de-Ville. Le Comité refusa d'y adhérer. Il maintenait la fixation des élections au 26. Retarder les élections c'était, selon lui, laisser au gouvernement la possibilité de peser de toute son influence sur les électeurs. Alors celui-Cj aurait dirigé le vote de telle sorte que les vainqueurs d'aujourd'hui seraient devenus peut-être non-seulement les vaincus, mais aussi les proscrits du lendemain. Le Comité se considérait comme le maître de la situation. Bien que ses adversaires lui parussent décidés à la lutte, il considérait qu'ils manquaient d'organisation et n'avaient pas d'idées communes. Cette situation lui semblait pouvoir être modifiée en ajournant les élections.

Le Comité central envoya à la réunion des maires deux délégués, qui déclarèrent en son nom tenir absolument à la date du 26. Sauf ce point, la transaction était acceptée. Après discussion, les maires adoptèrent ce jour pour l'élection; et il fut convenu entre eux et les cit. Arnold et Ranvier, délégués du Comité, que la convention était conclue avec cette modification.

Quelques heures après, on lisait sur les murs de Paris l'affiche suivante, qui annonçait l'accord intervenu:

COMITÉ CENTRAL

Le Comité central fédéral de la garde nationale, auquel se sont ralliés les députés de Paris, les maires et adjoints élus, réintégrés dans leurs arrondissements, convaincus que le seul moyen d'éviter la guerre civile, l'effusion du sang à Paris, et, en même temps, d'affermir la République, est de procéder à des élections immédiates, convoquent pour demain dimanche, tous les citoyens dans les collèges électoraux.

Les habitants de Paris comprendront que, dans les circonstances actuelles, le patriotisme les oblige à venir tous au vole, afin que les élections aient le caractère sérieux qui, seul, peut assurer la paix dans la cité.

Les bureaux seront ouverts à huit heures du matin et fermés à minuit.

Vive la République!

Les maires et adjoints de Paris; Les représentants de la Seine présents à Paris; Le Comité central de lu garde nationale.

En prenant connaissance de cette affiche, les députés et les maires furent étrangement surpris; le texte de la convention signée avait été falsifié. Les maires ni les députés ne s'étaient *ralliés* au Comité central; et il avait été entendu que les deux délégués présents à la réunion devaient seuls figurer comme signataires au bas du texte de la transaction. Après avoir manifesté leur mécontentement, leur réprobation, les représentants et les maires de Paris résolurent de rédiger une nouvelle affiche

que nous reproduisons, et qui fut placardée dans Paris:

RÉPUBLIQUE FRANÇAISE *Liberté, Égalité, Fraternité.*

Seul texte authentique de la convention signée par les maires et adjoints, les représentants de la Seine présents a la séance, et MM. Itanvier et Ci. Arnold, délégués du Comité central de la garde nationale t

Les députés de Paris, les maires et les adjoints élus réintégrés dans les mairies de leurs arrondissements, et les membres du Comité central fédéral de la garde nationale, convaincus que, pour éviter la guerre civile, l'effusion du sang à Paris, et pour affermir la République, il faut procéder & des élections immédiates, convoquent les électeurs demain dimanche, dans leurs collèges électoraux.

Le scrutin sera ouvert à huit heures du matin et fermé à minuit.

Les habitants de Paris comprendront que, dans les circonstances actuelles, ils doivent tous prendre part au vole, alin que ce vote ail le caractère sérieux qui seul peut assurer la paix dans la cité.

Les maires et adjoints de Paris;
Les représentants de la Seine présents à Paris;
Les délégués du Comité central de la garde
nationale.

Aussitôt que Paris fut informé de la transaction intervenue, la plus grande satisfaction se répandit parmi la population. On était heureux, dans les deux camps, d'avoir pu éviter la guerre civile. Les gardes nationaux rassemblés dans les I et II arrondissements fraternisaient avec les gardes nationaux de la Fédération.

La méfiance s'était évanouie; au lieu de s'entretuer sottement et cruellement, on se serrait fraternellement les mains. Tous les bons sentiments de ce peuple de Paris, si excellent, se manifestaient.

Avant de connaître ces événements et en prévision du vole, fixé par. le Comité au dimanche 26, les délégués à l'intérieur avaient inséré au *Journal officiel* du 25, une note qui a, comme toutes les précédentes que nous avons reproduites, l'avantage de bien faire

connaître au lecteur et de préciser comment ceux-là même qui dirigeaient le mouvement le comprenaient, et quelle portée ils lui assignaient.

Citoyens,

Demain aura lieu l'élection de l'Assemblée communale, demain la population do Paris viendra confirmer de son vote l'expression de sa volonté, si ouvertement manifestée le 18 mars par l'expulsion d'un pouvoir provocateur qui semblait n'avoir d'autre but que d'achever l'œuvre de ses prédécesseurs et de consommer ainsi par la destruction de la République la ruine du pays.

Par cette révolution sans précédents dans l'histoire, et dont la grandeur apparaît chaque jour davantage, Paris a fait un éclatant effort de justice. Il a affirmé l'union, indissoluble dans son esprit, des idées d'ordre et de liberté, seuls fondements de la République.

A ceux que nos désastres avaient rendus maîtres de nos destinées et qui s'étaient donné pour tâche d'annuler sa vie politique et sociale, Paris a répondu par l'affirmation du droit imprescriptible de toute cité, comme de tout pays, de s'administrer soi-même, de diriger les faits de sa vie intérieure, municipale, laissant au gouvernement central l'administration générale, la direction politique du pays.

Il n'y a pas de pays libre là où l'individu et la cité ne sont pas libres; il n'y aurait pas de République en France si la capitale du pays n'avait pas le droit de s'administrer elle-même.

C'est ce droit, qu'on n'oserait contester aux plus modestes bourgades, que l'on ne veut pas reconnaître à Paris, parce que l'on craint son amour de la liberté, sa volonté inébranlable de maintenir la République que la révolution communale du 18 mars a affirmée et que vous confirmerez par votre vole de demain.

Huit jours se sont écoulés depuis que Paris s'est délivré, depuis que la grande cité est maîtresse d'elle-même, et huit jours de liberté sans contrainte ont montré à tout juge impartial de quel côté était l'amour de l'ordre, la conscience du droit.

Né de la revendication de justice qui

a produit la révolution du 18 mars, le Comité central a été installé à l'Hôlel-de-Ville, non comme gouvernement, mais comme la sentinelle du peuple, comme le Comité de vigilance et d'organisation, tenu de veiller à ce qu'on n'enlevât pas au peuple, par surprise ou intrigue, le fruit de sa victoire, chargé d'organiser la manifestation définitive de la volonté populaire, c'est-à-dire l'élection libre d'une assemblée qui représente, non pas seulement les idées, mais aussi les intérêts de la population parisienne.

Le jour même où l'Assemblée communale sera installée, le jour où les résultats du scrutin seront proclamés, le Comité central déposera ses pouvoirs, et il pourra se retirer, fier d'avoir rempli son devoir, heureux d'avoir terminé sa mission. '-i.'

Quant à Paris, il sera vraiment l'arbitre de ses destinées; il aura trouvé dans son assemblée communale l'organe nécessaire pour représenter ses intérêts et les défendre en face des intérêts des autres parties du pays, et devant le pouvoir national central.,.

Il pourra résoudre lui-même, après enquêtes et débats contradictoires, sans immixtions injustes et violentes, où les notions de droit et de justice sont impudemment violées an profit des factions monarchiques, ces questions si complexes d'intérêts communaux et privés, devenues plus complexes et plus délicates encore après la longue épreuve qu'il vient de subir si courageusement pour sauver le pays.

Il pourra enfin décider lui-même quelles sont les mesures qui permettront au plus loi, sans froissements et sans secousses, d'amener la reprise des affaires et du travail,

La République ne vit ni de fantaisies administratives coûteuses, ni de spéculations ruineuses, mais de liberté, d'économie, de travail et d'ordre. La République doit établir l'harmonie des intérêts, et non les sacrifier les uns aux autres. Les questions d'échéances, de loyers, ne peuvent être réglées que par les représentants de la ville, soutenus par leurs concitoyens toujours appelés, toujours entendus. Pas plus que tout ce

qui regarde les intérêts de la cité, elles ne peuvent être abandonnées aux caprices d'un pouvoir qui n'obéit le plus souvent qu'à l'esprit de parti.

Il en est de même de la question du travail, du travail seule basé de la vie publique, seule assise des affaires honnêtes et loyales; les citoyens qu'une guerre engagée et soutenue par des gouvernements sans contrôle a arrachés au iravail ne peuvent être plongés, par une brusque suppression de solde, dans la misère et le chômage.

Il y a une période do transition dont on doit tenir compte, une solution qui doit être cherchée de bonne foi, un devoir de crédit au travail, qui arrachera le travailleur à une misère immédiate et lui permettra d'arriver rapidement à son émancipation définitive.

Ces questions et bien d'autres devront être résolues par votre Conseil communal, et pour chacune d'elles il ne pourra se décider que suivant les droits de tous, car il ne se prononcera qu'après les avoir consultés, car, responsable et révocable, il sera sous la surveillance continuelle des citoyens., «

Enfin, il aura à traiter des rapports de la cité avec le gouvernement central, de façon à assurer et garantir l'indépendance et l'autonomie de la Commune.

Au vote donc, citoyens, que chacun de vous comprenne la grandeur du devoir qui lui incombe, de l'acte qu'il va accomplir, et qu'il sache qu'en jetant dans l'urne son bulletin de vote, il fonde à jamais la liberté, la grandeur de Paris, il conserve à la France la République, et fait pour la République ce que naguère il faisait si vaillamment devant l'ennemi: son devoir.,. ,.

23 mars 1871...:i *Les délégués à l'intérieur,*

Ant. Arnaud, Ed. Vaillant.

L'arrêté suivant, daté du 24 mars, avait confié le pouvoir militaire aux cit. Brunel, Eudes et Duval. r

Considérant que la situation réclame des mesures rapides:

Que de tous côtés des commandements supérieurs, continuant les errements du passé, ont, par leur inaction, amené l'état de choses actuel; que la

réaction monarchique a empêché jusqu'ici, par l'émeute ei le mensonge, les élections qui auraient constitué le seul pouvoir légal de Paris;

En conséquence, le Comité arrête:

Les pouvoirs militaires de Paris sont remis aux délégués:

Brunel,

Eudes,

Duval.

Ils ont le titre de généraux et agiront de concert, en attendant l'arrivée du général Garibaldi, acclamé comme général en chef.

Du courage encore et toujours, et les traîtres seront déjoués.

Vive la République!

Paris, le 24 mars 1871. i *Le Comité central de la garde nationale.*

« En attendant l'arrivée de Garibaldi, » porte l'arrêté. On se souvient que Garibaldi avait été acclamé général en chef dans une réunion de la Fédération de la garde nationale dont nous avons parlé, tenue au Waux-Hall, le 13 mars.

Les généraux improvisés adressèrent à la population, aussitôt après leur nomination, cette proclamation:-

Citoyens,

Appelés par le Comité central au poste grand et périlleux de commander provisoirement la garde nationale républicaine, nous jurons de remplir énergiquement cette mission, afin d'assurer le rétablissement de l'entente sociale entre tous les citoyens.

Nous voulons l'ordre... mais non celui que patronnent les régimes déchus, en assassinant les factionnaires paisibles et en autorisant tous les abus.

Ceux qui provoquent à l'émeute n'hésitent pas, pour arriver à leur but de restaurations monarchiques, à se servir de moyens infâmes; ils n'hésitent pas à affamer la garde nationale en séquestrant la Banque et la Manutention.

Le temps n'est plus au parlementarisme; il faut agir et punir sévèrement les ennemis de la République.

Tout ce qui n'est pas avec nous est contre nous.

Paris veut être libre. La contre-révolution ne l'effraye pas; mais la grande cité ne permet pas qu'on trouble impunément l'ordre public. Vive la République!

Les généraux commandants,
Brunel, E. Duval, E. Eudes.

« Tout ce qui n'est pas avec nous est contre nous. » Hélas I voilà, entre mille, une preuve qui manifeste l'exaltation à laquelle nous faisions allusion tout à l'heure, et dont beaucoup d'esprits étaient atteints.

La violence, l'exagération des opinions, étaient l'un des caractères de ces jours de fièvre et d'ardeur un peu confuse.

Citons encore cette note du Comité central, publiée par *l'Officiel* du 25 mars, qui indique avec quelle fermeté, quelle vigilance, il voulait faire respecter les préliminaires de la paix:

Le Comité central apprend que des hommes vêtus d'uniformes de gardes nationaux, et reconnus pour d'anciens gendarmes et sergents de ville, ont tiré sur les lignes prussiennes.

Le comité prévient que si un cas semblable se présentait, il prendrait lui-même les mesures nécessaires pour s'assurer des coupables, et les ferait immédiatement passer par les armes.

La sécurité de la ville entière exige ces mesures de rigueur.

A Versailles, l'Assemblée nationale était toujours aussi peu disposée à prendre des mesures tendant à apaiser l'effervescence de Paris.

M. Arnaud (de l'Ariége) retirait la proposition des maires, soumise par lui à l'Assemblée, les événements s'étant précipités de telle sorte qu'ils la rendaient désormais sans objet. Ce retrait était accueilli par des « marques d'approbation sur un grand « nombre de bancs. »

M. Louis Blanc donna lecture à l'Assemblée de la communication suivante: o Messieurs, nous apprenons qu'une affiche signée par la « majorité des maires et adjoints de Paris appelle tous les « citoyens de Paris à prendre part demain aux élections du « conseil municipal. Vous vous rappelez, messieurs, que ces « maires et adjoints sont venus, il y a deux jours, vous demander « l'autorisation de prendre les mesures que leur paraît réclamer a l'urgence et l'extrême gravité des circonstances.

Dans la « séance d'hier, pour des motifs que le gouvernement a déclarés « d'une importance suprême, mais qu'il n'a pas cru pouvoir nous a faire connaître, la discussion de la proposition des maires a été « écartée. Or, la crise devenant de plus en plus pressante, les « maires, de plus en plus convaincus de la nécessité d'y pourvoir « sans retard et sous leur responsabilité, ont pensé qu'il n'était « pas possible, sans un danger imminent pour la paix publique, « de laisser plus longtemps Paris privé de conseil municipal, que a toute la population a réclamé pendant tant d'années et qu'elle « demande aujourd'hui avec une incontestable unanimité.

« Je viens donc, messieurs, au nom de ceux de nos collègues. « de la représentation de Paris, qui, depuis huit jours, ont fait « tant d'efforts pour arriver à la pacification de la capitale, vous « conjurer de reconnaître qu'en prenant, en toute connaissance « de cause, le parti que leur imposait la plus alarmante des i situations, les maires et les adjoints de Paris ont agi en bons « citoyens.

« Ont signé: MM. Louis Blanc, Peyrat, Edgar Quinet, Brisson, « Edmond Adam, Langlois, Greppo, Martin Bernard, firard, « Millière, Jean Brunet. »

Cette communication concluait à une proposition que l'Assemblée ne pouvait adopter. Beconnaître que les « maires et les a adjoints de Paris avaient agi en bons citoyens » en effectuant une transaction avec le Comité central, c'eût été y acquiescer implicitement; c'eût été, par leur intermédiaire, « pactiser avec *a* l'émeute. »,.....

Le renvoi de cette proposition à la commission des quinze, chargée de se concerter avec le chef du pouvoir exécutif pour les mesures nécessitées par la situation de Paris, ne fut pas adopté. Elle fut renvoyé à la commission d'initiative parlementaire, fosse commune de toutes les motions qui ne sont et ne seront pas prises en considération par l'Assemblée.

A Paris, vers quatre heures, le quartier de la Bourse et de la Banque fut abandonné par les gardes nationaux hostiles au Comité central, qui furent remplacés par des bataillons adhérents

à la Fédération. L'amiral Saisset donnait aux gardes nationaux qui s'étaient groupés dans le I et le II arrondissement l'autorisation, qu'ils n'avaient, pas attendue, de rentrer chez eux à partir de samedi, sept heures du soir.

Déjà les comités électoraux constitués dans chaque arrondissement s'occupaient de former des listes de candidats pour le vote du lendemain. Le Comité central redoutant même de paraître influencer les élections, s'opposait à ce qu'il fût imprimé à l'Imprimerie nationale des listes formées des noms de ses membres. Tout semblait présager que l'élection du conseil communal, si elle se faisait avec une extrême précipitation, ce qui était fâcheux, aurait au moins l'avantage d'être faite en pleine liberté.

Le général Chanzy, détenu depuis le 18 mars à la prison de la Santé, et dont l'élargissement avait été plusieurs fois réclamé au Comité, soit par les députés soit par les maires, fut mis en liberté dans la journée du 25 mars. Cette détention arbitraire d'une semaine est une des graves fautes commises par le Comité central.

Le 26 mars au matin, la proclamation suivante fut affichée sur les murs de Paris:

Citoyens,

Notre mission est terminée; nous allons céder la place dans votre Hôtelde-Ville à vos nouveaux élus, à vos mandataires réguliers.

Aidés par votre patriotisme et votre dévouement, nous avons pu mener à bonne fin l'œuvre difficile entreprise en votre nom. Merci de votre concours persévérant; la solidarité n'est plus un vain mot: le salut de la République est assuré.

Si nos conseils peuvent avoir quelque poids dans vos résolutions, permettez à vos plus zélés serviteurs de vous faire connaître, avant le scrutin, ce qu'ils attendent du vole aujourd'hui.

Citoyens,

Ne perdez pas de vue que les hommes qui vous serviront le mieux sont ceux que vous choisirez parmi vous, vivant de votre propre vie, souffrant des mêmes maux.

Défiez-vous autant des ambitieux que des parvenus; les uns comme les autres ne consultent que leur propre intérêt, et finissent toujours par se considérer comme indispensables.

Défiez-vous également des parleurs, incapables de passer à l'action; ils sacrifieront tout à un discours, à un effet oratoire ou à un mol spirituel. — Évitez également ceux que la fortune a trop favorisés, car trop rarement celui qui possède la fortune est disposé a regarder le travailleur comme un frère.

Enfin, cherchez des hommes aux convictions sincères, des hommes du peuple, résolus, actifs, ayant un sens droit et une honnêteté reconnue. —. Portez vos préférences sur ceux qui ne brigueront pas vos suffrages; le véritable mérite est modeste, et c'est aux électeurs à connaître leurs hommes, el non à ceux-ci de se présenter.

Nous sommes convaincus que, si vous tenez compte de ces observations, vous aurez enfin inauguré la véritable représentation populaire, vous aurez trouvé des mandataires qui ne se considéreront jamais comme vos maîtres. "...
'

Hôtel-de-Ville, 25 mars 1871.
Le Comité central de la garde nationale.
Les conseils-quasi-fraternels contenus dans cette adresse aux électeurs, sont encore un des symptômes caractéristiques de la Révolution commencée le 18 mars.

On remarquera comment sont éliminés les ambitieux égoïstes, sans convictions profondes, sans sincérité; les avocats, ces enfants chéris de la bourgeoisie qui, depuis longtemps, sont considérés par le peuple travailleur comme des flagorneurs, capables de prononcer des discours, mais incapables d'actes virils. C'est parmi eux-mêmes que les travailleurs doivent découvrir des délégués connaissant leurs vrais besoins, puisqu'ils souffrent des mêmes maux. Jusqu'ici la classe prolétaire a fait, à son grand dommage, cause commune avec la bourgeoisie dans les élections. Maintenant, le prolétariat doit enfin s'en séparer et se donner des représentants qui lui appartiennent par l'origine, par les idées, par les tendances....

.Un « avis aux électeurs, » placardé dans la journée, réglait le mode de votation que devaient employer les bataillons de service hors de leur arrondissement.

Les municipalités, réintégrées dans leurs mairies respectives, devaient, aux termes de la convention signée la veille, procéder elles-mêmes à l'organisation des élections. Ce soin, d'ailleurs tout matériel, ne leur fut pas laissé. Lorsque la plupart d'entre elles se présentèrent à la maison communale, tout était déjà installé pour le vote.

Ce vote eut lieu avec un ordre, une régularité rares. Dans la matinée, les salles des sections furent généralement désertes; l'affluence ne commença qu'à partir de midi. Dans le quartier Saint-Antoine, des électeurs se rendirent au scrutin par groupes de six à sept cents, précédés d'un drapeau rouge, après avoir préa

La journée du 2"7 sera brève à raconter: pas d'événements, on attendait le résultat du vote de la veille, — voilà tout.. ..,.

Le Journal officiel de Paris ne contenait guère rien à signaler qu'un article du cit. Ch. Longuet, alors délégué à la direction de ce journal: 't

A l'heure où nous écrivons, lu Comité central aura de droit, sinon de fait, cédé la place à la Commune. Ayant rempli le mandat extraordinaire dont la nécessité l'avait investi, il se réduira de lui-même à la fonction spéciale qui fut sa raison d'être, et qui, contestée.violemment par le pouvoir, l'obligeait à lutter, à vaincre ou à mourir avec la cité dont il était la représentation armée.,,

Expression de la liberté municipale, légitimement, juridiquement insurgée contre l'arbitraire gouvernemental, le Comité n'avait d'autre mission que d'empêcher à tout prix qu'on arrachât à Paris le droit primordial qu'il avait triomphalement conquis. Au lendemain du vole, on peut dire que le Comité a fait son devoir.

Quant à la Commune élue, son rôle sera tout autre ei ses moyens pourront être différents. Avant tout, il lui faudra définir son mandai, délimiter ses attri-

butions. Ce pouvoir constituant qu'on accorde si large, si indéfini, si confus pour la France à une Assemblée nationale, elle devra l'exercer pour elle-même, c'est-à-dire pour la cité, dont elle n'est que l'expression,.....,

Aussi l'œuvre première de nos élus devra être la discussion et la rédaction de la charte, de cet acte que nos aïeux du moyen âge appelaient leur commune. Ceci fait, il lui faudra aviser aux moyens de faire reconnaître et garantir par le pouvoir central, quel qu'il puisse être, ce statut de l'autonomie municipale. Cette partie de leur tâche ne sera pas la moins ardue si le mouvement, localisé à Paris et dans une ou deux grandes villes, permet à l'Assemblée nationale actuelle d'éterniser un mandat que le bon sens et la force des choses limitaient à la conclusion de la paix, et qui déjà se trouve depuis quelque temps accompli.

A une usurpation de pouvoir, la Commune de Paris n'aura pas à répondre en usurpant elle-même. Fédérée avec les communes de France déjà affranchies, elle devra, en son nom et au nom de Lyon, de Marseille et bientôt peut-être de dix grandes villes, étudier les clauses du contrat qui devra les relier à la nation, poser l'ultimatum du traité qu'elles entendent signer.

Quel sera cet ultimatum? D'abord il est bien entendu qu'il devra contenir la garantie de l'autonomie, de la souveraineté municipale reconquises. En second lieu, il devra assurer le libre jeu des rapports de la Commune avec les représentants de l'unité nationale.

Enlin, il devra imposer à l'Assemblée, si elle accepte de traiter, la promulgation d'une loi électorale telle, que la représentation des villes ne soit plus à l'avenir absorbée et comme noyée dans la représentation des campagnes. Tant qu'une loi électorale conçue dans cet esprit n'aura pas été appliquée, l'unité nationale brisée, l'équilibre social rompu, ne pourraient pas se rétablir.

A ces conditions, et à ces conditions seulement, la ville insurgée redeviendra la ville capitale. Circulant plus libre à travers la France, Son esprit sera bientôt l'esprit même de la nation, esprit d'ordre, de progrès, de justice, c'est-à-dire de révolution.

Le rôle qu'avait à prendre la Commune était là indiqué d'une façon bien nette. Sa première tâche, ainsi que le faisait remarquer le cit. Longuet, devait être de définir et délimiter ses attributions d'une manière précise; d'autant plus que le vote du 26 qui l'avait constituée s'était effectué sans notions absolument nettes et dans tous les cas sans notions formelles sur ce point important.

Dans l'une des premières séances, quelques membres de la Commune, entre autres les cit. Malon et Theisz, proposèrent de rédiger un manifeste à la France, pour faire connaître au pays ce qu'était le mouvement, d'élaborer un règlement intérieur et de mettre en discussion une sorte de charte telle que celle à laquelle le cit. Longuet faisait allusion dans l'article ci-dessus. Mais cette proposition n'eut pas d'écho; et la discussion commencée à ce sujet s'égara promptement sur d'autres matières.

Le *desideratum* exprimé, d'une loi électorale qui fasse que les votes des grands centres ne se trouvent plus complètement annulés par les votes des campagnes, correspondait sûrement aux aspirations, non-seulement de Paris, mais de toutes les grandes villes du pays. Et, si les termes « imposer à l'Assemblée la promulgation « d'une loi électorale » ont peut-être quelque chose d'un peu absolu, il n'en est pas moins vrai que s'efforcer d'amener le résultat indiqué eût dû être un des soins de la nouvelle administration communale.

On remarquera la rédaction absolument personnelle de l'article que nous venons de citer; il n'est inspiré par qui ou quoi que ce soit par nulle autorité: Comité ni Commune. Il en était ainsi depuis le 19 mars: *le Journal officiel* avait été complètement laissé aux délégués successifs qui avaient eu la mission de s'en occuper. Cet abandon était poussé à un tel point que, dans la suite, certains arrêtés affichés partout ne furent pas reproduits par *l'Officiel*, pour

la simple raison que par un oubli singulier, ils ne furent pas envoyés aux bureaux du quai Voltaire.

A la séance du Comité central, le cit. Billioray ayant proposé de déterminer les attributions du Conseil municipal qui venait d'être élu, le cit. Assi fit remarquer que le Comité n'avait pas compétence pour prononcer sur cette question. La Commune seule pouvait régler elle-même ses attributions. Le Comité se rangea à cet avis.

A Versailles, l'Assemblée adoptait les conclusions de la commission d'initiative, sur la proposition déposée le 25 par le cit. Louis Blanc. La commission « continuant à s'en rapporter à la « sagesse et à la fermeté du Gouvernement sur la conduite à tenir « à l'occasion des événements », était d'avis de ne pas prendre en considération la proposition faite.

Une proposition signée de quatre-vingts membres de la droite, tendant à déclarer nulles et non avenues les élections du 26 mars à Paris, était déposée aux applaudissements de la droite, et renvoyée à la commission d'initiative.

La dépêche suivante, envoyée dans les départements, outrepassait peut-être un peu la vérité; nous ne croyons pas que fussent nombreux à Paris ceux qui songeaient à y voir rétablir l'ordre par les bataillons de volontaires de province.

Versailles, 27 mars.

Une portion considérable de la population et de la garde nationale de Paris sollicite le concours des départements pour le rétablissement de l'ordre.

Formez et organisez des bataillons de volontaires pour répondre à cet appel et a celui de l'Assemblée nationale.
Signé: E. Picard.

Un article qui donna naissance à un certain bruit était publié dans le *Journal officiel* de Paris, le 28 mars. Le voici:

Nous reproduisons l'article suivant du citoyen Ed. Vaillant, article qui nous paraît répondre d'une façon satisfaisante à une des difficultés du moment.

Le délégué rédacteur en chef du *Journal officiel,*
Cn. Longuet.

On nous assure, mais la nouvelle n'a

rien d'officiel, que le duc d'Aumale serait à Versailles. Si cela était vrai, c'est que de Bordeaux à Versailles le duc d'Aumale n'aurait pas rencontré un citoyen.

C'est par des faits semblables que l'on voit combien le sens moral et civique s'est affaissé. Dans ies républiques antiques, le lyrannieide était la loi. Ici, une prétendue morale nomme assassinat cet acte de justice et de nécessité.

Aux corrompus qui se plaisent dans la pourriture monarchique, aux intrigants qui en vivent, s'unit le groupe des niais sentimentaux.

Ceux-ci déclarent que ces pauvres diables de princes ne sont pas responsables des crimes de leurs pères, de leur nom, de leur famille, pas plus que ne le serait le fils de Tropmann.

Ils oublient que le fils du forçai n'est pas condamné par l'opinion publique s'il n'est forçat lui-même; mais, à juste titre, la défiance s'attache à celui dont la jeunesse a dû subir l'influence de si mauvais exemples, dont l'éducation première a eu un tel directeur.

De même un prince, lils de prince, qui continue à s'appeler prince, et qui, comme le d'Aumale en question, ose venir poser dans la France républicaine la question monarchique et la candidature de sa famille, excite noire colère et appelle notre justice.

Et quand même ces princes qui rêvent de nous rejeter dans l'oppression auraient été éclairés par le génie de la Révolution, ils devraient alors comprendre qu'ils ne doivent pas devenir des agents de discordes et de guerres civiles, et ils devraient se condamner eux mêmes à aller expier dans une contrée lointaine le malheur et la honte de leur naissance.

Car il ne suffit pas qu'ils se prétendent sans ambition, — nous nous rappelons les serments et les protestations de Bonaparte, — fussent-ils sincères, leur nom, leur présence, seraient exploités par ceux que l'ambition, l'intérêt, l'intrigue attachent à leur fortune, et, quelle que fût la volonté du prince, son influence néfaste serait la même.

De même que, dans le cours inaltérable des choses, tout élément discordant est éliminé et rien de ce qui est contre l'équilibre ne pourrait prévaloir, de même, dans la société, tout objet de trouble dans l'ordre moral, tout obstacle à la réalisation de l'idéal de justice que poursuit la Révolution doit être brisé.

La société n'a qu'un devoir envers les princes: la mort. Elle n'est tenue qu'à une formalité: la constatation d'identité. Les d'Orléans sont en France; les Bonaparte veulent revenir: que les bons citoyens avisent.

La presse releva cet article, qui fut porté le jour même à l'Assemblée par M. de la Roche-Thulon.

En présence des commentaires qui se produisaient de toutes parts, *VOfficiel* du 31 mars fut amené à faire remarquer que l'article en question ne représentait qu'une opinion individuelle, et n'engageait la responsabilité que de ceux qui y avaient joint leurs signatures:

On a fait grand bruit, dans la presse et ailleurs, d'un article sur le *Tyrannicidc,* publié dans le *Journal officiel* du 27 mars. L'esprit de parti a tenu à exagérer la portée de cette publication.

Il est pourtant bien certain qu'étant signé — ce qui est contraire aux usages du *Journal officiel* — cet article ne représentait qu'une opinion individuelle, opinion très-soutenable d'ailleurs et qui a pour elle l'autorité non-seulement de toute l'antiquité, mais encore de modernes tels que Montesquieu. Milton, sir Philip Francis, l'auteur présumé des *Lettres de Junius,* sans parler des théologiens qui l'ont soutenue au point de vue catholique.

Nous ne ferons qu'une courte réflexion au sujet de celle thèse du tyraunicide, vieille comme ie pouvoir. Il est fâcheux, il est triste qu'elle soit encore en question à l'époque où nous sommes, et que tous n'aient pas compris que la tyrannie ne peut s'étouffer qu'en atteignant, chez le peuple, chez les individus même, les causes qui lui permettent de se produire, et nullement en attentant à la vie d'un prince quelconque.

Le dépouillement du scrutin du 26 étant achevé, le résultat du vote fut proclamé à l'Hôtel-de-Ville.

Devant la grande porte d'entrée avait été dressée une estrade sur laquelle prirent place les membres du Comité central et les nouveaux élus ceints de l'écharpe rouge. Derrière eux était placé un buste de la République, entouré d'un trophée de drapeaux rouges. La garde nationale, en armes, couvrait complétement la place et les rues adjacentes; les musiques faisaient entendre des airs patriotiques. A quatre heures, lorsque le Comité central et les élus vinrent se placer sur l'estrade, des salves d'artillerie furent tirées sur le quai.

Après une courte allocution du citoyen Assi, un membre du Comité lut les noms des citoyens élus membres de la Commune.

Des discours, interrompus par les cris de: « Vive la Commune! » que poussait la foule, furent prononcés par les citoyens Ranvier etLavalette, membres du Comité, et le premier membre aussi de la Commune, après quoi le citoyen Assi, ayant constaté la régularité des opérations électorales, s'écria: Au nom du « peuple, la Commune de Paris est déclarée. »

Des salves d'artillerie éclatent de nouveau, et la foule s'agite aux cris de: « Vive la Commune! » accompagnés des accents de *la Marseillaise* et du *Chant du Départ.*

Les bataillons défilent alors au pied de l'estrade, des rubans rouges au bout des baïonnettes, pendant que les nouveaux élus s'assemblent dans la salle Saint-Jean.

Cette fête d'installation de la Commune fut vraiment imposante. La foule était animée d'un grand enthousiasme: beaucoup des citoyens qui assistaient à la proclamation du résultat du vote, se sentaient heureux de voir enfin leur rêve réalisé, de contempler en face d'eux, dans le corps municipal nouvellement élu, les représentants d'une idée d'autonomie qui leur était chère.

Et puis, on oubliait Versailles et tout le reste du monde. On entendait des gens qui se disaient entre eux: « Maintenant, c'est fini! Nous allons nous remettre au travail avec ardeur et ramener dans nos foyers, dans notre pays, un peu de l'ancien bien-être. » Et l'on entonnait quelqu'un de ces chants qui sont les souvenirs glorieux du peuple et qui font battre son cœur.

La séance d'installation de la Commune est ouverte par le discours suivant, du cit. Beslay, qui la préside comme doyen d'âge:

Citoyens,

Votre présence ici atteste à Paris et à la France que la Commune est faite, et l'affranchissement de la Commune de Paris, c'est, nous n'en doutons pas, l'affranchissement de toutes les communes de la République.

Depuis cinquante ans, les routiniers de la vieille politique nous bernaient avec les grands mois de décentralisation et de gouvernement du pays par le pays. Grandes phrascs'qui ne nous ont rien donné.

Plus vaillants que vos devanciers, vous avez fait comme le sage qui marchait pour prouver le mouvement, vous avez marché, et l'on peut compter que la République marchera avec vous!

C'est là, en effet, le couronnement de votre victoire pacifique. Vos adversaires ont dit que vous frappiez la République; nous répondons, nous, que si nous l'avons frappée, c'est comme le pieu que l'on enfonce plus profondément en (erre.

Oui, c'est par la liberté complète de la Commune que la République va s'enraciner chez nous. La République n'est plus aujourd'hui ce qu'elle était aux grands jours de noire révolution. La République de 95 était un soldat qui, pour combattre au dehors et au dedans, avait besoin de centraliser sous sa main toutes les forces de la patrie; la République de 1871 est un travailleur qui a surtout besoin de liberté pour féconder la paix.

Paix et travail! Voilà notre avenir! Voilà la certitude de notre revanche et de notre régénération sociale, et ainsi comprise, la République peut encore faire de la France le soutien des faibles, la protectrice des travailleurs, l'espérance des opprimés dans le monde et le fondement de la République universelle.

L'affranchissement de la Commune est donc, je le répète, l'affranchissement de la République elle-même, chacun des groupes va retrouver sa pleine indépendance et sa complète liberté d'action.

La Commune s'occupera de ce qui est local.

Le Département s'occupera de ce qui est régional.

Le Gouvernement s'occupera de ce qui est national.

Et, disons-le hautement, la Commune que nous fondons sera la Commune modèle. Qui dit travail, dit ordre, économie, honnêteté, contrôle sévère, et ce n'est pas dans la Commune républicaine que Paris trouvera des fraudes de KIM millions.

De son côté, ainsi réduit de moitié, le gouvernement ne pourra plus être que le mandataire docile du suffrage universel et le gardien de la République.

Voilà, à mon avis, citoyens, la route à suivre; entrez-y hardiment et résolument: Ne dépassons pas cette limite fixée par notre programme, et le pays et le gouvernement seront heureux et fiers d'applaudir à cette révolution, si grande et si simple, et qui sera la plus féconde révolution de notre histoire.

Pour moi, citoyen», je regarde comme le plus beau jour de ma vie d'avoir pu assister à cette grande journée, qui est pour nous la journée du salut. Mon âge ne me permettra pas de prendre part a vos travaux comme membre de la Commune de Paris; mes forces trahiraient trop souvent mon courage, et vous avez besoin de vigoureux athlètes. Dans l'intérêt de la propagande, je serai donc obligé do donner ma démission; mais soyez sûrs qu'à côté de vous comme auprès de vous, je saurai, dans la mesure de mes forces, vous continuer mon concours le plus dévoué, et servir comme vous la sainte cause du travail et de la République.

Vive la République! vive la Commune!

Ch. Beslay.

Nous devons ajouter de suite que le cit. Beslay ne maintint pas sa démission. Son discours fixait nettement le programme de la Commune, et tous les partisans sages de l'idée communale ne pouvaient que souhaiter que le nouveau pouvoir municipal ne s'en écartât pas.

La Commune, dans la même séance, déclara que « la garde « nationale et le Comité central avaient bien mérité de la patrie et de la République. »

Le résultat du vote du 26 mars donne 227,300 votants pour environ 490,000 électeurs inscrits. Une certaine différence se fait sentir dans les divers quartiers: ceux du centre ont généralement donné moins de votants que les autres.

On a remarqué — et quelques-uns ont voulu en faire un argument contre la validité des élections qui venaient d'avoir lieu — que le nombre des votants ne représentait pas la moitié des électeurs inscrits. Si nous recherchons les chiffres des précédentes élections municipales, nous trouvons qu'au 5 novembre 1870 228,308 citoyens avaient pris part au vote pour la nomination des maires. Alors non plus le scrutin n'avait pas compris la moitié des électeurs, et l'on voit que la différence dans le nombre des votants, entre le 5 novembre 1870 et le 26 mars 1871, n'est que d'un millier environ.

Nous ferons remarquer que, en prenant pour terme de comparaison le chiffre des votants du 5 novembre, nous nous plaçons dans les conditions les plus favorables à l'argumentation que nous combattons.

Si nous envisagions le nombre des votants pour l'ensemble des municipalités (maires et adjoints) élues en novembre 1870, nous aurions une moyenne à établir entre les 228,000 citoyens qui ont pris part, le 5, au scrutin pour l'élection des maires, et les 153,000 seulement qui ont pris part au vote pour les adjoints, le 7. Nous serions certainement fondés à baser ainsi notre comparaison, et il en résulterait que les membres de la Commune, nommés en mars 1871, représentent un bien plus grand nombre de suffrages que les citoyens composant les municipalités élues en novembre 1870.

Nous pourrions en outre faire valoir que, depuis la capitulation, un bon nombre des électeurs inscrits avaient quitté Paris, — les uns, après la cessation de l'investissement, pour mettre ordre en province à leurs affaires, restées en souffrance depuis de si longs mois, ou pour réparer leur santé ébranlée par les longues souffrances du siège;

— les autres, lorsqu'éclata le mouvement du 18 mars, pour se soustraire à de nouvelles misères qu'ils pouvaient alors, à tort ou à raison, considérer comme imminentes.

Mais il nous suffit de constater que l'argument que certains avaient cru devoir produire contre les récentes élections, — sans y réfléchir suffisamment, selon toute apparence, — était privé de toute force par ce fait que, même le vote de novembre pour les maires seuls, c'est-à-dire celui auquel s'était associé le plus grand nombre d'électeurs, n'avait pas non plus réuni la moitié des inscrits et n'avait pourtant été contesté en aucune façon.

Contrairement aux suppositions d'un certain nombre de journaux, qui prédisaient que les membres du Comité central et des municipalités seraient nommés en masse, on ne remarque, parmi les élus, que peu de membres du Comité, moins encore des maires ou adjoints. Un élément autre avait prévalu dans les élections, comprenant quelques anciens hommes de 1848, des journalistes connus pour leurs idées révolutionnaires, et des orateurs de clubs. La nouvelle municipalité contenait un assez fort parti jacobin; et, parmi les jeunes, quelques fédéralistes. En somme, elle se trouvait formée d'éléments assez hétérogènes, et sa composition ne pouvait guère faire rien présager sur ce qu'allaient être son attitude et ses actes.

L'Assemblée de Versailles, comme nous l'avons dit, recevait communication de l'article publié, le matin, dans l'Officiel de Paris.

Lecture y était aussi donnée d'une lettre par laquelle M. Clémenceau adressait sa démission, dans « la conviction qu'il ne « pouvait plus essayer d'être utile au pays en continuant à « siéger à l'Assemblée nationale. »

M. Dufaure, garde des sceaux, présentait à l'Assemblée un projet de loi relatif à la question des loyers dans le département de la Seine.

Ce projet proposait d'instituer, pour juger les contestations entre propriétaires et locataires, des commissions arbitrales composées: du juge de paix ou d'un de ses suppléants, président, et de quatre membres choisis par le juge de paix, comme suit: 1 Deux propriétaires de maisons, bâtiments, jardins, emplacements ou dépendances immobilières; 2 Deux locataires ayant, l'un un loyer de 1,000 francs ou audessus, l'autre un loyer au-dessous de 1,000 francs.

Ces commissions devaient avoir la faculté d'accorder, selon les circonstances, des délais ne pouvant excéder deux ans, pour le paiement des termes compris entre le 1 octobre 1870 et le 1 juillet 1871, inclusivement.

Un tel projet n'était pas de nature à satisfaire aux intérêts nombreux qui, depuis si longtemps, attendaient que l'Assemblée voulût bien enfin s'occuper des loyers.

L'urgence fut déclarée. Nous reviendrons sur cette loi au sujet de sa discussion.

Le gouvernement adressait à la province la dépêche suivante, dont nous supprimons ce qui n'est pas relatif à Paris et aux faits dont nous traçons l'histoire:

Versailles, 28 mars, 8 h. 35 m.

A Paris, il règne un calme tout matériel.

Les élections, auxquelles une partie des maires s'était résignée, ont été désertées par les citoyens amis de l'ordre.

Là où ils ont pris le parti de voter, ils ont obtenu la majorité, qu'ils obtiendront toujours lorsqu'ils voudront user de leurs droits. On va voir ce qui sortira de ces illégalités accumulées.

En attendant, les commandes qui commençaient à venir dans tous les centres industriels sesont tout à coup arrêtées, et il faut que les bons ouvriers, si nombreux par rapport aux mauvais, sachent que, si le pain s'éloigne encore une fois de leur bouche, ils le doivent aux adeptes de la garde nationale, qui sont les tyrans du travail, dont ils se prétendent les libérateurs.

Il faut aussi que les agriculteurs, si pressés de voir l'ennemi s'éloigner de leurs champs, sachent que, si cet ennemi prolonge son séjour au milieu de nous, ils le doivent à ces mêmes perturbateurs devant lesquels l'armée allemande retarde son départ.

La France, déjà si malheureuse, leur doit encore ses derniers malheurs et sait bien qu'elle ne les doit qu'à eux. Au reste, si le gouvernement, pour éviter plus longtemps l'effusion du sang, a temporisé, il n'est pas resté inactif, et les moyens de rétablir l'ordre n'en seront que mieux préparés et plus certains.

La situation était toujours tendue. Si, d'un côté, l'entente survenue le 25 entre le Comité central, d'une part, les représentants et les maires d'autre part, faisait concevoir quelque espoir d'une solution autre que la guerre civile, d'un autre côté, les précautions et les préparatifs militaires se continuaient d'une manière assez inquiétante.

Chaque jour avaient lieu des reconnaissances, même de petites escarmouches commençaient à se produire la nuit. Quelques hommes étaient pris de part et d'autre, et ces prisonniers n'étaient pas échangés. En somme, chacun des partis semblait éviter avec un égal soin de donner naissance à des hostilités ouvertes, formelles. L'horizon offrait place au moins à autant de crainte que d'espérance.

Mercredi «» mars 1891

Le Comité central avait résolu, dans sa séance du 28 mars, de terminer ses fonctions gouvernementales par une proclamation au peuple de Paris. Les citoyens Assi et Géresme avaient été chargés de rédiger cette proclamation, qui fut affichée dans la journée du 29:

FÉDÉRATION DE LA GARDE NATIONALE

Citoyens,

Aujourd'hui, il nous a été donné d'assister au spectacle populaire le plus grandiose qui ait jamais frappé nos yeux, qui ait jamais ému nos âmes; Paris saluait, acclamait sa Révolution; Paris ouvrait à une page blanche le livre de l'histoire et y inscrivait son nom puissant.

Deux cent mille hommes libres sont venus affirmer leur liberté et acclamer au bruit du canon l'institution nouvelle. Que les espions de Versailles, qui rôdent autour de nos murs, aillent dire à leurs maîtres quelles sont les vibrations qui sortent de la poitrine d'une population tout entière, comme elles emplissent la cité cl franchissent les murailles; que ces espions, glissés dans nos rangs, leur rapportent l'image de ce spectacle grandiose d'un peuple reprenant sa souveraineté, et, sublime et ambitieux, le faisant en criant ces mots: *Mourir pour la patrie!*

Citoyens,

Nous venons de remettre en vos mains l'œuvre que vous nous avez chargés d'établir, cl, à ce dernier moment de notre éphémère pouvoir, avant de rentrer définitivement dans les attributions du Comité de la garde nationale, attributions d'où les événements nous avaient fait sortir, nous voulons vous dire un mot de remerctment.

Aidés dans notre tâche par votre admirable patriotisme et par votre sagesse, nous avons, sans violence, mais sans faiblesse, accompli les clauses de notre mandat. Entravés dans notre marche par la loyauté qui nous interdisait de faire acte de gouvernement, nous avons néanmoins pu, en nous appuyant sur vous, préparer en huit jours une révolution radicale. Nos actes vous sont connus, et c'est avec l'orgueil du devoir accompli que nous nous soumettons à votre jugement. Mais avant de passer nous-mêmes au tribunal de votre opinion, nous voulons dire que rien n'a été fait en bien que par vous: nous voulons proclamer bien haut que, maître absolu et légitime, vous avez affirmé votre force, surtout par votre générosité, et que, si vous avez réclamé et imposé les revendications, vous n'avez jamais usé de représailles.

La France, coupable de vingt années de faiblesse, a besoin de se régénérer des tyrannies et des mollesses passées par une liberté calme et par un travail assidu. Votre liberté, les élus d'aujourd'hui la garantiront avec énergie, la consacreront à tout jamais: le travail dépend de vous seuls; les rédemptions sont personnelles. Groupez-vous donc avec confiance autour de votre Commune, facilitez ses travaux en vous prêtant aux réformes indispensables; frères entre vous, laissez-vous guider par des frères: marchez dans la voie de l'avenir avec fermeté, avec vaillance; prêchez d'exemple en prouvant la valeur de la liberté, et vous arriverez sûrement au but prochain:

LA RÉPUBLIQUE UNIVERSELLE.

Hôtel-de-Ville de Paris, 28 mars 1871.

Les membres du Comité central.

La nouvelle assemblée communale se réunit dans la salle où l'ancien conseil municipal de l'empire tenait ses séances: elle s'occupa de désigner les membres des diverses commissions qu'elle délégua aux différents services.

ORGANISATION DES COMMISSIONS

Nommer des commissions pour l'expédition des diverses catégories que peuvent présenter les affaires municipales était bien dans les attributions de la Commune élue. Nommer des commissions qui devaient prendre en main les différents services publics dépassait ses attributions.

Nous estimons qu'il eût été sage de la part des membres de la Commune, nous pensons qu'il eût été profitable au principe qu'ils devaient par dessus tout tendre à faire prévaloir, de se limiter scrupuleusement aux attributions purement municipales, de ne s'occuper en rien des services relatifs à l'administration des affaires nationales. Le gouvernement, a-t-on dit, avait abandonné les services publics; il fallait les réorganiser sans retard. Il fallait plutôt, pensons-nous, ne pas s'en mêler, et laisser le gouvernement reconstituer ces services comme il l'entendait, là où il avait jugé à propos de s'en aller.

Quoiqu'il en soit, il avait été résolu que les dix commissions nommées prendraient les attributions des divers ministères, moins les cultes, dont le budget serait supprimé, et qui relèveraient de la commission de sûreté générale.

Il peut être bon de mettre sous les yeux du lecteur? àVec quelque détail, les services qui incombaient à chacune des commissions que venait de désigner la Commune: 1 *La Commission executive.* Cette Commission est chargée de faire exécuter les décrets de la Commune et tous les arrêtés des autres commissions. Elle ne doit rien faire sans en avoir référé à la Commune. Cette Commission siégera à l'Hôtel-de-Ville, qui est le siège de la Commune.

2 *La Commission militaire* qui remplace le Comité de la garde nationale. Cette Commission est chargée de la discipline, de l'armement, de l'habillement, de l'équipement.de la garde nationale. Elle est chargée d'élaborer les projets de décrets relatifs à la garde nationale. L'état-major de la place Vendôme ne relève que d'elle. Elle doit assurer, de concert avec la Commission de sûreté générale, la sécurité de la Commune et surveiller les agissements de Versailles. Cette Commission remplace le ministère de la guerre. .J Les canonnières de la Seine sont sous ses ordres.

3 *La Commission des subsistances.* — Elle doit veiller à l'approvisionnement de Paris, dresser un état très-dclaillé et très-complet de tous les vivres actuellement en magasin. Elle est chargée d'assurer, par tous les moyens possibles, l'arrivée à Paris des denrées indispensables pour une durée de trois mois au moins. Elle aura la direction et l'administration des vivres de réserve. Elle sera aussi chargée, si le besoin s'en fait sentir, de délivrer les farines nécessaires à la subsistance des nécessiteux. En attendant une nouvelle loi sur les octrois, la Commission sera chargée de percevoir cet impôt. Elle fera dresser un état des ressources de l'entrepôt des vins.

-io *Commission des finances.* — La Commission est chargée d'établir sur de nouvelles bases le budget de la ville de Paris. — Les questions de linancc, loyers, échéances, etc., sont de son ressort ainsi que la banque de France. — Elle est chargée des recouvrements de l'impôt et de l'examen rigoureux de la position financière de la ville de Paris. Elle est également chargée d'examiner les moyens les plus sûrs et les moins coûteux d'assurer la réussite d'un emprunt, si la nécessité s'en fait sentir.

La Commission doit s'occuper également des moyens de dégrever la ville de Paris par une mesure lésant le moins d'intérêts possibles. C'est à la Commission des finances que les autres Commissions doivent adresser leurs demandes de fonds, qui devront être approuvées et visées par la Commune.

La Commission doit assurer, par tous les moyens possibles, la perception prompte et économique de l'impôt. — Elle ne doit pas s'arrêter devant la suppression d'emplois—Attributions du ministère des finances — les Monts-de-Piélé dépendent de son service.

5 *Commission de la justice.* — Pour l'instant, cette Commission est chargée de mettre la justice actuelle à la hauteur des institutions démocratiques et sociales.

Elle doit assurer le cours de la justice jusqu'à ce qu'un décret l'ait réglementée d'une manière définitive.

6» *Commission de sûreté générale.* (Attributions: la préfecture de police). — Cette commission est chargée de l'ordre cl de la sécurité publiques. Elle doit veiller, tout en respectant, autant que possible, la liberté individuelle, à ce que la morale soit respectée dans les rues. En un mot, elle est chargée de la police générale. Elle doit veiller à la sûreté de la République, et surveiller les citoyens suspects de toute nature. 7 *Commission du travail, industrie et échange.* — (Attributions: une partie des travaux publics et du commerce.) — La commission est chargée de la propagation des doctrines socialistes. Elle doit chercher les moyens d'égaliser le travail et le salaire. Elle doit aussi s'occuper de favoriser les industries nationales et parisiennes. Cetle Commission doit s'occuper également du moyen de développer le commerce international d'échange, tout en attirant à Paris les industries étrangères, de façon à faire de Paris un grand centre de production.

8 *Commission des services publics.* — Cette commission est chargée de la surveillance des grands services, postes, télégraphes, voirie. Elle doit veiller à ce que tous ces services fonctionnent régulièrement et économiquement, surveiller les compagnies de chemins de fer. C'est elle qui devra organiser les relations avec les services de province. Elle devra aussi étudier les moyens de mettre les chemins de fer aux mains des communes de France, sans léser les in-

térêts des compagnies.

9 *Commission des relations extérieures.*
— La Commission sera chargée d'entretenir avec les communes de France des relations amicales qui doivent amener la fédération. Elle devra contribuer par sa propagande à l'affranchissement du pays.

Elle devra aussi, dès que l'occasion s'en présentera, accréditer des représentants auprès des divers États de l'Europe, surtout auprès de la Prusse, quand on connaîtra l'attitude de cette puissance vis-à-vis de la Commune.

10 *Commission de l'enseignement.* — (Attributions de l'instruction publique.) — La Commission de l'enseignement s'occupera de réformer l'instruction. Elle devra préparer un projet de décret rendant l'instruction gratuite, obligatoire et exclusivement laïque. Le nombre des bourses dans les lycées sera augmenté.

Les séances de la Commune n'étaient pas publiques. Cette première décision fut une faute: l'administration que se donnait la ville de Paris ne devait pas prendre dans le secret des mesures dont le public parisien n'avait connaissance qu'en les voyant à l'*Officiel* sous forme de décrets ou d'arrêtés, alors qu'elles étaient déjà en voie d'exécution.

Les avantages de la publicité des séances de toute assemblée quelconque sont trop bien établis, trop palpables, pour que nous insistions sur ce point. C'est un des principes démocratiques les plus généralement reconnus que les élus doivent se tenir dans la communion la plus complète, la plus intime possible avec leurs électeurs. Et pour cela, il ne suffit pas qu'ils donnent connaissance de leurs décisions; il faut que les motifs apportés dans la délibération puissent être connus et appréciés de tous. La discussion même de ces motifs par le public, par la presse, ne peut qu'apporter des lumières utiles, que suggérer des idées profitables aux délégués choisis, qui ne peuvent jamais se considérer, quoiqu'ils en aient, comme au-dessus de la critique.

Cette forme secrète des délibérations de la Commune fit une fâcheuse impression, et ce fut ce fait qui détermina, très-

peu de jours après leur nomination, la démission de plusieurs de ses membres, ainsi qu'en témoignent leurs lettres.

En somme, on fit cette supposition, que, un bon nombre des nouveaux élus n'étant pas le moins du monde orateurs, la majorité d'entre eux avait craint la présence du public, des journalistes, redoutant de donner le spectacle de délibérations pénibles ou décousues, et peut-être quelquefois proches du ridicule. Nous donnons cette supposition pour ce qu'elle vaut, et la rapportons parce qu'elle eut cours à ce moment.

Quelques journaux s'apercevaient enfin qu'ils n'avaient peutêtre pas suffisamment réfléchi, lorsqu'ils avaient conseillé à leurs lecteurs de s'abstenir de voter le 26 mars. Entre autres *le Temps,* qui parut le 29 au soir, disait, après certaines réflexions sur les faits depuis le vote: « comme tous les événements, quels

« qu'ils soient, sont faits pour nous instruire, nous n'éprouvons « aucune fausse honte à nous déclarer instruits et à dire que nous « ne conseillerions plus l'abstention dans une occurrence de ce « genre... »

Nous n'avons pas à reproduire ici ce que nous avons dit plus haut à propos de la *a* déclaration de la presse. » *Le Temps,* s'il avait erré un moment au sujet de la conduite à tenir relativement au vote, savait du moins comprendre les enseignements que lui apportaient les faits, et faisait preuve de bon sens en même temps que de bonne foi en reconnaissant la modification qui s'était si promptement opérée dans ses idées.

De combien de journaux en pourrait-on dire autant, non en cette circonstance seulement, mais en celle-là ou dans les analogues?

On lisait avec étonneraent sur certains murs, à Montmartre, une affiche apposée la veille, par laquelle le délégué du Comité central dans le XVIII arrondissement, informait le public que quatre commissaires étaient « institués pour recevoir les dénonciations « contre les citoyens suspects de complicité avec le gouverne« ment de guet-apens et de trahison, qui est venu échouer aux « buttes Montmartre. »

On était tenté, comme on ne rencontrait pas d'affiches analogues dans tous les arrondissements, de ne voir là que l'acte individuel d'un délégué plus zélé que sage.

Nous verrons que deux jours après, une affiche bien faite pour rappeler celle-là, et non plus restreinte cette fois-ci à un arrondissement isolé, vint de nouveau mettre l'inquiétude dans les esprits.

Une confusion d'attributions que rien ne saurait expliquer est celle qui se traduisit par la destitution du doyen de la faculté de médecine, M. Wurtz, et de celui de la faculté de droit, M. Colmetd'Aage. Ils étaient remplacés, le premier par M. Naquet, le second par M. Accolas. Ni Comité central ni Commune n'avait certes rien à voir dans les nominations de cet ordre, et y intervenir était une très-formelle usurpation.

Des commentaires de toutes sortes avaient été faits les derniers jours sur la dépêche du commandant en chef du 3 corps d'armée prussien, insérée le 23 au *Journal officiel* de Paris.

Sans doute aussi, le gouvernement avait demandé au signataire de cette dépêche s'il fallait la considérer comme authentique? Le fait est que la lettre suivante, adressée par ce commandant au ministre des affaires étrangères, était publiée le 29 par le *Journal officiel* de Versailles:

Rouen, le 26 mars 1871. Monsieur le ministre,

Une communication purement militaire, envoyée dernièrement par le chef d'état-major de la troisième armée allemande, à l'adresse du commandant temporaire de Paris, a donné lieu à des commentaires.

On s'est plu à considérer cette notification comme un encouragement donné au mouvement parisien.

Pour détruire tout sonpyon de cette nature, il suffira de rétablir dans son authenticité le lexie de la lettre allemande du général de Schlolhcim. Cette lcllre porte qu'en dehors de certaines éventualités qu'il élait nécessaire de préciser en présence d'un pouvoir inconnu dont on ignorait les dispositions, les troupes allemandes conserveraient une attitude pacifique *ffricdlichj* et complètement passive. Le Comité central, en publiant la notification, a cru utile de changer « attitude pacifique » en « attitude amicale. »

Veuillez agréer, Monsieur le ministre, les assurances de ma haute considération.

Signé: Fabrice. 11 en résultait que, si les Allemands tenaient à établir qu'ils n'avaient pas songé à afficher une formelle sympathie pour le mouvement communal, alors en voie de s'accentuer à Paris, ils n'avaient du moins nullement l'intention non plus de manifester de l'hostilité, ni par conséquent d'intervenir directement.

A l'Assemblée, le citoyen Brunet appelait l'attention sur l'augmentation des contingents prussiens, en certains points encore occupés par eux. M. Thiers lui répondait que l'évacuation des armées allemandes avait été retardée par suite des événements survenus à Paris, et que, du reste, si les troupes prussiennes avaient augmenté de nombre en quelques endroits, les troupes françaises avaient eu compensation pu être portées aussi à un effectif plus considérable.

Le bruit courait en effet que, par suite d'une convention signée tout récemment, l'armée de Paris, qui, d'après les préliminaires de paix, ne devait pas dépasser 40,000 hommes, pouvait maintenant s'élever au double de ce chiffre.

M. Dufaure déposa dans cette séance un projet de loi ayant pour but de soumettre les délits de presse au jury. La séance n'offre rien de plus à remarquer.

Jeudi ao mars 1891

Le *Journal officiel* du 30 mars paraissait sous le titre: « *Journal officiel de la Commune de Paris* » et, rompant avec la série du *Journal officiel de la République française,* datait: « I année, n 1. » La Commune annonçait que le Comité central lui avait remis ses pouvoirs, et entrait en fonctions par une proclamation qu'avaient été chargés de rédiger les cit. Assi, Eudes et Bergeret: COMMUNE DE PARIS

Citoyens,

Votre Commune est constituée.

Le vote du 26 mars a sanctionné la Révolution victorieuse.

Un pouvoir lâchement agresseur vous avait pris à la gorge: vous avez, dans votre légitime défense, repoussé de vos murs ce gouvernement qui voulait vous déshonorer en vous imposant un roi.

Aujourd'hui, les criminels, que vous n'avez même pas voulu poursuivre, abusent de voire magnanimité pour organiser aux portes même de la cité un foyer de conspiration monarchique. Ils invoquent la guerre civile; ils mettent en œuvre toutes les corruptions; ils acceptent toutes les complicités; ils ont osé mendier jusqu'à l'appui de l'étranger.

Nous en appelons, de ces menées exécrables, au jugement de la France et du monde.

Citoyens,

Vous venez de vous donner des institutions qui défient toutes les tentatives.

Vous êtes maîtres de vos destinées. Forte de votre appui, la représentation que vous venez d'établir va réparer les désastres causés par lo pouvoir déchu: l'industrie compromise, le travail suspendu, les transactions commerciales paralysées vont recevoir une impulsion vigoureuse.

Dès aujourd'hui, la décision attendue sur les loyers;

Demain, celle des échéances;

Tous les services publics rétablis et simplifiés;

La garde nationale, désormais seule force armée de la cité, réorganisée sans délai.

Tels seront nos premiers actes.

Les élus du peuple ne lui demandent, pour assurer le triomphe de la République, que de les soutenir de leur confiance.

Quant à eux, ils feront leur devoir.

Hôtel-de-Ville, 29 mars 1871.

La Commune de Paru.

Arguant de la composition en grande partie royaliste de l'Assemblée, dont l'immense majorité était formée de légitimistes ou d'orléanistes, la Commune l'accusait de vouloir, au fond du cœur, anéantir la République et rétablir la royauté.

L'Assemblée avait traité de misérables, de factieux, d'assassins les révolutionnaires parisiens; la Commune répondait par l'épithète de criminels à l'adresse des membres de l'Assemblée et du gouvernement. — Triste réciprocité de l'injure!

La Commune publiait à *l'Officiel* un certain nombre de décrets, résultés des décisions prises dans la réunion du 29, et qu'annonçait sommairement la proclamation ci-dessus.

Un premier traité de la question militaire.

La Commune de Paris

Décrète: 4» La conscription est abolie; 2 Aucune force militaire autre que la garde nationale ne pourra être créée ou introduite dans Paris; 3 Tous les citoyens valides font partie de la garde nationale.

HOtel-de-Ville, 29 mars 1871.

La Commune de Paris,

La Commune pouvait certainement revendiquer le droit de statuer sur ce qui concernait la garde nationale de la cité, mais il ne lui appartenait pas de prendre des dispositions relatives à l'armée, de décréter l'abolition de la conscription.

Un autre décret, relatif à la question des loyers, était, celui-là, dans les attributions municipales:

La Commune de Paris,

Considérant que le travail, l'industrie et le commerce ont supporté toutes les charges de la guerre, qu'il est juste que la propriété fasse au pays sa part de sacrifices,

Décrète:

Art. 1. — Remise générale est faite aux locataires des termes d'octobre 1870, janvier et avril 1871.:

Art. 2. — Toutes les sommes payées par les locataires, pendant les neuf mois, seront imputables sur les termes à venir.

Art. 5. — II est fait également remise dés sommes dues pour les locations en garni.

Art. 4. — Tous les baux sont résiliables, à la volonté des locataires, pendant une durée de six mois, à partir du présent décret.

Art. 5. — Tous congés donnés seront, sur la demande des locataires, prorogés de trois mois.,

Hotel-de-Ville, 99 mars 1871.

La Commune de Paris.

Mais, comme le projet de loi présenté

à l'Assemblée tombait dans un extrême en statuant que les locataires pourraient être admis à jouir d'un délai maximum de deux ans pour le paiement de leur loyer, sans admettre aucune réduction; de même le décret de la Commune tombait dans l'extrême contraire, en décidant une remise générale des trois termes d'octobre 1870 à avril 1811. La question n'était pas, pensons-nous, aussi simplement soluble qu'on semblait le croire des deux parts.

Quelques événements qui s'étaient passés en province et qui ne sauraient trouver place dans le cadre que nous nous sommes assigné, avaient donné lieu à une affiche que M. Picard avait fai apposer dans Paris.

Nous nous abstenons de nous prononcer, même sommairement, sur ces faits survenus dans les départements parce que nous n'avons été, à Paris, que peu renseignés à leur égard, et que d'ailleurs ils n'ont pas eu de suites à ce moment.

Toujours est-il que l'affiche en question, émanée du ministère de l'intérieur et venant se montrer en plein Paris, détermina de la part de la Commnne la publication de la note suivante:

Il n'appartient qu'à l'autorité communale et aux municipalités d'apposer des affiches sur papier blanc.

Les municipalités ne peuvent afficher en dehors de leur arrondissement respectif.

L'affichage des actes émanant du gouvernement de Versailles est formellement interdit.

Tout afficheur ou tout entrepreneur d'affichage contrevenant au présent avis, sera rigoureusement poursuivi.

Hôtel-de-Ville de Paris, 29 mars 1871.

Pour le Comité et par délégation, L. Boursier.

Renouvelant les invitations déjà faites aux employés des diverses administrations publiques, et les prévenant de nouveau que s'ils ne continuaient leur service ils seraient révoqués, la Commune rendait le décret suivant: Citoyens,

La Commune étant actuellement le seul pouvoir,

Décrète:

Art. 1. — Les employés des divers services publics tiendront désormais pour nuls et non avenus les ordres ou communications émanant du gouvernement de Versailles ou de ses adhérents.

Art. 2. — Tout fonctionnaire ou employé qui ne se conformerait pas à ce décret sera immédiatement révoqué.

Hôtel-de-Ville, 29 mars 1871.

Pour la Commune, par délégation: Le président, Lefrançais.

Assesseurs,

Ranc, Ed. Vaillant.

Dans l'article suivant, publié à l'Offîciel, le cit. Longuet entreprenait de.donner une vue générale du mouvement qui avait eu son origine dans les événements du 18 mars:

Tout mouvement politique qui ne porte pas en soi une idée nouvelle, créatrice, féconde, ou qui, portant cette idée, ne fait pas surgir aussitôt des hommes capables de la dégager et de la défendre, est condamné, même après un éclatant triomphe de la force, à avorter misérablement.

Ces hommes de réflexion profonde et d'action rapide se trouvèrent prêts aux premières journées de 1789. Aux mouvements instinctifs, tumultueux de la foule, ils donnèrent l'âme, l'intelligence, la vie enfin; ils en firent des mouvements humains, philosophiques pour ainsi dire, et en quelques mois la foule instinctive était devenue un grand peuple, conscient de luimême, le peuple de la Révolution.

Les Socrates accoucheurs d'idées n'ont pas manqué non plus à la Révolution du 18 mars.

Après l'avoir faite, ils l'ont acclamée, défendue, démontrée. Hier elle parlait; dès aujourd'hui elle agit, et ainsi elle se démontre encore.

Les combattants du 10 août ne se bornèrent pas à proclamer la liberté, l'égalité, la fraternité; ils définirent le sens de ces grandes paroles qui, réunies dans cette triade immortelle, avaient encore, pour leurs contemporains, quelque chose d'étrange, de vague et d'indéterminé; ils en indiquèrent la portée et les conséquences, ils en montrèrent les applications à la vie civile et politique.

Si les révoltés du 18 mars n'avaient su au lendemain de leur victoire que bégayer le mot de Commune, sans déterminer dès l'abord les principes élémentaires, primordiaux de l'organisation communale, il ne resterait peut-être aujourd'hui, de leur vaillance et de leur force, que le souvenir d'une défaite.

Pendant vingt ans peut-être ils auraient subi les outrages et les calomnies de l'histoire mensongère, comme les insurgés de juin 1848, auxquels il ne manqua, pour triompher, que de concevoir, même imparfaitement, la question impérieuse et redoutable qu'ils avaient sentie et posée.

Avouons-le, la tâche était moins dure aux hommes du 18 mars. Le déplorable malentendu qui, aux journées de juin, arma l'une contre l'antre deux classes, toutes deux intéressées, sinon également, aux grandes réformes économiques, cette funeste méprise qui rendit la répression de juin si sanglante, ne pouvait se renouveler.

Cette fois l'antagonisme n'existait pas de classe à classe, il n'y avait pas d'autre sujet de lutte que la vieille guerre, toujours recommencée, bientôt finie sans doute, de la liberté contre l'autorité, du droit municipal et civique contre l'absorption et l'arbitraire gouvernemental.

Paris, en un mot, était prêt à se lever tout entier pour conquérir son indépendance, son autonomie; il voulait, en attendant que la nation le voulut avec lui, le self-government, c'est-à-dire la République.

Oh! non, ils ne calomniaient pas l'exécutif, ceux qui l'accusaient de conspirer pour la monarchie. Indigné, l'exécutif protestait de sa sincérité et de ses bonnes intentions.

Ah! que pouvaient faire au peuple de Paris les intentions de l'exécutif! Il y a quelque chose qui domine les intentions des hommes, c'est la force des choses, la logique des principes.

Centralisateur à outrance, au point de priver Paris pendant des mois et sans fixer de terme à sa déchéance, de cette municipalité subordonnée, restreinte, que la tutelle gouvernementale concède aux plus modestes villages, au point de lui maintenir le stigmate avilissant que l'empire lui avait imprimé, ce caractère honteux de ville-caravansérail qui chaque jour effaçait davantage son originalité et son génie; centralisateur par goût et par système, l'exécutif nous précipitait de nouveau, qu'il en eût ou non conscience, vers la forme la plus parfaite, la plus matérielle de la centralisation administrative et politique, vers la royauté.

Que les partisan; de la République centraliste, bourgeoise, fondée sur l'antagonisme du citoyen et de l'État, du travail et du capital, de la classe moyenne et de la plèbe, que les formalistes y réfléchissent: leur utopie a toujours servi de pont à la monarchie; c'est elle qui pendant longtemps a tué, en France, l'idée même de la République.

Aujourd'hui, celle idée abattue se redresse plus fière et plus triomphante, arborant audacieusement son premier drapeau, ajoutant a son nom nouveau son vieux titre patronymique. Fidèle à sa tradition, consciente d'elle-même, la République est aussi la Commune.

C'est la revanche de la'science et du travail, de la liberté et de l'ordre, dont la routine gouvernementale avait, pendant près d'un siècle, retardé l'avènement. S'élevant au-dessus des brouillards qui l'enveloppaient, débarrassée des obstacles qui lui barraient le passage, sûre de sa force, la Révolution va de nouveau, par son exemple et sa propagande, répandre sur le monde la liberté, l'égalité, la justice.

Un fait regrettable se produisit dans la journée du 30. Ce fut l'envahissement, qui avait eu lieu dans la nuit, des bureaux de cinq compagnies d'assurances par les agents de la Commune, l'apposition de scellés dans ces établissements, et la réquisition d'espèces qu'ils avaient en caisse. C'était une atteinte à la propriété privée que rien ne légitimait et qui ne devait pas produire un minime effet. En dehors de cette considération, c'était une profonde maladresse: il était difficile d'imaginer, dans la sphère si étendue de l'arbitraire, une mesure qui pût faire

plus de tort à la Commune et à l'idée qu'elle représentait.

Un article de M. Ed. Portalis, publié dans le journal *la Vérité* du 31 mars, donnait une idée, qui ne nous sembla pas mauvaise, de ce qu'était, à ce moment, la situation des esprits sensés:

« Nous l'avons déjà dit, nous ne saurions trop le répéter, l'As« semblée nationale, par son attitude hostile à l'égard de Paris, a « été la première cause des événements du 18 mars

« En effet, les députés de la majorité se sont obstinés à ne pas « tenir compte des sacrifices, des souffrances, que, pendant le « siège, nous avons, pour la cause commune de la défense natio« nale, enduré avec un incontestable héroïsme; ils n'ont jamais, « pour ainsi dire, laissé échapper une occasion de nous blesser par « des récriminations, la plupart du temps imméritées, toujours « inopportunes.

« Loin de nous savoir gré de notre longue résistance et de l'humi« liation finale qui nous a été infligée dans l'intérêt commun, — on « pourrait invoquer sur ce point le témoignage de M. Thiers; — « ils ont affiché cette singulière prétention de vouloir châtier le « tempérament révolutionnaire des Parisiens en retirant à Paris « sa couronne de capitale. Ils ont fait plus: ils ont prétendu nous *t* imposer un gouvernement dont les membres, par une longue « série de mensonges et de trahisons, avaient su se rendre odieux.

« De plus, en votant sa première loi sur les échéances, l'Assem« blée a mécontenté tout le commerce, petit ou grand; en négli« géant la question des loyers, elle s'est fait autant d'ennemis « secrets ou déclarés, des locataires et des propriétaires.

« Voulant trancher sans les connaître, et avec un sentiment de « partialité mal dissimulé, les difficiles problèmes auxquels l'inves« tissement de la capitale a donné lieu, l'Assemblée, il faut en « convenir, avait, en quelque sorte, rendu un conflit inévitable « entre Paris et la province. Quelle pouvait être la conséquence « d'un tel conflit, si ce n'est la guerre civile ou l'affranchissement « de la Commune de Paris? Et qu'y a-t-il

d'étonnant à ce que nos «députés et nos maires aient choisi ce second moyen? Jl avait le « double avantage de sauvegarder la paix publique et d'être un « acheminement vers un système politique qui, si nous tenons à « être libres, devra forcément prévaloir dans l'avenir.

« Ce serait d'ailleurs une grosse erreur de croire que la Révo« lution municipale qui s'accomplit en ce moment sous nos yeux « soit le résultat d'une conspiration de parti. Pour peu que l'on y « réfléchisse, on voit au contraire qu'elle est la conséquence logique « d'une longue série d'événements aussi terribles qu'imprévus.

« Pour qu'elle devînt possible, il a fpllu qu'une guerre désas« Meuse amenât successivement la chute de l'Empire et l'armement « de tous les citoyens; il a fallu que Paris fut investi pendant six « mois; que par suite de cet investissement, il se trouve dans des « conditions économiques et politiques toutes spéciales et essentielle lement différentes des conditions dans lesquelles se trouvait alors « le reste de la France; il a fallu enfin que, grâce à une incroyable « négligence de l'autorité civile et militaire, des canons et des « munitions tombassent au pouvoir de la garde nationale.

« Attribuer au parti communaliste et à *l'Internationale* la puis« sance d'avoir fait surgir de tels événements pour le besoin de leur « cause, est leur faire beaucoup d'honneur; n'est-il pas plus vrai « de dire qu'ils n'ont été dans tout ceci que l'instrument aveugle « d'une révolution rendue inévitable par un long enchaînement de « circonstances?

. « Bien fou qui voudrait aujourd'hui faire obstacle à cette révolu« tion improvisée! Autant il était impossible après Sedan d'empê« cher la chute de l'Empire, autant il était impossible après « l'investissement d'empêcher la capitulation de Paris, autant il « était impossible aujourd'hui de retirer à la Commune de Paris « l'indépendance qui lui appartient de fait, sinon de droit. Peu nous « importe, d'ailleurs, le Comité central! Nous ne voulons examiner « ni la nature de son mandat, ni la légitimité de ses actes. Son seul « mérite est d'avoir dégagé, peut-être sans en avoir conscience, la « formule de la Révolution dont toutes les nations européennes « portent le germe dans leurs flancs.

« Il n'a même pas eu le mérite d'inventer cette formée. Avant « lui, de célèbres publicistes s'étaient efforcés de démontrer que, « sans institutions communales, il n'y avait pas de liberté possible: « C'est dans la Commune, écrivait Tocqueville en 1834, que « réside la force des peuples libres. Les institutions communales « sont à la liberté ce que les écoles primaires sont à la science; « elles la mettent à la portée du peuple; elles lui en font goûter « l'usage paisible et l'habituent à s'en servir. Sans institutions com« munales, une nation peut se donner un gouvernement libre, mais « elle n'a pas l'esprit de la liberté. Des passions passagères, des « intérêts d'un moment, le hasard des circonstances peuvent lui « donner les formes extérieures de l'indépendance, mais le despo« tisme refoulé reparaît tôt ou tard à la surface. » « Ceci prouve rurabondamment que l'on pouvait, que l'on peut

« encore se déclarerpartisan de la liberté communale et soutenir « Paris dans la revendication de ses franchises communales, sans « pour cela pactiser avec l'émeute. C'est ce que nous avons fait. « Notre rôle, celui des députés, des maires et des adjoints, s'est « borné à se rallier aune révolution, dont le but unique doit être de « fonder à Paris d'abord, en France ensuite, des institutions com« munales. De la manière dont nous nous acquitterons de cette « tâche dépend l'avenir de la République, puisque sans institutions « communales, il ne saurait exister de gouvernement libre. Suivant « que les institutions que nous allons nous donner assureront ou « non la sécurité, la prospérité de la cité, nous inspirerons aux « autres villes le désir ou la crainte de nous imiter.

« Faut-il conclure de ce qui précède que nous soyons exempts » d'inquiétudes pour l'avenir? Nullement. La plupart de ceux qui « composent le conseil communal de Paris ne nous inspirent mal« heureusement qu'une mé-

diocre confiance, et nous serons heureu« sement surpris s'ils parviennent à résoudre pacifiquement les « terribles problèmes du moment. »

Vendredi 31 mars 1891

Nous avons vu que le 30 au matin, le *Journal officiel* paraissait sous le titre « Journal officiel de la Commune de Paris », et datait de « l année, N 1. » Le 31, il reprenait la suite des numéros, abandonnée pour un jour seulement, et revenait aussi à l'ancien titre: « Journal officiel de la République française. » Ce retour était illogique. Le journal où la Commune publiait ses actes devait certainement plutôt s'appeler journal « de la Commune » que journal « de la République, » et le retour à cette dernière dénomination, après l'avoir un instant quittée, put sembler à quelquesuns un indice d'intentions, non pas purement communales, mais bien gouvernementales, de la part de l'assemblée récemment élue. La considération qui dicta sa résolution fut que: un traité existait entre l'Etat et l'imprimeur M. Wittersheim pour la publication d'un journal intitulé « Journal officiel de la République française. » La Commune se considérait comme substituée à l'Etat dans ce traité, et envisageait qu'un changement quelconque dans le titre eût constitué une novation entraînant rupture du contrat.

La commission chargée de faire un rapport sur les élections du 26 avait terminé son travail le 30, et, le lendemain, il paraissait à *l'Officiel*.

RAPPORT DE LA COMMISSION DES ÉLECTIONS

La commission qui a été chargée de l'examen des élections a dû examiner les questions suivantes: *Existe-t-il une incompatibilité entre le mandat de député à l'Assemblée de Versailles et celui de membre de la Commune?*

Considérant que l'Assemblée de Versailles, en refusant do reconnaître la Commune élue par le peuple de Paris, mérite par cela même de ne pas être reconnue par cette Commune;

Que le cumul doit être interdit;

Qu'il y a, du reste, impossibilité matérielle à suivre les travaux des deux Assemblées.

La commission pense que les fonctions sont incompatibles.

Les étrangers peuvent-ils être admis à la Commune?

Considérant que le drapeau de la Commune est celui de la République universelle;

Considérant que toute cité a le droit de donner le litre de citoyen aux étrangers qui la servent;

Que cet usage existe depuis longtemps chez des nations voisines;

Considérant que le titre de membre de la Commune étant une marque de confiance plus grande encore que le titre de citoyen, comporte implicitement cette dernière qualité,

La commission csl d'avis que les étrangers peuvent être admis, et vous propose l'admission du citoyen Frankel.

Les élections doivent-elles être validées d'après la loi de 1849, *exigeant pour les élus le huitième des électeurs inscrits?*

Considérant qu'il a élé établi que les élections seraient faites d'après la loi de 1849, la commiss on est d'avis que le huitième des voix est nécessaire en principe;

Mais considérant que l'examen des listes électorales de 1871 a fait reconnaître des irrégularités qui sont d'une importance telle, qu'elles ne présentent plus aucune certitude sur le véritable chiffre des électeurs inscrits. (Les causes qui ont influé sur l'inexactitude des listes sont de différente nature: c'est le plébiscite impérial, pour lequel une augmentation insolite s'est produite, le plébiscite du 5 novembre, les décès pendant le siège, le chiffre élevé des habitants qui ont abandonné Paris après la capitulation, et d'un autre côté le chiffre considérable pendant le siège des réfugiés étrangers à Paris, etc-, etc.;)

Considérant qu'il a été matériellement impossible de rectifier à temps toutes les erreurs, et qu'on ne peut s'en rapporter à une base légale aussi évidemment faussée;

En conséquence, la commission propose de déclarer validées aussi bien que toutes les élections qui ont obtenu le huitième des voix, les six élections qui resteraient en suspens, en s'en rapportant à la majorité relative des citoyens qui ont rempli leur devoir étroit en allant au scrutin.

Pour la commission:

. *Le rapporteur,*

Parisel.

La Commune a adopté les conclusions du rapport.

La commission et la Commune qui adoptait les conclusions de son rapport sortaient complètement des termes de la loi de 1849. Après l'avoir invoquée comme base des élections, c'était une faute de ne pas s'en tenir à ce qu'elle édictait. Les raisons que donnait le rapport pour résoudre en contradiction avec la loi invoquée les questions dont la commission avait à s'occuper, pouvaient être fort bonnes; mais il est certaiu que, découvertes après coup, elles avaient singulièrement l'apparence d'arguments cherchés en vue de maintenir quand même les élections faites. 11 eût fallu au inoins donner ces raisons avant le vote pour modifier dès l'abord les conditions dans lesquelles s'accomplissait l'élection. Mais ces conditions une fois fixées, établies, publiées, il eût fallu ne s'en départir en rien.

La Commune s'occupait de fixer les administrations des arrondissements.

La Commune de Paris

Décrète:

Art. 1. — Les membres de la Commune ont la direction administrative de leur arrondissement.

Art. 2. — Ils sont invités à s'adjoindre, à leur choix et sous leur responsabilité, une commission pour l'expédition des affaires.

Art. Ô. — Les membres de la Commune ont seuls qualité pour procéder aux actes de l'état civil.

La Commune de Paris.

A l'égard de la saisie opérée dans la nuit du 29 au 30 dans les bureaux de cinq compagnies d'assurances, la Commune rendait le décret suivant:

La Commune de Paris

Décrète:

Les cinq compagnies d'assurances, *la Nationale, l'Urbaine, le Phénix, la Générale, l'Union,* sont autorisées à lever les scellés apposés sur leurs livres et caisses à la date du 39 courant.

La saisie pratiquée à la requête de la Commune est maintenue.

La Commune de Paris.

Nous n'avons pas à revenir sur ce fait, dont nous avons déjà parlé précédemment; nous ne pourrions que répéter à propos du maintien de la saisie ce que nous avons dit de la saisie elle-même.

Le Comité central paraissait encore à côté de la Commune. Dans un arrêté inséré à *l'Officiel,* il s'occupait des élections à faire pour compléter les cadres de la garde nationale.

De nouveau, quelques-uns des membres de la Commune donnaient leur démission sur cette considération que le mandat purement municipal qu'ils avaient cru recevoir, semblait, d'après les premiers actes de l'Assemblée communale, menacer de s'étendre fort au-delà dans le domaine de la politique.

Telle était en effet l'impression répandue dans Paris; on estimait assez généralement que les nouveaux élus, dès leurs premières réunions, dès leurs premières mesures, avaient dépassé les attributions dans lesquelles on avait espéré qu'ils se seraient tenus renfermés avec soin.

Ni lettres ni journaux n'avaient été distribués à Paris dans la matinée; et cela mettait une grande inquiétude parmi la population. Le service des postes était suspendu.

Le lundi 27, le cit. Theisz, membre du Comité central et conseiller municipal, nommé par les XII et XVIII» arrondissements, s'était présenté à M. Rampont, directeur des Postes, muni d'un arrêté du Comité qui destituait ce dernier et le chargeait lui-même de la direction et de l'administration de ce service.

31. Rampont avait répondu qu'il ne connaissait pas le Comité, et que si le conseil municipal croyait devoir le révoquer, il verrait ce qu'il aurait à faire. Le cit. Theisz s'était retiré; mais, le 30, après le départ des courriers du soir, il revenait vers M. Rampont, escorté d'un bataillon de garde nationale. Après quelques pourparlers, M. Rampont cédait aux injonctions qui lui étaient faites et se retirait, suivi d'un grand nombre d'employés de la Poste. Immédiatement

des ordres étaient donnés pour que les correspondances expédiées à Paris fussent dirigées sur Versailles, et défense élait faite au personnel de se rendre dans les bureaux. M. Rampont, qui semble s'être à l'avance préparé, en vue de ce qui arrivait, à transporter promptement au dehors le service qu'il dirigeait, partait aussitôt pour Versailles avec le matériel et une partie du personnel administratif.

Paris se trouvait de nouveau, comme au temps du siège, privé de rapports écrits avec la province.

Pourquoi la Commune avait-elle cru devoir intervenir dans le service des Postes? C'est qu'elle soupçonna que les lettres pouvaient bien être soumises, rue Jean-Jacques-Rousseau,à un triage et à des visites indiscrètes. De là lui vint le désir de mettre à la tête des Postes un homme à elle, et dont elle fut sûre. Si le remplacement de M. Rampont par le cit. Theisz s'était effectué sans hésitation, peut-être le service des Postes n'eût-il pas été désorganisé comme il le fut; mais, entre les pourparlers du 27 et la prise de possession du 30 au soir, le directeur des Postes avait eu tout le temps nécessaire pour méditer et préparer la translation de son administration à Versailles.

L'affiche suivante, apposée sur les murs de Paris, produisit une certaine émotion:

EX-PRÉFECTURE DE POLICE

AVIS

La plupart des services publics élant désorganises à la suite des *manœuvres* du gouvernement de Versailles, les gardes nationaux sont priés d'adresser par lettres, à la police municipale, tous les renseignements pouvant intéresser la commission de sûreté générale.

Paris, le 31 mars 1871.

Le chef de la police municipale,

A. Dupont.

C'était afficher l'organisation des dénonciations, l'établissement d'une sorte de régime des suspects. C'était mettre en avant le dessein d'inclure toute la garde nationale dans la police secrète. Il y avait certainement là de quoi inquiéter les citoyens, de quoi révolter leur conscience.

Chose singulière et qui fut remarquée, cet « avis » émané de l'ex-préfecture de police ne fut pas inséré au *Journal officiel.* Bien certainement, il n'eût jamais dû paraître là ni ailleurs. La police secrète a toujours été considérée comme entachée d'un certain caractère honteux; songer à généraliser cette honte au point d'engager tous les citoyens à la dénonciation les uns contre les autres est une idée qui n'aurait jamais dû trouver à se faire jour d'une façon quelconque sous l'administration de gens qui prétendaient représenter un programme de liberté et de justice.

Depuis quelques jours, le bruit se répandait peu à peu que le gouvernement de Versailles nourrissait le projet de lancer une armée sur Paris. Cela produisait une certaine impression sur la population parisienne, qui désirait et espérait, à la crise qu'elle traversait, une solution qui n'entraînât pas la guerre civile. Quelques-uns peut-être voulaient une lutte et l'anéantissement de la Commune; d'autres voulaient également une lutte, mais se terminant par l'écrasement de l'Assemblée; le plus grand nombre, assurément, formait des vœux pour que l'effusion du sang fût évitée et pour que ce qu'il y avait d'incontestablement légitime dans les revendications parisiennes fût pacifiquement reconnu.

A l'Assemblée, M Batbie donnait lecture du rapport sur le projet de loi relatif aux élections municipales. Nous y reviendrons à propos de la séance où fut votée cette loi. Rien d'autre concernant Paris ne se produisit dans la séance du 31 mars.

Nous noterons en passant, bien qu'elle n'ait aucun rapport avec les événements que nous racontons, une parole prononcée par M. Thiers dans cette séance: « J'ai été proscrit, » dit-il, « je ne serai pas proscripteur. »

La Commission de justice nommait un délégué « charge d'ex« pédier les affaires civiles et criminelles les plus urgentes, et de « prendre les mesures nécessaires pour garantir la liberté indivi« duelle de tous les citoyens. »

Relativement à la libre circulation des citoyens, un ordre du délégué civil à l'ex-Préfecture de police portait que les laissezpasser, exigeaut une surveillance spéciale, ne seraient délivrés qu'à la Préfecture de police, bureau des passeports.

La Commune, en ce qui concerne le commandement militaire, prenait la décision suivante:

La Commune de Paris décrète: 1o Le titre et les fonctions de général en chef sont supprimes; 2 Le citoyen lirnnel est mis en disponibilité; 5» Le citoyen Eudes est délégué à la guerre, Bergeret à l'élal-major de la garde nationale, et Duval au commandement militaire de l'cx-l'rél'eetuic de police.

Paris, tel" avrlll 871.

La Commission exécutive.

En raison des options et des démissions qui s'étaient produites Un certain nombre de sièges étaient vacants dans le sein de la Commune. Un décret convoquait les électeurs de dix arrondissements pour le mercredi 5 avril, à l'effet d'élire vingt-deux membres de la municipalité.

L'état du service des postes était toujours le même; aucune lettre ne parvenait à Paris. L'affiche suivante, signée du nouveau directeur des postes et relative à l'interruption de ce service, était apposée sur les murs de Paris:

ADMINISTRATION DES POSTES
Un fait inouï vient de se produire.

Un service public, relevant directement des citoyens, et qui ne pouvait excuser son privilège que par la garantie qu'il devait assurer dans toutes les relations commerciales, a été indignement sacrifié à des questions d'intérêt purement politique.

Le service des postes, est, depuis quelques jours, systématiquement désorganisé par ceux qui avaient accepté le mandat de le diriger.

On a privé Paris de toute communication avec la province, sans se soucier des intérêts qu'une semblable résolution a compromis à la veille de l'échéance d'avril.

A qui incombe la responsabilité d'un pareil acte? Nous en appelons à la conscience publique!

Dans une première entrevue, M. Rampent, es-directeur général des postes, actuellement en fuite, nous avait demandé l'envoi de deux délégués choisis par le Comité central de la garde nationale pour contrôler sa gestion jusqu'à ce que la Commune, dont il reconnaissait l'autorité, fût régulièrement constituée.

Cette proposition, qui nous parut de nature à écarter tout malentendu entre républicains, devait être prochainement soumise à la Commune. Sans tenir compte des engagements pris, il ne voulut pas attendre, et le 30, dans la journée, la Commune fut instruite que toutes les dispositions étaient prises pour interrompre le service des postes à Paris.,

M. Rampont, engagé par sa parole, par sa proposition, a abandonné furtivement son poste, et un ordre anonyme, affiché dans les cours de l'hôtel, a imposé aux employés de quitter immédiatement leurs fonctions.

Les faillites, la ruine que cet acte pouvait provoquer, peu importe! Le peuple de Paris n'a échappé aux malheurs d'un long siège que pour se trouver investi brutalement par ceux-là mêmes qui se proclament les mandataires de la France.

Les faits que nous avançons délient tout démenti. Que la responsabilité retombe sur ceux qui ont recours à ces manoeuvres criminelles.

Quant à nous, nous ferons tous nos efforts pour réorganiser le service postal, et nous sommes convaincu qu'avec le concours de la population parisienne, il sera promplcment rétabli dans l'intérieur de Paris.

Le directeur: A. Tiieisz.

De son côté, le commerce inquiété de la suspension du service des postes, s'était adressé à la Commune, et une note de *l'Officiel* faisait connaître la décision suivante, prise en résultat de cette entrevue:

« La Commune de Paris, sans reconnaître le pouvoir de Versailles, est disposée, dans l'intérêt général, à accepter toutes les propositions qui, sans préjuger la question de principe, permettront le libre fonctionnement du service des postes. »

Comme nous l'avons fait observer

précédemment, la Commune était sortie du cercle de ses attributions; et plus d'un journal en avait fait la remarque. Un article du cit. Longuet, inséré dans le *Journal officiel* du 1 avril, répondait à cette observation:

Certains journaux croient voir dans les premiers actes de la Commune de Paris l'intention de sortir des attributions municipales. Il n'est pas douteux qu'en rendant pour Paris des décrets portant la remise des loyers, l'abolition de la conscription, etc., etc., la Commune est sortie du cercle étroit où la législation antérieure enfermait la liberté municipale. Mais ce serait une illusion étrange et même puérile de penser que la révolution du 18 mars avait pour but unique d'assurer à Paris une représentation communale élue, mais soumise à la tutelle despotique d'un pouvoir national fortement centralisé. Jamais en France la loi n'a satisfait, ni pour Paris, ni pour les villes, ni pour les villages, les besoins d'indépendance, de libre administration qui sont une condition absolue de vie régulière, de stabilité et de progrès dans un État républicain.

C'est, comme on l'a dit dès le premier jour, pour conquérir et assurer dans l'avenir cette indépendance à toutes les communes de France, et aussi à tous les groupes supérieurs, cantons, départements ou provinces, reliés entre eux, pour leurs intérêts généraux, par un pacte alors vrai. ment national; c'est pour garantir en même temps et perpétuer la République assise enfin sur sa base fondamentale, que les hommes du 18 mars ont lutté et vaincu.

Quel esprit éclairé et de bonne foi oserait soutenir que Paris a affronté après les souffrances et les dangers du siège, les conséquences douloureuses, quoique momentanées d'une violente rupture, pour se soumettre de bonne grâce à une loi qu'il n'aurait même pas discutée, à une loi qui ne lui laisserait ni l'administration de sa police, ni la disposition souveraine de ses linanccs, ni la direction de sa garde nationale; à une loi qui serait non pas le gage de sa liberté, mais le sceau même de sa servitude.

En se constituant en Commune, si Paris a renoncé à son omnipotence apparente, identique en fait à sa déchéance, il n'a pas renoncé à son rôle initiateur, il n'a pas. abdiqué ce pouvoir moral, cette influence Intellectuelle qui a tant de fois, en France et en Europe, donné la victoire à sa propagande. Paris affranchi, Paris autonome n'en doit pas moins rester le centre du mouvement économique et industriel, le siège de la Banque, des chemins de fer, des grandes institutions nationales, d'où la vie se répandra plus largement à travers les veines du corps social, qui, de leur côté, la lui reporteront plus active et plus intense.

En attendant que le triomphe définitif de sa cause ait rendu a Paris affranchi le rôle influent, mais non dominateur, que la nature, l'évolution économique et le mouvement des idées lui assurent, la Commune se bornera à défendre dans leur intégrité ses Intérêts et ses droits. Qu'il s'agisse d'organisation municipale, de loyers ou d'échéances, clic légiférera pour lui souverainement, parce que ce sont là ses affaires, ses intérêts propres, lesquels ne peuvent être légitimement satisfaits que par ceux qui les représentent, et non pas par ceux qui les écrasent ou qui les nient.

La Commune aurait le droit d'agir ainsi en face du pouvoir central qui, léduit à sa fonction, ne serait plus que le gardien et le défenseur des intérêts généraux. A plus forte raison en a t-clle le droit en face d'un pouvoir usurpateur, qui ne sait qu'obéir à sa raison d'État, ne fait appel qu'à la haine sociale, aux lâches terreurs, et à ceux qui réclamaient un contrat, des garanties, ne parla jamais que de répression et de vengeance.

Le reproche de dépasser les attributions municipales était en réalité plus fondé que ne le reconnaît le rédacteur du *Journal officiel;* nous l'avons constaté en notant les diverses mesures prises par la Commune.

Un passage de l'article que nous venons de citer répond a Ub bruit qui courait, d'après lequel la Commune eût voulu faire de Paris une ville libre, entièrement indépendante du reste du pays. Cela n'était pas exact: les aspirations de la Commune et de bon nombre parmi les Parisiens étaient d'établir leur complète autonomie municipale, d'étendre cette conquête à toutes les communes de France, se groupant librement entre elles, et de relier ces groupes divers par une fédération ayant à son sommet «un pou« voir central qui, réduit à sa fonction, ne serait plus que le gar« dien et le défenseur des intérêts généraux. »

Faut-il rappeler que ces « municipalités indépendantes, » en ce moment tant repoussées par les membres du gouvernement, ne leur avaient pas toujours inspiré la même horreur? Au mois de mai 1870, sous le ministère Ollivier, M. Ernest Picard, alors membre de l'opposition, devenu par la grâce du 4 septembre membre du gouvernement de la défense, puis, après le 8 février, choisi par M. Thiers comme ministre de l'intérieur, publiait le programme suivant dans son journal *l'Électeur libre:* « Notre programme est « bien simple et bien net; il ne faut pas six mois de service pour « le réaliser, mais s'il néglige les ornements accessoires, il touche « les points essentiels.

« Séparation des pouvoirs, constitution d'un pouvoir judiciaire, « indépendant par l'établissement du jury; constitution d'un pou« voir législatif, indépendant par l'organisation de la liberté élec« torale et de *municipalités indépendantes;* une organisation mili« taire nationale qui donne des gages à la liberté; voilà ce que « nous avons demandé le premier jour, ce que nous demandons, « sans crainte de nous répéter. » *Signé:* Ernest Picard.

Tout commentaire est ici superflu; nous nous bornerons à rappeler un mot de Proudhon, qui nous revient en mémoire: « On « dirait que le pouvoir rend stupides les gens d'esprit. »

Nous extrayons de la dépêche adressée le 1 avril par M. Thiers aux départements, le passage qui concerne Paris:

Versailles, 1 avril, midi 43 m., soir.

A Paris, la Commune, déjà divisée, essayant de semer partout de fausses nouvelles et pillant les caisses publiques, s'agite impuissante, et elle est en horreur aux Parisiens, qui attendent avec impatience le moment d'en être délivrés.

L'Assemblée nationale, serrée autour du gouvernement, siège paisiblement à Versailles, où achève de s'organiser une des plus belles armées que la France ait possédées.

Les bons citoyens peuvent donc se rassurer et espérer la fin prochaine d'une crise qui aura été douloureuse, mais courte. Ils peuvent être certains qu'on ne leur laissera rien ignorer, et que, lorsque le gouvernement se taira, c'est qu'il n'aura aucun fait grave ou intéressant à leur faire connaître.

A. Thiers.

Un point est surtout à noter dans cette dépêche: il est au moins fâcheux de publier que, en quelques jours, on a pu organiser contre Paris « une des plus belles armées que la France ait possédées, » alors que des souvenirs récents représentaient à la mémoire de tous une activité moindre et de moindres succès d'organisation, dans une guerre contre l'étranger.

Dimanche » Avril 1891

Dans la matinée du dimanche 2 avril, la population parisienne entendit le bruit de la fusillade et du canon. Les détonations qui se succédaient répandirent une sorte de stupeur, une poignante tristesse dans Paris. La guerre civile, que l'on s'était efforcé d'empêcher, venait d'éclater.

Depuis plusieurs jours des collisions avaient eu lieu entre les sentinelles avancées des troupes de Versailles et les gardes nationaux; mais ces luttes de courte durée étaient sans gravité. Un combat plus sanglant, plus général paraissait de plus en plus imminent, inévitable. Voici dans quelles circonstances les hostilités s'engagèrent.

Vers huit heures et demie du matin, un détachement de gendarmes se dirige de Courbevoie sur le pont de Neuilly où étaient postés les gardes nationaux; il les somme de se retirer. Les gardes nationaux répondent en invitant les gendarmes à faire cause commune avec le peuple. Le commandant du détachement de troupes versaillaises ordonne le feu. Aussitôt les gardes nationaux tirent sur les gendarmes qui se replient. Les

gardes nationaux de Puteaux (37 bataillon) faisaient cause commune avec les Parisiens. Échelonnés sur le bord de la Seine, ils engagèrent aussi la lutte avec les Versaillais.

Quelques bataillons fédérés franchissent alors le pont de Neuilly et avancent jusqu'au rond point de Courbevoie. Là, ils sont accueillis par une vive fusillade. Les feux de peloton, très-meurtriers des deux côtés, durèrent environ trois quarts d'heure, pendant lesquels des renforts vinrent soutenir les troupes de l'Assemblée. Les gardes nationaux essayent plusieurs fois de forcer le passage; ils sont repoussés.

Vers dix heures, des mitrailleuses placées sur le versant du Mont-Valérien qui regarde Courbevoie, prennent part à la lutte..Elles envoient plusieurs décharges au milieu des gardes nationaux, complètement dénués d'artillerie. Cette mitraille cause la panique dans les rangs de la garde nationale, qui se précipite en désordre du côté de Paris. Ralliés par leurs officiers, les gardes nationaux se reforment en peloton derrière la barricade qui commande le pont, sur la rive droite de la Seine. De cette position ils dirigent un violent feu de mousqueterie sur les colonnes versaillaises.

Pendant ce temps, le général Vinoy, qui dirigeait les troupes de l'Assemblée, fait avancer des canons et des mitrailleuses jusqu'au rond point de Courbevoie, où on les place en batterie. Elles ouvrent leur feu sur les gardes nationaux qui sont à peine abrités. L'avenue de Neuilly est couverte de boulets et d'obus; quelquesuns tombent même audelà du rempart. Sous cette pluie de mitraille, qui atteint aussi les maisons de Neuilly, les gardes nationaux reviennent, dans le plus grand désarroi, jusqu'au rempart. Cette retraite meurtrière est courageusement protégée par des francs-tireurs et des volontaires garibaldiens qui se placent en tirailleurs et soutiennent, pendant quelque temps, contre les détachements versaillais, un combat à l'arme blanche. On se bat ainsi avec acharnement presque jusqu'à la porte Maillot par laquelle rentrent les gardes nationaux qui viennent s'abriter derrière le rempart...

Vers midi, cette lutte, prélude de la plus abominable, de la plus effroyable guerre civile, avait cessé.

. „.. ? i

Les troupes de Versailles étaient parvenues à cent mètres environ des fortifications. Toutes les portes de Paris furent fermées. On présumait que d'un moment à l'autre, les hostilités recommenceraient.

Vers six heures, les Versaillais effectuèrent leur retraite du côté du Mont-Valérien.

Da»s cette triste journée, les gendarmes fusillèrent à Puteaux, sans qu'il ait été procédé à un jugement, même sommaire, des gardes nationaux prisonniers.;,

Plus tard le gouvernement niera qu'il ait été procédé à de semblables exécutions. Nous opposons d'avance, à celte assertion, in plus catégorique dénégation. Le fait est malheureusement trop authentique. La véracité nous en a été attestée par le témoignage d'habitants des environs,

Dans Paris, la plus vive inquiétude régnait; on faisait circuler les bruits les plus contradictoires. Certains annonçaient, de trèsbonne foi peut-être, que les Versaillais étaient repoussés. Cette assertion, contraire aux événements de la matinée, trouvait créance, non-seulement dans une fraction du public, mais, ce qui est plus étrange, chez quelques membres de la Commune. A la séance du 2 avril, les exaltés irréfléchis criaient: Victoire! victoire! Des membres plus sensés manifestèrent combien il était puéril et ridicule de rester aussi profondément aveuglés. Ils déclarèrent que les gardes nationaux venaient d'être battus; qu'il était impossible de se le dissimuler. La fraction socialiste de la Commune blâma très-énergiquement les généraux d'avoir engagé la lutte sans consulter, ni la Commune, ni la Commission exécutive, sans attendre leur résolution. Ce réquisitoire fut soutenu par le cit. Delescluze, qui ordinairement combattait les propositions faites par la minorité.

A ces remontrances très-justifiées, les révolutionnaires répliquèrent qu'on n'avait pas le droit de blâmer des gens qui allaient se faire tuer. Raison de sentiment qui, le plus souvent, ne légitime rien. Risquer sa vie pour défendre sa cause, c'est incontestablement le plus grand acte dont l'homme soit capable; mais encore laut-il que ce sacrifice se produise dans un moment opportun, car il peut avoir lieu en des circonstances telles que, loin de contribuer au triomphe de la cause qu'on affirme, il provoque son insuccès.

Le rappel et la générale furent battus pendant l'après-midi dans tous les quartiers excentriques, pour réunir la garde nationale. Sous la direction du général Bergeret, des bataillons, avec de l'artillerie, se massèrent dans l'avenue de Neuilly.

Au rempart, du côté de l'Ouest, on amenait des canons. Pour faciliter l'ascension du bastion, les gardes nationaux poussent aux roues. En un instant les pièces sont placées dans les embrasures. La gare du chemin de fer de ceinture, à la porte Maillot, recevait l'ordre de transformer les salles d'attente en ambulance. Une extrême agitation régnait sur la route militaire du côté Sud de Paris. On préparait la résistance, on s'apprêtait au combat.

Les trois généraux commandant la garde nationale se rendent auprès de la Commission exécutive et lui font part du désir de la population révolutionnaire de marcher sur Versailles. En effet, les gardes nationaux des quartiers excentriques étaient très-excités par l'événement du matin; ils venaient en très-grand nombre à leurs points de ralliement avec l'intention formelle de prendre l'offensive.

Quant aux difficultés d'exécution de ce projet, ils n'y songeaient point. C'était le dernier de leurs soucis. Il leur semblait incontestable que l'armée versaillaise, en voyant s'avancer une grande masse de gardes nationaux, n'opposerait pas une résistance sérieuse, et de toutes façons ne serait pas un obstacle infranchissable.

Les généraux exposèrent à la Commission exécutive un plan d'attaque. La garde nationale devait être divisée en trois corps avec lesquels on se dirigerait sur Versailles par trois routes. L'un de-

vait sortir par la porte de Vaugirard et marcher par Issy, Châtillon, Sèvres et Meudon; l'autre aller par Courbevoie, Puteaux et les hauteurs de Buzenval; et le troisième contourner le MontValérien et passer par Rueil et Bougival.

On était convaincu que le Mont-Valérien ne tirerait pas. Le commandant du fort qui avait reçu, le 20 mars, sommation de se rendre, avait répondu qu'il ne tirerait jamais sur Paris, mais qu'il ne recevrait des ordres que du ministre de la guerre. Cette réponse avait paru satisfaisante; et on croyait être assuré de la neutralité du Mont-Valérien.

On s'inquiéta peu, à la Commission exécutive et à la Commune, de la proposition des généraux et de leur plan. On ne pensa pas qu'on les réaliserait de suite. La Commission exécutive dit aux généraux d'attendre, de ne rien faire sans l'avoir consultée et sans avoir pris l'avis de la Commune.

Dans sa séance du 2 avril, la Commune décida la nomination, comme délégué à la guerre, conjointement avec le cit. Eudes, du cit. Cluseret qui entra de suite eu fonctions. Elle prit le décret suivant:

La Commune de Paris:

Considérant:

Que jusqu'à ce jour, les emplois supérieurs des services publics, par les appointements élevés qui leur ont été attribués, ont été recherchés et accordés comme places de faveur.

Considérant:

Que dans une République réellement démocratique, il ne peut y avoir ni sinécure ni exagération de traitement;

DÉCRÈTE: *Article unique.* Le maximum de traitement des employés aux divers services communaux est fixé à six mille francs par an. Hôtel-de-Ville, 2 avril 1871.

La Commune de Paris.

La Commune voulait mettre fin au régime d'émoluments excessifs qui durait depuis si longtemps. La limite qu'elle fixait pouvait être discutée; l'idée qui la guidait était excellente.

Dans la matinée, le délégué à l'ex-Préfecture de police avait fait placarder un avis interdisant d'emporter hors de Paris aucun effet d'équipement,

d'armement ou d'habillement militaire.

A la tombée de la nuit, on fit placarder cette proclamation à la garde nationale:

A LA GARDE NATIONALE DE PARIS

Les conspirateurs royalistes ont *attaqué.*

Malgré la modération de notre attitude, ils ont *attaque'.*

Ne pouvant plus compter sur l'armée française, ils ont *attaqué* avec les zouaves pontificaux et la police impériale.

Non contents de couper les correspondances avec la province et de l'aire de vains efforts pour nous réduire par la famine, ces furieux ont voulu imiter jusqu'au bout les Prussiens et bombarder la capitale.

Ce matin, les chouans de Cliarette, les Vendéens de Cathclineau, les Rretons de Trochu, flanqués des gendarmes de Valcntin, ont couvert de mitraille et d'obus le village inolTensif de Neuilly et engagé la guerre civile avec nos gardes nationaux.

Il y a eu des morts et des blessés.

Élus par la population de Paris, notre devoir est de défendre la grande cité contre ces coupables agresseurs. Avec votre aide, nous la défendrons.

Paris, *2 avril 1871.*

La Commission exécutive.

Dans la nuit la dépêche suivante fut affichée:

Paris, 2 avril 1871, 8 h. 30 tu. d« soir.

l'luci à Commission executive.

Bergerct lui-même est à Neuilly. D'après rapport le feu de l'ennemi *a* cessé. Esprit des troupes excellent. Soldais de ligne arrivent tous et déclarent que, sauf les officiers sup rieurs, personne ne veut se battre. Colonel de gendarmerie qui attaquait, tué.

Le colonel chef d'état-major,
Henri.

Une pension de jeunes filles, qui sortait de l'église de Neuilly, a été littéralement hachée par la mitraille des soldats de MM. Favre et Thiers.

Toute la nuit les bataillons de gardes nationaux, convoqués par leurs généraux sans que la Commune leur en eût donné l'ordre, vinrent se masser aux environs de Neuilly et de la porte de Versailles.

Le défilé de ces nombreuses colonnes produisit sur nous une très-douloureuse impression.

Tous paraissaient animés d'un grand enthousiasme; jeunes ou vieux marchaient avec la même ardeur. Ils allaient résolument en avant pour soutenir leur cause. N'était-il pas pénible de se dire que parmi ces hommes vaillants et énergiques, beaucoup disparaîtraient peut-être le lendemain, tués par des balles françaises?

N'était-il pas affligeant de constater que pour essayer de résoudre nos dissensions, nous ne savions encore, comme les peuplades sauvages, que faire un appel brutal à la force? Quelques femmes du peuple, sur les boulevards, excitaient ceux qui partaient aux avant-postes, et interpellaient vivement ceux qui, au contraire, les regardaient passer. Ceci n'était pas ce qui contribuait le moins à donner au défilé des bataillons une physionomie particulière.

Le chef du pouvoir exécutif adressa la dépêche suivante aux autorités de la province pour les renseigner sur les événements de la journée:

Versailles, i avi'l 1871, 5 h. du soir.

Depuis deux jours, des mouvements s'étant produits du côté de Rueil, Courbevoie, Puleaux, et le pont de Neuilly ayant été barricadé par les insurgés, le gouvernement n'a pas laissé ces tentatives impunies, et il a ordonné de les réprimer sur-le-champ.

Le général Vinoy, après s'être assuré qu'une démonstration qui était faite par les insurgés du côté de Châtillon n'avait rien de sérieux, est parti à quatre heures du malin avec la brigade Daudel, de la division Faron, la brigade Bernard, de la division Bruai, éclairé à gauche par la brigade de chasseurs du général de Galiffet, à droite par deux escadrons de la garde républicaine. Les troupes se sont avancées sur deux colonnes: l'une par Rueil et Nanterre, l'aulre par Vaucresson et Montretout. Elles ont opéré leur jonction au rond point des Bergères.

Quatre bataillons des insurgés occupaient Les positions de Courbevoie, telles que la caserne et le grand rond point de la Statue. Les troupes ont enlevé ces positions barricadées avec un élan remarquable. La caserne a été prise par les troupes de marine, et la grande barricade de Courbevoie par le 113. Les troupes se sont ensuite jetées sur la descente qui aboutit au pont de Neuilly, et elles ont enlevé la barricade qui fermait le pont. Les insurgés se sont enfuis précipitamment, laissant un certain nombre de morts, de blessés et de prisonniers. L'entrain des troupes hâtant le résultat, nos pertes ont été nulles. L'exaspération des soldats était extrême, et s'est surtout manifestée contre les déserteurs qui ont été reconnus.

A quatre heures, les troupes rentraient dans leurs cantonnements, après avoir rendu à la cause de l'ordre un service dont la France leur tiendra on grand compte. Le général Vinoy n'a pus quitte le commandement...;

Les misérables que la France csl réduite à combattre ont commis un nouveau crime. Le chirurgien eu chef de l'armée, M. l'asquier, s'étant avancé seul et sans «rmes trop près des postes ennemis, a été indignement assassiné.

Twrs. lundi 3 avril 1891

Il avait été entendu entre les généraux et la Commission exécutive qu'aucune action offensive ne serait entreprise sans que l'ordre en eût été transmis par elle, d'accord avec la Commune. Néanmoins, cédant à l'impatience, à la surexcitation de la garde nationale, les généraux résolurent de marcher immédiatement sur Versailles, en suivant le plan dont on avait parlé la veille à la Commission exécutive.

Les nombreux bataillons massés dans Vaugirard, aux abords des portes de Versailles et de Vanves, étaient commandés en chef par les généraux Duval et Eudes; ceux qui s'étaient groupés dans l'avenue de Neuilly recevaient les ordres du général Bergeret et du colonel G. Flourens.

Chaque bataillon se rallia auprès du général qui lui convenait le mieux, sans en recevoir l'ordre, en dehors de toute impulsion.

On était plein d'une naïve confiance et d'étranges illusions. Quelques bataillons étaient à peine commandés; il y en avait qui partaient sans vivres. La plupart des chefs n'avaient aucunes connaissances militaires. Mal organisée, mal dirigée, cette masse d'hommes allait se lancer sur Versailles sans avoir presque réfléchi aux difficultés de cette entreprise, sans être assurée des moyens de la faire réussir. Dans ces déplorables conditions, il était indubitable que cette tentative insensée devait aboutir à un désastre meurtrier. Il se produisit, en effet, dans l'après-midi, pour les détachements qui sortirent de Paris par Courbevoie, et vers la fin du jour pour les bataillons qui se dirigèrent par la porte de Versailles sur le plateau de Châtillon et les hauteurs de Sèvres et de Meudon.

Les gardes nationaux qui franchirent la Seine au pont de Neuilly eurent d'abord leur colonne coupée en deux en passant au pied du Mont-Valérien, qui devait, disait-on, rester neutre. La fraction qui avait contourné le fort avant qu'il ne commençât le feu, se divisa en deux tronçons qui s'avancèrent, l'un par Puteaux, l'autre par Nanterre, jusqu'à Rueil, Bougival et Chatou. Ces détachements furent aisément refoulés par l'armée versaillaise.

La portion de colonne, qui avait été surtout atteinte par les décharges meurtrières du Mont-Valérien, rejoignit aussitôt, dans un inexprimable désordre, le pont de Neuilly, bouscula les gardes nationaux postés en cet endroit, et rentra par diverses portes dans Paris, en criant à la trahison. Dans leur fuite précipitée, les gardes nationaux abandonnèrent un canon sur le versant du Mont-Valérien qui regarde Paris. Des enfants le descendirent à Puteaux, d'où quelques gardes nationaux de celte localité le ramenèrent jusqu'au pont de Neuilly.

Les gardes nationaux sortis par la porte de Versailles, après avoir occupé pendant quelque temps les hauteurs de Meudon, en furent délogés et se trouvèrent contraints à se replier sur Châtillon.

Un autre détachement assez considérable, dont l'avant-garde était parvenue vers la fin de la journée aux environs de Chaville, fut rapidement ramené par les troupes aux ordres de l'Assemblée dans ses retranchements de Clamart et de Châtillon.

En somme, cette journée du 3 avril, qui fut très-meurtrière pour les gardes nationaux fédérés, ne réalisa aucune de leurs folles prévisions: leur marche sur Versailles fut arrêtée dans toutes les directions.

L'incapacité militaire des ehefs qui avaient entrepris le mouvement sur Versailles et leur confiance aveugle dans sa réussite, peuvent seules expliquer les dépêches suivantes publiées par la Commune sur la journée du 3 avril:

DÉPÊCHE TÉLÉGRAPHIQUE r 5 avril, M h. 20.

Colonel Bourgoin à Directeur général.
Bergeiel et Fltiiirens ont fait leur jonction; ils marchent sur Versailles. Succès certain.

5 avril, 2 h.

Vers quatre heures du matin, les colonnes commandées par le général Bcrgcret et le colonel Flourens ont opéré leur jonction au rond-point de Courbcvoie. A peine arrivées, elles ont essuyé un feu nourri ouvert par le Mont-Valéricn.

Los troupes se sont alors abritées derrière les murs et les maisons. Ainsi garanties, les commandants ont pu organiser un mouvement qui a complètement réussi, et les deux colonnes ont pu franchir les lignes et se mettre en marche sur Versailles.

Le général Bergeret, en tôle de ses troupes, les a entraînées au cri de *Vive la République!* et a eu deux chevaux tués.

Le feu de l'armée de Versailles ne nous a occasionné aucune perte appréciable.

La réaction monarchique est sans pitié. Hier, elle attaquait Neuilly; aujourd'hui, Vanves et Châtillon.

Heureusement qu'avertis à temps, nos forces ont pris une vigoureuse offensive et repoussé l'ennemi sur toute la ligne.

L'ennemi a été rejeté sur les hauteurs de Meudon, et une reconnaissance hardie a été poussée jusqu'à Bougival.

3 avril 1871. *La Commission exécutive.*
S'il est une guerre dans laquelle les représailles revêtent un caractère d'ignoble atrocité, de barbarie révol-

tante, certes, c'est la guerre civile. Aussi, ne saurions-nous flétrir avec trop d'indignation la conduite de quelques chefs de l'armée versaillaise qui, dans les premiers jours de cette lutte déplorable, furent assez inhumains pour ordonner l'exécution immédiate de prisonniers fédérés. Ces faits ne peuvent malheureusement être niés. Entre autres constatations authentiques, nous citerons la proclamation suivante, publiée le 4 avril 1871 par le journal *le Gaulois* de Versailles, qui fut lue dans Chatou:

Lundi matin, 3 avril, vers liuit heures, lus gardes nationaux occupaient la gare do Rucil, où ils étaient en forces considérables. A huit. heures et demie, ils se dirigèrent sur Chaton, au nombre de quinze cents environ. Le pont ayant été coupé, le mouvement en avant se trouva arrêté, quelques hommes seulement passèrent la Seine en bateau et entrèrent dans Chatou en annonçant que les autres allaient les suivre.

Peu après, le général de Gallifet, à la tête de deux escadrons de chasseurs et d'une batterie d'artillerie, descendait de Saint-Germain, et, en arrivant dans le village, il surprenait trois des gardes insurgés: un capitaine du 175 bataillon, un sergent et un garde, *qui furent sur-le-champ passés par les armes.*

Le général se rendit alors à la mairie et y rédigea la proclamation suivante, qui fut immédiatement tambourinée à son de caisse dans la commune:

« La guerre a été déclarée par *les bandits* de Paris.

« Hier, avant-hier, aujourd'hui, ils m'ont assassine mes soldats.

« C'est une guerre sans trêve ni pitié que je déclare *à ces assassins. J'ai dû faire un exemple* ce matin; qu'il soit salutaire: je désire ne pas en être réduit do nouveau à une pareille extrémité.

« N'oubliez pas que le pays, que la loi, que le droit, par conséquent, sont à Versailles et à l'Assemblée nationale, et non pas avec la grotesque assemblée de Paris, qui s'intitule Commune.

« 3 avril 1871.

« *Le général commandant la brigade,* « Gallifet. » A la suite de cette lecture, le cricur ajoutait:

« Le président de la Commission mu-

nicipale de Chatou prévient les habitants, dans l'intérêt de leur sécurité, que ceux qui donneraient asile aux ennemis de l'Assemblée se rendraient passibles des lois de la guerre.

« *Le président de la Commission,* « Laubekf. »

A Versailles, la population n'eut guère plus de respect pour les gardes nationaux qui y étaient amenés prisonniers, qu'elle insultait et même frappait, que M. de Gallifet n'avait eu d'égards pour la vie humaine.

La veille, l'engagement militaire avait été désapprouvé par la fraction sensée de la Commune: les ouvriers-socialistes et quelques révolutionnaires. Sans tenir compte de ce blâme, au mépris des recommandations les plus expresses de la Commission exécutive, un mouvement agressif sur Versailles avait été opéré dans la nuit.

Cette conduite incroyable occasionna de nombreuses altercations, dans la séance de la Commune du lundi 3 avril. Les plus graves reproches furent adressés à ceux qui avaient ainsi compromis avec tant d'irréflexion et d'imprudence, le sort de la révolution. Ce n'était pas seulement la responsabilité personnelle des généraux, coupables de s'être laissés entraîner par l'élan populaire, plus fougueux que perspicace, qui se trouvait en jeu; c'était surtout la revendication communale pour laquelle luttait Paris, qui pouvait se trouver compromise par cette tentative inconsidérée. Les exaltés, dont les amis avaient décidé la marche sur Versailles, déclarèrent qu'avant de prendre une résolution et de formuler un jugement, on devait attendre des nouvelles de la journée; ils s'efforcèrent de noyer dans des discussions secondaires tout éclaircissement sur les événements. La dépêche citée plus haut, annonçant que le Mont-Valérien avait été tourné, dont on donna communication à la Commune, parut assez invraisemblable aux membres qui blâmaient le mouvement entrepris. Ceux-ci ne furent rien moins que persuadés du succès, dont on parlait avec une assurance étrange. Malgré les efforts de leurs adversaires, ils parvinrent, en définitive, à faire presque ratifier leur blâme, à faire prévaloir à peu près leurs vues. La Commune reconnaissant la faute commise par les généraux de la garde nationale, leur fit adresser, par l'intermédiaire de la Commission exécutive, la lettre suivante:

Aux citoyens Bergeret, Durai et Eudes.

Citoyens,

Nous avons l'honneur do vous prérenir qu'a fin de vous laisser toute liberté pour la conduite des opérations militaires qui vous sont confiées, la Commune vient d'attribuer au général Cluseret la direction de l'administration de la guerre.

L'assemblée a estimé que, dans les graves circonstances où nous sommes, il importait d'établir l'unité dans les services administratifs de la guerre,

La Commune a également jugé indispensable de vous remplacer provisoirement à la commission exécutive dont votre situation militaire ne vous permet plus de partager les travaux.

Nous n'avons pas besoin d'ajouter qu'en prenant cetle double décision, la Commune est aussi éloignée devons désobliger, que d'affaiblir l'intérêt de voire situation comme chef de corps. Vous n'y verrez que les conséquences des nécessités du moment.

Salut et fraternité.

Les membres de la Commission exécutive,

Ch. Dei.escluze, Félix Pyat.

Dans le cours de la séance où cette résolution fut prise, le cit. Cluseret n'avait pas dissimulé à la Commune que le mouvement commencé le matin était un enfantillage, une véritable o gaminerie, » suivant son expression. Avant d'accepter la fonction de délégué à la guerre, le général Cluseret posa comme condition qu'il serait seul chargé de la direction des opérations et de l'organisation des forces; il ne voulait pas devenir responsable des folies commises par des hommes ne possédant aucunes connaissances, aucunes capacités militaires.

La malheureuse équipée du 3 avril manifestait combien il était urgent de réorganiser la garde nationale et les divers services relevant de l'administration de la guerre. Dans leur marche sur Versailles, des bataillons manquèrent de munitions et de vivres. Mais ce qui fit surtout défaut, c'est le commandement. Au moment de la lutte, les chefs disparaissaient presque tous, abandonnant les gardes nationaux, les laissant errer suivant leur fantaisie et leur inspiration. Dans ces conditions déplorables, le combat n'était pas possible; il fallait être doué d'une énergie, d'un courage exceptionnels pour s'y livrer.

Le *Journal officiel* avait publié le matin un arrêté dont l'exécution devait contribuer à amener cette réorganisation nécessaire de la garde nationale.

La Commune de Paris,

Considérant que diverses administrations publiques et particulières de Paris ont formé leurs employés de tout ordre en compagnies spéciales de garde nationale; que ces compagnies ont échappé jusqu'ici à tout service régulier;

Qu'il y a là un abus redoutable pour la sécurité générale et une atteinte au principe d'égalité.

Arhete:

Article 1. — Ces compagnies spéciales seront immédiatement versées dans les bataillons de la garde nationale.

Art. 2. — Elles procéderont immédiatement à la réélection de leurs officiers.

La Commune de Paris.

Sous l'impression de la lutte fratricide du dimanche 2 avril, la Commune, se transformant en tribunal souverain avait rendu le décret suivant, inséré à *l'Officiel* du 3 avril:

La Commune de Paris,

Considérant que les hommes du gouvernement de Versailles ont ordonné et commencé la guerre civile, attaqué Paris, tué et blessé des gardes naiionaux, des soldats de la ligne, des femmes et des enfants;

Considérant que ce crime a été commis avec préméditation et guetapens contre tout droit et sans provocation,

Décrète:

Art. 1. — MM. Thiers, Favre, Picard, Dufaure, Simon et Poihuau sont mis en accusation.

Art. 2. — Leurs biens seront saisis et mis sous séquestre, jusqu'à ce qu'ils aient comparu devant la justice du peuple.

Les délégués de la justice et de la sûreté générale sont chargés de l'exécution du présent décret.

La Commune de Paris.

La Commune de Paris déclara le même jour, qu'elle adoptait « les familles des citoyens qui avaient succombé ou qui succom« beraient en repoussant l'agression criminelle des royalistes « conjurés contre Paris et la République française. »

Un autre décret proposé par le cit. Félix Pyat paraissait à l'*VOfficiel* du 3 avril. Excellent en principe, il excédait, ce nous semble, la compétence de la Commune.

La Commune de Paris,

Considérant que le premier des principes de la République française est la liberté;

Considérant que la liberté de conscience est la première des libertés;

Considérant que le budget des cultes est contraire au principe, puisqu'il impose les citoyens contre leur propre foi;

Considérant, en fait, que le clergé a été le complice des crimes de la monarchie contre la liberté,

Décrète:

Art. 1er. — L'Église est séparée de l'État.

Art. 2. — Le budget des cultes est supprimé.

Art. 5. — Les biens dits de mainmorte, appartenant aux congrégations religieuses, meubles et immeubles, sont déclarés propriétés nationales.

Art. A. — Une enquête sera faite immédiatement sur ces biens, pour en constater la nature et les mettre à la disposition de la nation.

La Commune de Paris.

Prononcer la séparation de l'Eglise et de l'État, déclarer « propriétés nationales » les biens des corporations religieuses, c'était commettre un abus de pouvoir évident. La Commune de Paris n'a pas compétence pour agir au nom de la nation française. Elle serait restée dans le cercle de ses attributions si elle eût dit simplement: « Le budget des cultes est supprimé pour Paris. » Cette mesure était en effet réclamée depuis longtemps par la capitale. La Commune avait le droit et aussi le devoir de la décréter; elle aurait ainsi donné satisfaction aux légitimes exigences de l'opinion publique parisienne. Réduit à ces seuls termes, le décret de la Commune eût obtenu l'assentiment de tous les hommes raisonnables.,

En outrepassant son mandat, la Commune provoquait bénévolement les animosités des réactionnaires, et leur fournissait un argument pour la combattre. Etait-ce pour rendre plus manifeste son antipathie pour toute religion que la Commune décrétait la séparation de l'Eglise et de l'État? En supprimant le budget des cultes, ce résultat était suffisamment atteint.

Ce décret déplorable pouvait avoir un effet très-funeste: celui de persuader à la France que la Commune de Paris voulait se substituer à la représentation nationale, et imposer au pays entier ses ordres sous forme de décrets.

Rien n'est plus ridicule qu'un pouvoir dont les décisions manquent de sanction, ce qui se produit toujours lorsqu'il dépasse le cercle de sa compétence. En voulant se donner l'apparence d'une énergie redoutable, le pouvoir qui va au-delà de ses attributions, ne fait que manifester puérilement sa faiblesse réelle et discréditer son autorité.

Partisans de la séparation de l'État de toute Église, nous souhaitons, pour la réalisation de notre opinion, que cette mesure salutaire figure bientôt dans un texte de loi plus capable d'être mis en vigueur que le décret de la Commune de Paris.

Le *Journal officiel* de Paris publia le 3 avril l'article suivant, écrit par le cit. Charles Longuet:

L'heure n'est plus aux déclarations de principes. Depuis hier, la lutte est engagée. Cette fois encore, la guerre civile a été déchaînée par ceux qui, pendant deux semaines, ont donné un accent sinistre, une portée sanglante à ces grands mots: l'or.Ire, la loi.

Eh bien! même à cette heure terrible, la Révolution du 18 mars, sûre de son idée et de sa force, n'abandonnera pas son programme. Si loin que puissent l'enlr.iiner les nécessités de la guerre, si nouvelle que soit la situation où elle se trouve placée, la Commune n'oubliera pas qu'elle n'a pas été élue pour gouverner la France, mais bien pour l'affranchir, en faisant appel à son initiative, en lui donnant l'exemple.

Mais si la Commune de Paris entend respecter le droit de la France, elle n'entend pas ménager plus longtemps ceux qui, ne représentant même plus le despotisme des majorités, ayant épuisé leur mandat, viennent aujourd'hui attenter à son existence.

Des esprits impartiaux et neutres l'ont reconnu, Paris était hier, il est aujourd'hui surtout à l'état de belligérant. Tant que la guerre n'aura pas cessé par la défaite ou la soumission d'une des deux parties en présence, il n'y aura pas à délimiter les droits respectifs. Tout ce que Paris fera contre l'agresseur sera légitimé par ce fait qui constitue un droit, a savoir: défendre son existence.

Et qui donc a provoqué? Qui donc, depuis deux semaines, a le plus souvent prononcé les paroles de violence et de haine? N est-ce pas ce pouvoir tout gonflé d'orgueil et de raison d'État qui, voulant d'abord nous désarmer pour nous asservir, et s'insurgeanl contre nos droits primordiaux, même après sa défaite, nous traitait encore d'insurgés? D'où sont venues, au contraire, les pensées de pacification, d'attributions définies, de contrat débattu, sinon de Paris vainqueur?

Aujourd'hui l'ennemi de la cité, de ses volontés manifestées par deux cent mille suffrages, de ses droits reconnus même des dissidents, lui envoie non des propositions de paix, pas même un ultimatum, mais l'argument de ses canons; même dans le combat, il nous traite encore en insurgés pour lesquels il n'y a pas de droit des gens; ses gendarmes lèvent la crosse en l'air en signe d'alliance, et lorsque nous avançons pour fraterniser, ils nous fusillent à bout portant; ses obus éclatent au milieu de nous et tuent nos jeunes filles.

Voilà donc enfin cette répression annoncée, promise à la réaction royaliste, préparée dans l'ombre comme un forfait par ceux-là mêmes qui, pendant de si longs mois, bernèrent notre patriotisme sans user notre courage.

A cette provocation, à cette sauvagerie, la Commune a répondu par un acte de froide justice. Ne pouvant encore atteindre les principaux coupables dans leurs personnes, elle les frappe dans leurs biens. Cette mesure de stricte justice sera ratifiée par la conscience de la cité, cette fois unanime.

Mais si les plus coupables, les plus responsables, sont ceux qui dirigent, il y a des coupables aussi, des responsables parmi ceux qui exécutent. Il y a surtout ce parti du passé qui, pendant la guerre, mettait sa valeur au service de ses privilèges et de ses traditions, bien plus qu'au service de la France, qui en combattant ne pouvait défendre notre patrie, puisque depuis 89 notre patrie, ce n'est pas seulement la vieille terre natale, mais aussi les conquêtes politiques, civiles et morales de la Révolution.

Ces hommes, loyaux peut-être, mais fanatiques à coup sûr, se sont réunis sans honte aux bandes policières. Ils sont atteints dans leur part d'après cette loi fatale de solidarité à laquelle nul n'échappe. La mesure qui les frappe n'est d'ailleurs que le retour aux principes mêmes de la Révolution française, en dehors de laquelle ils se sont toujours placés. C'est une rupture que devait amener tôt ou tard la logique de l'idée.

Leur alliance avec le pouvoir bâtard qui nous combat n'est, en effet, au point de vue de leurs croyances et de leurs intérêts, que le devoir et la nécessité même. Rebelles à une conception de justice qui dépasse leur foi, c'est à la Révolution, à ses principes, à ses conséquences qu'ils font la guerre. Ils veulent écraser Paris, parce qu'ils pensent du même coup écraser la pensée, la science libres; parce qu'ils espèrent substituer au travail joyeux et consenti la dure corvée subie par l'ouvrier résigné, par l'industriel docile, pour entretenir dans sa fainéantise et dans sa gloire leur petit monde de supérieurs.

Ces ennemis de la Commune veulent nous arracher non-seulement la République, mais aussi nos droits d'hommes et de citoyens. Si leur cause antihumaine venait à triompher, ce ne serait pas seulement la défaite du 18 mars, mais aussi du 24 lévrier, du 22 juillet, du 10 août.

Donc il faut que Paris triomphe; jamais il n'a mieux représenté qu'aujourd'hui les idées, les intérêts, les droits pour lesquels ses pères ont lutté et qu'ils avaient conquis.

C'est ce sentiment de l'importance de son droit, de la grandeur de son devoir qui rendra Paris plus que jamais unanime. Qui donc oserait, devant ses concitoyens tués ou blessés, à deux pas de ces jeunes filles mitraillées, qui donc oserait, dans la cité libre, parler le langage d'un esclave? Dans la ciié guerrière, qui donc oserait agir en espion?

Non, toute dissidence aujourd'hui s'effacera, parce que tous se sentent solidaires, parce que jamais il n'y a eu moins de haine, moins d'antagonisme social; parce qu'enfin de notre union dépend notre victoire.

Dans la journée du 3 avril, vers trois heures, un groupe de trois cents femmes environ se formait à la place de la Concorde. Précédée d'une femme portant un drapeau rouge, cette colonne se mit en marche aux cris répétés de: « A Versailles! Vive la République 1 Vive la Commune! » et se dirigea ainsi vers le Point-duJour. Arrivée au rempart, on refusa délaisser cette manifestation de citoyennes s'avancer hors des murs. Interrogées sur leur but, la plupart de ces femmes vous répondaient avec une tranquillité, une assurance qui surprenaient: « Nous allons rejoindre nos maris « qui sont partis pour Versailles. »

Ce n'est pas nous qui essaierons de ridiculiser cet enthousiasme un peu théâtral; dans la classe populaire, incomplètement développée, il est souvent le germe des plus viriles résolutions, et fait supporter avec dignité les plus pénibles épreuves.

MM. Ch. Floquet et Ed. Lockroy, députés de Paris, tentèrent vainement de se rendre, lundi 3 avril, à Versailles, où ils voulaient aller remettre leur démission au président de l'Assemblée nationale. La lettre par laquelle ils se démettaient du mandat de représentants du peuple, fut publiée par les journaux du lendemain.

Plusieurs députés, élus au mois de février par Paris, avaient déjà donné leur démission, quelques-uns à Bordeaux, d'autres, tout récemment, à Versailles; la représentation de Paris s'était ainsi trouvé réduite de plus d'un tiers.

Depuis deux semaines, les députés influents de la capitale avaient fait de très-louables efforts pour éviter la guerre civile. L'Assemblée, commettant la plus impardonnable faute, avait repoussé systématiquement toutes les tentatives faites pour échapper à un conflit sanglant. Son attitude provocatrice avait amené l'horrible lutte qui, depuis deux jours, faisait couler le sang français sous les murs de Paris. Dans ces conditions, il nous semble qu'aussitôt le combat engagé, nos députés, nos députés républicains et socialistes, bien entendu, auraient dû quitter l'Assemblée et rentrer à Paris, sans donner leur démission toutefois. Jusqu'à la fin des hostilités, ces députés auraient dû laisser déserte leur place à l'Assemblée.

Il fallait être bien aveuglé ou bien infatué de parlementarisme pour croire qu'une influence, qu'une action efficace, pourraient être encore exercées sur cette Assemblée hostile à tout apaisement, par les représentants de Paris qui n'avaient pu obtenir une simple parole de conciliation.

La plupart des députés de Paris avaient peu compris les tendances du mouvement populaire provoqué par l'attaque du 18 mars. Ils étaient mal au courant de l'état d'esprit de la population parisienne, quoiqu'ils eussent dû, par fonction, en être trèsexactement informés. Partisans, pour la plupart, d'un gouvernement fortement centralisé, ils devaient être peu sympathiques à une tentative qui, résultante logique de l'évolution sociale de ces derniers temps et de la terrible crise que nous traversons, était contraire à leur idéal traditionnel. En continuant à siéger à l'Assemblée, sans point d'appui dans l'opinion, les députés de Paris ne furent amenés qu'à donner des preuves de leur irrémédiable impuissance, conséquence naturelle d'une situation fausse.

mardi 4 avril 1891

Paris allait se trouver de nouveau presque absolument séparé du monde. Déjà il ne pouvait plus communiquer di-

rectement avec la province; le service des postes ne fonctionnait plus et il n'était pas au pouvoir du cit. Theisz, le délégué à l'Administration des postes, de le réorganiser. On était obligé d'aller porter ses correspondances au bureau de Saint-Denis. Cependant, par une note datée du 4 avril, M. Theisz prévenait le public qu'à partir de ce jour, les dépêches de Paris à destination des départements et de l'étranger seraient régulièrement expédiées. Il annonçait aussi que toutes les correspondances laissées en souffrance dans les boîtes de Paris, depuis le départ de l'Administration pour Versailles, avaient été expédiées le matin. Quant à l'intérieur de la ville, le service recommençait à fonctionner à peu près comme à l'ordinaire.

Le *Journal officiel* du 4 avril publiait un arrêté instituant « une « commission d'initiative pour tout ce qui a rapport au travail et « à l'échange. »

En raison des opérations militaires engagées, la Commune avait, dans la même séance, décidé que les élections communales nécessitées par les démissions et options, précédemment fixées au mercredi 5 avril, étaient ajournées jusqu'au jour où « la situation « faite à Paris par l'attaque du gouvernement de Versailles, » permettrait d'y procéder.

L'Officiel publiait le document suivant:
CABINET Paris, 3 avril 1871.
du minisire de l'intérieur

La rédaction de *Paris-Journal,* en présence du sang qui coule, à la vue de nos frères égorgés par les gendarmes et les sbires de Versailles, continue avec acharnement ses calomnies haineuses contre la Commune et l'héroïque garde nationale de Paris.

Il est criminel et faux de dire que: « Paris déclare la guerre à la France; » il est faux que la garde nationale ait fusillé un parlementaire, quand elle a élé, au contraire, traîtreusement attaquée par des hommes qui levaient la crosse en l'air pour tromper sa vigilance.

La liberté de la presse n'est pas le droit de s'embusquer prudemment derrière un journal pour redoubler les horreurs d'une lutte que Paris n'a pas commencée, mais dans laquelle il fera triompher la République et la Commune.

Communiqué.

Cette forme de *communiqué* rappelait les plus malheureux errements de l'Empire. N'y avait-il pas un autre moyen de rectifier certaines assertions de *Paris-Journal?* Ce procédé, qui faisait présager que la Commune allait entrer dans une voie de répression rigoureuse à l'égard de la presse, produisit à Paris une trèsfâcheuse impression.

Le nouveau délégué à la guerre fit paraître, dès le 4 avril, un arrêté relatif à la réorganisation des compagnies de marche de la garde nationale, qui incorporait dans ces compagnies « tous les « citoyens de 17 à 3a ans, non mariés, et les gardes mobiles « licenciés. »

La lutte engagée avec Versailles était une guerre *d'opinion.* On n'avait pas le droit d'ordonner, dès lors, qu'une catégorie spéciale de citoyens devaient y concourir, si telle n'était pas leur volonté. Dans les combats de cette nature, personne ne devrait être contraint à entrer dans tel ou tel camp. Les deux partis adverses ne sauraient légitimement recruter leurs défenseurs que parmi leurs partisans. Par suite, il ne peut y avoir alors que des soldats volontaires. Le délégué à la guerre, agissant par ordre de la Commune, était donc placé à un point de vue faux et abusait de son pouvoir, lorsqu'il prenait la décision ci-dessus mentionnée.

Le combat engage la veille, lundi 3 avril, avait cessé sur la rive droite de la Seine; les gardes nationaux, imprudemment avancés jusqu'à Rueil et Bougival, étaient parvenus à regagner Paris en suivant le chemin de fer de Rouen.

Sur la rive gauche du fleuve, les fédérés avaient été refoulés par les troupes versaillaises jusque dans leurs retranchements de Clamart et de Châtillon. Terminée, de ce côté, à la nuit tombante la lutte recommença le lendemain avec un acharnement inouï. L'objectif de l'armée de l'Assemblée était la possession du plateau de Châtillon, qui domine les forts du Sud et protège la route de Versailles par Meudon. Les gardes nationaux qui occupaient ce plateau depuis la veille, avaient eu la négligence inexplicable de ne pas armer sérieuse-ment cette position si importante, de façon à soutenir leur offensive ou à favoriser leur défensive. Attaqués par les détachements versaillais, les fédérés ne purent supporter leur choc; l'artillerie leur manquait; le commandement était aussi défectueux, les officiers étaient aussi rares que la veille. Après avoir été délogés une première fois, les gardes nationaux tentèrent, dans un vigoureux élan, de reprendre cette position formidable; mais ils étaient trop mal soutenus par l'artillerie pour réussir. Les forts de Vanves et d'issy les secondèrent trop tard. Leur feu n'eut d'autre effet que de soutenir, de protéger leur retraite en arrêtant la poursuite de l'armée versaillaise.

Dans la journée du 4 avril, la garde nationale se trouva donc forcée d'abandonner aux troupes de Versailles des points stratégiques d'une extrême importance, et de rétrograder vers les forts de la rive gauche.

Cet insuccès, très-préjudiciable au point de vue défensif, fut très-meurtrier pour les fédérés.

L'un des incidents les plus affligeants de cette triste journée fut l'exécution du général Duval et de deux chefs de bataillon, ordonnée par le général Vinoy. C'est par de semblables actes qu'on entretient, qu'on surexcite les discordes, les haines civiles. On ne pouvait ainsi que rendre plus violente, plus furieuse, l'exaspération des fédérés.

Ces actes donnèrent lieu à la proclamation suivante, adressée au peuple de Paris par la Commission executive: ,

Citoyens,

Les monarchistes qui siègent à Versailles ne vous l'ont pas une guerre d'hommes civilisés; ils vous font une guerre de sauvages.

Les Vendéens de Charette, les agents de Piétri *fusillent les prisonniers, égorgent les blessés, tirent sur les ambulances!*

Vingt fois les misérables qui déshonorent l'uniforme de la ligne ont levé la crosse en l'air, puis, traîtreusement, ont fait feu sur nos braves et confiants concitoyens.

Ces trahisons et ces atrocités ne donneront pas la victoire aux éternels enne-mis de nos droits.

Nous en avons pour garants l'énergie, le courage et le dévouement a la République de la garde nationale.

Son héroïsme et sa constance sont admirables.

Ses artilleurs ont pointé leurs pièces avec une justesse et une précision merveilleuses.

Leur tir a plusieurs fois éteint le feu de l'ennemi, qui a dû laisser une mitrailleuse entre nos mains.

Citoyess,.

La Commune de Paris ne doute pas de la victoire., Des résolutions énergiques sont prises.

, Les services, momentanément désorganisés par la défection et la trahison, sont, dès maintenant, réorganisés.

Les heures sont utilement employées pour votre triomphe prochain.

La Commune compte sur vous, comme vous pouvez compter sur elle.

Bientôt il ne restera plus aux royalistes de Versailles que la honte de leurs cimes.

A vous, citoyens, il restera toujours l'éternel honneur d'avoir saavc la France et la République.

Gardes Nationaex, La Commune de Paris vous félicite et déclare que vous avez bien mérité de la République.

Paris, *i* avril 1871.

La Commission executive.

i

Cette proclamation relate un fait qui n'était, hélas! que trop exact: les Versaillais tiraient sur les ambulances. Cette barbarie a été signalée par les courageux chirurgiens qui soignaient, sur le champ de bataille, les blessés fédérés; de nombreux ambulanciers ont témoigné de son authenticité. Il nous serait aisé de citer des noms qui confirmeraient notre déclaration; entre autres celui d'un vénérable pasteur protestant, qui a entendu siffler les balles autour de lui lorsque, sous le couvert des insignes et du drapeau de Genève, il ramassait des blessés.

Une autre nouvelle bien lugubre parvenait à la connaissance des Parisiens dans l'après-midi du 4 avril: on apprenait que la veille, à Nanterre, Gustave Flourens avait été tué, d'un coup de sabre, par un capitaine de gendarmes.

Pauvre Flourens! On pouvait critiquer et blâmer, au point de vue de l'action politique, les aberrations souvent funestes de son intelligence trop exaltée, mal équilibrée; mais, parmi ceux qui le connaissaient, il n'est personne qui n'estimât et n'aimât cette généreuse nature un peu antique, capable de tous les dévouements et de tous les sacrifices.

La guerre civile faisait horreur à tous. On avait, à Paris, le plus ardent désir de voir naître une espérance de conciliation. Cette lutte ne paraissait avoir d'autre issue possible et désirable qu'une transaction. Le triomphe par les armes ne semblait pouvoir être obtenu par aucun des partis en présence; marcher victorieusement sur Versailles paraissait aussi impraticable qu'entrer, par la force, dans Paris. Il y avait donc chance pour que la lutte se prolongeât lorsque les gardes nationaux, renonçant à une attitude offensive véritablement insensée, reviendraient dans la ligne des forts et s'y maintiendraient. De plusieurs côtés s'élevaient dans la capitale des exhortations à la conciliation, à la pacification. On recherchait ardemment les moyens de la réaliser.

Le journal le Temps disait le 4 avril:

« Qui sait si l'Assemblée, qui sait si la Com

« mune, renonçant d'elles-mêmes, la première à son pouvoir de « droit, la seconde à sa situation de fait, pour le bien suprême de « la France en deuil, n'étoufferaient pas sous ce patriotique holo« causte, tous les germes de colère et de haine qui pourraient fer« menter encore? »

Dans la séance du 4 avril, l'Union nationale des Chambres syndicales, qui constituait le groupe organisé le plus nombreux du commerce et de l'industrie de Paris, puisqu'il représentait 56 chambres syndicales, produit de l'adhésion de plus de 7,000 industriels et commerçants ayant conscience de représenter, dans leurs variétés infinies, le plus grand nombre des intérêts mis en péril, l'Union nationale déclarait « qu'elle croyait indispensable et urgent d'agir « en vue d'une solution pacifique, et de rechercher les bases de « cette solution en se mettant en rapport avec l'Assemblée natio« nale et la Commune de Paris. »

Dans la conviction de l'Union nationale, ces bases « résidaient

« dans la consolidation de la République, en dehors de laquelle il

« ne saurait y avoir qu'une succession inévitable de troubles et de

« périls, » et « dans l'organisation des franchises municipales de

« la ville de Paris, sur les bases les plus démocratiques, mais dis

« tinctes du pouvoir politique chargé des intérêts généraux de la

« France. »

Le rapport présenté à l'Union nationale au sujet de la tentative conciliatrice projetée, avait été encore plus explicite dans son adhésion à la République et à la révolution communale pour le triomphe de laquelle luttait la capitale.

« Paris a fait une révolution aussi acceptable

« que toutes les autres, et, pour beaucoup d'esprits, c'est la plus « grande qu'il ait jamais faite, c'est l'affirmation de la République « et la volonté de la défendre.

« Paris, en votant, n'a pas voulu seulement changer des « hommes, il a renversé des institutions qu'on peut sans passion « reconnaître pour mauvaises, puisqu'elles ont toujours donné les « mêmes détestables résultats

« Quant à nous, Parisiens, nous ne pouvons rester plus longtemps dans cette situation que veut nous faire l'Asti semblée: elle ne veut plus de Paris comme capitale de la France, « et elle entend le laisser soumis aux entraves que sous l'Empire « il était obligé de souffrir, justement à ce titre de capitale. .. »

Afin d'exposer ses vues aux deux partis en présence et de leur transmettre ses résolutions, V Union nationale des Chambres syndicales nomma une commission à laquelle elle donna pleins pouvoirs. Elle était composée de très-honorables bourgeois qui, prenant conseil de leur patriotisme et de leurs sentiments républicains, voulaient essayer de s'interposer entre l'Assemblée

nationale, qui repoussait la revendication de Paris, qui considérait tous les Parisiens comme des factieux, et la Commune qui, violente, exagérée par «ature, devait devenir de plus en plus intraitable dans ses prétentions, par suite de l'attaque de Versailles.

e même jour où avait lieu la réunion de l'Union des Chambres syndicales, les maires de Paris se réunissaient avec quelques représentants du peuple afin de se concerter, eux aussi, sur un projet de conciliation. M. Ranc, leur ancien collègue, désirait comme eux voir intervenir une transaction. Informée de ses dispositions, cette réunion de députés et de maires se mit en rapport avec lui et il fut convenu avec M. Ranc qu'il s'enquerrait des dispositions de la Commune sans faire connaître, toutefois, à l'instigation de quel groupe il agissait. M. Ranc essaya vainement de faire partager ses tendances à l'ensemble de ses collègues; il les trouva résolus à continuer la résistance, et décidés à lutter jusqu'à la mort plutôt que d'entrer en arrangement. Entre deux pouvoirs affolés, également obstinés dans leurs prétentions absolues, il paraissait bien difficile de poser les bases d'un arrangement raisonnable.

Cependant M. Picard, ministre de l'intérieur, télégraphiait à la province: « Tout fait espérer une prochaine et heureuse solution. »

Cette appréciation erronée était consignée dans les dépêches que nous reproduisons, adressées, le 4 avril, de Versailles, par le gouvernement, aux divers fonctionnaires, au sujet des événements de la journée:

Versailles, i avril 1871.

Lus insurgés ont éprouve aujourd'hui un nouvel et décisif échec. Les troupes ont enlevé avec un entrain admirable la redoute de Châtillon, qu'ils occupaient.

Plus de deux mille prisonniers ont été ramenés à Versailles; leurs principaux chefs, Flourcns et le général Duval, ont péri. Henri, chef de légion, est prisonnier,

Dans l'Intérieur de Paris, il n'y a pas eu de combat, mais la consternation du Comité et de ses adhérents est manifeste. Assi a été incarcéré par les siens.

Vingt-deux membres de la Commune ont donné leur démission; tout fait espérer une prochaine et heureuse solution.

Ernest Picard.

Versailles, 1 avril 1871, 2 h. 33 m. soir.

Les opérations de la journée d'hier ont été terminées ce mat'in avec la plus grande vigueur. Les troupes étaient restées devant la redoute de Châtillon, où des travaux considérables avaient été faits contre les Prussiens.

A cinq heures du matin, la brigade Derroja et la division l'éllé élaieht en l'ace de cet ouvrage important. Deux batteries de 12 étaient chargées d'en éteindre le feu.

Les troupes, dans leur ardeur, n'ont pas voulu attendre que ces batteries eussent accompli leur tâche; elles ont enlevé la redoute au pas de course; elles ont eu quelques blessés et elles ont fait 1,500 prisonniers.

Deux généraux improvisés par les révoltés, l'un appelé Duval, a été tué, et l'autre appelé Henri, a été fait prisonnier. La cavalerie qui escortait les prisonniers a eu la plus grande peine, à son entrée à Versailles, à les protéger contre l'irritation populaire. Jamais la basse démagogie n'avait offert, aux regards affligés des honnêtes gens, des visages plus ignobles.

L'armée poursuit sa marche sur Châlillon et Clamait. Le brave générai Pellé, l'un des meilleurs officiers de l'armée, a été blessé à la cuisse d'un éclat d'obus.

Mercredi 5 avril 1851

Le délégué de la Commune aux relations extérieures adressa, le 5 avril, aux représentants, à Paris, des puissances étrangères, la note suivante:

Le soussigné, membre de la Commune de Paris, délégué aux relations extérieures, a l'honneur de vous nolilier officiellement la constitution du gouvernement communal de Paris.

Il vous prie d'en porter la connaissance à votre gouvernement, et saisit cette occasion de vous exprimer le désir de la Commune de resserrer les liens fraternels qui unissent le peuple de Paris au peuple N"

Agréez, etc.

Paschal Ghousset.

Paris, le 5 avril 1871.

Les gardes nationaux avaient été refoulés presque jusqu'à la ligne des forts, sur la rive gauche de la Seine; de ce côté, Clamart était la limite de leur occupation.

Toute la nuit le combat d'artillerie avait continué entre les forts de Vanves et d'Issy et les batteries établies par les troupes de Versailles à Châtillon et au Moulin-de-Pierre.

Dans la journée du 5, il n'y eut plus d'engagement important, analogue aux luttes des jours précédents. Le général Cluseret qui avait si énergiquement désapprouvé la marche sur Versailles entreprise le 3 avril, résolut de ne plus tenter de mouvement offensif. Cette décision fut appuyée par la minorité socialiste de la Commune qui critiqua, avec une grande vivacité, les opérations militaires. Les membres sensés de la Commune demandèrent catégoriquement qu'on fît cesser toute effusion de sang inutile. D'accord avec la Commission exécutive, et bien que les positions dela garde nationale fussent partout défendues de manière à ne laisser aucune inquiétude, le général Cluseret fit rentrer dans Paris les fédérés,-i$nt l'organisation devait être modifiée. Le colonel La Cécilia fut chargé de faire exécuter ce mouvement. nous ne pouvons que rappeler les réflexions faites lors des précédentes suppressions.

Ce n'était pas le courage qui avait fait défaut aux gardes nationaux dans ces quelques jours d'affreux combats.

Tout le monde reconnut que les gardes nationaux fédérés se battaient comme des lions. Les journaux de Versailles eux-mêmes en convinrent. Cette conduite héroïque provoqua alors les plus tristes réflexions. Partout on entendait dire: « Si cette ardeur « avait été employée contre les Prussiens, nous n'aurions pas « aujourd'hui cette guerre civile. Combien coupables sont les « chefs militaires et le Gouvernement de la défense nationale, de « n'avoir pas su ou voulu utiliser ces éléments qui nous auraient « rendus invincibles. »

Quoi qu'en aient dit les membres du gouvernement, ce n'étaient pas des insurgés vulgaires ceux qui savaient se

battre, ceux qui savaient mourir avec tant d'héroïsme. Ces gens-là poursuivaient un autre but que celui de servir de coryphées à un petit nombre d'agitateurs cosmopolites, « écume de l'Europe ». Ce n'était pas pour leurs trente sous par jour qu'ils se faisaient tuer; ils eussent gagné davantage en travaillant à une tâche moins rude;—ils luttaient, ils succombaient sans se plaindre, persuadés qu'ainsi ils s'opposaient au triomphe de la réaction, au renversement de la République.

Sur l'ordre du délégué à la Préfecture de police, sans que la Commune en ait adopté la résolution, trois journaux: le Constitutionnel, le Journal des Débats, le Paris-Journal, furent saisis dans la matinée. On prit toutes les mesures nécessaires pour les empêcher de continuer à paraître.

A propos de cette nouvelle atteinte à la liberté de la presse,

La guerre était déclarée entre la Commune et Versailles. Les journaux supprimés soutenaient le gouvernement et l'Assemblée; quelquefois leurs assertions étaient absolument inexactes. Tout cela'était vrai; mais il n'y avait pas dans ces raisons de motifs pour légitimer l'attentat commis contre la liberté de la presse, En paraissant se protéger contre des calomnies regrettables, la Commune se faisait en réalité plus de tort que ne pouvaient lui en causer ses ennemis par leurs dires plus ou moins justes. Cet acte absurde suscita, dans la séance de la Commune du 5 avril, de très-vives protestations.

Dans la soirée, le Comité central de la fédération de la garde nationale adressa aux habitants de Paris la proclamation suivante:

Citoyens De Paris,

Ce qui se passe en ce moment est l'éternelle histoire des criminels cherchant à se soustraire au châtiment en commettant un dernier crime qui leur permette de régner, impunis, par l'épouvante!

Ils sont une poignée de parjures, de traîtres, de faussaires et d'assassins, qui veulent noyer la justice dans le sang.

La guerre civile est leur dernière chance de saint; ils la déchaînent: qu'ils soient mille fois maudits et qu'ils périssent!

Citoyens de Paris, nous voici revenus aux grands jours do suhlimn héroïsme et de vertu suprême! Le bonheur du pays, l'avenir du monde entier sont dans vos mains. C'est la bénédiction ou la malédiction des générations futures qui vous attend.

Travailleurs, ne vous y trompez pas: c'est la grande lutte, c'est le parasitisme et le travail, l'exploitation et la production qui sont aux prises. Si vous êtes las de végéter dans l'ignorance et de croupir dans la misère; si vous voulez que vos enfants soient des hommes ayant le bénéfice de leur travail, et non des sortes d'animaux dressés pour l'atelier et pour le combat, fécondant de leurs sueurs la fortune d'un exploiteur ou répandant leur sang pour un despote: si vous ne voulez plus que vos filles, que vous ne pouvez élever et surveiller à voire gré, soient des instruments de plaisir aux bras de l'aristocratie d'argent; si vous ne voulez plus que la débauche et la misère poussent les hommes dans la police et les femmes à la prostitution; si vous voulez eoiin le règne de la justice, travailleurs, soyez intelligents, debout! et que vos fortes mains jeitent sous vos talons l'immonde réaction.

Citoyens de Paris, commerçants, industriels, boutiquiers, penseurs, vous tous, enfin, qui travaillez et qui cherchez de bonne foi la solution des problèmes sociaux, le Comité central vous adjure de marcher unis dans le progrès. Inspirez-vous des destinées de la patrie et de son génie universel.

Le Comité central a conscience que l'héroïque population parisienne va s'immortaliser et régénérer le monde.

Vive la République! vive la Commune!

La Commune n'avait pas formulé nettement dans quelles conditions la lutte avec Versailles était engagée. Cette déclaration était nécessaire, non pas tant pour Paris que pour le monde qu'il fallait informer, par un manifeste précis, de la situation respective des deux parties en lutte. La proclamation qu'on vient de lire essayait de combler cette lacune. Découvrant, dans un style qui n'était pas dénué de grandeur, la cause réelle, *primordiale,* du différend, elle posait fortement la question sur son vrai terrain, celui des revendications sociales. Sous l'apparence d'un dissentiment politique, c'était bien en effet une lutte sociale qui mettait aux prises, avec une âpreté, un acharnement jusqu'alors inconnu, la bourgeoisie et le prolétariat.

La lecture de cette proclamation devait avoir pour effet d'accréditer certains bruits qui faisaient soupçonner le Comité central de vouloir continuer à exercer un pouvoir politique, de chercher à contre-balancer l'autorité de la Commune. Le Comité central crut anéantir ces insinuations en adressant le même jour, à la population, la déclaration que nous reproduisons:

L'opinion d'une certaine partie de la population, manifestée par plusieurs journaux, nous attribue une situation sur laquelle il est de notre devoir de nous expliquer, ne serait-ce que pour donner une dernière garantie de notre bonne foi.

Ainsi que nous l'avons déjà déclaré, noire mandat politique expirait le jour où, lenant loyalement notre parole, nous remettions entièrement et sans restrictions entre les mains des membres de la Commune des pouvoirs que nous n'avions exercés, pour notre compte, qu'à litre, pour ainsi dire, administratif.

N'ayant pas cru devoir nous ériger eu gouvernement lorsque nous supportions seuls la lourde charge de tout créer, après le chaos dans lequel la fuite à Versailles laissait Paris, il n'est pas à supposer que nous prétendions maintenant réclamer une part de pouvoir à la Commune que nous avons contribué à établir.

Notre.passage à l'Hôtel-de-Ville, la sympathie qui nous y a accompagnés, et l'approbation qui a accueilli chacune de nos paroles, chacun de nos actes, ne nous ont pas un seul instant fait perdre de vue le rôle d'où nous étions sortis par *U* force des choses et dans lequel nous devions rentrer complètement et sans arrière-pensée.

Nous le déclarons donc une dernière fois: nous n'avons voulu et ne voulons aucun pouvoir politique, car une idée de partage serait un germe de guerre civile dans nos murs, venant compliquer celle que des frères dénaturés, par ignorance et par les mensonges d'ambitieux, nous apportent avec une horrible haine.

Nous sommes redevenus, le 28 mars, ce que nos mandants nous ont faits, ce que nous étions le 17:

Un lien fraternel entre tous les membres de la garde nationale; une sentinelle avancée et armée contre les misérables qui voudraient jeter la désunion dans nos rangs; une sorte de grand conseil de famille veillant au maintien des droits, à l'accomplissement des devoirs, établissant l'organisation complète de la garde nationale, et prêts, à chaque heure, à dire à ceux qui nous ont élus:

Jugez. Êtes-vous contents de nous?

Voilà quelle est notre ambition. Elle se borne aux limites de notre mandat, et nous la trouvons assez haute pour avoir l'orgueil de n'en jamais sortir.

Vive la République! vive la Commune!

Le Comité central n'était pas sorti de l'Hôtel-de-Ville autant qu'il lui plaisait de le dire; il cherchait, en réalité, à conserver le pouvoir politique. Si ses prétentions, soutenues par les révolutionnaires exaltés de la Commune, n'avaient pas été combattues chaque jour par les socialistes que ceux-là qualifiaient de réactionnaires, le Comité central aurait insensiblement substitué son autorité à celle de la Commune. Cette usurpation lui était heureusement interdite par la composition même des commissions chargées de la direction, de l'expédition des affaires. Les révolutionnaires, toujours disposés à parler, à crier très-fort dans les séances de la Commune, mais généralement peu laborieux et assez ignorants, avaient été éliminés de la plupart des commissions, de telle sorte que leur funeste influence était restreinte aux mesures, souvent regrettables, qu'ils pouvaient exciter la Commune à prendre en séance, dans l'entraînement de discussions passionnées. La direction militaire de la garde nationale que le Comité central, d'accord avec le comité d'artillerie, voulait conserver, suscitait à chaque instant des conflits avec les pouvoirs militaires que la Commune avait constitués.

Certes, il était bien difficile de contraindre tout d'un coup le Comité central à renoncer à l'autorité militaire qu'il s'arrogeait, conformément, disait-il, aux statuts de la fédération. C'était lui qui avait donné à la révolution provoquée par l'attaque gouvernementale du 18 mars, sa formule précise. Il était donc jusqu'à certain point compréhensible que le Comité central essayât de contrôler, de juger la Commune. Outre ces considérations, il devait en exister d'autres, plus personnelles, qui contribuaient assurément à produire, à rendre durable, l'antagonisme entre la Commune et le Comité central: la convoitise du pouvoir est bien forte en France, et lorsqu'on l'a possédé, ne fût-ce que quelques jours, on le délaisse généralement à regret.

Le but apparent de cette proclamation du Comité central était de le disculper d'accusations qu'il prétendait fausses; mais elle avait un autre objet plus réel: c'était un ballon d'essai, un moyen de mettre l'opinion en demeure de se prononcer sur la ligne de conduite du Comité.

Imprimées et affichées sans que la Commune en ait été avertie,

— il en fut trop souvent ainsi, même pour des actes plus graves,

— ces deux proclamations manifestaient assez ouvertement les tendances usurpatrices du Comité central. La minorité socialiste demanda, très-catégoriquement, la dissolution immédiate de ce Comité, dont l'intention, habilement dissimulée, était d'annuler l'autorité de la Commune.

Le mouvement de conciliation s'accentuait de plus en plus. De toutes parts des comités se formaient, des adresses étaient rédigées, des réunions avaient lieu dans le but d'arrêter l'effusion du sang et de faire connaître les véritables sentiments de la population parisienne. Ce grand effort de pacification s'effectuait surtout parmi la classe moyenne, intermédiaire entre le prolétariat et la classe aisée, parmi cette bourgeoisie travailleuse, hostile à toute mesure qui prétend s'imposer parla violence, hostile aussi à toute réaction.

Une réunion d'anciens maires, de représentants de Paris, de républicains ayant une notoriété dans le parti démocratique, eut lieu, le 5 avril, dans les bureaux de *l'Avenir national.* C'est dans le même local et entre les mêmes personnes que la démarche officieuse de M. Ranc auprès de la Commune avait été décidée la veille. Toute tentative auprès de la Commune-ayant été jugée actuellement inefficace, ces citoyens résolurent de s'adresser à la r

Jeudi 0 avril 1891

Le *Journal officiel* du 6 avril publie, en tête de ses colonnes, la proclamation suivante:

Citoyens,

Chaque jour les bandits de Versailles égorgent ou fusillent nos prisonniers, et pas d'heure ne s'écoule sans nous apporter la nouvelle d'uu de ces assassinats.

Les coupables, vous les connaissez: ce sont les gendarmes et les sergents de ville de l'Empire, ce sont les royalistes de Charette et de Cathelineau, qui marchent contre Paris au cri de: *Vive le Roi*! et drapeau blanc en tête.

Le gouvernement de Versailles se met en dehors des lois de la guerre et de l'humanité; force nous sera d'user de représailles.

Si, continuant à méconnaître les conditions habituelles de la guerre entre peuples civilisés, nos ennemis massacrent encore un seul de nos soldats, nous répondrons par l'exécution d'un nombre égal ou double de prisonniers.

Toujours généreux et juste, même dans sa colère, le peuple abhorre le sang comme il abhorre la guerre civile; mais il a le devoir de se proléger contre les attentats sauvages de ses ennemis, et, quoi qu'il lui en coûte, il rendra œil pour œil et dent pour dent.

Paris, le 5 avril 187t.

La Commune de Paris.

Cette proclamation, qui parlait de remettre en vigueur l'antique coutume du talion, suscita dans la population parisienne le plus profond dégoût, la plus extrême répulsion. Parce que les troupes versaillaises avaient exécuté un certain nombre de gardes nationaux prisonniers, devait-il s'ensuivre qu'à Paris on dût suivre leur exemple? Cet appel à la réciprocité de la barbarie était navrant.

Le décret qui suivit cette proclamation surenchérissait encore sur sa cruauté. Sous l'empire des passions surexcitées, on émettait la'prétention de nous ramener décidément aux pratiques atroces du Moyen Age:

La Commune de Paris,

Considérant que le gouvernement de Versailles foule ouvertement aux pieds les droits de l'humanité comme ceux de la guerre; qu'il s'est rendu coupable d'horreurs dont ne se sont même pas souillés les envahisseurs du sol français;

Considérant que les représentants de la Commune de Paris ont le devoir impérieux de défendre l'honneur et la vie des deux millions d'habitants qui ont remis entre leurs mains le soin de leurs destinées; qu'il importe de prendre sur l'heure toutes les mesures nécessitées ar la situation;

Considérant que des hommes politiques et des magistrats de la cité doivent concilier le salut commun avec le respect des libertés publiques;

Décrète:

Art. 1. Toute personne prévenue de complicité avec le gouvernement de Versailles sera immédiatement décrétée d'accusation et incarcérée.

Art. 2. Un jury d'accusation sera instituédans les vingt-quatre heures pour connattre des crimes qui lui seront déférés.

Art. 3. Le jury statuera dans les quarante-huit heures.

Art. 4. Tous accusés retenus par le vordict du jury d'accusation seront les otages du peuple de Paris.

Art. S. Toute exécution d'un prisonnier de guerre ou d'un partisan du gouvernement régulier de la Commune de Paris sera, sur-le-champ, suivie de l'exécution d'un nombre triple des otages retenus en vertu de l'article 4, et qui seront désignés par le sort.

Art. 6. Tout prisonnier de guerre sera traduit devant le jury d'accusation, qui décidera s'il sera immédiatement remis en liberté ou retenu comme otage.

Le délégué au *Journal officiel,* le cit. Ch. Longuet, plaida, dans un article que nous reproduisons, publié dans le numéro du 6 avril, la cause de la Commune, ci chercha à justifier ses excès:

Dos journaux qui, il y a quelques jours, semblaient assez franchement ralliés à la cause de la Commune, s'empressent aujourd'hui d'en annoncer la défaite avec ce ton de joie contenue qui rappelle les hypocrisies du siège et les préparatifs de la capitulation.

H serait peut-être naïf de demander à ces journaux pourquoi Iti cattSC de la Commune leur parait aujourd'hui moins bonne qu'hier. Au moins est-il permis de leur demander en quoi ils trouvent que la situation a changé.

L'offensive prise brusquement par le gouvernement de Versailles) alors que rien ne la faisait prévoir si prochaine, a déterminé un mouvement en avant de la garde nationale, mouvement audacieux, peu préparé, presque spontané, qui n'a pas eu, on peut le reconnaître sans honte après tant d'actes héroïques, le succès immédiat sur lequel les chefs avaient un somme quelques raisons de compter.

Admettons môme qu'il y ait eu excès d'audace et de confiance chois ces vaillants citoyens, dont l'agression de la veille avait enflammé l'ardeur, il n'en restera pas moins évident que si une faute a été commise, ou pour mieux dire n'a pu être évitée, cette faute même, reconnue et réparée, est pour la cause de la Commune le gage du futur triomphe.

Et d'abord, nul n'oserait soutenir qu'au point de vue défcnsifla situation de Paris ait empiré. Ce qui est ccriain, au contraire, c'est que les mesures prises, tant à l'intérieur qu'à l'extérieur, ont rendu Taris invincible. Les bataillons de marche reformes ont aussi acquis la faculté du procéder rapidement, mais avec méthode, à leur réorganisation.

Enfin le commandement supérieur a été placé entre les mains d'un militaire éprouvé qui, considéré il y a quinze ans, dans l'armée française, comme mi officier du plus grand mérite, n depuis acquis, dans la guerre de sécession américaine, l'expérience qui ciU pu, après lu 4 septembre, nous assurer les revanches espérées. Ici comme en Amérique, mais avec des éléments incomparablement supérieurs, cl dans de conditions bien plus favorables, le général Cluserot aura à montrer comment des troupes nouvelles, n'ayant pas fait campagne, peuvent triompher d'une armée régulière. Le courage héroïque, indomptable, de la garde nationale parisienne, sa supériorité morale sur des troupes que ne soutient pas l'énergie d'une conviction ni Même le sentiment du devoir, rendront la tâche du délégué à la guerre plus facile, et assureront le triomphe délinitif à Paris, c'est-à-dirc à la cause de l'humanité, de la Justice, à la cause de la République.

Lés mesures annoncées par la proclamation et le décret précédents ne furent, à ce moment, qite comminatoires, à l'exception toutefois des otages: plusieurs personnes furent emprisonnées à ce titre.

Ces décrets blâmables avaient été pris, cela va paraître assez invraisemblable, dans le but de s'opposer à des mesures plus horribles que celles qu'ils édictaient.

Les membres de la Commune, qualifiés par nous de révolutionnaires, et parmi eux les plus « insensés », étaient devenus absolument furieux à l'annonce de l'exécution du général Duval et de G. Flourens. Dans la séance du 5 avril, ils demandèrent qu'on se livrât aux excès les plus violents, afin d'intimider la réaction; il ne s'agissait de rien moins que de fusiller un certain nombre do *réactionnaires,* spécialement choisis parmi les ecclésiastiques: ils voulaient faire de la terreur. Pour faire cesser ces ignobles exhortations, pour mettre un frein à ce débordement de violence, le cit. Ch. Delescluze proposa l'adoption du décret que nous venons de reproduire, et qui fut alors voté pour que l'on ne soit pas contraint à subir quelque mesure plus sanguinaire, plus révoltante. Parmi la majorité de ceux qui le votèrent', il fut tacitement entendu qu'il ne serait pas appliqué, et on empêcha, à l'instant même où la Commune adoptait cette proposition, la formation du jury d'accusation qui devait être créé dans les vingt-quatre heures.

La population aurait réprouvé, d'ailleurs, toute mesure violente, toute persécution féroce. Le jour même où *l'Officiel* publiait les proclamations et décret précédents, les habitants du XI arrondissement se donnaient la joie de brûler la guillotine au pied de la statue de Voltaire.

Le général Cluseret s'occupait activement do réorganiser la garde nationale et décidait que les officiers supérieurs des légions seraient provisoirement nommés par le délégué à la guerre.

Le même jour, le *Journal officiel* insérait un rapport du délégué à la guerre à la commission exécutive, indiquant la position des troupes et manifestant la résolution de rester sur la défensive. 11 ajoutait que l'intention probable des Versaillais devait être de so porter vers les forts de la rive droite et de les occuper.

Dans la nuit du 5 au 6, les gardes nationaux avaient continué à se fortifier dans Neuilly. Ils furent attaqués de ce côté dans la matinée du 6 avril, par les troupes versaillaises, qui s'avancèrent du Mont-Valéiien jusqu'au rond-point de Courbevoie où elles mirent en batterie dos canons et des mitrailleuses. Un combat très-acharné, très-meurtrier surtout pour les fédérés, s'engagea. L'objectif des colonnes versaillaises était la prise du pont de Neuilly et de la barricade barrant ce pont, construite par les fédérés sur la rive droite de la Seine. Après plusieurs heures de lutte, les Versaillais s'emparèrent de ces positions et pénétrèrent jusque dans Neuilly, soutenus par leur artillerie et le feu du Mont-Valérien, qui canonnait Neuilly. Les fédérés ramenèrent alors sur le rempart les canons qui avaient armé la barricade du pont. S'apercevant de cette manœuvre, le fort dirigea un feu excessivement violent contre l'enceinte. Il lança des boîtes à mitraille et des obus, qui tombèrent, non-seulement aux abords des remparts, mais à des distances très-éloignées, à six cents, huit cents mètres des fortifications. C'était, pour les quartiers de Neuilly, des Champs-Elysées et des Ternes, un véritable bombardement.

A la tombée de la nuit, les Versaillais repassaient le pont, dont la possession leur était assurée par leurs batteries du rond-point de Courbevoie.

Sur la rive gauche il n'y eut, entre les forts et les batteries versaillaises, qu'un échange de canonnade sans importance.

Une affiche encadrée de noir, apposée.le matin sur les murs de / Paris, invitait les citoyens à assister aux funérailles des gardes nationaux morts dans les combats des jours précédents.

A l'heure indiquée, trois heures, la foule se porta à l'hôpital Beaujon, où avaient été déposés les cadavres de trente-trois victimes. Un grand nombre de bataillons avaient été convoqués.

Trois immenses chars funèbres, pavoisés aux encoignures de faisceaux de drapeaux rouges et ornés de palmes vertes, à côté desquelles étaient placées des couronnes d'immortelles, renfermaient les cercueils.

Un bataillon de jeunes volontaires parisiens, portant le costume des chasseurs à pied, ouvrait la marche. 11 était suivi par des musiques de la garde nationale qui exécutaient des marches funèbres. Derrière eux venaient les corbillards, escortés de gardes nationaux qui tenaient leur arme renversée. Presque tous les membres de la Commune, revêtus de leurs insignes, suivaient et conduisaient le deuil; les parents des défunts, leurs femmes et leurs mères éplorées venaient ensuite; puis la foule et des bataillons de gardes nationaux terminaient le cortège, qui s'avança ainsi par le boulevard Victor Hugo et les grands boulevards jusqu'à la place de la Bastille, dont il fit le tour; il se dirigea ensuite par la rue de la Roquette jusqu'au cimetière du PèreLachaise.

Les passants se découvraient sur le passage du triste cortége, émus par ce spectacle funèbre.

Sur la tombe, plusieurs membres de la Commune, entre autres le cit. Delescluze, prononcèrent de brèves allocutions qui rappelèrent pour quelle cause étaient morts les citoyens au courage, à l'abnégation desquels on rendait un suprême hommage.

Cette cérémonie devait rendre plus vif le désir d'une solution pacifique.

Les partisans de la conciliation avaient été conviés, par une affiche que nous avons reproduite, à se réunir, le 6 avril, à la Bourse, pour y adopter un programme d'intervention entre Paris et Versailles.

La foule, qui commençait à arriver vers sept heures et demie, trouva les portes de la Bourse fermées. Sur l'une d'elles était collée cette petite affiche, écrite à la main: « La réunion qui devait « avoir lieu ce soir, à huit heures, est suspendue. »

Cet avis laconique étonna tout le jmnde. On en eut bientôt l'explication par la proclamation suivante, que la Commission exécutive venait de faire placarder. Par suite d'une incroyable négligence, ce document ne fut pas inséré au *Journal officiel.*

Citoyens,

La réaction prend tous les masques: aujourd'hui celui de la conciliation.

La conciliation avec les chouans et les mouchards qui égorgent nos généraux et frappent nos prisonniers désarmés.

La conciliation, dans de telles circonstances, c'est trahison.

Considérant qu'il est du devoir des élus de Paris de ne pas laisser frapper par derrière les combattants qui défindent la cité;

Que nous savons de source certaine que des Vendéens et des gendarmes déguisés doivent figurer dans ces réunions dites conciliatrices;

Arrête:

Art. I. La réunion annoncée pour ce soir, à six heures, salle de la Bourse, est interdite.

Art. 2. Toute manifestation propre à troubler l'ordre et à exciter la guerre intestine pendant la bataille sera rigoureusement réprimée par la force.

Art. *i*. L'exécution du présent arrêté est confiée au délégué a la guerre et au commandant de la place.

Paris, le 6 avril 1871.

La Commission exécutive.

La manifestation de la Bourse, dans l'intention de ses promoteurs, devait être absolument pacifique. Que des agents monarchistes et bonapartistes dussent s'y mêler pour essayer de rendre la situation encore plus troublée

en provoquant des scènes analogues à celle qui ensanglanta la place Vendôme, le 22 mars, cela était possible et vraisemblable. Si l'arrêté précité ne s'était basé, pour prononcer l'interdiction de la réunion, que sur les agissements perturbateurs, prévus, des instigateurs d'émeute, il eût été pleinement justifié. Mais cette décision fut prise, surtout parce que la manifestation devait avoir un objet et peut-être un résultat contraire aux tendances actuelles de la Commune. Dans les considérants de cet arrêté, rendu par la Commission exécutive sans que la Commune en ait été informée, se trouve affirmée une opinion absurde, regrettable: « conciliation, c'est trahison. » Ceci manifeste à quel degré d'aberration étaient parvenus certains esprits sous l'influence d'excitations de toute nature. La Commission exécutive interdit cette manifestation parce qu'elle pouvait aussi fournir aux adversaires de la Commune occasion de se grouper cl d'organiser une prise d'armes. Si funeste qu'elle eût pu être, les ennemis de la Commune avaient, en définitive, le droit de la projeter, de l'exécuter, de même que les républicains partisans de l'autonomie communale, mais navrés de la lutte engagée, avaient le droit de tenter une conciliation sans être pour cela des traîtres. La conciliation était un crime que beaucoup, heureusement, se proposaient de commettre

Nous ne sommes pas de ceux qui pensent que certaines situalions pleines de périls et d'anxiétés légitiment toute atteinte aux droits individuels. Sous prétexte de salut public, presque tous les pouvoirs républicains qui se sont succédé en France, imitateurs sans le savoir du régime monarchique, ont foulé aux pieds les droits individuels dont la garantie constitue la loi primordiale de toute société républicaine. Et ces usurpations coupables, au lieu de sauver la situation comme on le présumait, l'ont toujours, en définitive, irrémédiablement compromise.

Dans les circonstances présentes, ces atteintes aux libertés invidulles étaient moins que jamais excusables. C'était une lutte d'opinions résultant d'une effroyable perturbation sociale, qui avait mis aux prises Paris et Versailles. Chacun avait le droit indéniable de s'armer pour faire triompher son parti, même dans la cité parisienne assiégée, quelles que soient les terribles conséquences qu'eût pu produire cette lutte atroce à l'intérieur, s'étayant si misérablement sur le combat au dehors.

En dépit des prétentions dictatoriales de la Commune, de nouveaux projets conciliateurs surgissaient chaque jour. *Le Temps* du 6 avril s'exprimait ainsi

« Il faut que cette situation cesse: il faut que la Commune, « renonçant à une lutte impossible et fratricide, remette ses pou« voirs à la population de Paris; il faut que l'Assemblée, compre« nant qu'il ne suffit pas de réduire Paris au nom de la loi pour « étouffer la guerre civile, rende à la nation l'autorité que la « nation lui a confiée.

« En fait, Paris et la province sont aux prises: que la France « entière intervienne.

« L'Assemblée peut déléguer à M. Thiers. qui a sa confiance, « les pouvoirs nécessaires pour faire respecter les préliminaires « de paix et assurer la marche des services publics; Paris peut « remettre à M. Louis Blanc, qui a été élu par plus de deux cent « mille suffrages, le soin de ses intérêts. M. Thiers et M. Louis « Blanc s'entendront pour fixer les positions de l'armée et de la « garde nationale, échanger les prisonniers, élaborer une loi « électorale provisoire et convoquer les électeurs.

« Une assemblée nouvelle, élue dans un esprit de concorde et de « fraternité, aura seule la force d'effacer le passé et d'assurer « l'avenir. »

Le gouvernement de Versailles surveillait minutieusement tout ce qui sortait de Paris afin que la province restât dans une complète ignorance sur les véritables désirs de la capitale et les événements qui s'y passaient. Depuis longtemps aucun journal publié à Paris ne pouvait pénétrer dans les départements. Les courriers, porteurs de dépêches, envoyés par M. Theisz, étaient saisis. Seuls, MM. Thiers et Picard se réservaient le droit de renseigner la province.

Chaque jour des personnes arrivant des départements étaient toutes stupéfaites de trouver Paris très-calme, de pouvoir y circuler très-librement et d'y exprimer leurs opinions sans se gêner, sans être inquiétées. Le gouvernement avait affirmé à la province et essayait de lui persuader qu'à Paris on s'entr'égorgeait, que la ville était devenue inhabitable 1

Dans le but de détruire l'effet de la propagande gouvernementale, et pour exposer les faits dans toute leur réalité, la Commission exécutive rédigea, sur la proposition du cit. Delescluze, l'adres3e suivante aux départements, qui fut affichée dans l'aprèsmidi du jeudi, 6 avril:

LA COMMUNE DE PARIS
ADX DÉPARTEMENTS

Vous avez soif de vérité, et, jusqu'à présent, le gouvernement de Versailles ne vous a nourris que de mensonges et de calomnies. Nous allons donc vous faire connaître la situation dans toute son exactitude.

C'est le gouvernement de Versailles qui a commencé la guerre civile en égorgeant nos avant-postes, trompés par l'apparence pacifique de ses sicaircs; c'est aussi ce gouvernement de Versailles qui fait assassiner nos prisonniers et qui menace Paris des horreurs de la famine et d'un siège, sans souci des intérêts et des souffrances d'une population déjà éprouvée par cinq mois d'investissement. Nous ne parlerons pas de l'interruption du service des postes, si préjudiciable au commerce, de l'accaparement des produits de l'octroi, etc., etc.

Ce qui nous préoccupe avant tout, c'est la propagande infâme organisée dans les départements par le gouvernement de Versailles pour noircir le mouvement sublime de la population parisienne. On vous trompe, frères, en vous disant que Paris veut gouverner la France et exercer une dictature qui serait la négation de la souveraineté nationale. On vous trompe, lorsqu'on vous dit que le vol et l'assassinat s'étalent publiquement dans Paris. Jamais nos rues n'ont été plus tranquilles. Depuis trois semaines, pas un vol n'a été commis, pas une tentative d'assassinat ne s'est produite.

Paris n'aspire qu'à fonder la République et à conquérir ses franchises communales, heureux de fournir un exemple aux autres communes de France.

Si la Commune de Paris est sortie du cercle de ses attributions normales, c'est à son grand regret, c'est pour répondre à l'état de guerre provoqué par le gouvernement de Versailles. Paris n'aspire qu'à se renfermer dans son autonomie, plein de respect pour les droits égaux des autres communes de France.

Quant aux membres de la Commune, ils n'ont d'autre ambition que de voir arriver le jour où Paris, délivré des royalistes qui le menacent, pourra procéder à de nouvelles élections.

Encore une fois, frères, ne vous laissez pas prendre aux monstrueuses inventions des royalistes de Versailles. Songez que c'est pour vous autant que pour lui que Paris lutte et combat en ce moment. Que vos efforts se joignent aux nôtres, et nous vaincrons, car nous représentons le droit et la justice, c'est-à-dire le bonheur de tous par tous, la liberté pour tous et pour chacun, sous les auspices d'une solidarité volontaire et féconde.

Paris, le 6 avril 1871.
La Commisiion exécutive.

Déjouant la surveillance des agents du gouvernement de Versailles, des citoyens dévoués et courageux répandaient dans les départements cette adresse, imprimée sur papier petit format.

A la séance de l'Assemblée nationale, M.Dufaure avait présenté un projet de loi tendant à abréger la procédure des conseils de guerre, déjà si sommaire cependant. Ce projet, pour lequel le ministre de la justice demanda l'urgence, était qualifié, par le correspondant du *Siècle* à Versailles, de « véritable mitrailleuse « juridique ».

Vendredi 9 avril 1891

Depuis le 18 mars, un assez grand nombre de citoyens avaient été arrêtés, soit par le *Comité central,* soit par la Commission de sûreté de la Commune, qui agissait le plus souvent avec une extrême légèreté, sans la prévenir et l'informer de ses résolutions.

La Commune avait laissé à la Préfecture de police le citoyen Raoul Rigault, qui y avait été délégué par le Comité central. Nature violente et autoritaire, le citoyen Raoul Rigault avait toujours ambitionné de diriger souverainement la Préfecture de police. Dès qu'il y fut installé, il réalisa ses idées sur le rôle de la police. Elles concluaient à l'incarcération, voire même à la suppression, surtout en temps de révolution, du plus grand nombre possible des ennemis du pouvoir établi. C'est ainsi que, motivées ou non, de nombreuses arrestations furent effectuées souvent sous les prétextes les plus futiles. Des citoyens étaient depuis longtemps détenus sans avoir été déférés à aucun jury. Entre autres, nous citerons M. Bonjean, ancien sénateur, président de la Cour de cassation, incarcéré depuis le 21 mars. Dans l'espoir de faire cesser cet état de choses blâmable, la Commission exécutive prit le 7 avril la résolution suivante:

Vu le vote de la Commune du 5 avril, relatif à une enquête sur les arrestations faites par le Comité central et par la Commission de sûreté, la Commission executive invite la Commission de jdsiice à instruire immédiatement sur le nombre et la cause de ces arrestations, et à donner l'ordre de l'élargissement ou de la comparution devant un tribunal et un jury d'accusation. La Commission de justice doit d'urgence s'occuper d'une mesure qui intéresse si particulièrement l'un des grands principes de la République, la liberté.

Les prêtres étaient spécialement l'objet, depuis quelques jours, d'une surveillance très-active de la part de la Commission de sûreté générale. Ils furent arrêtés en très-grand nombre. L'archevêque de Paris fut envoyé à Mazas l'un des premiers. On fit des perquisitions dans les églises. On emporta les vases et ustensiles précieux servant à l'exercice du culte.

Terrorisés par ces arrestations en masse, les prêtres laissés en liberté n'osaient plus se montrer en public dans leur costume ecclésiastique; ils essayaient de se dissimuler en revêtant des habits civils et en laissant croître leur barbe.

La plupart des églises furent fermées, faute de desservants; ils étaient arrêtés, ou ils avaient fui. Quelques-unes furent utilisées vers la fin du mois d'avril: le soir on y tenait des réunions populaires. Par leurs dimensions et leur installation, ces monuments se prêtaient parfaitement à cette transformation de leur destination ordinaire.

Cette arrestation d'un grand nombre de prêtres affligea les âmes pieuses. Les esprits raisonnables blâmèrent ce procédé, parce qu'il leur parut plutôt une taquinerie qu'une mesure nécessitée par les événements. Que des prêtres servissent dans Paris la cause du gouvernement, c'était possible; il devait certainement y en avoir qui prêtaient un concours actif à ceux qui étaient alors, pour la Commune, des ennemis. Mais la majorité des membres du clergé ne pouvait tomber sous cette accusation, et en arrêtant inutilement les prêtres, on devait les rendre intéressants, et leur attirer, contrairement au but qu'on se proposait, la sympathie de l'opinion publique.

Qepuis le 18 mars, un nombre considérable d'habitants de Paris avaient quitté la capitale. Le mouvement d'émigration s'accéléra aussitôt que parut le décret incorporant dans les bataillons de guerre de la garde nationale tous les individus âgés de dix-neuf à trente-cinq ans. La surveillance dans les gares était très-active; on devait, pour sortir de Paris, faire constater sou âge. Cette formalité fut jugée insuffisante; on exigea des passe-ports.

Dans la journée du 7 avril, le citoyen Raoul Rigault, délégué à « l'ex-Préfecture de police », pour employer la qualification bizarre qu'il adoptait, fit afficher l'arrêté suivant, relatif à la délivrance des passe-ports:

Considérant que l'autorité civile ne saurait, sans manquer à ses devoirs, favoriser l'inexécution des décrets de la Commune;

Qu'il est nécessaire qu'elle empêche les communications avec des êtres qui nous font une guerre de sauvages;

Le membre du Comité de sûreté générale, délégué près de l'ex-Préfecture de police, Arrête:

Art 1. — Les passe-ports ne seront délivrés que sur des pièces significatives sérieuses.

Art. 2. — Aucun passe-port ne sera délivré aux individus de dix-sept à trente-cinq ans, qui sont sous le coup de la loi militaire.

.art. 3. — Aucun passe-port ne sera délivré aux individus qui, soit agents de l'ancienne police, soit à elle étrangers, ont des relations avec Versailles.

Art. 4. — Les individus qui, restant dans les cas prévus par les articles 2 et 3, se présenteraient pour obtenir des passe-ports, seront immédiatement envoyés au dépôt de l'ex-Préfecture de police.

Beaucoup de personnes qui se trouvaient sous le coup du décret militaire et qui désiraient ne point participer à la lutte engagée, parvinrent à sortir de Paris en déjouant toute surveillance.

En temps normal, la consommation journalière des farines s'élève pour Paris à 8,000 quintaux; elle était alors de 5,000 quintaux environ; ces chiffres manifestent dans quelle proportion considérable avait été réduite la population de Paris.

La Commune, dans la séance de la veille, avait rendu le décret suivant, publié le 7 avril par l'Officiel:

La Commune de Paris,

Considérant que les gardes nationaux ont reçu l'arme et reçoivent la solde pour défendre la République;

Considérant que plusieurs manquent à leur service, tout en touchant leur paye, et gardent leur fusil inutile ainsi dans leurs mains,

Décrète:

Art. le. — Tout garde national réfractaire sera désarmé.

Art. 2. — Tout garde désarmé pour refus de service sera privé de sa solde.

Art. 5. — En cas de refus de service pour le combat, le garde réfractaire sera privé de ses droits civiques, par décision du conseil de discipline.

Il en fut de ce décret comme de celui prescrivant le service à tous les hommes de dix-neuf à trente-cinq ans; il fut exécuté très-incomplètement. Par les soins des municipalités, les gardes nationaux qui refusaient de prendre part à la lutte furent désarmés, mais ils ne furent généralement l'objet d'aucune poursuite. Le désarmement des gardes nationaux réfractaires étant laissé aux mairies, s'effectua d'ailleurs sans uniformité. Dans certains arrondissements on y procéda presque immédiatement; dans d'autres, tardivement.

Si, au mois de mars, on avait désarmé la garde nationale, et surtout les bataillons révolutionnaires, comme le gouvernement paraissait en avoir l'intention, les protestations les plus vives, les plus légitimes, peut-être même des collisions sanglantes, se seraient produites. Et maintenant que la révolution était momentanément maîtresse, elle désarmait ses adversaires et ceux qui voulaient rester neutres dans la lutte commencée. C'était porter une atteinte injustifiable au droit individuel; c'était manifester qu'on n'avait, pas plus que les gouvernements précédents, une notion juste de la liberté.

Le Comité central prétendait continuer à donner des ordres militaires; il en résultait une anarchie absolue dans le commandement. Les sous-comités d'arrondissements avaient surtout failli compromettre, sur quelques points, par leur ingérence inconsidérée, les opérations de la défense.

Un arrêté de la Commune prononça leur dissolution.

Considérant « *que les grades de généraux étaient incompatibles avec l'organisation démocratique de la garde nationale et ne sauraient être que temporaires* », la Commission executive, par arrêté du 6 avril, les supprima. Nous avouons n'avoir jamais pu pénétrer le sens, — sans doute profond, — de ce *considérant*.

Voulant contraindre les gardes nationaux mariés au service des compagnies de guerre, dont le décret du 5 avril les dispensait, le général Cluseret eut recours à un artifice vulgaire, analogue à celui qu'emploient encore quelquefois, quoiqu'il soit bien suranné, les candidats à la députation, pour se présenter au choix des électeurs: « Un groupe important d'électeurs m'a demandé d'accep« ter la candidature... etc. »

Le délégué à la guerre disait de même:

Considérant les patriotiques réclamations d'un grand nombre de gardes nationaux qui tiennent, quoique mariés, à l'honneur de défendre leur indépendance municipale, même au prix de leur vie, le décret du 8 avril est ainsi modifié:

Do dix-sept à dix-neuf ans, le service dans les compagnies de guerre sera volontaire, et de dix-neuf à quarante ans obligatoire pour les gardes nationaux, mariés ou non.

J'engage les bons patriotes à faire eux-mêmes la police de leur arrondissement et à forcer les réfraclaircs à servir.

Le délégué à la guerre,
E. CHISERET.

La proclamation suivante à la garde nationale, très-ferme et très-digne, palliait la manœuvre jésuitique du délégué à la guerre:

Citoyens,

Je remarque avec peine qu'oubliant notre origine modeste, la manie ridicule du galon, des broderies, des aiguillettes, commence à se faire jour parmi nous.

Travailleurs, vous avez pour la première fois accompli la révolution du travail par et pour le travail.

Ne renions pas notre origine, et surtout n'en rougissons pas. Travailleurs nous étions, travailleurs nous sommes, travailleurs nous resterons.

C'est au nom de la vertu contre le vice, du devoir contre l'abus, de l'austérité contre la corruption, que nous avons triomphé, ne l'oublions pas.

Restons vertueux et hommes du devoir avant tout, nous fonderons alors la République austère, la seule qui puisse et ait le droit d'exister.

Avant de sévir, je rappelle mes concitoyens à eux-mêmes: plus d'aiguillettes, plus de clinquant, plus de ces galons qui coûtent si peu à étager et si cher à notre responsabilité.

A l'avenir, tout officier qui ne justifiera pas du droit de porter les insignes de son grade, ou qui ajoutera à l'uniforme réglementaire de la garde nationale des aiguillettes ou autres distinctions vaniteuses, sera passible de peines disciplinaires.

Je profite de cette circonstance pour rappeler chacun au sentiment de l'obéissance hiérarchique dans le service; en obéissant à vos élus, vous obéissez à vous-mêmes.

Le général Cluseret avait le droit de donner à ses concitoyens ces conseils de modestie. Quoique délégué à la guerre, il ne quittait jamais le costume civil. On sent, dans cette proclamation, l'homme qui a participé à la grande lutte de la sécession en Amérique, après laquelle les citoyens redevinrent immédiatement d'énergiques travailleurs, sans garder aucune trace d'esprit autoritaire et militaire.

Dans la nuit du 6 au 7 avril, les troupes versaillaises étaient revenues sur la rive gauche de la Seine. Les fédérés s'occupèrent de mettre le rempart en état. En avant de la porte Maillot fut élevée une barricade qui permit d'établir en ce point une batterie pour répondre à celles des Versaillais installées sur le rond-point de Courbevoie.

Dans la journée, les Versaillais attaquèrent de nouveau Neuilly après une lutte qui fut très-meurtrière pour eux, car les fédérés étaient abrités par des maisons ou retranchés derrière des barricades et des pans de murs. Les Versaillais s'emparèrent du pont, de la barricade qui le commandait et des maisons l'avoisinant sur la rive droite.

Comme la veille, les quartiers des Champs-Elysées et des Ternes furent bombardés par le Mont-Valérien. 11 y eut plusieurs personnes blessées, et même quelques-unes tuées. Certaines maisons situées tout près du rond-point de l'Arc-de-Triomphe furent effondrées.

Du côté du Sud les forts et les batteries versaillaises continuaient à se canonner réciproquement.

En dépit des précautions du gouvernement, la province n'était pas absolument isolée de Paris. Peu à peu elle apprenait les tendances de la révolution communale pour le triomphe de laquelle la capitale supportait un second siège, un nouveau bombardement. Les centres intelligents des départements ne paraissaient point antipathiques au mouvement inauguré par Paris. A son exemple, quelques villes avaient essayé de s'insurger contre Versailles. Pour des causes diverses dont il nous est impossible de constater ici l'importance, — nous avons été trop incomplètement, trop indirectement renseignés sur ces événements pour nous permettre de les apprécier, — ces tentatives avortèrent. Quoique sans succès, ces mouvements manifestaient cependant l'agitation qui régnait en province; c'était un appui moral pour Paris. Une proclamation adressée le 7 avril à la garde nationale par la Com mission exécutive était de nature à faire présager que ce secours pourrait peut-être devenir plus efficace.

Dire, comme le faisait cette proclamation, que les gardes nationaux de province, partisans des idées qu'affirmait la Commune de Paris, allaient pouvoir s'organiser et venir au secours de la capitale assiégée, c'était donner prétexte à une espérance trèschimérique.

La population parisienne, plus sensée que certains membres de la Commune, ne la partagea point. Elle continuait à se préoccuper des projets de conciliation proposés par divers groupes. Préférables à un soutien matériel illusoire, leur justesse pouvait s'imposer aux deux partis, et, mieux qu'une victoire par les armes, apaiser le déplorable conflit engagé.

Dans la journée, des citoyens habitant le quartier des Écoles, avaient fait afficher dans les V, Vie et VII arrondissements la lettre suivante à M. Thiers, qui indiquait en termes nets et modérés la cause première du dissentiment, et qui déclarait avec raison que l'Assemblée devait, tout d'abord, affirmer la République, afin de fournir un point d'appui solide qui permît d'exercer une utile entremise:

Monsieur,

Paris tout entier est dans une consternation profonde. Après tant de souffrances et l'ennemi encore sous nos murs, pourquoi cette guerre fratricide qui nous épouvante et nous atterre?

Un malentendu déplorable semble en être la cause. Vous croyez à une émeute: vous vous trouvez en face de convictions précises et généralisées.

L'immense majorité de la capitale considère la République, aujourd'hui gouvernement de fait et qu'on ne pourrait changer sans révolution, comme un droit supérieur, hors de discussion. Aussi n'est-ce pas sans alarmes qu'elle a vu l'attitude prise par l'Assemblée à Bordeaux et continuée à Versailles. L'attaque de Montmartre lui a paru également suggérée par une méprise regrettable. Paris, à tort ou à raison, a vu dans toute la conduite de l'Assemblée le dessein prémédité de rétablir la monarchie, origine de nos affreux désastres. Beaucoup de citoyens ont différé d'avis sur l'opportunité d'une résistance matérielle. Mais conclure de là à un désaccord sur le mérite du régime républicain serait, de votre part, tomber dans une erreur grave.

Sans doute, à Versailles, comme à Paris, on aspire à une honorable conciliation. Encore faut-il que les bases en soient évidentes. L'Assemblée, c'était un devoir créé par la situation, aurait dû donner des gages de son républicanisme. C'est à elle, si elle a un vrai désir de la pais, de ne pas souffrir que ses délibérations et ses actes puissent être fâcheusement interprétés. Que, rentrant dans la légalité républicaine dont clic a' au moins l'air d'être sortie, elle adhère sans réticence à une forme gouvernementale, patrimoine commun, qui, de votre avis même, « est celle qui nous divise le moins ». Alors les hommes d'ordre, que vous blâmez très-injustement de ne vous être point venus en aide, auront un point d'appui efficace pour exercer leur utile entremise.

Quant à la Commune, expression véritable du droit de la cité, elle ne saurait être un obstacle. Sa constitution, modifiable par l'élection, soulève des problèmes complexes, dont la solution ne saurait s'improviser. Ce point, subordonné quoique capital, doit être réglé amiablement.

Les soussignés font appel à la loyauté de l'Assemblée. Si elle a la sagesse d'entrer dans cette voie juste et humaine, l'effusion du sang s'arrêtera; les frères ennemis pourront de nouveau se tendre la main. Entre eux se scellera le pacte d'union; Paris, ce jour-là, sera dans la joie, rentrera dans la paix et reprendra ses travaux en disant avec vous:
Vive la République!

Charles Pajot, professeur à la Faculté de Médecine; docteur Delasiauve, médecin des hôpitaux; Victor Vendebzenckel, avocat; Henri Carle, rédacteur de la Libre Conscience; docteur Galtierboissière; Eugène Delattre, ancien préfet; Noël Pascal, publiciste; E. Albaric, pharmacien; Jean Pouvieille, instituteur; Snichelle, ingénieur civil; Auguste Vaison, étudiant en droit; A. Grégoire, professeur; P. Budis, étudiant en médecine; Iiousselin, artiste peintre; Dehallas, horloger; docteur Collineau.

Le citoyen Pierre Denis formula, dans le journal le Cri du Peuple publié le 7 avril, un traité de paix dont voici l'idée fondamentale.

Paris devait être considéré désormais comme Ville libre, absolument autonome, participant pour sa quote-part aux frais généraux de la nation, à l'exception toutefois de l'armée permanente; la cité parisienne devant, en cas de guerre, fournir les contingents qui lui seraient réclamés, et interdisant en temps normal l'entrée de son territoire à l'armée; la police et la défense urbaines étant laissées aux soins de la garde nationale. Le gouvernement français ne devait pas s'immiscer dans la constitution et le gouvernement qui régiraient Paris, ville libre, auprès duquel il serait simplement représenté par un délégué. Paris acceptait les principes généraux du Code civil avec réserve d'en modifier les articles selon les besoins, les intérêts exprimés par le libre suffrage de la population. La ville libre de Paris enverrait des représentants aux assemblées législatives et en accepterait les résolutions qui ne seraient pas en contradiction avec la constitution communale. Paris adhérait aux préliminaires de paix avec la Prusse et solderait sa quotité de l'indemnité de guerre. A ces conditions acceptées par le gouvernement de Versailles, Paris était décidé à cesser la lutte.

Ce projet avait, on le voit, pour but, de constituer Paris en véritable État autonome, relié au reste du pays par un contrat nettement défini. Sa réalisation, généralisée en France, y produisant des groupes dont la population aurait été environ celle de Paris, eût transformé notre pays en une société politique analogue à la Suisse. Cette organisation nouvelle aurait donné satisfaction aux besoins divers de la nation, sans détruire son unité politique. Au lieu de se concentrer, comme cela a lieu maintenant, en quelques villes seulement, la vie politique et intellectuelle aurait afflué dans chacun des groupes devenus des individualités, vivant, tout d'abord, de leur vie propre.

Parce que la nation française n'a pas su, après 1789, se constituer sur la base solide de l'indépendance communale, premier élément de la société moderne, garantie de tout ordre et de tout progrès, elle erre misérablement de révolution en révolution; elle tombe de Monarchie en Empire en passant par la République autoritaire et centralisatrice; c'est-à-dire que la nation française est, politiquement parlant, à peine sortie de l'ancien régime. Ce système de centralisation, d'autorité à outrance, étouffe le développement et l'initiative de l'individu et des divers groupes dont les multiples rapports constituent l'harmonie sociale; il s'oppose au progrès régulier et pacifique de notre nation. Cause primordiale de notre décadence présente, ce système doit être enfin abandonné.

L'idée préconisée par le citoyen Pierre Denis, dont l'heureuse application à la France serait si féconde en excellents résultats, était antipathique à nos démocrates, à nos prétendus républicains, généralement imbus de tradition jacobine. El ce sont eux qui dirigent encore malheureusement l'opinion publique. Dès lors, il n'est pas surprenant que cette idée rénovatrice ait été dédaignée et conspuée.

Mais il surgit une jeune génération qui ne se contente pas de phrases sonores, qui délaisse les tendances surannées, qui abhorre autant les pontifes que les dictateurs, qui se moque des simplistes et des abstracteurs de quintessence; une génération qui étudie la réalité et s'en inspire, qui ne substitue pas les élucubrations fantaisistes de l'imagination à la nature des choses, qui ne veut pas bouleverser la société, — les révolutions sont des cataclysmes à éviter,— mais la réformer conformément aux enseignements de la science. Cette génération, parvenue à la vie intellectuelle et politique sous l'Empire, a été fortement impressionnée par les événements contemporains, surtout par ceux de ces derniers mois, devenus pour elle une source inépuisable d'enseignements de toute nature. Déjà remarquable par les idées, cette génération, deviendra de plus en plus forte, de plus en plus influente, tandis que peu à peu disparaîtront les coutumiers des vieilles ornières.

Samedi 8 avril 1891

Le délégué à la guerre institua, le 8 avril, une Commission de barricades composée du commandant de la place, président, des capitaines du génie, de deux membres de la Commune et d'un membre élu par chaque arrondissement, qui devait commencer ses travaux le lendemain.

Le duel d'artillerie continuait toujours aussi formidable du côté des forts du Sud. Dans la journée du 8, l'artillerie des fédérés, appuyée par la garde nationale, parvint à se porter un peu en avant.

Du côté de l'Ouest, les Versaillais s'avancèrent dans LevalloisPerret et firent un mouvement sur Asnières. A Neuilly il y eut, le matin, une vive fusillade; les positions des fédérés restèrent les mêmes.

Le bombardement de la ville continua. Les obus vinrent éclater sur des points de plus en plus éloignés du rempart; il en tomba rue de Presbourg et rue de Morny.

Un ordre du délégué à la guerre recommandait formellement de rester sur la défensive, de cesser les convocations qui étaient faites à tout instant, sans utilité, dans les divers quartiers, et qui n'avaient d'autre effet que de fatiguer la garde nationale par des déplacements sans objet.

Ce document se terminait ainsi:

En sorte que cette Révolution, si grande, si belle et si pacifique, pourrait devenir violente, c'est-à-dire faible.

Nous sommes forts, restons calmes!

Cet état de choses est dû en partie à des chefs militaires trop jeunes et surtout trop faibles pour résister à la pression populaire. L'homme du devoir ne connaît que sa conscience et méprise la popularité. Je réitère l'ordre d'avoir à se tenir sur la plus stricte défensive, et a ne pas jouer le jeu de nos adversaires, en gaspillant et nos munitions ci nos forces, at surtout la vie da ces grands citoyens, enfants du peuple, qui ont fait la Révolution actuelle.

Quand le bruit aura cessé, que le calme de la rue aura passé dans les esprits, nous serons beaucoup plus aptes à perfectionner notre organisation, d'où dépend notre avenir.

En attendant, citoyens, laissons de côté tontes ces petites rivalités, toutes ces personnalités mesquines, qui tendent à désunir ce magnifique faisceau populaire, formé pnr la communauté de la souffrance. Si nous voulons vaincre, il faut être unis. Et quel plus beau, plus simple et plus noble lien que celui de la fraternité des armes au service de la justice!

Formez vite vos compagnies de guerre, ou plutôt compléicz-les, car elles existent déjà

De dix-sept à dix-neuf ans, le service est facultatif; de dix-neuf a quarante ans, il est obligatoire, marié ou non.

Faites cntrc vous la police patriotique, forcez les lâches a marcher sous votre œil vigilant.

Aussitôt que quatre compagnies, formant au minimum un effectif de 1300 hommes, seront constituées, que son chef de bataillon demande à la place un casernement. En,caserne ou au camp, son organisation s'achèvera rapidement, et alors tout ce trouble, toute cette confusion s'évanouiront au souille; puissant de la victoire.

Danton demandait à nos pères de l'audace, encore de l'audace, toujours de l'audace; je vous demande de l'ordre, de la discipline, du calme el de la patience: l'audace alors sera facile. En ce moment, elle est coupable et ridicule. »

Dans la séance du 8 avril, la Commune adopta le décret suivant:

La Commune de Paris

Décrète:

Tout citoyen blessé à l'ennemi pour

la défense des droits de Paris recevra, si sa blessure entraîne une incapacité de travail partielle ou abso lue, une pension annuelle et viagère dont le chiffre sera fixé par une commission spéciale, dans les limites de *trois cents* à *douze cents* francs.

lu

On se rappelle que les élections complémentaires à la Commune avaient été ajournées par suite des opérations militaires engagées. La Commission exécutive décida, par arrêté du 8 avril, que ces élections auraient lieu le lundi 10 avril, de huit heures du matin à huit heures du soir.

A cette note, insérée dans le *Journal officiel* de Versailles:

Quelques hommes reconnus pour appartenir à l'armée et saisis les armes à la main, ont cté passés par les armes, suivant la rigueur de la loi militaire qui frappe les soldais combattant leur drapeau,

La Commission exécutive répondait par l'insertion des lignes suivantes dans le *Journal officiel* de Paris:

Cet horrible aveu n'a pas besoin de commentaires. Chaque mot crie vengeance, justice! KUe ne sera pas attendue. La violence de nos ennemis proivo leur faiblesse. Ils assassinent; les républicains combat lent. La Republique vaincra!

Avec tant d'autres, les francs-maçons cherchaient à s'interposer entre la Commune et l'Assemblée pour faire cesser, par une transaction immédiate, la lutte sanglante qui durait depuis trop longtemps déjà. A cet effet, quelques francs-maçons dignitaires rédigèrent, le 8 avril, un manifeste qui, rappelant les devises humanitaires de leur ordre, exhortait les combattants à « arrêter « l'effusion de ce sang précieux qui coule des deux côtés. »

Les journaux du matin firent connaître à Paris une déclaration rédigée par neuf représentants de la Seine présents à Versailles. Ce long factum parlait beaucoup des patriotiques souffrances de nos députés; et, pour calmer l'effervescence parisienne, pour amener la capitale à mettre bas les armes, il faisait remarquer qu'après tout « la République n'avait été contestée ouvertement « par aucun membre de l'Assemblée nationale. » Cela ne devait-il pas suffire pour satisfaire Paris?

Les puériles réflexions de nos députés manifestaient combien ils avaient peu l'intelligence du mouvement qui s'accomplissait et la connaissance des profondes réformes à opérer pour faire de l'unité française autre chose qu'une expression géographique. En définitive, les neuf députés de Paris qui signèrent cette déclaration n'émettaient aucune base de solution, aucune idée capable d'apaiser la discorde civile. Ce document que nous reproduisons était donc sans aucune valeur, sans aucune utilité pratique:

Le temps n'est pas aux longs discours, lorsque le canon gronde; et là où les passions se heurtent, la voix de la raison n'a guère chance d'être écoutée. Cependant, nous ne saurions, nous, représentants de Paris, membres de l'Assemblée nationale, garder le silence, à la vue des malheurs qui accablent notre pays, à la vue de Paris dans l'abandon et dans le deuil. Il y a quelque chose de trop poignant dans la tristesse que l'effusion du sang français nous inspire; nous souffrons trop, par la pensée, des souffrances de Paris, condamné, après la cruelle épreuve d'un siège héroïquement soutenu, à une épreuve plus cruelle encore, pour que du fond de nos cœurs saignant de tant de blessures à la fois, ne s'échappe pas un cri d'avertissement et de douleur.

Nous nous abstiendrons de toute parole faite pour ajouter aux colères ou envenimer les haines: elles n'ont pas besoin, helas! d'être attisées! C'est à les éteindre qu'il faut songer.

Nous adressant donc tout d'abord à cette nombreuse portion de la population parisienne qui veut l'ordre dans la liberté, qui veut la reprise du travail, mais qui veut aussi le maintien assuré de la République et qui redoute l'esprit dont une certaine fraction de l'Assemblée nationale est animée, nous lui dirons qu'il serait inexact d'imputer cet esprit à l'Assemblée tout entière, ou même à la majorité; qu'après tout, la République existe de fait, qu'elle compte dans l'Assemblée des défenseurs énergiques et vigilants; que pas un membre de la majorité n'a encore mis ouvertement en question le principe républicain; que si ce principe est sauvé, aucun mauvais vouloir, aucune arrière-pensée ne l'empêcheront de porter ses fruits naturels et d'avoir ses développements logiques; que l'essentiel est donc, pour le moment, de préserver de toute atteinte la forme républicaine, laquelle, si elle devait périr, périrait certainement le jour où la violation prolongée de la légalité, les excès de l'arbitraire, la paralysie du travail, la guerre de ville à ville et de citoyen à citoyen, feraient croire l'existence de la République incompatible avec le respect des lois, la prospérité du commerce et de l'industrie, la sécurité individuelle et la paix publique.

Quant à ceux qui auraient été entraînes dans l'insurrection par une exaltation d'idées désintéressée dans sa violence et sincère dans son égarement, nous leur dirons qu'ils auraient dû frémir à la seule pensée d'aggraver, de prolonger le Héau de l'occupation étrangère en y ajoutant le iléau des discordes civiles; que s'il est légitime de demander pour Paris, comme pour les autres villes de France, la jouissance pleine et entière des libertés communales, il ne l'est pas de la demander à une révolte contre le suffrage universel; que si l'excès de la centralisation est un mal, l'autonomie de la Commune, poussée jusqu'à la destruction de l'unité nationale, œuvre de plusieurs siècles, est un mal bien plus grand encore, et que travailler à la dislocation do la France, c'est remonter le cours de l'histoire, abandonner le principe de la solidarité et répudier les traditions de la Révolution française.

Éniin, au gouvernement, nous dirons que c'est en cherchant les moyens d'arrêter l'effusion du sang français qu'il doit, selon nous, rétablir l'ordre, ct, dans l'appréciation des mesures à I rendre pour arriver à ce but suprême, nous l'adjurerons de s'inspirer de certaines paroles prononcées, le 3 avril, par le chef du pouvoir exécutif, paroles où nous avons cru découvrir et où nous avons salué avec joie l'indication d'une tendance à adopter la politique de la modération, de l'apaisement et de l'oubli. Car il faut couper court à cette horrible lutte entre Français: il le faut.

Pour nous, notre ligne est toute tracée. Nous avions conçu l'espoir qu'il serait possible de mettre lin aux angoisses de la population parisienne et de remplir les vœux de Taris sans passer par la guerre civile.

Cet espoir a été trompé: nous le reconnaissons avec une douleur inexprimable, puisque le sang coule. Mais nous ne nous découragerons pas. Nous resterons au poste que les suffrages de nos concitoyens nous ont assigné, quelque tragique que soit la position que les circonstances nous ont faite. Jusqu'à l'épuisement de nos forces, nous y resterons.

Que si la République courait des dangers, ce serait pour nous une raison de plus de la défendre là où clic aurait le plus besoin d'être défendue, et où clic le serait avec les seules armes vraiment efficaces: la discussion libre et la raison.

Les représentants de Paris présents à Versailles,

Louis Blanc, Henri Hrisson, Edmond Adam, C. Tiraru,

E. Farcy, A. Peyrat, Edgar Qcinet, Langlois, Dorian.

Sous le titre: *Proposition d'un traité de paix,* les journaux du 8 avril reproduisirent une communication faite par M. Victor Schœlcher, député de Paris, à *l'Avenir national.* Dans cette note très-étendue (nos députés étaient alors volontiers prolixes); M. Schœlcher développait la résolution suivante, qu'il voulait présenter à l'adoption de l'Assemblée nationale:

Une commission de six membres est chargée de s'aboucher avec la Commune de Paris et de conclure un arrangement qui rétablirait à Paris l'autorité du gouvernement légal, qui garantirait, à Paris, ses franchises, et à la Commune l'intégralité de ses droits municipaux.

Tous ces efforts de pacification, toutes ces-tentatives de transaction se heurtaient malheureusement contre l'obstination de l'Assemblée nationale, qui considérait la défaite de l'insurrection comme nécessaire avant tout.

Dimanche 9 avril iSCl

Dans la nuit du 8 au 9 avril, les fédérés firent plusieurs reconnaissances en avant des forts du Sud. Les positions des deux armées en présence ne furent pas modifiées.

Pendant la journée du dimanche, les forts de Vanves et d'Issy canonnèrent presque sans intermittence. Les batteries des Versaillais, établies sur le plateau de Châtillon et dans le haut du bois de Clamart, répondaient de temps en temps seulement.

A Neuilly, les Versaillais s'emparèrent, aux abords du pont, d'un assez grand nombre de maisons qu'ils occupèrent. Ils gagnaient évidemment du terrain.

La Porte-Maillot était fortement endommagée; l'artillerie du rond-point de Courbevoie avait réussi à démolir les ailes soutenant le tablier du pont-levis; les terrassements de la demi-lune étaient bouleversés; les remparts et les embrasures avaient aussi été fort éprouvés; mais leur réparation était facile.

Les boîtes à mitraille et les obus continuaient à pleuvoir dans les quartiers voisins de Neuilly. Les Ternes devenaient inhabitables; l'Arc-de-Triomphe recevait toujours des obus; il conservait trace de leur éclatement. Aucun d'eux, jusque-là, n'avait porté sur les bas-reliefs.

La batterie de la Porte-Maillot avait été renforcée de nouvelles pièces; à la porte des Ternes il en avait été établi, et l'on pratiquait des embrasures pour en recevoir d'autres.

Dans cette journée, les Versaillais se répandirent du côté du champ de courses de Longchamps.

Une chose vraiment curieuse, c'était l'animation qui régnait ce jour-là aux Champs-Elysées. On ne cessa d'y circuler pendant toute l'après-midi, comme si la lutte n'était pas engagée à quelques centaines de mètres. C'était le jour de Pâques, le temps était magnifique. La garde nationale avait peine à contenir la foule qui venait voir éclater les obus et entendre la canonnade.

La fixation des élections complémentaires au 10 avril fut vivement combattue par la plupart des journaux partisans de la Commune.

Déjà la Commune avait admis plusieurs membres, bien qu'ils n'eussent pas obtenu la majorité fixée par la loi de 1849. Beaucoup d'électeurs ayant quitté Paris depuis le vote du 26 mars, il était présumable qu'il n'y aurait pas grande affluence au scrutin du 10 avril. Cette prévision faisait désirer aux partisans de la Commune l'ajournement de l'élection, qui avait d'ailleurs l'avantage de ne pas introduire dans la Commune des éléments nouveaux, peut-être hostiles à la conduite qu'elle avait adoptée. Et, sur bien des points, il y avait lieu de lui être peu sympathique!

La pénurie des finances constituait l'une des plus graves difficultés, l'une des entraves les plus insurmontables de la situation faite à la Commune par l'arrêt complet de toute production. Le cit. Ch. Beslay, délégué par la Commission des finances à la Banque do France, ne rendit pas un minime service à la Commune, en lui procurant certaines ressources financières assez considérables que les opérations militaires nécessitaient. Doué d'un esprit distingué, d'un caractère ferme, d'une volonté opiniâtre, le cit. Ch. Beslay parvint à faire admettre aux directeurs de la Banque de France que la Commune devait avoir la libre disposition des fonds appartenant à la ville de Paris, déposés dans cet établissement. Beconnaissant à la Banque son caractère d'indispensable établissement privé, le cit. Beslay s'engagea, au nom de la Commune, à la mettre à l'abri de toute atteinte, à la faire respecter, soit par l'organisation d'un bataillon de gardes nationaux spécialement composé des employés de l'établissement, soit en adjoignant, s'il était besoin, à ce bataillon, d'autres détachements commandés par la Commune. A ces conditions, une entente fut conclue. La Banque devait fournir à la Commune, sur un récépissé de M. Beslay, les fonds de la Ville qu'elle possédait en dépôt; et, dans le cas où ces fonds seraient épuisés, elle devait faire des avances garanties par la remise de titres sur les biens de la ville de Paris.

Par une circulaire datée du 9 avril, approuvée par le délégué à la guerre, le Comité central invitait la garde nationale à procéder régulièrement à la nomination des divers délégués et conseils dont l'ensemble constituait la Fédération de la garde nationale.

Dans la journée, les membres de la *Ligue d'union républicaine pour les droits de Paris* se réunirent à l'École centrale, avec quelques représentants de la Commune, dans le but de rechercher quels pouvaient être les termes de la convention d'armistice à proposer à l'Assemblée de Versailles. Après discussion, il fut convenu, dans une autre réunion qui eut lieu le soir, que la ligue ne se départirait point de l'esprit de son programme, qui pouvait se résumer ainsi: maintien de l'unité politique de la France, autonomie municipale des communes. Des délégués furent désignés pour porter au gouvernement de Versailles le programme de la Ligue avec la mission de chercher à établir les conditions d'un armistice. Ces délégués devaient partir le lendemain.

Le programme de la Ligue d'union républicaine avait été adopté par un grand nombre de réunions; il exprimait donc les vœux d'une majorité importante de la population parisienne, et pouvait dès lors être proposé comme base de la transaction que les délégués allaient proposer à Versailles.

Le gouvernement avait déjà reçu à Versailles la délégation de l'Union des chambres syndicales, représentant le commerce et l'industrie de Paris. Plusieurs entrevues avec M. Thiers et avec quelques groupes de députés n'avaient produit encore aucun résultat. M. Thiers évita soigneusement de faire une réponse qui put être interprétée dans un sens favorable à une transaction avec Paris.

Après avoir exposé aux députés les vœux dont ils étaient les interprètes, les délégués des chambres syndicales en reçurent cette réponse: « Que l'insurrection désarme d'abord. » Prétention dérisoire, car alors il n'y aurait plus eu lieu de parler de transaction. Lorsque les délégués demandèrent la confirmation de la République, on leur répondit: « La République existe. » Ils firent observer que Paris voulait jouir de ses franchises municipales. « La Chambre fait une loi les accordant à toutes les communes, » leur dit-on. Hélas! MM. les Députés se figuraient-ils que le projet de loi présenté pût être considéré comme reconnaissant l'autonomie communale?

Voilà comment les propositions conciliatrices étaient accueillies à Versailles.

La prolongation de la lutte attristait de plus en plus les esprits raisonnables. Mais quels arguments pouvaient-ils faire valoir pour obtenir des combattants la cessation des hostilités lorsqu'ils apprenaient que des propositions modérées étaient systématiquement repoussées par Versailles, qui continuait à vouloir maîtriser la rébellion parisienne par les armes.

Dans le but d'exposer aux campagnards induits en erreur par le gouvernement de Versailles le but de la Révolution du 18 mars, M André Léo et le citoyen B. Malon rédigèrent le manifeste suivant, adressé « aux travailleurs des campagnes, » qui fut imprimé à l'Imprimerie nationale, sur papier petit format, et distribué dans les départements par l'entremise de citoyens dévoués. Les journaux ne le reproduisirent que vers le milieu du mois de mai:

COMMUNE DE PARIS
AUX TRAVAILLEURS DES CAMPAGNES

Frère, on te trompe. Nos intérêts sont les mêmes. Ce que je demande, tu le veux aussi: l'affranchissement que je réclame, c'est le tien. Qu'importe si c'est à la ville ou à la campagne que le pain, le vêtement, l'abri, le secours manquent à celui qui produit toute la richesse de ce monde? Qu'importe que l'oppresseur ait nom: gros propriétaire ou industriel? Chez toi, comme chez nous, la journée est longue et rude et ne rapporte pas même ce qu'il faut aux besoins du corps. A toi comme à moi, la liberté, le loisir, la vie de l'esprit et du cœur manquent. Nous sommes encore et toujours, toi et moi, les vassaux de la misère.

Voilà près d'un siècle, paysan, pauvre journalier, qu'on te répète que ja propriété est le fruit sacré du travail, et tu le crois. Mais ouvre donc les jeux et regarde autour de toi; regarde toi-même et tu verras que .c'est un mensonge. Te voilà vieux; tu as toujours travaillé; tous tes jours se sont passés la bêche ou la faucille à la main, de l'aube à la nuit, et tu n'es pas riche cependant, et tu n'as pas même un morceau de pain pour ta vieillesse. Tous tes gains ont passé à élever péniblement des enfants que la conscription va te prendre, ou qui, se mariant à leur tour, mèneront la même vie de bête de somme que tu as menée, et finiront comme tu vas finir, misérablement; car, la vigueur de tes membres s'étant épuisée, tu ne trouveras guère plus de travail; tu chagrineras tes enfants du poids de ta vieillesse, et te verras bientôt obligé, le bissac sur le dos et courbant la tête, d'aller mendier de porte en porte l'aumône méprisante et sèche.

Cela n'est pas juste, frère paysan, ne le sens-lu pas? Tu vois donc bien que l'on te trompe; car s'il était vrai que la propriété est le fruit du travail, tu serais propriétaire, toi qui as tant travaillé. Tu posséderais cette polite maison, avec un jardin et un enclos, qui a été le rêve, le Lut, la passion de toute ta vie, mais qu'il t'a été impossible d'acquérir, — ou que lu n'as acquise peut-être, malheureux, qu'en contractant une dette qui l'épuisé, te ronge, et va forcer tes enfants à vendre, aussitôt que tu seras mort, peut-être avant, ce toit qui t'a déjà tant coulé. Non, frère, le travail ne donne pas la propriété. Elle se transmet par hasard ou se gagne par ruse. Les riches sont des oisifs, les travailleurs sont des pauvres,—et restent pauvres. C'est la règle; le reste n'est que l'exception.

Cela n'est pas juste. Et voilà pourquoi Paris, que tu accuses sur la foi de gens intéressé» à le tromper, voilà pourquoi Paris s'agite, réclame, se soulève et veut changer les lois qui donnent tout pouvoir aux riches suites travailleurs. Paris veut que le fils du paysan soit aussi instruit que le fils du riche, et pour rien, attendu que la science humaine est le bien commun de tous les hommes, et n'est pas moins utile pour se conduire dans la vie que les yeux pour voir.

Paris veut qu'il n'y ait plus de roi qui reçoive ironie millions de l'argent du peuple, et qui engraisse de plus sa famille et ses favoris: Paris veut que, cette grosse dépense n'étant plus à faire, l'impôt diminue grandement. Paris demande qu'il n'y ait plus de fonctions payées 20,000, 30,000, 100,000 fr.; donnant à manger à un homme, en une seule année, la fortune de plusieurs familles; et qu'avec celle économie, on établisse des asiles pour la vieillesse des travailleurs.

Paris demande que tout homme jui n'est pas propriétaire ne paye pas un sou d'impôt; que celui qui ne possède qu'une maison et son jardin ne paye rien encore; que les petites fortunes soient imposées légèrement, et que tout le poids de l'impôt tombe sur les richards.

Paris demande que ce soient les députés, les sénateurs et les bonapartistes, auteurs de la guerre, qui payent les cinq milliards de la Prusse, et qu'on vende pour cela leurs propriétés, avec ce qu'on appelle les biens de la couronne, dont il n'est plus besoin en France.

Paris demande que la justice ne coûte plus rien à ceux qui en ont besoin, et que ce soit le peuple lui-même qui choisisse les juges parmi les honnêtes gens du canton.

Paris veut enfin, écoute bien ceci, travailleur des campagnes, pauvre journalier, petit propriétaire que ronge l'usure, bordier, métayer, fermier vous tous qui semez, récoltez, suez, pour que le plus clair de vos produits aille à quelqu'un qui no fait rien; — ce que Paris veut, en fin de compte, c'est la terre au paysan, l'oult à l'ouvrier, le travail pour tous.

La guerre que fait Paris en'ce moment, c'est la guerre à l'usure, au mensonge et à la paresse. On vous dit: « Les Parisiens, les socialistes sont des partageux. » Eli, bonnes gens, no voyez-vous pas qui vous dit cela? Ne sont-ils pas des partageux ceux qui, ne faisant'rien, vivent grassement du travail des autres? N'avez vous jamais entendu les voleurs, pour donner le change, crier. « Au voleur! » et détaler tandis qu'on arrête le volé?

Oui, les fruits de la terre à ceux qui la cultivent. A chacun le sien; le travail pour tous.

Plus de très-riches ni de très-pauvres.

Plus de travail sans repos, ni de repos sans travail.

Cela se peut; car il vaudrait mieux ne croire à rien que de croire que la justice ne soit pas possible.

Il ne faut pour cela que de bonnes lois, qui se feront quand les travailleurs cesseront de vouloir être dupés par les oisifs,

Et dans ce temps-là, croyez-le bien, fi ères cultivateurs, les foires et les marchés seront meilleurs pour qui produit le blé et la viande, et plus abondants pour tous, qu'ils ne le furent jamais sous aucun empereur ou roi. Car alors, le travailleur sera fort et bien nourri, cl le travail sera libre des gros impôts, des patentes et des redevances, que la Révolution n'a pas toutes emportes, comme il paraît bien.

Donc, habitants des campagnes, vo.is le voyez, la cause de Paris est la vôlre, et c'est pour vous qu'il travaille, en même temps que pour l'ou' vrier, Ces généraux, qui l'attaquent en ce moment, ce sont les généraux qui ont trahi la France. Ces députés, que vous avez nommés sans les connaître, veulent nous ramener Henri V. Si Paris tombe, le joug de misère restera sur votre cou et passera sur celui de vos enfants, Aidez-le donc à triompher, et, quoi qu'il arrive, rappelez-vous bien ces paroles — car il y aura des Révolutions dans le monde jusqu'à ce qu'elles soient accomplies: — La Terme Au Paysan, L'outil A L'ouvrier, Le Travail Pour Tous. *Les travailleurs de Paris.*

Les gardes nationaux, après un combat de plusieurs heures, s'emparèrent dans la nuit du 9 au 10 avril d'Asnières, où ils prirent position. Les wagons blindés, avancés au-delà de la Seine, commencèrent alors à opérer. Du côté de Villiers et de Levallois, les fédérés firent un mouvement en avant qui leur assura la possession de la partie nord-est de Neuilly. Le rond-point de Courbevoie et le Mont-Valérien ayant peu bombardé dans la nuit, on profita de ce calme inaccoutumé pour réparer la

Porte-Maillot, rétablir le pont-levis et remettre en état le rempart. En avant de la porte, on commença l'installation de nouvelles batteries.

Les canonnières avaient commencé leurs opérations; de Sèvres, elles envoyaient des projectiles sur Mcudon,

Dans la nuit du 9 au 10 avril, la canonnade résonna fortement du côté des forts du sud. Des points élevés de la capitale, on distinguait les lumières produites par les détonations des canons, qui se succédaient avec rapidité. Ce spectacle sinistre dura environ pendant deux heures; puis la canonnade s'apaisa peu à peu. Les troupes versaillaises avaient eu le dessein de surprendre nuitamment les forts de Vanves et d'Issy et de forcer l'enceinte à l'arme blanche.

Ils en furent empêchés par une résistance énergique, et durent subir de fortes pertes, principalement causées par l'intervention de mitrailleuses américaines, dont on s'était jusque-là peu servi.

Les observations faites par plusieurs membres de la Commune et par certains journaux concernant l'ajournement des élections finirent par prévaloir. Les élections furent ajournées.

Dans la séance du même jour, la Commune résolut de subvenir aux frais mortuaires des gardes nationaux qui succomberaient dans la lutte contre Versailles.

Ainsi que l'annonçait une note insérée la veille dans le *Journal officiel,* la Commune s'occupa, dans la séance du 10 avril, du sort des familles des gardes nationaux tués « pour la défense du droit du peuple, » qu'elle assura en prenant les dispositions suivantes:

La Commune de Paris,

Ayant adopté les veuves et les enfants de Ions les citoyens morts pour la défense des droits du peuple,

Décrète:

Art. 1. — Une pension de 600 francs sera accordée à la femme du garde national tué pour la défense des droits du peuple, après enquête qui établira ses droits et ses besoins.

Art. 2. — Chacun des enfants, reconnus ou non, recevra, jusqu'à l'âge de dix-huit ans, une pension annuelle de

365 francs, payable par douzièmes.

Art. 3. — Dans le cas où les enfants seraient déjà privés de leur mère, ils seront élevés aux frais de la Commune, qui leur fera donner l'éducation intégrale nécessaire pour être en mesure de se suffire dans la société.

Art. 4. — Les ascendants, père, mère, frères et sœurs de tout citoyen mort pour la défense des droits de Paris, et qui prouveront que le défunt était pour eux un soutien nécessaire, pourront être admis à recevoir une pension proportionnelle à leurs besoins, dans les limites de 100 à 800 francs par personne.

Art. S. — Toute enquête nécessitée par l'application des articles ci-dessus sera faite par une commission spéciale, composée de six membres délégués à cet effet dans chaque arrondissement, et présidée par un membre de la Commune appartenant à l'arrondissement.

Art. 6. — Un comité, composé de trois membres de la Commune, centralisera les résultais produits par l'enquête et statuera en dernier ressort.

Sans attendre les conclusions de l'enquête qui devait établir l'identité et la situation des familles des défunts, dans chaque municipalité il était remis immédiatement, comme secours provisoire, une somme de 50 francs à toute personne qui pouvait avoir droit à la pension instituée et qui se trouvait dans la nécessité de la réclamer.

La commission des barricades avait adopté un plan de travaux de défense à construire dans Paris, sur des points qui devaient être désignés d'accord avec le génie militaire et le délégué à la guerre.

Les travaux d'installation des barricades avaient commencé la veille, sous la direction du cit. Napoléon Gaillard. On les élevait à l'intérieur de l'enceinte, sur le parcours de la route militaire, en face des diverses portes et sur différents points stratégiques de Paris. Ce n'étaient plus, comme au 18 mars, d'informes amas de pavés, mais de solides retranchements constituant de véritables redoutes établies avec beaucoup d'art. Faites avec de la terre amoncelée sur une hauteur de quatre mètres et une épaisseur de six mètres, ces barricades, construites sur toute la largeur de la voie, étaient revêtues extérieurement de sacs de terre; elles présentaient généralement trois embrasures, et elles étaient précédées par un fossé de deux mètres de profondeur et d'une largeur proportionnée au massif. Cette tranchée mettait à découvert les conduites d'eau et de gaz ainsi que les égouts. Dans la partie de Tégout comprise dans le fossé devait être placée une torpille; et à cinquante mètres en avant de la barricade on devait en mettre une autre, de façon à pouvoir faire sauter le terrain, s'il était nécessaire, sur un vaste périmètre.

L'aspect réellement redoutable de ces barricades, à l'édification desquelles on travaillait avec activité, remplissait de crainte les curieux qui venaient les contempler.

Les journaux du malin informèrent Paris de la nouvelle victoire que M. Thiers avait remportée, non sur les fédérés, mais sur les députés.

L'Assemblée nationale s'occupait de cette loi sur les conseils municipaux qui devait émerveiller tout le monde, et établir en France la liberté communale.

On venait de voter à la majorité de 285 voix contre 275 un amen dément de M. Lefèvre-Pontalis accordant aux communes le droit d'élire leurs maires, droit qui, d'après le projet de loi, ne devait apparteuir qu'aux communes peuplées de moins de 6,000 habitants. L'Assemblée s'était donc montrée plus libérale que le gouvernement. Celui-ci ne pouvait accepter la sage mesure qui avait été adoptée.

Le rapporteur de la commission, M. Balbie, rouvrant une discussion épuisée, demanda que la faculté d'élire les maires fût restreinte aux villes peuplées de moins de 20,000 âmes. Et, contre l'opposition de l'Assemblée, le chef du pouvoir executif vint défendre cette proposition. Interrompu à chaque instant par les cris: « La question est vidée, c'est voté, » M. Thiers déclara formellement qu'il renonçait au pouvoir si l'Assemblée ne consentait pas à se déjuger, à revenir sur le vote qu'elle avait émis.

Lorsque M. Thiers offrait sa démission, il était toujours assuré de remporter la victoire. L'Assemblée eut la faiblesse impardonnable d'annuler le vote précédent et d'adopter à une grande majorité la proposition de M. Batbie.

Une Assemblée qui se déjuge dans ces circonstances est une Assemblée qui se suicide; elle n'a plus ni autorité ni valeur morale.

M. Thiers, qui ne comprend pas le gouvernement sans une centralisation excessive, devait essayer de faire revenir l'Assemblée sur sa décision; mais en triomphant il justifiait du même coup, ainsi que le remarqua justement M. A.-Edouard Portalis, dans la Vérité:

« l'insurrection communaliste de Paris, en tant

« qu'elle avait besoin d'être justifiée en principe, et il semait les « germes d'autres insurrections communalistes dans toutes les « villes peuplées de plus de 20,000 âmes.

« Accorder la libre élection des maires dans les cités popu« leuses, éclairées, capables de voter en connaissance de cause, « c'était donner satisfaction aux partisans des franchises com« munales et les désarmer; refuser à ces grandes villes un droit « qu'on accorde aux villages et aux petites villes, c'était élargir « encore le fossé qui sépare les populations rurales des popula« tions urbaines, et en supposant qu'on remportât la victoire « demain dans les rues de Paris, c'était se ménager de nouvelles « révoltes, parfaitement légitimes, pour après-demain.., »

Les tentatives conciliatrices suivaient leurs cours malgré les mauvaises dispositions manifestées à Versailles. Le Temps, qui produisait presque chaque jour un nouveau moyen dont l'application était, selon lui, de nature à faire cesser la lutte, demandait, dans son numéro publié le 10 avril, que M. Thiers prit l'initiative d'une conciliation. Après le vote obtenu de l'Assemblée par le chef du pouvoir exécutif, il n'était pas possible que M. Thiers voulut prendre l'attitude d'un pacificateur; il était assez puéril de le proposer. Le journal le Temps exposait ainsi sa proposition:

« En somme, en dehors de quelques exagérés do

« la Commune, il y a la population de

Paris; en dehors des deux « cents réactionnaires ultra de l'Assemblée, il y a la France; et « Paris et la France veulent se rapprocher, non se battre.

« Qui s'oppose à ce rapprochement? Est-ce le gouvernement de

« Versailles? Est-ce l'Assemblée? Est-ce la Commune? Nous ne

« le savons pas et nous ne voulons pas le savoir; mais ce que

« nous savons, c'est qu'il y a un homme, un seul, qui, par son

« ascendant, par l'autorité exceptionnelle que lui ont donné quinze

« cent mille suffrages, pourrait prendre hardiment, hautement,

« l'initiative d'une conciliation. Cet homme, c'est M. Thiers. Hier

« encore, il a obtenu de la Chambre un vote peu libéral relatif à

« la nomination des maires; qu'il use de son pouvoir pour obtenir

« un vote d'humanité l'autorisant à entrer en pourparlers avec

« Paris. De deux choses l'une: ou cette tentative de paix réussira,

« ou elle avortera. Si elle réussit, elle sera l'éternel honneur de

« celui qui en aura eu l'initiative. Si elle avorte, la France entière « aura été juge; elle saura pourquoi 200,000 hommes se battent

« depuis huit jours et elle saura sur qui faire retomber la respon

« sabilité du sang versé... » *L'Union républicaine pour les droits de Paris* publiait une adresse « aux Français » dans laquelle était développé le programme de transaction que nous avons reproduit. Ce document se terminait ainsi:

« Que le gouvernement s'engage à renoncer à toute poursuite concernant les faits accomplis le 18 mars;

Que, d'autre part, pour assurer la libre expression du suffrage universel, on procède à la réélection générale de la Commune de Taris;

Qu'une grande ei imposante manifestation de l'opinion publique fasse cesser la lutte. Que Paris entier signe arec nous! Aujourd'hui, comme au temps du siège, il s'agit de sauver la République, il s'agit de sauver la France.

Si le gouvernement de Versailles restait sourd à ces revendications légitimes, qu'il le sache bien, Paris tout entier se lèverait pour les défendre. »

Mardi 11 avril 1891

Les travaux de toutes sortes, en vue de la défense, se poursuivaient avec activité. On consolidait les barricades déjà établies à l'intérieur; aux remparts, on rétablissait sur leurs affûts les canons qui, depuis l'armistice, gisaient sur la terre, dans la boue, le long des bastions. Tous, parmi les fédérés, déployaient une remarquable énergie, et le spectacle de tous ces efforts, de tous ces courages, suscitait cette réflexion au *Temps,* faisant un retour sur le passé:

« On songe avec douleur combien, alors qu'il s'agissait de « défendre Paris contre les Prussiens, il eût été facile à un com« mandement plus confiant et plus viril, d'utiliser toutes ces « forces, tous ces dévouements, teus ces courages, qui alors « n'avaient qu'un but: délivrer Paris et sauver la France. »

Le silence observe pendant la soirée et la nuit du 10, l'absence de détonations entendues dans la ville, coïncidant avec les tentatives de conciliation qui se poursuivaient, avaient fait naître chez beaucoup l'espoir d'un armistice préparant une fin prochaine de la guerre civile si déplorablement engagée. La journée du 11 aussi avait été calme, et bon nombre d'habitants des localités menacées par les obus, en avaient profité pour sortir de leurs caves et chercher un refuge à l'intérieur des murs. Vers le soir, toutes les espérances étaient démenties, la lutte reprenait avec un nouvel acharnement. Le canon, la mousqueterie se faisaient entendre sur tout l'espace compris entre Asnières et Montrouge, et plus particulièrement, au Sud, vers les forts d'Issy, Vanves et Montrouge.

A dater du moment où nous en sommes arrivés, s'il y a combat à peu près chaque jour, il n'y a, en fait, presque jamais résultat important d'un côté ni de l'autre. Versailles avance lentement, mais constamment et sûrement. Ceci nous dispense dorénavant de récits bien circonstanciés, qui ne pourraient qu'être fastidieux. Au point de vue où nous écrivons cette histoire, nous

n'avons d'ailleurs pas à nous occuper d'une façon spéciale des détails de la lutte par les armes. En ce qui concerne les faits de guerre, nous ne pouvons qu'enregistrer strictement les faits et constater les résultats. L'histoire que nous faisons est l'histoire de l'idée communale et des actes des hommes qui la représentent plus spécialement, de par le suffrage de leurs concitoyens. L'histoire des combats n'entre pas dans notre cadre, nous les mentionnons, nous ne les racontons pas.

Ajoutons qu'il faudrait, pour faire cette dernière histoire avec quelque chance d'impartialité, non-seulement que les événements fussent un peu plus éloignés de nous, mais que l'on possédât les documents militaires émanés des deux partis en présence, — ce qui, à l'heure qu'il est, manque complètement à tous.

Les démarches en vue d'amener une conciliation se poursuivaient activement. Les délégués de *l'Union nationale* rédigeaient et publiaient le rapport sur leur démarche à Versailles, dont nous avons parlé précédemment: *Au Syndicat général de* J'union Nationale Messieurs,

Nous voudrions, pour vous rendre compte de la mission que vous avez bien voulu nous confier, provoquer une réunion du Syndicat général, ou même de tous les membres adhérents de l'Union *nationale.* L'urgence des circonstances et les exigences mêmes de notre tâche ne nous le permettent pas à l'heure présente. Nous vous supplions donc de nous excuser si, à raison de ces motifs impérieux, nous nous adressons à vous par la voie des journaux. Nous y trouverons d'ailleurs l'avantage de porter ainsi sans retard, à la connaissance du gra.ad public, une communication d'intérêt public.

Ainsi que les journaux l'ont annoncé la semaine dernière, le Syndicat de *VUnion nationale,* représentant environ 7 à 8,000 commerçants et industriels de Paris, nous avait coniié le soin de rechercher, en nous mettant en contact, d'une part avec la Commune de Paris, de l'autre avec les divers groupes entre lesquels se partage l'Assemblée nationale, s'il n'y aurait aucune possibilité de terminer, autrement que par les armes, le conflit qui désole tous les cœurs français et menace de ruiner notre malheureux pays.

L'ordre d'idées dans lequel nous devions nous placer, dans toute la série de nos démarches, avait été déterminé, sur notre propre initiative, par un vote du Syndicat général. Il se résumait dans les deux termes suivants:

Maintien et affermissement de la République;

Revendication, pour la ville de Taris, des franchises municipales les plus larges et les plus distinctes de l'action ou de l'ingérence du pouvoir central.

Sachant d'avance que, sauf des questions de nuances ou de degrés, ce programme était celui de la Commune, dont nous avions eu l'honneur de voir officieusement quelques membres, nous crûmes devoir tout d'abord vérifier l'état des choses et des esprits à Versailles, où nous semblaient régner, louchant le mouvement de Paris, bien des préjugés et des erreurs de fait qu'il était important de combattre.

Quelques-uns de nous avaient d'ailleurs mission spéciale d'agir, conjointement avec d'autres délégués du commerce, pour obtenir du gouvernement une organisation transactionnelle et provisoire du service postal, en vertu de laquelle l'échange des correspondances entre Paris et la province se fût opéré sous la direction et la responsabilité d'une commission neutre, composée de commerçants.

Nous devons à la vérité de déclarer ici que M. Theisz, directeur général des postes pour le compte de la Commune, montre, dans les négociations relatives à cette affaire, les dispositions les plus conciliantes et le zèle le plus empressé. Par malheur, après deux voyages successifs à Versailles, les membres de la commission spéciale des postes durent se convaincre que l'aggravation de la situation politique affectait cette question plus que toute autre et laissait peu de chances à un arrangement, le gouvernement ne se souciant point de faciliter les relations entre Paris en révolution et la province agitée.

Nous n'insisterons donc pas autrement ici sur cette question des posles, que l'on peut considérer comme écarloe jusqu'à la solution générale dans laquelle elle sera comprise, et nous en venons à l'exposé sommaire des très-humbles efforts que nous avons faits en vue de cette solution générale.

Arrivés à Versailles, le vendredi 7 avril, à cinq heures du soir, après neuf heures de route, nous nous mîmes immédiatement en rapport avec quelques députés; et grâce plus particulièrement à l'obligeante courtoisie de M. Paul de Rémusat, nous pûmes obtenir, presque à l'heure même, la réunion, dans l'un des bureaux de la Chambre, d'un certain nombre de membres de la droite, appartenant plus spécialement à la nuance marquée par MM. Johnston, Germain et le baron Lespérut.

Nous nous appliquâmes, dans ce colloque, à éclairer la conviction de nos honorables auditeurs, un peu troublée peut-être par l'atmosphère de Versailles, par les bruits faux ou exagérés qui y circulent, par le fâcheux empressement avec lequel certains journaux s'en emparent pour irriter la querelle. Nous essayâmes de faire entendre à ces messieurs qu'il ne faut point confondre le mouvement de Paris avec la surprise de Montmartre, qui n'en a été que l'occasion et le point de départ; que ce mouvement est profond et général dans la conscience de Paris; que le plus grand nombre de ceux-là mêmes qui, pour une cause ou pour une autre, s'en sont tenus à l'écart, n'en désavouent point pour cela la légitimité sociale et la fatalité historique; que le démembrement des empires est un legs fatal des excès de la centralisation; que l'agitation communaliste survenue à Paris et dans diverses localités de la France est précisément la manifestation des forces de décomposition latente qui s'agitaient sous l'unité triomphante de l'empire; que ces forces ne pouvant, de leur nature, être comprimées, il faut, en bonne politique, les seconder pour s'en rendre maître et non point les exaspérer en les combattant; qu'ainsi dirigée et réglée, l'expansion des tendances communalistes ou même provincialistes ne saurait être un danger

pour le pays, mais qu'elle serait, tout au contraire, le signe et le gage de sa renaissance, puisqu'elle attesterait la reprise de la vie locale dans tout ce grand corps exténué par la centralisation; qu'en somme, en ce qui concerne spécialement le mouvement de Paris, la vraie solution politique serait, selon nous, de laisser à Paris la pleine liberté et l'entière responsabilité de sa tentative d'initiation, en se contentant de mettre le pays à couvert des chances qui pourraient en résulter, c'est-à-dire en établissant ailleurs qu'à Paris, au moins jusqu'à ce que la période critique soit passée, le centre politique de la France.

Nous eûmes la satisfaction d'être écoutés complaisamment par MM. les députés de la droite, et même de nous concilier leur approbation sur quelques points par où les tendances de la droite, en matière de décentralisation et d'autonomie locale, confinent de plus près qu'on ne le pourrait croire aux vues de la Commune de Paris.

Mais les solutions que nous apportions semblèrent à ces messieurs trop radicales ponr faire l'objet d'une proposition parlementaire; et la question des rapports actuels entre le gouvernement de la France et la Commune de Paris leur ayant paru ressortir plus spécialement aux attributions du pouvoir exécutif, ils nous engagèrent à voir M. Thiers, dont l'esprit, nous assurèrent ces messieurs, était disposé aux transactions.

Nous prîmes congé de MM. les députés de la droite, et, en attendant que nous puissions aborder M. Thiers, nous voulûmes, dès le même soir, nous mettre en communication avec la gauche de l'Assemblée. A cet effet, nous nous rendîmes à la salle du Jeu-de-Paume, lieu ordinaire de ses réunions. Nous y fûmes accueillis par une commission de sept membres, qui avait été désignée pour nous entendre, et qui se composait de MM. Carnot, Bozérian, Dorian, Ducarre, Ducuing, Magnin et Henri Martin.

Nous exposâmes devant cette commission les mêmes vues que nous venions de soumettre à une autre fraction de l'Assemblée, et nous devons confesser que, sur la question des droits de Paris et de l'autonomie communale en général, nous trouvâmes ici des réserves plus accusées qu'ailleurs.

On admet assez généralement, dans le parti républicain, que l'unité française est une conquête glorieuse et inaliénable de la Révolution, tandis que nous n'y verrions volontiers que l'œuvre patiente, et excellente d'ailleurs, de la monarchie française, dont. la Révolution ne fit en ceci que suivre les traditions et emprunter les armes. Toutefois, comme nous étions venus à Versailles chercher des éléments de conciliation et non débattre des thèses, nous en arrivâmes à dresser, contradictoirement avec les honorables commissaires de la gauche, une ébauche de transaction dont voici le texte:

« Considérant que le conflit engagé entre Français sous les yeux de l'étranger est à la fois un malheur et une honte, et qu'à ce double titre il doit cesser au plus vite;

« Les soussignés, préoccupés des malheurs de la patrie, proposent:

« De constituer une commission de conciliation, laquelle aurait pour rôle de se mettre en contact avec les membres du gouvernement et de la Commune de Paris, sans engager ni l'un ni l'autre, et de rechercher dans cet échange de rapports les moyens d'une solution pacifique.

« Ces moyens nous paraissent consister principalement dans les dispositions suivantes:

« Acceptation par la ville de Paris de la loi municipale provisoire qui va être votée au premier jour par l'Assemblée;

« Élections opérées dans Paris conformément à cette loi, c'est-à-dire sous très peu de jours, par les soins de la commission de conciliation;

« Faculté pour le conseil municipal issu de ces élections de soumettre à l'Assemblée un projet relatif aux conditions particulières à la ville de Paris, conditions particulières dont le projet de loi reconnaît déjà la nécessité à certains égards;

« En conséquence, et pour faciliter les négociations relatives aux propositions ci-dessus:

« Suspension de l'action militaire aussitôt après l'acceptation préalable de ces préliminaires à Paris, sans préjuger, quant à présent, la question d'armement ou d'organisation de la garde nationale, question qui demeure réservée à l'examen ultérieur du conseil municipal et aux décisions de l'Assemblée nationale sur la réorganisation de la force armée en France. « Amnistie politique générale. »

Ce fut sur ces bases de transaction que nous recherchâmes, le lendemain samedi, un entretien avec M. Thiers. M. Barthélémy Saint-Hilaire, que nous vîmes tout d'abord, et qui nous témoigna les dispositions les plus sympathiques, nous ménagea, pour quelques heures après, une entrevue avec le chef du pouvoir exécutif.

M. Thiers, à qui nous avions donné communication des termes du mandat que nous tenions du syndicat général, y répondit très-nettement sur les deux points principaux que nous avons signalés au début de cette note.

En ce qui concerne le maintien de la République, il nous affirma sur son honneur, dans le langage le plus ferme et le plus catégorique, que jamais, lui vivant et au pouvoir, la République ne succomberait. Il nous rappela qu'il avait déjà dit cela à la Chambre, et nous autorisa à le redire en son nom à nos commettants et au public. Il ajouta qu'en dépit des tendances particulières à telles individualités ou à tel groupe de la Chambre, cinq cents députés au moins le soutiendraient dans cet ordre d'idées, et qu'en somme la République, si elle pouvait justement se défier des excès des factions, n'avait rien à redouter des dispositions de la Chambre.

Ces assurances de M. Thiers, que nous accueillîmes avec joie, étaient d'ailleurs conformes de tous points aux confiances que nous avaient témoignées la veille les députés de la gauche.

Sur le second point, celui des franchises de Paris, M. Thiers nous déclara que Paris n'avait à attendre du gouvernement rien de plus que l'application du droit commun, tel qu'il résulterait de la loi municipale que la Chambre allait voter.

Nous évitâmes d'entrer, à ce propos, dans un débat sans issue; car nous n'espérions point convertir aux idées municipalistes ou fédéralistes le centralisme bien connu de M. Thiers. Nous crûmes toutefois devoir lui donner communication de la note dressée, dans la salle du Jeu-de-Paume, avec les députés de la gauche.

M. Thiers en écouta attentivement la lecture. Sans ratifier explicitement aucune de ces dispositions, il n'en contesta formellement aucune, et les explications qui furent échangées à propos de tel ou tel paragraphe, notamment au sujet de l'amnistie, nous laissèrent tous sous celle impression: que les termes de la note en question pouvaient, en ce qui concerne le pouvoir exécutif, servir de base à la discussion ultérieure d'un arrangement.

N'ayant pas, à l'heure présente, de pouvoirs qui nous autorisassent à pousser plus avant cette discussion, nous dûmes prendre congé de M. Thiers sur ce premier échange de vues, et nous rentrâmes à Paris pour y interroger de plus près les dispositions de la Commune.

Nous publierons dans un second document, s'il y a lieu, le résumé de celte seconde partie de nos démarches.

Les délégués des Chambres syndicales présents à Versailles;
Rault, Levallois, Hippolyte Marestaing, Lhuilmer, Jules Amigues.

Ce compte rendu de la démarche conciliatrice faite par le Syndicat de l'*Union nationale,* indique nettement qu'il y avait à ce moment espoir d'amener une prompte issue de la guerre civile.

D'autres démarches étaient en même temps tentées dans un sens identique.

Nous avons vu que la *Ligue d''union républicaine des Droits de Paris* avait adopté comme pouvant servir de base à un armistice, un programme que nous avons cité précédemment. Les délégués nommés le 9, MM. Desonnaz, Armand Adam et Bonvallet, partirent le 11 pour Versailles, avec mission de présenter ce programme au gouvernement.

Le même jour, partaient aussi pour Versailles des délégués des diverses loges maçonniques, allant faire aussi leurs efforts pour amener la conciliation.

La Commune, poursuivant la réorganisation de la garde nationale de Paris, et cherchant à y assurer l'ordre et la discipline, décrétait la formation de conseils de guerre dans chaque légion.

La Commune et le délégué à la guerre se préoccupaient aussi de la question des munitions. Un décret paru à l'Officiel leur assurait les munitions qui pouvaient exister dans la cité; une note du délégué faisait appel aux personnes qui étaient en mesure d'en fabriquer de nouvelles.

En même temps, un ordre du commandant de place entravait la sortie de Paris pour les citoyens que les récentes mesures appelaient dans la garde nationale.

Parmi les citoyens que l'on voulut ainsi retenir dans Paris, il y en eut certes plus d'un qui parvint à s'échapper. On usa de toutes sortes de subterfuges.

Le mouvement d'émigration parisienne se continuait activement parmi la partie de la population non atteinte par lei récents décrets, et la Commune était amenée à abaisser le prix des passeports.

La Commune revenant, partiellement au moins, sur une première mesure que beaucoup avaient blâmée ou regrettée, décidait que les procès-verbaux des séances seraient insérés au Journal officiel. Ce n'était pas encore là la véritable publicité; c'était au moins un acheminement. Les comptes rendus que le public allait pouvoir lire n'étaient pas des procès-verbaux sténographiés m extenso, mais enfin c'était quelque chose de plus que l'apparition pure et simple à l'Officiel des décrets ou des arrêtés pris en résultat de délibérations absolument ignorées de tous.

Ce commencement de publicité était dû aux efforts de la fraction socialiste de la Commune, qui depuis l'origine ne cessait de réclamer contre la décision prise tout d'abord de ne publier aucun compte rendu, et de n'admettre qui que ce soit à assister aux séances.

Depuis quelques jours, une affiche rouge était apposée partout dans Paris, où se trouvaient simplement consignées quelques paroles prononcées par M. Thiers, alors qu'il faisait entourer Paris de fortifications:

« Quoi 1 imaginer que des ouvrages de fortification quelconque peu« vent nuire à la liberté ou à l'ordre, c'est se placer en dehors de toute « réalité. Et d'abord, c'est calomnier un gouvernement quel qu'il soit de «. supposer qu'il puisse un jour chercher à se maintenir en bombardant « la capitale. Quoi! après avoir percé de ses bombes la voûte des Inva« lides ou du Panthéon, après avoir inondé de ses feux la demeure de « vos familles, il se présenterait à vous pour" vous demander la confirma« tion de son existence! Mais il serait cent fois plus impossible après la « victoire qu'auparavant! »

M. Thiers envoya, le 11, aux départements la dépêche suivante:

Versailles, 11 avril, 10 h. 30 matin Rien de nouveau.

« Le plus grand calme règne dans nos cantonnements.

« Aujourd'hui, le maréchal Mac-Manon, les généraux Cissey, Ladmi« rault, prennent possession de leurs commandements.

« Le général Vinoy conserve le commandement de l'armée de réserve. « L'armée s'organise et augmente chaque jour,

« Quant à une conspiration contre la République qui tendrait à la ren« verser, démentez ce bruit absurde et periide.

« Il n'y a de conspiration contre la République que de la part des « insurgés de Paris; mais on prépare contre eux des moyens irrésisti« blés, et qu'on ne cherche à rendre tels que dans le désir et l'espérance « d'épargner l'effusion du sang.

« Que les bons citoyens, sincères dans leurs alarmes, se rassurent. Il « ne surviendra pas un seul événement sans qu'on le fasse connaître, et « il n'y en a aucun de funeste à prévoir ni à craindre. »

A. Thiers.

La séance de l'Assemblée fut consacrée, comme les précédentes, à la discussion de la loi municipale.

Mercredi 1S Avril 1891

Le 12, après une lutte acharnée, les fédérés reprennent Neuilly, et enferment dans l'île de la Grande-Jatte un certain nombre d'hommes de l'armée de Versailles.

Le soir, une nouvelle attaque sur les forts du Sud est faite sans autre résultat que la veille.

Le Journal officiel publiait une note du délégué à la guerre relative à la solde de la garde nationale, et un arrêté fixant la solde des officiers, qui fut pris sur la proposition du général Cluseret.

On songeait aussi aux femmes, aux enfants des gardes morts ou blessés, et des quêtes étaient organisées dans tout Paris. 11 faut le dire à l'honneur de ceux qui répartissaient les dons reçus entre les personnes à secourir, — car on a trop voulu persuader à ceux qui n'ont pas vu les faits de irès qu'il n'y avait à Paris, depuis le 18 mars, qu'horreurs et qu'atrocités accumulées, — les familles, restées à Paris, de ceux qui combattaient la Commune, ne furent pas oubliées.

Une note faisant appel aux dons se terminait par ces mots:

La Commune a envoyé du pain à quatre-vingt-douze femmes de ceux qui nous tuent.

Il n'y a pas de drapeaux pour les veuves!

La République a du pain pour toutes les misères, et des baisers pour tous les orphelins.

Un décret de la Commune retirait au corps des pompiers son caractère militaire.

Le vote pour l'élection de membres de la Commune en remplacement des démissionnaires ou des membres élus dans deux arrondissements, avait été retardé jusque-là, à cause de la présence aux avant-postes d'un certain nombre d'électeurs.

Cette situation pouvant se prolonger, le délégué à la guerre prit des mesures pour que le vote de ces citoyens devînt possible; et les élections complémentaires furent fixées au 16 avril.

Un arrêté de la Commune suspendait les poursuites pour les échéances jusqu'au jour où paraîtrait à l'Officiel un décret réglant la matière.

En même temps, était prise la décision de jeter à bas la colonne de la place Vendôme. Voici le décret rendu par la Commune à ce sujet, sur la proposition du cit. Félix Pyat, et malgré l'opposition de la minorité socialiste, qui soutenait que l'Assemblée communale avait bien d'autres choses à faire que de s'occuper de cela:

La Commune de Paris,

Considérant que la colonne impériale de la place Vendôme est un monument de barbarie, un symbole de force brute et de fausse gloire, une affirmation du militarisme, une négation du droit international, une insulte permanente des vainqueurs aux vaincus, un attentat perpétuel à l'un des trois grands principes de la République française, la fraternité, Décrète:

Article unique. La colonne de la place Vendôme sera démolie.

Certes, la colonne Vendôme n'excitait notre admiration à aucun point de vue. Nous avions en exécration les souvenirs qu'elle rappelait; et « ce monument de barbarie, ce symbole de fausse « gloire » était loin de faire naître en nous la moindre fierté.

Au point de vue de l'art, il faut convenir que ce long fût surmonté d'une statue ridicule sous sa défroque romaine, n'avait rien de bien séduisant.

Pourtant, le décret de la Commune nous parut regrettable, et, faut-il le dire, l'idée de démolir cette colonne nous sembla une puérilité.

Que les idées représentées par la colonne Vendôme n'aient plus de sympathies parmi les générations actuelles, nous le souhaitons vivement, — bien que peut-être, en fait, le déclin n'en soit pas aussi avancé que nous voudrions le croire.

Avons-nous bien, en France, — nous disons parmi le grand nombre, — l'horreur « de la force brute et de la fausse gloire? » haissons-nous bien le militarisme?

Il serait peut-être permis d'en douter à ceux qui se souviennent de quelques mois seulement, à ceux qui ont suivi avec quelque soin, avec quelque souci, les mouvements de l'esprit public depuis moins d'un an. Mais admettons pourtant cette horreur, cette haine as-

surément de date bien récente; mettons d'autant plus de bon vouloir à y croire que c'est la réalisation d'un de nos vifs désirs.

En résulte-t-il que, l'idée n'existant plus parmi nous, il y ait pour cela quelque raison d'anéantir les traces qu'elle a laissées, à une époque où, certes, elle avait quelque autorité sur les esprits?

Si un tel principe était admis, la logique aidant, tous les monuments seraient détruits les uns après les autres.

La colonne Vendôme n'est pas le seul monument qui tomberait en vertu des considérants du décret cité ci-dessus. Puis, il n'y a pas que l'idée de conquête ou de gloire militaire que la progression des idées ait pu nous amener à détester; et, si l'on détruisait tout ce qui peut rappeler des notions du passé aujourd'hui vieillies ou abandonnées, combien peu de monuments, combien peu d'œuvres d'art laisserait-on subsister?

Non; n'élevons plus de monuments aux idées auxquelles ne correspond plus rien parmi nous, — pour cela il n'est pas besoin de décrets ni de quoi que ce soit, — mais ne détruisons pas ceux qu'a élevés le passé en conformité avec les notions qu'il acceptait, qu'il professait.

Et surtout ne croyons pas avoir fait quelque chose en jetant par terre un amas de pierre ou de bronze; car si l'idée qu'il rappelle n'est plus en honneur chez la masse, le monument n'est pas un danger, mais bien plutôt un enseignement; et si l'idée au contraire subsiste encore dans les esprits, la chute du monument, loin de l'anéantir, ne fera que l'aviver et lui donner un surcroît de force, une activité nouvelle.

La Commune faisait appeler à sa barre le citoyen Bergeret et le citoyen Assi, arrêtés tous deux.

Le citoyen Bergeret était accusé d'incapacité militaire, à cause des premiers événements de la guerre dirigés par lui et les citoyens Eudes, Duval et Flourens, ces deux derniers morts depuis dans les circonstances que nous avons racontées.

Le citoyen Assi était arrêté, parce qu'on lui prêtait l'intention de provoquer un soulèvement populaire contre

la Commune. Quelques-uns de ses collègues, parmi lesquels le citoyen Malon, n'eurent pas de peine à persuader à l'assemblée communale qu'une telle allégation ne reposait sur aucun fondement, et le citoyen Assi fut mis en liberté.

Quant au citoyen Bergeret, son arrestation fut maintenue jusqu'à ce qu'une commission de trois membres ait lu son rapport sur les faits militaires à lui imputés.

Les arrestations de prêtres continuaient. Nous en avons parlé en termes généraux dans la journée du 7, et ne comptons pas les signaler une à une.

Nous reproduisons seulement, à titre de curiosité, l'ordonnance relative aux arrestations de ce genre dans le XVIII arrondissement:

Attendu que les prêtres sont des bandits et que les églises sont des repaires où ils ont assassiné moralement les masses, en courbant la France sous la griffe des infâmes Bonaparte, Favre et Trochu,

Le délégué civil des Carrières, près l'ex-Préfecture de police, ordonne que l'église Saint-Pierre-Monlmartre sera fermée, et décrète l'arrestation des prêtres et des ignorantins.

Signé: Le Moussu.

Les termes *peu tolérants* dans lesquels est conçue cette ordonnance, ainsi que la mesure même qu'elle ordonne, — l'arrestation des prêtres, non comme coupables de ceci ou cela, mais uniquement comme prêtres, — étaient plutôt de nature à servir qu'à combattre auprès dela foule, ceux à qui l'on appliquait l'épithète de bandits d'une manière peut-être un peu trop générale.

Le mouvement communal de Paris inspirait au *Journal officiel* de Versailles un long article que nous reproduisons:

Ce serait faire trop d'honneur à l'insurrection de Paris que de la comparer même au régime de 1793.

En 1793, au fond des âmes les plus féroces, il y avait l'amour de la France, le culte de la patrie. Les proscriptions étaient terribles; mais c'étaient des hommes dévoués à l'Unité nationale qui proscrivaient des hommes soupçonnés de s'entendre avec l'étranger et de rêver fédéralisme en présence des armées ennemies.

Aujourd'hui, ce sont des fédéralistes de la pire école, des amis de l'étranger, eux-mêmes en partie étrangers, qui proscrivent l'unité française.

En 1793, la terreur n'était qu'un moyen. La victoire était le but.

En 1871, la terreur est à elle seule le but de ceux qui l'appliquent; ou bien, si elle est un moyen, c'est le moyen d'assurer le pillage et de protéger l'assassinat.

En 1793, la Commune et la terreur étaient sorlies, comme par explosion, des susceptibilités nationales exaspérées par les résistances intérieures, surexcitées par les dangers du dehors.

En 1871, la Commune et la terreur, se produisant au lendemain de nos désastres, pour souscrire obséquieusement au traité de paix, ne sont que la révélation d'un guet-apens prémédité par des condottieri sans patrie.

Ces partisans de la lutte à outrance épiaient la fin des hostilités pour sortir de leur embuscade. Hardis seulement contre la France, ils n'osaient se montrer en face de l'ennemi pendant le siège; mais ils étaient trop impatients d'user de leurs armes contre leurs concitoyens pour attendr, eavant de commencer la guerre sociale, que les Prussiens eussent *quitté Saint-Denis.*

Ces partisans de la République une et indivisible veulent séparer les villes des campagnes, distraire Paris de la France, diviser l'État en une multitude d'États, constituer, en un mot, une sorte de féodalité par en bas.

Le second Empire avait déjà détruit au dehors l'œuvre trois fois séculaire de François I, de Henri IV, de Richelieu et de Mazarin. L'Europe, dont il faisait ainsi les affaires, ne lui cherchait pas querelle. Elle lui permettait d'avoir, à ce prix, des victoires.

La Commune de 1871 renchérit encore sur cette politique anti-française.

Il ne lui suffit pas que par la création définitive de deux unités nationales sur nos frontières, la France ait été replacée dans la situation où elle était au XVI siècle, et qu'un traité inévitable ait fait

reculer nos limites au delà non-seulement du traité de Westphalie (1648), mais même du traité de Cateau-rambrésis (1559).

La Commune de 1871 trouve la France, telle qu'elle est, encore trop forte. Elle remonte encore plus haut dans l'histoire pour y chercher le type de l'abaissement national. Son idéal c'est la France du XI siècle.

Plus elle serait morcelée, plus il y aurait de communes.

Ainsi, au moment où l'Italie et l'Allemagne ne veulent plus de la *confédération,* on ose proposer à la France de reprendre, pour son propre compte, cette déplorable forme politique: on veut qu'elle revienne à son début, en reniant tout son passé!

L'insurrection de 1871, qui s'attache à copier 1795, ne manque pas de prodiguer à l'armée française, qui défend la patrie et la République, les épithètes de *chouans* et de *Vendéens.* Mais c'est elle qui est une véritable chouannerie démagogique, une Vendée socialiste!

Aujourd'hui, la Vendée et la Bretagne soutiennent l'unilé nationale. C'est la Commune de Paris qui fait exception à la France. C'est elle qui est en sécession.

De même, le Comité de salut public qui, en 1793, travaillait au moins à sauver le pays, n'en poursuit actuellement que la dissolution. Il avait alors une raison d'être, sinon légitime, du moins compréhensible. Expression suprême et violente de l'instinct national poussé jusqu'à la fureur, il était né pour concentrer contre l'ennemi toutes les ressources du pays, pour en discipliner toutes les forces, pour en tendre tous les ressorts.

Mais, qu'est-ce que le Comité de salut public, qui commence par mendier la tolérance de la Prusse, par lui demander humblement la permission de persécuter, de traquer, de fusiller des Français, et qui ne paraît destiné qu'à ressusciter au service de haines subalternes, les procédés de police employés au Moyen Age par l'Inquisition?

Lors même qu'il se ferait illusion au point d'espérer vaincre les résisr tances de la France entière concentrées à Ver-

sailles, ne sait-il pas que la Prusse peut, d'un geste et d'un mot, l'anéantir? que le premier résultat de son succès serait précisément de livrer la France à la Prusse?

On le voit, entre la Commune de 1871 et de celle 1795, il n'y a, malgré l'identité dus dénominations, aucune ressemblance. Si détestée, si maudite que soit cette dernière, le seul résultat de la parodie lugubre contre laquelle le pays est réduit à se défendre, sera de faire paraître moins odieux par l'effet du contraste, l'objet épouvantable de cette imitation à contre sens et à contretemps.

A ses petits-fils dégénérés, Robespierre devra de la reconnaissance. Comparé à eux, il fait presque figure d'homme d'État.

On se rappelle encore cette bande d'assassins et de brigands qui, à quelques kilomètres d'Athènes, firent prisonniers, il y a un an ou deux, des touristes anglais et un diplomate étranger en promenade, et massacrèrent ceux qu'une énorme rançon ne vint pas à temps délivrer de leurs mains.

Ce n'est plos dans la plaine de Marathon, c'est en plein Paris que se passent actuellement des scènes analogues. Il ne peut plus être question ici des orgies de la passion politique: ce sont purement et simplement les manières de faire usitées dans les Abruzzes et dans les montagnes du Péloponèse.

Comment caractériser autrement des gens qui, sous prétexte d'opposition politique, arrêtent comme otages les femmes et les enfants, qui ferment les issues de la ville pour en faire une vaste souricière, qui incorporent de force les passants dans leur bande, qui font de chaque coin de rue une embuscade?

L'antique peine du talion, les vieux codes barbares, sont dépassés par le banditisme qui, sons le nom de Commune, se donne carrière dans Paris.

La ville la plus civilisée, la plus brillante, la plus aimable du monde, est devenue comme un lieu pestiféré, d'où chacun cherche à s'enfuir. Les malheureux qui ne peuvent s'échapper sont réduits à invoquer sur le sol de la patrie, l'appui des puissances neutres. Ils vont demander asile aux consulats étrangers, et il en est maintenant de la capitale de la France comme de ces pays lointains de l'Orient, où il faut des capitulations pour protéger les Européens contre la barbarie des coutumes locales et les atrocités des indigènes.

Nous l'avons déjà dit, ce ne fut pas le côté le moins douloureux des choses, que cette réciprocité de l'injure dont l'article ci-dessus est un des monuments. Ici la calomnie joue aussi son rôle. « Hardis seulement contre la France, » est-il dit des hommes de la Commune et de leurs adhérents, « ils n'osaient se montrer en face de l'ennemi pendant le siège. » Ce n'est pas seulement la stupéfaction, c'est une sorte d'horreur impossible à rendre qui nous saisit, lorsque nous nous rappelons qu'un tel reproche est adressé à la garde nationale parisienne, ou au moins à la partie actuellement en lutte avec le gouvernement, par ce même gouvernement composé en grande partie d'hommes de la Défense nationale!

Et cette comparaison entre Paris depuis le 18 mars et la plaine de Marathon? Est-ce le songe de vieillards affolés de terreur? estce une machination perfide d'hommes qui comptent, en semant dans la province des contes de cette force, produire la peur et entraver tout mouvement de sympathie pour l'ennemi qu'ils ont déchaîné contre eux-mêmes?

Un seul membre de phrase est fondé dans tout cet article de *l'Officiel* de Versailles: « L'insurrection de 1871, qui s'attache à copier 1793... » Fâcheuse manie d'imitation, en effet, qui se manifestera plus fortement à mesure que nous suivrons le cours des événements, et que nous aurons malheureusement plus d'une fois sujet de déplorer.

Le chef du pouvoir exécutif envoyait la dépêche suivante dans les départements:

Versailles, 12 avril 1871, S heures 30 soir.

Ne vous laissez pas inquiéter par de faux bruits; l'ordre le plus parfait règne en France, Paris seul excepté. Le gouvernement suit son plan et il n'agira que lorsqu'il jugera le moment venu.

Jusque-là les engagements de nos avant-postes sont insignifiants. Les récits de la Commune sont aussi (aux que ses principes. Les écrivains de l'insurrection prétendent qu'ils ont remporté une victoire du côté de Cbàlillon. Opposez un démenti formel à ces mensonges ridicules. Ordre est donné aux avant-postes de ne dépenser inutilement ni la poudre, ni le sang de nos soldats.

Cette nuit, vers Clamart, les insurgés ont canonné, fusillé dans le vide, sans que nos soldats, devant lesquels ils fuient à toutes jambes, aient daigné riposter.

Notre armée, tranquille et confiante, attend le moment décisif avec une parfaite assurance, et si le gouvernement la fait attendre, c'est pour rendre la victoire moins sanglante et plus certaine.

L'insurrection donne plusieurs signes de fatigue et d'épuisement.

Bien des intermédiaires sont venus à Versailles pour porter des paroles de conciliation, non pas au nom de la Commune, sachant qu'à ce litre ils n'auraient pas même été reçus, mais au nom dès républicains sincères qui demandent le maintien de la République et qui voudraient voir appliquer des traitements modérés aux insurgés vaincus.

La réponse a été invariable: Personne ne menace la République, si ce n'est l'insurrection elle-même.

Le chef du pouvoir exécutif persévérera loyalement dans les déclarations qu'il a faites à plusieurs reprises.

Quant aux insurgés, les assassins exceptés, ceux qui déposeront les armes auront la vie sauve.

Les ouvriers malheureux conserveront pendant quelques semaines la solde qui les fait vivre.

Paris jouira comme Lyon, Marseille, d'une représentation municipale élue qui, comme dans les autres villes de France, fera librement les affaires de la cité; mais, pour les villes comme pour les citoyens, il n'y aura qu'une loi, une seule, il n'y aura de privilège pour personne.

Toute tentative de scission essayée par une partie quelconque du territoire sera énergiquement réprimée en France, ainsi qu'elle l'a été en Amérique.

-i

Telle a été la réponse sans cesse répétée non pas aux représentants de la Commune, que le gouvernement ne saurait admettre auprès de lui, mais à tous les hommes de bonne foi qui sont venus à Versailles s'informer des intentions du gouvernement.

A. Thiers.

Il est dit dans cette dépêche que les fédérés fuyaient à toutes jambes devant les soldats de Versailles. Nous nous bornerons à une réflexion sur ce point. Depuis dix jours la lutte était engagée; comment dix jours de fuite devant eux n'avaient-ils pas mené les Versaillais à la victoire î

« Pour les villes comme pour les citoyens, dit encore M. Thiers, il n'y aura qu'une loi, une seule, et il n'y aura de privilège pour personne. » On voulait à ce moment, comme on l'a toujours voulu pendant ces derniers événements, persuader à la province que Paris prétendait créer à son profit une exception dans le pays, alors que s'il avait pris l'initiative des revendications communales, c'était autant au profit de Lyon qu'au sien propre, et pour que les deux plus grandes villes de France ne constituent pas plus longtemps une injustifiable exception.

Jeudi 13 avril 1891

Dès le matin du 13, le combat reprenait avec une grande vigueur. L'artillerie continuait son duel des jours précédents.

En somme, toute cette canonnade avait pour résultat d'atteindre bien moins les combattants que les habitants des quartiers les moins éloignés des batteries; aussi était-ce un déménagement général dans ces parties de la ville.

Dans le haut des Champs-Elysées, les maisons étaient fortement endommagées; sur les trottoirs, on voyait çà et là des éclats de vitres, des réverbères brisés, des arbres rompus; et puis des trous d'obus, quelquefois accompagnés, à peu de distance, de traces ou même de mares de sang.

Les forts du Sud avaient eu â subir une troisième attaque, restée encore sans résultat.

Les délégués de la *Ligue d'Union ré-*

publicaine des Droits de Paris étaient revenus de Versailles le 12, assez tard dans la soirée, et s'étaient réunis chez M. Floquet, pour rendre compte de leur mission au comité de *l'Union républicaine.* Ils rédigèrent le 13 le rapport suivant, qui parut le soir même:

AUX MEMBRES DE LA LIGBE D'UNION RÉPUBLICAINE DES DROITS DE Paris:

Citoyens,

Les soussignés, chargés par vous d'aller présenter au gouvernement de Versailles votre programme et d'offrir les bons offices de la *Ligue* pour arriver à la conclusion d'un armistice, ont l'honneur de vous rendre le compte suivant de leur mission:

Les délégués ayant donné connaissance à M. Thiers du programme de la *Ligne,* celui-ci a répondu que, comme chef du seul gouvernement légal existant en France, il n'avait pas à discuter les bases d'un traité, mais que cependant il était tout disposé à s'entretenir avec des personnes qu'il considérait comme représentant le principe républicain et à leur faire connaître les intentions du chef du pouvoir exécutif.

C'est sous le bénéfice de ces observations, qui constataient d'ailleurs le véritable caractère de notre mission, que M. Thiers nous a fait sur les divers points du programme les déclarations suivantes:

En ce qui touche la reconnaissance de la République, M. Thiers en garantit l'existence, tant qu'il demeurera à la tête du pouvoir. Il a reçu un État républicain, il met son honneur à conserver cet État.

En ce qui touche les franchises municipales de Paris, M. Thiers expose que Paris jouira de ses franchises dans les conditions où en jouiront toutes les villes, d'après la loi commune, telle qu'elle sera élaborée par l'Assemblée des représentants de la France. Paris aura le droit commun, rien de moins, rien de plus.

En ce qui touche la garde de Paris, exclusivement confiée à la garde nationale, M. Thiers déclare qu'il sera procédé à une organisation de la garde nationale, mais qu'il ne saurait admettre le principe de l'exclusion absolue de l'armée.

Eu ce qui concerne la situation actuelle et Ici; moyens de mettre fin à l'effusion du sang, M. Thiers déclare que, ne reconnaissant point la qualité de belligérants aux personnes engagées dans la lutte contre l'Assemblée nationale, il ne peut ni ne veut traiter d'un armistice; mais il dit que, si les gardes nationaux de Paris ne tirent ni un coup de fusil, ni un coup de canon, les troupes de Versailles ne tireront ni un coup de fusil, ni un coup de canon, jusqu'au moment indéterminé où le pouvoir exécutif se résoudra à une action et commencera la guerre.

M. Thiers ajoute: Quiconque renoncera à la lutte armée, c'est-à-dire quiconque rentrera dans ses foyers en quittant toute attitude hostile, sera à l'abri de toute recherche.

M. Thiers excepte seulement les assassins des généraux Lecomle et Clément Thomas, qui seront jugés si on les trouve.

M. Thiers reconnaissant l'impossibilité pour une partie de la popnlation actuellement privée de travail, de vivre sans la solde allouée, continuera le service de cette solde pendant quelques semaines.

Tel est, citoyens, le résumé succinct, mais fidèle, de la conversation de vos délégués avec M. Thiers. Il n'appartient pas à vos délégués d'apprécier, d'une façon quelconque, jusqu'à quel point les intentions manifestées par M. Thiers répondent ou ne répondent pas aux vœux de la population parisienne.

Le devoir de vos délégués consiste seulement à vous rapporter les faits sans commentaire, et le présent exposé n'a et ne peut avoir d'autre objet que l'accomplissement strict de ce devoir.

A. Desoniuz, Bonvalet, A. Adam.

Les mêmes délégués qui avaient été à Versailles, furent chargés par la *Ligue d'Union républicaine des Droits de Paris* d'une démarche identique auprès de la Commune, c'est-à-dire de lui soumettre le programme de la Ligue.

L'organisation du service médical dans la garde nationale réclamait une prompte réforme; beaucoup de ba-taillons avaient dû aller au feu sans chirurgien. La Commune, se préoccupant de cette situation, décrétait la formation de compagnies d'ambulance, et faisait appel aux docteurs, officiers de santé et élèves en médecine.

Les lignes d'Orléans et de l'Ouest étaient interceptées, à une certaine distance de Paris, par les troupes de Versailles: le but de cette mesure, selon les journaux du gouvernement, était non d'arrêter l'approvisionnement de Paris, mais d'empêcher les mouvements de troupes qui ne relèveraient pas de son autorité. Les habitants de Paris, cependant, se préoccupaient assez de cette précaution prise par les Versaillais, et la Commune elle-même en fut un moment émue.

Entre autres mesures, elle s'enquit du stock de farine en magasin, et l'inspecteur des halles et marchés, accusé d'en avoir dissimulé une partie, fut mis en état d'arrestation.

Pierre Leroux venait de mourir. La Commune décida l'envoi de deux de ses membres aux funérailles, en déclarant qu'elle rendait cet hommage, non au philosophe, mais « à l'homme politique « qui, le lendemain des journées de Juin, a pris courageusement « la défense des vaincus. »

A l'Assemblée M. Brunet demandait à interpeller le gouvernement sur la continuation de la guerre ou sur la conclusion de la paix avec Paris. M. Picard demandant trois jours pour répondre, M. Baze montait à la tribune et proposait d'ajourner à *un mois.* Cette proposition, faut-il le dire, était adoptée par l'Assemblée à une très-forte majorité.

Le reste de la séance était absorbé par la discussion de la loi municipale.

Des agences s'étaient créées pour retirer à Versailles les lettres de toute provenance en destination de Paris, et les distribuer à leurs destinataires. La mesure prise par le gouvernement relativement aux correspondances était ainsi annulée par son propre consentement, puisqu'il autorisait la remise des lettres à ces intermédiaires. Mais alors pourquoi ne pas rendre à Paris le service postal pur et simple? Il est difficile de comprendre cette inconséquence.

Vendredi 14 avril 1891

Vers une heure du matin, le 14, nouvelle attaque des Versaillais du côté du Sud. Le combat dure environ une heure, puis les Versaillais rejoignent leurs retranchements. Comme les jours précédents, pas de résultat important de côté ni d'autre.

La fin de la journée, comme le constate *la Vérité*, « n'amène « aucun résultat appréciable, si ce n'est, comme les jours précé« dents du reste, d'envenimer de plus en plus la querelle entre « les deux partis. »

Les délégués de la *Ligue d'Union républicaine desDroits deParis* se rendirent à deux heures à l'Hôtel-de-Ville et furent reçus par la Commission exécutive, à qui ils donnèrent connaissance du programme de la *Ligue* et du rapport exprimant les intentions du chef du pouvoir exécutif de Versailles. La Commission exécutive déclara aux délégués qu'elle transmettrait à la *Ligue* la réponse que la Commune croirait devoir faire à leur communication.

A la séance de la Commune le cit. Arthur Arnould interpellait la Commission exécutive au sujet de cette démarche; et le cit. Avrial répondait, au nom dç la Commission, qu'elle avait écouté les délégués de la *Ligue,* mais à titre officieux seulement, et ne leur avait fait aucune réponse, ne voulant pas engager la Commune.

Le lendemain matin, 15, paraissait au *Journal officiel* la note suivante:

Certains journaux rendent fort inexactement compte des démarches faites auprès de la Commission executive par les délégués de la *Ligue d'Union républicaine des Droits de Paris.*

La Commission executive a écouté, mais à titre officieux seulement, le rapport que la Ligue a fait insérer dans les journaux, mais sans avoir plus que précédemment le devoir de répondre à une question qui ne pouvait lui être adressée.

La Ligue a pris librement une initiative à laquelle la Commission exécutive, aussi bien que la Commune, sont et devaient demeurer étrangères. Elle a résumé à sa façon les aspirations de Paris, elle a posé un. ultimatum au gouvernement de Versailles, annonçant par une affiche qui se lit encore sur nos murs que *si le gouvernement de Versailles restait sourd à ses revendications légitimes, Paris tout entier se lèverait. pour les défendre.*

Le cas prévu et posé par la Ligue s'étant réalisé, elle n'a pas besoin d'interroger la Commune, elle n'a qu'à tirer la conséquence de ses déclarations spontanées, en conviant Paris tout entier à se lever pour défendre ses droits méconnus.

La Commission exécutive avait dit aux délégués de la *Ligue* qu'elle leur transmettrait une réponse; elle leur disait qu'elle n'avait rien à répondre. *L'Avenir national* fit à ce sujet les réflexions suivantes, que nous ne pouvons qu'approuver:

« Dire qu'on n'a rien à répondre est une réponse. Les délégués
« pouvaient en espérer une autre de la Commune, mais ils doivent
« reconnaître que cette réponse satisfait à l'engagement pris
« envers eux, dans les termes limités où cet engagement a été
« pris. La population jugera si la Commune n'avait pas le devoir
« de répondre autrement, et si cette assemblée, en refusant de
« préciser ses intentions, en refusant de mettre sa politique et
« son programme en regard du programme et de la politique de a M. Thiers, n'a pas commis une faute. »

Cette même commission faisait quelques modifications aux recensements précédents, et par suite de changements dans les nombres d'habitants de certains quartiers de Paris, publiait un tableau qui fixait à trente et un le nombre des membres de la Commune à nommer le 16 avril dans quatorze arrondissements différents.

La Commission exécutive instituait une commission d'enquête pour réunir et publier les documents relatifs au Gouvernement de la défense nationale.

Afin de donner aux citoyens quelque garantie contre les arrestations arbitraires, la Commune, sur la proposition du cit. Vermorel, vota le décret suivant:

La Commune de Paris:

Considérant que s'il importe pour le salut de la République que tous les conspirateurs et les traîtres soient mis dans l'impossibilité de nuire, il n'importe pas moins d'empêcher tout acte arbitraire ou attentatoire à la liberté individuelle,

Décrète:'

Art.'1. Toute arrestation devra être notifiée immédiatement au délégué de la Commune à la justice, qui interrogera ou fera interroger l'individu arrêté, et le fera écrouer dans les formes régulières, s'il juge que l'arrestation doive être maintenue.

Art. 2. Toute arrestation qui ne serait pas notifiée dans les vingtquatre heures au délégué à la justice sera considérée comme une arrestation arbitraire, et ceux qui l'auront opérée seront poursuivis.

Art. 5. Aucune perquisition ou réquisition ne pourra être faite qu'elle n'ait été ordonnée par l'autorité compétente ou ses organes immédiats, porteurs de mandats réguliers, délivrés au nom des pouvoirs constitués par la Commune.

Toute perquisition ou réquisition arbitraire entraînera la mise en arrestation de ses auteurs.

Malheureusement, il en fut de ce décret comme de bon nombre d'autres, — et les choses se passèrent après comme elles s'étaient passées avant.

Un ordre du commandant de place portait que, pour éviter les accidents dans les rues de Paris, l'ancien règlement sur les cavaliers était remis en vigueur. 11 était défendu à tout cavalier, estafette militaire ou civil, de circuler au galop dans les rues de Paris.

Cet ordre était devenu nécessaire. On caracolait, on galopait beaucoup trop dans les rues de Paris; et les officiers à qui le citoyen Cluseret avait dû déjà reprocher la manie du galon, se faisaient fortement remarquer par le fracas avec lequel ils parcouraient la ville, tantôt par ci, tantôt par là. Peut-être pensaient-ils, par ce tapage comme par l'accumulation des dorures, produire un excellent effet? Le fait est qu'ils n'arrivaient qu'à se faire moquer, et que les gens sensés, parmi les partisans de l'idée communale, déploraient amèrement le ridicule que ces officiers jetaient par leurs extravagances sur cette idée qu'ils servaient avec plus de vanité que de sérieux. « comme pour toute autre ville? » Etait-ce ce qu'il entendait dire, lorsque dans la circulaire qu'il adressait le 12 aux départements, il assurait que « pour les villes comme pour les citoyens il n'y « aurait qu'une loi, *une seule,* il n'y aurait de privilège pour « personne? »

Le délégué à la guerre décidait que dix compagnies du génie seraient formées avec les militaires isolés en ce moment à Paris, et seraient employées aux travaux de fortifications.

En même temps, le délégué à la marine s'occupait activement de compléter le service des canonnières, qui pouvaient être d'un grand secours à l'armée.

M. Jules Favre avait dit récemment à la tribune, dans un de ses discours, que l'un des actes *diplomatiques* de la délégation de la Commune aux relations extérieures était « l'enlèvement de « l'argenterie du ministère des affaires étrangères, » et il avait accusé « ces messieurs-» de se l'être appropriée.

Le *Journal officiel* répondait à cette accusation en publiant deux pièces établissant que l'argenterie en question avait été saisie et envoyée à la Monnaie pour y être fondue et. transformée dans le plus bref délai en espèces ayant cours.

Le 14 avril, vers onze heures et demie du matin, un détachement de gardes nationaux envahissaient l'hôtel de M. Thiers, place Saint-Georges; les papiers étaient saisis, l'argenterie envoyée à la Monnaie. A partir de ce moment, l'hôtel fut constamment occupé par la garde nationale; et peu de jours après la saisie, le drapeau rouge flottait au haut de la grille, à la porte d'entrée.

Une perquisition était aussi faite dans l'hôtel de M. de Gallifet, rue Rabelais; une autre avait eu lieu la veille chez les frères Péreire, rue du Faubourg Saint-Honoré. Nous ne comptons pas enregistrer une à une les perquisitions opérées chez les particuliers, pas plus que nous n'énumérons les arrestations. Disons une fois pour toutes que la Commune ne fut pas assez ménagère de semblables mesures, qui ne doivent en aucun cas être prises que sur des motifs sérieux et dans un but d'intérêt, général.

À Versailles, l'Assemblée nationale terminait la discussion do la loi municipale, dont l'ensemble était voté par 497 voix contre 16.

En ce qui concerne Paris, cette loi disposait que chacun des vingt arrondissements nommerait, au scrutin individuel, quatre conseillers, à raison d'un par quartier.

Mais la population des divers arrondissements est singulièrement inégale. Tandis que le XVI ne compte que 42,180 habitants, le XI en possède 149,640. De sorte que, d'après la loi votée, qui donne à tous les arrondissements le même nombre de conseillers, sans tenir compte de la population, les mandataires de l'un se trouveraient représenter trois fois et demie plus d'électeurs que les mandataires de l'autre.

« La Commune, si honnie à Versailles, » disait à ce sujet *la Vérité, a* garde du moins les justes proportions; elle accorde à « chaque arrondissement un nombre d'élus en rapport avec la « population. »

D'autres articles de la même loi disposaient: — que le préfet de la Seine et le préfet de police auraient entrée au Conseil municipal de Paris et seraient entendus toutes les fois qu'ils le demanderaient; — qu'il y aurait pour chacun des vingt arrondissements, un maire et trois adjoints choisis par le chef du pouvoir exécutif, avec incompatibilité entre ces fonctions et celles de conseiller municipal de la ville de Paris.

En somme, la nouvelle loi créait trois catégories parmi les communes de France: 1 Les communes de moins de 20,000 âmes où le Conseil municipal élu devait nommer lui-même le maire et les adjoints parmi ses membres, — sauf révocation par décret.
2 Les communes de plus de 20,000 âmes et les chefs-lieux de département ou d'arrondissement, où les maires et adjoints devaient être nommés par le chef du pouvoir exécutif, avec cette condition que les maires seraient pris dans le Conseil municipal. 3 Enfin, Paris, — pour ne pas dire la Commune de Paris, — qui nommerait, sans tenir compte en rien du chiffre de population, des conseillers à qui se joindraient les deux préfets indiqués ci-dessus, et où les maires et adjoints seraient désignés par le chef du pouvoir exécutif, mais pris en dehors des membres du Conseil municipal.

Était-ce là ce que M. Thiers appelait « le droit commun pour Paris

Nous croyons pouvoir nous borner à poser ces questions. Les esprits justes, impartiaux, y répondront eux-mêmes.

Dans la même séance de l'Assemblée, M. de Belcastel trouvait l'explication des misères qui accablaient Paris: à propos de la discussion d'une loi déférant les délits de presse aux cours d'assises, M. Gavardi avait demandé que l'on comprit parmi ces délits les attaques que des journalistes téméraires autant qu'insensés pourraient avoir l'idée de diriger contre le dogme de l'existence de Dieu ou contre le dogme de l'immortalité de l'âme. M. de Belcastel, frappé d'un trait de lumière à l'audition de cette proposition, montait à la tribune et disait en substance ceci: « Savez« vous pourquoi, tandis que Paris nous offre le désolant spectacle « de perpétuelles agitations, nous jouissons du calme au fond de « nos campagnes? C'est que nous avons gardé la foi de nos pères, « et que Paris n'y songe guère. Mais Paris reviendra à la foi reli« gieuse, j'en ai la conviction,

Acceptons-en l'augure, et ne doutons pas qu'alors tout y soit pour le mieux dans la meilleure des villes!

Dans la nuit du 14 au 15, les Versaillais firent de nouveau une attaque au Sud, principalement du côté de Vanves, mais sans plus de succès que précédemment.

Les forts du Sud tenaient toujours bon, mais ils étaient bien éprouvés. Déjà battus vigoureusement par les projectiles prussiens, frappés, depuis la guerre civile, presque chaque jour par les obus versaillais, ils avaient des parties complètement en ruines. Néanmoins, on le voit, grâce à des travaux de fortifications, à des barricades, grâce surtout à l'incontestable ardeur que les fédérés apportaient dans la lutte, l'approche n'en était pas facile.

Dans Neuilly, la lutte se poursuivait pied à pied, de maison à maison.

Nous extrayons le passage suivant d'une affiche que le délégué à la guerre fit apposer dans la soirée.

Le gouvernement de Versailles renouvelle pour la seconde fois ses vaines rodomontades et parle de vingt-quatre heures pour nous rendre.

Dans la bouche de gens habitués à capituler, ce langage n'a rien de surprenant.

Travailleurs, que la poudre leur porte notre réponse!

En somme, la position est bonne; elle sera excellente après la réorganisation des bataillons de guerre.

Le délégué à la guerre:
G. Cluseret.

Les délégués de *l'Union nationale,* dans une réunion tenue le 15 au soir, rendaient compte à leurs mandataires de leur démarche auprès de la Commune et leur donnaient connaissance du rapport suivant:

Messieurs,

Vous savez, par notre rapport publié dans les journaux, et notamment dans *l'Union nationale,* quel a été le résultat de nos démarches à Versailles. Ce résultat, sans être décisif, nous permettait d'espérer que nos efforts De seraient pas perdus, et nous encourageait par conséquent à poursuivre auprès de la Commune notre campagne de conciliation.

A cet effet, dès notre retour de Versailles, nous eûmes l'honneur de voir tout d'abord M. Theisz, à qui nous devions rendre compte plus spécialement des négociations relatives à la question des postes. Après nous être acquittés de ce devoir, nous fîmes connaître à M. Theisz ce que nous avions fait ou essayé en vue d'un accommodement politique, et nous lui demandâmes d'en vouloir bien donner communication à la Commune.

Dès le lendemain, M. Theisz nous informa qu'une commission avait été dé-

signée par la Commune pour nous entendre. Cette commission se composait de MM. Avrial, Dupas, Gambon, Paschal Grousset et Theisz;

Elle devait se réunir à nous dans le cabinet de ce dernier.

Nous nous y rendîmes au jour et à l'heure indiqués, c'est-à-dire le lundi 10 avril, à neuf heures et domie du matin. Nous exposâmes à ces messieurs les faits et les considérations qui ont fait l'objet de notre récent rapport. Nous insistâmes aupiès d'eux sur les raisons qui nous paraissent conseiller l'adoption de la proposition que nous avions rapportée *du* Versailles, quoique cetle proposition, comme vous le savez, fût loin de satisfaire nos propres visées en ce qui concerne le principe de l'autonomie communale. Nous appuyâmes auprès de nos honorables auditeurs sur les devoirs d'humanité et de fraternité dont nous trouvâmes leurs consciences fortement pénétrées; nous tentâmes aussi de leur faire sentir que la résistance prolongée de Paris, si légitime qu'elle pût être dans leur convietion, avait pour inévitable conséquence la recomposition, hors de Paris, de l'armée permanente, telle qu'elle avait été constituée avant la chute de l'Empire, et préparait ainsi, par une voie indirecte mais trop sûre, un nouvel instrument aux ambitions et aux surprises dynastiques.

Enfin, nous nous attachâmes à marquer que les concessions que pourrait faire la Commune de Paris aux nécessités de la paix ne porteraient point préjudice aux franchises que Paris réclame et au développement ultérieur de la révolution organique impliquée dans cette revendication; car, le principe une fois posé et Paris se trouvant, par l'éloignement effectif du pouvoir central et par la facilité qu'il se réserverait de se garder lui-même, en possession virtuelle de son autonomie, celle-ci ne pourrait manquer de produire progressivement tous ses fruits, comme si elle eût été, dès l'origine, proclamée sans aucune réserve dans le traité de pacification.

Après un colloque de deux heures, nous prîmes congé de MM. les membres délégués de la Commune, et

il demeura convenu que M. Theisz voudrait bien nous prévenir s'il y avait lieu de pousser les choses plus avant.

Le surlendemain, M. Theisz, que nous vîmes une fois ou deux dans l'intervaije, et en qui nous avons toujours trouvé l'accueil le plus courtois et l'esprit le mieux disposé, nous notifia, par une lettre adressée à l'un de nous, que « la Commune ne croyait pas pouvoir traiter sur les bases de la proposition rapportée par nous de Versailles, et qu'elle se réservait de motiver son refus. »

Ce refus de la Commune n'ayant pas été motivé jusqu'à ce moment, il ne nous appartient point d'entrer à ce sujet dans des explications qui ne reposeraient que sur des présomptions pures. Il nous est permis toutefois de vous faire remarquer que la journée du H avril, veille de celle où nous parvint la lettre de M. Theisz, fut marquée par un succès militaire de la Commune, et que ce succès put la rendre moins facile aux concessions, en suscitant tout naturellement en elle des espérances plus formelles d'un triomphe définitif.

Vous vous souviendrez, en outre, qu'à ce moment même une nouvelle députation parisienne, celle de *l'Union républicaine des Droits de Paris,* se préparait à partir pour Versailles, emportant des propositions un peu plus radicales que celles de notre projet, et dont la Commune pouvait espérer l'acceptation; ce qui devait logiquement la détourner de toute négociation engagée sur des bases moins avantageuses.

Enfin, il importe surtout de ne pas oublier le vote que M. Thiers arracha à l'Assemblée nationale, dans la séance du 8 avril, c'est-à-dire précisément une heure après l'entrevue que nous avions eue avec lui, vote par lequel M. Thiers faisait rectifier une décision que la Chambre venait de rendre à l'instant même, vote par lequel M. Thiers affirmait une fois de plus et faisait prévaloir, contre la Chambre elle-même, le droit d'ingérence du pouvoir exécutif, non-seulement dans les affaires communales des cités, mais dans la composition même de leur personnel administratif.

Ce vote conquis par M. ThTers, avec

l'appui marqué de la gauche, a pu vous faire sentir combien était juste l'appréciation formulée par nous dans notre précédent rapport, à savoir: que, sur le principe de l'autonomie communale, les dispositions de la droite parlementaire seraient plus aisément réconciliables peut-être que celles de la gauche ou que celles de M. Thiers.

Quoi qu'il en soit, il est aisé de concevoir que l'attitude prise par M. Thiers en cette occasion a dû accroître les défiances de la Commune et fortifier en elle le sentiment que toute conciliation était impossible entre des prétentions nettement et résolument contradictoires. Il y a donc tout lieu de supposer que le vote du 8 avril contribua pour beaucoup aux déterminations négatives que nous exprime M. Theisz pour le compte de la Commune.

Il est plus évident encore que les élections complémentaires, provoquées par la Commune pour demain 16 avril, sont une réplique à ce vote du 8 avril, et attestent de la part de la Commune l'intention de ne point tenir compte de la loi municipale votée par l'Assemblée.

Nous ne pouvons pas ne pas regretter cette décision de la Commune, puisqu'elle est contraire au projet de transaction auquel nous nous étions ralliés. Nous avions insisté auprès de la commission municipale chargée de recevoir nos explications, et plus spécialement auprès de H. Theisz, pour que ces élections complémentaires fussent annoncées assez longtemps à l'avance, et cela dans le double but: 1 De consolider le crédit moral de la Commune par la gravité et la liberté des opérations électorales par lesquelles elle se compléterait; 2 De rallier aux idées communalistes et à l'initiative populaire un vaste groupe bourgeois qui s'y associerait assurément, c'est du moins notre conviction, si on lui laissait le temps de se reconnaître, de se consulter, d'échanger des idées et de se choisir des mandataires.

Le résultat auquel nous visions est anéanti par la convocation des électeurs à bref délai.

Nous ne voyons pas bien ce que la Commune y gagnera.

Ce que nous savons, c'est que les forces que nous aurions voulu réunir demeurent décomposées, et que le vote, en de telles conditions d'isolement, est, pour chacun, rempli d'incertitude et presque dépourvu d'intérêt. Nous croyons néanmoins, quant à nous, qu'il convient de voter, et cela, par cette raison générale, que voter, c'est exprimer une opinion, et que tout citoyen appelé à donner son opinion la doit à son pays, quelles que soient les conjonctures où on le convoque et l'objet sur lequel il est requis de se prononcer. Mais ce principe une fois affirmé, nous ne saurions en vérité quel conseil donner pour son application actuelle; et, dans l'impossibilité où nous sommes de proposer et de discuter, des noms ou des listes, nous reconnaissons que le vote d'un grand nombre de citoyens pourra bien n'intéresser que la conscience de chacun, et demeurera en fait stérile.

Des regrettables circonstances que nous venons de vous exposer, s'ensuit-il qu'il faille renoncer à l'espérance d'un accommodement, et que, pour notre compte, nous devions cesser d'y prêter tous nos efforts? Certes, telle n'est point notre pensée. A nos yeux, tout citoyen qui, par la nature ou le degré de ses convictions, n'est point engagé personnellement dans l'horrible conflit, doit à son pays, à la civilisation et à lui-même d'y intervenir jusqu'à ce que le terme en soit arrivé, lui fût-il démontré d'avance qu'il n'y peut riun. Or, nous n'en sommes pas là, messieurs. Nous demeurons convaincus que la conciliation, d'heure en heure plus urgente, n'a pas encore cessé d'être possible. Nous savons que tout a été essayé; mais nous croyons que rien n'est épuisé. Et c'est en nous plaçant dans cet ordre d'idées, messieurs, que nous vous proposons, comme conclusion de notre rapport et comme objet immédiat de vos délibérations, la proposition suivante:

« L'Assemblée générale des syndicats industriels et commerciaux de *VUnion nationale* institue une commission permanente de conciliation composée de neuf membres, et qui pourra s'en adjoindre un nombre égal, pris dans toutes les catégories de la population, notamment parmi les syndicats ouvriers.

« Cette commission n'aura aucuns autres pouvoirs que ceux de négocier. Elle se tiendra en communication incessante avec la Commune de Paris et avec les divers groupes de l'Assemblée nationale. Elle cherchera pas à pas, minute par minute, au fur et à mesure des événements, les possibilités d'un accord dont les difficultés résultent surtout de l'absence de contact et d'éclaircissements réciproques entre les parties.

« Elle s'efforcera de faire accepter son arbitrage ou tout au moins de dégager les conditions d'un arbitrage. Elle n'aura point de mandat impératif, mais il est expressément entendu qu'elle tendra de tous ses efforts et de toutes ses convictions à maintenir, vis-à-vis des deux parties, ces deux principes sur lesquels elles sont d'accord plus qu'il ne semble: maintien de la République et établissement des plus larges franchises municipales. »

Si cette proposition est adoptée par vous, messieurs, si cette commission est nommée, sur votre initiative, par la ville de Paris, nous aurons peut-être préparé non-seulement la paix pour le présent, mais une grande œuvre de renaissance nationale pour l'avenir. En tous cas, nous aurons fait notre devoir; et quoi qu'il arrive, ce sera pour chacun de nous une consolation, au milieu des malheurs de la patrie, d'avoir fait tout ce qu'il aura pu pour fermer enfin sur une page blanche le livre sanglant des guerres civiles.

Les délégués de l'Union nationale présents aux négociations:
Joseph Camps, Rau;.t, Lhuillier, Hippolyte
Marestaing, Levallois, Jules Amigues.

Dans la même réunion, et à la suite de la lecture de ce rapport, neuf délégués furent nommés et chargés « de continuer à recher« cher les moyens de conciliation entre le gouvernement de Ver« sailles et la Gommune de Paris. » Ils devaient s'adjoindre un nombre égal de délégués des divers groupes qui avaient fait jusque-là des démarches dans le sens dela conciliation.

Le délégué à la guerre prenait les dispositions nécessaires pour que les gardes nationaux de service pussent prendre part au vote du 16 avril.

En ce qui concerne la circulation des citoyens, on décidait d'ouvrir avec régularité un certain nombre de portes et de laisser passer librement les citoyens non atteints par la loi militaire communale.

Pour ne mettre aucune entrave à l'approvisionnement de la ville, le délégué au commerce décidait que tout citoyen arrivant à Paris, y amenant une marchandise quelconque, recevrait gratuitement, à son entrée, un laissez-sortir à sa volonté, portant les indications nécessaires pour qu'il lui fût absolument personnel.

A Versailles, quelques membres de l'Assemblée trouvaient qu'ils n'avaient pas toutes les informations désirables sur les faits qui se passaient, et interpellant le ministre de l'intérieur, M. Picard, formaient le vœu de ne plus être obligés de s'adresser aux passants pour être quelque peu renseignés.

Le ministre de l'intérieur répondait qu'il serait peu prudent de communiquer à l'Assemblée plus de détails qu'on ne lui en donnait; et que, quant aux indications que le gouvernement transmettait au *Journal officiel,* les documents où elles étaient puisées arrivaient dans la soirée, trop tard pour être auparavant transmis aux représentants.

L'incident en resta là, et les choses naturellement continuèrent comme devant.

Le gouvernement adressait la circulaire suivante aux autorités civiles et militaires:

Les deux journées qui viennent de s'écouler ne pouvaient amener des événements, parce que le gouvernement, persistant dans ses travaux d'organisation, ne cherche pas à faire des entreprises. Du côté de Châtillon et des forts du sud, Ja canonnade a été presque insignifiante; pourtant, une sortie de l'ennemi a été vigoureusement repoussée, et nous répétons, à cette occasion, que les nuits précédentes, il est absolument faux que l'ennemi ait (enlé et réalisé quoi que ce soit, si ce n'est une canonnade et une fusillade dans le vide, restées sans réponse, ce qui, certes,

n'aurait pas eu lieu s'il avait voulu faire un seul pas en avant. Nos postes sont bien établis, parfaitement délilés du feu et ne souffrant en aucune manière; et tandis que les insurgés consomment leurs munitions inutilement, notre nombreuse cavalerie se portant vers Juvisy et

Choisy-lerRoi, les a privés des communications avec Orléans, de manière qu'il ne leur en reste plus avec la province,

Au côté opposé, c'est à-dire vers Ncuilly, les insurgés canonnent des remparts de Maillot notre tête de pont de Neuilly, et le général Wolff, un de nos plus vigoureux officiers, a fait une sortie contre les maisons de droite et de gauche, et il a fait subir à l'ennemi des pertes considérables.

On s'occupe de contre-battre la batterie d'Asnières, uniquement pour cpntenir l'ennemi, l'intention étant toujours de nous borner à conserver nos positions jusqu'au jour où nous tenterons, par une action décisive, de mettre un terme à cette guerre civile déplorable.

Jusque-là il n'y a de significatif que des arrivées de troupes et de matériel.

L'Assemblée, poursuivant paisiblement ses travaux, a voté aujourd'hui à une immense majorité, la loi municipale, après avoir presque sur tous les points consacré le projet du gouvernement. Elle a prouvé en même temps qu'elle voulait tenir parole à Paris en le dotant d'autant de franchises municipales que les villes qui en ont Je plus.

Après le résumé que nous avons donné dans la journée du 14, de la loi municipale récemment votée par l'Assemblée, chacun jugera combien est inexacte la phrase qui termine la circulaire ci-dessus. Les villes possédant, d'après la nouvelle loi, le plus de franchises municipales, sont celles de moins de 20,000 habitants. Elles ont, non des maires et adjoints imposés parle pouvoir exécutif et pris parmi des citoyens quelconques, mais bien des maires et adjoints nommés par leur conseil municipal et pris dans le sein de ce conseil. En outre, elles n'ont pour leur administration communale rien à démêler avec le préfet de leur département ni le préfet

de police. La différence avec Paris nous paraît sensible.

Vers le même moment, un de nos amis, le cit. Çh.-L, Chassin, était arrêté à Versailles.

Attendant un envoi d'argent de Russie, où il envoyait des correspondances à un journal quotidien, et sachant que les communications postales n'existaient plus pour Paris, il avait trouvé tout naturel d'aller toucher à Versailles ce qui lui était dû. Il ne s'attendait à rien moins qu'à y être retenu de force. Il fut cependant arrêté, ainsi que le dit *le Gaulois,* comme « commis-voyageur d'émeute » et ne put recouvrer sa liberté qu'un mois après.

On le voit: si la liberté individuelle était quelquefois méconnue à Paris, — c'est incontestable, — elle n'était guère plus respectée à Versailles.

Nous en pourrions dire autant de la liberté de la presse. Si des journaux étaient suspendus par la Commune, — et pour notre part nous l'avons déploré et le déplorons à toute occasion, — les suspensions, les saisies ne manquaient pas non plus du côté du gouvernement. Ces mesures inspiraient à *la Vérité* quelques lignes que nous transcrivons:

« Pourquoi le gouvernement a-t-il saisi, supprimé les journaux « de Paris? Pourquoi ses agents, l'œil au guet, ont-ils mission de « traquer, par toute la France, des organes dont le seul tort est « d'avoir accepté la révolution du 18 mars, d'en avoir exposé les « principes et divulgué la théorie? Cet acharnement contre des « journaux qui n'ont jamais contesté l'autorité du pouvoir siégeant « à Versailles, qui se sont bornés à discuter ses actes, s'efforçant « d'éclairer l'opinion publique et de faire comprendre l'excellence, « la nécessité de la liberté communale, s'explique par le seul désir « d'empêcher que la lumière se fasse. La presse aurait peut-être « instruit les provinces des tendances dela population parisienne, « de ses besoins et de ses aspirations. Elle aurait fait toucher du a doigt à nos concitoyens des départements le but vers lequel « nous marchons. L'idée de l'indépendance communale se serait » nettement dégagée des événements dont Paris est le théâtre. « Le droit de la capitale à s'administrer elle-même aurait éclaté « à tous les yeux, et bientôt l'accord se serait établi entre les deux « partis que ne divise aucune question d'intérêt.

« Un tel résultat ne pouvait convenir au gouvernement. Ces « hommes quïtoute leur vie ont combattu pour la liberté étaient « incapables de la pratiquer. Parvenus au pouvoir, gorgés d'hon« neurs et de places repus, voilà que leur esprit étroit ne sait pas « sortir de l'ornière dans laquelle se sont traînés jusqu'ici tous les « régimes tombés. Artisans de destruction, ils sont impuissants à « construire et croient leur mission remplie, après avoir changé « l'étiquette du gouvernement, remplacé les personnes sans modi« fier les institutions, débaptisé la machine sans avoir renouvelé « un seul de ses engrenages. »

En présence de la conduite tenue par le gouvernement de M. Thiers en face de revendications auxquelles il s'obstinait à ne pas satisfaire, il était de bonne guerre d'opposer aux actes du chef du pouvoir exécutif les paroles qu'il avait pu prononcer dans le cours de sa longue carrière politique.

Nous avons vu déjà que des affiches avaient été apposées sur tous les murs de Paris, reproduisant un fragment de discours relatif aux fortifications. De nouveau, on opposait à M. Thiers quelques mots dits par lui-même à la tribune à propos du bombardement de Palerme, le 31 janvier 1848. Des affiches les rappelaient aux passants, et les journaux les reproduisaient:

« Vous savez, Messieurs, ce qui se passe à Palerme; vous avez tous tressailli d'horreur en apprenant que, pendant quarante-huit heures, une grande ville a été bombardée. Par qui? Était-ce par un ennemi étranger, exerçant les droits de la guerre? Non, Messieurs, *par son propre gouvernement*. Et pourquoi? Parce que cette ville infortunée *demandait des droits*. Eh bien! il y a eu quarante-huit heures de bombardement 1 Permettez-moi d'en appeler à l'opinion européenne. C'est un service à rendre à l'humanité que de venir du haut de la plus grande tribune peutcire de l'Europe

faire retentir quelques paroles d'indignation *contre de tels actes*. (Très bien 1 très bien!)

Ces paroles peuvent se passer de commentaires.

Dimanche 16 avril 1S91

Malgré des combats incessants, la situation respective des deux, armées ne changeait pas notablement.

Les journaux, s'émouvant de la situation faite aux habitants de Neuilly par les combats perpétuels qui s'y livraient faisaient appel aux groupes de citoyens qui avaient fait déjà des tentatives de conciliation entre Paris et Versailles, et les invitaient à intervenir, cette fois, au nom de l'humanité, en demandant un armistice qui leur permît de se retirer en des lieux moins exposés.

Des adresses d'adhésion arrivaient de plusieurs points de la province à la *Ligue d'union républicaine.* Les diverses communications qui lui étaient faites constataient toutes la déplorable ignorance dans laquelle la province était tenue, relativement aux événements de Paris. La *Ligue,* comprenant l'utilité qu'il y avait à éclairer la province sur la véritable situation, nommait une commission de cinq membres pour aviser aux moyens de se mettre en rapport avec les conseils municipaux des départements.

A la séance de la Commune, le cit. Tridon signalait un fait grave, dont connaissance avait été donnée à la Commission exécutive par le délégué aux relations extérieures: le Consulat de Belgique avait été envahi, le 15, par des gardes nationaux qui y avaient fait des réquisitions et même organisé un bal. Cette violation des immunités diplomatiques fit l'objet d'une note insérée au *Journal officiel* le 17, annonçant qu'une enquête était ouverte sur ces faits et que les coupables seraient déférés au conseil de guerre. Le décret suivant, relatif à une demande d'enquête sur la fermeture des ateliers, était adopté, sur la proposition du cit. Avrial et de quelques-uns de ses collègues:

La Commune de Paris,

Considérant qu'une quantité d'ateliers ont été abandonnés par ceux qui les dirigeaient afin d'échapper aux

obligations civiques et sans tenir compte des intérêts des travailleurs;

Considérant que par suite de ce lâche abandon, de nombreux travaux essentiels à la vie communale se trouvent interrompus, l'existence des travailleurs compromise, Décrète:

Les chambres syndicales ouvrières sont convoquées a l'effet d'instituer une commission d'enquête ayant pour but: 1 De dresser une statistique des ateliers abandonnés, ainsi qu'un inventaire exact de l'état dans lequel ils se trouvent et des instrument de travail qu'ils renferment; 2» De présenter un rapport établissant les conditions pratiques de la prompte mise en exploitation de ces ateliers, non plus par les déserteurs qui les ont abandonnés, mais par l'association coopérative des travailleurs qui y étaient employés; 3 D'élaborer un projet de constitution de ces sociétés coopératives ouvrières; 4 De constituer un jury arbitral qui devra statuer, au retour desdits patrons, sur les conditions de la cession définitive des ateliers aux sociétés ouvrières, et sur la quotité de l'indemnité qu'auront à payer les sociétés aux patrons.

Cette commission d'enquête devra adresser son rapport à la Commission communale du travail et de l'échange, qui sera tenue du présenter à la Commune, dans le plus bref délai, le projet de décret donnant satisfaction aux intérêts de la Commune et des travailleurs.

Ce décret manifeste les tendances socialistes de la Révolution du 18 mars. En fait, il ne fut jamais appliqué, — comme tant d'autres qui l'avaient précédé ou qui le suivirent, — sauf peut-être à quelques ateliers de fabrication d'engins de guerre.

On pourrait, en temps normal, en discuter le principe et les termes: mais, rendu eu un moment de crise où le travail n'existait plus, non-seulement il resta lettre morte, mais il n'éveilla même pas l'attention, toute portée vers les faits de guerre et la situation politique.

La Commission exécutive, sur la proposition du délégué à la guerre, arrêtait:

Art. 1. Les armes des bataillons dissous seront immédiatement restituées aux mairies.

Art. 2. Seront pareillement restituées aux mairies, les armes des émigrés, des réfractaircs jugés comme tels par le Conseil de discipline.

Art. 3. Les municipalités devront faire faire des perquisitions méthodiques par rues et par maisons, afin d'assurer dans le plus bref délai la rentrée de toutes ces armes.

Art. 4. Toutes fausses.déclarations faites par les concierges entraîneront leur arrestation immédiate.

Art. 8. Toutes les armes recueillies par les mairies seront renvoyées à l'arsenal de Saint-Thomas-d'Aquin.

Art. 6. Les armes ainsi restituées serviront à armer les nouveaux bataillons. Les fusils chassepot ne seront donnés qu'aux bataillons de marche, en attendant qu'on en puisse donner à tous.

L'arrêté qui précède fut exécuté avec une certaine lenteur, mais enfin il fut exécuté. Des escouades de gardes nationaux désignées pour cet office, allaient visiter avec soin, l'une après l'autre, les maisons de leur quartier, et recherchaient dans les appartements les armes et les objets d'équipement qui pouvaient s'y trouver. Ils accomplissaient leur mission avec un zèle extrême, s'emparant même de fusils à pierre, véritables antiquités d'armurerie, et de casques ou autres coiffures militaires remontant au premier empire.

Bien entendu, des excès de zèle ne furent pas sans se produire: il arriva, dans certain quartier, que des perquisiteurs rapportèrent aux municipalités des couteaux fort inoffensifs et même des lorgnettes de théâtre.

Le désarmement était certainement une mesure de sécurité pour la Commune. Mais les hommes qui la représentaient auraient-ils admis cette mesure de la part d'un pouvoir sous lequel ils auraient vécu, alors qu'elle les eût atteints? Assurément non; et pourtant ils décidèrent et exécutèrent cette mesure. Tant il est vrai qu'à Paris comme à Versailles, dans la Commune comme dans l'Assemblée, les hommes qui avaient la puissance, la force de leur cote, ne ressemblaient guère à ce qu'ils avaient été eux-mêmes lorsqu'ils combattaient la puissance et la force dirigées contre eux.

D'accord avec la Commission exécutive, le délégué à la guerre instituait une Cour martiale, en attendant la création des Conseils de guerre de légion.

Les électeurs, on se le rappelle, étaient convoqués pour le 16, à l'effet de nommer à lct Commune des membres devant remplacer ceux qui avaient donné leur démission ou avaient été élus dans plusieurs arrondissements à la fois.

Le dimanche, avant d'avoir la moindre indication sur le résultat du scrutin, on pouvait présager que les abstentions seraient beaucoup plus nombreuses qu'au 26 mars. Un nombre d'électeurs relativement minime se rendait aux urnes.

Le gouvernement envoyait aux autorités civiles et militaires la dépêche suivante, qui devait être affichée dans toutes les communes de France:

Versailles, 16 avril 1871, S h. soir.

Le gouvernement s'est tu hier parce qu'il n'y avait aucun événement à faire connaître au public, et s'il parle aujourd'hui, c'est afin que les alarmistes malintentionnés ne puissent abuser de son silence ponr semer de faux bruits.

La canonnade sur les deux extrémités de nos positions, Châtillon au Sud, Courbcvcie au Nord, a été fort insignifiante cette nuit. Nos troupes s'habituent à dormir au bruit de ces canons, qui ne tirent que pour les éveiller. Nous n'avions donc rien à raconter, sinon que les iusurgés vident les principales maisons de Paris pour en mettre en vente le mobilier au profit de la Commune, ce qui constitue la plus odieuse des spoliations. Le gouvernement persiste dans son système de temporisation pour deux motifs qu'il peut avouer: c'est d'abord de réunir des forces tellement imposantes que la résistance soit impossible et dès lors peu sanglante; c'est ensuite pour laisser à des hommes égarés le temps de revenir à la raison.

On leur dit que le gouvernement veut détruire la République, ce qui est absolument faux, sa seule occupation étant de mettre fin à la guerre civile, de ré-tablir l'ordre, le crédit, le travail, et d'opérer l'évacuation du territoire par l'acquittement des obligations contractes envers la Prusse. On dit à ces mêmes hommes égarés qu'on veut les fusiller tous, ce qui est encore faux, le gouvernement faisant grâce à tous ceux qui mettent bas les armes, comme il l'a l'ait,i l'égard do 2,000 prisonniers qu'il nourrit à t!elle-lsle, sans en tirer aucun service. On leur dit enlin que, privés du subside qui les a fait vivre, on les forcera à mourir de faim, (amis'del'snsiruction.) ce qui est aussi faux que teut le reste, puisque le gouvernement leur a promis encore quelques semaines de ce subside pour leur fournir les moyens d'attendre la reprise du travail, reprise certaine si l'ordre est rétabli et la soumission à la loi obtenue.

Éclairer les hommes égarés tout en préparant les moyens infaillibles de réprimer leur égarement s'ils y persistent, tel est le sens de l'attitude du gouvernement; et si quelques coups de canon se font entendre, ce n'est pas son fait; c'est celui de quelques insurgés voulant faire croire qu'ils combattent lorsqu'ils osent à peine se faire voir.

La vérité de la situation, la voilà tout entière, et, pour un certain nombre de jours, elle sera la même. Nous prions donc les bons citoyens de ne pas s'alarmer si tel jour le gouvernement, faute d'avoir rien à dire, croit mieux de se taire. Il agit, et l'action ne se révèle que par des résultats. Or ces résultats, il faut savoir les atteindre.'Loin de les hâter, on les retarde en voulant les précipiter.

Comme le constatait « la Vérité » du 19 avril, on remarquait sous ces phrases peu véridiques, les mêmes hommes qui avaient présidé à la défense de Paris. Aujourd'hui, d'assiégés devenus assiégeants, leurs procédés restaient les mêmes.

« Les insurgés vident les principales maisons de Paris pour en « mettre le mobilier en vente au profit de la Commune. »

La Commune avait fait fondre l'argenterie des ministères, ce qu'il est impossible de lui reprocher bien amèrement. Elle avait, de plus, dit-on, fait main basse sur les objets du culte de plusieurs églises. En quoi elle avait fait une grande faute, dépassant son droit et blessant des sentiments respectables après avoir proclamé la liberté de conscience. En dehors de ces excès, qui avait entendu parler de déménagement ou de vente d'un mobilier quelconque? Et, d'ailleurs, où eût-on trouvé un acheteur en ce moment?

« Si quelques coups de canon se sont fait entendre, ce n'est pas « le fait du gouvernement, c'est celui de quelques insurgés voulant « faire croire qu'ils combattent, lorsqu'ils osent à peine se faire « voir. »

Les obus qui tombaient dans les quartiers des Ternes, des Champs-Elysées, de Chaillot, Passy, Auteuil, n'étaient pas « le « fait de quelques insurgés ». Ceux qui, comme nous, sont allés constater les choses de près, — le devoir des hommes qui rassemblent les documents pour l'histoire est de vérifier par euxmêmes, — ont pu voir de leurs yeux et sans aucun doute possible, le feu des canons versaillais dirigés contre Paris, les obus atteignant les passants en des endroits bien éloignés de toute lutte, où pas un fédéré n'existait. De plus, les fédérés, loin « d'oser à peine se faire voir », se battaient avec une énergie, avec une persistance qui faisaient dire à des journaux même qui ne leur étaient pas plus favorables que de raison, au *Temps* (nous l'avons cité plus haut) que si cet élément de défense avait été utilisé pendant le siège, l'issue eût peut-être été différente.

Le gouvernement se défend encore dans sa dépêche contre l'accusation de vouloir renverser la République.

« Mais que nous importe, disait *la Vérité,* d'être en République, « si la République existe de nom au lieu d'exister de fait. Est-ce « donc pour un mot que Paris lutte et combat? Nous ne savons « que trop quel genre d'institutions s'abrite derrière la Répu« blique, telle qu'on la comprend·à Versailles. Ces institutions « sont despotiques au premier chef. Toutes, sans exception, sont « dues à des monarques, et l'on veut en faire la base d'un État « républicain!

Qui donc oserait le proposer de bonne foi? »

« SI le gouvernement de Versailles avait la moindre intelligence, h s'il prenait pour guide l'intérêt du pays au lieu de se cramponner « à son intérêt personnel, il saisirait le côté vrai, raisonnable, « essentiel de la Révolution du 18 mars. L'indépendance commu« nale lui apparaîtrait comme la base de la révolution nouvelle, « révolution radicale dont toutes les autres n'ont été que le pré« lude. Il comprendrait qu'au point où en est arrivée la France, il « faut choisir entre la République basée sur l'indépendance com« munale ou le césarisme, et, malgré le peu de sympathie qu'il « nous inspire, nous aimons à croire qu'il hésiterait à replonger « la France dans les bras du despotisme. »

M. Picard envoyait la circulaire suivante aux préfets, pour empêcher que des adhérents du dehors ne, vinssent se joindre aux Parisiens:

Je suis averti qu'un grand nombre d'étrangers se rendent à Paris pour prendre part au désordre qui afflige cette ville. Les chemins de fer en sont remplis. Donnez des ordres les plus précis pour qu'ils soient mis dans l'impossibilité d'entrer à Paris.

A cet effet, les brigades de gendarmerie et les commissaires de police devront visiter les trains montant, et faire descendre tous ceux qui leur paraîtront suspects. Ils leur demanderont leurs papiers et ne devront les laisser continuer leur route qu'après en avoir référé, et vous ne laisserez entrer à Paris que ceux qui y sont appelés par des motifs dont vous serez juge. Je vais donner des instructions pour que, jusqu'à nouvel ordic, tout voyageur soit tenu d'exhiber un passe-port.

Ernest Picard.

En même temps paraissait l'arrêté suivant, fixant au 30 avril les élections municipales dans les départements:

Le président du conseil des ministres, chef du pouvoir exécutif de la République française,

Vu la loi du 44 avril 1871,

Arrête:

Art. 1. Les élections pour le renouvellement intégral des conseils municipaux

auront lieu, dans toutes les communes, le 30 avril, présent mois.

Un arrêté spécial déterminera, aussitôt que les circonstances le permettront, l'époque des élections communales dans la ville de Paris et dans les communes du département de la Seine.

En Corse, les électeurs se réuniront le 7 mai, et en Algérie, le 14.

Art. 2. Le ministre de l'intérieur est chargé de l'exécution du présent arrêté.

Fait à Versailles, le 16 avril 1871.

A. Thiers.

Le ministre de l'Intérieur,
Ernest Picard.

Lundi 19 avril 1891

Après quelques attaques réitérées plusieurs nuits de suite, le calme, — un calme au moins relatif, — commençait à se rétablir vers les forts du Sud. La journée du 17 se passa de ce côté sans événement à signaler.

La porte Maillot était toujours canonnée avec vigueur. Elle subissait des dégâts considérables, mais était réparée promptement et habilement.

Une attaque violente, commencée dans la nuit, eut pour résultat la prise du château de Bécon par les Versaillais et l'évacuation d'Asnières par les fédérés.

Dans cette région, il y eut l'après-midi, vers deux heures et demie, une véritable débandade du côté des troupes de la Commune.

Les Versaillais, cependant, n'avaient pas pénétré dans l'intérieur d'Asnières. Un certain nombre d'hommes purent enfin être ralliés, et, avec un faible renfort envoyé de Paris, ils réoccupèrent le vil-, lage et tinrent tête à l'armée de Versailles.

Les résultats des élections du 16 n'étaient pas encore complètement connus. Le citoyen Vaillant, après avoir lu un rapporteur les résultats approximatifs, exprimait le désir qu'une commission fût nommée pour vérifier les opérations électorales.

Tandis que les citoyens Beslay, Arnaud, Billioray et Dupont

émettaient le vœu qu'on ne se départît pas de la base du huitième des électeurs inscrits pour la validité des élections, les citoyens Mortier, Dereure et Allix demandaient que l'on s'en tînt à la majorité relative. Le citoyen P. Grousset demandait, de son côté, que l'on s'en référât à une évaluation approximative du chiffre actuel de la population dans chaque arrondissement, et proposa de baser cette évaluation sur la consommation des farines à ce moment, comparée à cette même consommation à l'époque où les listes électorales avaient été arrêtées. La décision sur ce point fut remise à la séance suivante.

La Commune terminait le 17 la discussion de sa loi sur les échéances, qui était votée à l'unanimité, moins sept voix, et paraissait à *l'Officiel* du lendemain:

LOI SUR LES ÉCHÉANCES

La Commune décrète:

Art. 1. — Le remboursement des dettes de toute nature souscrites jusqu'à ce jour et portant échéance, billets à ordre, mandats, lettres de change, factures réglées, dettes concordataires, etc. , sera effectué dans un délai de trois années à partir du 15 juillet prochain, et sans que ces dettes portent intérêt.

Art. 2. — Le total des sommes dues sera divisé en douze coupures égales, payables par trimestre, à partir de la même date.

Art. 3. — Les porteurs des créances ci-dessus énoncées pourront, en conservant les titres primitifs, poursuivre le remboursement desdites créances par voie de mandats, traites ou lettres de change mentionnant la nature de la dette et de la garantie, conformément à l'article 2.

Art. 4. — Les poursuites, en cas de non-acceptation ou de non paiement, s'exerceront seulement sur la coupure qui y donnera lieu.

Art. 5. — Tout débiteur qui, profitant des délais accordés par le présent décret, aura pendant ces délais, détourné, aliéné ou anéanti son actif en fraude des droits de son créancier, sera considéré, s'il est commerçant, comme coupable de banqueroute frauduleuse, et, s'il n'est pas commerçant, comme coupable d'escroquerie. Il pourra être poursuivi comme tel, soit par son créancier, soit par le ministère public.

La Cour martiale tint le 17 au soir sa première séance, et rédigea un arrêt réglant la procédure et les peines, qui fut le lendemain affiché partout dans Paris, probablement dans un but d'intimidation.

Le président de la Cour martiale invitait en même temps les citoyens gardes nationaux qui étaient licenciés en droit à prêter leur concours à cette nouvelle juridiction.

Le délégué à la guerre, pour assurer aux compagnies de guerre le meilleur armement possible, ordonnait l'échange des chassepots qui pouvaient être entre les mains des gardes sédentaires contre des armes à tir moins rapide.

Il rédigeait au même moment une note qui témoigne des abus contre la liberté individuelle que se permettaient quelques citoyens de la garde nationale, sous le couvert de leur uniforme:

Le délégué à la guerre apprend que des officiers des postes ou des gardes nationaux portent atteinte à la liberté individuelle en arrêtant arbitrairement, sans mandat régulier, dans les domiciles particuliers, dans les lieux publics ou sur la voie publique, des citoyens suspects à plus ou moins bon droit.

En attendant que la Commune ait pris à cet égard des mesures définitives, le délégué à la guerre rappelle à tous les gardes nationaux qu'ils ne peuvent faire d'arrestations et intervenir dans l'ouverture et la fermeture des lieux publics qu'en vertu d'ordres réguliers émanant de l'autorité compétente.

Toute infraction au présent avis sera déférée aux conseils de guerre.

«

Des barricades se construisaient activement en divers lieux, selon les données dont nous avons parlé plus haut. Dès le 17 au matin, au coin de la place de la Concorde et de la rue Saint-Florentin, deux cents ouvriers environ étaient occupés à construire un ouvrage effrayant de dix mètres de largeur, principalement composé de sacs de terre superposés.

Une barricade semblable se commençait en même temps rue de Castiglione, à quinze mètres de la rue Saint-Honoré.

Apprenant que certaines barricades se construisaient dans Paris, en dehors de ses instructions, le délégué à la guerre avertissait qu'une haute paie promise pour ces travaux ne serait pas payée.

Le délégué à l'ex-Préfecture de police, le citoyen Raoul Rigault, lançait deux arrêtés pour interdire la mendicité qui, depuis quelque temps, prenait un développement considérable.

Les cours de l'École de médecine étaient suspendus, les professeurs ayant abandonné leur poste. La Commission de l'enseignement, pour faire cesser cet état de choses, invitait les docteurs et officiers de santé, les étudiants, les professeurs libres, à se réunir pour nommer des délégués qui seraient chargés de faire parvenir à ladite Commission un projet de réorganisation médicale, que celle-ci présenterait à la Commune. On ignore quelle pouvait être la compétence de cette assemblée en pareille matière.

Des perquisitions étaient faites chez tous les membres du gouvernement du 4 septembre, afin de recueillir les documents pour la publication ordonnée par le décret du 14 avril.

A l'Assemblée, M. Picard donnait connaissance de la prise du château de Bécon, et déposait deux projets de loi. Le premier concluait à l'abrogation du décret du Gouvernement de la défense nationale, relatif au transport des journaux. « Ce décret, disait« il, a pour but de nous permettre une surveillance plus efficace.»

Le second tendait à laisser au chef du pouvoir exécutif le droit de déclarer l'état de siège dans les départements autres que celui où siégeaient les représentants, à charge par lui de rendre compte de ses décisions et d'en demander le maintien à l'Assemblée.

Une proposition avait été antérieurement déposée, tendant à déclarer nulles les élections du 26 mars. L'Assemblée, sur les conclusions de la commission, rejetait purement et simplement cette proposition.

Le Gouvernement adressait la dépêche suivante dans les départements:

Versailles, 17 avril, 7 heures 15 soir.

Aujourd'hui nos troupes ont exécuté un brillant fait d'armes du côté de Courbevoie. La division Montaudon, dirigée par son habile général, s'est emparée du château de Hccon, après une vive canonnade. Le jeune colonel Davoust, duc d'Auersladt, s'est élancé à la létc de son régiment et a enlevé le château. Nos troupes du génie se sont hâtées de commencer un épaulement avec des sacs à terre et d'établir une forte batterie. La position d'Asnières, ainsi contre-battue, ne pourra plus inquiéter notre tête de pont de Neuilly. Nous n'avions pas d'autre objet, persistant toujours à éviter les petites actions jusqu'à l'action décisive, qui rendra définitivement force à la loi.

L'événement d'aujourd'hui, exécuté sous le feu croisé d'Asnières et de l'enceinte, est un acte remarquable d'habileté et de vigueur.

Mardi 18 avril ftSV

La journée du 18 fut relativement calme.

Au Sud, les Versaillais s'établisssaient dans les positions occupées par les Prussiens pendant le siège; les forts envoyaient quelques obus pour inquiéter leurs travaux.

De petits engagements, sans importance comme sans résultat, avaient lieu vers Châtillon et vers Clamart.

Vers Neuilly et Asnières aussi, on n'entendait guère que le canon. Les fédérés se maintenaient à Asnières, à la tête du pont.

Le bruit avait couru, depuis quelques jours, dans Paris, que M. de Bismarck aurait avisé M. Thiers qu'il interviendrait si l'ordre n'était pas ramené pour le 18. Aussi expliquait-on ce calme de la journée par des préparatifs qu'auraient faits les Versaillais pour un assaut général.

Les membres de la *Ligue pour les Droits de Paris* se réunirent le soir chez M. Floquet et reçurent cinq délégués de la ville de Lyon, qui avaient vu M. Thiers et lui avaient présenté, au nom de cette ville, des observations favorables au mouvement communal de Paris. Une démarche analogue avait été faite auprès du chef du pouvoir exécutif par des délégués de Saint-Omer.

Quatre nouveaux journaux étaient supprimés; l'avis en fut publié le lendemain à *VOfficiel,* en ces termes:

La Commune, considérant qu'il est impossible de tolérer dans Paris assiégé des journaux qui prêchent ouvertement la guerre civile, donnent des renseignements militaires à l'ennemi, et propagent la calomnie contre les défenseurs de la République, a arrêté la suppression des journaux *le Soir, la Cloche, l'Opinion nationale, le Bien public.*

Nous avons déjà eu occasion de dire notre pensée sur les mesures de cette nature; nous n'avons pas à y revenir. Disons seulement que cette quadruple suppression ne fut pas la dernière; la suite nous en réserve bien d'autres encore.

La Commune publiait un nouveau décret, pour sauvegarder autant que possible la liberté individuelle, au milieu du déluge d'arrestations qui fondait sur les Parisiens:

La Commune de Paris

Décrète:

Art. 1. — Tous magistrats, officiers de police ou gardes nationaux qui opéreront une arrestation, en dresseront procès-verbal sur-le-champ, et le notifieront au délégué à la justice.

Le procès-verbal énoncera les causes de l'arrestation, les témoins à entendre pour ou contre la personne arrêtée.

Toute contravention à ces prescriptions sera rigoureusement réprimée.

Les mêmes dispositions sont applicables aux citoyens agissant en vertu de la loi sur les flagrants délits.

Art. 2. — Tous directeurs de prisons, de maisons d'arrêt ou de corrections, tous geôliers ou greffiers qui omettront de mentionner sur l'acte d'écrou les causes de l'arrestation, seront poursuivis pour crime de séquestration illégale.

Art. 3. — Les papiers, valeurs mobilières, effets de nature quelconque appartenant aux personnes arrêtées, et dont la saisie aura été effectuée, seront déposés à la Caisse des dépôts et consignations! Les pièces à conviction seront adressées au délégué à la police.

Des réquisitions avaient, paraît-il, été faites sur la zone neutre. Une note, parue dans la *Gazette de Carlsruhe,* indiquait que les Prussiens avaient menacé la Commune d'intervenir si semblable fait se reproduisait.

Il y avait toujours, parmi la popula-

tion, une certaine inquiétude au sujet de l'approvisionnement de Paris. Mais, à ce moment, l'Assemblée ne songeait pas, eu réalité, à intercepter les subsistances.

La séance de l'Assemblée était entièrement consacrée à la discussion de la loi sur les loyers.

La dépêche suivante, envoyée aux autorités civiles et militaires, devait, comme celles des jours précédents, être affichée dans toutes les communes:

Versailles, 18 avril 1871, 4 h. 1/2 soir.

Nouveau succès de nos troupes ce matin. Toujours dans le but de garantir noire position de Courbevoie contre les feux de la porte Maillot et du village d'Asnières, le régiment des gendarmes, sous les ordres du brave colonel Grémein, a enlevé le village de Bois-Colombes, s'est ensuite porté au delà et a poussé les insurgés au loin, en leur faisant essuyer des pertes sensibles en morts et en prisonniers. Quelques rails enlevés à propos, ont arrêté la locomotive blindée et l'ont laissée dans le plus grand péril.

Ces combats de détail, où l'ennemi ne prouve qu'une chose, l'abondance d'artillerie trouvée sur les remparts de Paris, font ressortir l'entrain, le zèle de nos jeunes soldats, et le peu de tenue des insurgés, qu'ils fuient dès qu'ils ne sont plus appuyés par les canons dérobés à l'enceinte de Paris.

Mercredi 19 avril 1891

Au Sud, une attaque a lieu vers trois heures sur Montrouge; elle est facilement repoussée.

Un combat très-vif a lieu à Asnières, et les Versaillais s'emparent de toute la partie du pays située à gauche du chemin de fer.

A Neuilly, la lutte se poursuit de maison à maison comme les jours précédents. Le bombardement continue de la part des Versaillais sur les Ternes, la porte Maillot, Passy, Auteuil, le Trocadéro; de la part des fédérés, sur le château de Bécon et Asnières.

Une réunion publique fut organisée par les soins de la *Ligue d'union républicaine des Droits de Paris* dans une salle du passage Jouffroy. Sur la proposition du citoyen Chabert, une commission de sept membres y fut nommée, chargée de se mettre en rapport avec les chambres syndicales des commerçants et des ouvriers de Paris, pour arrêter un programme définitif de conciliation, donnant le sommaire des franchises communales, réclamées par la grande majorité de la population.

Les bases de ce programme sont connues: « Maintien de la « République; autonomie communale de Paris; autonomie de la « garde nationale. »

De leur côté, les francs-maçons, après leur démarche infructueuse à Versailles, se réunissaient dans leur local de la rue Cadet et nommaient une nouvelle commission, en lui donnant le mandat suivant: S'entendre, s'il est possible, avec les délégations des chambres syndicales, de l'Union du commerce et la Ligue républicaine pour les droits de Paris, etc., et, en tous cas, déclarer à Versailles comme à Paris, que la francmaçonnerie parisienne voulait à tout prix une conciliation basée sur l'entière franchise communale, et que, dans le cas où sa voix ne serait pas entendue d'un côté ou de l'autre, elle ferait un appel à ses loges sœurs de province.

Les résultats du scrutin du 16 avril étaient enfin connus.

La Commune, dans sa séance du 19, nomma une commission composée des citoyens F. Henry, Ranvier et Martelet, pour faire un rapport sur les récentes élections.

Ce rapport, lu dans la même séance, concluait, contrairement à la loi invoquée de 1849, à la validation, non-seulement des élections ayant obtenu le huitième des électeurs inscrits, mais aussi de celles ayant réuni la majorité absolue du nombre des votants. Voici, du reste, les termes mêmes du rapport:

Considérant que dans certains arrondissements un grand nombre d'électeurs se sont soustraits par la fuite à leur devoir de citoyens et de soldats, et que dans les graves circonstances que nous traversons, nous ne saurions tenir compte pour la validité des élections du nombre des électeurs inscrits; nous déclarons qu'il est du devoir de la Commune de valider toutes élections ayant

obtenu la majorité absolue sur le nombre des votants.

Quoi qu'il en soit, les conclusions du rapport furent adoptées par 26 voix contre 13.

Par suite de la décision ainsi prise, vingt et un membres nouveaux se trouvaient élus (on se souvient qu'il y en avait trente et un à nommer), dont douze seulement avaient obtenu la majorité du huitième des électeurs inscrits.

Trois arrondissements n'avaient pas d'élus; les onze autres qui, sur 259,000 inscrits, avaient fourni 119,000 votants au scrutin du 26 mars, n'en donnaient plus que 53,700.

Une note du délégué à la guerre constatait l'énorme dépense de munitions qui se faisait parmi les fédérés depuis le commencement des hostilités.

La proclamation suivante, qui fut rédigée par le citoyen P. Denis, était affichée dans Paris:

DÉCLARATION AU PEUPLE FRANÇAIS

Dans le conflit douloureux et terrible qui impose une fois encore à Paris les horreurs du siège et du bombardement, qui fait couler le sang français, qui fait périr nos frères, nos femmes, nos enfants, écrasés sous les obus et la mitraille, il est nécessaire que l'opinion publique ne soit pas divisée, que la conscience nationale ne soit point troublée.

Il faut que Paris et le pays tout entier sachent quelle est la nature, la raison, le but de la révolution qui s'accomplit. Il faut enfin que la responsabilité des deuils, des souffrances et des malheurs dont nous sommes les victimes retombe sur ceux qui, après avoir trahi la France et livré Paris à l'étranger, poursuivent avec une aveugle et cruelle obstination la ruine de la capitale, afin d'enterrer, dans le désastre de la République et de la liberté, le double témoignage de leur trahison et de leur crime.

La Commune a le devoir d'affirmer et de déterminer les aspirations et les vœux de la population de Paris; de préciser le caractère du mouvement du 18 mars, incompris, inconnu et calomnié par les hommes politiques qui siègent à Versailles.

Cette fois encore, Paris travaille et souffre pour la France entière, dont il prépare, par ses combats et ses sacrifices, la régénération intellectuelle, morale, administrative et économique, la gloire et la prospérité.

Que demande-t-il?

La reconnaissance et la consolidation de la République, seule forme Je gouvernement compatible avec les droits du peuple et le développement régulier et libre de la société;

L'autonomie absolue de la Commune étendue à toutes les localités de la France, et assurant à chacune l'intégralité de ses droits, et à tout Français le plein exercice de ses facultés et de ses aptitudes, comme homme, citoyen et travailleur.

L'autonomie de la Commune n'aura pour limites que le droit d'autonomie égal pour toutes les autres communes-adhérentes au contrat, dont l'association doit assurer l'unité française.

Les droits inhérents à la Commune sont:

Le vote du budget communal, recettes et dépenses; la fixation et la répartition de l'impôt; la direction des services locaux; l'organisation de sa magistrature, de la police intérieure et de l'enseignement; l'administration des biens appartenant à la Commune;

Le choix par l'élection ou le concours, avec la responsabilité et le droit permanent de contrôle et de révocation des magistrats ou fonctionnaires communaux de tous ordres;

La garantie absolue de la liberté individuelle, de la liberté de conscience et la liberté du travail;

L'intervention permanente des citoyens dans les affaires communales par la libre défense de leurs intérêts: garanties données à ces manifestations par la Commune, seule chargée de surveiller et d'assurer le libre et juste exercice du droit de réunion et de publicité;

L'organisation de la défense urbaine et de la garde nationale, qui élit ses chefs et veille seule au maintien de l'ordre dans la cité.

Paris ne veut rien de plus à titre de garanties locales, à condition, bien entendu, de retrouver dans la grande administration centrale, délégation des communes fédérées, la réalisation et la pratique des mêmes principes.

Mais, à la faveur de son autonomie et profitant de sa liberté d'action, Paris se réserve d'opérer comme il l'entendra, chez lui, les réformes administratives et économiques que réclame sa population; de créer des institutions propres à développer et propager l'instruction, la production, l'échange etle crédit, à universaliser le pouvoir et la propriété, suivant les nécessités du moment, le.vœu des intéressés et les données fournies par l'expérience.

Nos ennemis se trompent ou trompent le pays quand ils accusent Paris de vouloir imposer sa volonté ou sa suprématie au reste de la nation, et de prétendre à une dictature qui serait un véritable attentat contre l'indépendance et la souveraineté des autres communes. . Ils se trompent ou trompent le pays quand ils accusent Paris de poursuivre la destruction de l'unité française, constituée par la Révolution, aux acclamations de nos pères, accourus à la fête de la Fédération de tous les points de la vieille France.

L'unité, telle qu'elle nous a été imposée jusqu'à ce jour par l'empire, la monarchie et le parlementarisme, n'est que la centralisation despotique, inintelligente, arbitraire ou onéreuse.

L'unité politique, telle que la veut Paris, c'est l'association volontaire de toutes les initiatives locales, le concours spontané et libre de toutes les énergies individuelles en vue d'un but commun, le bien-être, la liberté et la sécurité de tous.

La révolution communale, commencée par l'initiative populaire du 18 mars, inaugure une ère nouvelle de politique expérimentale, positive, scientifique.

C'est la fin du vieux monde gouvernemental et clérical, du militarisme, du fonctionnarisme, de l'exploitation, de l'agiotage, des monopoles, des privilèges, auxquels le prolétariat doit son servage, la patrie ses malheurs et ses désastres.

Que cette chère et grande patrie, trompée par les mensonges et les calom-

nies, se rassure donc!

La lutte engagée entre Paris et Versailles est de celles qui ne peuvent se terminer par des compromis illusoires: l'issue n'en saurait être douteuse. La victoire, poursuivie avec une indomptable énergie par la garde nationale, restera à l'idée et au droit.

Nous en appelons à la France!

Avertie que Paris en armes possède autant de calme que de bravoure; qu'il soutient l'ordre avec autant d'énergie que d'enthousiasme; qu'il se sacrifie avec autant de raison que d'héroïsme; qu'il ne s'est armé que par dévouement pour la liberté et la gloire de tous, que la France fasse cesser ce sanglant conflit!

C'est à la France à désarmer Versailles par la manifestation solennelle de son irrésistible volonté.

Appelée à bénéficier de nos conquêtes, qu'elle se déclare solidaire de nos efforts; qu'elle soit notre alliée dans ce combat qui ne peut finir que parle triomphe de l'idée communale ou par la ruine de Paris!

Quant à nous, citoyens de Paris, nous avons la mission d'accomplir la révolution moderne, la plus large et la plus féconde de toutes celles qui ont illuminé l'histoire.

Nous avons le devoir de lutter et de vaincre, *La Commune de Paris.*

On a reproché à ce manifeste de ne pas donner seulement à la Révolution du 18 mars un caractère de révolution municipale et locale, mais d'étendre les revendications parisiennes à toutes les parties du pays.

Sans discuter en rien sur les termes, nous dirons qu'en fait, jusqu'à ce jour, par suite de la situation de capitale qui est celle de Paris, par suite surtout de l'immense centralisation qui domine chez nous, toute révolution accomplie par Paris entraîne une modification équivalente dans le régime de la totalité du pays.

Comme cela ne pouvait manquer de se produire, le mouvement commencé prenait en effet chaque jour un caractère plus général, moins particulier, et l'on apercevait de plus en plus nettement que le but auquel il tendait était eu contradiction flagrante avec l'ensemble du ré-

gime politique jusqu'alors existant.

Qu'on l'inscrivît ou non dans un manifeste, la fin d'un mouvement communal tel que celui qui éclata à Paris, l'issue à laquelle, réussissant, il devait mener fatalement, était une modification profonde de l'état politique même du pays.

Taire cette conséquence inévitable eût pu être la marque, ou d'une insuffisante profondeur de vues, ou d'une plus grande habileté politique chez l'auteur du manifeste; la dire sans ambages et telle qu'il l'apercevait, prouve son intelligence de la situation et de ce qu'elle devait entraîner, en même temps que sa complète sincérité.

Un reproche plus fondé fait à ce programme est celui de venir trop tard. Il eût dû paraître certainement au lendemain de l'installation de la Commune; on se rappelle qu'à cette époque nous avons regretté l'absence d'un semblable document, qui eût fixé les esprits et évité un vague fâcheux.

Quelques journaux avaient publié une dépêche, d'après laquelle des paysans ayant tiré sur les fédérés, auraient été fusillés. Après enquête, il fut reconnu que cette dépêche était fausse, et le *Journal officiel* publia la note ci-dessous:

Plusieurs journaux reproduisent, d'après le journal Ports *libre,* une dépêche ainsi conçue: *Place à Guerre.*

« Dombrowski m'apprend que des paysans cachés dans les maisons nous ont tué plusieurs hommes.

« Paysans pris et fusillés séance tenante.

« Henry. ,

Et ils accompagnent cette dépêche de commentaires malveillants.

La Commune s'était elle-même émue de cette dépêche, qu'elle n'avait connue que par la publication du Paris *libre.*

Le citoyen Henry, chef d'état-major de la place, a été immédiatement mandé devant la Commission exécutive, et il a déclaré que cette dépêche était apocryphe.

M. Bonvalel, au nom de la *Ligue d'Union républicaine des Droits de Paris,* écrivait au chef du pouvoir exécutif une lettre où il réclamait la mise en liberté de M. Lockroy, arrêté l'avant-veille à Vanves, sans motif connu de qui que ce soit. Nouvelle violation de la liberté, qui assurément ne légitime pas celles commises à Paris, mais qui y est absolument assimilable.

A l'Assemblée, M. Picard informe les représentants de la prise de la gare d'Asnières. Il les informe en outre de la création par le gouvernement d'un « Moniteur des communes, destiné à répandre dans les provinces, à la foisle compte rendu sommaire des séances de l'Assemblée et des nouvelles sur les événements. »U ajoute que toutes mesures sont prises pour empêcher que les publications provenant de Paris soient répandues en province.

La dépêche suivante était adressée aux autorités civiles et militaires des départements:

Versailles, 19 avril 1871, 6 h. 30 soir.

Asnières a été emporté ce matin. Nos soldais, sous la conduite du général Montaudon, qui se multiplie dans ces circonstances, se sont jetés sur la position, malgré le feu de l'enceinte, et l'ont emportée avec une vigueur extraordinaire. L'ennemi a fait des pertes énormes et ne peut plus incommoder notre établissement de Courbevoie. Ainsi, nous avançons vers le terme de cette criminelle résistance à la loi du pays; et la Commune, déjà désertée par les électeurs, le sera bientôt par ses défenseurs égarés, qui commencent à comprendre qu'on les trompe et qu'on sacrifie inutilement leur sang à une cause à la fois impie et perdue.

La journée du 20 avril n'offre pas d'incidents dignes de remarque en ce qui concerne la lutte à main armée.

Les forts du Sud canonnent et sont canonnés; un engagement sans grande importance a lieu vers le fort de IVfontrouge. A Neuilly, à Asnières, le combat continue, sans presque de relâche. Un obus versaillais tombe sur une poudrière à Clichy, et l'explosion qui en résulte fait de nombreuses victimes.

La déclaration suivante de la *Ligue des Droits de Paris* était affichée et publiée par les journaux:

La Ligue d'Union républicaine des droits de Paris a publié un programme qui lui paraît résumer exactement les aspirations de la population parisienne. Elle a présenté ce programme au chef du pouvoir exécutif de la République française et à la Commune de Paris.

Les déclarations de M. Tbiers à nos délégués ne nous offrent de garantie ni pour le maintien de la République ni pour l'établissement des libertés communales; en un mot, pour aucune de nos revendications.

Ce que nous avions annoncé s'est alors réalisé. La guerre civile, qu'il dépendait de l'Assemblée d'arrêter, a sévi avec une fureur nouvelle.

D'un autre côté, la Commune, en ne formulant pas son programme et en refusant de s'expliquer sur le nôtre, enlève aux défenseurs des droits de Paris les avantages d'un terrain nettement circonscrit.

Et cependant, en face de l'étranger qui nous guette, nous demeurons plus que jamais convaincus que la seule issue possible du conflit est dans la transaction dont nous avons indiqué les éléments.

En cet état, nous avons le devoir de maintenir tout notre programme et de prendre les résolutions qui, suivant les diverses phases de la lutte, nous paraîtront les plus propres à assurer le triomphe de nos principes.

Dès à présent nous avons résolu de nous mettre en rapport avec les conseils municipaux des principales villes de France, et de leur faire connaître les vœux légitimes de Paris, auxquels ils prêteront leur paissant concours.

Lyon, qui a conquis sa Commune, Lille, Maçon et d'autres villes qui comprennent que la cause de Paris est celle même de toutes les communes de France, ont devancé notre appel.

Leur intervention est un signe qu'il serait imprudent à l'Assemblée de méconnaître. Qu'elle comprenne enfin que toutes les grandes villes de France sont résolues à maintenir envers et contre tous la forme républicaine et à lui donner, comme base inébranlable, l'intégrité des libertés communales.

Les réflexions contenues dans ce document, relativement à l'attitude de M. Thiers et de l'Assemblée d'un côté, de la Commune de l'autre, vis-à-vis des démarches conciliatrices, ne sont que trop justes. L'accueil, ici ni là, ne fut certainement pas ce qu'il aurait dû être de la part d'hommes soucieux d'éviter à leur pays les horreurs de la guerre civile. Ni les uns ni les autres ne montrèrent en cette occasion un véritable et sage patriotisme, pas même une réelle et saine intelligence de la situation.

La *Ligue,* on le voit, n'avait guère plus d'espoir que dans l'appui moral des municipalités de province, et elle résolvait de leur adresser un appel.

La fraction révolutionnaire de la Commune trouvait la Commission exécutive trop peu énergique, et désirait la voir remplacer. A cet effet, dans la séance du 20, diverses propositions furent faites.

Les auteurs de ces propositions ayant été invités à s'entendre entre eux, présentèrent un projet commun, et il fut décidé que la Commune nommerait à chacun des services publics un délégué unique et responsable ayant tous pouvoirs pour prendre seul les mesures nécessitées par la situation sous le contrôle de la Commission et de la Commune.

En ce qui concerne le pouvoir exécutif, 47 voix contre 4 votèrent le projet suivant, présenté par le cit. Delescluze:

La Commune arrête: 1 Le pouvoir exécutif est et demeure confié, à titre provisoire, aux délégués réunis des neuf commissions, entre lesquelles la Commune a réparti les travaux et les attributions administratives; 2o Les délégués seront nommés par la Commune, à la majorité des voix; 3 Les délégués se réuniront chaque soir, et prendront, à la majorité des voix, les décisions relatives à chacun de leur département; 4 Chaque jour ils rendront compte à la Commune, en comité secret, des mesures arrêtées ou exécutées par eux, et la Commune statuera.

Les délégués nommés aux divers services publics, et en même temps à la Commission exécutive, furent les suivants:

Guerre Clcseret.

Finances Jourde.

Subsistances Viard.

Relations extérieures.. Paschal

Grousset.

Travail et échange... Franckel.

Justice Protot.

Services publics... Andriec.

Enseignement.... Vaillant.

Sûreté générale.... R. Rigault.

En présence de la difficulté des communications avec la province, et dans le but aussi de faire des observations utiles à la défense militaire, la Commission exécutive se préoccupait d'utiliser le matériel d'aérostats créé à Paris pendant le siège.

Un décret du même jour interdisait le travail de nuit si fatal à la santé des ouvriers boulangers.

A l'Assemblée, M. J. Brunet dépose une proposition relative aux événements de Paris. 11 demande que l'Assemblée, pour mettre fin à la guerre civile, se déclare prête à traiter avec Paris, cède aux vœux légitimes de la capitale, et fasse cesser de suite toute attaque. Il est interrompu par toutes sortes d'exclamations et de murmurés; et sa proposition est repoussée par la question préalable.

Le reste de la séance est consacré à la discussion de la loi sur les loyers.

Vendredi «1 avril m91

Les Versaillais avaient passé la Seine, vers Clichy, pour cerner les fédérés; mais ce projet fut déjoué par l'arrivée de plusieurs bataillons, qui furent habilement dirigés par le général Dombrowski. Les Versaillais repassèrent la Seine.

A la séance de la Commune du 21 avril, le président donna lecture de deux lettres par lesquelles les cit. Rogeard et Briosne annonçaient qu'ils ne pouvaient accepter la validation de leurs élections, prononcée récemment par la Commune.

Le cit. Félix Pyat annonçait également, par lettre, qu'il serait forcé de donner sa démission si la Commune persistait dans son vote du 19 avril, relatif à la validation des récentes élections.

Nous n'avons rien à dire à ce sujet, après les réflexions que nous a suggérées le vote de la Commune du 19 avril.

Après avoir renouvelé, dans la séance précédente, la Commission exécutive, la Commune procéda, le 21 avril, à la nomination des nouvelles commissions, qui devaient avoir le contrôle des différents services. Après discussion, ces commissions furent ainsi composées:

Guerre. — Delescluze, Tridon, Avrial, IVanvicr, Arnold.

Finances. —Beslay, Billioray, Victor Clément, Lefrançais, Félix Pyat.

Sûreté générale. — Coumet, Vermorel, Ferré, Trinquet, Dupont.

Enseignement. — Courbet, Verdure, Jules Miot, Vallès, J.-B. Clément.

Justice. — Gambon, Dercure, Clémence, Langevin, Durand,

Subsistances. — Varlin, Parisel, V. Clément, Arthur Arnould, Champy.

Travail et Échange. — Theisz, Malon, Serrailler, Ch. Longuet, Chalain. *Relations extérieures.* — Meillet, Charles Gérardin, Amouroux, Johannard, Vallès. *Services publics.* — Ostyn, Vésinier, Rastoul, Ant. Arnaud, Pothier.

Les démarches des délégués de la *Ligue d'Union républicaine,* tendant à obtenir une suspension d'armes qui permît aux malheureux habitants de Neuilly de se mettre en sûreté, n'avaient pas encore produit de résultat définitif. Le gouvernement de Versailles ne voulait pas paraître entrer en pourparlers avec la Commune pour régler les conditions de cette suspension d'hostilités. Il demandait que le parlementaire partît des lignes parisiennes. La Commune, ne voulant pas se donner l'apparence d'une infériorité de pouvoirs, refusait d'accepter cette condition. Les délégués de la *Ligue d'Union républicaine* se rendirent de nouveau à Versailles, dans le but de chercher à concilier ces susceptibilités d'amourpropre.

Dans la soirée du 21 avril, une réunion de vingt-quatre chambres syndicales ouvrières déclara adhérer au programme de la *Ligue d'Union républicaine,* et nomma des délégués qui devaient se joindre à ceux de *l'Union nationale du commerce et de l'industrie,* pour tenter une nouvelle démarche à Versailles.

Quelques citoyens originaires des départements, désireux d'intervenir aussi dans un but conciliateur, pensèrent à grouper à Paris les citoyens natifs des départements qui,y résidaient.

Cette réunion devait constituer une sorte de représentation de la province, dont l'opinion, dans les conjonctures présentes, devait être prise en sérieuse considération. »

Les délégués des Chambres syndicales de l'Union nationale du commerce et de l'industrie réunirent, le 21 avril, les délégués des corporations ouvrières et associations diverses de Paris, pour leur présenter le projet de conciliation que leur avaient suggéré leurs récentes démarches auprès de l'Assemblée nationale et de la Commune. Suspension des hostilités, conclusion d'un armistice, renouvellement par l'élection de l'Assemblée de Versailles et de la Commune de Paris, tels étaient les points capitaux de leur programme.

Pendant la soirée, sur l'ordre du délégué à la Préfecture de police, le cit. Raoul Rigault, un détachement de gardes nationaux, conduit par un commissaire de police, envahit les bâtiments occupés par la Compagnie parisienne du gaz, sous prétexte de procéder à la recherche d'armes et de munitions. Les employés du gaz formaient, depuis le siège, un bataillon spécial. Dans le but d'assurer l'éclairage de Paris, ils avaient été dispensés de tout service militaire par le délégué à la guerre. De plus, peu de jours auparavant, la Compagnie parisienne avait reçu des attestations contresignées par la Commission exécutive et l'état-major de la place, destinées à la mettre à l'abri de toute persécution et constatant qu'elle remplissait un service d'utilité générale. Cette perquisition était donc inexplicable. On ne se contenta pas de saisir les fusils; on s'empara des espèces, montant à 183,000 fr., qui se trouvaient dans les caisses de la Compagnie; puis on y apposa les scellés. Ce fait donna un caractère encore plus vexatoire, plus arbitraire et plus odieux à cette perquisition injustifiable.

C'était sur l'ordre du délégué à la Préfecture de police que cette perquisition avait été entreprise. Lui seul en était responsable. La Commune n'avait pas été consultée. Ainsi qu'il arriva trop souvent, le cit. Raoul Rigault commit de ces actes inexplicables, qui ne peuvent être attribués qu'à la légèreté ou à la violence de son caractère. Ces exploits, blâmés par la Commune, attirèrent souvent à celle-ci les plus dures critiques, les plus sévères admonestations.

Une note du *Journal officiel* du 24 avril chercha à atténuer ce que ce procédé, ces réquisitions avaient de répréhensible; il les taxa indulgemment « d'excès de zèle ».

Aussitôt que la Commission exécutive fut informée de ces faits déplorables, elle s'empressa d'envoyer au directeur de la Compagnie du gaz une dépêche par laquelle elle déclara regretter l'incident survenu. Elle assura qu'elle prenait les dispositions nécessaires pour faire rembourser aussitôt la somme requise; et elle annonça qu'au besoin, le délégué aux finances assurerait le service de paiement de la Compagnie.

Des excès de ce genre, causés par l'inhabileté d'agents dont la conduite est insuffisamment contrôlée, sont plus nuisibles à un pouvoir que des fautes politiques moins facilement réparables.

L'Assemblée nationale, dans sa séance du 21 avril, vota la loi sur les loyers, attendue depuis si longtemps. La Commune, par son décret concernant les loyers, avait favorisé le locataire au détriment du propriétaire; l'Assemblée tombait dans l'excès opposé; elle favorisait trop exclusivement le propriétaire. Le décret de la Commune, pas plus que la loi de l'Assemblée, ne donnait une solution satisfaisante à cette grave question des loyers.

Samedi *99* avril 1891

Comme les jours précédents, on continua, le 22 avril, à perdre et à reprendre des positions. La canonnade fut plus intense qu'à l'ordinaire.

La Commune adopta, dans la séance du 22 avril, un décret relatif à la constitution du jury d'accusation ordonnée parle décret du 6 avril. Cela faisait craindre que la Commune n'entrât décidément dans une voie violente, contre laquelle avait jusqu'à ce moment protesté avec quelque succès la minorité socialiste.

Les gardes nationaux blessés avaient eu quelquefois à se plaindre, dans certaines ambulances, des propos des religieuses qui les soignaient. Il fut décidé qu'on ne recourrait plus à leurs services, et qu'on ferait appel, pour les remplacer, au dévouement de femmes laïques. Cette mesure donna lieu, de la part d'un certain public, à des assertions malveillantes que la note suivante du docteur chargé de l'administration des ambulances avait pour but de combattre:

Chargé par le citoyen Cluseret de la direction générale des ambulance, je crois devoir expliquer ceriains actes de mon administration que la malveillance pourrait dénaturer.

Considérant que la Commune a décrété la séparation de l'Église et de l'État, et que, d'une autre part, il importe de laisser toute liberté à chaque citoyen do vivre et de mourir selon sa croyance, s'il en a une, j'ai fait enlever des salles d'ambulance tout insigne religieux, de n'imiorlc quel culte; j'en ai interdit l'entrée aux membres de toutes les sectes ou corporations religieuses, tout en procurant immédiatement au blessé qui en ferait la demande, la visite du ministre de sa religion, curé, pasteur, pope ou rabbin.

J'ai surtout eu soin d'écarter des blessés ces visites fatigantes de gens qui, sous prétexte de religion, viennent démoraliser les blessés et ajouter aux souffrances physiques des tortures morales, abusant de la dépression de toutes leurs facultés pour leur arracher une faiblesse, leur faisant un. crime du grand combat soutenu au nom du droit et de la République universelle, au point de les faire presque rougir de leurs glorieuses blessures.

D Rotlsselle.

Les nouvelles démarches entreprises par les délégués do la *Ligue d'Union républicaine,* à l'effet d'obtenir une suspension d'armes pour permettre aux habitants de Neuilly de se dérober au bombardement qui, depuis quinze jours, les contraignait pour la plupart à se réfugier dans leurs caves, amenèrent enfin une solution.

Les délégués de la *Ligue* firent savoir au général Cluseret que le gouvernement de Versailles autorisait deux des membres de la *Ligue* à servir de parlementaires. Le délégué à la guerre, après en avoir conféré avec la Commission exécutive, consentit à la suspension d'armes.

Maintenant, il ne restait plus, pour que celte suspension d'armes fût définitivement conclue, qu'à fixer, à Versailles, les délégués de la Ligue qui se chargeraient d'arborer le drapeau parlementaire dans les lignes versaillaises.

La *Ligue de l'Union républicaine* nomma, dans une réunion qui eut lieu le 22 avril au soir, trois nouveaux délégués, MM. Georges Le Chevalier, P. Javal et le D Villeneuve, qui, d'accord avec les délégués des Chambres syndicales de l'Union nationale et de la franc-maçonnerie, devaient tenter une dernière et décisive démarche auprès de M. Thiers.

Les municipalités des communes des arrondissements de SaintDenis et de Sceaux, convoquées et réunies au nombre de trois cents personnes environ, à Vincennes, dans la journée du 22 avril, décidèrent qu'elles devaient joindre leurs voix aux exhortations à la conciliation qui, depuis quelques jours, surgissaient de toutes parts. Cette réunion formula ainsi ses résolutions:

« L'Assemblée des maires, adjoints et conseillers municipaux des « communes suburbaines de la Seine, navrée de la guerre civile actuelle, « réclame une suspension d'armes.

« Elle affirme pour toutes les communes la revendication des franchises « municipales avec l'élection, par les conseils, de tous les maires et « adjoints, et demande l'installation définitive de la République en « France.

« Elle proteste contre l'envahissement et le bombardement, dont plu« sieurs communes de la Seine sont victimes, et fait appel à l'humanité « pour la cessation des hostilités.

« L'Assemblée surtout demande qu'il n'y ait pas de représailles. »

Il fut convenu que les décisions précédentes seraient remises au gouvernement de Versailles et à la Commune de Paris par une commission de neuf membres.

Le 22 avril, quelques députés de Paris soutinrent devant la commission d'initiative de l'Assemblée nationale une proposition de M. Edgar Quinet, ayant pour but d'assurer aux villes une représentation dans nos assemblées législatives. Cette heureuse modification du mode de fonctionnement du suffrage universel, conciliant le droit des villes et celui des campagnes, était un puissant moyen d'éviter les troubles civils.

Nous reparlerons de cette proposition importante lorsqu'elle sera l'objet d'une discussion publique.

,:

'; .

Dimanche «S avril 1S91

Un véritable duel d'artillerie eut lieu dans la journée du 23 entre toutes les batteries des Versaillais et des fédérés, sans qu'il ait été signalé aucun événement important. Chacun des partis conserva les positions prises, et aucun pas, cette fois encore, ne fut fait de part ni d'autre.

Dans la séance de la Commune du 23 avril on vota, sur la proposition du cit. Protot, délégué à la justice, un décret supprimant les charges des huissiers, notaires, commissaires-priseurs et greffiers de tribunaux, et décidant qu'un traitement fixe leur serait alloué. Ils devaient verser au trésor de la Commune les sommes par eux perçues.

En leur attribuant un traitement fixe, la Commune assimilait les notaires, huissiers, etc., à des fonctionnaires publics. C'était effectuer toute une réforme dans les offices ministériels. Excellente en principe', elle'étâit moins heureuse dans s'on'application. Cette mesure s'étendait à des fonctions n'ayant pas toutes, à un égal degré, le caractère qui la légitimait. On agissait, ce nous semble, avec un emportement assez inconsidéré, avec une fougue trop peu ménagère des situations, alors qu'il aurait fallu procéder avec un discernement très-sagace.

Divers incidents qu'il est important de signaler se produisirent à la séance de la Commune du 23 avril.

M. Pilotell, récemment nommé commissaire de police par le cit. Raoul Rigault, avait arrêté, depuis quelques jours déjà, M. Polo, directeur de l'Éclipsé, et M. Chaudey, adjoint au maire de Paris sous le Gouvernement de la défense nationale. Ces arrestations, irrégulièrement effectuées, avaient donné lieu à des faits scandaleux qui causèrent une émotion, une irritation bien légitimes. M. Pilotell s'était emparé chez M. Polo des espèces existant dans sa caisse; et, chez M. Chaudey, il avait saisi le numéraire se trouvant dans le bureau de celui-ci. Cette conduite fut énergiquement blâmée par plusieurs membres de la Commune qui demandèrent et obtinrent la destitution immédiate de M. Pilotell et son insertion au *Journal officiel.*

Cet incident avait été amené par une proposition du *vit,* Miot demandant la nomination d'une commission de trois membres chargés d'aller visiter les prisons, de faire une enquête sur l'état des détenus et de s'informer de la cause de leur détention. C'était un moyen de contrôler les agissements par trop fantaisistes du délégué à la Préfecture de police. Après le vote de cette motion, le cit. Jules Vallès, considérant qu'il y avait utilité à ce que les membres de la Commune pénétrassent partout, formula la demande suivante qui fut adoptée: « Tout membre de la Commune pourra « visiter les prisons et tous les établissements publics. »

La conciliation, à laquelle des citoyens dévoués à la République et au pays consacraient de si louables efforts, n'était guère encouragée, à Versailles, par les membres du gouvernement. M. Dufaure, ministre de la justice, adressa à la date du 23 avril, aux procureurs généraux, à propos de la loi récemment adoptée par l'Assemblée nationale, qui déférait au jury les délits de presse, une circulaire dont nous extrayons le passage suivaut:

Mais chaque époque est mise en présence de dangers qui lui sont propres: je vous signale tout particulièrement ceux du temps où nous vivons. Il se trouve, en ce moment, des écrivains qui déshonorent leur plume par les plus honteuses apostasies et les entreprises les plus violentes contre les principes essentiels de tout ordre social. Ils ont longtemps et vivement demandé le suffrage universel, et ils outragent aujourd'hui, sans relâche, une Assemblée qui en est incontestablement l'expression la plus libre et la plus certaine. A les en croire, elle serait agressive, provocante, avide de nouvelles révolutions, quoiqu'ils sachent bien que depuis le jour où clic a nommé provisoirement le plus illustre de ses membres chef du pouvoir executif do la République française, elle n'a pas fait un pas rétrograde; mais en revanche, tout en prodiguant sans cesse le grand nom de liberté, ils sont devenus les adorateurs, ils se font par toute la France les apologistes effrontés d'une dictature usurpée par des étrangers ou des repris de justice, qui a inauguré son règne par l'assassinat, qui le signale tous les jours par 'arrestation de bons citoyens, le bris des presses, le pillage des établissements publics, le vol avec effraction, de nuit et à main armée, chez les particuliers, l'incarcération des prêtres, l'enlèvement et la réduction en lingots des vases sacrés. Oui, la force matérielle qui s'est constituée dans Taris sous le nom de Commune pour commettre de si abominables eicés trouve des apologistes qui deviendraient bientôt ses imitateurs si elle triomphait.

Ce ne sont pas les ennemis d'un gouvernement quelconque, mais de toute société humaine; vous ne devez pas hésiter à les poursuivre.

Et ne vous laissez pas arrêter lorsque, dans un langage plus modéré en apparence, sans être moins dangereux, ils se font les apôtres d'une conciliation à laquelle ils ne croient pas eux-mêmes; mettant sur la même ligne l'Assemblée issue du suffrage universel et la prétendue Commune de Paris; reprochant à la première de n'avoir pas accorde à Paris ses droits municipaux, bien que, pour la première fois, l'Assemblée nationale ait donné spontanément à cette grande ville tous les droits de représentation cl d'administration dont jouissent les autres communes de France; enfin la suppliant de tendre sa noble main à la main tachée de sang que ses ennemis n'oseraient lui présenter. Pour être plus hypocrite, ce langage n'est pas moins coupable: il énerve le sentiment du juste et de l'injuste; il habitue à considérer du même œil l'ordre légal et l'insurrection, le pouvoir créé par le vœu de la France cl la dictature qui s'est imposée par le crime et règne par la terreur.

La Commune avait dit: « Conciliation, c'est trahison. » M. Du faure disait: « La conciliation est criminelle, poursuivez inexora« blementceux qui commettent cette mauvaise action. »

On le voit, la conciliation était également mal vue des deux, côtés.

Dans la soirée du 23 avril, deux délégués de la Commune vinrent restituer à la *Compagnie parisienne du gaz* la somme qui lui avait été soustraite l'avant-veille, et lever les scellés apposés sur les trois caisses de la compagnie, dont l'une contenait les titres. :::.:'.i;. Jiln.!Èi'ii(iiij 'iiîii'.' L.'i *j..'*, *i:.*, *j-:'*-, ,iji-, .i fci!i.,ii; Confiantes dans l'annonce qui avait figuré la veille à *l'Officiel,* beaucoup de personnes se dirigèrent dans la matinée du 24 vers les portes Maillot et des Ternes, espérant pouvoir pénétrer sans danger dans Neuilly, à la faveur de la suspension d'armes. Elle ne devait avoir lieu que le lendemain.

Depuis quelques jours, le bruit de l'évacuation imminente des forts du Nord et de l'Est par l'armée allemande et de leur cession possible aux troupes de Versailles, s'était répandu dans Paris. En prévision de cette éventualité, le commandant du château de Vincennes avait cru devoir faire armer d'un certain nombre de canons le rempart de cette forteresse; sur une réclamation de l'autorité allemande, rappelant la convention du 28 janvier, le délégué à la guerre donna ordre de retirer ces canons.

A la séance de la Commune de la veille, nous avons vu qu'on avait autorisé tous les membres de la Commune à pénétrer dans les prisons et dans les établissements publics, civils ou militaires. Le citoyen Raoul Rigault, qui n'assistait pas à cette séance, demanda le 24 avril que la Commune revienne sur son vote, au moins en ce qui concernait les individus emprisonnés et mis au secret. Le citoyen Arthur Arnould, ayant énergiquement protesté avec indignation contre le maintien de l'usage de la mise au secret, qu'il considérait comme immorale et inutile, et ayant réclamé l'instruction publique, le citoyen Raoul Rigault décla-

ra formellement qu'il trouvait actuellement impossible qu'on pût procéder à un instruction sans le secret. Le citoyen Arthur Arnould, soutenu par plusieurs membres de la Commune, continua à réclamer avec beaucoup de dignité et de bon sens l'abolition immédiate du secret. Le citoyen Raoul Rigault donna immédiatement sa dé-« mission de délégué à la Préfecture de police.

Cette retraite était heureuse pour la Commune; elle dut satisfaire un grand nombre de ses membres.

Le citoyen Cournet fut aussitôt nommé en remplacement du citoyen Rigault, qui fut maintenu à la Commission de sûreté générale.

Sur la proposition du citoyen Malon, la Commune adopta un décret qui permettait aux habitants des quartiers bombardés de trouver un refuge dans les appartements vacants des arrondissements non encore atteints par les obus versaillais.

Les arrêtés rendus par la Cour martiale, sous la présidence du citoyen Rossel, chef d'état-major du délégué à la guerre, furent vivement critiqués par certains membres de la Commune, dans la séance du 24 avril. On les jugeait généralement trop rigoureux et empreints quelquefois de partialité. Il fut décidé qu'une commission de cinq membres serait chargée de réviser tous les jugements prononcés par la Cour martiale, et de statuer immédiatement. *i*

Le citoyen Bergeret, détenu à la suite des opérations militaires si malheureuses du commencement du mois, comparut dans la nuit du 23 avril devant la Cour martiale, qui le fit immédiatement mettre en liberté, considérant qu'il n'y avait pas lieu de le rendre personnellement responsable des fautes commises.

La Commune décida,!e 24 avril, la. nomination d'une commission de cinq membres, qui serait adjointe à la Commission militairepour présider à la rentrée des habitants de Neuilly.

On était enfin parvenu à déterminer de quelle façon la suspension d'armes serait déclarée.

MM. Picard et Barthélémy Saint-Hilaire, après avoir conféré dans la jour-

née du 23 avec les délégués de la *Ligue de l'Union républicaine pour les droits de Paris,* acceptèrent le principe d'une trêve, et, pour en régler les conditions, ils renvoyèrent les délégués auprès des généraux Ladmirault et Levaucoupet. Il fut convenu avec ces derniers qu'une suspension d'armes sur toute la ligne de Neùilly à Asnières aurait lieu le 25, de neuf heures du matin à cinq heures du soir, et que pendant toute sa durée, les délégués de la *Ligue* demeureraient aux avant-postes pour assurer l'exécution de cette convention. Le général Cluseret ayant accepté ces conditions, les délégués de la Ligue informèrent le public de l'accord intervenu par une affiche réglant les conditions matérielles de l'armistice.

Cette suspension d'armes avait coûté plus de peine à négocier que toutes celles qu'on avait conclues durant le siège avec les Prussiens. C'était à qui n'arborerait pas le premier le drapeau parlementaire, et finalement, il devait être arboré par des intermédiaires, par des délégués. Misérable résultat qui prolongea de quelques jours les souffrances des habitants des villages où avaient lieu les hostilités. Ce fait suggéra au *Temps* les réflexions suivantes, auxquelles nous nous associons: a On trouvera peut-être que nous tenons peu de compte des « usages et des règles, on trouvera que nous n'avons pas sur les t droits des belligérants et de ceux qui ne sont pas reconnus « comme tels des notions suffisamment orthodoxes, mais nous « estimons que celui-là se serait honoré qui aurait, le premier, « fait une démarche dictée par un sentiment d'humanité, et, de « quelque côté que soient venues les objections, les difficultés qui « ont fait ajourner si longtemps l'armistice, ceux qui ont soulevé « ces objections et ces difficultés sont coupables à nos yeux. »

Lorsqu'on se heurtait pour conclure une trêve de quelques heures à de semblables obstacles, on pouvait désespérer d'amener les belligérants à consentir à une trêve générale, prélude d'une paix définitive. Il y avait là de quoi décourager les partisans de la conciliation, et cependant, leur intervention, leur insistance, était plus que jamais nécessaire pour démontrer aux fanatiques des deux partis que la situation, déjà si difficile, risquait de devenir tout à fait désespérée, si la crise actuelle se dénouait violemment.

M. Schœlcher, persuadé de la justesse de cette opinion, publia le 24 avril, sous le titre: *Proposition d'un traité de paix,* un appel aux Parisiens. Il les conviait à s'interposer en médiateurs, à former une *ligue de la conciliation,* qui devait avoir pour unique programme « d'amener la Commune à offrir au gouvernement une « suspension d'armes, pendant laquelle on négocierait les termes « du rétablissement de la paix. »

Le gouvernement de Versailles adressa, le 24 avril, à toutes les autorités civiles et militaires, la circulaire suivante, qui se terminait par cette annonce, déjà plusieurs fois répétée: Les opérations actives vont commencer. »

Versailles, 24 avril.

Les jours écoulés viennent do se passer en travaux du génie et en concentration de troupes. Les corps formés à Cherbourg, Cambrai, Auxcrre, avec les prisonniers revenus d'Allemagne, sont venus prendre position à Versailles, el y ont été remarqués par leur tenue sévère et ferme. On reconnaît parmi eux les vaillants soldats de Gravclotte, qui, en combattant un contre deux, ont livré, sans fléchir, l'une des plus grandes batailles du siècle. Us forment des corps séparés, sous les généraux Douai et Clinchant.

C'est autour de Bngneux que se sont passés les combats de ces deux derniers jours. Avant-hier, les insurgés, avertis qu'on avait barricadé Bagneux, ont attaqué ce village, d'abord avec 200 hommes, qui ont été mis en déroute, puis avec une seconde colonne d'un millier d'hommes et d'une pièce de canon. La petite garnison, composée de deux compagnies du 46, a attendu les insurgés à cent mètres et les a mis en fuite par un feu meurtrier. La route ost restée jonchée de leurs morts.

Aujourd'hui ils ont voulu recommencer, et se sont avancés, précédés par une avant-garde aux ordres d'un sergent, Les tirailleurs du 70, habilement embus-

qués, ont reçu cette avant-garde à bout portant et l'ont détruite. Le sergent et ses hommes ont été tués. Le hideux drapeau rouge et celui qui le portait sont entre nos mains. Ces petits combats, qui avaient pour but de troubler nos travaux, n'ont point atteint leur but, car ces travaux sont achevés et les opérations actives vont bientôt commencer.

Mardi «5 avril 1991

Pendant la journée, les forts du Sud furent très-Yiolemment bombardés par les batteries versaillaises établies à la lanterne de Diogène, au Moulin-de-Pierre et au Bas-Fontenay.

La Ligue d'Union républicaine s'était préoccupée des premiers soins à donner aux malheureux qui, depuis le commencement du bombardement à Neuilly, s'étaient réfugiés dans leurs caves. Pour y satisfaire, trente voitures d'ambulance suivirent les délégués de Paris, et un service fut organisé, d'accord avec la maison Duval, de façon que les affamés devaient immédiatement trouver à se réconforter.

Ces précautions ne furent heureusement pas utiles. Les habitants de Neuilly et de Sablonville n'avaient pas souffert de la faim.

La Commune avait pris les dispositions nécessaires pour faciliter le transport des personnes âgées ou malades. Par ses soins, les enfants de l'asile Sainte-Anne furent ramenés à Paris.

Dans la matinée, la proclamation suivante fut adressée par la Commission exécutive à la population parisienne:

Citoyens,

II y a sept mois à peine, nos frères de Neuilly venaient demander aux remparts de Paris un abri contre les obus prussiens.

A peine revenus dans leurs foyers, c'est par les obus français qu'ils en ont chassés pour la seconde fois.

Que nos bras et nos coeurs soient ouverts à tant d'infortune.

Cinq membres de la Commune ont reçu le mandat spécial d'accueillir à nos portes ces femmes, ces enfants, innocentes victimes de la scélératesse monarchique.. Les municipalités leur assureront un toit.

Le sentiment de la solidarité hu-

maine, si profond chez tout citoyen de Paris, leur réserve une hospitalité fraternelle.

Les déménagements des pauvres bombardés s'effectuèrent avec grand ordre. Les diverses avenues qui menaient à ces villages furent encombrées durant toute la journée par des véhicules de toutes sortes, se hâtant de rentrer à Paris les habitants et leur mobilier.

Un très-grand nombre de Parisiens profitèrent de la suspension d'armes pour venir examiner les dégâts causés par les luttes récentes. Certains pays avaient surtout été dévastés. Asnières n'était déjà plus, pour ainsi dire, qu'un amas de décombres, comparable à l'état dans lequel se trouve Saint-Cloud. Levallois, Sablonville, Neuilly avaient été fortement endommagés. On apercevait, en certains endroits, des maisons qui avaient été criblées de balles et défoncées par la mitraille. Là s'étaient livrés des combats acharnés.

La porte Maillot et la porte des Ternes étaient alors très-délabrées; on s'occupa, pendant toute la journée, de les reconsolider.

Du côté de Neuilly et dans les Champs-Elysées, l'affluence des curieux, des promeneurs, était considérable. La Commission exécutive envoya, à ce propos, la dépêche suivante à la place et à la guerre: *Exécutive à Guerre et à Place. i* h. 53 soir,

« Nous savons do bonne source que les réactionnaires profitent do la suspension d'armes pour se masser par groupes compacts du côté de Neuilly. On parle d'une attaque furieuse projetée par les Vcrsaillais pour l'heure précise de la reprise du feu. II est nécessaire de faire dissiper immédiatement ces groupes par la garde nationale et d'arrêter le mouvement d'entrée au moins une heure avant la fin de la suspension d'armes. Envoyez un ou deux bataillons de renfort. »

La Commission exécutive eut quelquefois de ces craintes non justifiées; elle n'était pas exempte d'une méfiance ridicule. Dans la journée, quelques personnes ayant franchi les lignes des fédérés, furent arrêtées par les soldats versaillais; mais, grâce à l'intervention des délégués de la *Ligue d'Union républi-caine,* leur détention fut de courte durée.

Par décision en date du 25 avril, la Commission exécutive autorisa, à partir de ce jour, la sortie des marchandises de transit, à l'exception toutefois des fa-rines, des armes et munitions de guerre. Cette mesure donnait satisfaction aux exigences du commerce parisien, en même temps qu'elle contribuait à assu-rer, par contrecoup, le ravitaillement de la capitale. Les Prussiens avaient em-pêché, la veille, les convois de vivres d'entrer dans Paris, parce que la Com-mune s'était opposée au ravitaillement de Saint-Denis par Paris. En rétablissant la libre sortie des provisions, il était pré-sumable que, par réciprocité, les Prus-siens qui ne paraissaient pas vouloir af-famer Paris, n'arrêteraient plus les en-vois de vivres à Saint-Denis.

Répondant à une allégation produite dans un discours de M. Jules Favre, le *Journal officiel* du 25 avril publia la note suivante:

L'administration des musées du Louvre dément!es insinuations pro-duites dans un journal et répétées par d'autres, d'après lesquelles des tableaux du Louvre seraient vndus à Londres. Elle ne peut pas savoir sous quelle ap-pellation des tableaux sont présentés à la vente dans la ville de Londres; ce qu'elle sait et affirme, c'est que les col-lections du Louvre sont intactes, qu'elles ont élé préservées des dangers de la guerre, respectées et protégées.

Le délégué à l'administration des postes fit insérer à *l'Offìciel* du même jour une note par laquelle, répondant à des insinuations malveillantes produites par plusieurs journaux, il dégageait sa responsabilité de la non arrivée des lettres, qu'il expédiait en province par des courriers dont la plupart étaient ar-rêtés par le gouvernement de Versailles.

La séance de la Commune du 25 avril fut surtout consacrée à la discussion d'une proposition du cit. Avrial, concer-nant les engagements au Mont-de-Piété, sur laquelle divers projets de décret avaient été présentés. Après une discus-sion assez longue qui n'avait guère élu-cidé cette difficile question qui intéresse si vivement la classe ouvrière, une réso-lution allait peut-être être votée légère-ment lorsque des observations très-judi-cieuses, présentées par le cit. Longuet, firent remettre la continuation de la dis-cussion au lendemain.

Chaque jour, l'Assemblée nationale et la Commune de Paris recevaient, des conseils municipaux des villes de pro-vince, des adresses conseillant la conci-liation et l'installation définitive d'un régime vraiment républicain. Ces ex-hortations, qui exprimaient l'opinion unanime de tous les grands centres de la France, c'està-dire de l'élite du pays, avaient aussi peu d'influence sur les dé-putés qu'en avaient eu les vœux expri-més par les diverses délégations pari-siennes envoyées à Versailles.

Un Comité provisoire pour la convo-cation d'un *congrès de délégués des villes de France,* dont la ville républi-caine de Bordeaux avait pris l'initiative, rédigea, le 25 avril, le programme de ce congrès.

Il était institué pour délibérer sur les mesures les plus propres à terminer la guerre civile, à assurer les franchises municipales et à consolider la Répu-blique. Chaque ville devait envoyer un délégué par 20,000 habitants. Ces dé-légués devant être désignés par le suf-frage universel, les invitations nomina-tives devaient être adressées' aux conseillers municipaux qui seraient nommés aux élections du 30 avril, en suivant l'ordre du tableau, jusqu'à concurrence du nombre des représen-tants auquel la ville aurait droit. Afin de prévenir toute objection sur la léga-lité de ses assemblées, ce congrès de-vait conserver le caractère de réunion privée. Sa convocation devait avoir lieu dans une période de dix jours après les élections du 30 avril.

Cette louable tentative de représen-tation des villes pouvait avoir les plus heureuses conséquences. En manifes-tant avec autorité, dans le conflit actuel, la volonté de la France, elle pouvait mo-ralement contraindre les combattants à cesser les hostilités, à consentir une trêve, prélude d'un retour définitif à la paix et à la concorde.

mercredi «6 avril 189i

Interrompue par la suspension d'armes, la lutte recommença, dans la nuit du 25 au 26, de Neuilly à Clichy. Sur toute cette *ligne* on se battit avec un acharnement soutenu de part et d'autre car le feu très-intense des batteries.

Du côté des forts du Sud, la situation devenait critique.

Après les dépêches militaires, le *Journal officiel* publiait la note suivante signalant une nouvelle exécution, faite par les Versaillàis, de gardes nationaux qui s'étaient déclarés prisonniers:

Ce matin, à la Belle-Épine, dans une reconnaissance faite par le 185 ba-taillon, en avant de la barricade de Vil-lejuif, quarante hommes du bataillon ont été menacés d'être enveloppés par deux compagnies de cavaliers ver-saillais. La plus grande partie des fédé-rés a pu se replier; quatre gardes seule-ment, plus avancés que les autres, n'ont pu suivre le mouvement. Se voyant cer-nés, ils ont, sur l'injonction de l'officier commandant une des compagnies, mis bas les armes, et aussitôt, sur un signe de l'officier, ils ont cté fusillés. L'un d'eux a pu, mourant, regagner les lignes; il est peut-être mort à présent à l'hospice de Bicctrc, où on l'a trans-porte. Dans un mouvement offensif pris par le bataillon, le corps du citoyen: Colson, l'un d'eux, a pu être emporté par ses camarades.

Une commission d'enquête sur cet assassinai a été immédiatement formée. Elle est composée des citoyens Gam-bon, Langevin et Vésinier.

Par décision du même jour le délégué à la guerre, considérant que l'organisation des bataillons de la garde nationale nécessitait de la part de l'état-major de la légion une aptitude spéciale, décidait que l'état-major de la légion se-rait dorénavant nommé par le délégué à la guerre.

. En dépit de nombreuses mesures édic-tées pour la prompte réorganisation de la garde nationale, on était loin d'arriver au résultat désiré.

Dans cette situation, la Commission de la guerre rédigea un rapport, à la suite duquel le délégué à la guerre prit un arrêté portant création dans chaque municipalité d'un bureau militaire qui, d'accord avec le conseil de légion, devait requérir les armes, rechercher les réfractaires; et, en un mot, assurer l'exécution des décrets ou arrêtés, jusque-là fort peu suivis d'effet.

Depuis un mois que la Commune était constituée, les divers éléments qui la composaient s'étaient classés en deux groupes principaux: les *révolutionnaires,* qui formaient la majorité, et les *socialistes.*

Le groupe révolutionnaire recevait surtout l'impulsion des hommes de 1848 et des blanquistes.

Les quelques révolutionnaires à cheveux blancs, membres de l'Assemblée constituante et de la Législative de 1848-49, exerçaient sur leurs jeunes collègues une influence considérable. Anciens athlètes de la démocratie, ils étaient écoulés avec une extrême déférence, comme des aïeux. Ces conseillers ne se faisaient cependant pas remarquer (à l'exception du cit. Delescluze, toutefois) par l'ampleur de leur développement intellectuel et par leur sagacité politique. Empreinte des préjugés autoritaires au milieu desquels leurs idées s'étaient formées, leur intelligence, mal équilibrée, était peu apte à comprendre les tendances qui avaient donné naissance au mouvement du 18 mars. Continuateurs de la tradition jacobine, admirateurs de la République autoritaire et centralisatrice, simple travestissement de l'ancien régime, à laquelle ils avaient voué une sorte de culte, ces vieux révolutionnaires, d'origine bourgeoise, étaient, par leur passé, les adversaires de la Révolution nouvelle, hostile à toute centralisation excessive et notoirement imprégnée de fédéralisme. Les personnalités ardentes des révolutionnaires de 48, leur exaltation, conféraient à ces hommes une influence que l'étroitesse de leur intelligence n'aurait pu leur acquérir. Félix Pyat, l'un d'eux, exerçait une autorité particulièrement perturbatrice et fatale.

L'autre fraction révolutionnaire jouissant d'un crédit incontestable sur la majorité, était formée des *blanquistes.* C'est ainsi qu'on désigne les adeptes, les fanatiques de Blanqui. Leur trait signalétique consiste en un penchant très-accentué pour l'emploi de la force, dont,

selon eux, un habile usage peut exclusivement produire une solution heureuse dans toute situation donnée. S'efforcer de posséder la force constitue donc la préoccupation la plus absorbante des blanquistes. C'est pourquoi ils sont les conspirateurs les plus actifs, les plus opiniâtres de notre époque. Ce sont d'ailleurs, il faut le reconnaître, les révolutionnaires les plus logiques. Étant donnés: un idéal social qui résulte, non de la réalité des choses auquel il est subordonné, mais d'une vue plus ou moins rationnelle, plus ou moins fantaisiste de l'esprit, et des hommes persuadés de son excellence, qui, dans leur opinion, ne saurait être sujette à contestation, il s'ensuit nécessairement que ceux-ci doivent employer tous les moyens possibles pour réaliser au plus tôt le régime politique et social qu'ils trouvent désirable. Et comme l'usage de la force leur semble la méthode la plus pro-pice pour imposer, pour implanter, coule que coûte, dans un *bref* délai, leurs idées, ils en usent et en abusent avec une audace, avec un calme fort étranges. Au nom du peuple dont ils se croient seuls capables d'améliorer la situation, ils seraient disposés à agir et agissent, en fait, plus dictatorialement que le despote le plus exécrable.

Les vieux de 48 et les blanquistes étaient certainement, de tous les révolutionnaires, les plus antipathiques, par leurs idées et leur nature d'esprit, à la tentative d'autonomie communale inaugurée le 18 mars, qui rompait si ouvertement avec le régime centralisateur, et tendait à dépouiller le gouvernement d'un assez grand nombre de ses attributions autoritaires pour les restituer aux communes libres. Ceux qui avaient le moins l'intelligence de la situation étaient donc appelés à exercer sur le mouvement l'influence prépondérante. C'est un fait bien surprenant qui manifeste combien le suffrage universel direct, tel qu'il fonctionne depuis vingt ans, est, même à Paris, encore incompétent et incapable. Envoyer à la Commune des blanquistes et des révolutionnaires, imitateurs scrviles des Hébertistes et de 93, en pensant avoir ainsi choisi des hommes aptes à assurer le

succès de la révolution communale, c'était commettre une absurdité évidente; c'était déterminer sûrement une prochaine déviation de ce mouvement *qui* eût pu êtro rénovateur, et dont la direction se troutait confiée à ses ennemis les plus funestes, parce qu'ils étaient les plus inconscients. Jeunes, intelligents, violents, irrascibles, méfiants, la plupart des blanquistes ont été, par leurs conseils et par leurs actes, excessivement préjudiciables à la cause de la Commune.

A côté de ces deux éléments (les hommes de 48 et les blanquistes) le groupe révolutionnaire en comptait un troisième: les *clubistes,* qui furent non moins nuisibles. Les personnes que nous groupons sous cette appellation de *clubistes* appartenaient, en majeure partie, à la classe ouvrière Assefc ignorants, pour la plupart, les clubistes étaient complètement dénués de sens pratique; ils n'avaient qu'une notion très-obscure de la nature des choses et ne possédaient aucune qualité administrative ou organisatrice. Habitués, par les discussions superficielles et sommaires des clubs, à ne rien approfondir, ils n'avaient pas conscience des difficultés qui surgissaient au maniement de la réalité et des affaires. Ils étaient d'autant plus violents et exaltés qu'ils étaient moins soucieux de rechercher les vraies causes des obstacles et plus incapables de les maîtriser. Très-soupçonneux, très-faciles à émouvoir, les clubistes criaient toujours à la trahison, lorsque survenait un événement défavorable. Leur vanité était généralement excessive

Quelques autres membres révolutionnaires, difficiles à classer dans une catégorie bien définie, gravitaient autour des trois fractions dont nous venons de donner une idée.

La majorité se distinguait de la minorité en ce qu'elle était surtout plus révolutionnaire que socialiste, plus préoccupée de modifications politiques que de transformations sociales. Cette distinction capitale prouve encore, au détriment de la majorité, qu'elle n'était pas pénétrée du caractère profondément social de la révolution inaugurée le 18 mars par des prolétaires.

La minorité de la Commune, composée presque exclusivement d'ouvriers, était *socialiste* dans son ensemble, mais elle était partagée en deux doctrines: les ouvriers, appartenant pour la plupart à *l'Association internationale des Travailleurs,* étaient partisans du *collectivisme*; les bourgeois, qui faisaient aussi partie de cette association, se ralliaient au *mutucUisthe.* Cette divergence d'opinion sur la propriété, institution fondamentale des sociétés modernes, n'eut pas lieu de se manifester.

Ces deux fractions de la minorité renfermaient des éléments d'une valeur, d'une supériorité incontestables. Quelques-lins des ouvriers socialistes faisaient partie de l'élite du prolétariat français.

Malheureusement cette minorité de la Commune, généralement sensée, douée d'une sérieuse intelligence, dont quelques membres possédaient des connaissances approfondies, n'eut presque jamais la possibilité de faire prévaloir ses vues. Adversaire déclarée des mesures ineptes ou violentes décrétées sur la proposition de quelques membres de la majorité, la minorité subit la loi de toutes les assemblées: le nombre-y écrase l'intelligence. Tout en répudiant, tout en déplorant amèrement ses décisions, elle crut néanmoins devoir continuer à siéger à la Commune. S'abstenir lui eût semblé une désertion, et elle ne voulait point paraître abandonner un poste qui devenait de plus en plus périlleux. C'est ainsi que la minorité put être considérée comme responsable de résolutions qu'elle avait énergiquement blâmées et combattues, et qu'elle a été vouée par le public au mépris ignominieux, et mérité celui-là, qui a couvert certains autres membres de la Commune.

Sans l'intervention de la minorité, sans ses luttes incessantes, les folies, les iniquités, les atrocités commises par la Commune eussent sans doute été plus nombreuses, plus violentes et plus désastreuses encore.

Nous avons dit que le transport des lettres pour la province et l'étranger avait été complètement désorganisé. 11

s'effectuait trèsirrégulièrement. Déjà des agences, qui se chargeaient d'assurer ce transport, s'étaient créées. Pour sauvegarder les intérêts de la Commune, qui se considérait comme « seule propriétaire du service « des dépêches dans Paris, qu'elle pouvait garantir », le délégué aux finances, « laissant libre cours à l'initiative individuelle », décida, sur la proposition du délégué à l'administration des postes, que « les lettres *a/franchies,* expédiées des départements et de « l'étranger à destination de Paris, seraient soumises à l'affran« classement de Paris pour Paris, quel qu'en fut le mode de trans« port et de distribution. »

Les lettres *non affranchies* devaient être soumises aux taxes ordinaires de Paris pour Paris.

Dans ses agissements, la garde nationale, qui assurait seule la police de la cité, cédait quelquefois à un zèle intempestif qui se traduisait par des façons grossières. Lorsqu'elle était chargée d'effectuer une recherche ou une perquisition, il arrivait parfois qu'elle s'emparait d'objets qu'elle n'aurait pas dû requérir, ou qu'elle arrêtait des personnes qu'elle n'aurait pas dû toucher. Il nous est impossible, et il serait d'ailleurs fastidieux, de citer tous les faits qui appuieraient notre assertion. Entre mille, nous rappellerons la perquisition opérée à la légation de Belgique, rue du Faubourg-Saint-Honoré, dont nous avons précédemment dit un mot. Pour faire cesser les scandales de cette nature, le délégué aux relations extérieures fit insérer au *Journal officiel* du 26 avril la note suivante:

Le délégué aux relations extérieures rappelle à qui de droit que les personnes et les biens des citoyens étrangers sont sous la garantie du droit des neutres et de l'hospitalité proverbiale de la France.

En conséquence, aucuns objets mobiliers, voitures, chevaux, etc., aucun appartement inscrit au nom d'un citoyen étranger, jouissant des immunités attachées au litre sacré d'hôte de la République, *ne peuvent et ne doivent être sujets à réquisition.*

Les délégués envoyés par les francs-maçons à Versailles n'avaient, pas plus

que les autres délégations, obtenu du gouvernement une réponse satisfaisante. Ayant épuisé tous les moyens de conciliation avec Versailles, une députation de francs-maçons vint déclarer, dans la journée, à la Commune, que la francmaçonnerie avait résolu de *planter ses bannières sur les remparts de Paris,* et que, si une seule balle les touchait, les francs-maçons marcheraient d'un même élan contre l'ennemi commun. Reçue à l'Hôtel-de-Ville dans la cour de Louis XIV, cette députation, composée d'environ deux mille francs-maçons, fut accueillie avec une très-vive sympathie par la Commune, qui nomma une délégation chargée de la reconduire jusqu'à la rue Cadet où est le siège du Grand-Orient.

Cette manifestation par laquelle la franc-maçonnerie parisienne appuyait ouvertement la revendication des franchises communales, pouvait avoir une grande influence, surtout en province. Par ses nombreuses ramifications, la franc-maçonnerie est en rapport avec toutes les villes de France. Son programme de conciliation, l'annonce de son insuccès et de son ralliement au principe d'autonomie communale, avaient été transmis aux loges des départements. Ceci devait contribuer à persuader à la province, que le gouvernement s'efforçait de maintenir dans l'ignorance du vrai caractère du mouvément parisien, que l'idée de l'indépendance communale, pour laquelle Paris combattait, n'était pas seulement soutenue par une bande d'agitateurs de tous les pays européens, ainsi que le gouvernement le disait.

Les incessants, les louables efforts effectués par le journal *le Temps* pour faire cesser la lutte, auraient mérité plus de succès. Déjà il avait émis diverses propositions de conciliation; déjà 11 avait produit plusieurs moyens à l'effet d'amener un accord si désirable. Le 26 avril, il engageait les Parisiens à demander avec lui:

« 1 Une trêve de vingt-cinq jours;:

« 2 L'élection d'une Commune nouvelle, dans les formes de la « loi votée par l'Assemblée, avec mandat de traiter avec Versailles « sur les bases du maintien de la République, des libertés munl« cipales, et d'une amnistie complète et générale, s

Sous le titre: *la Paix en vingtquatre heures dictée par Paris à Versailles,* le citoyen Victor Considérant, ancien représentant du peuple, fit paraître, le 26 avril, une adresse aux Parisiens,

Le citoyen Victor Considérant désirait, avec tant d'autres, faire cesser au plus tôt la déplorable lutte soutenue depuis vlngUcinq jours par Paris, et dont l'issue définitive pouvait amener une recrudescence de réaction et la chute de la République. Dans ce but, il conviait les Parisiens à manifester leur opinion par un vote.

Le citoyen Considérant expliquait que la souveraineté résidant dans la population, le moindre droit de celle-oi est de se convoquer pour exposer régulièrement sa volonté par son vote; il dépendait donc d'une manifestation de l'opinion publique que l'idée par lui suggérée fut réalisée immédiatement. En présence de cette expression de la volonté de Paris, librement produite avec calme, conformément au droit populaire et aux usages électoraux, le citoyen Considérant pensait que l'Assemblée de Versailles serait obligée de reconnaître comme légitime et de consacrer la revendication communale parisienne, si l'Assemblée ne prétendait pas séparer tout à fait Paris de la France.

Le gouvernement de Versailles adressa le 26 août aux autorités civiles et militaires la circulaire suivante:

Versailles, le 26 avril 1871, 3 h. 30 soir.

Les opérations actives ont commencé hier. Trois grandes lignes de batteries ont ouvert le feu sur les forts do Vanves et d'Issy. La ligne de droite, ayant à contre-battre à la fois les feux de Vanvcs et d'Issy, a eu quelques blessés et quelques embrasures atteintes, sans cesser pourtant de tirer activement.

La ligne du centre, qui contenait dix-sept bouches à feu de fort calibre, n'a eu ni un blessé ni une de ses pièces endommagée et a fait tonner sur le fort d'Issy une formidable canonnade. Dès midi, son feu avait pris une supériorité marquée sur celui du fort d'Issy qui, à cinq heures, ne lirait plus que quelques coups fort rares. A gauche, l'action était moins vive de part et d'autre. L'action sérieuse restait celle du centre, et tout faisait présager que le fort d'Issy serait bientôt réduit au silence ei annulé.

C'est, pour le moment, un combat d'artillerie dont l'issue ne saurait être douteuse, et dont nous ferons connaître exactement les péripéties.

Pendant cette journée, à Neuilly, à Sablonville, sur toute cette ligne jusqu'à Clichy, on ne signale que des escarmouches sans conséquences importantes. Les Versaillais continuaient l'établissement des batteries à Gennevilliers.

On attaqua très-vigoureusement les forts de Vanves et d'Issy, surtout ce dernier, qui fut bombardé avec une violence inaccoutumée. Criblé d'obus et de boulets, Issy était fortement endommagé; il présentait un aspect déplorable.

De ce côté, les Versaillais commençaient très-sérieusement les opérations d'attaque.

Paris apprit dans cette journée que, sur les ordres du gouvernement de Versailles, tous les envois d'approvisionnements à destination de la capitale étaient arrêtés aux gares importantes des réseaux et réexpédiés sur le point de départ. Cette mesure ne produisit pas tous les effets qu'en attendait le gouvernement. Intercepté par chemin de fer, le ravitaillement de Paris s'effectuait moins aisément, moins promptement, il est vrai, mais enfin il s'effectuait par terre.

Quoique très-forts économistes, nos ministres avaient oublié que les marchandises viennent s'offrir sur le marché où elles sont demandées, et que les producteurs intéressés sauraient trouver le moyen de faire pénétrer leurs produits dans Paris, au mépris des interdictions ministérielles.

Alors même que ce ravitaillement journalier ne se serait pas effectué, Paris n'aurait pas été pour cela dans l'impossibilité de continuer la lutte. Il était approvisionné pour longtemps; il avait de la farine au moins pour cent jours.

La Commission exécutive fit afficher, le 27 avril, l'arrêté suivant qui, intervenant sans motifs, sans compétence, dans les rapports entre patrons et salariés, ne saurait être approuvé:

La Commission executive:

Considérant que certaines administrations ont mis en usage le système des amendes ou des retenues sur les appointements et les salaires;

Que ces amendes sont infligées souvent sous les plus futiles prétextes et constituent une perte réelle pour l'employé et l'ouvrier;

Qu'en droit, rien n'autorise ces prélèvements arbitraires et vexatoircs;.

Qu'en fait, les amendes déguisent une diminution de salaire et profitent aux intérêts de ceux qui les imposent;

Qu'aucune justice régulière ne préside à ces sortes de punitions, aussi immorales au fond que dans la forme;

Sur la proposition de la Commission du travail, de l'industrie et de l'échange,

Arrête:

Art. 1er. — Aucune administration privée ou publique ne pourra imposer des amendes ou des retenues aux employés, aux ouvriers, dont les appointements convenus d'avance doivent être intégralement soldés.

Art. 2. — Toute infraction à cette disposition sera déférée aux tribunaux.

Art. 5. — Toutes les amendes et retenues infligées depuis le 18 mars, sous prétexte de punition, devront être restituées aux ayants droit, dans un délai de quinze jours, à partir de la promulgation du présent décret.

Ce n'est pas à coups de décret que l'on parvient à détruire les abus du genre de celui qu'on se proposait d'anéantir; cette destruction, pour être réelle, pour n'être pas seulement édictée dans un texte de loi, doit résulter d'une modification des mœurs, que tous les arrêtés imaginables ne sauraient efficacement précéder.

A la séance de la Commune du 27 avril, le citoyen Courbet demanda que le délégué aux relations extérieures obtînt des nations européennes la reconnaissance des droits de belligérants aux gardes nationaux fédérés, militairement organisés, qui luttaient depuis le 2 avril contre le gouvernement de Versailles.

Le délégué aux relations extérieures fit observer le lendemain, en réponse à celte demande, que la Commission qui lui était adjointe avait songé, non pas à solliciter de l'Europe la reconnaissance de la qualité de belligérants pour les défenseurs de la Commune, — c'eût été s'adresser à un tribunal manifestement incompétent,— mais à adresser à l'Europe « une protestation contre les infâmes « violations du droit de la guerre dont Versailles s'était souillé ». Le délégué aux relations extérieures avait été retenu par cette considération qu'il y aurait quelque chose de choquant à faire intervenir l'Europe dans nos débats; que cela devait être avant tout évité. Demander à l'Europe de reconnaître la Commune comme belligérante, alors qu'en fait, elle l'était, parut puéril au délégué aux relations extérieures.

La Commune, adoptant les considérations que nous venons d'exposer, passa à l'ordre du jour sur la proposition du cit. G. Courbet. La Commune vota ensuite le décret suivant, présenté par le cit. Léo Meillet, et qui fut combattu par les cit. Art. Arnould et J.-B. Clément.

« La Commune de Paris,.,

« Considérant que l'église Bréa, située à Paris, 76, avenue d'Italie XXIII arrondissement), est une insulte permanente aux vaincus de Juin et aux hommes qui sont tombés pour la cause du peuple, « Décrète: '."'

« Art. 1. — L'église Bréa sera démolie.

a Art. %. — L'emplacement de l'église s'appellera place de Juin.

« Art. 3. — La municipalité du XIII arrondissement est chargée de l'exécution du présent décret. ».

A propos de cette mesure, nous ne pourrions que répéter les réflexions que nous a suggérées l'adoption du décret ordonnant la démolition de la colonne Vendôme.

. Le citoyen Vésinier, « croyant juste de s'occuper de la victime « en même temps que du bourreau », présenta l'amendement suivant, que la Commune n'adopta pas:

« La Commune déclare, en outre, qu'elle amnistie le citoyen Nourri, détenu depuis vingt-deux ans à Caycnne,

à la suite de l'exécution du traître Bréa. La Commune le fera même en liberté le pîus tôt possible. »

Les cit. Gambon, Langevin et Vésinier présenteront ensuite le résultat de l'enquête dont ils avaient élé chargée,la veille, sur l'affaire de la Belle-Épine. Voici ce document;

Les citoyens Langevin, Gambon, Vésinier ont été délégués à Bicêtre pour faire une enquête sur les quatre gardes nationaux du 185 bataillon de marche dç la garde nationale; Us étaient accompagnés des citoyens R. Bigault, procureur de la Commune, Ferré et Léo Mcillet, et ils se sont rendus à l'hospice de Bicé;re, où ils ont visité le citoyen Scheffer, garde national au susdit bataillon appartenant au XlII arrondissement.

Le citoyen Scheffer, blessé grièvement en pleine poitrine, était alité. Le médecin qui le soigne ayant déclaré que le malade était en état de répondre aux questions qui lui seraient adressées, les citoyens Gambon et Vésinier l'ont interrogé. Le malade a déclaré que, le 23 avril, à la Belle-Épine, près de Villcjuif, il a été surpris avec trois de ses camarades par des chasseurs à cheval qui leur ont dit de se rendre. Comme il leur était impossible de faire une résistance utile contre les forces qui les entouraient, ils jetèrent leurs armes à terre et se rendirent. Les soldats les entourèrent et les firent prisonniers, sans exercer aucune violence ni aucune menace envers eux.

Ils étaient déjà prisonniers depuis quelques instants, lorsqu'un capitaine de chasseurs à cheval arriva et se précipita sur eux le revolver au poing! il fit feu sur l'un d'eux, 6ans dire un seul mot, et l'étendit raide mort, puis il en fit autant sur le garde Scheffer, qui reçut une balle en pleine poitrine et tomba à côté de son camarade.

Les deux autres gardes se reculèrent, effrayés de cette lâche agression; mais la féroce capitaine se précipita sur les deux prisonniers et les tua de deux autres coups de revolver.

. Les chasseurs, après les actes d'atroce et de féroce lâcheté qui viennent d'être signalés, se retirèrent avec leur chef, laissant leurs victimes étendues sur le

sol.

Lorsqu'ils furent partis, l'une dos victimes, le citoyen Schoffer, se releva, et, par un effort désespéré, parvint à se rendre auprès de son bat taillon, campé à distance, et duquel il parvint à se faire reconnaître.

Deux des gardes nationaux tués sont restés sur le tprraid et n'ont pu être retrouvés encore.

Le cadavre du quatrième garde national a élé retrouvé non loin du lieu du massacre, où ce malheureux soldat citoyen avait pu se traîner.

L'état du garde national Scheffer est aussi satisfaisant que possible. Quoique sa blessure soit grave, elle n'est pas mortelle, et sa position n'a rien de dangereux. Le docteur répond de sauver lo malade, dont la jeune femme vient d'accoucher il y a moins de dix jours.

Les délégués de l'Union nationale des Chambres syndicales publiaient le rapport qu'ils devaient présenter le jour même au gou» vernement, à Versailles. On remarquera les propositions modérées formulées par ce document, très-nettement rédigé, que nous reproduisons intégralement, malgré sa longueur, parce qu'il est d'importance capitale:

Les soussignés, membres et délégués de 107 associations et corporations industrielles, commerciales, ouvrières et autres de la ville de Paris, constitués en commission de conciliation pour rechercher les moyens de mettre un terme à l'horrible conflit qui ensanglante et déshonore la France;

Ont pu, à la suite d'une étude attentive des dispositions des esprits dans un camp comme dans l'autre, se convaincre que les causes principales de la querelle se réduisent aux deux suivantes:

I Défiances suscitées dans Paris, touchant le maintien de la République, par l'attitude qu'ont pu prendre, en telle ou telle occasion, diverses fractions plus ou moins nombreuses de l'Assemblée nationale; 2 Vœu formel exprimé et affirmé par Paris de reconquérir ses franchises municipales ou même, suivant le langage de quelques-uns, son autonomie communale pleinement indépendante de la loi générale de l'Etat.

Sans vouloir prendre parti absolu pour les vues ou les exigences formulées de part ou d'autre, ce qui serait précisément contraire au rôle de conciliation tracé aux soussignés par leurs commettants, il ne parait pas aux membres de la commission de conciliation que ces vues et ces exigences réciproques soient absolument impossibles à mettre d'accord.

Sur le premier point, en effet, on ne peut, à moins d'un parti pris où nous n'aurions garde de tomber, nier la valeur des déclarations précises et réitérées par lesquelles le chef du pouvoir exécutif a affirmé la République sans soulever de protestations même parmi les groupes les plus ardents de la Chambre. D'autre part, la République a pour elle, et les manifestations diverses des villes de province qui en réclament le maintien, et aussi, dans l'ordre pratique, l'impuissance des partis monarchiques à se mettre d'accord sur le choix d'une monarchie. La République n'est donc pas seulement aujourd'hui lu gouvernement existant en droit, elle est aussi le seul qui soit possible en fait; et cela doit suffire, à ce qu'il semble, pour calmer les appréhensions républicaines qui ont mis en armes une partie de la population de Paris.

Sur le second point, y a-t-il pour Paris intérêt absolu, comme quelques-uns le croient, à se constituer à l'état de « ville libre », en dehors de toute ingérance du pouvoir central, et, par suite, en dehors de tous rapports législatifs avec le reste de la nation? Non-seulement il ne semble pas que ce soit là, dans l'intérêt de Paris, une solution impérieuse; mais il est manifeste qu'une telle solution serait, en fait, impraticable; car trop d'intérêts, de souvenirs, de traditions, de besoins et d'attaches réciproques unissent Paris au reste de la France pour qu'un tel faisceau puisse se briser en un jour par un décret ou par une constitution; et l'on verrait, dès que se rétablirait le jeu régulier des choses, se reconstituer invinciblement aussi les liens et les rapports que l'on aurait vainement prétendu dissoudre.

Et cela étant, on ne voit point d'impossibilité absolue; maison aperçoit, au contraire, la nécessité d'un accord entre les revendications de Paris et les résistances de Versailles.

Il est bien vrai que Paris, et plus spécialement la Commune de Paris, re clament des réformes tout à fait inattendues dans nos traditions françaises et des franchises locales plus larges de beaucoup que celles édictées par la récente Joi municipale votée à Versailles.

Et il est bien vrai aussi que Versailles déclare ne vouloir accorder à Paris rien de plus que le « droit commun ».

Mais il faut bien admettre, d'une part, que Paris consentirait à tempérer quelque peu des visées tout naturellement empreintes de l'esprit d'irritation et d'exigence que suscite l'état de guerre.

Et il n'est pas douteux, aussi que Versailles reviendra de la rigueur avec laquelle il voudrait appliquer à Paris un droit commun que notre histoire de France répudie et que l'Assemblée nationale elle-même a déjà désavoué.

Lorsqu'en effet, pour ne pas remonter plus haut dans les temps, la Convention fit de Paris,— en y joignant une banlieue qu'elle tût mieux fait d'en séparer, — un département tout à fait anormal, enclavé dans un autre, et qui était tout à la fois le plus petit et le plus peuplé de la France, elle ne fît pas autre chose que poser en principe, à l'égard de Paris, une exception au droit commun.

Celte exception n'a jamais cessé, depuis lors, d'être reconnue. Seulement l'application en a été faite presque constamment au détriment de Paris, par des lois qui lui imposaient deux préfets et lui refusaient une représentation municipale. Et, à ce point de vue, on pourrait dire que c'est Paris, et non l'Assemblée, qui invoque aujourd'hui le bénéfice du droit commun.

L'Assemblée, tout en le lui appliquant ou voulant le lui appliquer, a consacré une fois de plus, dans la loi municipale du 8 avril, les conditions exceptionnelles de Paris, soit par l'étendue des dispositions qui, dans cette loi, se réfèrent à l'organisation de la municipalité parisienne, soit par le caractère particulier de telle ou telle de ces dispositions, de celle, entre autres, qui assimile, quant aux incompatibilités, les conseillers municipaux de Paris aux conseillers généraux de déparlement.

D'ailleurs, celle loi du 8 avril, que l'on invoque comme réglant « le droit commun », reconnaît en termes formels, et d'une manière générale, le principe des catégories, puisqu'elle restreint ou élargit les franchises municipales en raison de la population. Nous croyons que les assemblées françaises seront appelées avant peu à étendre et à varier singulièrement les applications de ce principe des catégories, dont Paris se réclame, non point pour obtenir un privilège, mais pour offrir un exemple.

Il ne s'agit donc que de dégager et préciser davantage les tendanees latentes par où se révèlent, dans cliacune des deux parties, les possibilités d'un accord *en dehors du droit commun*. Il s'agit de confirmer, une fois pour toutes, ce principe de droit et de raison: que la situation de Paris, ville de deux millions d'Ames et d'une si grande importance dans le monde, ne peut, sans que la justice et la logique soient violées au profit d'une fausse égalité, être soumise aux mêmes lois, règlements et procédés administratifs que telle autre ville, qui ne lui ressemble ni par les intérêts, ni par les traditions, ni par les habitudes, ni par la composition ou le chiffre de la population. Il s'agit, en uti mot, de régler législativement des questions posées et résolues d'avance par l'irrésistible force des choses.

C'est ainsi, pour prendre des exemples, que les services de l'Assistance publique, si vastes et si importants à Paris, comportent, comme le gouvernement l'a déjà reconnu, un: organisation toute spéciale.

II en est de même des établissements d'instruction primaire et professionnelle.

La voirie, à laquelle se rattachent d'énormes intérêts dans Une ville qui est la tête de ligne de toutes les routes et de tous les chemins de fer de la nation, ne saurait guère être réglée sans une certaine participation de l'Etat; mais les services de sécurité publique pourraient, sans nul inconvénient, être laissés à la direction des autorités communales, surtout si le siège du gouvernement devait demeurer éloigné de Paris.

Nous indiquons par là même comment pourrait se résoudre la question de l'armement ou du désarmement actuel des gardes nationales, qui intéresse si légitimement les susceptibilités de la population parisienne, et dont la solution définitive se fondrait aisément dans le projet de réorganisation de l'armée; projet qui doit avoir pour base, dans le sentiment unanime de la France, ce principe du droit commun: que tout citoyen est soldat.

En ce qui concerne le culte, sans entrer ici dans l'examen des mcsUros prises à cet égard parla Commune, il n'est pas inutile de constater qu'elles ont été prises au nom de la liberté religieuse et de la séparation de l'Eglise et de l'Etat; deux principes qui tendent à prévaloir dans la conscience nationale et sur lesquels il ne s'agirait, suivant toute apparence, que de rechercher des accommodements de fait.

Quant aux divers impôts, il ne semble nullement impossible de trouver une combinaison d'assiette et de perception qui concilie, dans une mesure satisfaisante pour les deux parties, la liberté d'action de la Commune cl les droits de l'Eut.

De même encore, il ne semble point attentatoire à l'autorité de l'Assemblée nationale, non plus qu'à la dignité du suffrage universel, que la municipalité de Paris fût admise à faire elle même son règlement électoral.

Ce qu'il importe de préserver, c'est le principe même du suffrage universel et de l'égalité devant la loi; mais, ce principe mis hors de cause, oti conçoit à merveille qu'une cité industrielle, où le travail joue un rôle si considérable, et par les produits qu'il donne, et par le nombre de bras' ou d'esprits qu'il occupe, où tant d'intérêts se mêlent et se distribuent en associations ou corporations diverses, on conçoit, disons-nous, qu'une telle cité puisse trouver utile à ses intérêts et conforme à-la justice d'organiser *Vexercice* du suffrage, — nous ne disons pas le *droit,* — autrement que dans telles Cités peuplées presque uniquement de rentiers ou dans

tel arrondissement agricole.. Ajoutons enfin, pour ne négliger aucun point important ou délicat, que la question tant controversée de l'élection du maire de Paris ne nous parait point résolue par les considérations qui ont conseillé au pouvoir exécutif de se réserver le choix de ce magistrat dans les villes au-dessus de 6,000 ou dé 20,000 âmes. Outre que l'on peut discuter si Paris ne peut se passer d'un maire, et si une commission municipale ou un président du conseil municipal n'en pourraient pas remplir les fonctions, on ne Voit pas très-bien pourquoi et dans quel intérêt Je gouvernement, en revendiquant d'une façon absolue le droit de nommer le maire de Paris, assumerait bénévolement une responsabilité qu'il est si facile de décliner, et se contraindrait lui-même à exercer une tutelle toujours laborieuse et parfois impuissante,

Tous ces points pourraient faire l'objet d'une négociation préalable d'où ressortiraient les possibilités d'une pacification, et qui en établiraient les préliminaires.

Cette négociation, dont le point de départ serait nécessairement une suspension d'armes de quelques jours, pourrait être entreprise et suivie par la Commission de conciliation.

Si elle aboutissait à un résultat, des élections générales seraient faites à Paris, dans un délai déterminé par une loi spéciale, pour l'élection d'un conseil communal. La Commune de Paris actuelle, pour marquer son désintéressement et montrer à tous la loyauté des inspirations qui la mènent, pourrait demeurer étrangère à la direction de ces élections, qui, en témoignage de concorde, seraient faites sous le contrôle de délégués choisis parmi et par les membres dutribunal de commerce, des conseils de prud'hommes et des syndicats de patrons et d'ouvriers: tous corps constituas librement et par voie d'élection.

Le Conseil communal, issu des nouvelles élections générales de Paris, serait en même temps comité d'organisation municipale. A ce titre, il tirerait de son sein une commission chargée de se mettre en communication

avec l'Assemblée nationale pour le règlement détaillé des divers points qui auraient été établis d'avance; et de ces communications naîtraient, en même temps que la pacification définitive, l'harmonie des rapports entre la grande cité parisienne et le gouvernement central de la nation française.

Nous ne nous dissimulons point les difficultés d'une telle entreprise. Nous sentons fort bien qu'elle rencontrera plus d'un obstacle, non-seulement dans telle fraction de l'Assemblée ou de la Commune, mais de la part même du ponvoir exécutif, qui peut se trouver embarrassé, sur celte grave question des rapports entre les Communes et-l'Etat, soit par la grandeur de ses responsabllités, soit par des traditions ou des convictions qui lui seraient propres. Nous croyons pourtant que le patriotisme et le sentiment de l'humanité peuvent, à de certaines heures, commander bien des sacrifices et obtenir de chacun même des victoires difficiles sur ses propres convictions.

Les soussignés ne font pas autre chose ici que donner cet exemple; car le présent programme, adopté par tous, n'est peut-être pas celui de chacun. Ce n'est pas là ce qui importe. Le droit individuel se réaffirmera plus tard, quand la paix rétablie lui rendra tout entière une liberté sans danger. A l'heure qu'il est, ce qui importe, c'est de sauver la nation, et un tel effort veut bien que chaque citoyen abjure pour un temps quelque chose de ses aspirations et de ses espérances.

Nous ne relèverons qu'un seul passage de l'important document qui précède, celui où l'on cherchait à établir que la République étant le seul gouvernement existant en droit et le seul possible en fait, cette constatation devait suffire pour calmcr les appréhensions républicaines de la population parisienne.

Quand donc cesserons-nous de nous illusionner avec des mots? Le régime politique dont M. Thiers était le chef exécutif, n'avait de républicain que la qualification; et le peuple de Paris avait le désir, cette fois, de mettre la chose derrière le mot.

Que dans l'état présent de la France, la République soit le seul gouvernement acceptable, durable, le seul qui permette à notre nation de se remettre des terribles perturbations qu'elle a subies, que, dès lors, une restauration monarchique quelconque ne soit guère à craindre, nous sommes d'accord en cela avec les signataires de la déclaration précédente. Mais le peuple, qui argumente peu, qui ne fait pas tant de philosophie, ne pouvait être satisfait, et convaincu par des raisons de ce genre. Les tendances et les intentions l'impressionnent plus que les données résultant d'une analyse approfondie de la situation, de la nature des choses. Or, il ne lui paraissait point douteux que l'Assemblée, que le gouvernement, étaient hostiles à la République et au principe de l'indépendance communale, base du véritable régime républicain, de celui qui n'est pas un travestissement monarchique ou un acheminement vers la monarchie.

La conciliation devenait de plus en plus une nécessité de salut public; mais jusqu'ici le défaut de ceux qui l'avaient tentée avait été d'agir peut-être trop isolément. Aussi la plupart des journaux encore existants engageaient-ils les Parisiens à se rallier à la demande formulée la veille par *le Temps*.

A ce propos, *la Vérité* disait: « Nous souhaitons que cette

« solution soit acceptée, sans toutefois l'espérer beaucoup. Et « pourtant, quel est celui des deux partis en présence qui pour« rait s'obstiner dans la continuation d'une lutte insensée? Est-ce « la Commune qui, manquant à la fois d'autorité morale et de « vitalité, devait saisir avec enthousiasme la première occasion de « se démettre honorablement de ses fonctions? Est-ce l'Assemblée qui, après avoir jure de cicatriser les plaies de la nation et de « lui rendre la vie, bombarde aujourd'hui Paris? »

Les opérations militaires du gouvernement de Versailles n'indiquaient pas qu'il fût disposé à prêter l'oreille aux appels tentés dans le sens de la conciliation. Il expédia, le 27 avril, pour être affichée dans toutes les communes de France, la circulaire suivante:

Versailles, 27 avril 1871, 5 h. du soir.

Les opérations de l'armée ont continué dans la journée d'hier. Notre artillerie a maintenu son feu avec une supériorité marquée, ei surtout décisive, contre le fort d'Issy. Elle n'a pu ni voulu éteindre le feu du fort de Vanves, qui n'était pas l'objet de ses efforts. Elle n'a songé qu'à le contenir; mais elle a dirigé ses coups sur le fort d'Issy, qui n'est plus la difficulté de nos opérations, tant il est réduit au silence. Tout au plus fait-il entendre un coup de canon d'heure en heure, pour donner signe de vie. Mais, nous le répétons, il n'est plus désormais à craindre.

L'armée a poursuivi ses cheminements sur notre gauche (droite du fort d'Issy), et sans s'astreindre aux opérations d'un siège en règle, elle a fait des pas en avant, de manière à ne plus permettre à l'ennemi des retours offensifs. Cette nuit, le brave général Faron, à la tête de 100 fusiliers marins, 300 hommes du 110 de ligne, quatre compagnies du 55 de ligne, a abordé la difficile position des Moulineaux. L'élan des troupes a singulièrement abrégé la lutte et diminué nos pertes. Des maisons, des barricades ont été successivement enlevées, et les Moulineaux sont restés en notre pouvoir, couverts des corps des ennemis.

Sur-le-champ le génie a pris ses précautions et assuré la situation de nos troupes. Nous ne sommes plus qu'à 8 ou 900 mètres du fort d'Issy. Pendant ce temps, tout se prépare sur l'étendue entière de notre ligne, depuis Neuilly jusqu'à 3Ieudon, pour rendre nos opérations aussi efficaces que rapides.

Désespéré de cette situation qui semblait inextricable, *le Temps* en appelait à la partie sage de l'Assemblée:

« L'Assemblée triomphera, coûte que coûte; mais à quel prix? La Commune se défendra jusqu'à la dernière extrémité; mais pour quel résultat?

« L'attaque à outrance, comme la défense à outrance, sont de nature à attrister tous les bons citoyens, et si la Commune, comme la droite de la Chambre, se refusent à le comprendre, il appartient à la partie sage de l'Assemblée et à la population parisienne de faire prévaloir au plus tôt les idées de conciliation.

Vendredi 8 avril 1891

Dans la matinée, les fédérés attaquèrent le village d'Asnières et s'emparèrent tout d'abord de la barricade qui commandait le pont. Malgré leur indomptable énergie et leur courageuse audace, il leur fut impossible de s'avancer beaucoup dans le village; ils rencontrèrent, établie en seconde ligne de défense, une barricade hérissée de mitrailleuses.

Les Versaillais amenèrent des canons et forcèrent les fédérés à repasser la Seine.

Les forts d'Issy et de Vanves, criblés de projectiles, tenaient cependant encore.

A ce sujet, le délégué à la guerre adressa à la Commission exécutive la dépêche suivante: *Guerre à exécutive.* 7 h. 40 soir.

Je reviens de visiter Issy et Vanves. La défense du fort d'Issy est héroïque. Le fort est littéralement couvert de projectiles, et tout le monde rit. C'est grand!

Pendant que j'étais au fort de Vanves, j'ai assisté à un combat de mousqueterie acharné entre Versaillais. Il a duré trois quarts d'heures.

Le viaduc du Point-du-Jour, sous lequel les canonnières s'abritaient pour diriger leur tir sur les batteries versaillaises, avait été endommagé assez sérieusement par les obus envoyés la veille et pendant la matinée du château de Meudon.

En exécution de son arrête du 20 avril relatif au travail de nuit dans les boulangeries, la Commission exécutive, « après avoir con« suité, disait-elle, les boulangers, patrons et ouvriers », arrêtait:

Art. 1". — Le iravail de nuit est interdit dans les boulangeries à partir du mercredi 5 mai.

Art. 2. — Le iravail ne pourra commencer avant cinq heures du matin.

An. S. — Le délégué aux services publics e.st chargé de l'exécution du présent arrêté.

Le délégué au ministère des finances, le cit. Jourde,

Vu les lois et règlements réglant les rapports entre l'État et les compagnies de chemins de fer;

Considérant qu'il importe de déterminer dans quelle proportion les impôts de toute nature dus par lesdites compagnies peuvent être perçus par la Commune lle Paris;

Qu'il est nécessaire de fixer provisoirement le *quantum* de la somme à réclamer sur l'arriéré des impôts dus pour la période antérieure au 18 mars, mais que, par suite de la guerre avec l'Allemagne, certaines compagnies ont subi des pertes considérables dont il est juste de leur tenir compte;

Considérant qu'il y a lieu d'établir les bases sur lesquelles sera perçu l'impôt du dixième, et qu'il est équitable de fixer au vingtième de la redevance totale des autres impôts spéciaux aux chemins de fer la part applicable à la Commune de Paris depuis le 18 mars 1871,

Arrêtait:

Art. 1. — Les compagnies du Nord, de l'Est, de l'Ouest, d Orléans et de Lyon verseront au Trésor, dans un délai do quarante-huit heures après la publication du présent arrêté, la somme de deux millions, imputables à l'arriéré de leurs impôts.

Cette somme sera répartie de la manière suivante entre les compagnies susnommées:

La compagnie du Nord 505,000 fr.
La compagnie de l'Ouest 275,000
La compagnie de l'Est 354,000
La compagnie de Lyon 6112,000
La compagnie d'Orléans 376,000
Total.... 2,000,000 fr.

Art. 2. — A partir du 18 mars, l'impôt du dixième sur les voyageurs et les transports à grande vitesse, sera perçu sur la recette brute des gares de Paris (voyageurs et grande vitesse).

Art. 3. — L'abonnement pour le timbre des actions et obligations, les droits de transmission, l'impôt sur les titres au porteur, le décime sur l'impôt des droits de transmission et des titres au porteur, les patentes, les droits de licence et permis de circulation, les frais de police et de surveillance administrative et tons les impôts analogues, seront sur la somme totale due poir ces impôts,

à raison du vingtième somme, en prenant pour base le produit net de l'exercice anti

Art. 4. — Les contributions foncières seront ducs en loti dans toute l'étendue du ressort de la Commune de Paris.

Art. 5. — Les compagnies de chemins de fer verseront laine, entre les mains des différents préposés de la Commune, ie montant des impôts de toute pâture dus depuis le 18 mars jusqu'au 20 avril 1871 inclusivement.

A part r du 20 avril, le compte en sera régulièrement arrêté et piyé tous les dis jours.

La Commune de Paris, se mettant par une usurpation flagrante aux lieu et place de l'État, prétendait contraindre les particuliers, les sociétés, les compagnies de chemins de fer et autres à lui verser les sommes qui étaient dues à celui-ci. Cette violence illégitime réussit quelquefois, — il faut céder devant la force; — mais les sommes qui rentrèrent ainsi à la Commune lui fuient plus préjudiciables qu'utiles: l'irrégularité de ces versements exaspérait leurs auteurs et mécontentait la population sensée.

La Commune, constituée en comité secret, discuta, le 28 avril, la proposition suivante, formulée par le cit. J. Miot:

Vu la gravit': des circonstances et la nécessité de prendre promplemenl les mesures les plus radicales, les plus énergiques,

La Commune,

Décrète:.-.

Art. i". — Un Comité de salut public sera immédiatement organisé.

Art. 3. — Il sera composé de cinq membres nommés parla Commune au scrutin individuel.

Art. 3 — Los pouvoirs les plus étendus sur toutes les commissions sont donnés à ce comité, qui ne sera responsable qu'à la Commune.

Les révolutionnaires, surtout les vieux débris de 48, voulaient constituer une dictature. Selon eux, la dictature pouvait seule sauver la Commune. En fait, cette institution ne devait avoir pour résultat que d'aDnuler son autorité, puisque la Commune abdiquait com-

plètement en remettant pleins pouvoirs, même contre ellemême, au Comité de salut public projeté.

Peu de jours auparavant, la Commission exécutive avait été modifiée. Sans s'attaquer ouvertement à elle, on cherchait maintenant à l'annihiler. Pourquoi? Elle ne paraissait pas assez violente; ses mesures n'étaient pas trouvées assez radicales

L'exaltation des révolutionnaires croissait avec le péril; plus la situ iion devenait difficile, inextricable, plus ils devenaient furieux, insensés. lit, conformément à leur tempérament, ils croyaient alors que les actes les plus violents, les plus odieux pourraient améliorer l'état des choses.

Plusieurs membres de la Commune protestèrent très-vivement contre le projet de décret du cit. J. Miot. Cependant il fut pris en considération d'urgence; mais sa discussion, commencée immédiatement, fut renvoyée à la prochaine séance sur les instances des cit. Vaillant et Longuet.

L'impression de M. Thiers sur les démarches conciliatrices qui avaient été tentées auprès de lui était enfin pleinement connue par la population parisienne. Après avoir donné l'assurance qu'il ne cherchait point à renverser la République, après avoir déclaré que ce reproche ne pouvait pas plus être adressé au gouvernement qu'à l'Assemblée nationale, qu'il qualifia de « très-libérale », M. Thiers parut disposé à ne poursuivre, de tous les citoyens ayant participé à la révolution parisienne, que les meurtriers des généraux Clément Thomas et Lecomte. Cette clémence du chef du pouvoir exécutif était la seule concession qu'il était décidé à faire aux Parisiens s'ils consentaient à mettre immédiatement bas les armes.

En présence des déclarations de M. Thiers, il était évident qu'il ne restait à Paris que deux partis à prendre: soutenir jusqu'à la dernière extrémité une lutte dont les chances devenaient chaque jour plus inégales, ou bien se rendre purement et simplement à la discrétion de M. Thiers.

En rejetant brusquement toutes les propositions des conciliateurs, en les traitant de criminels, le gouvernement se rendait jusqu'à certain point responsable de la prolongation de la lutte.

Dans sa dernière séance, la *Ligue de l'Union républicaine* avait invité tous les représentants de Paris à vouloir bien lui fixer un jour pour venir se mettre en relation avec elle afin de juger par eux-mêmes du véritable état des esprits, de la vraie situation de la capitale. Cette proposition ne rencontra pas à Versailles un accueil très-sympathique; nos députés ne crurent pas devoir déférer à l'invitation de la Ligue.

Préoccupés de reformer l'alliance entre la province et Paris, les quelques députés de la capitale encore présents à Versailles envoyèrent le 28 avril au Conseil municipal de Mâcon, en réponse à une adresse qu'il avait transmise à l'Assemblée nationale, une déclaration qui manifestait l'intention et l'espoir de faire intervenir la France pour amener la cessation des hostilités.

L'Assemblée nationale adopta, le 28 avril, un projet H loi déléguant pour un délai de trois mois au chef du pouvoir exécutif le droit de déclarer l'état de siège dans les départements autres que celui où elle résidait.

Le gouvernement adressa de Versailles, le 28 avril, à toutes les autorités de la province, une dépêche dont nous extrayons le passage suivant:

Versailles, 28 avril 1871, 12 h. 30 m.

Nos troupes poursuivent leurs travaux d'approche sur le fort d'Issy. Les batteries de gauche ont agi puissamment sur le parc d'Issy, qui n'est plus habitable pour ceux qui l'occupaient. Le fort d'Issy ne tire presque plus

Le fort d'Issy, malgré son état de délabrement, continuait à soutenir la lutte. Ce fort et celui de Vanves subirent pendant la nuit du 29 avril un bombardement effroyable, causé par les batteries versaillaises de Breteuil et de Meudon.

Les locomotives blindées circulant sur le viaduc du Point-duJour, à Auteuil, les canonnières abritées sous les arches du pont, et les bastions 76 et 77, soutinrent avec beaucoup de vigueur le feu des forts.

Sur la ligne de Neuilly à Clichy, la situation resta la même; il n'y eut que des

engagements de tirailleurs sans importance.

La manifestation pacifique projetée par la franc-maçonnerie, qui devait aller arborer ses bannières sur les remparts de Paris, eut lieu le 29 avril.

Après avoir été reçus solennellement à l'Hôtel-de-Ville par la Commune, les francs-maçons se dirigèrent vers l'avenue des Champs-Elysées et se massèrent à la hauteur de l'Arc-de-Trioraphe. Plusieurs obus tombèrent en cet endroit, chaque fois la maçonnerie entière les salua des cris de: « Vive la République vive la Commune! »

Une délégation, composée environ d'une centaine de maçons, alla vers le rempart, le franchit et s'avança jusqu'aux premiers travaux de défense établis par les fédérés. Là, trois parlementaires furent délégués au quartier général versaillais. Jusqu'à leur retour, jusqu'à l'achèvement de leur mission, le feu devait cesser des deux côtés.

Vers quatre heures, le feu ayant cessé, tous les frères en bourgeois montèrent sur les remparts et arborèrent les bannières maçonniques; ceux qui portaient l'uniforme de la garde nationale s'abstinrent de paraître afin d'éviter tout malheur.

A la tombée du jour, la garde des bannières étant assurée, la manifestation de la franc-maçonnerie quitta le rempartetsedispersa après avoir laissé à l'établissement Dourlans une commission qui devait s'y tenir en permanence jusqu'au retour des délégués envoyés en parlementaires.

Le cit. Dombrowski, qui commandait en chef à Neuilly, accepta la trêve qui était intervenue et en profita pour faire évacuer Neuilly par les habitants qui y séjournaient encore, afin de n'être plus entravé dans ses opérations militaires ultérieures par des considérations d'humanité. Le délégué à la guerre n'avait pas été consulté sur la suspension d hostilités; lorsqu'il en fut informé, il manifesta à la Commission exécutive son mécontentement de voir un général sous ses ordres se permettre de « traiter avec les Versaillais » sans avoir obtenu son consentement.

La *Ligue de l'Union républicaine* re-

çut, le 29 avril, les délégués envoyés par la ville de Bordeaux à M. Thiers, dans un but conciliateur. Ils rendirent compte à la Ligue de l'entrevue qu'ils avaient eue avec le chef du pouvoir exécutif, qui s'était tenu dans le cercle de ses déclarations précédentes.

Le programme de conciliation récemment présenté par le journal *le Temps* avait obtenu l'adhésion d'un grand nombre de journaux parisiens; malheureusement l'Assemblée nationale ne voulait pas entendre parler d'armistice. Loin de chercher à pacifier les esprits, à les amener à une entente si désirable, elle s'obstinait à vouloir *vaincre* par les armes l'insurrection parisienne.

Au début de la séance du 29 avril, l'Assemblée nationale vota la prise en considération d'urgence d'un projet de loi présenté par M. Dufaure, déclarant inaliénables les propriétés publiques ou privées, mobilières ou immobilières, qui auraient été soustraites, détenues ou séquestrées par les ordres du Comité central ou de la Commune de Paris depuis le 18 mars. Ces propriétés pouvaient être saisissables pendant dix années, sans que leurs détenteurs illégaux puissent se faire tenir compte du prix d'achat qu'ils avaient payé.

Ct projet édictait, en outre, des peines contre tout individu qui aurait sciemment concouru aux actes qui précèdent, accompagnent ou suivent d'ordinaire l'enlèvement des objets mobiliers. La répression s'étendait aussi à ceux qui auraient détruit ou détourné des actes d'état civil, des casiers judiciaires, des dépôts et minutes de notaire ou d'autres officiers ministériels.
-'.-i i

Les délégués de la franc-maçonnerie revinrent le dimanche matin, vers six heures, après avoir reçu de M. Thiers une réponse semblable à celle qu'il avait faite aux délégations qui les avaient précédés. Cette démarche conciliatrice avait été, comme toutes les autres, sans résultai.

Les hostilités recommencèrent immédiatement sur la ligne de Neuilly à Asnières.

Dans la nuit du 29 au 30, les Versaillais s'avancèrent de Clamart et des

Moulineaux sur Issy. Après un combat de tirailleurs qui fut d'une extrême violence, surtout aux Moulineaux, les Versaillais occupèrent les carrières, le parc et les tranchées du fort d'issy, abandonnés par les fédérés, qui se replièrent dans le plus grand désordre. Les soldats de l'armée versaillaise s'approchèrent jusqu'à deux cents mètres du fort; là, ils élevèrent rapidement des épaulements en terre qui les mettaient à couvert de son feu.

Le bombardement d'issy cessa vers minuit.

Les gardes nationaux réfugiés dans le fort n'y étaient pas en sécurité. Bombardé depuis seize jours, attaqué chaque nuit, presque cerné, le fort d'issy n'était plus qu'un amas de décombres. Il était impossible de s'avancer sans danger vers les débris du rempart; on était de suite atteint par les balles versaillaises. Au lever du jour, la garnison, composée, y compris les ouvriers du génie, les artilleurs et quelques marins, de trois cents hommes environi aperçut la situation désespérée que lui faisait l'avancement des Versaillais.

Le com.nandant du fort avait disparu; les gardes nationaux, laissés sans ordres, ue sachant autour de qui se grouper, s'abandonnèrent peu à peu au désespoir. Quelques officiers essaient de prendre le commandement et de faire exécuter quelques travaux de réparation; on ne les écoute point. Toute la matinée se passe en altercations.

La plupart des gardes nationaux, jugeant le fort intenable, voulaient l'évacuer; les plus hardis voulaient rester et tenir jusqu'à la dernière extrémité. Le parti qui penchait pour l'évacuation prit finalement le dessus.

A dix heures, les gardes nationaux se préparent au départ et se rangent à l'abri des décombres de la caserne, car les obus tombaient toujours, pour délibérer une dernière fois. Dans ce moment de suprême angoisse, les marins enclouent les canons; cet incident décida la garnison. La porte nord du fort fut ouverte, et elle prit le chemin de Paris.

Informé tardivement de la situation, le délégué à la guerre donnait l'ordre d'envoyer immédiatement du renfort à Issy; il ordonnait au colonel Wetzel, qui avait la direction des forts du Sud, d'arrêter l'évacuation, s'il en était temps encore, de s'efforcer de tenir jusqu'à la nuit; il ajoutait « qu'alors il pouvait peut-être tout réparer ».

Quelques gardes nationaux restés au fort d'Issy avec un jeune homme de dix-neuf ans, nommé Dufour, prennent la résolution de réunir toute la poudre dans les caves, et il n'en manquait point, et de faire sauter le fort dans le cas où les Versaillais y entreraient.

Un certain nombre de soldats s'étaient avancés jusque sur le glacis du fort; aucun d'eux n'osa gravir jusqu'à la plateforme. Les Versaillais restèrent là plusieurs heures sans faire tin mouvement, regardant toujours le fort, qui n'élait toujours plus occupé que par quelques citoyens, sans chercher à y pénétrerVers deux heures, le jeune Dufour s'y trouvait seul; il n'avait pas voulu suivre les quelques gardes nationaux et marins qui, découragés de ne voir arriver aucun secours, étaient rentrés à Paris. Les Versaillais, qui avaient vu parfaitement cette scène et qui étaient à même de constater l'état du fort, ne s'avancèrent pas pour s'en emparer; ils n'avaient cependant qu'à vouloir, qu'à entrer.

Dans la matinée, la garnison d'Issy avait reçu, par un parlementaire versaillais qui fut immédiatement éconduit, sommation de se rendre dans les conditions suivantes:

SOMMATION

Au nom et par ordre de M. le maréchal commandant en cher l'armée, nous, major de tranchée, sommons le commandant des insurgés, réunis en ce moment au fort d'Issy, d'avoir à se rendre, lui et tout le personnel enfermé dans ledit fort.

Un *délai d'un quart d'heure* est accordé pour répondre à la présente sommation.

Si le commandant des forces insurgées déclare, par écrit, en son nom et au nom de la garnison lout entière du fort d'Issy, qu'il se soumet, lui et les siens, sans autre condition que d'obtenir la vie sauve et la liberté, moins l'autorisation de résider dans Paris, cette faveur sera accordée.

Faute; ar lui de ne pas répondre dans le délai indiqué plus haut, toute la garnison sera passée par les armes.

Tranchées devant le fort d'Issy, 30 avril 1871.

Le colonel d'état-major de la tranchée, R. Leperche.

Le citoyen Rossel, qui fut nommé délégué à la guerre dans la journée, comme nous le dirons tout à l'heure, répondit le lendemain, à cette sommation de son ancien camarade à l'armée de Metz, par la lettre suivante: *Au citoyen Leperche, major des tranchées devant le fort d'hty.*

Paris, 1 mai 1871.

Mon Cher Camarade,

La prochaine fois que vous vous permettrez de nous envoyer une sommation aussi insolente que votre lettre autographe d'hier, je ferai fusiller votre parlementaire, conformément aux usages de la guerre.

Votre dévoué camarade,
Rossel,

Délégué de la Commune de Paris.

L'exaspération fut très-vive à la Commission exécutive et à la Commune, lorsqu'on apprit que la position d'Issy avait été abandonnée, et surtout lorsque l'on sut dans quelles conditions désastreuses la retraite s'était effectuée.

La nouvelle de cette évacuation se répandit bientôt dans Paris. Des gardes nationaux furent envoyés en députation à la Commission exécutive, pour lui demander l'explication de ce qu'ils appelaient ouvertement une trahison. Le citoyen Andrieu, qui reçut ces députations, affirma que la Commission exécutive n'avait donné aucun ordre pour faire évacuer le fort, et que s'il y avait des traîtres, prompte justice en serait faite. Dès qu'ils sont vaincus, les Français crient aussitôt à la trahison.

La Commission exécutive révoqua le citoyen Cluseret de ses fonctions de délégué à la guerre; elle l'accusait d'incurie et de négligence, sinon de trahison. Sou arrestation, ordonnée par la Commission exécutive, fut approuvée par la Commune et effectuée dans la soirée par le citoyen Pindy, membre de la Commune, colonel de la garde nationale, délégué à cet effet.

Le citoyen Rossel fut chargé, à titre provisoire, de l'administration de la guerre.

Sous les ordres de la Commission exécutive, on prit les mesures nécessaires pour réoccuper Issy. Plusieurs bataillons casernés dans les baraquements du Champ-de-Mars, furent immédiatement réunis et renvoyés à Issy. Deux batteries de fort calibre, suivies de munitions, se dirigèrent de l'Hôtel-de-Ville vers la porte de Vaugirard.

Lorsque les fédérés arrivèrent en cet endroit, à cinq heures du soir environ, ils étaient en assez grand nombre. Les batteries de Breteuil, de Meudon et du Val-Fleury tonnaient avec une extrême violence sur les restes du fort d'Issy, qu'elles achevaient de démolir complètement. On ne pouvait songer alors à marcher en corps jusqu'au fort, cela était trop dangereux.

Les pièces amenées de l'Hôtel-de-Ville furent hissées sur le rempart, qui ouvrit le feu sur'les positions des Versaillais. Les pièces qu'ils avaient placées dans les tranchées et au cimetière d'Issy cessèrent bientôt leur feu. Alors les fédérés s'avancent résolument jusque sur les glacis du fort, dans le parc du château et au couvent des Oiseaux, qu'ils occupent sans rencontrer de résistance; ils se déploient ensuite en tirailleurs, et parviennent, en harcelant les Versaillais, à réoccuper aussi le fort.

Les tranchées étaient toujours au pouvoir des Versaillais, qui faisaient feu sur tous ceux qui se montraient sur la plate-forme. Quatre mitrailleuses américaines se trouvaient encore dans le fort. Sur l'ordre d'un capitaine, elles sont placées sur les casemates et braquées contre les tranchées. Elles tirèrent sans relâche pendant une heure; plusieurs fois les servants furent mis hors de combat.

Les fédérés font alors une nouvelle tentative pour occuper les tranchées. A leur grande surprise, ils les trouvent abandonnées et s'y installent aussitôt; des mitrailleuses y sont amenées pour repousser toute attaque. Sur la gauche du fort, une barricade que les Versaillais possédaient encore, fut emportée par les fédérés.

La canonnade versaillaise, qui n'avait pas cessé depuis quatre heures du soir, s'apaisa. Les fédérés en profitèrent pour construire des batteries à l'avancée, avec les pièces qu'ils avaient amenées.

Le fort d'Issy, ainsi que les positions qui l'avoisinent, était réoccupé, grâce à l'énergie, au courage des fédérés.

Dans la soirée, le citoyen Rossel adressa la lettre suivante à la Commission exécutive: *Aux citoyens membres de la Commission executive.*

Citoyens,

J'ai l'honneur de vous accuser réception de l'ordre par lequel vous me chargez, à titre provisoire, des fonctions de délégué à la guerre.

J'accepte ces difficiles fonctions, mais j'ai besoin de votre concours le plus entier, le plus absolu, pour ne pas succomber sous le poids des circonstances.

Salut et fraternité.

Paris, le 30 avril 1871.

Le colonel du génie,
Rossel.

Le nouveau délégué à la guerre prit immédiatement l'arrêté suivant:

Le citoyen Gaillard père est chargé de la construction des barricades formant une seconde enceinte en arrière des fortifications. Il désignera ou fera désigner par les municipalités, dans chacun des arrondissements de l'extérieur, les ingénieurs ou délégués chargés de travailler sous ses ordres à ces constructions.

Il prendra les ordres du délégué à la guerre pour arrêter les emplacements de ces barricades et leur armement.

Outre la seconde enceinte indiquée ci-dessus, les barricades comprendront trois enceintes fermées ou citadelles, situées au Trocadéro, aux buttes Montmartre et au Panthéon.

Le tracé de ces citadelles sera arrêté sur le terrain, par le délégué à la guerre, aussitôt que les ingénieurs chargés de ces constructions auront été désignés.

Dans la soirée, la canonnade fut très-intense sur Neuilly et les Ternes; une fusillade très-vive s'engagea à Sablonville et vers le pont de Neuilly. Trois incendies furent allumés par les obus lancés par les Versaillais; l'un au bal Dourlans, avenue de Wagram, l'autre dans un chantier situé rue des Acacias, et enfin dans les ateliers d'un carossier, situés rue Saint-Ferdinand.

Un grand meeting convoqué par *Y Alliance républicaine des départements* se tint à la cour du Louvre dans la journée. Il y fut voté une adresse « à nos frères de la province » qui énonçait les tendances de la Révolution que Paris accomplissait, et qui s'efforçait de les mettre en garde contre les agissements du gouvernement de Versailles, qui tendaient à créer un antagonisme entre la capitale et la province. On donna ensuite à l'assemblée communication d'une « adhésion à la Commune de Paris ». Ces deux documents furent transmis dans la journée, par les membres du bureau du meeting, à la Commune, qui suspendit sa séance pour les recevoir dans la cour d'honneur.

A deux heures, les francs-maçons se réunirent dans la salle Dourlan, sous le coup de l'émotion douloureuse causée par la reprise des hostilités. Les bannières de l'ordre ayant été atteintes par les balles versaillaises, tous les francs-maçons furent invités à entrer dans les compagnies de guerre, pour y combattre revêtus de leurs insignes. Avant de se dissoudre, l'assemblée décida qu'une nouvelle réunion des francs-maçons aurait lieu le mardi suivant, à deux heures, place de la Concorde, sans armes. De là, on devait se rendre au rempart, pour y reprendre les bannières maçonniques déchirées par la mitraille.

Les typographes parisiens, dont un grand nombre avaient été réduits au chômage par la suppression si regrettable de dix journaux, envoyèrent le 30 avril, à la Commune, l'adresse suivante, qui l'invitait à revenir sur sa décision et à abroger ses décrets relatifs aux journaux supprimés:

Citoyens,

Les soussignés, délégués do la typographie parisienne, S'appuyant sur la déclaration de la Commune au peuple français, laquelle consacre toutes les libertés; Considérant que la liberté de la presse est la plus importante; que toutes les autres en découlent, ou que, du moins, elles y trouvent leur garantie;

Considérant, d'autre part, que le but

capital que la Commune a dit plusieurs fois se proposer, est la reprise du travail, seul moyen de rétablir la confiance et de créer la prospérité;

Que l'imprimerie et toutes les branches qui s'y rattachent présentent une grande importance au point de vue du travail, puisque des milliers de citoyens y trouvent leurs moyens d'existence;

Lesdits soussignés, émus par la suppression de dix journaux, qui a eu pour conséquence le chômage forcé d'environ cinq mille travailleurs, et effrayés par la proposition d'un membre de la Commune, tendant à la suppression de tous les journaux;

S'adressent en toute confiance à la Commune, espérant qu'elle reviendra sur ses décisions et abrogera le décret en vertu duquel les journaux ont cessé de paraître.

Salut et fraternité.

(Suivent les signatures.)

La suite de la discussion sur la proposition du cit. Miot, relative à la formation d'un Comité de salut public, occupa la séance de la Commune du 30 avril. La nomination de ce Comité devait avoir pour but, d'après ses partisans, d'imprimer une énergie nouvelle à la défense, et de faire exécuter rigoureusement les décrets de la Commune. Il devait, au besoin, comme le fit observer le cit. Miot, « avoir le courage de faire tomber les têtes des traîtres », Ce qu'on voulait instituer, en réalité, c'était un Comité qui fût une réminiscence de 93, dont les actes devaient *terrifier les réactionnaires.*

En cela, les révolutionnaires, qui soutinrent avec le plus de violence et fe moins d'arguments cette proposition, se montrèrent, surtout les vieux de 48, résolus à pasticher la première révolution, ce qui était insensé. Leurs adversaires, entre autres les cit. Vaillant, Longuet, Ostyn, Malon, etc., leur firent remarquer combien cela était puéril et peu en harmonie avec les nécessités de la situation présente. Les vieux révolutionnaires de 48 (Delescluze excepté) et les *clubistes.* ne comprenant rien aux tendances de la révolution parisienne du 18 mars, voulaient, dans un milieu tout

autre, rééditer les procédés et suivre les errements qui furent déjà, il y a quatre-vingts ans, si funestes au pays. Ils n'avaient pas conscience de la réalité. Très-intolérants et assez généralement ignorants, en dépit de leur réputation, ils ne pouvaient comprendre qu'on eût égard aux nécessités imposées par la situation; ils qualifiaient ceux qui, plus sensés, s'en inquiétaient et s'en inspiraient, de conservateurs bourgeois, de réactionnaires, et les insultaient presque.

L'article 1 du projet de décret: « Il est institué un Comité de salut public » fut adopté par vingt-six membres et rejeté par vingt-six autres membres. Le vote du projet fut renvoyé au lendemain.

Le programme de conciliation du *Temps* était toujours l'objet de la discussion des journaux de Paris. L'un d'eux, récemment fondé, *la Nation souveraine,* conseillait de passer de la théorie à la pratique. Ce journal proposait à la presse parisienne de nommer des délégués chargés d'entrer en négociations avec la Commune et avec l'Assemblée.

L'entente entre ces deux pouvoirs devenait de moins en moins possible. Toute espérance de solution conciliatrice était maintenant illusoire, puisque M. Thiers avait déclaré nettement que toute conciliation était impossible avant que l'armée n'ait occupé Paris et rétabli « l'ordre », contre lequel la Commune était insurgée.

Lundi 1" mal 1891

Le 1 mai, les troupes versaillaises attaquent de nouveau les forts du Sud, spécialement Montrouge et Issy. Ce dernier fort est réoccupé par les fédérés, mais la position est bien compromise: le fort, toujours canonné, n'est plus qu'un amas de ruines.

A Neuilly et Asnières, après une nuit épouvantable, la matinée est assez calme. On entend à peine quelques coups de canon, quelques détonations de fusils. Vers une heure, un duel d'artillerie s'engage entre les batteries versaillaises d'Asnières, du château de Bécon et de Courbevoie, et les batteries fédérées des remparts, du pont d'Asnièreset du pont de Clichy. A quatre heures, le feu devient violent,

mais il n'y a pourtant pas d'attaque sérieuse. Les bastions de l'enceinte fouillent la plaine de Gennevillers. Vers le soir, une batterie située un peu au nord du château de Bécon, qui jusque-là avait tiré sur la voie du chemin de fer, commence à tirer dans la direction de Montmartre, où les obus vont tomber au delà du cimetière.

A partir de ce jour, Montmartre et Batignolles reçoivent constamment des projectiles.

A la séance de la Commune revenait la question, déjà agitée la veille, comme nous l'avons vu, de la création d'un Comité de salut public.

Les membre qui, la veille, avaient voté pour cette mesure, amenaient cette fois-ci à la séance quelques-uns de leurs collègues qui ne siégeaient pour ainsi dire jamais, et sur qui ils comptaient pour les appuyer.

Un premier vote, ayant eu lieu pour déterminer si l'on formerait un Comité de salut public ou un Comité exécutif, donna sur soixante-deux votants, trente-quatre voix pour la formation d'un Comité de salut public, vingt-huit voix pour un Comité exécutif.

Sur l'adoption de l'ensemble du projet, soixante-huit votants se divisèrent en quarante-cinq voix pour et vingt-trois contre. Ces deux votes eurent lieu par voie d'appel nominal; un grand nombre de membres motivèrent leur vote.

En conséquence, le décret suivant était adopté:

La Commune de Paris
Décrète:

Art. 1. —Un Comité de salut public sera immédiatement organisé.

Art. 2. — Il sera composé de cinq membres, nommés par la Commune, au scrutin individuel.

Art. 3. — Les pouvoirs les plus étendus sur toutes les délégations et commissions sont donnés à ce Comité, qui ne sera responsable qu'à la Commune.

Pour la nomination des membres corn X iut ce Comité de salut public, trente-sept membres de la Commune seulement prirent part au vote; vingt-cinq autres déclarèrent s'abstenir, protestant par là contre la décision prise par la majorité de former un Comité de salut public, ce qu'ils considéraient comme un retour aussi dangereux qu'inutile à un passé qui doit nous instruire, mais que nous ne devons pas copier, et aussi comme un oubli des principes de la révolution du 18 mars.

Furent nommés membres du Comité de salut public les citoyens: Antoine Arnaud, Léo Meillet, Ranvier, Félix Pyat et Charles Gérardin.

Le procès-verbal de cette séance ne fut publié que le 4 mai à *l'Officiel.* Après la nomination du Comité de salut public, alors qu'un certain nombre de membres s'étaient déjà retirés, on était convenu d'ajourner la publication du procès-verbal. Des protestations à ce sujet furent présentées à la séance du lendemain, et il fut décidé qu'on publierait non-seulement ce procès-verbal avec le recensement des votes, mais aussi ce qui, dans les séances précédentes, avait eu trait au Comité de salut public; ces parties des procès-verbaux avaient jusque-là été tenues secrètes.

La presse presque tout entière s'éleva contre le nouveau décret de la Commune; des journaux même qui lui étaient sympathiques la critiquèrent vivement.

En fait, rien n'était changé; il n'y avait pas même un comité de plus. Le nom du Comité exécutif s'était simplement changé en: Comité de salut public. Cette puérile réminiscence de 1793 ne pouvait avoir pour conséquence, comme le remarqua *la Vérité,* que d'effrayer les naïfs et les timides, dont le nombre est considérable, et de convaincre les hommes sérieux que, pour chercher ainsi par des mots à se donner l'air terrible, la Commune devait avoir le sentiment de sa faiblesse.

Parmi les membres même de la Commune, les vieux de 1848 et la fraction des jeunes qui ne songeaient en rien qu'à pasticher la grande Révolution, se flattaient d'avoir accompli une mesure « *éminemment révolutionnaire* », et traitaient dédaigneusement de « conservateurs » ceux qui s'étaient prononcés contre le Comité de salut public.

La Commune décrétait que ses membres ne pourraient être traduits devant aucune autre juridiction que la sienne propre.

Un arrêté analogu ;elui que nous avons signalé, concernant les impôts dus pue. et ses compagnies de chemins de fer, était pris par le délégué aux finances, à l'égard de la compagnie du chemin de fer de Ceinture.

Le membre de la Commune, délégué au ministère des finances,

Vu les lois et règlements réglant les rapports des compagnies de chemins de fer avec l'État;

Vu également notre arrêté en daie du 27 avril 1871;

Considérant que tous les établissements de la compagnie du chemin de fer de Ceinture sont situés dans le ressort de la Commune de Paris,

ARRÊTE:

Art. 1. — La compagnie du chemin de fer de Ceinture versera dans la huitaine, entre les mains des différents préposés de la Commune, l'arriéré de ses impôts de toute nature.

Art. 2. — Ce versement comprendra le montant de tous les impôts dus depuis le dernier paiement effectué jusqu'au 50 avril 1871 inclusivement.

A partir du 1 mai, le compte des impôts du chemin de fer de Ceinture sera régulièrement arrêté et payé tous les dix jours.

En même temps, en exécution de l'arrêté susmentionné, les compagnies des chemins de fer de l'Est, d'Orléans et de Lyon, versaient au trésor de la Commune les sommes ci-après imputables à l'arriéré de leurs impôts:

La Compagnie de l'Est 354,000 fr.
— d'Orléans.... 376,000
— de Lyon.... 692,000

Sur la proposition du citoyen Raoul Rigault, procureur de la Commune, le Comité de salut public nommait les citoyens:

Ferré (Théophile),
Dacosta (Gaston),
Martainville,
Huguenot, substituts du procureur de la Commune.

L'Assemblée, à Versailles, ne tint, le 1 mai, qu'une courte séance, où aucune question intéressant Paris ne fut agitée.

Le ministre de l'intérieur, M. Picard, annonça que les élections municipales avaient eu lieu avec calme par toute la France, hormis en un quartier de Lyon et à Thiers, où d'ailleurs les troubles avaient été promptement réprimés; il ajouta que les résultats connus à ce moment étaient « satisfaisants r

Mardi S mal 1891

Toute la nuit il y avait eu échange de feux sur toute l'étendue de la ligne de bataille. Le Moulin-Saquet, principalement, était attaqué avec énergie. Vers Issy également, attaque violente. Les Versaillais occupent la gare de Clamart et le château d'Issy. Du côté de Neuilly et d'Asnières, même situation; toujours un duel d'artillerie, accompagné de temps en temps de quelque fusillade.

En somme, quoique sans faits d'armes bien retentissants, les Versaillais avancent; peu à peu leurs lignes se rapprochent des forts et de l'enceinte. On peut, dès ce moment, prévoir que le fort d'Issy, ou du moins ce qui reste de ce fort déjà presque entièrement cerné, ne tardera plus bien longuement à tomber aux mains des troupes versaillaises.

Le Comité de la *Ligue d'Union républicaine des droits de Paris* chargeait son bureau et ses commissions exécutive et départementale réunies de faire une nouvelle démarche à Versailles. La délégation de la Ligue devait, cette fois, borner tout son effort à demander une trêve pure et simple.

La trêve obtenue, on eût réglé le mode et les bases des négociations.

En même temps, la Ligue faisait insérer dans les journaux la note suivante, par laquelle elle faisait appel aux partisans de son programme:

LIGUE D'UNION RÉPUBLICAINE DES DROITS DE PARIS

« Tous les citoyens qui approuvent le programme de la Ligue, ainsi lue la pensée qui l'a dicté, tous ceux qui désirent la fin de cette lutte fratricide et veulent la République avec les franchises municipales complètes, doivent comprendre qu'il est absolument indispensable d'appuyer le *plus tôt possible* ce.programme d'une immense quantité de signatures.

A l'œuvre donc! le temps presse Dans ce but, la Ligue prévient la population parisienne que des listes d'adhésion sont, dès à présent, déposées aux adresses suivantes, où l'on recevra également les offrandes destinées à subvenir aux frais de cette œuvre d'humanité et de patriotisme.

Suivent les adresses.)

Les francs-maçons, réunis au Cirque national, adoptèrent les résolutions suivantes: 1 Tous les moyens de paix et de conciliation ayant été repoussés par le chef du pouvoir exécutif, et les hostilités ayant été reprises par les assaillants de Versailles, les francs-maçons et les compagnons s'engagent à défendre par les armes la revendication des franchises municipales; 2 Aucun des leurs ne sera plus admis aux réunions qu'autant qu'il portera l'uniforme de la garde nationale; ils marcheront avec leurs insignes, et ils ne mettront pas les armes qu'autant qu'ils auront assuré le succès de la cause républicaine de Paris; 3 Tous les membres devront se faire inscrire dans les compagnies de leurs quartiers respectifs, et les bannières du Compagnonnage seront placées aux remparts, à côté de celles de la Franc-Maçonnerie.

A la séance de la Commune était présenté un projet de décret du citoyen Rossel, tendant à organiser dans chaque arrondissement des sous-délégations ayant pour mission de « faire le recense« ment des habitants, distribuer des cartes d'identité, signaler et « poursuivre les réfractaires, dresser l'état des chevaux existants « et celui des appartements vacants; présider à la recherche des « armes et des munitions. »

La Commune, sans voter le décret lui-même, décida qu'une circulaire dans ce sens serait envoyée aux municipalités par ses secrétaires.

Le citoyen Jourde, délégué aux finances, donnait connaissance du bilan du Trésor pour la rriode du 20 mars an 30 avril. Puis il priait la Commune de nommer une commission pour vérifier ce bilan et de pourvoir à son remplacement. Sa démission était provoquée par le décret de la veille, instituant un Comité de salut public. Il craignait que ce décret, à tort ou à raison, ne nuisît au crédit communal; de plus, il prévoyait

qu'il amènerait des conflits de pouvoirs.

Des mesures d'organisation militaire étaient prises parle Comité de salut public,le directeur de l'artillerie et le déléguée la guerre, pour assurer l'ordre le plus complet possible dans les divers services.

Nous ne citerons que les « ordres » suivants, qui sont seuls intéressants:

ORDRES

Il est formellement interdit à tout commandant militaire, officier ou autre fonctionnaire au service de la Commune, d'avoir aucune communication avec l'ennemi.

Le délégué à la guerre rappelle à ce sujet les prescriptions du règlement sur le service en campagne; il les fera exécuter dans toute leur teneur:

« Les trompettes et les parlementaires de l'ennemi ne dépassent jamais les premières sentinelles; ils sont tournés du côté opposé au poste ou à l'armée. On leur bande les yeux, s'il en est besoin. Un sous-officier reste avec eux pour exiger que ces dispositions soient observées.

« Le commandant de la grand'garde donne reçu des dépêches et les expédie sur-le-champ au général. Il congédie sur-le-champ le parlementaire. »

L'envoi de parlementaires sert parfois à couvrir une ruse de guerre. On ne doit donc pas interrompre le feu pour le recevoir, quand même l'ennemi aurait interrompu le sien.

Tout officier ou employé à la guerre qui publiera un rapport sur les opérations militaires, ou un document officiel de nature à renseigner le public sur les ressources militaires de la Commune et leur mode d'emploi, sera révoqué par ce seul fait et puni disciplinairement d'un mois de prison. Les officiers supérieurs et généraux sont chargés de veiller à l'exécution du présent ordre.

Paris, 2 mai 1871.
Le délégué à la guerre,
Rossel.

La séance de l'Assemblée se passe sans incident relatif aux faits de Paris. M. Picard annonce seulement la prise de la gare de Clamart et du château d'Issy.

Le gouvernement adressait la dépêche suivante aux autorités civiles et

militaires:

Versailles, 2 mai 1871, 2 h. soir.
OPÉRATIONS DE L'ARMÉE

Le fort d'Issy, accablé par le feu de nos batteries, avait arboré le drapeau parlementaire et allait se rendre, lorsqu'un envoyé de la Commune, arrivant soudainement, a empêché les défenseurs de déposer les armes. Le feu a recommencé sur-le-champ et a continué ses ravages.

Cette nuit, le général la Mariouze (de la division Faron), à la tête de deux bataillons, un du 33" et un du 42, a emporté le château d'Issy avec la plus grande vigueur. Pendant ce temps, le 22 de chasseurs à pied, de la brigade Berthe, s'approchant en silence de la gare de Clamart, l'a enlevée à la baïonnette presque sans tirer. Les insurgés, dans ces deux actions, ont fait des pertes considérables. Ils ont laissé trois cents morts sur le terrain et environ quatre cents prisonniers.

En ce moment, le fort, complètement investi et isolé de Paris, sera bientôt en notre pouvoir, ou par reddition ou par force,

Nos opérations continuent donc selon un plan bien mûri et de manière à amener des résultats prochains. Pendant ce temps, la Commune, délaissée par les électeurs de toute la France, et menacée par notre armée, commet des actes qui sont ceux du désespoir. Elle arrête ses généraux pour les fusiller, et institue un Comité de salut public qui indignera tout le monde sans faire trembler personne. Elle est évidemment au terme de son délire, et il ne lui reste que la ressource, dont elle use tous les jours, d'annoncer aux Parisiens qu'elle est partout victorieuse. Toujours est-il qu'en quatre jours le fort d'Issy a été éteint et entièrement isolé de Paris par un investissement actuellement complet.

Le *Journal officiel,* de Versailles, publiait le document suivant, qui, selon son dire, était l'œuvre des membres de la Commune et était remis par eux à leurs agents en province:

RÉPUBLIQUE FRANÇAISE
LIBERTÉ — ÉGALITÉ — FRATERNITÉ *Commune de Paris. — Com-*

mission des relations *extérieures. Instructions* 1» Ne faire connaître sa qualité et l'esprit de sa mission qu'à des amis politiques sûrs et pouvant être utiles.

2 Se mettre en relation avec les journaux.; dans le cas où il n'en paraîtrait pas, dans certaines contrées, les remplacer par des écrits, des circulaires ou copies imprimées retraçant exactement le fond et la forme du mouvement communal. 5 Agir par et avec les ouvriers, lorsqu'ils ont un commencement d'organisation. 4 Éclairer le commerce, l'engager par des raisons solides à continuer ses affaires avec Paris et s'appliquer à favoriser le ravitaillement. 5 Se mettre en rapport avec la bourgeoisie et avec l'élément républicain modéré pour, à l'instar de Lille, pousser les conseils municipaux a envoyer des adresses ou des délégués au citoyen Thiers pour le sommer de mettre fin à la guerre civile.

G» Empêcher le recrutement pour l'armée de Versailles; faire écrire aux soldats pour les détourner de la guerre contre Paris.

En résumé, s'appliquer à faire jeter des bâtons de tous côtés de la France dans les roues du char gouvernemental de Versailles.

Depuis un mois déjà la guerre civile était allumée. Beaucoup d'hommes étaient tombés de part et d'autre; et, malgré la situation compromise d'un des forts occupés par les fédérés, il était impossible de prévoir quand ce terrible état de choses prendrait ftn ou quelle en serait exactement l'issue.

Un grand nombre de citoyens plaçaient leur espoir dans les diverses tentatives de conciliation qui s'effectuaient presque chaque jour; il leur semblait impossible que les fédérés parvinssent à triompher par les armes, il leur paraissait non moins impossible que les troupes de l'Assemblée entrassent dans Paris de vive force.

Cette appréciation mise à part, l'un comme l'autre de ces deux résultats, si l'on admettait leur réalisation, semblaient à ceux qui raisonnaient encore, — car combien, après ces longues épreuves, n'étaient plus maîtres d'euxmêmes! — devoir être considérés

comme également déplorables.

A chaque démarche nouvelle de l'un des groupes qui s'étaient formés dans l'espoir d'amener la conciliation, à chaque adresse envoyée par un coin quelconque de province, soit à l'Assemblée, soit à la Commune, c'était une nouvelle espérance; espérance toujours renouvelée, toujours déçue.

De quelles appréhensions n'était-on pas saisi en jetant un coup d'oeil sur le mois écoulé! Des deux côtés, beaucoup de courage militaire: parmi les troupes de la Commune, plus d'ardeur que de sagesse, mais un héroïsme tel qu'une faible quantité d'hommes avaient tenu tête à des forces bien supérieures; parmi les troupes de l'Assemblée, une discipline sévère, une tactique prudente, des mouvements pleins de précaution, enfin une science de la guerre qu'étaient loin de posséder leurs adversaires.

Les uns, selon les propos courants, avaient acheté des Prussiens des canons, des mitrailleuses; les autres, disait-on, en avaient acquis des fusils.

Des deux parts on s'accusait de se servir de balles explosibles et d'obus à pétrole. Nous ignorons ce qu'il y avait de fondé en ce qui concerne les balles explosibles; mais, jusqu'à preuve formelle, nous n'y croyons pas. Peut-être des individus isolés, plus particulièrement enragés, ont-ils pu emploverde semblables projectiles, mais c'a dû être sûrement sans ordres, à l'insu de leurs chefs; et la masse des combattants n'en a certainement jamais fait usage.

Quant aux obus à pétrole, quoiqu'il en ait été beaucoup parlé depuis le mois de septembre 1870, nous avons toutes raisons de croire qu'il n'en a jamais existé.

Voici ce qui a donné naissance à cette appellation de « obus à pétrole ». Au début du siège par les Prussiens, une société savante que les circonstances amenaient à s'occuper des engins de guerre, apprit que la Prusse avait fait, dans les derniers temps, à des maisons de Paris, d'importants achats de matières provenant de la distillation du pétrole. Informations prises, on sut que ces matières étaient des carbures d'hydrogène de consistance résineuse, dont les Prus-

siens se servaient pour la charge de leurs obus. L'effet qu'ils se proposaient ainsi était d'obtenir, dans un but d'incendie, une combustion moins rapide que celle du charbon qui entre ordinairement dans la composition de la poudre. Quant à des projectiles lançant du pétrole liquide enflammé, c'est un engin qui n'existe jusqu'ici que dans l'imagination populaire, et qui d'ailleurs ne produirait probablement pas les effets terribles qu'on suppose volontiers.

En somme, fondées ou non, ces accusations réciproques montrent à quel point les animosités croissaient, les haines s'accumulaient. Où allait-on?...

En ce qui concerne les individus: des partisans de la Commune (de la Commune telle qu'elle existait) — qui applaudissaient à toutes les mesures de violence que l'on décidait, en appelaient chaque jour de nouvelles de tous leurs vœux et constataient avec rage qu'aucune d'elles n'était véritablement mise à exécution, — des ennemis de cette même Commune, qui, affolés de terreur, faisaient tout bas des souhaits pour l'anéantissement de tout ce-qui pouvait s'y intéresser, mais se tenaient cachés, médusés qu'ils étaient par des décrets plus terribles dans leur pensée que dans la réalité.

Entre ces deux extrêmes, un groupe sérieux de citoyens, amis des franchises municipales, mais dont le cœur saignait de cette horrible lutte engagée depuis un mois, qui déploraient et gémissaient en voyant ceux qui auraient dû se faire simplement les organes des revendications parisiennes s'embourber dans une puérile imitation du passé, — du côté malsain de ce passé, — et s'imaginer servir leur cause, alors qu'ils instituaient à grands coups de décrets une soi-disant terreur dont l'odieux égalait le ridicule.

Depuis déjà longtemps ceux-là disaient, à chaque mesure nouvelle que prenaient les membres de la Commune: « Ils se per« dent! » et ils ajoutaient tristement: « Ils perdent en même « temps notre cause, la cause des libertés communales, qu'aux « yeux de beaucoup ils sont sensés représenter. »

Ce dernier groupe, faut-il le dire, était regardé à Paris comme « *réactionnaire* », à Versailles comme « *pactisant avec l'émeute* ». Il était aussi loin de ceci que de cela.

Mercredi 3 mal 1891

Rien de saillant comme faits militaires le 3 mai. La canonnade continue de tous côtés, de temps à autre la fusillade s'y mêle; mais, en somme, aucun résultat important n'est acquis d'un côté ni de l'autre.

La *Commission de conciliation du Commerce, de l'Industrie et du Travail* publiait le document suivant, comme contenant un exposé des mesures les plus propres à amener la fin de la guerre civile: *Commission de conciliation du Commerce, de l'Industrie et du Travail*

Les soussignés, délégués de l'Industrie, du Commerce et du Travail parisiens, se référant à la déclaration qu'ils ont précédemment publiée, croient, en leur âme et conscience, que les dispositions suivantes, ou telles autres analogues qui seraient adoptées par l'Assemblée nationale, pourraient contribuer efficacement à la pacification de Paris: *i.* — La ville de Paris, séparée de sa banlieue, formera désormais un département.' 2. — Les attributions de conseillers municipaux et de conseillers généraux y seront confondues et seront exercées par les mêmes personnes.

3. — Les élections municipales de Paris, retardées par force majeure, auront lieu le.... prochain. 4. — Le Conseil municipal issu de ces élections sera admis à discuter et à présenter à la Chambre un projet de loi communale, où seraient exprimés les vœux et les tendances propres à la ville de Paris. 5. — Le Conseil municipal de Paris administrera lui-même, par l'intermédiaire de son président ou d'une commission qu'il tirera de son sein, les intérêts propres à la ville de Paris, conformément aux lois d'organisation et d'attributions municipales actuellement en vigueur, sans préjudice des modifications qui pourraient être apportées à ces lois, en conformité du projet qui sera ultérieurement présenté par le Conseil municipal de Paris

et débattu par l'Assemblée nationale. 6. — Un délégué du gouvernement, assisté de deux conseillers, aura mission de veiller à ce que les actes administratifs du Conseil municipal ne se mettent pas en contradiction avec la loi de l'État; et, le cas échéant, il en serait référé à une juridiction spéciale, laquelle est à instituer.

Le délégué du gouvernement et ses assesseurs auront entrée au Conseil, mais n'y auront que voix consultative. 7. —Le Conseil municipal de Paris, étant en même temps Conseil départemental, dressera des listes d'électeurs, déterminera les circonscriptions et collèges électoraux, sans pouvoir, bien entendu, dépasser le chiffre de conseillers qui sera attribué à la ville de Paris par la loi électorale définitive, et sous réserve de respecter scrupuleusement le principe du suffrage universel, tel qu'il sera réglé par la Constitution de l'État. 8. — En attendant les élections municipales de la ville de Paris, il sera formé, à bref délai, une Commission d'administration provisoire, choisie par et parmi les membres dela Chambre de commerce, du Tribunal de commerce, des conseils de prud'hommes et des syndicats industriels, commerciaux et ouvriers, tous corps constitués librement et par voie élective.

Cette Commission veillera aux élections municipales, qui seront faites sous son contrôle et sous sa responsabilité. 9. — La garde nationale de Paris demeure chargée du service intérieur jusqu'à la réorganisation prochaine de l'armée nationale. — (réorganisation qui aura lieu sur ce principe: que la conscription est abolie et que tout citoyen doit être soldat).

En attendant, tous les bataillons garderont leurs armes. Ceux qui auraient été désarmés durant les derniers événements seront réarmés et réorganisés par les soins de la Commission d'administration provisoire. Jusqu'à ce que cette réorganisation soit opérée, la solde et les subsides actuels sont provisoirement maintenus.

II y aura un chef de légion par chaque arrondissement.

Il n'y aura pas de commandant en

chef.

Les canons de la garde nationale seront réunis provisoirement en parc d'artillerie et gardés par une force empruntée, par portions égales, aux divers arrondissements.

La même disposition sera appliquée à la garde de l'Hôtel-de-Ville. 10. — Les services de la voirie, de l'assistance publique, de l'enseignement, des postes et autres qui auraient été atteints ou modifiés par les récents événements, seront remis, autant que possible, en l'état, de manière à satisfaire aux besoins publics, sous réserve des dispositions de la loi municipale définitive, qui pourraient les régler autrement que par le passé. *H.* — Une amnistie pleine et entière est accordée à toutes les personne qui auront pris une part active aux événements de Paris, sous réserve des poursuites qui pourront être exercées par l'autorité judiciaire contre les auteurs de crimes de droit commun. 12. — Les prisonniers faits à l'occasion de la lutte sous les murs de Paris seront élargis aussitôt après les élections municipales régulières de la ville de Paris. *Les membres de la Commission:*

Jules Amigues, publiciste.

Baraguet, président de la Chambre syndicale des compositeurstypographes.

Ch. Barbin, représentant de commerce, adhérent a la Chambre de la mercerie.

Bouyer, gérant-fondateur de l'Association des ouvriers maçons et tailleurs de pierres, fondée en 1848.

J. Camps, avocat, chef du contentieux de *YUnion nationale du commerce et de l'industrie.*

Feytaud, membre du conseil de la Société pour l'instruction élémentaire.

F. Gallimard, négociant, secrétaire du Comité central des Chambres syndicales.

Jacquinot, de la société du crédit mutuel *VÉpargne.*

Josy, président de la Chambre syndicale des ouvriers serruriers en bâtiment du département de la Seine.

Cyrille Lamy, secrétaire de *VÉpargne immobilière.*

E. Levallois, négociant, vice-président de la Chambre des tissus de laine.

A. LiiuiLLiEk, négociant, secrétaire du syndicat général de *l'Union nationale,* vice-président de la Chambre de passementerie, mercerie, etc.

Ch. Limousin, publiciste, ancien gérant de *la Tribune ouvrière.* Loise Au-Pinson, négociant, ex-adjoint au maire du II arrondissement, président de la Chambre des teinturiers.

Hippolyte Marestaing, directeur-fondateur de la société d'assurances contre les accidents de travail, *la Préservatrice.*

Jules Maumy, manufacturier, secrétaire de la Chambre des tissus de laines.

Joseph Pioche, directeur de la société coopérative *l'Union des comptoirs agricoles et industriels.*

Pougheon, gérant de la Société coopérative des fabricants de meubles.

Ch. Rault, filateur, vice-président de la Chambre de la bonneterie et des cotons filés.

Les femmes de Paris, dans une affiche placardée sur les murs, faisaient un appel aux deux partis en présence et réclamaient un armistice, puis la paix.

RÉPUBLIQUE FRANÇAISE *Liberté, Égalité, Fraternité*

Les femmes de Taris, au nom de la patrie, au nom de l'honneur, au nom même de l'humanité, demandent un armistice.

Elles pensent que la courageuse résignation dont elles ont fait preuve cet hiver, pendant le siège, leur a créé un droit d'être écoutées par les partis, et elles espèrent que leur titre d'épouses et de mères attendrira les cœurs à Paris comme à Versailles.

Lasses de souffrir, épouvantées des malheurs, cette fois sans gloire, quj les menacent encore, elles en appellent à la génorosilé de Versailles, à la générosité de Paris!

Elles supplient ces deux villes de déposer les armes, ne fût-ce qu'un jour, deux jours, le temps, pour des frères, de se reconnaître et de s'entendre, le temps de trouver une solution pacifique. Toutes le femmes, ceiles qui ont des petits enfants que les bombes peuvent atteindre dans leur berci.au, celles dont les maris se baitent par conviction, celles dont les maris ou les fils gagnent le pain du jour aux remparts, ceiles qui sont aujourd'hui soûles gardiennes du logis, toutes enfin, les plus calmes comme les plus exaltées, au fond de leur cœur, réclament de Paris et de Versailles la paix! la paix!

Un groupe de citoyennes.

On se rappelle que M. Picard, ministre de l'intérieur, à la séance de l'Assemblée du 1 mai, avait déclaré que les résultats connus des élections municipales étaient « satisfaisants ». Le *Moniteur des communes* avait en suite de cela publié un article où cette déclaration était reproduite et développée. A la séance de la Commune du 3 mai, le citoyen Paschal Grousset, délégué aux relations extérieures, annonçait à ses collègues qu'il avait reçu beaucoup de nouvelles de la province. « Ces nouvelles, disait-il, sont très-satisfaisantes. Dans toutes les villes, les élections sont excellentes... » On le voit, chacun prétendait que tout était pour le mieux en province. Et pourtant il était difficile de comprendre comment ces élections pouvaient à la fois satisfaire Paris et Versailles, la Commune et l'Assemblée.

La Commune adoptait à l'unanimité la proposition suivante faite par le citoyen Billioray:

La Commune se transportera aussitôt que possible dans un local convenable, et admettra le public à ses séances. Les citoyens Billioray et Courbet sont chargés de trouver ledit local et de le proposer à la Commune.

Nous l'avons dit dès le début, la publicité des séances aurait dû être admise par les membres de la Commune à partir de leur première réunion. Le 3 mai, entrant comme ils semblaient vouloir le faire dans un système de terreur, décider cette publicité était une inconséquence; le secret, le secret absolu des délibérations, est certainement un des procédés les plus terrifiants que l'on puisse imaginer.

C'est ainsi que la Commune, à ce moment, prenait imperturbablement, à deux jours de distance, les mesures de la nature la plus contradictoire,

Le décret suivant, proposé par les citoyens-Dupont et Ferré, était adopté:

La Commune de Paris

Décrète:

Un registre sera ouvert dans les mairies de chaque arrondissement.

Ce registre aura pour but l'inscription des noms de tous les citoyens qui se seront distingués en combattant pour la défense de la République et des libertés communales.

La Commune de Paris.

Depuis un certain temps, afin de recueillir quelque argent pour secourir les veuves et les blessés, des musiques de la garde nationale parcouraient les rues de Paris et recevaient des passants les dons qui leur étaient faits. Le citoyen Lefrançais trouvait ces procédés « indignes de la Commune, indignes aussi de ceux au nom « desquels on faisait ces quêtes ». Il demandait qu'aucune autorisation ne fût accordée dans ce sens. « La Commune, disait-il, « doit faire disparaître tout ce qui a un caractère de mendicité. » Le citoyen Longuet s'associait au cit. Lefrançais, et protestait, pour sa part, contre les quêtes que les femmes faisaient à domicile.

On se souvient des deux arrêtés relatifs au travail de nuit dans les boulangeries. Le 2, l'affiche suivante avait été apposée sur les murs:

LA SAINT-HONORÉ *Société de secours mutuels des ouvriers boulangers de la Seine*

Avis

Tous les sociétaires sont instamment priés de se réunir le *mercredi 3 mai,* à dix heures précises du matin, au siège social, place Valois, pour de là se rendre à l'Hôtel-de-Ville, afin de protester en massé, et avec la plus grande énergie, contre la violence faite à la société. (Se munir des insignes.)

Par décision du conseil, *Le président:* Docteur Hogdet.

Nombre d'ouvriers se rendirent à cet appel et se transportèrent à l'Hôtel-de-Ville.

La Commune, en réponse à leur manifestation, prit l'arrêté suivant qui fut immédiatement affiché:

La Commune de Paris,

Sur la proposition de la Commission du travail et de l'échange, Vu le décret de la Commission executive du 20 avril, supprimant le travail de nuit chez les boulangers,

Arrête: Art. 1. — Toute infraction à cette disposition comportera la saisie des pains fabriqués dans la nuit, qui seront mis à la disposition des municipalités, au profit des nécessiteux.

Art. 2. — Le présent arrêté sera affiché dans un endroit apparent de chaque magasin de vente des boulangers.

Art. 3. — Les municipalités seront chargées de l'exécution du présent arrêté.

La Commune de Paris.

Le Comité central fit, le 3 mai, une tentative pour faire transférer à ses membres la direction des affaires militaires; cette prétention était appuyée par un grand nombre de chefs de légion qui paraissaient disposés à tenter un coup de main contre la Commune, contre la partie du moins qui leur était hostile. Cette question fut débattue, en comité secret, à la suite de la séance dont nous venons de rendre sommairement compte; et la fraction de la Commune composée des ouvriers socialistes vota contre cette proposition, qui n'était d'ailleurs point appuyée par les anciens membres du Comité central devenus membres de la Commune.

Il est à remarquer que ces derniers semblaient généralement avoir assez peu d'eslime et de sympathie pour leurs anciens collègues. Dans leur opinion, à ce moment, et dans celle de la minorité socialiste de la Commune, le Comité central, dont la composition avait été modifiée en partie depuis le 18 mars par de nouvelles élections, pouvait être regardé, à bien peu d'exception près, comme une réunion d'ambitieux incapables, soucieux par dessus tout d'obtenir et de garder une situation.

Le Comité central demandait aussi à la Commune la destitution du citoyen Rossel, délégué à la guerre. Celui-ci, en effet, manifestait l'intention de restreindre *lu* rôle du Comité central à des attributions de conseil de famille de la garde nationale; il voulait, non sans raison, lui interdire toute ingérn ce dans les affaires militaires, lui dénier toute autorité, lui interdire toute direction dans les affaires de cet ordre.

Le Comité de salut public prenait l'arrêté qui suit, relatif à la sortie des marchandises:

Le Comité de salut public,

Vu l'arrêté de la Commission executive en date du 25 avril 1871, autorisant la sortie des marchandises de transit, à l'exception des farines, armes et munitions de guerre;

Considérant qu'il importe de concilier autant que possible les nécessités de la défense de Paris avec les intérêts commerciaux de la France et de l'étranger,

Arrête:

Art. l«r, — La sortie des marchandises de toute nature est autorisée à partir de ce jour.

Art. 2.— Sont exceptés de cette disposition les vivres, farines, liquides ou denrées alimeoUires. les équipements militaires, armes et munitions de guerre.

Paris, le 3 mai 1871.

Le Comité de salut public:

Ant. Arnaud, Ch. Gérardin, Feux Pyat, Léo Meillet, G. Ranvier.

Par un autre arrêté, il faisait passer le contrôle général des chemins de fer de la Commission de travail et d'échange à la Commission des subsistances, qui prenait le nom de Commission des subsistances et transports.

Le citoyen B. Gastineau, délégué à l'inspection des bibliothèques communales, était chargé de faire rouvrir la bibliothèque de l'Institut, dite Mazarine, et de la diriger.

La Commission de la guerre prenait l'arrêté suivant, ayant pour but d'entraver une spéculation à laquelle se livraient certains gardes nationaux:

MINISTÈRE DE LA GUERRE

Un abus odieux, qui est un vol à la nation, a lieu trop souvent dans la cité.

Des hommes indignes du nom de gardes nationaux revendent, à des complices plus coupables encore, les équipements et les habits qui sont la propriété du peuple.

Nous avertissons ces effrontés trafiquants que leurs marchés sont nuls et non avenus, et que ceux qui s'y livrent s'esposent non-seulement à voir saisir les objets illégalement achetés, mais à être poursuivis selon la rigueur des lois.

Les municipalités, les chefs de légion et de bataillon sont chargés de l'exécution du présent arrêté.

Paris, le 3 mai 1871.

La Commission de la guerre:

Arnold, Avrial, Bergeret, Rakvier, G. Tridok.

Le délégué au service des postes pubiiait les deux avis suivants, relatifs à son service:

ADMINISTRATION DES POSTES

En vertu de l'arrêté du 6 avril, des agences ou entreprises particulières, pour le transport des correspondances, peuvent être provisoirement autorisées.

Les agences ou entreprises fonctionnant actuellement devront en faiic la déclaration immédiate au secrétariat de la direction générale des postes. Celles qui s'établiront à l'avenir seront soumises à la même formalité.

A partir du jeudi 4 mai, tous les bureaux de tabac devront être approvisionnés de timbres-poste de un centime à vingt centimes inclusivement, et se trouver en mesure d'en fournir la quantité désirée à première réquisition des intéressés.

Nous invitons les citoyens qui auraient des plaintes à formuler à s'adresser à l'administration, rue Jean-Jacques-Rousseau.

Le délégué à la direction générale des postes,

A. Theisz.

Un journal encore était supprimé par ordre de la Commune: *la Nation souveraine,* née depuis peu de jours.

Inutile de renouveler, à propos de ce nouvel attentat à la liberté de la presse, les protestations que nous avons déjà faites.

Le gouvernement continuait à prendre ses mesures pour entraver le ravitaillement de Paris; les journaux pubiiaient la note suivante:

« Depuis hier matin, le gouvernement fait arrêter en Seine, à la « hauteur de Poissy, tous les bateaux chargés d'approvisionne« ments pour Paris. » «

Néanmoins les approvisionnements, à défaut des chemins de fer et de la navigation, continuaient à arriver par les voies de terre; et les vivres, dans Paris, ne subissaient pas une hausse sensible.

L'état des arrivages sur le marché aux bestiaux de La Villette démontre que, si les marchands avaient dès l'abord été surpris par les ordres du gouvernement, ils ne s'étaient pas découragés. Au contraire, ils devenaient chaque jour plus adroits à forcer le blocus et à déjouer la surveillance des gendarmes et de la police, car le nombre des bêtes amenées, d'abord tombé assez bas, allait peu à peu en croissant.

Dans la nuit du 3 au 4 mai, les troupes de Versailles s'emparèrent du Moulin-Saquet, où elles parvinrent à l'aide du mot d'ordre, dont elles avaient connaissance. Surpris dans leur sommeil, bien peu de fédérés purent s'échapper; environ quarante furent tuésente blessés.

Les Versaillais prirent les canons et mitrailleuses armant la redoute, et s'en furent sans chercher à s'y fortifier, parce que la position ne peut être tenable pour qui n'a pas les forts voisins.

Les forts de Montrouge, Vanves et Issy continuaient à être bombardés. Au parc d'Issy se livrait un combat très-meurtrier. Les fédérés avaient quelques petits avantages, qui leur.coûtaient fort cher; le nombre de leurs morts et de leurs blessés était grand.

. Le *Journal officiel* du 5 publiait les documents ci-dessous sur ces affaires du Sud:

Dans la nuit du 3 au 4 mai, la redoute du Moulin-Saquet était gardée par des détachements du 55 el du 120 bataillons, lorsqu'un détachement de troupes versaillaises se présenta à la porte comme patrouille, fut admise dans le fort après avoir régulièrement donné le mot d'ordre, chargea alors la garnison surprise, la chassa de la redoute et emmena immédiatement six pièces de canon avec des attelages préparés d'avance.

11 résulte des commencements d'enquête qui ont eu lieu à ce sujet que le commandant Gallicn, du 55 bataillon, est généralement accusé d'avoir donné ou vendu le mot d'ordre à l'ennemi, ou tout au moins de l'avoir publiquement divulgué dans un café de Vitry.

La redoute a été réoccupée presque aussitôt par le commandant Quinion, à la tetedu 133 bataillon, qui a procédé aujourd'hui au réarmement de la redoute.

La g.ire de Clamart a été réoccupée par les troupes de la Commune dans la nuit du 3 au 4. Le château d'issy a été incendié le 4, à trois heures de l'après-midi, et évacué par l'ennemi.

Les travaux de réparations du fort d'issy ont marché avec une grande activité.

Le délégué à la guerre,
ROSSEL.

Du côté de Neuilly et d'Asnières la nuit est calme. Vers deux heures, le bombardement reprend très-vif; trois obus arrivent dans le? Champs-Elysées, jusque vers le Palais de l'Industrie. Entre Asnières et Clichy, canonnade faible.

La *Ligue d'Union républicaine des Droits de Paris* faisait une nouvelle tentative dans le but de mettre fin à la guerre civile, et demandait aux deux partis en présence une trêve pour préparer la paix. Elle adressait la lettre suivante au chef du pouvoir exécutif et à la Commune:

« La Ligue d'Union républicaine des Droits de Paris n'a pas cessé, depuis sa fondation, de chercher les occasions d'intervenir dans la lutte fratricide qui déchire la patrie.

« Aujourd'hui la vois de l'opinion publique s'élève entre les combattants, et la presse tout entière nous somme, nous qui avons les premiers pris le rôle de médiateurs, de faire un suprême effort.

« Nous répondons à cet appel. Nous présentant à la fois dans les deux camps, nous y apportons la proposition suivante, pour laquelle nous demandons une réponse immédiate:

« La Ligue,

« Convaincue que si une trêve était consentie entre les combattants, il en résulterait une période d'apaisement pendant laquelle les véritables conditions qui doivent mettre fin à la lutte pourraient se faire jour,

'« Au nom de l'humanité,

« Demande au chef du pouvoir exécutif et à la Commune de

Paris une trêve de vingt jours, dont les conditions seront fixées par des intermédiaires proposés par nous et acceptés des deux parts.

« *Les membres du bureau de la Ligue,*
« Pour Versailles:
« Brelay, Corbon, H. Stupuy.
« Pour la Commune:
« Harant, Villeneuve, Bonvalet. »

La Commune décrétait l'abolition du serment politique et du serment professionnel:

Sur la proposition du citoyen Prolot, délégué à la justice,
La Commune de Paris,

Décrète: Article unique. — Le serment politique et le serment professionnel sont abolis.

Paris, *i* mai 1871.
La Commune de Paris.

Un arrêté ordonnait le contrôle des opérations de l'intendance:

Sur la proposition de la Commission du travail et de l'échange,
La Commune,

Arrête:

Art. 1. La Commission du travail et de l'échange se fera représenter par des délégués aux ilifférents services de l'intendance militaire.

Art. 2. Ces délégués prendront connaissance des marchés conclus par les chefs de service, et dresseront des rapports de toutes les opérations.

Paris, le *i* mai 1871.
La Commune de Paris.

Le délégué à la guerre, par la circulaire suivante, annonçait aux chefs placés sous ses ordres qu'il confiait au Comité central les services d'administration et d'organisation dépendant de son département: *Aux généraux, aux colonels et chefs de service dépendant de la délégation de la guerre.*

Citoyens,

J'ai l'honneur de vous informer que, d'accord avec le Comité de salut public, j'ai admis en principe et je vais mettre immédiatement en pratique le concours complet du Comité central de la fédération de la garde nationale, pour tous les services administratifs et pour la plus grande paitie des services d'organisation dépendant de la délégation à la guerre.

Cette séparation de pouvoirs pourra amener dans le personnel un changement dont je tiens à vous avertir.

Cet accord a été motivé de ma part

par les raisons suivantes:

L'impossibilité de recruter en temps utile le personnel administratif nécessaire au service;

La convenance de séparer absolument l'administration du commandement;

La nécessité d'employer de la manière la plus efficace, non-seulement la bonne volonté, mais la haute autorité révolutionnaire du Comité central de la fédération.

Salut et fraternité.

Le délégué à la guerre,
ROSS EL.

Le Comité de salut public, en prenant la décision qu'indique la circulaire ci-dessus, anéantissait complètement l'influence de la Commune dans les affaires militaires, au profit du Comité central.

Le service de l'artillerie, — comme les autres, — n'était pas encore suffisamment organisé, ainsi que l'indique l'avis suivant du directeur général de l'artillerie:

Afin de régulariser le service du corps d'artillerie et d'en compléter l'organisation, le directeur général du matériel invite les chefs de parcs, les gardes de poudrières dans l'intérieur de Paris et des forts, les directeurs des fabriques de cartouches, gargousses et projectiles de toute nature, à se présenter au bureau du directeur général, 86, rue Saint-Dominique, le dimanche 7 mai, à neuf heures du matin.

Les directeurs, gardes magasins et chefs de parcs devront présenter un rapport détaillé de leur fabrication, ainsi que l'inventaire des munitions et projectiles existant au présent jour.

Faute par eux de se conformer au présent ordre, ils seront relevés de leurs fonctions.

Paris, le 4 mai 1871.

Le directeur général de l'artillerie,
AVRIAL.

Une note de la Commission de la guerre du même jour témoigne aussi du besoin d'ordre qui se faisait sentir un peu partout:

Afin d'accélérer les distributions d'effets d'habillement, d'équipement et d'armement nécessaires tant aux officiers qu'aux gardes, et afin d'introduire l'ordre et le contrôle dans ce service, il est établi une commission de quarante membres.

Elle sera composée de deux citoyens par légion, désignés par la délégation municipale de l'arrondissement. Ils se réuniront au ministère de la guerre, 86, rue Saint-Dominique-Saint-Gcrmain, 8« direction.

Cette commission se partagera le travail de vérification et de distribution sur les demandes des bataillons.

Elle sera placée sous les ordres des membres de la Commission de la guerre chargée de l'armement, de l'habillement et de l'organisation.

Paris, 4 mai 1871.

La Commission de la guerre,
Arnold, Avrial, Rahvier, Bergeret, G. Tridoh.

On décidait de faire subir un examen aux officiers d'état-major avant leur nomination.

Les examens pour les grades d'officiers d'état-major de la garde nationale auront lieu à l'hôtel du ministère de la guerre, rue Sajnt-DominiqueSaint-Germain,86, sous la présidence du citoyen Arnold, membre de la Commune et du Comité central, chargé de composer le jury d'examen.

Chaque officier devra présenter ses états de service et ses titres.

Le jury délivrera, à la suite de cet examen, des commissions signées du délégué à la guerre, et dont la liste sera insérée à *l'Officiel.*

Attendu cependant que les connaissances et les aptitudes militaires sont très-peu répandues dans la garde nationale, l'examen actuel portera principalement sur les aptitudes intellectuelles et la valeur morale et politique des candidats, sans préjudice de l'examen purement militaire qu'ils auront à subir dans deux mois, et où ils auront à faire preuve de leurs connaissances des règlements, des principes et des détails de la guerre, et à la suite duquel il leur sera délivré définitivement un certificat d'aptitude aux fonctions subalternes, de capitaine ou d'officier supérieur.

Le jury d'examen enverra à domicile des lettres de convocation aux candidats qui auront formulé leur demande et envoyé leurs titres. Paris, le *A* mai 1871.

L'affiche suivante interdisait la sortie des chevaux:

Il est défendu de laisser sortir de Paris aucun cheval; il est défendu de laisser passer aucun cheval aux avant-postes. Les chefs de postes des portes et les commandants des forces actives sont charges de l'exécution du présent ordre.

Une exception est faite pour le passage des portes en faveur des estafettes munies d'un ordre régulier du ministre de la guerre, des officiers généraux, des convois de vivres, munitions et matériaux, munis d'ordres réguliers.

Tout individu qui cherchera à faire sortir de Paris ou des lignes un cheval de selle ou de Irait, sera puni d'une amende égale ou triple de la valeur du cheval.

Une note du directeur des contributions directes faisait appel aux négociants en vins et leur demandait de verser à la Commune les droits de location des magasins d'entrepôt:

LOCATION DES MAGASINS DENTREPÔT

Les négociants en vins, loin d'avoir eu à souffrir du siège, ont réalisé des bénéfices d'autant plus grands que les difficultés de la vie augmentaient à Paris.

Il est donc équitable de faire rentrer i'ans les caisses de la Commune les droits de commerce afférents aux caves et magasins de vins.

Nous comptons sur l'esprit de justice des négociants et leurs rappelons que la location des magasins des entrepôts se règle six mois d'avance.

Paris, le 4 mai 1871.

Le directeur des contributions directes,
CoMBAÏLT.

Approuvé:

Le délégué aux finances,
JoiRDE.

La dépêche suivante était adressée par le gouvernement aux autorités civiles et militaires:

Versailles, 4 mai 1871, 4 h. soir.

Pendant que nos travaux d'investissement continuent autour du fort d'Issy, se liant à d'autres travaux plus importants autour de l'enceinte, la division Lacretelle a exécuté, à notre extrême droite, une opération des plus hardies vers le Moulin-Saquet. Elle s'est portée sur cette position, l'a enlevée, a fait trois cents prisonniers et pris huit pièces de canon.

Le reste de la troupe des insurgés s'est enfui à toutes jambes, laissant cent cinquante morts ou blessés sur le champ de bataille. Telle est la victoire que la Commune pourra céiébrer demain dans ses bulletins.

Du reste, nos travaux d'apj rcebe avancent avec une rapidité admirée de tous les hommes de l'art et qui promet à la France une prompte fin de ses épreuves et à Paris surtout la délivrance des affieux lyrar.s qui l'oppriment.

Thiers.

Vendredi 5 mat 1891

Journée sans incidents militaires dignes d'être notés. La canonnade, mêlée de temps à autre de quelques coups de fusil, continue sur toute la ligne sans autre résultat important.

Les travaux des Versaillais se poursuivent, pour isoler le fort d'Issy..

Les francs-maçons, qui avaient en vain tenté les démarches de conciliation que nous avons signalées, adressaient à leurs frères de France et du monde entier l'appel suivant, véritable appel aux armes:

FÉDÉRATION

DES FRANCS-MAÇONS ET COMPAGNONS DE PARIS *Les francs-maçons et compagnons de Paris, à leurs frères de France et du monde entier.*

Frères,

C'est à vous tous que nous nous adressons,

Francs-maçons de tous les rites et de tous les Orients,

Compagnons de toutes les corporations,

Vous le savez, les francs-maçons sont des hommes de paix, de concorde, de fraternité, d'étude et de travail; ils ont toujours lutté contre la tyrannie, le despotisme, l'hypocrisie, l'ignorance.

Ils défendent sans cesse les faibles courbes sous le joug de ceux qui les dominent; leurs adeptes couvrent le monde entier; ce sont des philosophes qui ont pour préceptes: *la Morale, la Justice, le Droit.*

Les compagnons sont aussi des hommes qui pensent, réfléchissent et agissent pour le progrès et l'affranchissement de l'humanité.

A l'époque malheureuse que nous traversons, lorsque le fléau de la guerre a été déchaîné par les despotes pour anéantir plus particulièrement la *noble nation française;*

Quand cette belle France, qui pour tout le monde est l'espérance des opprimés, se voit réduite à merci et que Pans, sa capitale, est le but d'attaques épouvantables et fratricides,

Les francs-maçons et compagnons sortent les uns et les autres de leurs sanctuaires mystérieux, tenant de la main gauche la branche d'olivier, symbole de la paix, et de la main droite le glaive de la revendication.

Attendu que les efforts des francs-maçons ont été trois fois repoussés par ceux-là mêmes qui ont la prétention de représenter l'ordre et que leur longue patience est épuisée, tous les francs-maçons et compagnons doivent prendre l'arme vengeresse et crier: *Frères, debout!* que les traîtres et les hypocrites soient châtiés!

Frères de la maçonnerie universelle, frères, compagnons, écoutez!

Les francs-maçons ont, dans la journée du 22 avril, envoyé à Versailles, porter au chef du pouvoir exécutif des paroles d'apaisement et de conciliation; leurs délégués étaient accompagnés de deux citoyens désignés par les chambres syndicales de Paris; ils n'ont pu obtenir qu'une trêve de neuf heures pour faire sortir les malheureuses et innocentes victimes qui périssaient dans les caves de Neuilly, des Ternes, de Levailois, de Clichy.

Les hostilités ayant été reprises avec une haine indescriptible par ceux qui osent bombarder Paris, les francs maçons se réunirent le 26 avril au Châtelet et décidèrent que le samedi 29, ils iraient solennellement faire adhésion à la Commune de Paris et planter leurs bannières sur lés remparts de la ville, aux endroits les plus menacés, espérant qu'elles amèneraient la fin de cette guerre impie et fratricide.

Le 29 avril, les francs-maçons, au nombre de 10 à 11,000, se rendirent à l'Hôlel-de-Ville, suivant les grandes artères de la capitale, au milieu des acclamations de toute la population parisienne; arrivés à l'avenue *de* la Grande-Armée, malgré les bombes et la mitraille, ils arborèrent 62 de leurs bannières en face des assaillants.

Leur bannière blanche: *Aimons nous les uns les autres,* s'avançant sur les lignes versaillaises, fit cesser le feu de la porte Dauphine à la porte Bineau; la tête de leurs profondes eblonnes atteignit la première barricade des assaillants.

Trois francs-maçons furent admis comme délégués.

Ces délégués, n'ayant obtenu qu'une courte Irève des généraux auxquels ils s'étaient adressés à Neuilly, à Courbevoie et à Rueil, où les populations les acclamaient aux cris de vive la Maçonnerie, vive la Commune, deux d'entre eux, cédant à l'instance des généraux, qui déclarèrent d'ailleurs qu'ils ne pouvaient être leurs interprètes, allèrent à Versailles, sans mandat et contrairement à la ligne de conduite qu'ils s'étaient tracée, mais pour démontrer une fois de plus que toute tentative nouvelle de conciliation était inutile.

Ils n'obtinrent rien, absolument rien, du chef du pouvoir exécutif.

Le feu, interrompu 1s 29, à quaire heures de relevée, recommença plus formidable, accompagné de bombes incendiaires, le 30, à sept heures 45 minutes du soir. La trêve n'avait dune duré que 27 heures 13 minutes.

Une délégation de francs-maçons placée à la porte Maillot, a constaté la profanation des bannières.

C'est de Versailles que sont partis les premiers coups, et un francmaçon en fut la première victime.

Les francs-mfçons et les compagnons de Paris, fédérés à la date du 2 mai, s'adressent à tous ceux qui les connaissent.

Frères en maçonnerie et frères compagnons, nous n'avons plus à prendre d'autre résolution que celle de combattre et de couvrir de notre égide sacrée le côté du droit.

Armons-nous pour la défense!

Histoire de la révolution du 18 mars • Paul Lanjalley and Paul Corriez and Frank W. Tober Collection • 135

Sauvons Paris!
Sauvons la France!
Sauvons l'humanité!

Paris, à la tête du progrès humain, dans une crise suprême, fait son appel à la *Maçonnerie universelle,* aux compagnons de toutes les corpo rations, il crie: *A moi les enfants de la veuve!*

Cet appel scia entendu par tous les francs-maçons et compagnons; tous s'uniront pour l'action commune, en protestant contre la guerre civile que fomentent les souteneurs des monarchies.

Tous comprendront que ce que veulent leurs frères de Paris, c'est que la justice passe de la théorie à la pratique, que l'amour des uns pour les autres devienne la règle générale, et que l'épée n'est tirée du fourreau, à Paris, que pour la légitime défense de l'humanité.

Non! frères maçons et compagnons, vous ne voudriez pas permettre que la force brutale l'emporte, vous ne supporterez pas que nous retournions au chsos, et c'est ce qui adviendrait, si vous n'étiez pas avec vos frères de Paris qui vous appellent à la rescousse.

Agissez de concert, toutes les villes ensemble, en vous jetant au devant des soldats qui combattent bien malgré eux pour la plus mauvaise cause, *celle qui ne représente que des intérêts égoïstes,* et entraînez-les à servir la cause *de la justice et du droit.*

Vous aurez bien mérité de la patrie universelle, vous aurez assuré le bonheur des peuples pour l'avenir. Vive la République!

Vivent les Communes de France fédérées avec celle de Paris!
Paris, 5 mai 1871.

Pour les francs-maçons et les délégu-'s compagnons de Paris: *Suivent les signatures*)

Ce document, ainsi que les programmes de la Commune, était emporté en province par des ballons lancés de la cour de l'Hôtel de-Ville. Au moyen d'un ingénieux mécanisme, les circulaires se détachaient de temps en temps d'un cercle de fer remplaçant la nacelle, et se répandaient dans tout le pays parcouru par l'aérostat.

Dans sa séance du 5 mai, la Commune entendit le rapport fait sur l'un de ses membres, par le citoyen Raoul Uigault.

On avait découvert que le citoyen élu sous le nom de Blanchet s'appelait en réalité Panillc, et que sa vie n'était pas absolument irréprochable.

D'abord secrétaire d'un commissaire de police à Lyon, le citoyen Blanchet avait été ensuite capucin, puis il avait donné des leçons en ville, à Lyon; il était devenu traducteur-interprète au Palais de Justice, et de nouveau secrétaire de commissaire de police. Toutes ces fonctions de police n'étaient pas bien faites pour lui servir de recommandation auprès de ses nouveaux collègues; mais un fait plus grave encore s'y ajoutait: le citoyen Blanchet avait été, sous son vrai nom de Panille, condamné, à Lyon, à six jours de prison pour banqueroute. La Commune invalida son élection et le fit arrêter.

D'accord avec la Circulaire du délégué à la guerre, que nous avons reproduite le 4, le Comité de salut public arrêtait la division suivante dans les services de la guerre:

Le Comité de salut public Arrête:
Ari. 1. -La délégation à la guerre comprend deux divisions:

Direction militaire,
Administration. Art. 2. — Le colonel Piosscl est chargé de l'initiative et de la direct'on des opérations militaires.

Art. 5. — Le Comité central de la garde nationale est chargé des différents services de l'administration de la guerre, sous le contrôle direct de la Commission militaire communale.
13 floréal an 79. *Le Comité de salut public.*
Cet arrêté était accompagné de la note ci-dessous:

En vertu de l'arrêté du Comité de salut public, en date du 15 floréal an 79, le colonel Rossel, délégué à la dirction et au commandement général des opérations militaires, est invité a faire, dans le plus bref délai, la répartition des différents commandemems militaires.
Le Comité de salut publie.
En conséquence, le délégué à la guerre répartissait les divers commandements comme suit:

En exécution de l'arrêté du Comité de salut public, en date du 15 floréal an 79,

Le délégué à la guerre arrête ainsi qu'il suit la répartition des différents commandements militaires:

Le général Dombrowski se tiendra de sa personne à Ncuilly, et dirigera directement les opérations sur la rive droite.

Le général La Cécilia dirigera les opérations entre la Seine et la rive gauche de la Bièvre. Il prendra le litre de général commandant le centre.

Le général Wrobleski conservera le commandement de l'aile gauche.

Le général Bergcret commandera la i' brigade de réserve; le général Eudes commandera la 2 brigade active de réserve.

Chacun des généraux ci-dessus désignés conservera un quartier à l'intérieur de la ville, ainsi qu'il suit: i Le général Dombrowski, à la place Vendôme;
2 Le général La Cécilia, à l'École militaire;
3 Le général Wroblesk', à l'Élyséc;
4o Le général Bergcret, au Corps législatif;
3 Le général Eudes, à la Légion d'honneur.

Un ordre ultérieur déterminera les troupes que le ministère de la guerre mettra à leur disposition.

Paris, le 5 mai 1871.
Le délégué à la guerre,
ROSSLL.

Le cit. Durassier, en quittant l'armée devant Asnières, lui adressait l'ordre du jour suivant:

ORDRE DU JOUR A L'ARMÉE DEVANT ASNIÈRES

Appelé à prendre le commandement des forces d'Asnières, par suite de la blessure du brave général Okolowitz, et obligé de vous quitter pour prendre un autre commandement, recevez l'expression de toute ma reconnaissance, pour le loyal concours que vous avez apporté à l'exécution de mes ordres.

Je suis heureux de vous rendre ce témoignage, vous avez tous fait votre devoir.

Chefs de bataillon, officiers, sous-officiers et gardes nationaux, artillerie et génie, au nom de la Commune et en mon nom personnel, recevez tous mes remercîmenls, et comptez sur tout mon dévouement à la cause sacrée que nous défendons.

Levallois-Perret, le 5 mai 1871.

Le colonel d'état-major, ex-commandant des forces d'Asnières, A. Dbrassier,

Commandant le fort de Vanves.

Le citoyen Varlin, délégué provisoire aux services de l'intendance, était adjoint à la Commission de la guerre.

Un arrêté du Comité de salut public réglait la question des exemptions de service pour les agents de chemins de fer:

Le Comité de salut public,

Considérant que le service des compagnies de chemins de fer est un service d'utilité publique qu'il importe de ne pas désorganiser;

Considérant, en outre, qu'il est nécessaire de concilier les intérêts de ce service avec ceux de la défense, et de faire droit en même temps aux justes réclamations de différentes légions, Arrête:

Art. 1. — Toutes les exemptions du service de la garde nationale délivrées jusqu'à ce jour aux employés et a tous agents de chemins de fer, commissionnés ou non, sont et demeurent annulées.

Art. 2. — A l'avenir, pourront être exemptés du service de la garde nationale, les employés et tous agents de chemin de fer dont la présence tera reconnue indispensable aux besoins de l'exploitation ou de l'administration.

Art. 5. — Seront seules valables les exemptions délivrées par le eCntrôleur général des chemins de fer, et revêtues de l'approbation d'un délégbé spécial du Comité ccmral de la garde nationale.

Art. 4. — Tout employé de chenin de fer, faisant son service de garde national, continuera à recevoir son traitement.

Art. 5. — Les compagnies seront.tenues de révoquer immédiatement tout employé qui chercherait à se soustraire à ce service et de lui supprimer tout traitement.

Art 6. — L'intervention directe des conseils de légion dans les gares, bureaux ou administrations de chemins de fer est absolument interdite.

Art. 7. — Les compagnies de chemins de fer sont mises en demeure de se conformer au présent arrêté dans les huit jours qui suivront sa promulgation au *Journal officiel.*

Art. 8. — Le Comité central de la garde nationale est chargé de veiller à l'exécution du présent arrêté.

Paris, le 16 floréal an 79.

Le Comité de salut public.

Le délégué à la guerre répondait par la proclamation suivante aux habitants des communes rurales, qui s'étaient plaints de recevoir chez eux des projectiles, alors qu'ils ne portaient pas les armes contre la Commune: *Aux habitants des communes rurales exposées au feu de l'artillerie de la Commune.* Citoyens,

J'ai reçu, depuis que je suis à la délégation de la guerre, plusieurs lettres m'informanl que des obus avaient frappé des personnes inoffensives dans vos villages.

En attendant que la guerre p:onne un terme, je ferai toujours mon possible pour empêcher toute souffrance inutile. Mais pour que je puisse arrêter le feu des batteries dirigé sur tel ou tel point par les commandants particuliers, il faudrait que je pnssc être informé en temps utile et d'une manière certaine que l'ennemi n'occupe pas les points indiqués. Il faudrait, en revanche, que je reçusse les informations contraires lorsqu'il les occupe.

Les communes ou hameaux qui pourront m'offrir de semblables garanties seraient assurés contre ces regrettables et inutiles cruautés.

Vous voyez que ce que je demande ce n'est pas la simple neutralité, mais une sorte d'alliance.

Salut et fraternité.

Le délégué à la guerre, ? ROSS EL.

La colonne Vendôme devait, disait-on, tomber le 5 mai. Mais les préparatifs n'étaient pas encore suffisamment avancés. En attendant, le Comité de salut public décidait la démolition d'un autre monument: la chapelle expiatoire de Louis XVI.

Le Comité de salut public,

Considérant que l'immeuble connu sous le nom de chapelle expiatoire de Louis XVI est une insulte permanente à la première Révolution et une protestation perpétuelle de la réaction contre la justice du peuple, Arrête:

Art. I. — Le chapelle dite expiatoire de Louis XVI sera détruite.

Art. 2. — Les matériaux en seront vendus aux enchères publiques, au profit de l'administration des domaines.

Art. 3. — Le directeur des domaines fera procéder, dans les huit jours, à l'exécution du présent arrêté.

Paris, le 16 floréal an 79.

Le Comité de salut public.

On parlait aussi vaguement de faire tomber les statues équestres de Henri IV, Louis XIII, Louis XIV, qui existent à Paris.

Nous ne pourrions que répéter ici ce que nous avons dit à propos du décret ordonnant la démolition de la colonne Vndôme. La haine de tout ce qui rappelait le passé préoccupait plus que de raison la majorité des membres de la Commune.

En même temps que cette nouvelle démolition, une nouvelle suppression de journaux était décidée. Voici l'arrêté du délégué à la sûreté générale qui atteignait sept journaux. Aux réflexions que nous ont suscitées les suppressions précédentes, nous ajouterons cette fois-ci qu'il nous parut triste de voir figurer au bas de cet arrêté la signature d'un homme qui fut un journaliste.

Le membre de la Commune délégué à la sûreté générale,

Considérant que, pendant la durée de la guerre, et aussi longtemps que la Commune de Paris aura à combattre les bandes de Versailles qui l'assiègent et répandent le sang des citoyens, il n'est pas possible de tolérer les manœuvres coupables des auxiliaires de l'ennemi;

Considérant qu'au nombre de ces manœuvres on doit placer en première ligne les attaques calomnieuses dirigées par certains journaux contre la population de Paris et la Commune, et, bien que l'une et l'autre soient au-dessus de pareilles attaques, celles-ci n'en sont pas moins une insulte permanente au courage, au dévouement et au patriotisme de nos concitoyens;

Qu'il serait contraire à la moralité publique de laisser continuellement déverser par ces journaux la diffamation et l'outrage sur les défenseurs de nos droits qui versent leur sang pour sauvegarder les libertés de la Commune et de la France;

Considérant que le gouvernement de fait qui siège à Versailles interdit dans toutes les parties de la France, qu'il trompe, la publication et la distribution des journaux qui défendent les principes de la révolution représentés par la Commune;

Considérant que les journaux *le Petit Moniteur, le Petit National, le Bon Sens, la Petite Presse, le Petit Journal, la France, le Temps,* excitent dans chacun de leurs numéros à la guerre civile, et qu'ils sont les auxiliaires les plus actifs des ennemis de Paris el de la République,

Arrête:

Art. 1 ". — Les journaux: *le Petit Moniteur, le Petit National, le Bon Sens, la Petite Presse, le Petit Journal, la France, le Temps,* sont supprimés.

Art. 2. — Notification du présent arrêté sera faite à chacun des susdits journaux et à leurs imprimeurs, responsables de toutes publications ultérieures, par les soins du citoyen Le Moussu, commissaire aux délégations, chargé de l'exécution du présent arrêté. Paris, le 5 mai 1871.

Le membre de la Commune délégué à la sûreté générale,
CODRSET.

Gomme le disait *l'Avenir national,* « si la Commune a eu pour « but de faire le vide autour d'elle, elle ne pouvait rien trouver de « mieux qu'une telle résolution

« Toute marque d'approbation, si faible qu'elle

« soit, si entourée de réserves qu'on la suppose, serait, à juste « titre, regardée aujourd'hui non comme l'expression d'une opinion « libre, mais comme une flatterie destinée à servir de paraton'« nerre contre les foudres de l'Hôtel-de-Ville. C'est une situation « qu'aucun écrivain ne saurait accepter.

« C'est toujours à accentuer la critique et à rendre l'éloge vil « qu'ont abouti, en France, les rigueurs contre la presse. La Com« mune va de nouveau en faire la triste expérience. »

Voici le texte d'une proposition de loi ayant pour objet de consulter immédiatement la Fiance sur la question de Paris, présentée par M. J. Brunet, membre de l'Assemblée nationale:

La guerre fratricide de Paris ruine et désole la France: aussi, de toutes les parties du territoire, depuis les grandes villes de Lyon, Marseille, Bordeaux et Lille jusqu'au moindre village, s'élèvent des manifestations généreuses et patriotiques en faveur de la pacification générale.

L'Assemblée peut-elle rester sourde à cet appel? Évidemment non; on lui reprocherait, en effet, de fausser sa mission si, après avoir traité avec les Prussiens, elle se montrait intraitable contre les Parisiens.

Voilà quarante jours que la bataille dure avec des ruines de toute sorte; elle peut se prolonger encore en amenant des surcroîts d'efforts, de charges et de désastres pour l'ensemble de la France; et cela en présence de 500.000 Prussiens qui foulent notre territoire et qui restent implacables dans leurs âpres exigences.

L'Assemblée se trouve donc placée en face d'une responsabilité terrible au sujet de la question de paix ou de guerre à l'égard de Paris; aussi, pour ne pas faire fausse route, paraîtrait-il nécessaire qu'elle consultât la volonté librement exprimée de toute la France.

Cette consultation, on peut l'obtenir immédiatement, en appelant tous les conseils municipaux de France à délibérer sur la question de paix ou de guerre à l'égard de Paris. La somme de ces opinions représenterait, d'une manière ordonnée et élevée en degré, la volonté de la France, pour la solution de la grande difficulté qu'il faut surmonter le plus tôt possible.

En conséquence, l'Assemblée décrète:

Art. 1. — Tous les conseils municipaux de France sont appelés exceptionnellement à se réunir le 10 mai prochain, pour délibérer sur la question de Paris.

La décision portera sur le choix entre ces deux solutions: *1* Soit la guerre contre Paris, pour le forcer à rentrer

dans l'ordre, sans transaction et à la discrétion du gouvernement; 2 Soit la paix, résultant d'une transaction avec la capitale, pour lui laisser sa liberté administrative sous le contrôle du gouvernement central.

Art. 2. — Chaque conseil municipal enverra directement à l'Assemblée le procès-verbal de sa décision, qui mentionnera: la commune et sa population, le chiffre des membres du conseil, le partage des votes pour la décision arrêtée.

Les bureaux de l'Assemblée se partagera: t le travail de recensement pour tous les procès-verbaux du vote.

Art. 3. — Une commission spéciale centralisera le recensement des bureaux, établira le vote général, fera un rapport, en même temps qu'une proposition de décision à prendre.

L'Assemblée décidera d'urgence sur la question de paix ou de guerre a l'égard de Paris; le gouvernement conloimera sa conduite aux ordres de l'Assemblée.

Samedi G mal 1891

Sur la ligne du Sud, il y eut de faibles engagements sur la route de Thiais et à Bagneux. Les positions des deux armées n'en furent pas modifiées.

Le fort d'Issy ou plutôt ce qui restait du fort, était affreusement ruiné; les artilleurs, tout à fait à découvert, pouvaient difficilement faire le service des quelques pièces qui s'y trouvaient encore; il n'était plus possible aux fédérés de conserver longtemps cette position en butte aux feux convergents des batteries versaillaises établies à Châtillon et à Clamart.

De Neuilly à Asnières, les remparts reçurent, comme à l'ordinaire, une masse de projectiles lancés par le Mont-Valérien et par le château de Bécon. Les fédérés tentèrent dans la matinée, un mouvement offensif contre l'île de la Grande-Jatte; ils attaquèrent bravement la barricade qui défendait le pont reliant l'île à la rive droite. Soutenus qu'ils étaient par les wagons blindes, ils contraignirent les Versaillais à se replier. Les fédérés formant la tête de la colonne s'engagèrent sur le pont à leur poursuite; mais un feu nourri de mitrailleuses embusquées dans l'île et masquées par d'épais fourrés, força bientôt les assaillants à battre en retraite.

Au boulevard Bineau, les fédérés s'emparèrent de deux barricades, ce qui leur permit de rapprocher leurs batteries volantes de celles des Versaillais. Aucun incident à note du côté de Clichy et d'Asnières.

Le *Journal officiel* du 6 mai annonçait la réouverture de la bibliothèque Mazarine pour le 8.

Une note avertissait tous les réfugiés des communes suburbaines que pour les renseignements, logements et secours dont ils pourraient avoir besoin, ils devaient s'adresser à la Commune de Paris, bureau de l'assistance extérieure, où ils trouveraient tous les soulagements que réclamait la position spéciale créée par les tristes circonstances que nous traversions depuis de longs mois.

L'administration des postes rappelait au public qu'elle avait pris des mesures pour assurer le départ journalier des lettres non chargées à destination des départements et de l'étranger. Ces lettres pouvaient donc être déposées avec toute confiance dans les boîtes.

Plusieurs petits ballons, porteurs de proclamations de la Commune, s'élevèrent dans la journée de la place de l'Hôtel-de-Ville.

La Commission chargée de l'organisation de l'enseignement s'occupait avec une louable activité, d'installer des écoles professionnelles. Par la note suivante, elle informait le public que la première école de cette nature devait être ouverte prochainement dans l'établissement des jésuites, situé rue Lhomond, qui était parfaitement approprié à cette destination:

ENSEIGNEMENT PHOFESSIONNEL

Une première école professionnelle sera prochainement ouverte dans le local précédemment occupé par les jésuites, rue Lhomond, 18, V Arrondissement!

Les enfants âgés d'environ douze ans et au-dessus, quel que soit l'arrondissement qu'ils habitent, seront admis pour compléter l'instruction qu'ils ont reçue dans les écoles primaires, et pour y faire, en même temps, l'apprentissage d'une profession.

Les parents sont donc priés de faire inscrire leurs enfants à la mairie du Panthéon (V arrondissement), en désignant le métier que chacun de ces enfants désire apprendre.

Les ouvriers au-dessus de quarante ans, qui voudraient se présenter comme maîtres d'apprentissage, devront aussi se faire inscrire à cette mairie, en indiquant leur profession.

Nous faisons appel, en même temps, aux professeurs de langues vivantes, de sciences, de dessin et d'histoire, qui désirent nous prêter leur concours pour cet enseignement nouveau. Paris, le 6 mai 1871.

Les membres de la Commmission pour l'organisation de l'enseignement,
Eug, André, E. Dacosta, J. Manier, Rama,. E. Sanglier. *Approuvé par le délégué à l'enseignement,* Ed. Vaillant.

Dans la séance du 6 mai, la Commune adopta, après une discussion longue et laborieuse, le projet de décret du citoyen Jourde, relatif aux dégagements gratuits du Mont-de-Piété, et dont voici le texte:

La Commune
Décrète:

Art. 1". Toute reconnaissance du Mont-de-Piété antérieure au 20 avril 1871, portanl engagement d'cITels d'habillement, de meubles, de linge, de livres, d'objets de literie et d'iriiruments de travail, ne mentionnant pas un prêt supérieur à la somme de vingt francs, pourra être dégagée gratuitement à partir du 12 mai courant.

Art. 2. Les objels ci-dessus désignés ne pourront être délivres qu'au porteur, qui justifiera, en établissant son ideniité, qu'il est l'emprunteur primitif.

Art. 3. Le délégué aux finances sera chargé de s'entendre avec l'administration du Mont-dc-Picté, tant pour ce qui concerne le règlement de l'indemnité à allouer, que pour l'exécution du présent décret.

Le Mont-de-Piété, sous prétexte de charité, fait.de l'usure. Institution créée par l'ancien régime qui avait essayé d'organiser, conformément à ses principes religieux, l'assurance mutuelle sous la forme humiliante de charité, le Mont-de-Piété est destiné à disparaître. L'usagé de plus en plus fréquent de l'assurance personnelle et surtout la fondation de sociétés de secours mutuels dont le nombre s'accroît chaque jour, auront pour résultat prochain l'abolition de cet établissement funeste dont le fonctionnement donne lieu, ainsi que le remarquait le rapport trèsdétaillé présenté à la Commune par la Commission de travail et d'échange, à des prélèvements exagérés, dont la destination n'avait pu être découverte par elle.

La discussion du décret précité permit de constater combien la plupart des membres de la Commune avaient peu notion de la réalité, quel mépris ils professaient pour les solutions pratiques et possibles. Ces indices d'ignorance profonde étaient surtout manifestes chez les révolutionnaires les plus exaltés, chez les clubistes les plus violents. L'un d'eux, le citoyen Victor Clément, pensant peut-être faire preuve d'esprit, alors qu'il était simplement impoli, crut devoir, dans le cours de la discussion, rédiger ainsi un amendement qu'il présentait: « Considérant qu'il est urgent de mettre à l'épreuve la science financière des membres de la Commune je demande qu'on porte le chiffre au maximum de cinquante francs. »

Les ouvrières qui s'étaient groupées sous le titre: *Comité central de l'Union des femmes pour la défense de Paris et les soins aux blessés,* publièrent, le 6 mai, le manifeste suivant, remarquable par son exaltation, qui réflète, d'ailleurs, les tendances des admirateurs à outrance de la commune:

MANIFESTE DU COMITÉ CENTRAL DE L'UNION DES FEMMES POUR LA DÉFENSE DE PARIS ET LES SOIN3 AUX BLESSÉS

Au nom de la révolution sociale que nous acclamons, au nom de la revendication des droits du travail, de l'égalité et de la justice, l'Union des femmes pour la défense de Paris et les soins aux blessés proteste de loutes ses forces contre l'indigne proclamation aux citoyennes, parue et affichée avant-hier, émanant d'un groupe anonyme de réactionnaires.

Ladite proclamation porte que les femmes de Paris en appellent à la générosité de Versailles et demandent la paix à tout prix

La générosité de lâches assassins!

Une conciliation entre la liberté et le despotisme, entre le peuple et ses bourreaux!

Non, ce n'est pas la paix, mais bien la guerre à outrance que les travailleuses de Paris viennent réclamer!

Aujourd'hui, une conciliation serait une trahison! Ce serait renier toutes les aspirations ouvrières, acclamant la rénovation sociale absolue, l'anéantissement de tous les rapports juridiques et sociaux existant actuellement, la suppression de tous les privilèges, de tontes les exploitations, la substitution du règne du travail à celui du capital, en un mot, l'affranchissement du travailleur par lui-même!

Six mois de souffrances et de trahison pendant le siège, six semaines de lutte gigantesque contre les exploiteurs coalisés, les flots de sang versés pour la cause de la *lih.né*, sont nos titres ('o gloire et de vengeance!

La lutte actuelle ne peut avoir pour issue que le triomphe de la cause populaire Paris ne reculera pas, car il porte le drapeau de l'avenir.

L'heure suprême a sonné Place aux travailleurs, arrière à leurs bourreaux!

Des actes, de l'énergie!

L'arbre de la liberté croît arrosé par le sang de ses ennemis!

Toutes unies et résolues, grandies et éclairées par les souffrances que les crises sociales entraînent toujours à leur suite, profondément convaincues que la Commune, représentante des principes internationaux et révolutionnaires des peuples, porte en elle les germes de la révolution sociale, les femmes de Paris prouveront à la France et an monde qu'elles aussi sauront, au moment du danger suprême, — aux barricades, sur les remparts de Paris, si la réaction forçait les portes, — donner comme leurs frères leur sang et leur vie pour la défense et le triomphe de la Commune, c'est-à-dire du peuple!

Alors, victorieux, à même de s'unir

et de s'entendre sur leurs intérêts communs, travailleurs et travailleuses, tous solidaires, par un dernier effort anéantiront à jamais tout vestige d'exploitation et d'exploiteurs!

Vive la République sociale et universelle!....

Vive le travail!

..,-.:' %'J:.i.-....

Vive la Commune!

Paris, le 6 mai 1871.

La Commission exécutive du Comité central,

Le Mel, Jacquier, Lefèvre, Leloup, Dmitrieff,

A la séance de l'Assemblée nationale, le citoyen Tolain, député de Paris, interpella le ministre de la guerre sur ce qu'il y avait de fondé dans le fait du meurtre qui aurait été commis à la BelleÉpine sur quatre prisonniers de la garde nationale par un officier de chasseurs à pied; meurtre qui avait été, on s'en souvient, l'objet d'un rapport présenté à la Commune. Le citoyen Tolain en donnait lecture lorsqu'il fut bruyamment interrompu par les clameurs de la majorité qui, par ses cris et ses protestations, l'empêcha de continuer sa demande d'explication. Certains députés réclamèrent le rappel à l'ordre de l'orateur; en quelques instants le tumulte fut inexprimable. Les exclamations et les gestes les plus passionnés s'échangeaient de droite à gauche. Cette intolérance de la majorité contraignit le citoyen Tolain à descendre de la tribune sans avoir pu achever de développer la question qu'il posait. L'Assemblée était si agitée que M. Grévy dut se couvrir et déclarer qu'il levait la séance. Enfin le calme s'étant un peu rétabli, le président en profita pour rappeler l'Assemblée à plus.de modération. La droite, trouvant la leçon dure, fit entendre des murmures si accentués que M. Grévy déclara qu'il allait quitter le fauteuil si on ne voulait point l'entendre. Après cette courte allocution du président, le ministre de la guerre prit la parole et répondit par une dénégation passionnée à la question précise faite avec calme par M. Tolain.

Il était étrange qu'un député de Paris ne pût adresser une question à un ministre sans provoquer les violences de

langage et le courroux de messieurs les députés de la droite.

Les délégués de la *Ligue des Droits de Paris* furent reçus dans la matinée par M. Thiers. Leur conférence avec le chef du pouvoir exécutif ne fut pas de longue durée; il jugea inacceptables les propositions qu'ils lui soumirent et que nous avons précédemment enregistrées.

Le même jour, M. Barthélémy Saint-Hilaire reçut les délégués de *l'Union nationale des Chambres syndicales* auxquels il ne fit aucune réponse précise.

A Versailles on ne paraissait pas se douter du travail qui s'effectuait dans les esprits et des modifications corrélatives qui devaient en résulter, dans les institutions et dans les faits. On ne s'apercevait pas que les élections municipales auxquelles le pays venait de procéder manifestaient que dans son ensemble la France était républicaine, d'une façon modérée, sans doute, mais excellente, car la grande majorité des villes avait enfin compris qu'il n'y a de république possible qu'avec la liberté civile et politique pour base des institutions, c'est-à-dire avec les franchises communales. Tous les conseils municipaux, dont la majorité étai républicaine, devaient donc être amenés à bref délai à formuler unanimement la même demande-.nomination du maire par le conseil municipal, suppression du préfet. Ces deux revendications fondamentales entraînaient la ruine du régime centralisateur et autoritaire sous lequel la France se débilite depuis trois quarts de siècle. En présence de ce grand courant irrésistible de revendication communale, l'Assemblée continuait, sans en être inquiétée» à réorganiser le pays d'après les procédés en vogue sous le gouvernement de Louis-Philippe.

Et pour dompter Paris, dont elle ne voulait pas essayer de satisfaire les aspirations légitimes, conformes aux vœux de la province, elle faisait appel aux généraux bonapartistes; elle comptait sur leur abnégation, sur leur désintéressement après le triomphe, sans se rappeler quelles furent de tout temps l'attitude et les prétentions dominatrices des prétoriens vainqueurs.

Dimanche 9 mai 1891

Au Sud l'effort principal des Versaillais s'exerçait sur les tranchées situées entre Issy et Vanves, dans le but de cerner le fort d'Issy. Un combat de mousqueterie très-acharné de part et d'autre, se livra en cet endroit, sans amener de modification sensible dans les positions.respectives. La voie du chemin de fer de Versailles était toujours très-Yivement disputée.

Les canonnières embossées sous les arches du viaduc du Pointdu-Jour ne cessèrent d'envoyer leurs obus sur Meudon, Breteuil et Brimborion.

D'Auteuil à Asnières, aucun incident à signaler. Du côté de Passy et d'Auteuilles remparts étaient toujours violemment bombardés, ainsi que les portes Maillot et des Ternes.

Le directeur du matériel d'artillerie, le citoyen Avrial, constatait par la note suivante, insérée à t'Officiel du 7 mai, que le désordre le plus complet régnait dans la distribution de l'armement:

MINISTÈRE DE LA GUERRE
DIRECTION GÉNÉRALE DU MATÉRIEL D'ARTILLERIE

De graves abus trop souvent répétés se sont produits dans l'armement des officiers de la garde nationale. C'est ainsi qu'il a été distribué 50,008 revolvers sans que des états réguliers aient été fournis. Pareil état de choses ne peut se prolonger plus longtemps. A l'avenir, il ne sera plus délivré d'armes que sur état nominatif fait en double expédition, dont l'une restera au bureau de la légion

L'arrêté suivant, du délégué à l'intendance, manifestait que jusqu'à ce jour les réquisitions effectuées chez les fournisseurs d'habillement s'étaient faites avec beaucoup d'irrégularité:

A chaque instant, des réquisitions sont faites chez des fournisseurs d'habillement et d'équipement militaire par ordre de chefs de bataillon, de légion ou autres.

Il en résulte de graves inconvénients contre lesquels l'intendance a déjà pris plusieurs arrêtés, qu'elle se voit obligée de rappeler aux citoyens qui se laissent ainsi aller à des excès de zèle ou obéissent à des ordres irréguliers.

Toutes mesures sont prises pour satisfaire promptement et dans les conditions les plus économiques aux besoins de la garde nationale.

En conséquence,

Le délégué à l'intendance, membre de la Commune,
Arrête:
Article unique. Toutes réquisitions d'effets d'habillement et d'équipement appartenant aux fournisseurs sont absolument interdites.
Le délégué à l'intendance, membre de la Commune,
E. Varlis.
Pour éviter des surprises, analogues à celle qui tût pour résultat d'ensanglanter naguère la redoute du Moulin-Saquet, le délégué à la guerre interdit d'admettre plus de deux hommes à la fois dans l'enceinte des *forts* et *redoutes,* entre le coucher et le lever du soleil, à moins que ce ne fût une troupe annoncée et attendue; encore devait-elle «Ire soigneusement reconnue et tenue à distance jusqu'au moment où on lui accorderait l'accès du *fort.*

Le citoyen Rossel annonça ainsi qu'il suit le choix qu'il avait fait du capitaine Dumont pour commander le fort d'Issy:

Le commandement du fort d'Issy a été confié au capitaine Dumont, du 101, homme froidement énergique, qui a déjà cté remarqué par son courage à l'affaire de la Grande-Jatte. Celte nomination mettra un terme aux incertitudes et aux faiblesses qui ont compromis depuis plusieurs jours la défense de ce fort.

Depuis plusieurs jours déjà, le citoyen Uist, ingénieur, est à la tête du génie du fort, dont il répare les avaries avec une grande activité.

Les membres de la Commune auxquels nous avons donné le qualificatif de *révolutionnaires* se réunissaient de temps à autre à la mairie du I arrondissement pour se concerter, à l'exclusion de leurs collègues qui ne partageaient point leurs opinions, sur les mesures à prendre et la ligne de conduite qu'ils devaient suivre. Ces réunions « de la fraction révolutionnaire radicale de la Commune, » ainsi que leurs instigateurs les avaient intitulées, avaient lieu sur la convocation du citoyen Paschal Grousset qui y jouait un rôle important. Dans

celle qui se tint le 7 mai, les membres de la Commune qui avaient tout récemment voté pour le Comité de salut public, blâmèrent très-énergiquement sa conduite et réprouvèrent son institution. Ainsi, à quelques jours d'intervalle, ceux qui avaient le plus insisté pour la formation immédiate de ce comité, qui devait, à les entendre, tout transformer, tout améliorer, protestaient contre ce qu'ils avaient eux-mêmes édifié, à l'indignation de leurs adversaires, stupéfaits lorsqu'ils avaient vu prédominer ce besoin d'imitation servile et puérile d'une époque passée que l'on aurait dû continuer et non pas copier.

Cette mobilité dans le jugement, ce changement soudain d'appréciations, caractérisent la légèreté dont étaient doués la plupart des hommes formant le groupe révolutionnaire de la Commune. Ce qui est plus triste à constater, c'est que la volonté de ce groupe faisait le plus souvent *loi,* puisqu'il constituait la majorité. Ceci dénote, remarquons-le en passant, combien le suffrage universel direct, tel qu'il fonctionne actuellement en France, peut avoir de funestes conséquences.

Les délégués de la *Ligue de f Union républicaine des Droits de Paris* adressèrent au chef du pouvoir exécutif la lettre suivante, relative à une suspension d'armes pour les villages situés entre les forts du Sud et l'enceinte:

« Déjà vous avez bien voulu accorder à la Ligue d'Union républicaine des Droits de Paris une suspension d'armes en faveur des non combattants de Neuilly.

« Par les mêmes motifs d'humanité, nous venons aujourd'hui réclamer de vous la même mesure pour les habitants inoffensifs d'Issy (y compris les Moulineaux), pour ceux de Vanves, Malakoff et Montrouge. Là, comme à Neuilly, une nombreuse population est dans des caves humides, en proie à toutes les privations, et sous la menace incessante des dangers d'une lutte à laquelle ils n'ont aucune part.

« Cette population s'est adressée à nous, et nous n'hésitons pas

à vous faire connaître sa situation, certains qu'elle ne vous restera pas indifférente.

« *Les délégués,*

« BONVALET, STUPUY. »

Lundi 8 mal 1891

Au Sud, la lutte se continua toujours acharnée dans les tranchées situées entre les forts d'Issy et de Vanves. La barricade de la route de Châtillon subit une nouvelle attaque des Versaillais. Les Hautes-Bruyères furent aussi très-vigoureusement attaquées.

Dans la journée, le fort d'Issy fut successivement évacué par tous les bataillons qui se dirigèrent sur Vanves. Cette retraite, nécessitée par l'état pitoyable du fort, où il n'était plus possible de tenir, s'effectua avec beaucoup de prudence et ne fut pas meurtrière pour les fédérés, quoique les Versaillais dirigeassent contre eux un feu très-nourri de mousqueterie et d'artillerie.

Sur la rive droite, le duel d'artillerie continua entre toutes les batteries adverses, sans modifier leurs positions respectives et sans déterminer de mouvement dans les corps des deux armées.

Un arrêté de la Commune, en date du 8 mai, fixa à 0 fr. 50 le prix du kilogramme de pain. Le directeur de l'Assistance publique prit l'arrêté suivant:

Le directeur général de l'Assistance publique,

Considérant que les noms des salles des hôpitaux et hospices ne rappellent à l'esprit que des souvenirs de fanatisme;

Considérant qu'il est nécessaire de perpétuer la mémoire de ceux qui ont vécu ou qui sont morts pour le peuple, pour la patrie, pour la défense des idées généreuses, nobles inspirations du socialisme et de la fraternité,

Arrête:

Une commission est instituée pour substituer de nouveaux noms dans toutes les salles, cours ou corridors des établissements dépendant de l'Assistance publique.

Les membres de cette commission sont: le citoyen Bonnard, le citoyen Camille Treillard et le citoyen Murât.

Fait à Paris, le 8 mai 1871.

Le directeur général,

Treillard.

Le délégué aux relations extérieures adressa, le 8 mai, au Comité d'initiative du Congrès de Bordeaux, la lettre que nous reproduisons:

COMMUNE DE PARIS

RELATIONS EXTÉRIEURES. DÉLÉGATION Paris, le 8 mai 1871.

Citoyens,

La coalition monarchique, dont la tête est à Versailles, conteste aux conseils municipaux des départements le droit de se concerter pour une action commune, par l'envoi de délégués à un grand congrès national: elle ose menacer des rigueurs d'une loi caduque votre patriotique entreprise.

Au nom de la Commune de Paris, j'ai l'honneur de vous informer que le palais du Luxembourg est mis à la disposition du congrès, s'il lui convient de transporter à Paris le siège de ses réunions.

Le membre de la Commune délégué aux relations extérieures,

Paschal Grousset.

Cette invitation n'était pas habile. La tentative de représentation des villes était importante, surtout parce qu'elle correspondait à un mouvement tout spontané de la province, qui, en manifestant ses sympathies pour les franchises communales, apportait ainsi un puissant secours moral à Paris. Faire en sorte que ce mouvement dégénérât et devînt une adhésion catégorique, sans restriction, à la Commune, — et tel était le but de la proposition faite par la lettre précédente, — c'était commettre une erreur qui pouvait être préjudiciable à la lutte entreprise par la capitale.

A la séance de la Commune du 8 mai, les adversaires du Comité de salut public — ils étaient nombreux maintenant — lui reprochèrent avec beaucoup d'animosité l'intrusion du Comité central dans l'administration de la guerre. Celui-ci ne prétendait pas diriger seulement les services administratifs, il voulait aussi s'immiscer dans les nominations ayant un caractère purement militaire, et faire prévaloir son avis dans la conduite des opérations de la défense. Ainsi que le fit remarquer un membre du Comité de salut public, l'action, le rôle du Comité central étaient devenus inquiétants; il voulait pénétrer partout; il avait même émis l'intention de supprimer la commission militaire composée de membres de la Commune, et installée sur l'ordre de celle-ci à la guerre. Le membre du Comité de salut public qui avait principalement contribué à l'extension des pouvoirs conférés au Comité central, le citoyen Félix Pyat, le mauvais génie de la révolution du 18 mars, essaya de justifier le Comité de salut public en accusant le délégué à la guerre: « Si le citoyen Rossel n'a eu ni la force ni l'intelli« gence de maintenir le Comité central dans ses attributions « purement administratives, dit-il, ce n'est pas la faute dû-Comité *a* de salut public. »

La Commune fut d'avis qu'il était nécessaire de délimiter les pouvoirs du Comité central. A cet effet, elle adopta un projet de décret ainsi conçu, présenté par le citoyen Arnold:

La Commune de Paris,

Considérant que le concours du Comité central de la garde nationale dans l'administration de la guerre, établi par le Comité de salut public, est une mesure nécessaire, utile à la cause commune;

Considérant en outre qu'il importe que les attributions en soient nettement définies, et que dans ce but il convient que la commission de la guerre soit appelée à définir ces attributions, de concert avec le délégué à la guerre,

Décrète:

Article unique. — La Commission de la guerre, de concert avec le délégué à la guerre, réglementera les rapports du Comité central de la garde nationale avec l'administration de la guerre.

Conformément au décret qui précède, la Commission de la guerre réglementa ainsi qu'il suit les rapports du Comité central et de l'administration de la guerre:

La Commission de la guerre,

Attendu que le décret qui confie au Comité central l'administration de la guerre contient cette restriction:

« Sous le contrôle direct de la Commission de la guerre, »

Arrête: Le Comité central ne peut nommer à aucun emploi; il propose des candidats à la Commission de la guerre qui décide.

Des comptes quotidiens de la gestion de chaque service seront rendus à la Commission de la guerre. Paris, le 8 mai 1871.

Les membres de la Commission de la guerre,
Arnold, Avrial, Delescltze, Tridon, Varlin.

Ce décret et cet arrêté devaient être malheureusement comme la plupart des mesures édictées par la Commune, sans aucune sanction.

La *Ligue d'union républicaine pour les droits de Paris,* ayant appris que M. Loiseau-Pinson, ex-adjoint du 2 arrondissement de Paris, membre de la Ligue, auquel avait été confiée la mission d'arborer dans les lignes versaillaises le drapeau parlementaire lors de la suspension d'armes à Neuilly, avait été arrêté sans mandat d'amener dans la Sarthe où il allait rendre visite à sa famille, exposa ces faits au chef du pouvoir exécutif par lettre en date du 8 mai, en lui demandant de faire respecter la liberté individuelle atteinte chez un républicain connu pour sa parfaite honorabilité.

Le *Journal officiel* de Versailles du 8 mai publia l'article suivant, déclarant que le gouvernement était résolu à interdire la réunion du Congrès des conseils municipaux des villes qui devait avoir lieu à Bordeaux:

Un comité provisoire formé à Bordeaux convoque à bref délai un *Congrès de la Ligue patriotique des villes républicaines.*

Le comité décide dans son programme que chaque ville républicaine aura un délégué sur vingt mille habitants, et que ces délégués seront pris parmi les conseillers municipaux nommés aux élections du 30 avril 1871, en suivant l'ordre du tableau.,

Ce congrès est donc une réunion de divers conseils municipaux délibérant entre eux sur les affaires de l'État, et il tombe sous l'application de l'article 25 de la loi du 5 mai 1855, qui est ainsi conçu:

« Tout conseil municipal qui se mettrait en correspondance avec un on plusieurs autres conseils, ou qui publierait des proclamations ou adresses, sera immédiatement suspendu par le préfet. »

En outre, les déclarations publiées en même temps que leur programme par les membres du comité d'organisation, établissant que le but de l'association est de décider entre l'insurrection, d'une part, et le gouvernement et l'Assemblée de l'autre, et substituant ainsi l'autorité de la Ligue à celle de l'Assemblée nationale, le devoir du gouvernement est d'user des pouvoirs que lui confère la loi du 19 avril 1834.

C'est un devoir auquel on peut être assuré qu'il ne faillira pas. Il trahirait l'Assemblée, la France et la civilisation, s'il laissait se constituer à côté du pouvoir régulier issu du suffrage universel, les assises du communisme et de la rébellion.

A la séance de l'Assemblée nationale, M. Baze présenta la réunion du Congrès de Bordeaux comme constituant un attentat à la souveraineté de cette Assemblée et demanda au gouvernement des explications sur les mesures répressives à prendre contre cette réunion. M. Picard, ministre de l'intérieur, réprouva avec plus d'énergie que n'en avait déployé M. Baze les tendances des instigateurs du Congrès de Bordeaux, « véritables usurpateurs de la « souveraineté nationale. » Il déclara que les « tentatives crimi« nelles » de tous ceux qui s'associaient aux idées de conciliation seraient réprimées « par les mesures les plus décisives, les plus « énergiques. » Leurs auteurs devaient être assurés qu'ils ne rencontreraient « ni la moindre sympathie, ni la moindre indulgence. »

Afin de pouvoir condamner le Congrès de Bordeaux et de pousuivre les conseillers municipaux qui devaient s'y rendre, M. Picard dénaturait sciemment son caractère et travestissait les intentions des membres qui auraient pu y assister. Le Congrès de Bordeaux ne devait être qu'une réunion de personnes désignées par le suffrage des électeurs en raison de leur compétence, de leur honorabilité reconnues, ayant pour unique objet de rechercher, dans l'épouvantable crise que traversait la France, s'il n'y aurait pas un moyen de calmer les esprits, d'apaiser les haines et de contraindre moralement les com-

battants à déposer les armes. Il ne s'agissait point d'entrer en rivalité avec l'Assemblée nationale et de chercher à annuler son autorité. Le Congrès de Bordeaux était présenté comme un moyen d'information sur l'état de l'opinion publique, peut-être préférable aux rapports transmis par les préfets sur les indications des gardes champêtres. Il ne prétendait point faire prévaloir quand même ses décisions, mais exposer ses vœux.

Il n'y avait donc pas lieu de craindre pour « l'unité nationale » et « l'intégrité du pouvoir politique, » qui ne se trouvaient point menacées.

Les instigateurs du Congrès de Bordeaux avaient désiré former non un conciliabule de conseils municipaux, mais une réunion privée de quelques délégués de ces conseils.

Le gouvernement commettait une faute grave en empêchant de se produire les éléments de conciliation qui pouvaient résulter de cette réunion. A ce propos, *l'Avenir national* disait avec beaucoup de bon sens:

« La réunion de Bordeaux offrait à M. Thiers
'la possibilité de ne pas être vainqueur de Paris, et c'est là, il « nous semble, le plus grand désir que pût former un véritable « homme d'État, un homme d'État soucieux de l'avenir de la « France. Cette gloire de vaincre Paris, d'entrer dans la capitale « par une route jonchée de cadavres, peut tenter M. de Galiffet, « M. Vinoy, M. Ducrot, M. Mac-Manon, M. Valentin, mais elle « doit profondément serrer le cœur non-seulement de tout homme « ayant des sentiments humains, mais de tout homme ayant la « moindre compréhension de l'avenir assombri qui attend les « *vainqueurs* de Paris. Nous ne savons rien, pour notre part, de « plus triste que la gloire qui se conquiert sur des concitoyens, « sur des fils de la même terre; rien de plus douloureux que le « rôle de *victorieux* dans une guerre civile. C'est un rôle qu'on « peut subir, mais qu'il ne faut du moins subir qu'après avoir « tout tenté pour y échapper.

« Telle n'est pas l'opinion du gouvernement de Versailles. La « réunion de Bordeaux offrait une perspective d'apaisement, la « réunion de Bordeaux est condamnée »

Dans cette même séance du 8 mai, le projet de loi présenté par M. Edgar Quinet et quelques-uns de ses collègues de la députatiou de Paris, pour assurer la représentation des villes, vint en discussion, et fut — il est à peine besoin de l'indiquer—repoussé par l'Assemblée. M. Edgar Quinet exposa que les villes étaient des foyers d'activité intellectuelle dont l'influence devait se faire sentir dans les lois; que cet élément indispensable de la nationalité française ne pouvait être sacrifié sans dommage pour les intérêts, généraux, pas plus d'ailleurs que l'autre élément, les campagnes, ne devait l'être. L'éminent historien fit remarquer que l'un de ces éléments ne devait pas être annulé par l'autre, qu'il fallait concilier les villes et les campagnes en leur reconnaissant les droits qui leur étaient inhérents; ses justes observations ne furent pas comprises de l'Assemblée qui était aussi peu capable de les apprécier que de discerner la différence existant entre les opinions et les intérêts, celles-ci caractérisant surtout les villes et ceux-là les campagnes, différence que M. Tolain fit ressortir. L'Assemblée n'était évidemment pas compétente pour traiter de semblables questions; elle n'aperçut dans le projet présenté par les députés de Paris qu'une seule chose, c'est qu'il était « aristocratique » puisqu'il voulait établir une distinction entre les « députés des « villes » et les « députés des campagnes. » Et comme cette Assemblée est, paraît-U, aussi « démocratique » que « libérale », elle s'empressa de repousser le projet.

Le gouvernement de Versailles adressa, le 8 mai, à la population parisienne la curieuse proclamation que nous reproduisons:

LE GOUVERNEMENT DE LA RÉPUBLIQUE FRANÇAISE
AUX PARISIENS

La France, librement consultée par le suffrage universel, a élu un gouvernement qui est le seul légal, le seul qui puisse commander l'obéissance, si le suffrage universel n'est pas un vain mot.

Ce gouvernement vous a donné les mêmes droits que ceux dont jouissent Lyon, Marseille, Toulouse, Bordeaux; et, à moins de mentir au principe de l'égalité, vous ne pouvez demander plus de droits que n'en ont toutes les autres villes du territoire.

En présence de ce gouvernement, la Commune, c'est-à-dire la minorité qui vous opprime et qui ose se couvrir de l'inlame drapeau rouge, a la prétention d'imposer à la France ses volontés. Par ses œuvres, vous pouvez juger du régime qu'elle vous destine. Elle viole les propriétés, emprisonne les citoyens pour en faire des otages, transforme en déserts vos rues et vos places publiques, où s'étalait le commerce du monde, suspend le travail dans Paris, le paralyse dans toute la France, arrête la prospérité qui était prête à renaître, relarde l'évacuation du territoire par les Allemands et vous expose à une nouvelle attaque de leur part, qu'ils se déclarent prêts à exécuter sans merci, si nous ne venons pas nousmêmes comprimer l'insurrection.

Nous avons écouté toutes les délégations qui nous ont été envoyées, et pas une ne nous a offert une condition qui ne fût l'abaissement de la souveraineté nationale devant la révolte, le sacrifice de toutes les libertés et de tous les intérêts. Nous avons répété à ces délégations que n us laisserions la vie sauve à ceux qui déposeraient les armes, que nous continuerions le subside aux ouvriers nécessiteux. Nous l'avons promis, nous le promettons encore; mais il faut que cette insurrection cesse, car elle ne peut se prolonger sans que la France y périsse.

Le gouvernement qui vous parle aurait désiré que vous puissiez vous affranchir vous-mêmes des quelques tyrans qui se jouent de voire liberté et de votre vie. Puisque vous ne le pouvez pas, il faut bien qu'il s'en charge, et c'est pour cela qu'il a réuni une armée sous vos murs, armée qui vient, au prix de son sang, non pas vous conquérir, mais vous délivrer.

Jusqu'ici il s'est borné à l'attaque des ouvrages extérieurs. Le moment est venu où, pour abréger votre supplice, il

doit attaquer l'enceinte ellemême. Il ne bombardera pas Paris, comme les gens de la Commune et du Comité de salut public ne manqueront pas de vous le dire. Un bombardement menace toute la ville, la rend inhabitable, et a pour but d'intimider les citoyens et de les contraindre à une capitulation. Le gouvernement ne tirera le canon que pour forcer une de vos portes, et s'efforcera de limiter, au point attaqué, les ravages de cette guerre dont il n'est pas l'auteur.

Il sait, il aurait compris de lui-même, si vous ne le lui aviez fait dire de toutes parts, qu'aussitôt que les soldats auront franchi l'enceinte, vous vous rallierez au drapeau national pour contribuer, avec notre vaillante armée, à détruire une sanguinaire et cruelle tyrannie.

Il dépend de vous de prévenir les désastres qui sont inséparables d'un assaut. Vous êtes cent fois plus nombreux que les sectaires de la Commune. Réunissez-vous, ouvrez-nous les portes qu'ils ferment à la loi, à l'ordre, à votre prospérité, à celle de la France. Les portes ouvertes, le canon cessera de se faire entendre; le calme, l'ordre, l'abondance, la paix rentreront dans vos murs; les Allemands évacueront votre territoire, et les traces de vos maux disparaîtront rapidement.

Mais si vous n'agissez pas, le gouvernement sera obligé de prendre pour vous délivrer les moyens les plus prompts et les plus sûrs. Il vous le doit à vous, mais il le doit surtout à la France, parce que les maux qui pèsent sur vous pèsent sur elle; parce que le chômage qui vous ruine s'est étendu à elle et la ruine également; parce qu'elle a le droit de se sauver, si vous ne savez pas vous sauver vous-mêmes.

Parisiens, pensez-y mûrement: dans très-peu de jours nous serons dans Paris. La France veut en finir avec la guerre civile. Elle le veut, elle le doit, elle le peut. Elle marche pour vous délivrer. Vous pouvez contribuer à vous sauver vous-mêmes, en rendant l'assaut inutile, et en reprenant votre place dès aujourd'hui au milieu de vos frères.

Cette longue sommation ne produisit pas sur les Parisiens l'impression de terreur que M. Thiers en avait sans doute espéré; elle fut accueillie par les fédérés avec une indifférence mélangée de moquerie, et par certains avec mépris.

Il nous paraît utile de reproduire, autant que possible, à propos de documents importants, les appréciations, les jugements sensés de certains journaux. Cela permet au lecteur de constater l'état d'esprit de la population parisienne aux divers moments du mouvement, et montre l'impartialité de notre récit.

Cet ultimatum de M. Thiers suscitait à *l'Avenir national* les réflexions suivantes:

« La proclamation de M. Thiers aux Parisiens, publiée hier « dans le *Journal officiel* de Versailles, et dont nous donnons plus « loin le texte, nous fait comprendre pourquoi le gouvernement « de Versailles a interdit la réunion de Bordeaux. Pendant un « mois, M. Thiers a bien voulu s'entretenir, à diverses reprises, o avec les hommes venus à Versailles, soit de Paris, soit des dépar« tements, dans une pensée de conciliation. Ce mois d'atermoie« ment était nécessaire pour l'organisation des forces militaires et « pour l'achèvement des travaux d'approche. Ces travaux à peu « près terminés, M. Thiers dit: Il n'est plus temps de chercher « des remèdes politiques, le canon seul va maintenant avoir la « parole.

« En cet état l'interdiction de la réunion de Bordeaux est tout « ce qu'il y a de plus logique. Les citoyens qui se proposaient de « se réunir à Bordeaux voulaient faire œuvre politique, et ils « allaient donc contre la pensée du gouvernement qui veut faire « simplement œuvre militaire. M. Thiers a eu raison, à son point « de vue, de prononcer l'interdiction: l'emploi de la force ne « souffre ni les discussions, ni les interventions pacifiques. *En « joue, feu,* voilà les deux seuls mots dans lesquels doit se ren« fermer désormais, s'il faut en croire la note officielle d'avant« hier et la proclamation d'hier, le grand débat des franchises « municipales.

« Nous avions conçu, nous avions espéré une autre solution. Il « nous avait semblé qu'entre Paris et les départements il n'y avait « pas de cause irré-

diable de dissension. Les récentes élections « municipales nous avaient affermi dans cette opinion, et nous « étions convaincu plus que jamais qu'il serait possible, grâce aux « manifestations de l'opinion publique se produisant de toutes « parts, d'arriver à une entente et d'éviter le grand malheur d'une « *victoire,* qui pourra mettre fin à la guerre civile, mais qui lais« sera subsister cet antagonisme moral, par lequel les peuples « sont fatalement amenés ou à l'anarchie ou à la dictature. Le « Congrès de Bordeaux devait être une de ces manifestations de « l'opinion publique, mais la proclamation d'hier indique défini« tivement que la période de discussion est terminée et que la « période de guerre à outrance, la période de répression par les « armes, va commencer. C'est là tout ce qui se pouvait imaginer « de plus lamentable, quel que soit le résultat définitif de la lutte.

« Cependant avant qu'arrive le moment de l'assaut annoncé il « nous est impossible de ne pas relever une assertion inexacte de « M. Thiers en ce qui touche la période de discussion. « Nous « avons écouté, dit M. Thiers, toutes les délégations qui nous ont « été envoyées, et personne ne nous a offert une condition qui ne « fût l'abaissement de la souveraineté nationale devant la révolte, « le sacrifice de toutes les libertés et de tous les intérêts. »

« Sans parler des délégations venues de Paris, M. Thiers a reçu « des délégations de Lyon et de Bordeaux. Ces délégations lui ont « porté certaines propositions, parmi lesquelles figurait, en pre« mière ligne, la proposition d'accorder aux villes au-dessus de « vingt mille âmes les mêmes droits municipaux accordés aux « plus humbles communes. Cette proposition ne peut pas être « considérée évidemment comme tendant à un abaissement de la « souveraineté nationale et. comme sacrifiant toutes les libertés et « tous les intérêts, puisqu'elle n'est que la reprise d'une première « décision de l'Assemblée nationale. M. Thiers trahit donc la vérité « en affirmant qu'on ne lui a pas offert une seule condition qui ne « fût un abaissement. Pour rester dans le vrai, M. Thiers aurait

« dû distinguer entre les diverses conditions qui lui ont été offertes, et dire quelles sont celles qui lui paraissent discutables et celles « qui lui paraissent indiscutables. En mettant toutes les conditions « proposées dans le même panier, M. Thiers prouve seulement qu'il n'en veut accepter aucune, et c'est en effet ce qui résulte « de sa proclamation, où il précise très-nettement les deux seules « choses qu'il consent à accorder pour arriver à une conciliation. « Ces deux choses sont: la vie sauve à ceux qui déposeront les « armes, et la continuation d'un subside aux ouvriers nécessiteux. « Quant aux franchises municipales, véritable objet de la querelie, M. Thiers n'en dit pas un mot; donc, sur ce terrain, il ne veut rien entendre, rien accepter. L'avenir montrera si cette obstination à ne vouloir que la répression et non la conciliation, est la meilleure politique qui se pût suivre dans l'intérêt de l'établissement déflnitif de l'ordre et de la paix. « La proclamation, sans valeur politique, a cependant une valeur de fait sur trois points importants. Elle annonce très-formellement: 1 la résolution du gouvernement de Versailles de ne se prêter à aucune tentative de conciliation; 2 une menace d'intervention faite par la Prusse; 3 l'assurance où est le gouvernement de l'entrée très-prochaine des troupes versaillaises dans Paris.

« Il est regrettable que M. Thiers n'ait pas cru devoir faire connaître sous quelle forme s'est manifestée la menace de l'intervention prussienne. Puisque M. Thiers pense qu'une telle intervention est de nature à exercer une impression sur l'esprit de la population parisienne, il aurait dû ne laisser aucun doute sur les intentions prussiennes, et ne pas s'en tenir à une vague indication.

« Quant au fait de l'entrée prochaine des troupes dans Paris, M. Thiers a des données militaires que nous ne possédons pas. Nous ne connaissons avec précision ni les moyens d'attaque, ni ceux de la défense, et nous sommes réduit à attendre l'événement. Nous ferons remarquer seulement que M. Thiers, en invitant la population à se lever contre les forces de la Commune et en annonçant en même temps une attaque presque immédiate des remparts, demande une chose impossible. Si M. Thiers eût voulu que la guerre civile finît par une intervention de la population, il fallait laisser à cette population le temps de se grouper, de se constituer, de s'unir pour une action commune; il fallait surtout donner aux hommes qui se préoccupaient ardemment de mettre fin à la guerre civile un moyen d'action sur la population, en donnant une satisfaction quelconque aux vœux de Paris, du Paris travailleur, commerçant, industriel, qui ne marche point derrière la Commune, mais qui tient fermement à la République et aux franchises municipales. « M. Thiers, depuis le 18 mars, n'a voulu voir que la Commune et il a oublié Paris, et maintenant s'il s'en souvient, c'est pour l'engager à prendre les armes contre la Commune. Il fallait s'en souvenir autrement, il fallait s'en souvenir pour lui demander « son avis, pour lui demander de formuler ses vœux, pour écouter « ses délégués, et alors peut-être l'appel qu'on lui adresse aujour« d'hui n'eût-il pas été nécessaire. »

Le journal *la Vérité* appréciait comme il suit l'attitude du gouvernement relativement à la réunion du Congrès de Bordeaux:

« Quand les lois sont impuissantes, quand la force

« qui les protège n'a pas d'action, ce n'est pas toujours un motif « pour passer outre. Seulement les deux lois dont il s'agit ne sont « pas de celles qui s'imposent par elles-mêmes, qui tiennent à l'ordre « social tout entier. Elles font partie de l'arsenal des mesures « d'exception et de répression dirigées par les régimes précédents, « contre tout essor de la liberté; elles ont été modifiées par des « lois ultérieures et virtuellement abolies par le progrès des « mœurs. Qu'il y ait seulement quarante Conseils qui répondent à « l'invitation et quatre-vingts délégués réunis à Bordeaux; nous « défions bien M. Thiers, même, par impossible, vainqueur à « Paris, de suspendre les quarante Conseils et de traduire les « quatre-vingts délégués en police correctionnelle.

« Il est inutile de réfuter cette accusation moins odieuse que « grotesque, qui représente le Comité de Bordeaux comme un foyer « de rébellion et de communisme; le rédacteur de la note officielle est descendu, on le voit, jusqu'au jeu de mots, tant il est à court « de raisons, puisqu'il confond à dessein deux choses si distinctes, « le communisme et la Commune, une institution fondamentale « de toute république et une rêverie socialiste.

« Ce qu'on peut dire, avec quelque raison, c'est que le Comité « de Bordeaux réalise, bien modérément et d'une façon toute pas« sagère, une partie du programme de la Commune de Paris: *a* quelque chose comme la fédération communale de la France. « Selon toute apparence, ce Comité se bornera à émettre des « vœux, à offrir sa médiation, à élaborer un projet de traité de « paix; il n'y a là rien d'effrayant pour l'unité de la France et pour « l'intégrité du pouvoir politique. Mais ce peu suffit pour effrayer « M. Thiers; l'initiative personnelle, la libre expression des vœux « de quelques villes, leur accord momentané sur une question « définie... Comment donc y résisterait-il?

« Que l'Assemblée de Versailles se rassure. Elle a pris en con« sidération un projet de loi qui accorde quelque initiative poli« tique, dans des circonstances données, aux conseils généraux; « les mêmes circonstances se produisent, et nul ne conteste la « gravité de la situation. Pourquoi donc empêcher une expérience « qui se présente dans d'aussi bonnes conditions? Les populations « rurales, terrifiées par la longueur d'une guerre désastreuse, « ont nommé au hasard des légitimistes, des orléanistes, des impé« rialistes repentants et même des républicains, avec mandat de « signer la paix quand même. Paris, Lyon, trois ou quatre autres « villes ont proclamé irrégulièrement leurs tendances commua« listes; presque toutes les autres villes affirment l'énergie de leur « foi républicaine.

a Si l'Assemblée de Versailles se considère comme l'expression « d'une majorité compacte et éclairée, elle n'a pas le droit d'op« primer cette minorité si considérable, jusqu'au point de l'empê« cher d'exprimer sa pensée. Cette oppression, si elle était pos« sible, serait la pire des tyrannies »

Mardi 9 mal 1891

Les derniers détachements de fédérés restés au fort d'Issy le quittèrent à l'aube. Dans la matinée, des ingénieurs versaillais y pénétrèrent et s'occupèrent à couper les fils conducteurs, à isoler les torpilles, à rendre les mines inoffensives. Après ces précautions, vers midi et demi, un régiment de ligne entra dans les ruines du fort d'Issy. Le drapeau tricolore fut hissé sur la porte d'honneur.

Les batteries établies sur les coteaux de Châtillon et de Clamart concentrèrent leur feu sur le fort de Vanves, qu'elles accablèrent de projectiles et qui pouvait à peine riposter. Les assiégeants continuaient à pousser avec vigueur leurs travaux d'approche, surtout le long du chemin de fer. L'artillerie des bastions du rempart répondait moins vigoureusement que les jours précédents.

Les formidables batteries de Montretout, composées d'énormes pièces de marine, commencèrent leur œuvre le 9 mai; elles tirèrent principalement sur le viaduc du Point-du-Jour, sous lequel les canonnières étaient embossées, et sur les bastions d'Auteuil et de la Muette. Les habitants du Point-du-Jour et d'Auteuil, en proie à une véritable panique, fuyaient le bombardement, beaucoup plus intense et plus terrible que celui des Prussiens.

Le Mont-Valérien et les batteries de Courbevoie attaquèrent, avec plus de vigueur que jamais, la porte Maillot, les Ternes et Levallois.

A Neuilly et à Asnières, échange de fusillade, combats d'artillerie sans importance.

Dans l'après-midi, l'affiche suivante, annonçant l'abandon du fort d'Issy, fut placardée dans Paris:

Midi et demi.

Le drapeau tricolore floue sur le fort d'Issy, abandonné hier soir par la garnison.

Le délégué à la guerre,
ROSSEL.

L'annonce de la prise du fort d'Issy suscita, à la séance de la Commune du

9 mai, une discussion très-passionnée. Les révolutionnaires en furent très-irrités; et, ainsi que cela avait toujours eu lieu dans les circonstances critiques, ils renouvelèrent à ce propos leurs accusations de trahison. Dans l'opinion des révolutionnaires, qui ne pouvaient s'imaginer que les fédérés puissent essuyer des revers, les insuccès étaient des indices, des présomptions de trahison.

L'abandon du fort d'Issy, connu l'après-midi de la population parisienne, fut démenti dans la soirée par la Commune, qui fit afficher à la porte des mairies la dépêche suivante:

Il est faux que le drapeau tricolore flotte sur le fort d'Issy. Les Versaillais ne l'occupent pas et ne l'occuperont pas. La Commune vient de prendre les mesures énergiques que comporte la situation.

Hôtel-de-Ville, 9 mai, 8 h. du soir.

Ces assertions contradictoires, relatives à un fait matériel, facile à contrôler, prouvent quel désordre régnait dans les affaires militaires; le conflit entre le délégué à la guerre, le Comité central, la Commune et la Commission militaire était permanent. La dépêche précitée avait été rédigée par la Commune, convaincue par un rapport erroné que l'affirmation du délégué à la guerre était fausse et n'avait d'autre but que celui de jeter le trouble dans les esprits et de décourager les combattants.

A la séance de la Commune, les révolutionnaires, surtout les vieux de 1848 et parmi eux le citoyen Miot, accusèrent hautement Rossel d'être un traître. On avait dit la même chose de Cluseret. Plus sensé que ses collègues de son âge, le citoyen Delescluze déclara, en termes énergiques, ne rien comprendre aux soupçons qui dominaient alors la Commune. En présence de cette catastrophe, il lui parut qu'il ne s'agissait pas d'ergoter, d'argumenter, de récriminer; il fallait, non passer le temps à s'accuser les uns les autres, mais songer davantage, tout d'abord, à la défense; il fallait prendre les mesures énergiques que son état nécessitait; oublier tous les ressentiments, faire taire toutes les animosités pour s'occuper avec ardeur du succès de la Commune.

Le citoyen Delescluze annonça qu'il avait vu, dans la matinée, le citoyen Rossel, que celui-ci avait donné sa démission et qu'il était décidé à ne pas la reprendre. Rossel était désespéré; tous ses actes étaient entravés par le Comité central. Quant au comité de salut public, il n'avait pas répondu à ce qu'on attendait de lui. Au lieu d'être un stimulant, il avait été un obstacle; il était nécessaire qu'il disparût. Il fallait concentrer tous les éléments épars de la défense de Paris et agir avec ensemble; surtout oublier toutes les haines et, sans acception de personnes, coopérer avec dévouement au salut de la capitale et de la France, dont le concours moral se changerait peut-être en concours actif.

Un membre du Comité de salut public déclara pouvoir réparer toutes les fautes et assurer le succès de la Commune. Selon lui, le Comité de salut public, auquel on faisait beaucoup de reproches immérités, avait seulement manqué d'énergie envers les membres de la minorité de la Commune qui compromettaient tout; leur arrestation améliorerait certainement la situation.

Pour parer à la prise du fort d'Issy, le citoyen Gambon proposa, entre autres mesures importantes, de supprimer-immédiatement tous les journaux encore existant. Quant à nous, nous devons avouer n'avoir pu saisir la corrélation qui existe, — s'il en existe, — entre l'anéantissement de la presse et le succès des opérations militaires.

Le Comité de salut public fut de nouveau très-violemment attaqué; on décida que ses membres seraient sommés de donner leur démission et qu'on les remplacerait. Dans un moment aussi critique, il parut plus utile que jamais de concentrer les pouvoirs, afin que l'exécution des mesures qui seraient adoptées ne souffrît aucun retard.

Les chefs militaires étaient considérés comme des traîtres ou comme en voie de le devenir. La Commune aurait bien voulu pouvoir faire conduire les opérations de la défense par des civils; mais quelque mépris que lui inspirassent les militaires, leur concours était cependant indispensable. On crut avoir amélioré la situation en subordonnant absolument l'élément militaire et en faisant diriger la guerre par un délégué civil.

Pour mettre fin à des discussions, à des altercations plus nuisibles qu'utiles, puisqu'elles ne concluaient à aucun résultat pratique, quelques membres se réunirent et rédigèrent les résolutions suivantes, qui furent soumises à la Commune et adoptées comme conclusion des débats: 1 Réclamer la démission des membres actuels du Comité de salut public et pourvoir immédiatement à leur remplacement. 2 Nommer un délégué civil à la guerre, qui sera assisté de la Commission militaire actuelle, laquelle se mettra immédiatement en permanence. 3 Nommer une Commission de trois membres, chargée de rédiger immédiatement une proclamation. 4 Ne plus se réunir que trois fois par semaine en assemblée délibérante, sauf les réunions qui auront lieu dans le cas d'urgence, sur la proposition de cinq membres ou sur celle du Comité de salut public. 5 Se mettre en permanence dans les mairies de ses arrondissements respectifs, pour pourvoir souverainement aux besoins de la situation. 6 Créer une Cour martiale, dont les membres seront nommés immédiatement par la Commission militaire. 7 Mettre le Comité de salut public en permanence à l'Hôtel-deVille.

On devait procéder, dans une séance de nuit, en Comité secret, à la nomination des nouveaux membres qui devaient constituer le Comité de salut public.

Une discussion très-vive s'engagea. La Commission militaire demanda que les pouvoirs militaires fussent laissés encore pendant vingt-quatre heures au citoyen Rossel. Il y avait, selon elle, inconvénient à changer brusquement la direction des opérations engagées; il en pouvait résulter de grands revers; il ne lui paraissait pas politique d'arrêter immédiatement le délégué à la guerre.

Cette demande déplut au citoyen Félix Pyat, qui parla avec une extrême animation de la trahison de Rossel, sans en fournir, d'ailleurs, la preuve; il déclara son arrestation immédiate nécessaire, et réclama l'emploi des moyens les plus énergiques afin de faire cesser la trahison qui se sentait partout. Ce langage passionné ne fit pas changer la Commission militaire d'attitude; elle déclara qu'elle donnerait de suite sa démission si on ne voulait pas accepter ses propositions. La Commune, qui réprouvait les exhortations violentes du citoyen Pyat, laissa pleins pouvoirs à la Commission militaire.,

Lorsque cette résolution eut été votée, grâce surtout à l'influence de la minorité socialiste, le citoyen Pyat continua ses récriminations, ses admonestations. Son irritation s'accroissant avec la discussion, il en vint jusqu'à insulter la minorité socialiste, blâmant ce qu'il appelait sa lâcheté, et la déclarant complice de toutes les tentatives de trahison que chaque jour révélait. Après le discours de cet énergumène, la séance fut suspendue pendant quelques minutes.

Les révolutionnaires composant la majorité quittèrent alors la salle des séances. Une demi heure après, ils n'étaient pas encore de retour. Quelques membres de la minorité, impatientés par cette longue absence qui retardait les délibérations, allèrent à la recherche de leurs collègues de la majorité. Ils les trouvèrent dans une des salles de l'Hôtel-de-Ville, occupés à délibérer en commun. Les révolutionnaires s'opposèrent d'abord à ce que les socialistes fussent admis dans la salle où ils se tenaient; mais ceux-ci ayant insisté, entrèrent de force. Ils s'aperçurent que la majorité délibérait et prenait des résolutions, à l'exclusion de la minorité.

Les membres de la minorité qui avaient pénétré dans la salle, déclarèrent que la majorité n'avait pas le droit de délibérer ainsi à part; qu'elle devait rentrer aussitôt dans la salle des séances; que quarante membres de la Commune ne pouvaient pas en éliminer vingt-trois autres; qu'ils ne souffriraient point, tant qu'ils auraient la faculté de siéger à l'Hôtel-de-Ville, en attendant que la majorité les fît incarcérer, ce qui ne tarderait peut-être pas, ajoutaient-ils, qu'il soit porté une aussi grave atteinte à leur droit. Cette sommation énergique suscita d'abord, parmi la majorité révolutionnaire, les protestations les plus acerbes;

peu à peu, la ferme attitude des socialistes parvint cependant à la calmer; les révolutionnaires déférèrent aux désirs de leurs collègues et rentrèrent dans la salle des séances.

Cet incident, où la violence et le grotesque jouent un rôle s" considérable, permet de se faire une idée assez nette de l'animosité qui existait enre les diverses fractions de l'assemblée communale, ainsi que du spectacle d'une bouffonnerie navrante que présentaient souvent ses séances.

A la reprise de la discussion en commun, le citoyen Jourde demanda avec instance qu'on éliminât toute question de personnes pour ne se préoccuper que du salut de Paris. Contrairement à ce sage appel à l'apaisement, le citoyen Cbalain réclama l'arrestation de la minorité « factieuse, » qu'il jugeait cause de tous les atermoiements, coupable de tous les désordres, et sollicita de la Commune l'incarcération du délégué à la guerre Rossel. Cette proposition d'emprisonnement de la minorité fut relevée, comme elle le méritait, par l'un de ses membres, le citoyen Malon, qui déclara que, formulée par tout autre, il la combattrait et y répondrait; mais que, venant de Chalain, elle était sans gravité, vu le peu d'importance qu'il faisait de son auteur. Sur ce, le citoyen Félix Pyat se récria et voulut prononcer une fois encore des paroles de réprobation contre la minorité; mais le citoyen Malon; élevant la voix avec autorité, lui dit: « Vous êtes le mauvais géuie de la « Révolution. Taisez-vous! Ne continuez pas à répandre vos soup« çons venimeux et à attiser la discorde. C'est votre influence qui « perd la Commune; il faut qu'elle soit enfin anéantie. »

Venant appuyer l'observation de Malon, le citoyen Arnold critiqua la conduite des vieux révolutionnaires de 1848, si funestes. « Ce sont encore eux qui perdront la Révolution, dit-il. »

Enfin on procéda au vote des membres du Comité de salut public. Avant le dépouillement du scrutin, les révolutionnaires déclarèrent que le lendemain on procéderait à un nouveau vote si le résultat de celui qui s'effectuait ne leur plaisait point. Ce

Comité fut composé des citoyens Ranvier, Ant. Arnaud, F. Gambon, Eudes, Delescluze.

Dans la journée, le délégué à la guerre adressa à la Commune la lettre suivante, qui émane d'un *homme* aussi intelligent que ferme i

Paris, le 9 mai 1871.

Citoyens membres de la Commune,

Chargé par vous à titre provisoire de la délégation de la guerre, je me sens incapable de porter plus longtemps la responsabilité d'un commandement où tout le monde délibère et où personne n'obéit.

Lorsqu'il a fallu organiser l'artillerie, le Comité central d'artillerie a délibéré et n'a rien prescrit. Après deux mois de révolution, tout le service de vos canons repose sur l'énergie de quelques volontaires dont le nombre est insuffisant.

A mon arrivée au ministère, lorque j'ai voulu favoriser la concentration des armes, la réquisition des chevaux, la poursuite des réfractaires, j'ai demandé à la Commune de développer les municipalités d'arrondissement.

La Commune a délibéré et n'a rien résolu.

Plus tard, le Comité central de la fédération est venu offrir presque impérieusement son concours à l'administration de la guerre. Consulté par le Comité de salut public, j'ai accepté ce concours de la manière la plus nette, et je me suis dessaisi, en faveur des membres de ce Comité, de tous les renseignements que j'avais sur l'organisation. Depuis ce tempslà, le Comité central délibère et n'a pas encore su agir. Pendant ce délai, l'ennemi enveloppait le fort d'Issy d'attaques aventureuses et imprudentes, dont je le punirais si j'avais la moindre force militaire disponible.

La garnison, mal commandée, prenait peur, et les officiers délibéraient, chassaient du fort le capitaine Dumont, homme énergique qui arrivait pour les commander, et tout en délibérant, évacuaient leur fort, après avoir sottement parlé de le faire sauter, chose plus impossible pour eux que de le défendre.

Ce n'est pas a.'sei.Hier, pendant qne chacun devait être au travail ou au feu, les chefs de légions délibéraient pour substituer un nouveau système d'organisation à celui que j'avais adopté, afin de suppléer à l'imprévoyance de leur autorité, toujours mobile et mal obéie. Il résulta de leur conciliabule un projet au moment où il fallait des hommes, et une déclaration de principes au moment où il fallait des actes.

Mon indignation les ramena à d'autres pensées, et ils ne me promirent pour aujourd'hui, comme le dernier terme de leurs efforts, qu'une force organisée de 12,000 hommes, avec lesquels je m'engage à marcher à l'ennemi. Ces hommes devaient être réunis à onze heures et demie: il est une heure et ils ne sont pas prêts; au lieu d'être 12,000, ils sont environ 7,000. Ce n'est pas du tout la même chose.

Ainsi, la nullité du Comité d'artillerie empêchait l'organisation de l'artillerie; les incertitudes du Comité central de la fédération arrêtent l'administration; les préoccupations mesquines des chefs de légions paralysent la mobilisation des troupes.

Je ne suis pas homme à reculer devant la répression, et hier, pendant que les chefs de légions discutaient, le peloton d'exécution les attendait dans la cour. Mais je ne veux pas prendre seul l'initiative d'une mesure énergique, endosser seul l'odieux des exécutions qu'il faudrait faire pour tirer de ce chaos l'organisation, l'obéissance et la victoire. Encore, si j'étais protégé par la publicité de mes actes et de mon impuissance, j pourrais conserver mon mandat.

Mais la Commune n'a pas eu le courage d'affronter la publicité. Deux fois déjà je vous ai donné des éclaircissements nécessaires, et deux fois, malgré moi, vous avez voulu avoir le comité secret.

Mon prédécesseur a eu le tort de se débattre au milieu de cette situation absurde.

Éclairé par son exemple, sachant que la force d'un révolutionnaire ne consiste que dans la netteté de la situation, j'ai deux lignes à choisir briser l'obstacle qui entrave mon action ou me retirer.

Je ne briserai pas l'obstacle, car l'obstacle, c'est vous et votre faiblesse', je ne veux pas attenter à la souveraineté publique.

Je me retire, et j'ai l'honneur de vous demander une cellule à Mazns.

Rossel.

Cette lettre dévoilait avec amertume les difficultés, les entraves multiples qui paralysaient l'action du délégué à la guerre. Les partisans de la Commune blâmèrent le citoyen Rossel d'avoir, par la publication immédiate de cette lettre, informé le public de ses, griefs, et dénoncé les dissentiments existant entre les divers pouvoirs concourant à la direction des opérations militaires. Ces reproches nous paraissent immérités. Il était, ce nous semble, du devoir du citoyen Rossel de faire connaître la situation si troublée, si anarchique de la défense. Par cette divulgation, le délégué à la guerre pouvait exercer sur la Commune et sur le Comité de salut public une contrainte morale dont les résultats pouvaient être heureux, surtout si l'opinion publique avertie mettait la Commune en demeure de modifier ses agissements.

Le Comité de salut public nomma, dans l'après-midi, le citoyen Ed. Moreau, membre du Comité central de la garde nationale, « commissaire civil de la Commune auprès du délégué à la guerre. »

Dans l'espoir d'établir une sévère discipline, le délégué à la guerre fit paraître l'ordre suivant:

ORDRE

Il est défendu d'interrompre le feu pendant un combat, quand même l'ennemi lèverait la crosse en l'air ou arborerait le drapeau parlementaire.

Il est défendu, sous peine de mnrt, de continuer le feu après que l'ordre de le cesser a été donné, ou de continuer de se porter en avant lorsqu'il a été prescrit de s'arrêter. Les fuyards et ceux qui resteront en arrière solément seront sabrés par la cavalerie; s'ils sont nombreux, ils seront canonnés. Les chefs militaires ont, pendant le combat, tout pouvoir pour faire marcher et faire obéir les officiers et soldats placés sous leurs ordres.

,,,-,..

Paris, le 9 mai 1871..

. *Le délégué à la guerre,*
ROSSEL.

Sur la proposition du citoyen Rossel, le Comité de salut public prit un arrêté qui mettait en réquisition tous les chevaux de selle qui se trouvaient dans Paris et dans les lignes de la Commune.

Ces animaux devaient être examinés et évalués au moment de la réquisition, « afin de sauvegarder les droits des propriétaires. »

Le gouvernement adressa de Versailles, le 9 mai, aux autorités civiles et militaires, la dépêche suivante annonçant la prise du fort d'Issy. Nous ferons remarquer que cette opération avait exigé non pas « huit jours d'attaque, » comme l'indique la dépêche, mais près d'un mois.

.-i., Versailles, 9 mai 1871, 7. h. soir.

L'habile direction de nos travaux, secondée par la bravoure de nos troupes, a aujourd hui obtenu un succès éclatant.

Le fort d'Issy, après huit jours d'attaque seulement, a été occupé ce matin par le 58 régiment de ligne. On y a trouvé beaucoup de munitions et d'artillerie. Nous donnerons demain les détails: mais nous pouvons dès aujourd'hui louer l'heureuse audace avec laquelle nos généraux ont conduit les approches sous les feux croisés du fort de Vanves, de l'enceinte et du fort d'Issy lui-même. Le génie a eu une grande part à ces résultats si prompts et si décisifs.

Le fort de Vanves est dans un état qui ne lui permettra guère de prolonger sa résistance.

Du reste, la conquête du fort d'Issy suffit seule pour assurer le succès du plan d'attaque actuellement entrepris.

Cette nuit, le général Douai, après une vigoureuse canonnade de la formidable batterie de Montretout, favorisé en outre par une nuit sombre, a passé la Seine et est venu s'établir en avant de Boulogne, devant les bastions 67, 66, 65, formant le Point-du-Jour.

Quatorze cents travailleurs, pris dans le 18 de chasseurs à pied, 26" de ligne, 5e provisoire (brigade Gandil, de la division Verge), ont ouvert la tranchée vers dix heures du soir et travaillé toute la nuit jusqu'à la pointe du jour, moment où ils ont dû interrompre leur travail. Leur droite est à la Seine, leur gauche à l'extrémité du bois de Boulogne. Grâce à leur 'activité et à leur courage, ils étaient, à quatre heures du malin, couverts et à l'abri des feux de l'ennemi....... .

Ils ne sont plus qu'à 300 mètres de l'enceinte, c'est-à-dire à une distance où ils pourraient, s'ils le voulaient, établir déjà une batterie de brèche. Tout nous fait donc espérer que les cruelles épreuves de la population honnête de Paris tirent à leur fin, et que le règne odieux de la faction infâme qui a pris le drapeau rouge pour emblème cessera bientôt d'opprimer et de déshonorer la capitale de la France. Il faut espérer que ce qui se passe ici servira de leçon aux tristes imitateurs de la Commune de Paris et les empêchera de s'exposer aux sévérités légales qui les attendent, s'ils osaient pousser plus loin leur entreprise aussi criminelle que ridicule.
i i..1 ofc

Sur la ligne du Sud, la situation empirait chaque jour. Dans la journée du 10 mai, les forts de Montrouge et de Bicêtre furent très-vigoureusement bombardés par les Versaillais.

Sur la rive droite de la Seine, de Neuilly à Clichy, des engagements eurent lieu sur divers points entre les fédérés et les Versaillais; ils ne modifièrent point leurs positions respectives.

La Commune, réunie la veille en comité secret, avait décidé la nomination d'un délégué civil à la guerre en remplacement du citoyen Rossel, dont la démission était acceptée et qui était renvoyé devant la Cour martiale. Cette fonction fut confiée au citoyen Delescluze.

La Commune avait alors horreur des militaires; elle les accusait de tous ses insuccès. A l'entendre, c'était grâce à eux que le fort d'Issy avait été abandonné, peut-être même livré. Que l'autorité militaire soit toujours dans la dépendance de l'autorité civile, rien n'est plus désirable assurément; mais il est nécessaire que l'impulsion dans les choses militaires soit donnée par un homme compétent, possédant des connaissances spéciales reconnues. Or, tel

n'était pas le fait de M. Delescluze, dont l'intelligence ne pouvait suppléer à ce défaut de connaissances.

Le premier acte du nouveau délégué à la guerre fut d'adresser à la garde nationale la proclamation suivante: *A la garde nationale*
Citoyens,

La Commune m'a délégué au ministère de la guerre; elle a pensé que son représentant dans l'administration militaire devait appartenir à l'élément civil. Si je ne consultais que mes forces, j'aurais décliné cette fonction périlleuse; mais j'ai compté sur votre patriotisme pour m'en rendre l'accomplissement plus facile.

La situation est grave, vous le savez; l'horrible guerre que vous font les féodaux conjurés avec les débris des régimes monarchiques vous a déjà coûté bien du sang généreux, et cependant, tout en déplorant ces pertes douloureuses, quand j'envisage le sublime avenir qui s'ouvrira pour nos enfants, et lors même qu'il ne nous serait pas donné de récolter ce que nous avons semé, je saluerais encore avec enthousiasme la Révolution du 18 mars, qui a ouvert à la France et à l'Europe des perspectives que nul de nous n'osait espérer il y a trois mois. Donc à vos rangs, citoyens, et tenez ferme devant l'ennemi.

Nos remparts sont solides comme vos bras, comme vos cœurs; vous n'ignorez pas d'ailleurs que vous combattez pour votre liberté et pour l'égalité sociale, cetle promesse qui vous a si longtemps échappé; que si vos poitrines sont exposées aux balles et aux obus des Versaillais, le prix qui vous est assuré, c'est l'affranchissement de la France et du monde, la sécurité de votre foyer et la vie de vos femmes et de vos enfants.

Vous vaincrez donc; le monde qui vous contemple et applaudit à vos magnanimes efforts s'apprête à célébrer votre triomphe, qui sera le salut pour tous les peuples.

Vive la République universelle! /
Vive la Commune I ,
Paris, le 10 mai 1871.
Le délégué civil à la guerre,
Delescxcze.

Le citoyen Rossel avait été entravé,

avait été subordonné par le Comité central dont la fâcheuse ingérence dans les affaires militaires, œuvre du Comité de salut public, détruisait toute unité d'action. Le citoyen Delescluze serait-il plus libre, parviendrait-il à restreindre les attributions du Comité central, à le faire redevenir ce qu'il n'aurait jamais dû cesser d'être: le grand conseil de famille de la garde nationale? Le nouveau Comité de salut public institué la veille par la Commune aurait-il assez de puissance et de sagesse pour s'opposer aux empiétements du Comité central, à ses prétentions dominatrices? Cela était fort douteux. Loin de consentir à une restriction de son pouvoir, on pouvait craindre que le Comité central ne voulût, au contraire, usurper de plus en plus, et annuler complètement la Commune. Cette tendance était manifestée par la proclamation suivante, qui fut affichée dans la matinée du 10 mai:

Le Comité centrcil, en recevant du Comité de salut public l'administration de la guerre, sort de son 'Ole, mais il a le devoir de ne pas laisser succomber cette révolution du 18 mars qu'il a faite si belle. Elle triomphera.

Résolu à introduire l'ordre, la justice, la régularité dans les distributions et les tours de service, il brisera impitoyablement toutes les résistances pour imprimer partout l'activité la plus grande.

Il comprend que, la société étant attaquée, tous les membres sont solidaires, et que nul ne peut impunément se soustraire à la défense; il devient de son devoir d'appliquer sans faiblesse les mesures exigées par les circonstances.

Il entend mettre fin aux tiraillements, vaincre le mauvais vouloir, faire cesser les compétitions et renverser les obstacles résultant de l'ignorance ou de l'incapacité, ou habilement suscités par la réaction.

Il ne demande aux citoyens de Paris qu'un peu de patience, et la défense va prendre une nouvelle impulsion.

Citoyens, rappelons-nous les immortels défenseurs de la grande Révolution: sans pain, pieds nus dans la neige, ils combattaient.

Ils remportaient des victoires. Dans des conditions meilleures, seronsnous moins valeureux?

Méprisons les récriminations des lâches et des traîtres, soyons stoïques. Que diraient nos enfants si nous les rendions esclaves?

Nos enfants seront libres, car nous maintiendrons la République et la Commune, et l'humanité nous devra son amélioration et son indépendance.

Vive la Commune!

Vive la République!

Paris, 9 mai 1871.

Par délégation du *Comité central, la Commission d'organisation:*

Bouit, Barroud, L. Boursier, L. Lacoro, Tournois.

Rien ne pouvait être plus préjudiciable à la défense que ces changements incessants dans la direction, qui divulguaient la profonde défiance dont les diverses autorités chargées de l'administration des affaires militaires étaient animées les unes à l'égard des autres.

Le citoyen Cournet, délégué à la sûreté générale et à l'intérieur,

Considérant que malgré la crise actuelle, l'art et les artistes ne devaient pas resier en souffrance;

Que le citoyen Perrin, direcieur de l'Opéra, non-seulement n'avait rien fait pour parer aux difficultés de la situation, mais encore avait mis en réalité tous les obstacles possibles à une représentation nationale erganisée par les soins du Comité de sûreté générale, au profit des victimes de la guerre et des artistes musiciens;

Arrêta:

Art. I'. — Le citoyen Émile Perrin est révoqué.,. Art. 2. — Le citoyen Eugène Garnier est nommé directeur du théâtre national de l'Opéra, en remplacement du citoyen Perrin et à titre provisoire. i P .

Art. 3. — Une commission est instituée pour veiller aux intérêts de l'art musical et des artistes; elle se compose des citoyens: Cournet, A. Regnard, Lefebvre-Ronricr, Raoul Pugno, Edmond Levraud et Sclmer. .'i.-.. ', "

La Ligue d'Union républicaine des droits de Paris faisait, depuis quelques jours, des démarches auprès du gouvernement de Versailles et auprès de la Commune afin d'obtenir un armistice de quelques heures qui permît aux habitants de Montrouge, Vanves et Issy, de quitter leurs demeures, rendues de plus en plus inhabitables par suite du bombardement. Ces démarches n'avaient pas encore abouti; on alléguait l'impossibilité de suspendre de grandes opérations militaires déjà commencées.

Une délégation de *la Commission de Conciliation de l'Industrie, du Commerce et du Travaille* rendit, dans la journée, auprès de la Commune à laquelle elle remit le rapport que nous produisons, faisant connaître aux corporations et associations le résultat définitif des entrevues que leurs délégués avaient eues avec le gouvernement à Versailles: *Rapport de la Commission de Conciliation de l'Industrie, du Commerce et du Travail, aux* 109 *Corporations et Associations industrielles, ouvrières et autres, dont ils sont les délégués.*

Citoyens,

Nous avons déjà fait connaître à toui, par la voie des journaux, les bases.sur lesquelles nous nous proposions d'agir, sous votre Inspiration/ dans les négociations dont nous avons pris l'initiative entre Versailles et Paris.

Il n'importe pas que nous les rappelions ici. Il nous suffira de vous faire remarquer que, si les éléments de pacification que nous indiquons plus loin ne sont pas, de tous points, conformes à nos visées premières, il y a lieu de s'en prendre un quement au difficultés et aux résistances diverses qui nous ont contraints de nous renfermer dans les possibilités pratiques que comporte notre rôle de conciliateurs.

Nous ne nous étendrons pas autrement sur les obstacles de toute nature qu'a rencontrés à son début notre intervention. Ils n'ont jamais refroidi notre zèle, mais ils ont un instant ébranlé nos espérances.

Il nous semblait impossible pourtant que le gouvernement ne prît point en considération sérieuse les patriotiques efforts d'une délégation en qui s'exprimaient les vœux de la population parisienne, et qui représentait en nos humbles personnes, cent neuf associations et corporations, dont plus de cin-quante appartiennent à la classe ouvrière.

Nos fermes et vives instances en ce sens ont fini par obtenir un commencement de satisfaction dans une entrevue que nous avons eue ce matin avec M. Thiers, et où la situation d'esprit des ouvriers parisiens a été très-nettement définie par l'un des soussignés, président de la Chambre syndicale des ouvriers serruriers en bâtiments du département! de la Seine.

Voici, en résumé, quelle nous a paru être, à la suite de cet entretien, la limite extrême des concessions auxquelles il serait possible d'amener le pouvoir exécutif:. '..

1 Paris, séparé de sa bai.licue, serait déclaré former, non-seulement une commune mais un département spécial; 2 Le conseil communal de Paris se trouverait ainsi converti en conseil général de département, et ses attributions en seraient considérablement élargies; 3 La garde nationale demeurerait seule chargée du service intérieur de la cité. Tous ses bataillons sans distinction de quartiers, seraient reconstitués par les soins des mairies; les armes seraient déposées dans les arsenaux d'arrondissement, où elles resteraient à la disposition et sous la garde des bataillons, qui viendraient les y prendre pour les besoins du service; 4 La solde aux gardes nationaux et les subsides à leurs familles seraient maintenus jusqu'à la reprise du travail; 5 L'armée régulière n'entrerait pas dans Paris. Il lui serait fait seulement remise des forts qu'elle garderait provisoirement, jusqu'à ce que la loi sur la réorganisation de l'armée eut disposé à quelle catégorie des forces nationales serait remise la garde des places et forteresses. Cette réorganisation de l'armée aurait lieu sur ce principe: que la conscription est abolie et que tout citoyen est soldai; 6 En vue de marquer son désintéressement et de montrer à tous la loyauté des inspirations qui l'animent, la Commune actuelle se dissoudrait et se retremperait dans l'élection; 7o Les élections communales nouvelles seraient faites sous la direction et le contrôle d'une commission provisoire, empruntée, par voie élective, à la Chambre de commerce, au Tribunal de commerce, aux Conseils de prud'hommes, aux Syndicats industriels, commerciaux et ouvriers; tous corps électifs et librement constitués; 8 Ces élections seraient faites à raison de quatre conseillers par arrondissement, ainsi qu'il est réglé par la loi Provisoire du 14 avril; mais le conseil communal issu de ces élections aurait la faculté de présenter à l'Assemblée un projet de loi où seraient exprimés les vœux, les tendances et les besoins propres à la ville de Paris et résultant des conditions économiques et sociales où elle se trouve placée; 9» Les articles 291 et 292 du Code pénal seraient abrogés, et les droits d'association et de réunion seraient affranchis de toute entrave; 10» Nul ne serait inquiété pour les faits relatifs aux événements de Paris. Les portes de Paris resteraient ouvertes; tous les citoyens pourraient y entrer ou en sortir librement; 11 Les prisonniers faits à l'occasion de la lutte sous les murs de Paris seraient élargis aussitôt après les élections municipales régulières de la ville de Paris.

Nous n'ajouterons aucun commentaire à ce projet d'accommodement que nous soumettons à la Commune de Paris et que nous livrons à l'appréciation de tous les citoyens.

Versailles, le 8 mai 1871. *Les membres de la Commission de conciliation*:

Jules Amigues, publiciste.

Baraguet, président de la chambre syndicale des compositeurs typographes.

Ch. Hardis, représentant de commerce, adhérent à la chambre de la mercerie.

Boiiver, gérant-fondateur de l'Association des-ouvriers maçons et tailleurs de pierre, fondée en 1848.

J. Camps, avocat, chef du contentieux de *l'Union nationale* du commerce et de l'industrie.

Feytaud, membre du conseil de la Société pour l'instruction. élémentaire.

Jacquinot, de la Société de Crédit mutuel *l'Epargne.*

Cyrille Lamy, secrétaire de *l'Épargne immobilière.*

Josy, président de la chambre syndicale des ouvriers serruriers en bâtiment du département de la Seine......,

E. Levallois, négociant, vice-président de la chambre des tissus de laine.

A. Lhuillier, négociant, secrétaire du syndicat général de *l'Union nationale,* vice-président de la chambre de passementerie, mercerie, etc.

Ch. Limousin, publiciste, ancien gérant de la *Tribune ouvrière.*

LoiSEAB-Prasoîf, négociant, ex-adjoint au maire du 2 arrondissement, président de la chambre des teinluriers.

Hyppomte Mabestaing, directeur-fondateur de la Société d'assurances contre les accidents du travail *la Préservatrice.*

Jules Maimy, manufacturier, secrétaire de la chambre des laines.

Joseph Pioche, direeleur de la Société coopérative *TUnion des comptoirs agricoles H industriels.*

Pougiieon, gérant de la Société coopérative des fabricants *Ae* meubles.

Ch. Raclt, filateur, vice-président de la chambre de la bonneterie et des cotons filés.

A la séance de l'Assemblée nationale du 10 mai, SI. MortimerTernaux interpella le gouvernement sur l'authenticité du document qui précède, dont les déclarations, d'une importance capitale, étaient de nature à provoquer une solution pacifique et prompte à la lutte sanglante.

Le gouvernement protesta contre les intentions conciliatrices qu'il aurait manifestées, suivant les auteurs du rapport. La meilleure preuve de sa volonté d'entrer dans Paris de vive force, c'était la tranchée ouverte à quelques cents mètres du rempart. D'ailleurs il lui sembla inutile de démentir ou de discuter un semblable document qui n'avait, selon lui, d'autre valeur qu'un article de journal.

Les signataires du rapport dont il s'agit ne pouvaient rester sous le coup d'un démenti aussi catégorique, aussi insultant.

Ils adressèrent le lendemain, aux journaux de Versailles, la lettre suivante, qui affirmait la scrupuleuse exactitude du rapport incriminé:., . ''?

Le rapport que nous avons adressé à nos commettants de *VVnion des syndicats,* et que vous avez publié, a fait, dans la séance d'hier à l'Assemblée nationale, l'objet d'une interpellation de M. Morlimer-Tcrnaux et d'une double réplique de MM. Thiers et Picard.

De cette interpellation et de ces répliques, il résulte que: « nous avons sans doute indignement travesti le langage du chef du pouvoir exécutif; que nous appartenons à la Commune, de près ou de loin, et que notre document ne méritait pas d'arrêter l'attention de l'Assemblée. »

Nous savions d'abord les risques que l'on court à intervenir entre les furies de la guerre civile. Nous avons pourtant voulu courir ces risques, soutenus par la conscience que nous accomplissions ainsi un noble et périlleux devoir.

Entre deux forces qui luttent sans même vouloir se connaître, entre l'Assemblée qui répudie la Commune de Paris, et la Commune de Paris qui renie l'Assemblée, nous avons pensé que l'intermédiaire naturel, le seul que ni l'une ni l'autre ne pût désavouer, c'était la population parisienne.

Représentants de cent neuf associations et corporations industrielles, communales, ouvrières et antres, c'est au nom de la population parisienne que nous avons agi, et nous sommes assurés qu'elle, du moins, ne nous désavouera pas.

En attendant le jour où la violence fera place à la justice, et où nos efforts cesseront d'être méconnus, nous acceptons, tristement et fièrement, la situation qui nous est faite, laissant l'injure à qui nous accuse, et nous bornant à affirmer sur notre honneur, qui n'a jamais failli, la scrupuleuse exactitude de notre rapport.

Veuillez agréer, monsieur le rédacteur, l'assurance de notre considération distinguée.

Jules Amigues.

HIFPOLYTE SIARESTAING.

Délégués de l'Union des syndicats présents à Versailles. Versailles, 11 mai 1871. . Sauf de passagères variations, aussitôt regrettées, l'ultimatum de M. Thiers ne changeait pas. C'était toujours la même invitation: « Livrez votre armement, livrez vos armes, disait-il aux « Parisiens; rendez-vous à discrétion. Nous ne poursuivrons « que quelques meurtriers et nous accorderons aux ouvriers « nécessiteux l'aumône de quelques semaines de solde. » Comme le disait justement *la Vérité:* « Un pardon dédaigneux et un « secours humiliant, voilà tout ce que nous pouvons espérer « avant la victoire de M. Thiers; s'il triomphe, que devons-nous « redouter? »

Les opérations effectuées par les Versaillais avaient eu pour effet d'investir presque complètement le fort de Vanves. 11 fut attaqué pendant la soirée et la nuit du 10 au 11 mai avec une extrême vigueur par les troupes de l'Assemblée qui pénétrèrent même dans le fort où elles se maintinrent quelque temps. Les gardes nationaux reprirent bientôt l'offensive; soutenus par des renforts amenés dans la matinée, ils parvinrent à repousser les Versaillais qui cernaient le fort du côté de l'enceinte; mais du côté de Châtillon les soldats restèrent à une trèsfaible distance.

Dans la soirée du 11, les Versaillais tentèrent une nouvelle attaque formidable sur le fort de Vanves et sur le fort de Montrouge.

Sur la rive droite, l'armée assiégeante continua ses travaux d'établissement de batteries dans Boulogne, de façon à pouvoir battre le rempart avec des pièces de siège de fort calibre.

Le Point-du-Jour était couvert de projectiles. Celte incessante pluie de mitraille rendait impraticable le service des pièces placées sur les fortifications. Passy, Auteuil, reçurent, pendant la journée du 11, une incroyable quantité d'obus; les habitants qui restaient encore dans ces quartiers durent se réfugier dans leurs caves comme on avait fait à Neuilly.

De Ncuilly à Clichy il n'y eut aucun incident important. Les batteries d'Asnières et celles de Bécon continuèrent à se canonner l'une l'autre.

Le nouveau délégué à la guerre adressa le 11 mai, aux membres de la Commune, le rapport suivant qui résumait la situation et les opérations de la journée:

Citoyens,

Dès notre arrivée au ministère, nous nous sommes rendu compte des diverses positions de défense et d attaque; nous nous sommes assuré que la garde des remparts était suffisamment établie et qu'une bonne réserve pouvait, en cas de besoin, défier toute surprise.

La position d'Issy n'a guère varié. Celle du fort de Vanves a été un peu compromise; à un certain moment même, il était évacué.

A quatre heures du matin, le général Wrobleski, accompagné du chef et de quelques officiers de son état-major, s'est mis à la tclc des 187 et 103e bataillons, conduits par le brave ch'f de la lie légion.

Ils sont entrés dans le fort à la baïonnette et en ont délogé les Versaillais, qui s'en croyaient déjà maîtres. Des renforts ont été dirigés sur ce point, et sans nul doute, nous pouvons répondre du succès.

Du côté de Nc.iilly, il n'y a rien eu; et le cô'é d'Asnières a été relativement tranquille.

Paris, le 11 mai 1871.
Le délégué civil à la guerre,
Delesclcze.

En réponse à la proclamation de M. Thiers aux Parisiens, que nous avons reproduite, le Comité de salut public, récemment nommé, rendit le décret suivant:

Le Comité de salut public,

Vu l'affiche du sieur Thiers, se disant chef Ju pouvoir de la République française;

Considérant que cette affiche, imprimée à Versailles, a été apposée sur les murs de Paris par les ordres dudit sieur TbierS;

Que, dans ce document, il déclare que son armée ne bombarde pas Paris, tandis que chaque jour des femmes et des enfants sont victimes des projectiles fratricides de Versailles;

Qu'il y est fait un appel à la trahison pour pénétrer dans la place, sentant l'impossibilité absolue de vaincre par les armes l'héroïque population de Paris,

ARRÊTE '.

Art. 1. Les biens meubles des propriétés de Thiers seront saisis par les soins de l'administration des domaines.

Art. 2. La maison de Thiers, située sur la place Georges, sera raste.

Art, 3. Les citoyens Fontaine, délégué aux domaines, et J. Andrien. délégué aux services publics, sont chargés, chacun en ce qui le concerne, de l'exécution Immédiate du présent arrêté.

Paris, 21 floréal an 79.
Les membres du Comité de salut publie:
Ant. Arkaud, Eudes, F. Gambon, G. Ranviek..

Après avoir ordonné la destruction d'un monument public et d'un édifice religieux, la Commune s'attaquait à la propriété privée. Ne pouvant atteindre directement M. Thiers dans sa personne, elle décrétait la ruine de ses biens; elle voulait démolir son habitation de la place Saint-Georges. Cet acte de sauvagerie, réminiscence d'une époque de barbarie, était aussi odieux qu'insensé. Qu'on frappe loyalement son ennemi, qu'on le supprime en le tuant, cela peut s'admettre à la rigueur, quoique ce procédé antique soit peu en harmonie avec les mœurs contemporaines. Mais persécuter, torturer son adversaire, est une infamie qui suscite aujourd'hui la réprobation, l'indignation de tout honnête homme. Raser votre maison, briser, disperser vos meubles, vos chers souvenirs de famille, de jeunesse et d'étude; il n'y a pas de torture pareille à celle-là, qui cause des souffrances plus douloureuses. Infligé à un homme dans toute la force de l'âge, capable de supporter sans fléchir les plus terribles calamités, ce supplice est déjà bien accablant. Combien plus horrible et plus stupéfiante doit être l'impression qu'il produit sur un vieillard à qui sa constitution fatiguée ne permet plus d'opposer une aussi forte résistance à cette affreuse infortune?

L'ordre de démolir l'hôtel de M. Thiers manifestait à quel degré d'aberration mentale et de furieuse stupidité étaient parvenus les membres du Comité de salut public. La Commune avait décidé, la veille, l'arrestation de l'un de ses membres, le citoyen Jules Allix, que l'on disait atteint de folie douce; si elle avait été logique, elle aurait dû faire aussi enfermer les membres du Comité de salut public, car ils se trouvaient sous l'influence d'une fureur d'une surexcitation manifestes qui jetaient la perturbation dans leurs facultés cérébrales et leur faisaient prendre des résolutions certainement plus préjudiciables à la Commune que toutes les fantaisies du citoyen Jules Allix, l'inventeur des escargots sympathiques.

Placée dans une situation que chaque jour rendait plus inextricable, la Commune commençait à être dominée par un esprit de vertige qui lui conseillait les mesures les plus violentes, les plus absurdes, les plus détestables, comme les seules capables d'assurer son triomphe.

Avec une rare obstination, la Commune persistait à user de tous les procédés qui pouvaient la rendre odieuse. Par arrêté en date du 11 mai, le citoyen Cournet, délégué à la sûreté générale, supprima les journaux le Moniteur universel, l'Observateur, l'Univers, le Spectateur, l'Étoile et l'Anonyme.

Le citoyen Ch. Gérardin, membre de la Commune, avait été chargé par elle, le 9 mai, de procéder à l'arrestation et à la garde du citoyen Rossel, déféré à la Cour martiale. L'ordre de la Commune fut ponctuellement exécuté; mais on apprit le lendemain, 10 mai, à la stupéfaction générale, que prisonnier et gardien s'étaient évadés.

Le citoyen Bergeret lui-même fut lancé à leur poursuite; il ne parvint jamais à les atteindre ou à découvrir leur retraite.

Dans la soirée M. Schœlcher, représentant du peuple, fut arrêté au concert donné aux Tuileries, par un lieutenant de la garde nationale, nommé Barrois, qui amena le député à la préfecture de police, où son arrestation fut maintenue par le citoyen Cournet, délégué à la sûreté générale.

Cette détention d'un député de Paris universellement connu pour ses opinions républicaines et son honorabilité, opérée sans mandat par un citoyen n'ayant aucune autorité judiciaire, sous prétexte de « connivence avec l'ennemi, » suscita les plus vives protestations.

Deux jours après son arrestation regrettable, M. Schœlcher reçut du procureur de la Commune la lettre suivante qui lu annonçait sa mise en liberté:. ,

Cabiset COMMUNE DE PARIS du Procureur de la Commune

Paris, le 13 mai 13'!.

Citoyen Scucelchcr,

J'apprends seulement hier voire arrestation. Ce fait, quelque étrange qu'il m'ait paru au premier abord, semblerait presque justifié par l'arrestation du citoyen Lockroy.

Comme, cependant, nous ne sommes pas tenus de rendre l'absurde poui l'absurde, je m'empresse de donner l'ordre de vous mettre en liberté.

Salut et fraternité,

Raoul Rigault. P. S. Tâchez donc d'obtenir l'élargissement du citoyen Lockroy.

En exécution du décret du 6 août, les quatre premières séries des articles à délivrer gratuitement par le Mont-de-Piété furent tirées au sort le 11 mai dans la salle Saint-Jean, à l'Hôtel-dc-Villc, en séance publique.

A la séance de l'Assemblée nationale, M. Morlimer-Ternaux, à propos du récit d'une entrevue que les délégués de la ville de Bordeaux avaient eue avec M. Thiers, posa au chef du pouvoir exécutif des questions analogues à celles qu'il lui avait adressées la veille relativement à une déclaration de l'Union des Syndicats. Avec un emportement et une aigreur inaccoutumés, M. Thiers, dont on suspectait la bonne foi, déclara ne pas vouloir répondre à ces questions qu'il qualifia de « tracasseries, » et il offrit à l'Assemblée de donner sa démission si elle n'était point satisfaite. Ce procédé réussit au chef du pouvoir exécutif. La droite avait peu de sympathie pour M. Thiers; mais elle eût été très-embarrassée de lui trouver un remplaçant. Un des partisans du chef du pouvoir exécutif étant venu lire à la tribune le décret concernant son hôtel, rallia, par cela seul, tous ses adversaires. L'ordre du jour que M. Thiers avait déclaré accepter obtint, comme à l'ordinaire, la presque unanimité des suffrages.

Cet incident fournit au chef du pouvoir exécutif l'occasion de dire à la droite de l'Assemblée, si violente et si intolérante, une dure vérité: « Je dis qu'il y a parmi vous des imprudents qui « sont trip pressés. Il leur faut huit jours encore; au bout de ces » huit jours il n'y aura plus de dangers, et la tâche sera propor

« donnée à leur courage et à leur capacité » Par ces paroles,

M. Thiers qualifiait sévèrement l'attitude et la conduite de certains exaltés de la droite, qui, depuis la réunion de l'Assemblée nationale, surtout depuis les hostilités contre Paris, essayaient de faire adopter par celle-ci les résolutions les plus impolitiques et les plus funestes.

La possession du fort de Vanves était disputée aux fédérés depuis plusieurs jours, comme l'avait été auparavant celle du fort d'Issy. Pendant toute la journée du 12 mai, la lutte continua très-sintense aux approches du fort de Vanves; les Versaillais s'emparèrent de quelques maisons.

Du côté de Montrouge, les efforts des troupes de l'Assemblée parvinrent à déloger les fédérés de la maison Millaud et à leur faire évacuer la partie supérieure du Petit-Montrouge.

Après un horrible combat d'artillerie, les canonnières furent obligées, parla précision du tir des Versaillais, qui envoyaient d'Issy et de la batterie de l'île Saint-Germain une grêle de projectiles, d'abandonner, à la tombée de la nuit, le poste périlleux qu'elles occupaient au Point-du-Jour depuis plus d'un mois. Elles ne le quittèrent que lorsque l'une d'elles, l'Estoc, éventrée par les obus versaillais, eut sombré aux cris de: Vive la Commune 1 Tout son équipage fut recueilli à bord d'une vedette.

Le rempart, du côté du Point-du-Jour, continuellement bombardé par les batteries de Meudon et de Boulogne, était devenu tout à fait intenable, surtout depuis qu'Issy y lançait des projectiles qui atteignaient les défenseurs par derrière.

Les Versaillais continuaient l'établissement, dans le bois de Boulogne, à quelques cents mètres du rempart qui protège Passy et Auteuil, de formidables batteries qui devaient permettre de faire brèche.

A Asnières, duel d'artillerie entre les batteries du chemin de fer, des remparts et celles du château de Bécon.

Le délégué civil à la guerre adressa, le 12 mai, à la Commune, la lettre suivante:

Le citoyen Delescluze, délégué civil à la guerre, aux citoyens membres de la Commune:

Citoyens,

Je viens vous demander la mise à l'ordre du jour, par affiche, du 128' bataillon de la garde nationale, qui, cette nuit, sous la conduite du général Dombrowski, a nettoyé le parc de Sablonville des Versaillais qui l'occupaient, et l'a fait avec un merveilleux entrain.

Je me propose d'offrir des revolvers d'honneur à quelques-uns des officiers et soldats qui se sont principalement distingués; mais une déclaration de la Commune aura un bien autre effet sur les esprits.

Le délégué civil à la guerre, Delescutze.

La Commune, à l'unanimité,

Décrète: Le 128 bataillon a bien mérité de la République et de la Commune.

L'arrêté suivant, du délégué à la guerre, signalait un fait qui n'était pas particulier à l'artillerie: le nombre des gardes nationaux qui percevaient la solde et touchaient les vivres était assez considérable, et le nombre de ceux qui faisaient un service effectif, qui ne quittaient jamais leur poste de combat, était bien minime.

Le délégué civil à la guerre,

Considérant que le nombre des artilleurs qui perçoivent la solde est considérable;

Que le nombre de ceux qui servent les pièces contre l'ennemi est extrêmement restreint;

Qu'il importe que la délégation de la guerre ait à sa disposition immédiate toutes les batteries constituées,

Arrête:

Art. ". — Une revue d'effectif sera passée le sanH; j us; î5?l à quatre heures précises, dans la grande Cour de l'École militaire, où les batteries recevront les ordres du directeur général de l'artillerie.

Tous les artilleurs nwnqiM. t à celle revue seront prives de la solde et des vivres.

Art. -2. — Sont exempts de cette re-

vue K'S itrtilleurs actuellemeut au feu.

Art. 3. — Les états de solde ne seront plus pays;m trésor que pourvus de la signature du colonel Henry, chef du mouvement, et approuvé pa le citoyen Jlarin, chef du personnel.

Le délégué civil à la guerre,
Delescluze.

A la séance de la Commune du 12 mai, il fut question des marchés conclus spécialement pour les fournitures d'habillements. A ce sujet, de nombreuses protestations avaient été faites par des ouvriers au délégué aux travaux publics.

Dans le but très-louable de ménager les ressources financières de la Commune, certains de ses agents avaient accepté des soumissions de confections d'effets militaires à des prix très-inférieurs à ceux consentis par le Gouvernement de la défense nationale. Ce rabais, qui atteignit quelquefois 25 p. 100, proposé par des concessionnaires avides, désireux d'obtenir la commande n'importe à quelles conditions, n'était préjudiciable qu'aux ouvriers qui le supportaient tout entier, car les adjudicataires, véritables exploiteurs, ne réduisaient point le montant de leurs bénéfices. Ils se contentaient de diminuer le prix de la main-d'œuvre qui, pour certains objets, était descendu à un taux inacceptable, qui n'était plus rémunérateur. Cette dépréciation des salaires avait été produite parce que des industriels sans moralité s'étaient substitués, comme nous venons de le dire, aux corporations ouvrières, généralement préférées avant la révolution du 18 mars.

Pour faire cesser cet état de choses blâmable qui lésait la masse travailleuse, dont les intérêts auraient toujours dû être.sauvegardés avec une extrême sollicitude par la Commune, celle-ci rendit le décret dont la teneur suit:

La Commune de Pari,

Décrète:

Art. 1. — La commission de travail et d'échange est autorisée à :-.. marchés conclus jusqu'à ce jour par la Commune.

" de travail et d'échange demande que les g. _ La cu.Tîanssu,.- _.-corpora-

tions, et que la préférence marchés soient directement adjugés au __ leur soit toujours accordée.

Ait. 3. — Les ci nditior.s des cahiers des charges et les prix de soumission seront fixés par l'intendance, la chambre syndicale de la corporation et une délégation de la commission de travail et d'échange, le délégué et la commission des finances entendus.

Art. 'i. — Les cahiers des charges, pour toutes les fournitures à f.iiie à l'administration communale, porteront dans les soumissions desdites fournitures les prix minimum du travail à la journée ou à la niçon, à accorder aux ouvriers ou ouvrières chargés de ce travail.

A la fin de la séance où fut rendu le décret qui précède, on procéda au remplacement c'u citoyen Delescluze, comme membre du Comité de salut public, cette fonction lui ayant semblé incompatible avec celle de délégué à la guerre qui lui avait été récemment conféré. Le citoyen Billioray fut nommé à sa place.

A propos de cette élection s'engagea une discussion relative r.ux attributions du Comité de salut public, de laquelle il résulta qu'il avait « pleins pouvoirs sur les délégations et sur les commissions, « et qu'il pouvait faire tout remplacement ou toute révocation « sans consulter.la Commune. »

Ainsi, il n'y avait plus de doute possible; la Commune abdiquait complètement tout pouvoir, toute autorité, toute influence; le Comité, de salut public était, en réalité, une vérilable dictature.

Plusieurs membres de la Commune protestèrent avec indignation contre cette abdication, contre cette omnipotence conférée eu Comité de salut public; mais leurs justes critiques passèrent incomprises ou méprisées.

La séance se termina par le vote des deux décrets suivants, proposés par le délégué à la justice:

La Commune de Paris,

Décrète:

Art. 1". — Il sera procédé, par les soins du délégué à la justice, à l'organisation d'une chambre du tribunal civil de la Commune, de ParisCette chambre statuera sur les affaires urgentes.

Art. 2. — La procédure dite *ordinaire* est abolie. Toutes les affaires seront instruites comme en matière sommaire. A défaut d'avoués, les huissiers occuperont pour les parties.

Art. 5. — Les parties pourront se défendre elles-mêmes.

La Commune de Paris .:...,':

Décrète: *Article unique.* — En matière de séparation de corps, le présid. ni pourra aligner à la femme demarrl.mt la séparation une pension alimentaire, qui lui sera servie jusqu'à ce nu'il en ait été autrement décidé par le tribunal.

La destitution du citoyen Rossel donna lieu à de vives controverses parmi certains journaux plus ou moins sympathiques à la Commune. L'un d'eux publia, le 12 mai, la lettre suivante de l'exdélégué à la guerre, toujours introuvable:

Au rédacteur de la Commune.

Un mot, citoyen!

Ma lettre, dis-tu, *t'a paru venir d'un homme énergique, et qui, au fond, a raison, ou d'un traître qui joue admirablement son rôle.*

On peut en dire autant de toutes les actions humaines, et il n'y a pas d'acte d'héroïsme ou d'honnêteté qui ne puisse cacher une gredinerie.

En parlant de mes intentions, tu ne débrouilleras rien, car elles peuvent toujours rester suspectes. Juge les actes en eux-mêmes, sans préjuger les intentions: tu seras là sur un terrain solide et vrai.

Est-ce un acte honnête ou un acte de trahison d'avoir donné au peuple, avec la plus grande publicité, la nouvelle de la prise du fort d'Issy par l'ennemi?

Est-ce un acte honnête ou un acte de trahison d'avoir dit à la Commune pourquoi je me retirais, et d'avoir fait savoir au peuple ce que je disais à la Commune?

Si lu sors de là pour parler de mes intentions, impossible de te débrouiller; car je suis seul à connaître mes intentions, et si je te les dis, tu as droit de ne pas me croire.

Pourquoi donc prononcer gratuitement le mot de traître? J'ai beau être blindé, je trouve qu'il aurait mieux valu ne pas le dire, ou le prouver.

Salut et fraternité.

12 mai 1871.

Rossel.

Dans la matinée du 12, le Comité de salut public fit afficher la proclamation suivante: AU PEUPLE DE PARIS

Citoyens,

La Commune et la République viennent d'échapper à un péril mortel.

La trahison s'était glissée dans nos rangs. Désespérant de vaincre Paris par les armes, la réaction avait tenté de désorganiser *ses* forces par la corruption. Son or, jeté à pleines mains, avait trouvé jusque parmi nous des consciences à acheter.

L'abandon du fort d'Issy, annoncé dans une affiche impie par le misé rable qui l'a livré, n'était que le premier acte du drame: une insurrection monarchique à l'intérieur, coïncidant avec la livraison d'une de nos portes, devait le suivre et nous plonger au fond de l'abîme.

Mais, cette fois encore, la victoire reste au droit.

Tous les fils de la trame ténébreuse dans laquelle la Révolution devai' se trouver prise sont, à l'heure présente, entre nos mains.

La plupart des coupables sont arrêtés.

Si leur crime est effroyable, leur châtiment sera exemplaire. La Cour martiale siège en permanence. Justice sera faite.

Citoyens,

La Révolution ne peut pas être vaincue; elle ne le sera pas.

Mais, s'il faut montrer au monarchisme que la Commune est prête à tout plutôt que de voir le drapeau rouge brisé entre ses mains, il faut que le peuple sache bien aussi que de lui, de lui seul, de sa vigilance, de son énergie, de son union, dépend le succès définitif.

Ce que la réaction n'a pu faire hier, demain elle va le tenter encore.

Que tous les yeux soient ouverts sur ses agissements.

Que tous les bras soient prêts à frapper impitoyablement les traîtres. Que toutes les forces vives de la Révolution se groupent pour l'effort suprême, et alors, alors seulement, le triomphe est assuré.

A l'Hôtel-de-Ville, le 12 mai 1871.

Le Comité de salut public,

Ant. Arnaud, Eudes, F. Gambon, G. Ranvier.

Cette proclamation, dont le style mélodramatique était fort ridicule, avait le tort de ne pas être explicite. Elle annonçait vaguement de mystérieuses menées réactionnaires qu'elle signalait par avance à la vigilance du peuple, exhorté à « se tenir prêt, à frapper « impitoyablement les traîtres, » au lieu de préciser les faits et de dénoncer les coupables, s'il en existait, à la réprobation de l'opinion publique.

Il était du devoir du Comité de salut public de surveiller les réactionnaires qui, pressentant une issue que les sottises, que les fautes commises chaque jour par la Commune rendait plus imminente, s'agitaient, se concertaient, comme c'était leur droit, pour la rendre plus faible et plus prompte. Dans certains quartiers, les coiffeurs surtout étaient les agents subalternes de la propagande réactionnaire. C'était chez eux que les gardes nationaux recevaient, pour ne point participer à l'insurrection, une haute paye de 2 francs. On venait de découvrir une immense quantité de rubans tricolores, qui devaient servir de signe de ralliement aux partisans de l'Assemblée lors de l'entrée des troupes versaillaises dans Paris, et faciliter l'organisation d'une prise d'armes. C'était, nous le répétons, le rôle du Comité de salut public, de veiller à ce que les fédérés ne soient pas, à un moment donné, pris entre deux feux; mais il aurait dû s'abstenir de faire appel à la sommaire justice du peuple. Il est toujours blâmable et bien dangereux d'exciter le peuple à se faire justice lui-même; cette tendance devrait être énergiquement réprimée plutôt qu'encouragée.

La proclamation précédente caractérise l'inquiétude qui dominait les membres du Comité de salut public. Ils n'apercevaient partout que « complots réactionnaires, trames ténébreuses. » Comme tous les pouvoirs qui n'ont pas l'appui de l'opinion, leurs craintes étaient parfois puériles, exagérées; leurs soupçons, sans cesse renaissants, étaient généralement chimériques.

La Banque fut envahie, dans la journée, par des gardes nationaux, qui en occupèrent toutes les issues. Ils venaient, dirent-ils, faire une perquisition relative aux armes. Toutes les caisses furent immédiatement fermées, et la Banque suspendit ses payements.

Le secrétaire général, M. Marsaud, fit prévenir le délégué de la Commune, M. Ch. Beslay. Celui-ci expliqua aux gardes nationaux que les armes déposées à la Banque appartenaient aux employés qui constituaient un bataillon, spécialement affecté par la Commune elle-même, à la garde de l'établissement. Ces explications ne parurent pas convaincantes aux gardes nationaux qui continuèrent leurs recherches. M. Beslay se rendit alors à la Commune, et en rapporta l'ordre r!e faire évacuer la Banque par le bataillon qui y était entré. Malgré cela, il dut insister et parlementer trèslonguement avant que les fédérés ne se décidassent à partir.

En concluant avec la Banque, au nom de la Commune, ainsi que nous l'avons rapporté, un arrangement relatif aux fonds de la Ville de Paris qui y étaient déposés, M. Beslay avait donné sa promesse que la Banque ne serait pas inquiétée, et que la Commune pourvoirait au besoin à la sûreté de ce grand établissement. Contrairement aux engagements contractés, la Banque de Frai.ce venait d'être l'objet d'une tentative de perquisition énergiquement réprouvée par M. Beslay. Cette conduite ne pouvait lui agréer. Dans la soirée, il envoya à la Commune sa démission de délégué à la Banque et de membre de la Commune.

Le Comité de salut public était décidé à faire exécuter son décret de la veille relatif à la démolition de l'hôtel de M. Thiers. Une dizaine de voitures de déménagements et de fourgons de l'armée stationnaient, en effet, depuis le matin devant cette maison et de nombreux ouvriers étaient occupés à emballer tout ce qu'elle contenait.

Samedi 13 mai 1891

Pendant la journée du 13 mai, la po-

sition des deux armées fut fort peu modifiée, bien que des engagements aient eu constamment lieu sur toute la ligne. Dans la nuit, les Yersaillais avaient occupé le lycée de Vanves; ils se rapprochaient donc de plus en plus du rempart. Maintenant ils effectuaient des opérations ayant pour but d'isoler le fort de Vanves du fort de Montrouge.

Les travaux d'approche continuaient dans le bois de Boulogne.

Par arrêté en date du 13 mai, le Comité de salut public nomma le cit. Ferré délégué à la sûreté générale, en remplacement du cit. Cournet, qui n'était plus considéré comme assez énergique, assez violent.

Le *Journal officiel* publia la note suivante, par laquelle la Commune adhérait à la Convention de Genève:

La *Société internationale de secours aux liesses,* ayant protesté auprès du gouvernement de Versailles contre les atroces violations de la Convention de Genève, dont les troupes monarchiques se rendent journellement coupables, Thiers a fait cette réponse affreuse:

« La Commune n'ayant pas adhéré à la Convention da Genève, le gouvernement de Versailles n'a pas à l'observer. »

La Commune a fait mieux jusqu'ici que d'adhérer à la Convention de Genève.

Elle a scrupuleusement respecté toutes les lois de l'humanité, en présence des actes les plus sauvages, des plus sanglants défis à la civilisation et au droit moderne, de nos blessés achevés sur le champ de bataille, de nos hôpitaux bombardés, de nos ambulances criblées de balles, de nos médecins et de nos infirmières mêmes égorgés dans l'exercice de leur ministère.

Mais pour qu'il ne reste pas même l'ombre d'un prétexte aux assassins de Versailles, la Commune déclare officiellement qu'elle adhère à la Convention de Genève, dont elle s'honore de n'avoir, en aucune circonstance, violé un seul article.

Le délégué aux relations extérieures,
Paschal Ghousset. s

Dans la journée, quelques quartiers des IX, XI et XIII arrondissements furent

cernés par des gardes nationaux, dans le but de rechercher les armes et les réfractaires. Ces perquisitions, dont les municipalités de ces quartiers n'avaient pas même été informées, furent ordonnées par le Comité central, dont les agissements étaient de plus en plus despotiques, de plus en plus odieux.

La garde nationale était dirigée, surtout maintenant, bien plus par ce Comité que par la Commune. Les ordres de celui-là rencontraient rarement de l'opposition; ils étaient presque toujours fidèlement et rapidement exécutés.

Le Comité central, dont les éléments avaient été renouvelés depuis le 18 mars, s'était toujours efforcé de faire obstacle aux décisions de la Commune, de lui ravir le pouvoir, de gouverner en son nom. Depuis que le premier Comité de salut public, appuyant ses prétentions dominatrices, avait commis la faute de confier l'administration de la guerre au Comité central, l'autorité de la Commune n'était plus qu'illusoire.

Les perquisitions opérées n'amenèrent heureusement qu'un nombre relativement minime de captures. La population tout entière semblait être d'accord pour favoriser autant que possible l'évasion des hommes de dix-neuf à quarante ans. Dans le IX arrondissement, un certain nombre de jeunes gens arrêtés furent détenus dans l'église Notre-Dame-de-Lorette.

Ce moyen d'accroître le nombre des fédérés était aussi inique qu'absurde. Vouloir enrégimenter, contre leur gré, des gens hostiles à la Commune, ne pouvait lui être que préjudiciable; c'était autant d'éléments de division et même de trahison introduits dans les rangs de la garde nationale.

Dans la matinée, les habitants de Montmartre furent prévenus que les batteries installées au Moulin de la Galette tireraient prochainement; on les invitait à garnir leurs vitres de bandes de papier, afin qu'elles puissent résister à l'ébranlement produit par la détonation.

Les objets reufermés dans l'hôtel de M. Thiers avaient été déposés dans quelques salles de l'Opéra, rue Lepelletier. Pendant que ce déménagement s'effectuait avec une grande activité, une foule innombrable de curieux encombraient la place SaintGeorges. De vives discussions y étaient échangées, la décision du Comité de salut public était souvent sévèrement jugée. Pour empêcher que cette animation ne dégénérât en trouble, un détachement des *Vengeurs de la République* fit évacuer la place et y interdit la circulation. Le lendemain, on laissa circuler librement, mais des factionnaires empêchaient d'y stationner et de former des groupes. La démolition, commencée la veille, continuait avec rapidité.

La *Ligne d'Union républicaine des Droits de Paris* avait envoyé cinq délégués au Congrès de Bordeaux. Deux d'entre eux, MM. Lechevalier et Villeneuve, étaient arrivés à Tours, lorsqu'un indivi lu, se présentant à la portière de leur wagon, leur dit: « Vous « êtes bien MM. Lechevalier et Villeneuve? » Sur leur réponse affirmative, l'individu pria ces messieurs de le suivre chez le commissaire de police, qui télégraphia immédiatement à Versailles pour demander des instructions. On ordonna d'amener les deux délégués à Versailles. A leur arrivée, ils virent d'abord M. Thiers, qui paraissait disposé à les faire mettre en liberté sur parole, mais il ajouta qu'il y avait lieu d'en délibérer en conseil. Les ministres de M. Thiers ne furent pas de son avis, et MM. Lechevalier et Villeneuve, retenus prisonniers, furent conduits eu prison sans avoir été l'objet, d'ailleurs, d'aucun mauvais traitement.

Cette arrestation arbitraire (la Commune n'était pas seule à en commettre) résultait d'une mesure générale prise par le gouvernement de Versailles. H avait décidé de faire arrêter tous les conseillers municipaux délégués au Congrès de Bordeaux. Sur quel texte de loi s'appuyait-il pour légitimer cette incroyable décision? Sur aucun; c'était un acte de pur despotisme, décrété au nom de la raison d'État, de même qu'on emprisonnait à Paris au nom du salut public.

Ainsi, le gouvernement de Versailles faisait tous ses efforts pour déjouer les tentatives conciliatrices; il était de plus en plus résolu à dominer par les armes.

. *u* '.. i i '.. 'i.').". ''.fi i:: v!.' : ' ':--r i,:
''Les forts du Sud continuèrent à être fortement bombardés. Dans la nuit du 13 au 14 mai, les Versaillais, isolant le fort de Vanves, s'en emparèrent. Les fédérés se replièrent vers le rempart, derrière les barricades. L'évacuation du fort' s'effectua aussi, 'en partie, par les carrières qui établissent une communication entre Vanves et Montrouge.-,.

De Vaugirard à Auteuil, le rempart recevait toujours une grêle de projectiles qui en rendaient l'abord impossible..,«,..,, .. ., Sur la rive droite, aucun engagement important.,.-i-..:, Les batteries de Montmartre commencèrent à donner le dimanche 14, au matin. Leur tir, d'abord peu juste, — les obus qu'elles envoyaient tombèrent, vers Levallois, près.du rempart, — fut rectifié dans la soirée.

Le délégué civil à la guerre étendit a l'intérieur de Paris, par l'arrêté suivant, le commandement des généraux de la Commune:

Le délégué civil à la guerre, considérant qu'il importe d'établir l'unité d'action entre les forces communales destinées à agir à l'extérieur et celles se trouvant à l'intérieur,:. .,. „. i.., ., ,:.,-i.,,,

Arrête::.. ' ! in i' *i*,'. 1 Chaque commandant des trois corps d'armée dits de l'aile droite, du centm et de l'aile gauche, aura, à partir de ce jour, le commandement militaire supérieur des arrondissements qui confinent à leur zone de commandement, et, en conséquence, il sera responsable de l'exécution des mesures intérieures relatives à la défense. .*ii* .-»-i.:.:...; 2 Chacun des commandants supérieurs des trois corps d'armée devra faire parvenir chaque matin, au ministère de la guerre, un rapport concernant les opérations de la veille et de la nuit.
3 Expédition du présent arrêté sera délivrée aux généraux Dombrowski, La Céeilia et Wrobleski, pour leur servir ce que de raison. *Le délégué civil à la guerre:*
Delïschlze.

Cet arrêté avait pour but de pourvoir à la direction des opérations militaires à l'intérieur de la ville, dans le cas où les Versaillais parviendraient à forcer

l'enceinte.

Le délégué à la guerre paraissait redouter la réalisation prochaine de cette éventualité, en vue de laquelle il cherchait à activer les travaux, de terrassements et de barricades. Une note de la guerre invitait tous les ouvriers terrassiers « à se faire inscrire « à la mairie de leur arrondissement pour prendre part aux trait vaux concernant la défense de Paris, moyennant une rétribution « de 3 fr. 50 par jour. » *L'Officiel* publia une noie datée du 14 mai, émanée du ministère de la guerre, Nous la reproduisons:

Nous signalons à l'indignation publique et à la mémoire des Parisiens le colonel commandant le 59 de ligne. Lorsque les Vcrsaillais s'emparèrent du parc de Neuilly, ce misérable fil passer par les armes dix-huit prisonniers fédérés, jurant qu'il en ferait autant à tous les Parisiens qui lui tomberaient sous la main.

Qu'il se garde de tomber sous les mains des Parisiens!

Paris, le 14 mai 1871.
Ministère de la guerre.J
Le Comité de salut public constituait une dictature, —et quelle atroce dictature que celle de fous et d'ignorants 1 — mais enfin c'était une dictature à cinq têtes. Le 14 mai, le *Journal officiel* inséra une note signée par un *seul* des membres du Comité de salut public. Ce n'était ni un arrêté ni un décret, et cependant cela instituait un commissariat central de police dans chaque mairie. Voici la pièce dont il s'agit:

Il est créé dans chaque mairie un commissariat central de police.

Les municipalités sont invitées à proposer immédiatement au délégué à la sûreté générale les citoyens de leur arrondissement qui, à leur connaissance, seraient aptes a remplir les fonctions de commissaire de police central.

Un des déléguas municipaux sera chargé de faire une instruction sommaire sur les affaires purement civiles et de maintenir en état d'arrestation ou de relaxer les prévenus.

Le commissaire central devra chaque jour faire un rapport au délégué à la sûreté générale.

Le membre du Comité de salut public,

A. BILLIORAT.!ii:

Comme tous les gouvernements autoritaires, despotiques, la Commune fit un grand usage de la police, surtout à partir du moment où la révolution du 18 mars, subissant la funeste influence des vulgaires copistes de 93, dévia complétement, et, d'un mouvement rénovateur d'affranchissement communal, qu'elle était au début, devint une parodie grotesque du régime de la Terreur. '....., '.,-.
.

Le délégué à l'enseignement invitait, par une note insérée à *l'Officiel,* les municipalités à lui prêter leur concours pour briser toutes les entraves que les cougréganistes opposaient à l'établissement de l'enseignement laïque.

La *Ligue d'Union républicaine des Droits de Paris* était parvenue à faire admettre en principe, par le gouvernement de Versailles et par la Commune, une suspension d'armes permettant aux malheureux habitants des villages d'Issy, Vanves, Malakoff et Montrouge', de quitter leurs maisons et de chercher un refuge contre les obus. Mais le gouvernement exigeait que cette demande de suspension d'armes lui fût adressée par les maires des villages menacés.

., A Lyon on avait eu, comme à Bordeaux, la pensée de convoquer une réunion des délégués des conseils municipaux des villes pour manifester l'opinion publique de la France. Le gouvernement s'opposa à cette réunion, de même qu'il avait interdit le Congrès de Bordeaux. Les promoteurs du Congrès de Lyon adressèrent au ministre de l'intérieur, à propos de cette interdiction que rien ne justifiait, la lettre que nous reproduisons: '-.. ,..-.. Lyon, 9 mai 1871.

Monsieur le ministre de l'intérieur,

Nous ne pouvons nous expliquer le *veto* que vous avez opposé à la réunion du congrès pacifique dont nous avons pris l'initiative, que par une appréciation erronée de nos intentions.

En faisant appel aux autres villes de France pour porter a l'Assemblée et au pouvoir exécutif les vœux unanimes du pays en faveur de la cessation immédiate de la guerre civile, notre pensée n'a pas été de provoquer les conseils municipaux comme corps constitués à une action politique, mais seulement de convoquer une réunion de citoyens *notables* dont la situation sociale donnât à leur intervention le poids d'une honorabilité incontestable:!..'.

Nous plaçant à ce point de vue, nous avons considéré que des conseillers municipaux, par cela seul qu'ils ont été honorés des suffrages de leurs concitoyens, sont précisément revêtus de cette autorité morale qui donne aux manifestations de l'opinion publique toute leur portée; mais nous avons vu en eux, non les membres d'un corps administratif, exclusivement chargé de la gestion d'intérêts locaux, mais les premiers citoyens de leurs villes respectives, auxquels m pouvait dès lors s'adresser le reproche de n'être que des individualités sans notoriété et sans consistance. Nous-mêmes, qu'étions-nous, lorsque nous avons fait cette convocation? De simples citoyens qui avions cessé de faire partie du Conseil municipal de Lyon.. ii.i.;..,..

Nous avons signé comme lois, et, si nous avons rappelé dans noire signature notre ancienne qualité, ce n'est nullement avec l'intention d'agir comme conseillers municipaux ni d'engager la municipalité, dont nous n'étions plus les représentants, mais uniquement pour appuyer notre invitation d'un titre qui pût inspirer conliance à ceux que nous invitions.

Nous croyons donc, Monsieur le ministre, n'avoir fait qu'user du droit qui appartient à tout citoyen animé d'un sentiment honorable, de convier ses concitoyens à une action commune et à une démarche collective, pourvu que, la paix publique soit respectée.

Si la formule de notre convocation a pu prêter, par' son laconisme, à une interprétation contraire, nous n'hésitons pas a déclarer qu'elle a trahi notre pensée.

Toute objection de forme étant ainsi écartée, nous ne doutons pas, 'Monsieur le ministre, que'vous ne leviez les entraves apportées à une manifestation qui, loin de pouvoir être taxée d'excilation à la guerre civile, a au contraire pour but de la faire cesser et de fournir au gouvernement le moyen de dénouer, par l'intervention légitime de l'opinion nublique, la situation la plus douloureuse qui ait jamais pesé sur la Francie:l.,.',,,.;.;.,.:

Agréez, Monsieur le ministre,, 'assurance de nos sentiments respectueux.

Bouvatier, Bbuloo, Chaverot, Barbecot, Bacdy,

Bouchu, Condamw, Cottin, Colon, Chaverot, i!..i.. il'-i, .Ci Çhcpié, Crestin, Despeignes, Durand,

V.i.j., Ferrouillat,Fertqret, IiénÔn, birrmEii, Pascot,

RtFFiN, Vaille,, V Allier, Verrière. .8i.'.. il!.'Jlll -!.. '/ j .. '.: i; *L'Avenir national* fit remarquer que, pas plus à Lyon qu'à Bordeaux, les citoyens qui avaient pris la louable initiative d'un congrès de conseillers municipaux, n'avaient songé à engager les conseils municipaux comme corps constitués dans une action politique. Ils avaient simplement cherché à convoquer une réunion de citoyens *notables,* capables d'éclairer le gouvernement d'une façon tout officieuse, sur les dispositions de la majorité des villes de France. Cette intervention ne pouvait et ne devait avoir, tous l'avaient ainsi compris, d'autre caractère que celui d'une imposante manifestation du sentiment public. En continuant à refuser systématiquement d'entendre les conseils de la France, le gouvernement de Versailles commettait, une faute immense et portait une très-grave atteinte aux libertés publiques.

L'effet du décret de la Commune concernant le dégagement gratuit, par voie' de tirage, des objets engagés au Mont-de-Piété, depuis 1869, se faisait sentir. On pouvait voir aux diverses mairies, un nombre considérable de personnes venant chercher les numéros tirés au sort. Aux alentours des trois grands bureaux du Mont-de-Piété, la foule était si nombreuse, que les gardes nationaux avaient peine à établir un peu d'ordre dans ces groupes de personnes, désireuses de rentrer en possession de quelques hardes qu'elles y avaient déposées dans des temps peut-être moins durs que ceux qu'on traversait.

Lundi 15 mal t89I

La situation militaire devenait chaque jour plus périlleuse. De Vaugirard à Neuilly, le rempart était, depuis quelque temps déjà, la seule protection des fédérés; et sur les points les plus menacés de ce vaste périmètre, l'intensité du bombardement ne leur permettait pas d'y demeurer.

Le Comité de salut public modifia, ainsi qu'il suit, le 15 mai, la Commission militaire:

Le.Comité de salut public
Arrête:

Art. lr. —La Commission militaire sera composée de sept membres au lieu de cinq.

Art. 2. — Les citoyens Bergeret, Cournet, Géresme, Ledroit, Lonclas, Sicard et Urbain sont nommés membres de la Commission militaire, en remplacement des citoyens Arnold, Avrial, Johannard, Tridon et Varlin.

Hotel-de-Ville, le 25 floréal an 79.

Par décision du même jour, le service de la place fut transféré au ministère de la guerre:

Le Comité de salut public,

Considérant que, dans les circonstances actuelles, il importe de centraliser, autant que possible, la direction du mouvement des troupes, Arrête:

Le service de la place de Paris est transféré dans les bureaux du ministère de la guerre, rue Saint-Dominique-Saint-Germain.

Le mouvement des troupes et tout ce qui concerne le service des armées de l'aile droite, du centre et de l'aile gauche, sera dirigé par le chef d'état-major du ministère de la guerre.

Le citoyen colonel Henri, actuellement commandant la place de Paris, à l'École militaire, est mis à la disposition du ministère de la guerre.

Hôtel-de-Ville, le 25 floréal an 79.

Le Comité de salut publie.

Conformément à cet arrêté, le colonel d'état-major Henri fut nommé, par le délégué à la guerre, commandant de la place de Paris.,

L'arrêté suivant, du délégué a guerre, interdit aux officiers de se servir de fusils:

Il est interdit aux officiers de tout grade de paraître à leurs bataillons avec des fusils.

Pour le plaisir de tirer sur les Versaillais, ces citoyens négligent d'exercer sur les hommes qu'ils commandent l'action que leur réserve leur grade.

De là vient un défaut de direction regrettable pendant le combat» Abindonnés à eux-mêmes, les gardes nationaux se battent à l'aventure.

Le délégué civil à la guerre rappelle aux généraux, colonels et chnfs de bataillon de tenir la main à ce que le présent ordre soit scrupuleusement exécuté. Ils auront aussi à prendre les mesures nécessaires à l'effet de mettre à la disposition du ministère de la guerre les armes abusivement employées par les officiers, et qui, pour la plupart, sont des armes à tir rapide, dont nous avons si grand besoin pour les compagnies de marche.

Paris, le 15 mai 1871.

Le délégué civil à la guerre,
Dei.escldze.

Le Comité de salut public, qui avait la prétention d'inspirer à tous, surtout à ses adversaires, une terreur salutaire, fit paraître au *Journal officiel* du 15 mai un arrête qui devait provoquer une hilarité générale, un dédain unanime. Il était ainsi conçu:

Le Comité de salut public,

Considérant que. ne pouvant' vaincre par la force la population de Paris, assiégée depuis plus de quarante jours pour avoir revendiqué ses franchises communale, le gouvernement de Versailles cherche à introduire parmi elle des agents secrets dont la mission est de faire appel à la trahison,

Arrête: '.»'-i'. .
,. ii '.,.''.'

Art. 1. — Tout citoyen devra être muni d'une carte d'identité contenant ses nom, prénoms, profession, âge et domicile, ses numéros de légion, de bataillon et de compagnie, ainsi que son signalement.

Art. 2. — Tout citoyen trouvé non porteur de sa carte sera arrêté et son arrestation maintenue jusqu'à ce qu'il ail établi régulièrement son identité,

Art. 3» — Cette carte sera délivrée

par les soins des commissaires de police sur pièces justificatives, en présence de deux témoins qui attesteront par leur signature bien connaître le demandeur. Elle sera ensuite visée par l'autorité compétente.

Art. 4. — Toute fraude reconnue sera rigoureusement réprimée.

Art. 8. — L'exhibition de la carte d'identité pourra être requise par tout garde national.

Art. l. — Le délégué à la sûreté générale, ainsi que les municipalités, sont chargés de l'exécution du présent arrêté dans le plus bref délai.

. Hôtel-de-Ville, le 2i floréal an 79. *Le Comité de salut public.*

L'exécution de ce décret, si elle avait lieu, — tous les décrets de la Commune n'étaient heureusement pas exécutés, — devait avoir pour conséquence de rendre la circulation dans les rues de Paris difficile et désagréable. Les gardes nationaux y étaient nombreux, et chacun d'eux, soupçonnant en vous un traître, eût pu exiger l'exhibition de votre carte de civisme. Par ce temps de méfiance inconsidérée, on risquait d'être arrêté à chaque pas pour se voir sommé de satisfaire aux exigences d'un zèle exagéré.

Stupide réminiscence d'un passé suranné, cet arrêté conférait à tous les gardes nationaux, par cela seulement qu'ils étaient gardes nationaux, une autorité judiciaire qui, dans une société convenablement organisée, ne doit être accordée qu'à des hommes sensés et calmes. Cet arrêté pouvait susciter, à tout moment, les altercations, les collisions les plus regrettables; il vous mettait à la merci du premier passant venu, qu'il fût imbécile ou grincheux.

Tous les journaux qui n'étaient pas admirateurs *quand même* de la Commune firent de cette décision l'objet de leurs moqueries;.elle égaya les Parisiens pendant quelques instants, résultat inestimable, car alors on n'avait pas tous les jours sujet de rire.

Continuant à réclamer abusivement les redevances dues à tat, et dans le but d'accroître, dans le plus bref délai possible, les ressources dela Commune, le délégué aux finances rendit l'arrêté suivant: . i .:,...:....i., ; M

Le délégué aux finances,. ,1,., ;,,i,,-.
,,,

Vu les lois du 5 juin 1850 et 2 juillet 1862, fixant les droits de timbre à payer par les compagnies d'assurances contre l'incendie et la grêle pour les polices d'assurance;

Va le rapport du directeur de l'enregistrement;

Considérant que le payement par sempstrede droits aussi considérables que ceux dus piir les compagnies d'assurances cause un véritable préjudice au Trésor,... ... /

Arrête:., ; i .. i...''.. '.i. i i'.' '.;.'

Art. 1. — Le payement du droit de timbre par abonnement des polices d'assurances contre l'incendie et la grêle, s'effectuera à l'avenir tous les trois mois.

Art. 2. — En conséquence, le trimestre échu sera versé dans les quarante-huit heures de l'insertion au *Journal officiel,* à la caisse de l'administration de l'enregisirement et du timbre, eu prenant pour base de l'assiette de l'impôt l'exercice précédent...,.

Art. 3. — Cette perception sera régularisée par des états fournis par les compagnies d'assurances des valeurs par elles assurées pendant l'année 1870, et après un contrôle sérieux.

Les compensations en plus ou moins seront admises sur les mois suivants.,.

Art. 4. — Le directeur de l'enregistrement et du timbre est chargé de l'exécution du présent arrêté.

Le membre de la Commune délégué aux finances, . " 1. 'JoVRBE. "'. " ' '

Par note insérée à *VOfficiel* du 15 mai, le chef de la délégation scientifique, le citoyen Parisel, invita « tous les détenteurs de soufre, phosphore et produits de cette nature à en faire la déclaration, sous trois jours, à la délégation scientifique. »

L'absence de la plupart des membres de la Commune ne permit pas d'ouvrir la séance, le 15 mai. Les membres présents, appartenant à la minorité de la Commune, protestèrent contre cette absence inconvenante, puisqu'elle était concertée.

Les membres appartenant à la minorité de la Commune avaient résolu do lire, à la séance qui devait avoir lieu régulièrement le lundi 15 mai une déclaration qui aurait, sans doute, fait disparaître les malentendus politiques existant dans l'AssebIée.

L'absence de presque tous les membres de la majorité n'a pas permis l'ouverture de la séance.

Il est donc de notre devoir d'éclairer l'opinion publique sur notre attitude, et de lui faire connaître les points qui nous séparent de la majorité.

Les membres présents,
Arthur Arnould, Ostyn, Ch. Loncuet. Arnold,
Lefrançais, Serraili.er, Jules Vallès, G. Courbet, Victor Clément, Jourde. Varlin,
Vermorel.

Voici la *Déclaration* dont il est parlé dans la note précédente:

DÉCLARATION

Par un vote spécial et précis, la Commune de Paris a abdiqué son pouvoir entre les mains d'une dictature, à laquelle elle a donné le nom de Comité de salut public.

La majorité de la Commune s'est déclarée irresponsable par son vote, et a abandonné à ce Comité toutes les responsabilités de notre situation.

La minorité à laquelle nous appartenons affirme, au contraire, cette 'dée, que la Commune doit an mouvement révolutionnaire politique et social d'accepter toutes les responsabilités et de n'en décliner aucune, quelque dignes que soient les mains à qui on voudrait les abindonner.

Quant à nous, nous voulons, comme la majorité, l'accomplissement de la rénovation politique et sociale; mais, contrairement à sa pensée, nous revendiquons, au nom des suffrages que nous représentons, le droit de répondre seuls de nos actes devant nos électeurs, sans nous abriter derrière une suprême dictature que notre mandat ne nous permet pas de reconnaître.

Nous ne nous présenterons plus à l'Assemblée que le jour où elle se constituerait en cour de justice pour juger un de ses membres.

Dévoués à notre grande canse communale, pour laquelle tant de citoyens meurent tous les jours, nous nous retirons dans nos arrondissements, trop négligés peut-être. '

Convaincus, d'ailleurs, qne la question de la guerre prime toutes les autres, le temps que nos fonctions municipales nous laisseront, nous irons le passer au milieu de nos frères de la garde nationale, et nous prendrons notre part de cette lutte déoisive, soutenue au nom des droits du peuple.,,,.,,,-.,

Là encore, nous servirons utilement nos convictions et nous éviterons de créer dans la Commune des déchirements que nous réprouvons tous; car nous sommes persuadés que, majorité ou minorité, malgré nos divergences politiques, nous poursuivons tous le même but:

La libené politique;

L'émancipation des travailleurs.

Vive la République sociale!

Vive la Commune!

Signé: Ch. Beslay, Jopbde, Theisz, Lefbancais,
Eugène Gébardin, Vebmobel, Clémence,
Andrieix, Serrailler, Ch. Longuet, Arthur Arkould, Victor Clément, Avrial, Ostyn, Franckel. Pinby. Arnold, Jules Vallès, Tridon, Varlin, Gustave Courbet.

Le lendemain, les journaux publièrent la lettre suivante, du citoyen Malon, qui déclarait adhérer à la résolution précédente: Paris, le 16 mai 1871.
Citoyen rédacteur,

Veuillez insérer les lisnps suivantes dans votre prochain numéro: Si j'avais pu assister à la séance du 13 mai, j'aurais signé la *Déclaration de la minorité de la Commune.* J'en accepte ions les termes.

Après avoir vu fonctionner le Comité de *salut public,* contre l'établissement duquel j'ai voté, ainsi que mes collègues, je reste convaincu que les réminiscences de 93 n'auraient jamais dû entrer dans la Révolution sociale et prolétarienne inaugurée le 18 mar.«.

Salut et fraternité.

Le membre de la Commune, délégué au XVII" arrondissement,

B. Malon.

Vingt-deux membres de la Commune, parmi lesquels la plupart s'étaient énergiquement opposés aux résolutions violentes et insensées votées par la majorité, se séparaient de leurs collègues, dont ils réprouvaient ouvertement la conduite. Cette scission trop tardive et insuffisamment motivée par la Déclaration que nous venons de reproduire, ne pouvait avoir pour conséquence de faire réfléchir la majorité, de l'arrêter dans la voie fatale où elle s'était engagée. La plupart des membres qui la composaient étaient parvenus au paroxysme de l'exaltation, à ce degré où le raisonnement n'a plus guère d'action sur l'individu. La démonstration de la minorité ne pouvait pas davantage amener ceux des partisans de la Commune qui étaient peu sympathiques à ses décisions récentes, à tenter de la modifier ou de la renverser. Bien qne ceux-ci regrettassent les actes et les tendances actuelles de la Commune, ils continuaient néanmoins à la soutenir. Entraînés par la force des choses, ils pressentaient vaguement que la combattre maintenant, c'était fournir un appui aux menées réactionnaires,et devenir inconsciemment leur auxiliaire.

La Déclaration de la minorité n'eut donc, en réalité, d'autre effet que celui de sauvegarder la responsabilité personnelle de ses signataires et de les dégager de toute solidarité avec la majorité, dans ses résolutions ultérieures. Par suite de l'abstention systématique de la minorité, la Commune n'avait plus même l'apparence d'un pouvoir constitué; elle était livrée à toutes les aberrations des volontés individuelles.

L'Avenir national faisait remarquer que cette situation ne pouvait durer:
« Evidemment des faits nouveaux vont se produire, disait ce « journal. Entre les groupes qui se heurtent au sein de la Com« mune, l'intensité des dissensions va s'accroître. L'anarchie va « s'accentuant. Le groupe qui représente l'intelligence, l'intelli« gence relative, bien entendu, ce groupe vient de laisser la place « libre aux fanatiques, aux déments. Que va-t-il sortir de cette « crise? Nous le saurons sans doute bien-

tôt. Ou il va nous être « donné d'assister aux dernières et suprêmes folies, ou il va se « produire un changement qui remettra Paris en possession de « lui-même et permettra d'espérer une solution moins doulou« reuse que celle qui nous attend, si la raison ne reprend pas « quelque droit dans notre malheureuse cité. »

Le délégué aux relations extérieures fit placarder, le 15 mai, le Manifeste suivant, adressé aux grandes villes:

AUX GRANDES VILLES i.

Après deux mois d'une bataille de toutes les heures, Paris n'est ni las, ni entamé, Paris lutte toujours, sans, trêve, sans repos, infatigable, héroïque, invaincu, Paris a fait un pacte avec la mort. Derrière ses forts, il a ses murs: derrière ses murs, ses barricades; derrière ses barricades, ses maisons, qu'il faudra lui arracher une à une et qu'il ferait sauter plutôt que de se rendre à merci.

Grandes villes de France, assisterez-vous immobiles et impassibles é ce duel à mort de l'avenir contre le paS', de la République Contre la monarchie?

Ou verrez-vous enGn que Paris est le champion de la République et du monde, et. que ne pas l'aider c'est le trahir?

Vous voulez la République, 0:1 vos votes n'ont aucun sens; vous voulez la Commune, car la repousser serait abdiquer voire part de souveraineté nationale; vous voulez la liberté politique el l'égalité sociale, puisque vous l'écrivez sur vos programmes; vous voyez clairement que l'armée de Versailles est l'armée du bonapartisme, du centralisme monarchique, du despotisme et du privilège, car vous connaisse! ses chefs et vous vous rappelez leur passé.-, '...! —.:.1/

Qu'ailcndcz-vous donc pour vous lever? Qu'attendez-vous pourchasser de votre sein les infâmes agents de ce gouvernement de capitulation et de honte?. iv!.. "i i '.. .;-i-. "..'

Attendez-vous quo les soldats du droit soient lombes jusqu'au dernier sous les balles empoisonnées de Versailles?...'..r-,,-,, v, .

Attendez-vous que Paris, soit trans-

formé en cimetière et chacune de ses maisons en tombeau?. ...,... .'i . a .. i -.f, . I-i1

Grandes villes, vous lui avez envoyé voire adhésion fraternelle! Vout lui avez dit: De cœur je suis avec toi!.vivic .J

Grandes villes, le temps n'est plus aux manifestes, le temps est aux actes, quand la parole est au canon..»! i:'-iiu.!

Assez de sympathies platoniques ; vous avez des fusils et dos muni, tions: Aux armes! villes de France. .

Paris vous regarde, Paris attend que voire cercle se serre autour de ses lâches bombardears et les empêche d'échapper au châtiment qu'il leur réserve....

Paris fera son devoir et le fera jusqu'au bout.

Mais ne l'oubliez pas: Lyon, Marseille, Lilte, Toulouse, Nantes, Bordeaux et autres!... si Paris succombait pour la liberté du monde, l'histoire vengeresse aurait le droit de dire que Paris a été égorgé parce que vous avez laissé s'accomplir l'assassinat!

Paris, 15 mai 1871. fc '"-! ''.i 'i' ' ".'. '. "i i'-'i'-'li Le 'délégué de la Commune aux 'relations extérieures, '.: '-'. '.'' '! ". '-"i" Pascii.vl GitorJsSET.

Cette pièce ridicule conviait la province à un appel aux armes, alors qu'il ne pouvait.être question que d'une intervention morale aboutissant à une conciliation qui désarmât les combattants. Loin d'être atteint, ce but pouvait être gravement compromis par la publication de ce Manifeste aux grandes villes. Ceci indique combien certains membres de la Commune avaient peu conscience des nécessités de la situation et combien ils ignoraient les dispositions de la province. ;--,',,;-itj.'hu? » ta défûpmop ds,b.ôtel de M. Thiers avançait rapidement.

À ce propos, le directeur des domaines prit l'arrêté suivant, que nous nous dispensons de commenter; sa grossièreté nous répugne:

Sur la délibération approuvée du Comité de salut public, le citoyen Jules Fontaine, directeur général des domaines,

En réponse aux larmes et aux menaces de Tbiers, le bombardeur, et aux lois édictées par l'Assemblée rurale, sa complice, Arrête:

Art. ".—Tout le linge provenant de la maison Tbiers sera mis à la disposition des ambulances.

Art. 2. — Les objets d'art et livres précieux seront envoyés aux bibliothèques et musées nationaux.

Art. 3. — Le mobilier sera vendu aux enchères, après exposition publique au garde-meubles.

Art. 4. — Le produit de cette vente restera uniquement affecté aux pensions et indemnités qui devront être fournies aux veuves et orphelins des victimes de la guerre infâme que nous fait l'ex-propriétaire de l'hôtel Georges.

Art. 5. — Même destination sera donnée à l'argent que rapporteront les matériaux de démolition.

Art. 6.— Sur le terrain del'hôtel du parricide sera établi un square public.

Paris, le 25 floréal an 79.

Le directeur des domaines, i. Fontaine.

Le principe d'une suspension d'armes pour permettre aux populations de Montrouge, de Vanves et d'Issy de quitter leurs maisons menacées par les opérations de guerre, avait été accepté par le gouvernement et par la Commune. Mais, à la suite d'une visite dans les localités en question, il fut reconnu que l'armistice était devenu inutile; les habitants de ces villages avaient pu chercher un refuge en deçà des lignes versaillaises. Dans cette situation, la *Ligue pour les droits de, Paris* pensa qu'il n'y avait plus lieu de continuer les démarches commencées.

Plus encore que les insuccès militaires, les actes ineptes et odieux que la Commune accumulait faisaient présager une solution prochaine à la lutte entreprise.

A l'époque où nous sommes parvenus, la situation était assez exactement appréciée par *la Vérité,* qui disait: !.'. '.-i-.' '...: i. '. '. :':,. *a* Tout cela n'est rien. Mais, chose plus sérieuse, il y a la protestation de la minorité de la Commune. Depuis deux mois, nous avons appris à faire des distinctions entre ces hommes qu'un semblant d'élection a investis d'un pouvoir dictatorial. Nous avons pu les juger, eux tous, ou à peu

près tous, également inconnus la veille; discerner les fous, les épileptiques, les rêveurs, les hommes absolument incapables, et le petit nombre de ceux qui jouissaient de quelques idées, de quelque raison, d'une notion plus ou moins juste de la réalité des choses.

Ceux-là protestent et se retirent; ils sont vingt-et-un. Que restera-t-il dans la majorité? Encore auraient-ils pu se retirer plus dignement; donner franchement leur démission; il leur plaît mieux de garder leur mandat, de se réserver le droit de siéger comme juges, si l'on vient à arrêter encore quelqu'un de leurs collègues. Ils sont des membres honoraires de la Commune. Ils se proposent de partager le temps entre leurs arrondissements respectifs, les délégations qui leur sont confiées et les visites aux remparts.

« Autre symptôme encore. La commission militaire est renouvelée; elle se compose aujourd'hui de sept individus, de sept des chefs du mouvement du 18 mars, qui avaient solennellement promis de rentrer dans l'ombre, de se dissoudre après les élections communales, et qui sont restés organisés. Ces sept personnages remplissent le double rôle de membres actifs de la Commune et de chefs d'une société secrète. C'est leur société secrète qui a gouverné en réalité depuis deux mois, contrecarrant sans cesse l'action du pouvoir de la Commune, et qui tend à s'y substituer pour la crise suprême. Ils ont obtenu ce qu'ils désiraient, leur heure de domination, et peu leur importe que cette heure soit la dernière de la résistance de Paris.

« Peu nous importe aussi. Du jour où la Commune est sortie de sa voie, et a substitué une misérable parodie de 1793 aux justes revendications des franchises de la cité, nous avons prévu que sa chute ne serait plus qu'une question de temps. Les événements d'aujourd'hui nous montrent que le temps approche, et peut-être, dans cette ruine misérable d'une belle cause, convient-il de se féliciter, si les vainqueurs ne trouvent devant eux que des meneurs sans mandat d'une société secrète, telle que celle de la Fédération de la garde nationale, au lieu d'hommes investis à un degré quel-

conque par le suffrage universel. » ,'" .- -i . / îi /.'-.i i J'., i-i-.,:...'

Sur toute la ligne, de Bicêtre à Âsnières-Clichy, il n'y a à constater, dans la journée-du 1.6 mai', que des combats d'artillerie auxquels les bastions 70 et 74 prirent! une part très-considérable; ils s'efforçaient d'inquiéter les travaux des Versaillais dans le village d'Issy et au lycée de Vanvès. Les batteries des Buttes-Montmartre continuèrent à tirer, cette fois avec justesse, sur Gennevilliers et sur Bécon, ce qui occasionnait un véritable bombardement de la fraction des Batignolles située du côté de Montmartre.

Les travaux d'approche effectués par les Versaillais dans le bois de Boulogne paraissaient à peu près terminés.'

Continuant à parodier niaisement la grande époque révolutionnaire, le Comité de salut public décida, par l'arrêté suivant, qu'un commissaire civil serait adjoint à chacun des généraux chargés de la direction militaire: i..: i

Le Comité de salut public,,.. /,.., .j,

Considéranl que, pour sauvegarder les intérêts de la Révolution, il est indispensable d'associer l'élément civil à l'élément militaire;

Que nos pères avaient parfaitement compris que cette mesure pouvait seule préserver le pays de la dictature militaire, laquelle tôt ou tard aboutit invariablement à l'établissement d'une dynastie;

Vu son arrêté instituant un délégué civil à la guerre.

Arrête: »..--,.i.-:.,.

Art. 1.— Des commissaires civils,représentants de la Commune, sont délégués auprès des généraux des trois armées de la Commune.

Art. 2. — Sont nommés commissaires civils: 1 Auprès du général Dombrowski, le citoyen Dcrcure; 2 Auprès du général La Cécilia, le citoyen Johannard; 3 Auprès du général Wrobleski, le citoyen Léo Melliet. Hôtel-de-Ville, le 26 floréal an 79.

Le Comité de salut public,

Ast. Arnaud, Billioray, E. Eudes, F. Gambon, G. Ranvier.

Sur la proposition du délégué à la guere, le citoyen Moreau, membre du

Comité central, fut chargé de la direction de l'intendance. On le voit, le Comité central s'insinuait partout et prenait la direction de tous les services de la guerre.

Désireux de centraliser entre les mains du délégué à la guerre « tous les moyens d'action, » le Comité de salut public réunit le service de la télégraphie aux attributions du ministère de la guerre.

L'arrêté suivant, concernant la police des chemins de fer, avait pour but d'éviter toute surprise par voies de communications:

Le Comité de salut public

Arrête

Art. 1".—Tous les trains, soit de voyageurs, soit de marchandises, de jour et de nuit, se dirigeant sur Paris par une ligne quelconque, devront s'arrêter hors de l'enceinte, au point où est établi le dernier poste de la garde nationale.

À cet effet, un signal spécial sera placé au point d'arrêt par les soins des administrations compétentes.

Art. 2. — Aucun train ne pourra dépasser la limite précitée sans avoir été préalablement visité par l'un des commissaires de police délégués à cet effet.

Art. 3. — Les travaux nécessaires seront immédiatement exécutés à la hauteur de l'enceinte, pour être en mesure de détruire instantanément tout train qui essaierait de forcer la consigne.

Art. A. — Un délégué civil faisant fonctions de commissaire de police spécial aura le commandement du poste chargé de visiter les trains au point d'arrêt.

Art. S.— Le membre de la Commune délégué aux relations extérieures, d'accord avec le délégué civil à la guerre, est chargé de l'exécution du présent arrêté.

Le délégué de la Commune près les chemins de fur prendra ses ordres à cet égard.

Fait à Paris, le 16 mai 1871.

Le Comité de salut public.

Pour copie conforme:

Le secrétaire général,

Henri Brissac.

Le délégué aux services publics ordonna, par arrêté du 16, à « tous les dépo-
sitaires de pétrole ou autres huiles minérales » d'en faire la déclaration, dans les quarante-huit heures, aux bureaux de l'éclairage, à l'Hôtel-de-Ville.

Le chef de la délégation scientifique informait le public, par une note insérée à *l'Officiel* du 16 mai, qu'on procédait à la formation d'équipes de fuséens:

La délégation scientifique, rue de Varennes, 78, forme quatre équipes de fuséens pour le maniement des fusées de guerre.

Le citoyen Lutz, chargé de cette formation, prendra le commandement de ces équipes.

Il ne sera admis dans les équipes de fuséens que d'anciens artilleurs ou artificiers ayant en pyrotechnie des connaissances suffisantes.

En dehors de la solde d'artilleur, les fuséens recevront une haute paye fixée à un franc par jour.

Les inscriptions sont reçues à la délégation scientifique, 78, rue de Varennes, de huit heures du matin à cinq heures du soir (bureau militaire).

Chaque équipe sera composée de douze fuséens, cadre compris. Le registre d'inscription sera fermé dès que les équipes seront complètes.

La note suivante, assez énigmatique, du délégué aux relations extérieures, figura au *Journal officiel* du 16 mai:

Quelques journaux ont paru croire que l'adhésion de la Commune à la Convention de Genève avait pour résultat de proscrire l'usage des nouveaux engins de guerre dont dispose la Révolution.

Si les rédacteurs de ces journaux avaient pris la peine-d'étudier la question qu'ils traitaient, et, tout au moins, de lire les dix articles de la Convention de Genève, ils se seraient épargné une protestation injuste et inutile.

La Convention de Genève n'a pour but et pour effet que de garantir la neutralité des édifices et du personnel des ambulances militaires. A la reconnaissance de cette neutralité se borne l'adhésion de la Commune.

Quant aux forces terribles que la science met aux mains de la Révolution, la Convention de Genève n'en réglemente pas l'usage. C'est un soin dont se
sont acquittés, jusqu'à ce jour, les despotes couronnés qui vivent de la guerre et qui savent trop bien que la guerre deviendrait à jamais impossible par l'emploi des moyens modernes, pour ne pas s'interdire religieusement l'usage de ces moyens.

Le docteur Sémerie, récemment nommé directeur général des ambulances, déclara n'avoir pas autorisé les quêtes que l'on effectuait chaque jour, dans Paris, au profit des blessés:

De nombreuses quêtes sont faites chaque jour au profit dis blessés, par des personnes qui portent les insignes de la Convention de Genève. Sans vouloir arrêter en rien l'élan de la charité privée en faveur des victimes de la guerre, le directeur général du service médical et des ambulances civiles et militaires déclare que, pour sa part, il n'a autorisé aucune de ces quêtes, auxquelles il est et veut rester complètement étranger.

Cette observation s'applique également aux concerts et représentations dramatiques.

Paris, le 16 mai 1871.

Dr Sémerie.

La solde de la garde nationale donnait lieu à de graves abus. Ainsi que cela avait déjà eu lieu sous le gouvernement de la défense nationale, les effectifs signalés par certains capitaines étaient falsifiés et exagérés. Pour remédier à ces exactions, le délégué aux finances institua une direction chargée spécialement du contrôle des finances pour la solde de la garde nationale.

Le Comité de salut public faisait appel « à tous les travailleurs « terrassiers, charpentiers, maçons, mécaniciens, âgés de plus de « quarante ans. Un bureau devait être immédiatement ouvert dans « chaque municipalité pour l'embrigadement de ces travailleurs, « qui seraient mis à la disposition de la guerre et du Comité de « salut public. — Une paye de trois francs soixante-quinze cen« times leur était allouée. » Ceci montre qu'on s'occupait à préparer la défense à l'intérieur.

Les travaux d'approche effectués, terminés par les Versaillais, rendaient de plus en plus urgente l'exécution des travaux de défense à l'intérienr de Paris.

Le général Cluseret insistait sur leur extrême importance dans la lettre suivante, adressée le 16 mai, à l'un de ses collègues:

Hôtel-de-Ville, le 16 mai 1871. Mon cher collègue,

La différence enire l'état de la défense telle que je l'ai quittée le 50 et telle que je la retrouve le 15 mai me force à rompre le silence que je m'étais imposé.

J'avais ordonné à plusieurs reprises, avant mon arrestation, au citoyen Gaillard père de cesser les travaux inutiles des barricades intérieures pour concentrer toute son activité de barricadier sur la barrière de l'Étoile, la place du Roi-de-Rome el celle d'Eylau.

Ce triangle forme une place d'armes naturelle; en y joignant la place Wagram et barricadant l'espace restreint compris entre la porte de Passy et la porte de Grenelle, on a une seconde enceinte plus forte que la première.

J'avais donné l'ordre au colonel Rossel de faire faire ce travail, et, pour plus de sûreté, dérogeant aux habitudes hiérarchiques, j'avais donné des ordres directs au citoyen Gaillard père, en présence du colonel Rossel, sachant qu'il n'écoutait que ce dernier.

Non content de cela, dès le second jour de mon arrestation, j'écrivais au citoyen Protot et à la Commission exécutive de donner toute leur attention à ce travail indispensable. Mestordres ont-ils cté exécutes? On me dit que non. Il importe qu'ils le soient et de suite.

Ils peuvent l'être dans les vingt-quatre heures, si la population veut s'y mettre de bonne volonté.

Mais il ne faut pas à la barrière de l'Étoile, au Trocadéro, à Wagram et au rond-point de Grenelle des travaux d'amateur. 11 faut des travaux comme ceux de la rue de Rivoli.

Ces travaux, que j'avais ordonnés comme mesure de précaution, sont devenus des travaux *d'urgence* depuis qu'en mon absence on a laissé prendre Issy et surtout commis ceue faute énorme: laisser envahir le bois de Boulogne, mouvement que je faisais surveiller chaque nuit et qui ne se serait jamais accompli si j'avais été là. Maintenant nous avons à subir un siège en règle. Aux travaux d'approche, il faut opp iser des travaux de contre-approche, si vous ne voulez pas vous réveiller un de ces matins avec l'ennemi dans Paris.

Aux batteries, il faut opposer des batteries, à la terre, de la terre. En un mot, faire une guerre de position. Opposer des poitrines d'hommes à des projectiles est insensé. C'est du métier, rien que du métier qu'il faut. C'est pourquoi je ne suis nullement étonné de la différence entre la situation du 30 avril et celle du 15 mai.

Mais récriminer n'avance à rien. C'est de l'action qu'il faut et de la science.

Je dis au peuple ce qu'il y a à faire. Qu'il le fasse ou le fasse faire.

Viendra ensuite la troisième ligne, allant de la porte Saint-Ouen au poni de la Concorde, qui utilisera les fameux travaux de la rue de Rivoli.

Salut fraternel.

Général 3. Cluseret. . «

Une véritable hécatombe de journaux avait eu lieu dans la matinée, sur les ordres du délégué à la sûreté générale. Le *Journal officiel* n'en fit pas mention. Les journaux supprimés par cette mesure inique étaient . *le Siècle, la Discussion, le National, l'Avenir national, le Corsaire, le Journal de Paris.*

Le nombre des journaux sérieux et sensés était maintenant très-restreint. Les nombreuses suppressions qui avaient été prononcées à plusieurs reprises n'avaient cependant pas fait disparaître tous les journaux qu'elles atteignaient; un certain nombre d'entre eux reparurent presque immédiatement sous d'autres titres.

Ces attaques réitérées à la liberté de la presse suscitaient à l'un des rares journaux qui avait évité jusqu'alors toute poursuite, quoiqu'il n'ait pas ménagé cependant le blâme à la Commune, les réflexions que nous reproduisons:

« Nous sommes, pour notre part, particulièrement affligés

« de voir notre droit respecté par la prétendue Commune qui « siège à l'Hôtel-de-Ville. En effet, — loin de nous la pensée de « le dissimuler à l'heure où le triomphe imminent de la réaction « peut rendre un tel aveu dangereux, — nous sommes de ceux « qui, comme *l'Avenir national,* ont commis l'erreur de croire « qu'il y avait au fond du mouvement révolutionnaire du 18 mars. « quelque chose de plus sérieux qu'une vulgaire insurrection « n'ayant pour but que le carnage.

'(. Nous n'étions pas les seuls à nous faire de telles illusions. « Beaucoup d'honnêtes gens, sincèrement épris de l'idée des « franchises municipales, entraînés d'ailleurs par la haine qu'ils « éprouvent contre le gouvernement de Versailles, ont un instant « confondu la cause de la liberté parisienne avec celle de la Com« mune; ils s'en repentent aujourd'hui.

« Où nous ne nous sommes pas trompés, c'est quand nous « avons dit à la Commune que ses jours étaient comptés et qu'en « ayant recours à la force, elle nous conduisait aux plus grands « désastres. Cela n'a pas empêché que la guerre n'éclatât, pas « plus que nos protestations n'empêchent aujourd'hui les journaux « d'être supprimés, les individus d'être arrêtés. Si impuissante « que puisse être notre voix, il ne sera pas dit cependant que « nous n'avons pas maudit les hommes de la Commune alors « qu'ils étaient encore au pouvoir, qu'ils possédaient la dictature « et qu'ils en abusaient. Oui 1 maudits soient ces hommes qui « ayant eu en main la plus belle des causes, n'ont cessé de la « trahir indignement. Si les fautes du gouvernement de la défense % nationale ont compromis l'établissement de la République en « France, on peut dire que le gouvernement de la Commune a « compromis l'existence même de la liberté la plus modérée. « N'ont-ils pas ménagé à la force brutale, au militarisme, un « triomphe éclatant? N'ont-ils pas su rendre odieuse la garde « nationale qui, sans eux, aurait pu, dans un délai rapproché, « remplacer l'armée? N'ont-ils pas enfin essayé de démontrer à « la face du monde que tous les partis qui, en France, font de « l'opposition, n'ont qu'un but, s'emparer de la dictature, et que « s'ils réclament la liberté, c'est pour mieux exercer le des« potisme! » *(La Vérité.J*

En exécution du décret de la Commune, ordonnant la démolition de la colonne Vendôme, on effectuait depuis plusieurs jours des travaux afin de la faire tomber tout d'un bloc.

Nous n'avons pas à reproduire ici les raisons qui nous ont fait réprouver la chute de ce monument, bien que nous ne partagions pas l'admiration que sa vue inspire à certains de nos concitoyens.

Le projet de faire tomber, d'un seul coup, cet énorme fût, était jugé audacieux, voire même imprudent par beaucoup de personnes. Voici quelles dispositions on avait prises pour mener à bien cette opération.

A la base de la colonne, du côté qui était en regard de la rue de la Paix, on pratiqua une entaille en biseau jusqu'au tiers environ du diamètre; et de l'autre côté, sur le même plan, on scia la pierre, on y enfonça des coins en fer, les premières plaques de bronze ayant été préalablement retirées. Un câble très-fort entourait le sommet de la colonne à la hauteur de la plate-forme et venait s'accrocher à une moufle reliée, par un câble y passant trois fois, à une autre moufle fixée au sol. De là, le câble s'enroulait sur un cabestan établi presque à la jonction de la place Vendôme et de la rue Neuve-des-Petits-Champs, en face de la colonne. Ce cabestan était solidement retenu au sol par une ancre. Pour amortir la chute, on avait disposé sur le sol un lit de sable, recouvert de fascines et d'une épaisse couche de fumier.

Annoncée depuis quelques jours, la chute de la colonne devait avoir lieu définitivement, d'après l'indication publiée au *Journal officiel,* le matin, le 16 mai, à deux heures.

Dès midi, une foule considérable stationnait dans la rue de la Paix, aux abords de la place Vendôme, dont l'accès était interdit au public, ainsi que cela avait lieu depuis le 21 mars.

Vers trois heures et demie, on fit tourner le cabestan; le câble se tendit, se raidit. Tous regardaient, anxieux, la colonne, qui ne paraissait pas ébranlée. L'effort de tension s'effectuait déjà de-

puis plusieurs minutes lorsqu'un craquement se produisit: la poulie fixée au sol, sur laqualle s'enroulait le câble, venait d'être brisée.

L'entrepreneur chargé de la direction des travaux en fit quérir une autre plus résistante, qui fut bientôt installée à la place déterminée.

Vers cinq heures et demie, plusieurs musiques de bataillons de la garde nationale, massées dans les angles de la place, du côté de la rue Saint-Honoré, entonnèrent *la Marseillaise.* On était en mesure de procéder de nouveau à la tension du câble. Il était raidi depuis quelques minutes à peine, lorsqu'on aperçut la colonne s'incliner. Dès qu'elle eut été déplacée de la verticale d'un angle très-minime, elle se scinda aussitôt en segments qui s'affaissèrent sur le sol en produisant un fracas immense et en soulevant une épaisse poussière. Aussitôt, les spectateurs qui se trouvaient sur la place se précipitèrent sur cette ruine énorme, gravissant et contemplant les blocs de pierre.

Plusieurs membres de la Commune prononcèrent de courtes allocutions; des drapeaux rouges furent apportés de l'état-major et placés sur le socle de la colonne.

Le *Journal officiel* du lendemain consacra à cet événement l'article suivant, que nous reproduisons, sans partager bien entendu les idées qu'il exprime, comme nous l'avons fait pressentir précédemment:

RENVERSEMENT DE LA CO-LONNE VENDOME

Le décret de la Commune de Paris qui ordonnait la démolition de la colonne Vendôme a été exécuté hier, aux acclamations d'une foule compacte assistant, sérieuse et réfléchie, à la chute d'un monument odieux, élevé à la fausse gloire d'un monstre d'ambition.

La date du 26 floréal sera glorieuse dans l'histoire, car elle consacre notre rupture avec le militarisme, cette sanglante négation de tous les droits de l'homme.

Le premier Bonaparte a immolé des millions d'enfants du peuple à sa soif insatiable de domination; il a égorgé la République après avoir juré de la dé-

fendre; fils de la Révolution, il s'est entouré des privilèges et des pompes grotesquesde la royauté; il a poursuivi de sa vengeance tous ceux qui voulaient penser encore ou qui aspiraient à être libres; il a voulu river un collier de servitude aii cou des peuples, afin de trôner seul dans sa vanité, au milieu de la bassesse universelle: voilà son œuvre pendant quinze ans.

Elle a débuté, le 18 brumaire, par le parjure, s'est soutenue par le carnage et a été couronnée par deux invasions; il n'en est resté que des ruines, un long abaissement moral, l'amoindrissement de la France, le legs du second Empire, commençant au Deux Décembre pour aboutir à la honte de Sedan.

La Commune de Paris avait pour devoir d'abattre le symbole du despotisme: elle l'a rempli. Elle prouve ainsi qu'elle place le droit au-dessus de la force, et qu'elle préfère la justice au meurtre, même quand il est triomphant.

Que le monde en soit bien convaincu: les colonnes qu'elle pourra ériger ne célébreront jamais quelque brigand de l'histoire, mais elles perpétueront le souvenir de quelque conquête glorieuse dans le champ de la science, du travail et de la liberté.

La *Ligue d'Union républicaine des Droits de Paris* vota, dans la séance du 16 mai, la proposition que nous reproduisons:

Attendu l'article 2 de la Convention, réglant les conditions de l'armistice du 28 janvier 1871, lequel est ainsi conçu:

« L'armistice a pour but de permettre au gouvernement de la défense nationale de convoquer une assemblée librement élue qui se prononcera sur la question de savoir *si la guerre doit être continuée ou à quelles conditions la paix doit être faite.* La Ligue d'Union,

Considérant que, si le décret électoral du 29 janvier ne détermine ni la durée ni les pouvoirs de l'Assemblée nationale réunie à Bordeaux le 12 février 1871,

Le mandat de cette Assemblée est indiqué et limité par la disposition précitée;

Que la signature de la paix est le seul acte dont elle ait été explicitement chargée;

Que, d'ailleurs, cette Assemblée, en ne prenant pas le titre de Constituante, a d'elle-même reconnu et accepté ce mandat restreint;

Attendu que la paix est signée;

La Ligue estime que l'Assemblée nationale, spécialement élue pou conclure la pais, aura terminé son mandai le jour de la ratification du traité.

Elle invite les conseillers municipaux à formuler la même opinion.

Au nom de la Ligue, *Le secrétaire de service,*

André Lefèvre.

Dans la même séance, la *Ligue d'Union républicaine* décida qu'elle adresserait au gouvernement de Versailles une protestation contre l'arrestation arbitraire et la détention illégale de MM. Lechevalier et Villeneuve, arrêtés, comme on sait, sur le territoire d'un département qui n'était pas en état de siège, et accusés d'avoir voulu se rendre à Bordeaux, délit qui n'était pas encore prévu par aucune loi française.

A la séance de l'Assemblée nationale du 16, M. A. Peyratdé' posa une proposition, signée d'un certain nombre de ses collègues de la gauche, demandant que la République fût reconnue par l'Assemblée, d'une façon définitive, comme gouvernement de la France. Après avoir fait connaître les motifs qui l'avaient engagé, ainsi que ses collègues, à déposer cette proposition, M. Peyrat demanda sa prise en considération d'urgence. Cette demande fut repoussée à une très-forte majorité.

Par contre, la proposition ainsi conçue, formulée par M. le comte Jaubert: « La maison de M. Thiers, président du Conseil des ministres, chef du pouvoir exécutif de la République française, sera relevée aux frais de l'Etat, » accueillie par les applaudissements de l'Assemblée, fut renvoyée *d'urgence* à la Commission d'initiative parlementaire.

C'est dans cette séance que M. le comte de Melun déposa un rapport favorable à une proposition faite récemment, demandant que des prières publiques eussent lieu dans toute la France, dans le but d'attirer la protection divine sur notre malheureux pays. L'Assemblée voulait rappeler les Français au souvenir de la Providence, qui paraissait les avoir assez visiblement oubliés. Vainement M. Langlois chercha à faire comprendre à l'Assemblée qu'elle n'était pas un « concile, » mais une assemblée politique, et qu'elle ne devait point, surtout dans un pays qui reconnaît la liberté de conscience, manifester de sentiments religieux; ses protestations furent inutiles. A une effrayante majorité, 417 voix sur 420 votants, les prières publiques furent décrétées.

Hélas! hélas! à quand le rétablissement des missions de la Restauration?... ou mieux, à quand l'installation d'une autre Assemblée, moins puérile et moins rétrograde?

A propos de celte fantaisie de l'Assemblée, nous extrayons du journal *le Temps,* publié à Saint-Germain, les réflexions suivantes:

« Nous sommes embarrassés pour parler de la manifestation « qui a eu lieu à la Chambre: Une assemblée décrétant des priè« res, et les décrétant d'urgence, sous prétexte que Dieu attend. « Nous étions résignés à différer parfois de l'Assemblée, à regret« ter quelques-uns de ses actes et beaucoup de ses intempé« rances d'humeur; mais nous n'avions jamais supposé qu'elle « nous ferait une tâche si difficile du respect que l'on doit à la « représentation de son pays.

L'Assemblée a fait là une de ces manifestations qui rappel« lent la rue de Poitiers, sacrifiant avec emphase à des idées dont « elle n'est pas bien sûre, — trop débile pour croire, car la foi sin« cère ne se perd pas dans une rhétorique ridicule, — et trop « débile pour nier, car la négation, elle aussi, suppose quelque sé« rieux et des intelligences maîtresses d'elles-mêmes »

Sur la rive gauche, les batteries versaillaises s'acharnaient spécialement sur le fort de Montrouge, dont les remparts étaient bouleversés et les casernes effondrées. Il devenait difficile à la garnison fédérée de se maintenir dans ce fort, et aux artilleurs de faire sans péril le service des pièces.

Sur la rive droite, on apercevait les tranchées ouvertes dans le bois de Boulogne par les troupes de l'Assemblée, à quelques cents mètres du rempart. Les formidables batteries qui y étaient installées avaient démantelé la porte du Point-du-Jour et celle d'Auteuil, et avaient même fait brèche dans les bastions d'Auteuil.

Neuilly, Asnières et Montmartre, continuaient à soutenir avec les batteries versaillaises un duel d'artillerie.

Les employés des chemins de fer avaient été dispensés jusqu'alors du service dela garde nationale La marche des opérations militaires nécessitant, pour la Commune, la concentration de toutes les forces dont elle pouvait disposer, le Comité de salut public supprima cette dispense par l'arrêté suivant:

Le Comité de salut public.

Vu son arrêté en date du 16 floréal courant,

Considérant qu'il importe aux intérêts de la défense de ne pas tenir éloignés plus longtemps du service de la garde nationale les employés de chemins de fer, dont la présence n'est pas indispensable aux besoins actuels de l'administration et de l'exploitation des différentes compagnies;

Que la double signature du contrôleur général des chemins de fer et du délégué spécial du Comité central de la garde nationale entraine des lenteurs qu'il est indispensable d'abréger;

Considérant, en outre, que le contrôleur général est compétent pour apprécier dans quelles limites les exemptions peuvent être accordées;

Vu l'urgence,

Arrête:

Art. i. — Les certificats d'exemption du service de la garde nationale seront délivrés et signés p:ir le contrôleur général des chemins de fer, sous sa responsabilité.

Art. 2. — Le contrôleur général remettra dans les trois jours, à chaque légion, un état nominatif des employés mis à la disposition de la garde nationale.

Art. 3. — Il adressera dans la huitaine, au Comité de salut public, un rapport détaillé faisant connaître le nombre de certificats d'exemption délivrés avec motifs à l'appui, et le nombre des employés de chemins de fer mis à la disposition de chaque légion.

Ce rapport sera publié au *Journal officiel.*

Art. 4. — L'arrêté du 16 fl.réal est maintenu en tout ce qui n'est pas contraire aux dispositions du présent arrêté.

Hôtel-de-Ville, le 27 floréal an 79.
Le Comité de salut public,
Ant. Arnaud, Billiobay, E. Eudes, F. Gambon, G. Ranvie».

Le délégué à l'enseignement invita, par la note suivante, les municipalités à lui transmettre les renseignements dont elles disposaient relativement à la prompte institution d'écoles professionnelles:

Considérant qu'il importe que la Révolution communale affirme son caractère essentiellement socialiste par une réforme de l'enseignement, assurant à chacun la véritable base de l'égalité sociale, l'instruction *intégrale,* à laquelle chacun a droit, et lui facilitant l'apprentissage et l'exercice de la profession vers laquelle le dirigent ses goûts et ses aptitudes;

Considérant, d'autre part, qu'en attendant qu'un plan complet d'enseignement intégral ait pu être formulé et exécuté, il s'agit d'arrêter les réformes immédiates qui assurent, dans un avenir prochain, cette transformation radicale de l'enseignement,

La délégation de l'enseignement invite les municipalités d'arrondissement à envoyer dans le plus bref délai, au ci-devant ministère de l'instruction publique, HO, rue de Grenelle-Germain, les indications et renseignements sur les locaux et établissements les mieux appropriés à la prompte institution d'écoles professionnelles, où les élèves, en même temps qu'ils feront l'apprentissage d'une profession, compléteront leur instruction scientifique et littéraire.

Les municipalités d'arrondissement sont priées, en outre, de s'entendre avec la délégation à l'enseignement, afin de mettre le plus rapidement possible les écoles professionnelles en activité.

Paris, 17 mai 1871.
Le membre *de la Commune délégué à l'enseignement,*
Ed. Vaillant.
La séance de la Commune du 17 mai débuta par l'appel nominal, afin de constater l'absence des membres de la minorité, qui, conformément à leur *Déclaration,* ne devaient plus assister aux séances. Le citoyen Urbain donna lecture d'un rapport, rédigé par un officier de la garde nationale, constatant le viol et le massacre d'une ambulancière par un soldat versaillais. En représailles de cet acte, le citoyen Urbain proposa à la Commune de décréter « que dix individus désignés par le jury d'accusation seraient « fusillés en punition des assassinats journellement commis par « les Versaillais. Cinq des otages seraient exécutés dans l'inté« rieur de Paris, en présence de la garde nationale; les cinq autres « le seraient aux avant-postes. »

Cette proposition sanguinaire donna au citoyen Amouroux l'occasion de réclamer la réalisation immédiate du décret concernant les otages; il exprima le désir de voir frapper surtout les prêtres.

Le procureur de la Commune, Raoul Rigault, pour donner satisfaction aux sentiments de vengeance qui venaient d'être exprimés, proposa que le jury d'accusation « puisse provisoire« ment, pour les accusés de crimes ou délits politiques, prononcer « des peines, exécutoires dans les vingt-quatre heures, aussitôt « après avoir statué sur la culpabilité des accusés. » Il annonça que le jury d'accusation était convoqué pour le lendemain.

Le délégué à la justice, n'étant pas d'accord avec le procureur dela Commune, demandait que la discussion fût renvoyée au lendemain, maïs les convocations pour le jury d'accusation étant lancées, il se borna à exiger l'exécution du décret sur les otages, ct la Commune adopta en conséquence l'ordre du jour suivant:

« Se référant à son décret du 7 avril, la Commune en demande la réalisation immédiate, »

Ce vote, qui manifestait quelles passions viles et sauvages dominaient maintenant la majorité de la Commune,

provoqua de la part de *la Vérité* les réflexions suivantes, auxquelles nous nous associons pleinement:

« Quand nous avons apprécié, comme il le méritait, le dé

« cret du 7 avril, ordonnant l'arrestation à titre d'otages, des per« sonnes suspectes, et leur exécution sommaire, dans la propor« tion de trois pour un, en représailles des exécutions faites à « Versailles, nous pensions encore que ce décret resterait à l'état « de simple menace. Arrêter sans droit, par des mandats décernés « au hasard, incarcérer des citoyens comme suspects, les éloigner « de leurs affaires, de leur famille, mettre leurs maisons sous les « scellés, les tenir au secret, c'était déjà une série de violations « manifestes de la justice, de la liberté individuelle, des principes « que tout gouvernement républicain ne saurait outrager sans « mentir à son nom, sans proclamer lui-même sa déchéance.

« Eh bien! ces attentats contre lesquels nous avons protesté « avec tous les honnêtes gens, l'arrestation de l'archevêque, de « prêtres nombreux, de M. Chaudey, de tant d'autres, ne sont « rien encore. Dans la séance de mercredi, la Commune a voté un « ordre du jour demandant la mise à exécution immédiate de son « décret du 7 avril

« Quand les hommes obéissent ainsi à la passion, il est inutile « de discuter avec eux. Nous ne dirons pas au citoyen Amouroux, « qui veut que le sort tombe de préférence sur les prêtres, et aux « autres citoyens de sa force, que la majorité de la Commune n'a « fait encore la guerre qu'à la République, au bon sens, à la rai« son, à la liberté et à la propriété de la France, et que, par un « acte pareil, elle déclare la guerre à la civilisation et à l'huma« nité. Nous ne leur dirons pas non plus que jusqu'à présent ils « ne sont pas descendus au-dessous des Vandales et des Huns; « mais que la première exécution d'otages les mettra beaucoup « plus bas que les Peaux-Rouges, ils ne nous comprendraient « pas. »

Le jour où fut voté le décret concernant les otages, le *Journal officiel* contenait une proclamation de la Commission exécutive, qui réprouvait hautement toute exécution de prisonniers. « La « violence de nos ennemis prouve leur faiblesse, disait-elle. Ils « assassinent, les républicains combattent. » Alors la Commune qualifiait d'assassinal toute exécution qui n'était pas strictement exigée par les horribles nécessités de la guerre. Tuer des hommes des concitoyens dans la lutte, c'est déjà un affreux malheur, mais les tuer de sang-froid, en les acculant contre un mur, alors qu'ils sont désarmés, c'est un crime qu'aucun fanatisme n'excuse, et dont un homme, ayant quelque sentiment de l'humanité, ne peut prendre la responsabilité.

Le manifeste de la minorité de la Commune fut blâmé trèsvivement dans la séance du 17 mai, par la majorité, à laquelle il avait déplu. En son nom, le citoyen Paschal Grousset déclara, dans un langage très-acerbe, aux signataires de ce document, que leurs accusations contre la Commune étaient mal fondées; que leur opposition fâcheuse l'avait seule empêchée de prendre plus tôt les mesures radicales, énergiques, réclamées par la situation. Une laissa pas ignorer aux dissidents le sort qui les attendait s'ils persistaient dans ce qu'il appela « une hérésie girondine. » « Si les membres de la minorité, au lieu de tenir loyalement leur « promesse, essayaient des manœuvres de nature à compromettre « le salut de cette Commune qu'ils désertent, nous saurions les « atteindre et les frapper. »

L'un des membres de cette minorité, le citoyen Jules Vallès, demanda qu'on respectât un peu la fraction de la Commune qui avait critiqué certains de ses actes, comme c'était son droit. Il concéda qu'il eût été préférable de ne pas rendre immédiatement publique cette protestation; mais on n'avait eu recours à cette publicité qu'après avoir vainement essayé, pendant deux jours, de s'expliquer en séance de la Commune. La présence à la séance d'un assez grand nombre de signataires du manifeste incriminé ne signifiait pas qu'ils le répudiaient; ils étaient venus simplement pour tenter d'avoir arec les membres de la majorité une explication

loyale, catégorique, sur les points qui les divisaient. Il demanda la remise au lendemain de la discussion en cours, afin de permettre l'examen des faits, l'exposé des griefs dont il résulterait, pensait-il, un nouveau groupement de toutes les forces de la Commune contre l'ennemi commun. Cet appel à une discussion ultérieure ne fut pas sanctionné. Affirmant leurs tendances autoritaires, certains membres de la majorité parvinrent à faire adopter un ordre du jour ainsi formulé:

Considérant que le Comité de salut public est responsable de ses actes, qu'il est à toute heure aux ordres et à la disposition de la Commune, dont la souveraineté n'a jamais été ni n'a pu être contestée,

La majorité do la Commune déclare: 1 Qu'elle est prête à oublier la conduite des membres de la minorité, qui déclareront retirer leur signature du manifeste; 2 Qu'elle blâme ce dernier, et passe à l'ordre du jour.

Ainsi la majorité pardonnait leur incartade aux signataires du manifeste, à condition qu'ils consentiraient au retrait de leur si" gnature. On leur ordonnait comme à des écoliers admonestés, de désavouer leur protestation. Cette conduite puérile était inacceptable. Les membres de la minorité maintinrent leur signature. La scission était définitive, irrévocable.

Les membres de la majorité de la Commune avaient lassé ceux qui constituaient la minorité. Ces dissentiments entre collègues permettent de pressentir combien la fraction sensée de la population parisienne devait être devenue hostile à cette majorité despotique.

Dans l'après-midi, l'église Notre-Dame-des-Victoires fut cernée et envahie par un bataillon. On y effectua des perquisitions minutieuses, qui amenèrent la découverte de plusieurs cadavres, ou plutôt de plusieurs squelettes qu'on exposa sur le parvis, et on réquisitionna tous les objets précieux qui s'y trouvaient renfermés.

Vers cinq heures et demie, une détonation épouvantable se fit entendre du côté du Champ-de-Mars: une grande fabrique de cartouches, située avenue

Rapp, venait de sauter. Cette explosion fit de nombreuses victimes et occasionna des dégâts importants.

Le Champ-de-Mars était recouvert de poutres enflammées et d'un nombre prodigieux de balles en fusion, déformées, écrasées, projetées par le foyer du sinistre. Ou y apercevait aussi des débris humains. Ce spectacle était affreux à contempler. A chaque instant le feu, qu'il était difficile de maîtriser, atteignait des tonneaux de poudre, des paquets de cartouches ou d'autres matières inflammables, dont il provoquait la détonation. Il en résultait une sorte de feu d'artifice immense et incessant.

On organisa, avec une extrême rapidité, le sauvetage des produits que le feu pouvait d'un moment à l'autre faire éclater, et bientôt l'on parvint à circonscrire l'incendie.

La population attribua tout d'abord ce triste événement à la trahison; on y vit une manœuvre des Versaillais. La proclamation suivante adressée dans la soirée par le Comité de salut public au peuple de Paris, affirmait que les Versaillais étaient coupables de cet incendie:

Le gouvernement de Versailles vient de se souiller d'un nouveau crime, le plus épouvantable et le plus lâche de (ous.

Ses agents ont mis le feu à la cartoucherie de l'avenue Rapp et provoqué une explosion effroyable.

On évalue à plus de cent le nombre des victimes.

Des femmes, un enfani à la mamelle, ont été mis en lambeaux.

Quatre des coupables sont entre les mains de la sûreté générale.

Paris, le 27 floréal an 79.

Le Comité de salut public.

Parmi les personnes arrêtées et soupçonnées d'être les auteurs de cette catastrophe si meurtrière, se trouvait le comte Zamoïsky, d'origine polonaise.

Le lendemain, le délégué à la guerre adressa au Comité de salut public le rapport suivant concernant ce déplorable événement:

Hier, vous appreniez l'épouvantable forfait commis dans nos murs par nos infâmes ennemis, et vos cœurs patrio tiques ont frémi d'indignation contre les coupables et de douleur pour tant d'innocentes victimes.

La cour martiale est saisie.

Justice sera faite sans retard.

Aujourd'hui, nous ne pouvons encore vous donner le nombre exact des victimes, lequel, heureusement, est bien au-dessous de ce qu'on avait à craindre.

Les constatations se poursuivent, et le résultat en sera communiqué.

Les pompiers de la Commune ont, dans cette douloureuse circonstance, montré le dévouement qui leur est habituel.

Grâce à leur héroïsme et à celui de marins immédiatement accourus, des fourgons chargés de cartouches, dont les roues commençaient à s'enflammer, ainsi que des tonneaux de poudre, ont été retirés du foyer de l'incendie.

Nous ne parlerons pas du sauvetage des blessés et des habitants ensevelis prisonniers dans leurs maisons réduites en débris. Pompiers et citoyens ont, à cet égard, rivalisé de courage et de dévouement.

Les citoyens Avrial etSicard, membres de la Commune, étaient aussi des premiers sur le lieu du danger.

Douze chirurgiens de la garde nationale se sont rendus à l'avenue Rapp, et ont organisé le service médical avec un empressement que je ne saurais trop louer.

En somme, une cinquantaine de blessés; la plupart des blessures sont légères; voilà ce qu'auront gagné les hommes de Versailles.

La pene en matériel est sans importance, eu égard aux immenses approvisionnements dont nous disposons; il ne restera à nos ennemis que la honte d'un crime aussi inutile qu'odieux, lequel ajouté à tant d'autres, à défaut de nos invincibles moyens de défense, suffirait à tout jamais pour leur fermer les portes de Paris.

Tout le monde a fait plus que son devoir; nous avons peu de morts à déplorer.

Paris, le 28 floréal an 79.....,,, *Le délégué civil à la guerre,*
Delescluze.

Cet accident n'était certainement pas le fait du hasard, mais de la malveillance, car on remarqua que les ouvriers qui quittaient ordinairement les ateliers à sept heures du soir, en étaient sortis ce jour-là vers cinq heures. Le dessein de faire sauter cette importante cartoucherie était donc prémédité, et le départ insolite des ouvriers ferait présumer que ceux qui l'avaient formé se seraient concertés avec des personnes attachées à l'établissement. Quoi qu'il en soit, il ne fut pas *prouvé* que ce crime résultait d'une manœuvre versaillaise. La Commune l'affirma, mais aucun document rendu public ne vint donner à cette affirmation, à cette présomption, un caractère de véracité indubitable. Une enquête eut lieu, mais ses conclusions restèrent ignorées, soit qu'elle n'ait pas été terminée, soit qu'on n'ait pas jugé nécessaire d'en publier le résultat.

Jeudi 18 mal 1891

Au Sud, le combat fut moins acharné que les jours précédents; les bastions canonnèrent le fort d'Issy; en somme, aucun résultat appréciable ne se produisit dans cette journée.

Dans le bois de Boulogne des rencontres très-sérieuses eurent lieu entre les fédérés et les Versaillais soutenus par le feu trèsintense du Mont-Valérien et de Montretout. Dans la journée, les fédérés parvinrent à repousser leurs adversaires jusque dans leurs tranchées.

La nuit, les troupes de Versailles tentèrent une attaque du côté de la porte Maillot et vers la Muette. Après un combat qui dura plusieurs heures et auquel l'artillerie prit des deux côtés une part très-active, les fédérés, cette fois-ci, repoussèrent avec beaucoup de vigueur les Versaillais; mais non sans éprouver de grandes pertes.

Toute la partie gauche de l'avenue de Neuilly était au pouvoir de l'armée versaillaise qui occupait tout le bois de Boulogne. De ce côté la situation devenait donc de plus en plus périlleuse. Les batteries de fort calibre établies dans le bois continuaient avec vigueur leur œuvre de destruction du rempart. Tout faisait présager que, prochainement, les Versaillais tenteraient l'assaut sur divers points de l'enceinte entre Neuilly et la Seine.

Le bombardement de la ville, d'abord circonscrit à Neuilly, aux Ternes et à la partie supérieure des Champs-Elysées, avait atteint depuis quelque temps un plus grand nombre de quartiers. Son intensité les rendait maintenant inhabitables: à Auteuil, à Passy et à Batignolles, on s'empressait de déménager.

Pendant la lutte qui eut lieu dans la nuit du 18 mai au bois de Boulogne on s'empara d'un jeune garçon d'une quinzaine d'années, soupçonné déjouer le rôle d'espion pour les Versaillais. Interrogé, il finit par avouer qu'il avait reçu de l'argent de Versailles et qu'il faisait passer des lettres. Le citoyen Johannard, membre de la Commune, délégué civil auprès du général La Cécilia, déclara qu'il fallait fusiller sur-le-champ ce jeune garçon. Le général La Cécilia et ses officiers d'ctat-major ayant exprimé le même avis, l'exécution ordonnée eut lieu le lendemain à midi.

A la séance de la Commune du 19, le citoyen Johannard donna connaissance de cet acte, parce qu'il lui paraissait « grave ». « En « pareil cas, j'agirai toujours de même, ajouta-t-il. » Le récit de l'exécution de ce jeune enfant et cette déclaration ne troublèrent pas les membres de la Commune présents à la séance; ils ne parurent pas penser que cette fusillade nécessitât une observation ou un blâme. Et cependant une telle action était, non pas seulement « grave, » ainsi que la qualifiait avec beaucoup d'indulgence son auteur, mais répréhensible et criminelle. Elle divulguait une aberration profonde du sens moral et un mépris total des droits de l'humanité.

La Commune de Paris, considérant qu'il y aurait utilité à ce que tous ses actes, décrets, arrêtés, circulaires fussent réunis dans un recueil spécial, ordonna que tous les actes officiels seraient insérés dans un journal ayant pour titre: *Bulletin des lois,* qui devait paraître hebdomadairement.

Sur la proposition du délégué à l'enseignement qui se plaignait que, dans certains quartiers, les écoles fussent encore dirigées par les jésuites, la Commune décida qu'un état de tous les établissements d'enseignement tenus, malgré ses ordres, par des congréganistes, serait dressé dans les quarante-huit heures, et que les noms des délégués à la municipalité de l'arrondissement où les injonctions de la Commune relatives à l'établissement de l'enseignement exclusivement laïque n'auraient pas été exécutées, seraient publiés chaque jour, à titre de blâme, au *Journal officiel.*

Le délégué aux services publics prit, le 18 mai, l'arrêté suivant, concernant les réquisitions de logement:

Le membre de la Commune délégué aux services publics,

Considérant qu'il est intli.-pcns.iblc qu'une mesure uniforme soitadoplée par tous les arrondissements de Paris, en ce qui concerne le payement de logements dus aux maîtres d'hôtel,

Arrête: 11 ne sera payé, jusqu'à nouvel ordre, aux maîtres d'hôtel aucune réquisition de logement antérieure au 18 mars.

La vérification des créances postérieures au 18 mars se fera au bureau du vérificateur (ministère des finances), et aucun payement ne sera effectué sans le visa du chef vérificateur.

En conséquence, il est formellement interdit aux caissiers des municipalités de Paris, chargés de ce service, de solder tout ou partie de ce qui peut être dû avant le 18 mars.

Tout compte présenté à la vérification devra être accompagné des bon» et pièces justificatives. Paris, le 18 mai 1871.

Le membre de la Commune délégué aux services public»,

J. Andmeu. *Le thef du bureau des vérificateurs,*

Hamlet.

Le chef de la délégation scientifique rappela, le 18 mai, par une note, que les possesseurs de phosphore et de produits chimiques qui n'avaient pas répondu à l'appel qui leur avait été fait s'exposaient à une saisie immédiate de ces produits. La Commune paraissait décidément avoir un immense intérêt à requérir les produits de cette nature.

Nous avons eu occasion de constater que quelques arrêtés du Comité de salut public n'étaient pas recouverts de la signature de *tous* ses membres, et nous

avons blâmé cette licence. 11 est nécessaire, surtout lorsque les mesures sont dictatoriales, qu'elles se produisent au moins avec toute l'authenticité désirable. Le Comité de salut public n'admettait pas de semblables observations. Du moment qu'il avait révélé sa volonté par l'intermédiaire soit de l'ensemble de ses membres, soit d'un seul d'entre eux, il fallait obéir, si l'on ne voulait être déféré, conformément à la note ci-jointe, à la cour martiale comme criminel de haute trahison:

Des ordres donnés par le Comité de salut public n'ont pas été exécutés parce que telles ou telles signatures n'y figuraient pas. Le Comité de salut public prévient les officiers de tous rangs, à quelques corps qu'ils appartiennent, ainsi que tous les citoyens, que le refus d'exécuter un ordre émané de lui entraînera le renvoi immédiat du coupable devant la cour martiale, sous l'inculpation de haute trahison. Hotel-de-Ville, le 28 floréal an 79.

Le comité de salut publie:

Aht. Arnaud, Eudes, Billiorav, F. Gambon, 6. Ranvier.

La proclamation suivante fut adressée le 18 mai aux gardes nationaux par le Comité de salut public, qui, de temps à autre, s'efforçait ainsi de soutenir leur ardeur et de les stimuler:

AUX GARDES NATIONAUX DE PARIS

Vos ennemis, ne pouvant vous vaincre, voudraient vous déshonorer. Ils vous jettent les épithèles de brigands et de pillards, en ajoutant ainsi la calomnie à la série de leurs crimes. Répondre par la force à leurs attentats contre la République, voilà le brigandage; lutter pour le triomphe des franchises communales, voilà le pillage.

Bonapartistes, orléanistes et chouans sont ligués contre vous et n'ont de lien commun que leur haine pour la Révolution. Us rêvent de rétablir un trône qui servirait de rempart à leurs privilèges, et ils voudraient écraser la République, garantie de tous les progrès, sous l'ignorance des campagnes qu'ils égarent ou corrompent.

Vous déjouerez leurs projets liberlicides par votre discipline et votre hé-

roïsme. Leurs trahisons nous ont empêchés de sauver l'intégrité de notre patrie, mais elles n'auront pas la puissance de nous rejeter sous le joug, même passager, d'une restauration monarchique.

Il faut que ces insurgés contre les droits du peuple en prennent leur parti: nous réaliserons le sublime programme tracé par nos pères en Uâ. L'ordre dans la République, la liberté, l'égalité, la fraternité, ne demeureront pas lettre morte. La lutte soutenue en France depuis quatre-vingts ans contre le vieux monde va toucher à son dénouement.

Si vous remplissez vos devoirs, il n'est pas douteux: c'est Paris triomphant, ce sont les villes qui brûlent de suivre votre exemple, ce sont les campagnes élevées à la notion de It urs droits, c'est la République devenue inébranlable et affranchissant le peuple de l'ignorance et de la misère, c'est une ère nouvelle ouverte à tous les progrès.

Si, au contraire, vous hésitiez ou vous reculiez, ce serait Paris livré aux vengeances féroces des sicaires de Versailles et noyé dans les Dots de sang, ce serait la dévastation et le carnage dans toutes les rues, regorgement et la déportation des républicains dans toute la France, le deuil de la République ajouté au deuil national, l'esclavage du citoyen greffé sur la patrie démembrée, une rétrogradation effroyable dans toutes les orgies du royalisme.

Gardes nationaux! votre choix est fait: vous combattez pour la République, pour votre salut, pour la plus noble des causes, et vous vaincrez! Vive la République! Vive la Commune!

Paris, le 27 floréal an 79.

Le Comité de salut public.

La commission de la guerre démentit comme il suit une assertion du journal *le Français* de Versailles: *La Patrie* du 17 mai reproduit, d'après *le Français* de Versailles, une déclaration du constil de la Société de secours aux blessés, qui proteste contre « la saisie de ses biens meubles et immeubles effectuée à Paris, dans la nuit du 13 au 14 avril, par le délégué de la Commune ».

Il est faux que cette saisie ait eu lieu. La Commune s'est contentée de placer, au lieu et pbce du conseil qui s'est réfugiée Versailles, un administrateur de son choix que les deux seuls membres de la Société restés à Paris ont accepté, puisqu'ils continuent à s'occuper de l'administration conjointement avec le délégué de la Commune.

(La commission de la guerre.J

Toutes les Compagnies n'avaient pas cru devoir obtempérer aux ordres de la Commune relatifs soit au payement de leurs impositions, soit aux versements de leurs droits et redevances dus à l'État ou à la ville de Paris. Les Compagnies de chemins de fer, abusivement sommées de verser le montant de l'imposition du dixième du prix des places, s'exécutèrent. D'autres Compagnies ou Sociétés refusèrent obstinément de faire aucun versement au trésor de la Commune. L'une d'elles, qui se trouvait dans ce cas, fut l'objet de l'arrêté suivant du délégué aux finances:

Le délégué aux finances.

Considérant que les Compagnies concessionnaires des marchés n'ont fait aucun versement des sommes ducs depuis la guerre jusqu'à ce jour; qu'en outre lesdites Compagnies ont perçu dans les marchés le prix entier des places jusqu'au 1 janvier 1871, et demi-place jusqu'à ce jour;

Vu le refus formel desdites Compagnies de solder les sommes dues au 1 avril 1871, selon les clauses et conditions du cahier des charges, Arrête: Article unique. — Tous les marchés concédés par la ville de Paris à la Compagnie Ferère ou autre Compagnie rentrent provisoirement, à partir d'aujourd'hui, dans le ressort de la délégation des finances.

Le membre de la Commune délégué aux finances,

Jourde.

La Commune avait ordonné déjà l'arrestation de plusieurs de ses membres soupçonnés ou convaincus d'être mouchards, traîtres ou fous; elle découvrit dans son sein un nouveau mouchard, le nommé Emile Clément, qui avait sollicité et obtenu son adjonction à la commission de sûreté générale, dans l'intention, maintenant manifeste, de parvenir à s'emparer de documents compromettants pour lui, renfermés dans les cartons du personnel de Piétri, l'expréfet de la police impériale. Quelques renseignements imprudemment demandés par cet individu firent mettre la main sur son dossier qui dévoila sa participation à des tripotages policiers inavouables. Le nommé Emile Clément fut immédiatement incarcéré à Mazas.

La chute dela colonne Vendôme eut un immense retentissement en France et surtout dans l'armée, qu'elle affecta douloureusement. Cet acte, que nous avons regretté, parut si abominable que l'on voulut y voir la main des Prussiens. On prétendit qu'il avait été accompli à leur instigation. 11 semblait impossible que les Français aient eu l'audace de renverser ce monument, élevé, hélas! « à la « gloire de nos armes. » Le chef de l'armée de Versailles porta ce fait à la connaissance de son armée par l'ordre du jour suivant:

Soldats!

La colonne Vendôme vient de tomber.

L'étranger l'avait respectée. La Commune de Paris l'a renversée. Des hommes qui se disent Français ont osé détruire, sous les yeux des Allemands qui nous observent, ce témoin des victoires de vos pères contre l'Europe coalisée.

Espéraient-ils, les auteurs indignes de cet attentat à la gloire nationale, effacer la mémoire des vertus militaires dont ce monument était le glorieux symbole?

Soldats! Si les souvenirs que la colonne nous rappelait ne sont plus gravés sur l'airain, ils resteront du moins vivants dans nos cœurs et, nous inspirant d'eux, nous saurons donner à la France un nouveau gage de bravoure, de dévouement et de patriotisme.

Maréchal De Mac-mahon, duc De Magenta.

Vendredi 19 mtti 1891

L'assaut du fort de Montrouge était renouvelé presque chaque nuit depuis quelques jours; mais ce fort continuait à résister vigoureusement.

Les abords du fort de Vanves étaient devenus bien intenables pour les fédérés, qui s'y trouvaient dans une position trèspérilleuse.

Les Versaillais démasquaient chaque jour, ou plutôt chaque nuit, — l'obscurité étant préférable pour ces sortes d'opérations, — de nouvelles batteries.

A. l'Ouest, le rempart fut bombardé avec une extrême violence par les batteries de Montretout et par le Mont-Valérien. Dans la journée, ce fort envoya même des obus jusqu'au Trocadéro.

Les travaux d'approche des Versaillais dans le bois de Boulogne furent inquiétés de temps en temps par le feu des bastions. Les troupes de l'Assemblée étaient occupées à réparer les tranchées endommagées par le combat très-meurtrier de la nuit précédente.

La porte du Point-du-Jour et celle d'Auteuil étaient daris un état de délabrement pitoyable.

Sur tous les points menacés par l'incessant bombardement versaillais on construisait des barricades pour faire obstacle à leur entrée. A Passy, ces travaux étaient poursuivis avec une grande activité.

Entre Asnières et Clichy, on se fusilla d'une rive à l'autre sans résultats appréciables.

Partout on sentait que les forces des deux partis se massaient pour un suprême combat.

Par arrêté du délégué à la guerre, en date du 19 mars, le corps « dit des marins » fut dissous. Le délégué à la marine était chargé de le réorganiser.

Conformément aux conclusions de leur « *déclaration,* » les membres de la minorité de la Commune n'assistèrent pas à la séance du 19 mai, qui ne présenta d'ailleurs aucun intérêt; on y vota divers décrets sans importance. Sur la proposition du citoyen Amouroux, la Commune accorda une pension aux parents des victimes de l'explosion de la cartoucherie de l'avenue Rapp

La Commune de Paris

Décrète:

Il sera fait application aux parents des victimes de la cartoucherie de l'avenue Rapp du décret du 10 avril 1871, concernant les veuves et les orphelins.

Le directeur du service de l'intendance ayant confié au citoyen

Cournet qu'il pourrait réaliser dans son service une économie « de deux à trois cent mille francs par jour, » s'il possédait le moyen de mettre fin au vol qui y était organisé, celui-ci proposa à la Commune, qui l'adopta, le décret suivant:

Considérant que dans les jours de Révolution le peuple, inspiré par son instinct de justice et de moralité, a toujours proclamé cette maxime: « Mort aux voleurs! »

La Commune de Paris
Décrète:

Art. le. — Jusqu'à la On de ta guerre, tous les fonctionnaires ou fournisseurs accusés de concussion, déprédation, vol, seront traduits devant la Cour martiale; la seule peine appliquée à ceux qui seront reconnus coupables sera la peine de mort.

Art. 2. — Aussitôt que les bandes versaillaises auront été vaincues, une enquête sera faite sur tous ceux qui, de près ou de loin, auront eu le maniement des fonds publics.

Un décret concernant le cumul des traitements fut présenté par le citoyen Vaillant:

Considérant que, sous le régime communal, à chaque fonction doit être allouée une indemnité suffisante pour assurer l'existence et la dignité de celui qui la remplit,

La Commune de Paris
Décrète:

Tout cumul de traitement est interdit.

Tout fonctionnaire de la Commune, appelé en dehors de ses occupations normales à rendre un service d'ordre différent, n'a droit à aucune indemnité nouvelle.

Une Commission de comptabilité, sorte de Cour des comptes, fut instituée pour vérifier les opérations des diverses administrations:

La Commune de Paris
Décrète:

Art. i". — Une commission supérieure de comptabilité est instituée.

Art. 2. — Elle se composera de quatre comptables, nommés par la Commune.

Art. 3. — Elle sera chargée de la vérification générale des comptes des dif-

férentes administrations communales.

Art. 4. — Elle devra fournir à la Commune un rapport mensuel do ses travaux.

La Commune de Paris.

A la fin de la séance, la Commune décida qu'elle entendrait, le surlendemain, le citoyen Cluseret, toujours détenu à Mazas, et qui avait insisté pour que l'on se prononçât promptement sur son sort.

Le Comité de salut public prononça, par l'arrêté suivant, une nouvelle suppression de journaux, et interdit l'apparition de tout journal « avant la fin de la guerre »:

Le Comité de salut public
Arrête:

Art. 1". — LeS journaux *la Commune, l'Écho de Paris, l'Indépendance française, l'Avenir national, la Patrie, le Pirate, le Républicain, la Bévue des Deux-Mondes, l'Écho de Ultramar* et *la Justice* sont et demeurent supprimés.

Art. 2. — Aucun nouveau journal ou écrit périodique ne pourra paraître avant la fin de la guerre.

Art. 3. — Tous les articles devront être signés par leurs auteurs.

Art. 4. — Les attaques contre la République et la Commune seront déférées à la Cour martiale.

Art. S. — Les imprimeurs contrevenants seront poursuivis comme complices, et leurs presses mises sous scellés.

Art. 6. — Le présent arrêté sera immédiatement signifié aux journaux supprimés par les soins du citoyen Le Moussu, commissaire civil délégué à cet effet.

Art. 7. — La sûreté générale est chargée de veiller à l'exécution du présent arrêté.

Hôtel-de-Ville, le 28 floréal an 79.

Le Comité de salut public.

L'un des griefs légitimes des révolutionnaires qui prirent, le 18 mars, la direction des affaires, était la suppression de plusieurs journaux et l'interdiction d'en faire paraître de nouveaux, prononcées quelque temps auparavant, en vertu des pouvoirs conférés par l'état de siège à l'autorité militaire, par le général Vinoy, alors gouverneur de Paris.

Le premier acte du Comité central

avait été de supprimer l'état de siège.

Depuis lors, deux mois s'étaient écoulés, pendant lesquels la Commune, à l'instigation d'une majorité révolutionnaire absurde, avait pris les mesures les plus violentes, les plus déplorables, croyant prouver ainsi sa force, tandis qu'en réalité elle ne manifestait, à son grand préjudice, que son impuissance irrémédiable. Elle s'était attaquée successivement à toutes les libertés que la révolution inaugurée le 18 mars devait garantir; elle avait violé tous les droits individuels qu'elle avait mission de protéger. De plus en plus dévouée, la Commune était maintenant amenée, après les avoir combattus, à suivre les errements funestes du pouvoir auquel elle succédait.

L'article 4 de l'arrêté précédent porte que les attaques contre la République et la Commune seront déférées à la Cour martiale; l'article 5, que les imprimeurs contrevenants seront poursuivis comme *complices.* C'était se montrer beaucoup plus despotique que le second Empire.

Les quelques journaux sensés qui paraissaient encore à Paris, indignés de la législation à laquelle le Comité de salut public prétendait soumettre la presse, délibérèrent pour savoir s'ils continueraient leur publication; quelques-uns s'abstinrent de paraître. D'autres crurent devoir lutter jusqu'à ce que leur disparition eût été prononcée. L'un des journaux qui prirent cette résolution la justifiait ainsi:

« Nous soumettrons-nous à cette législation draconienne? a Hélas! nous n'avons aucun motif pour ne pas le faire, nous « étant déjà involontairement soumis aux lois de l'Empire et a aux lois du Gouvernement de la défense nationale. Si irrégulier « que puisse être le gouvernement qui siège à l'Hôtel-de-Ville, il « a le pouvoir, il a la force; en faut-il davantage en France pour « justifier toutes les injustices? Que les insurges soient des trai« neurs de sabre comme au 18 brumaire, des bourgeois comme « en 1830, de simples conspirateurs comme au 2 décembre, des « avocats comme au 4 septembre, des ouvriers, des socialistes « comme au 18 mars, que nous importe? Puisque les insurgés, « même après la défaite, sont honorés, récompensés, placés au « faîte des honneurs, nous sommes bien obligés de reconnaître « que le droit à l'insurrection existe; et n'étant pas les plus forts, « nous nous y soumettons.

« Nous évitons même de protester. Outre que cela devient fati« gant de protester chaque jour contre le premier venu qui brise « votre plume ou vous met en prison, on a tant abusé des protes« tations que protester devient ridicule. Nous ferons mieux. Nous « resterons à notre poste au risque d'être traduits devant la Cour « martiale, et jusqu'au bout nous conserverons notre franc-parler. « Si, au lieu de fuir à Versailles, tous les Parisiens qui, en « restant chez eux le 18 mais, ont prêté à l'insurrection un si « précieux concours, en avaient usé de même, Paris ne serait pas « aujourd'hui dans l'alternative de subir la honte de l'intervention « prussienne, ou de se rendre purement et simplement aux héros *a* de la prétendue défense nationale et de la capitulation finale. » *La Vérité*.)

Le Comité central, dont l'influence était maintenant toute-puissante, adressa, le 19 mai, la proclamation suivante au peuple de Paris:

FÉDÉRATION RÉPUBLICAINE DE LA GARDE NATIONALE
COMITÉ CENTRAL

Au peuple de Paris,

A la garde nationale,

Des bruits de dissidence entre la majorité de la Commune et le Comité central onl été répandus par nos ennemis communs avec une persistance qu'il faut, une fois pour toutes, réduire à néant par une sorte de pacte public.

Le Comité central, préposé par le Comité de salut public à l'administration de la guerre, entre en fonctions à partir de ce jour.

Lui, qui a porté le drapeau de la Révolution communale, n'a ni changé, ni dégénéré. Il est à cette heure ce qu'il était hier: le défenseur né de la Commune, la force qui se met en ses mains, l'ennemi armé de la guerre civile, la sentinelle mise par le peuple auprès des droits qu'il s'est conquis.

Au nom donc de la Commune et du Comité central, qui signe ce pacte de la bonne foi, que les soupçons et les calomnies inconscientes disparaissent, que les cœurs battent, que les brss s'arment et que la grande cause sociale pour laquelle nous combattons tous triomphe dans l'union et la fraternité.

Vive la République!

Vive la Commune!

Vive la Fédération communale!

Paris, 19 mai 1871.

La Commission de la Commune:
Rergeret, Champy, Géresme, Ledroit, Lokclas, Urbain. *Le Comité central:*
Moread, Piat, B. Lacorre, Geoffroy, Goother, Prudhomme, Gaudier, Farre, Tiersonnier, Bonnefoy, Lacord, Tour-Nois, Baroud, Rousseau, Laroque, Maréchal, Bisson, Oczelot, Brin, Marceau.
. Lévêque, Chouteau, Avoine fils, Navarre, Iiusson, Lagarde, Audoynadd, Hanseb,
SOTORY I.AVALETTE, CHATEAU, Valats, Patris, BOUGERET,
Millet, Boullenger, Bouit, Ducamp, G Relier, Drevet.

Le Comité central parlait, dans cette proclamation, de dissidences existant entre la majorité de la Commune et lui. Il en existait certainement; mais, quelles qu'elles fussent, elles étaient maintenant sans conséquence et sans danger, puisque le Comité central avait complètement subordonné la Commune. Le Comité était nécessairement d'accord avec celle-ci puisqu'il lui avait retiré, à son profit, toute autorité. Cet accord ressemblait assez à l'unanimité de sentiments qui peut exister entre deux êtres dont l'un veut tuer l'autre et y réussit.

Tous les services de la guerre étaient confiés exclusivement à des membres du Comité central; cette mesure avait obtenu l'approbation du délégué de la Commune, et la guerre devenait de plus en plus la chose capitale. Dirigeant l'administration de la guerre, le Comité disposait de la force armée; c'était donc bien lui qui, en réalité, possédait le pouvoir; celui de la Commune n'était plus que nominal.

Il était évident que le Comité central se préparait à jouer le premier rôle dans le dénoûment du drame qu'il avait préparé et dont il avait suivi avec attention tous les développements, soit qu'il fût au pouvoir, soit qu'il cherchât à le reconquérir après l'avoir abandonné.

Aussi, conformément à l'autorité qu'il avait reconquise, le Comité central s'arrogeait maintenant le droit de prendre des arrêtés. Le 19 mai, il envoyait aux conseils de légion une convocation leur ordonnant de se faire représenter à une réunion de délégués qui devait avoir lieu chaque dimanche, à partir du dimanche 21 mai, au ministère de la guerre. Cette réunion devait avoir pour objet de contrôler la marche de la défense.

Le délégué aux finances fit insérer à *l'Officiel* du 19 mars la note suivante relative aux abus qu'occasionnait la solde de la garde nationale, et dont nous avons déjà parlé:

MINISTERE DES FINANCES

La solde de la garde nationale a donné lieu à de scandaleux abus.

Le délégué aux finances a constitué un service spécial de contrôle pour arrêter les détournements qui se commettent tous les jours.

Quant aux misérables qui ont osé profiler des difficultés de la situation actuelle pour tromper indignement la Commune, le service de contrôle est appelé à Taire une enquête sévère sur ces délits qui, à l'heure présente, sont des crimes. Leur culpabilité établie, ils seront déférés à la Cour martiale et jugés avec toute la rigueur des lois militaires.

La direction du contrôle, siégeant à la délégation des finances, recevra avec reconnaissance tous les documents de nature à l'éclairer.

Le chef de la délégation scientifique informa, le 19 mai, le public que celle-ci accepterait toutes les soumissions de sulfure de carbone qui lui seraient faites.

On commençait les préparatifs de démolition de la Chapelle expiatoire de Louis XVI. La grille et les bornes qui entouraient ce monument avaient été enlevées dans la journée. On avait aussi défait quelques-uns des bas-reliefs qui se trouvaient dans les galeries extérieures.

Samedi 20 mal 1891

Les forts de Bicêtre et de Montrouge,

surtout ce dernier, continuaient à recevoir une pluie d'obus versaillais. Montrouge était dans un état pitoyable: il semblait impossible que les fédérés s'y maintinssent longtemps. Du côté de Vanves, les Versaillais avaient pu s'avancer vers le rempart et ouvrir des tranchées.

Dans la nuit du 19 au 20 mai, plusieurs attaques contre la porte de Sèvres, au Point-du-Jour, avaient été repoussées par les fédérés. Dans la journée du 20, les batteries du bois de Boulogne reprirent leur tir sur le rempart: les brèches grandissaient. Les batteries de Mortemart, de Montretout et du Mont-Valérien envoyèrent, comme de coutume, une avalanche de projectiles sur le rempart, afin d'empêcher les artilleurs de tirer. Les quartiers de Passy et d'Auteuil étaient horriblement ravagés.

Les batteries du rond-point de Courbevoie inquiétaient l'installation de batteries que les fédérés élevaient sur le sommet de l'Arc-de-Triomphe.

Dans Neuilly et Sablonville, on continuait à se battre d'une barricade à l'autre, sans avantage appréciable pour l'un des deux partis. 11 en était de même à Asnières et à Clichy.

Bécon, Gennevilliers, Montmartre et le rempart de Saint-Ouen continuaient à soutenir leur duel d'artillerie si préjudiciable aux habitants de Batignolles.

Les intrigues versaillaises ayant pour but d'effectuer une diversion à l'intérieur, de rallier les gardes nationaux hostiles à la Commune et de préparer leur prise d'armes au moment opportun, devenaient de plus en plus actives.

On avait saisi récemment une quantité considérable de brassards tricolores qui devaient servir de signes de ralliement aux personnes résolues à prendre leur fusil dans le dessein de s'emparer des points stratégiques les plus importants de Paris, lorsque les troupes de l'Assemblée tenteraient une attaque formidable.

Informé de ces tentatives auxquelles l'état désespéré de la défense, la prolongation de la résistance, la lassitude qu'elle causait chez les fédérés, les

fautes commises par la Commune, donnaient plus de hardiesse, le Comité de salut public les surveillait avec une grande vigilance. Pour y mettre obstacle, pour terrifier ceux qui pourraient se laisser séduire par les promesses versaillaises, il publia l'arrêté suivant:

Le Comité de salut public, en présence des tentatives de corruption qui lui sont signalées de toutes parts, rappelle que tout individu prévenu d'avoir offert ou accepté de l'argent pour faits d'embauchage, se rend coupable du crime de haute trahison et sera déféré à la cour martiale. Paris, le i» prairial an 79.

Le Comité de salut public;
Ant. Arkaud, Billioray, Eudes, F. Gambon, G. Ranvier.

Malgré l'interdiction ordonnée par le gouvernement de Versailles, le congrès de conseillers municipaux des villes convoqué à Lyon, parvint à se réunir. Seize départements, bravant l'hostilité de M. Thiers, s'y firent représenter. Une délégation fut nommée avec la mission d'aller soumettre au chef du pouvoir exécutif et à la Commune de Paris l'adresse que nous reproduisons, qui exprimait les vœux des départements groupés pour cette action conciliatrice:

AU CHEF DU POUVOIR EXÉCUTIF DE LA RÉPUBLIQUE FRANÇAISE A LA COMMUNE DE PARIS

Les délégués, membres de conseils municipaux de seize départements, réunis à Lyon.

Au nom de la population qu'ils représentent,

Affirment la République comme le seul gouvernement légitime et possible du pays; l'autonomie communale comme la seule base du gouvernement républicain, et demandent:

La cessation des hostilités;

La dissolution de la Commune;

Les élections municipales dans Paris;

Les élections pour une Constituante dans la France entière.

Dans le cas où ces résolutions seraient repoussées par l'Assemblée ou par la Commune, ils rendraient responsable devant la nation souveraine celui des deux combattants qui les refuserait et menacerait ainsi de donner à la guerre

civile de nouveaux aliments.

Ont signé les délégués des départements suivants:

Ardèche, Bouches-du-Rlione, Cher, Drôme, Gard, Hérault, Isère, Loire, Haute-Marne, Nièvre, Pyrénées-Orientales, Rhône, Saône-et-Loire, Savoie, Var, Vaucluse.

Reçus par MM. Thiers et Picard, les délégués du Congrès de Lyon leur remirent le document précédent, et en obtinrent des réponses analogues aux déclarations précédemment formulées par les membres du Gouvernement.

Les travaux d'approche continués par les Versaillais, les assauts qu'ils avaient déjà livrés, l'énergie persistante des fédérés résolus à faire payer chèrement leur vie, n'étaient pas des indices de soution pacifique à la terrible lutte qui avait déjà fait, depuis cinquante jours qu'elle durait, de si nombreuses victimes. Plus cette lutte se rapprochait de Paris, plus elle apparaissait horrible et détestable. Plus elle durait, plus elle accroissait l'irritation des deux partis. Après avoir cessé à l'extérieur, si le combat se prolongeait à l'intérieur de la capitale, il occasionnerait des désastres plus grands encore. A tant de calamités acquises, à tant de ravages imminents, il n'y avait toujours qu'un seul remède efficace: la conciliation. C'était l'unique moyen de sortir sans réaction, sans animosités, sans déchirements nouveaux, de cette situation affreuse. Mais on se trouvait en présence de cette contradiction bizarre: les événements, qui nécessitaient la conciliation, qui la rendaient de plus en plus urgente, la rendaient aussi de plus en plus impraticable. Toutes les personnes envoyées à Versailles dans un but conciliateur, avaient vu leurs sollicitations dédaigneusement repoussées et qualifiées de « criminelles entreprises. » Tous ceux qui avaient été délégués dans le même but auprès de la Commune, en avaient reçu l'assurance que le meilleur moyen d'amener une transaction, c'était de combattre énergiquement Versailles. Chacun des adversaires proposait immédiatement de prendre parti pour l'un des deux camps à ceux qui s'efforçaient d'opérer un accord, de faire accepter une conciliation.

..

La victoire de l'une des deux armées devenait *fatale;* et dès lors, il était incontestable que Versailles l'emporterait, mais à quel prix?...

Ainsi, on devait assister, impuissant et affligé, à la continuation de cette lutte douloureuse, dont les dernières péripéties semblaient, d'après tous les pressentiments, devoir être effroyables. A ce propos, *la Vérité* disait:

« Il est aujourd'hui plus évident que jamais qu'il n'y a pour les a deux partis en présence, qu'un seul moyen de sortir honorable« ment de la lutte; c'est une suspension d'armes qui permette « l'apaisement des esprits; c'est l'acceptation par Versailles et par « la Commune, de la trêve que nous réclamons depuis deux mois.

« On nous répondra à cela que les gardes nationaux qui se bat« tent sont des insurgés, auxquels le gouvernement de Versailles « ne peut, sans se commettre, accorder le moindre sursis, que « M. Thiers, chef du pouvoir exécutif de la République française, « a promis à l'Assemblée nationale de lui rendre Paris dompté, « muselé, purgé de tous les révolutionnaires qu'il contient, et « qu'il ne veut pas en avoir le démenti.

« Ces objections ne sont malheureusement que trop fondées, et « pourtant il nous est impossible d'admettre que M. Thiers et « l'Assemblée puissent sérieusement songer à prendre Paris *a* d'assaut.

« Prendre Paris d'assaut! Qui sait quelles pourraient être les « conséquences d'une telle entreprise?

« M. Thiers connaît le soldat français. Il sait combien il se grise « facilement. A-t-il jamais réfléchi aux excès dont Paris pris « d'assaut pourrait devenir le théâtre? Et si Paris était pillé par « les troupes de l'Assemblée nationale, exaspérées par une résis« tance sur laquelle leurs généraux eux-mêmes n'avaient jamais « compté, enivrées par l'odeur de la poudre, la vue du sang et « l'enlèvement facile des barricades, quelle honte ne serait pas « réservée à ceux qui auraient lancé l'armée française sur Paris « révolté!

« Prendre Paris d'assaut, ce serait inaugurer une ère nouvelle « de désordre et de sanglante anarchie.

« Nous avons depuis le commencement demandé que les hosti« lités soient un instant suspendues. Nous persistons à croire « encore aujourd'hui, après tant de sang répandu, qu'il y va de « l'intérêt du gouvernement de Versailles, aussi bien que de la « vie d'un nombre d'hommes considérable.

« Versailles ne peut pas vouloir ôter la vie à tous les insurgés;

« son but est de les désarmer; or, il ne peut raisonnablement « espérer que les insurgés mettent bas les armes, s'ils n'y voient *Il* aucun autre intérêt que la perte de leur solde. »

Persuadé enfin de l'impossibilité où l'on était de continuer, avec succès, une lutte dont l'issue prochaine n'était plus douteuse, le Comité de salut public, à l'instigation des citoyens Billioray, Gambon et Ranvier, essaya, le 20 mai, d'amener la pacification avec le gouvernement de Versailles.

Dans les premiers jours de mai, Versailles eût été disposé à accueillir des pourparlers en vue d'une transaction; maintenant, alors que l'armée, à peu près réorganisée, était parvenue à battre l'enceinte en brèche, il était fort douteux que des propositions de ce genre fussent même entendues. Presque toujours les pouvoirs prennent, *trop tard,* les résolutions qui pourraient les sauver, ou tout au moins assurer, pour un temps, leur existence.

Délégué par le Comité de salut public auprès de *l'Union des syndicats,* le citoyen Billioray lui exposa les intentions de ce Comité: au nom de la Commune, il était disposé à conclure une trêve ayant pour bases les conditions formulées dans le rapport de *l'Union des syndicats,* que nous avons relaté dans la journée du 3 mai.

Les délégués de cette *Union,* en permanence à Versailles, furent aussitôt informés des nouvelles dispositions conciliatrices manifestées par le Comité de salut public. Ils s'empressèrent de demander une audience à M. Thiers pour lui en faire part. La réponse à cette demande se faisant attendre, et tout retard pouvant faire naître d'irréparables

malheurs, M. Jules Amigues, l'un des délégués, rappela à M. Barthélémy Saint-Hilaire, par une lettre dont les termes étaient pressants et énergiques, l'objet que devait avoir leur entrevue. Celui-ci repondit que M. Thiers ne recevait point le dimanche, et qu'il ne serait visible que le lundi matin, à sept heures.

Lorsque les délégués de *l'Union des syndicats* se présentèrent le lundi matin à l'hôtel de la Préfecture, ils furent reçus par M. Barthélémy Saint-Hilaire, qui leur annonça que M. Thiers était, depuis plusieurs heures, parti pour Paris, où les troupes de l'Assemblée avaient pénétré la veille au soir, et que la démarche dont ils étaient chargés se trouvait, par suite, sans objet.

Dd Dimanche 21 mai au Dimanche 28 mai 1871

LUTTE DANS PARIS
Dimanche 91 mal 1891

Le *Journal officiel* du 21 mai publia un décret ainsi conçu:

La Commune de Paris,

Conformément aux principes établis par la première République, et déterminés par la loi du 11 germinal an H,. Décrèle:

Les théâtres relèvent de la délégation à l'enseignement.

Toute subvention ou monopole des théâtres sont supprimés.

La délégation est chargée de faire cesser, pour les théâtres, le régime de l'exploitation par un directeur ou une société, et d'y substituer, dans le plus bref délai, le régime de l'association.

Le même journal contenait dans sa partie officielle la note suivante, dont on remarquera la rédaction incorrecte:

Les habitants de Paris sontinviiés de se rendre à leur domicile *sous quarante-huit heures;* passé ce délai, leurs titres de rente et grand-livre seront brûlés.

Pour le *Comité central,*
Grèlieb.

Cet avis, émané du Comité central, était absolument incompréhensible.

Répondait-il à une intention du Comité, au nom duquel il était formulé? se rattachait-il à un ensemble de mesures adoptées dans les conciliabules secrets de ce Comité central, dont l'influence devenait chaque jour plus néfaste? On ne sait que présumer à cet égard. Quoi qu'il en soit, cette note absurde fut réprouvée avec indignation par les membres de la Commune, qui assistèrent à la séance du 21 mai. Le citoyen Langevin et le citoyen Jourde, délégué aux finances, l'ayant qualifié « d'insensée » et de « dangereuse », demandèrent que cette note incroyable fût publiquement démentie par une insertion au *Journal officiel.* Le citoyen Lefrançais déclara que le signataire de cet avis, qui était de nature à produire un trouble regrettable, devait être immédiatement arrêté; puis, abandonnant toute considération de pénalité, il soumit à l'assemblée cet ordre du jour, qui fut adopté:

La Commune, s'en rapportant au Comité de salut public pour prendre toutes mesures de répression contre le citoyen Grêlier et ses complices, passe à l'ordre du jour.

L'ordre du jour portait l'examen contradictoire des accusations qui avaient déterminé l'arrestation du général Cluseret.

La commission chargée de cette enquête donna lecture de son rapport; il n'articulait aucun grief précis, aucune charge véritable contre l'accusé; dès lors, il. n'était pas surprenant qu'il ne formulât aucunes conclusions. L'ex-commission exécutive qui avait ordonné l'arreslation, ne justifia pas cette mesure par un acte d'accusation en règle; quelques-uns de ses membres se bornèrent à présenter des observations verbales sur l'évacuation du fort d'Issy, sur les intrigues de Cluseret avec Versailles, sur l'offre d'un million qui lui aurait été faite, sur ses relations avec *les* d'Orléans; ces dernières allégations ne semblèrent pas bien fondées à la plupart des membres de la Commune.

Cluseret fut ensuite entendu. Il prouva, sur le seul point grave de l'accusation, l'abandon du fort d'Issy, qu'il n'en était point responsable; qu'il avait d'ailleurs repris le fort immédiatement, que le fort était resté tenable, puisqu'il avait résisté encore pendant neuf jours après son arrestation. Il ajouta que, s'il n'avait point été arrêté, le fort tiendrait encore, et qu'on pouvait le

faire sauter au lieu de l'abandonner.

La Commune, après avoir entendu le développement de ces conclusions, écarta une demande, signée de trois membres, réclamant la détention du général Cluseret jusqu'à la fin de la guerre, et ordonna immédiatement sa mise en liberté.

Dans la nuit du 20 au 21 mai, les Versaillais, massés dans le bois de Boulogne, avaient effectué une reconnaissance offensive du côté de Passy. Quoique conduite avec beaucoup de vigueur, elle fut repoussée par les fédérés, qui firent preuve d'un très-grand courage.

De la Seine à Neuilly, leur situation devenait chaque jour plus difficile, plus périlleuse; la porte du Point-du-Jour et celle d'Auteuil, étaient complètement démolies; leurs décombres avaient presque comblé le fossé, peu large en cet endroit, qui en protégeait l'accès.

En outre, il n'était plus possible, pour les fédérés, ainsi que nous l'avons déjà constaté, de se maintenir aux abords du rempart, incessamment balayé sur tout le périmètre de Vaugirard à Neuilly, par les batteries versaillaises établies à Issy, Meudon, Breteuil, Montretout et dans le bois de Boulogne. Leur intense bombardement avait contraint les fédérés à se replier sur la rive droite de la Seine, en deçà du viaduc du chemin de fer de ceinture, sous la protection duquel ils étaient parvenus à élever, à quelques cents mètres du rempart, dans le Point-du-Jour et dans Auteuil, ainsi qu'il a été dit, des barricades formant une seconde ligne de retranchements.

Dans la matinée du 21, on avait concentré à Passy une grande masse de gardes nationaux, dans le but de faire échec à l'attaque définitive, à l'assaut qui, d'après toutes les suppositions, devait avoir lieu bientôt de ce côté. Un incident survenu dans la journée, vers trois heures, rendit l'assaut inutile. Dans le dessein des généraux, il ne devait se donner que le mardi suivant.

Au moment où le feu des batteries versaillaises était dirigé avec la plus grande énergie sur la porte de l'enceinte voisine de la porte de Saint-Cloud, un homme apparut tout à coup auprès de

cette porte, sur le bastion 64; il agitait un mouchoir blanc en guise de drapeau parlementaire. Ce citoyen, dont le nom, Jules Ducatel, fut plus tard rendu public, venait informer les troupes versaillaises que les fédérés avaient dû abandonner cette partie du rempart, et qu'il était possible de pénétrer dans la ville sans avoir à faire brèche et à donner l'assaut.

Le signal fait par M. Ducatel fut aperçu des avant-postes versaillais, qui étaient très-rapprochés. Un instant « on se demanda, » dit un rapport officiel, « si l'on n'avait pas à redouter une de ces «trahisons, dont on avait déjà eu plusieurs fois à souffrir; mais « bientôt le commandant des troupes établies sur ce point, le capi« taine de frégate Trêve, après avoir défendu à ses soldats de le « suivre, se précipite seul en avant, et reconnaît immédiatement « qu'il est en présence d'un homme qui s'est dévoué pour le « pays. »

Après avoir reçu les indications de M. Ducatel, après s'être assuré par lui-même de leur absolue véracité, le capitaine de frégate Trêve revient vers les tranchées versaillaises et ordonne aussitôt à sa compagnie de les abandonner pour aller en avant. Cette compagnie entre alors dans Paris, et prend possession, sans résistance, de la porte de Saint Cloud et des deux bastions voisins.

« Averti par le télégraphe, » — nous continuons la citation du rapport officiel, — « le général Douay put accourir, s'emparer de « l'espace compris-entre les fortifications et le viaduc, et faire « ouvrir la porte d'Auteuil, après un combat assez vif. »

Les fédérés, retranchés derrière les barricades, engagèrent effectivement l'action dans Auteuil, mais ils furent bientôt contraints, par le feu nourri des Versaillais et leur tactique, de se replier. En même temps, de fortes colonnes d'infanterie se portaient rapidement de la porte de Saint-Cloud, en suivant le viaduc du Point-du-Jour, vers les portes du Sud, et les ouvraient au général de Cissey. De telle sorte que, dans l'après-midi du dimanche 21 mai, les corps des généraux Douay, de Cissey, Ladmirault et Vinoy avaient pénétré dans Paris.

La concentration des troupes versaillaises était suffisante pour permettre la marche en avant.

« M. Ducatel fit part au-général Douay, d'après le rapport déjà « cité, de la possibilité qu'il y aurait d'aller jusqu'au Trocadéro; « il servit de guide au colonel Piquemal, chef d'état-major de la « division Verger. On arriva ainsi à la barricade qui barrait le « quai de Grenelle »

Les fédérés n'opposèrent pas une longue résistance aux efforts de la troupe qui en prit facilement possession. Ainsi fut rendue possible l'approche et la prise du Trocadéro. Cette opération, qui livrait à l'armée versaillaise un point stratégique important, s'effectua pendant la nuit. Les fédérés, surpris par l'arrivée des Versaillais, n'essayèrent même pas de résister. Il en fut presque de même à l'Arc-de-Triomphe où des travaux importants avaient été cependant effectués. Aussitôt les premières balles échangées,

"les gardes nationaux se mettent en mesure d'entraîner leurs canons et descendent au pas de course les Champs-Elysées. Immédiatement les Versaillais installent des batteries à l'Arc-de-Triomphe et visent sur la terrasse des Tuileries, qui riposte vigoureusement. Au Trocadéro les Versaillais ont également ouvert le feu.

Sur la rive gauche, les troupes aux ordres du général de Cissey se répandent dans Grenelle et dans Vaugirard; à l'aube, elles s'emparent de l'École militaire et du Champ-de-Mars. Les fédérés qui s'y trouvaient en grand nombre, n'essayent même point d'ébaucher une résistance; ils s'enfuient, pris de panique et affolés, criant à la trahison.

Les troupes versaillaises qui opèrent sur les deux rives de la Seine se trouvent maintenant solidement reliées.

L'entrée des Versaillais dans Paris ne fut connue de la masse de la population que très-tard dans la soirée, et ceux dont le sommeil, en raison de l'habitude donnée par les événements des derniers temps, n'était troublé ni par la détonation du canon, ni par le bruit du tocsin, n'en furent informés que dans la matinée du lendemain.

Les habitants des quartiers du centre apprirent cette nouvelle par les fédérés qui y affluèrent en désordre, en déroute, durant toute la nuit. Cet événement se produisit d'une façon si soudaine et si imprévue, quoique pressentie, que beaucoup ne pouvaient tout d'abord y ajouter foi. Cette incrédulité fut partagée, pendant quelque temps, par le délégué à la guerre qui rédigea, sous son influence, l'incroyable dépêche que nous reproduisons, laquelle fut publiée le lendemain par le Cri du Peuple:

L'ubservatoirc de l'Arc-de-Triomphe nie l'entrée des Versaillais; du moins, il ne voit rien qui y ressemble. Le commandant Renard, de la section, vient de quitter mon cabinet, et affirme qu'il n'y a eu qu'une panique, et que la porte d'Auteuil n'a pas été forcée; que si quelques

Versaillais se sont présentés, ils ont été repoussés. J'ai envoyé chercher onze bataillons de renfort, par autant d'officiers d'état-major, qui ne doivent les quitter qu'après les avoir conduits au poste qu'ils doivent occuper.

Delescluze.

Le bruit du tocsin et les sonneries désespérées de la générale retentirent durant toute la nuit, avec un fracas lugubre, dans les quartiers qui n'étaient pas eucore au pouvoir de l'armée envahis- santé.

Les fédérés y élevèrent à la hâte de nombreuses barricades.

Déconcertés par l'entrée subite des Versaillais, résultat, non d'une lutte, mais d'une surprise, les fédérés, en proie à une sorte de panique, n'avaient pas utilisé les retranchements établis par eux du côté d'Auteuil, de Passy et de Neuilly, et constituant une seconde ligne de défense. Pris à l'improviste par cette soudaine irruption de troupes, le commandement et le sang-froid leur firent défaut. Les gardes nationaux revenus de ce premier moment de frayeur, paraissaient maintenant résolus à une résistance plus sérieuse. Elle ne pouvait être efficace que 'si elle était dirigée par une impulsion unique, suivant un plan d'ensemble militairement exécuté. Comme on le verra par la suite, il n'en

fut pas ainsi.

Lundi «» mal 1891

Le Journal officiel du 22 mai contenait un arrêté du délégué à la guerre, prononçant la dissolution du 7 bataillon de la garde nationale (IX arrondissement), qui avait « refusé son concours à « la défense de la République et de la Commune. »

Un arrêté du délégué à l'enseignement instituait « une Com« mission pour organiser et surveiller l'enseignement dans les « écoles de filles. » Elle était composée des citoyennes André Léo, Jaclard, Périer, Reclus, Sapia.

La proclamation suivante, insérée au Journal officiel, était placardée dans la matinée:

AU PEUPLE DE PARIS
A LA SARDE NATIONALE
Citoyens,

Assez de militarisme, plus d'états-majors galonnés et dorés sur toutes les coutures!

Place au peuple, aux combattants, aux bras nus! L'heure de la guerre révolutionnaire a sonné.

Le peuple ne connaît rien aux manœuvres savantes, mais quand il a un fusil à la main, du pavé sous les pieds, il ne craint pas tous les stratégistes de l'école monarchiste.

Aux armes! citoyens,-aux armes! Il s'agit, vous le savez, de vaincre ou de tomber dans les mains impitoyables des réactionnaires et des cléricaux de Versailles, de ces misérables qui ont, de parti pris, livré la Fiance aux Prussiens et qui nous font payer la rançon de leurs trahisons 1

Si vous voulez que le sang généreux qui a coulé comme de l'eau depuis six semaines ne soit pas infécond, si vous voulez vivre libres dans la France libre et égalitaire, si vous voulez épargner à vos enfants et vos douleurs et vos misères, vous vous lèverez comme un seul homme, et devant votre formidable résistance, l'ennemi, qui se flatte de vous remettre au joug, en sera pour la honte des crimes inutiles dont il s'est souillé depuis deux mois.

Citoyens, vos mandataires combattront et mourront avec vous, s'il le faut.

Mais au nom dq celte glorieuse France, mère de toutes les révolutions populaires, foyer permanent des idées de justice et de solidarité qui doivent être et seront les lois du monde, marchez à l'ennemi, et que votre énergie révolutionnaire lui montre qu'un peut vendre Paris, mais qu'on ne peut ni le livrer ni le vaincre!

La Commune compte sur vous, comptez sur la Commune 1 *Le délégué civil à la guerre.*
Le Comité de salut public. Delescldze.

De très-bonne heure dans la matinée, les membres de la Commune se réunirent à l'Hôtel-de-Ville. Dans cette courte séance, qui fut la dernière, le cit. Félix Pyat, constatant que la situation militaire était désespérée, que la résistance ne pouvait plus avoir aucune chance de réussite, déclara que, suivant lui, la Commune devait immédiatement « traiter. » Ce mot ne fut relevé par aucun des membres de la Commune; cette proposition ne souleva pas même de discussion, et fut accueillie avec une indifférence mélangée de consternation et de stupeur.

Relativement à la défense dans Paris, on décida que le Comité de salut public avait pleins pouvoirs à cet effet, et il fut convenu que les membres de la Commune se rendraient dans leurs arrondissements respectifs, pour y activer la construction des barricades et la mise en défense des quartiers. Aucun plan général ne fut arrêté dans ce but; on ne parla ni de s'entendre, ni de se concerter pour ordonner une résistance méihodique.

L'organisation de la défense fut abandonnée à l'initiative, à l'énergie, à la spontanéité de chacun. Aucune direction supérieure ne fut imprimée; chacun agit à sa guise, suivant son inspiration. Il en résulta qu'au lieu d'une résistance organisée, militairement conduite, qui aurait pu être excessivement meurtrière pour l'assiégeant et de très-longue durée, il n'y eut que des luttes partielles sans importance sérieuse et sans grande gravité.

Dans l'après-midi, le Comité de salut public fit placarder un appel aux armes ainsi conçu:

Que tous les bons citoyens se lovent!

Aux barricades! l'ennemi est dans nos murs.

Pas d'bésitationl

En avant! pour la Republique, pour la Commune et pour la liberté!

Aux armes!

Paria, le 22 mai 187.
Le Comité de salut public,
Ant. Arnaud, Billiobay, Eudes, F. Gambon, Ranvier.

Les barricades commencées dans la nuit s'achevaient; on en élevait d'autres. Partout les fédérés travaillaient avec une activité fiévreuse à l'installation de ces retranchements qui se construisaient aux bruits stridents de la lutte, presque sous le feu de l'armée versaillaise. Les femmes, les enfants participaient, avec beaucoup d'ardeur, à ces travaux improvisés auxquels les passants étaient requis de contribuer pendant quelques instants.

Le 22 mai les Versaillais étaient parvenus: sur la rive droite, jusqu'aux Batignolles, à la gare Saint-Lazare, au Palais de l'industrie; — sur la rive gauche, jusqu'au ministère des affaires étrangères. Ils s'étendaient dans tout Vaugirard jusqu'à la gare Montparnasse.

Conformément au plan adopté dans le cours de cet ouvrage, nous ne ferons, pas plus que nous ne l'avons fait pour les combats sous Paris, un récit détaillé des faits militaires qui signalèrent les sept jours de la lutte lamentable dans l'intérieur de la capitale. Nous nous bornerons à enregistrer, comme par le passé, les résultats principaux acquis à la fin de chaque journée.

Les efforts effectués le lundi 22 mai par l'armée versaillaise, n'eurent de résultats effectifs que dans la matinée du lendemain.

Les batteries versaillaises de Bécon envoyèrent sur Montmartre une véritable pluie d'obus dont la plupart, n'ayant pas une portée assez longue, n'atteignaient pas le but visé et tombaient sur les quartiers avoisinant la butte, où ils causèrent des dégâts considérables. Ce bombardement continua durant toute la nuit.

Pendant ces temps de crise et de luttes suprêmes, la *Ligue d'Union républicaine pour les Droits de Paris,* qui resta en permanence au siège ordinaire de ses délibérations, rue Béranger, eut, avec le Comité central et avec la Commune, des rapports qui produisirent quelquefois d'heureux résultats et qu'il importe de faire connaître.

Dans la soirée du dimanche 21 mai, les délégués du Congrès de Lyon, à leur retour de Versailles, furent reçus par la *Ligue.* Avant de quitter Paris, ils désiraient tenter une dernière fois de faire cesser la lutte. Dans ce but, ces délégués exposèrent à la Ligue leur intention de voir le Comité de salut public, afin de savoir si la Commune serait disposée à conclure un arrangement sur cette base: l'Assemblée nationale et la Commune donneraient en même temps leur démission.

Le lendemain, c'est-à-dire le lundi 22 mai, les délégués du Congrès de Lyon reçurent de la Commune une « déclaration » signée Paschal Grousset, par laquelle celle-ci déclarait ne pouvoir adhérer à la demande qu'ils avaient formulée.

Après avoir cherché à traiter le 20 mai, la Commune repoussait le 22 la proposition conciliatrice dont les délégués du congrès de Lyon avaient pris l'initiative. Cette tergiversation, cette contradiction dans la conduite se produisit probablement à l'insu de certains membres de la Commune qui, loin d'être déconcertés par la brusque entrée des Versaillais dans Paris, s'en réjouissaient presque, parce qu'ils étaient persuadés que cette irruption dans la capitale serait-très-préjudiciable aux troupes de l'Assemblée. D'après l'opinion de ces membres de la commune, les Versaillais ne devaient pas tarder à être complètement enveloppés, et leur anéantissement, résultat de cette manœuvre, ne faisait pas question pour eux. Cette éventualité se serait peut-être réalisée si, dès le dimanche 21 mai, la résistance à l'intérieur de Paris avait été militairement organisée et savamment conduite. Mais, — nous avons déjà eu l'occasion de le remarquer, — il n'en fut point ainsi.

Dès lors, la mission des délégués envoyés par le Congrès de Lyon se trouvait accomplie sans avoir pu réussir, d'ailleurs. A Versailles comme à Paris, ils avaient rencontré dans les pouvoirs constitués la même obstination funeste. . Leur présence n'étant plus nécessaire dans la capitale, ils décidèrent de retourner immédiatemcnt en province. Deux membres de la Ligue les accompagnèrent jusqu'en dehors de l'enceinte.

Dans la soirée, le Comité de salut public lança, de l'Hôtel-deVille, la proclamation suivante:

Citoyens,

La porte de Saint-Cloud, assiégée de quatre côtés à la fois par les feux du Wont-Valéricn et de la butte Mortcmart, des Moulineaux et du fort d'Issy, que la trahison a livré; la porte de Saint-Cloud a été forcée par les Versaillais, qui se sont répandus sur une partie du territoire parisien.

Ce revers, loin de nous abattre, doit être un stimulant énergique. Le peuple qui détrône les rois, qui détruit les bastilles; le peuple de 89 et de 93, le peuple de la Révolution, ne peut perdre en un jour le fruit de l'émancipation du 18 mars.

Parisiens, la lutte engagée ne saurait être désertée par personne; car c'est la lutte de l'avenir contre le passé, de la liberté contre le despotisme, de l'égalité contre le monopole, de la fraternité contre la servitude, de la solidarité des peuples contre Pegoïsme des oppresseurs.

Aux armes!

Donc, aux armes! Que Paris se hérisse de barricades, et que, derrière ces remparts improvisés, il jette encore à ses ennemis son cri de guerre, cri d'orgueil, cri de défi, mais aussi cri de victoire; car Paris, avec ses barricades, est inexpugnable.

Que les rues soient toutes dépavées: d'abord, parce que les projectiles ennemis, tombant sur la terre, sont moins dangereux; ensuite, parce que ces pavés, nouveaux moyens do défense, devront être accumulés, de dislance en distance, sur les balcons des étages supérieurs des maisons.

Que le Paris révolutionnaire, le Paris des grands jours, fasse son devoir; la Commune et le Comité de salut publie feront le leur.

Hôtel-de-Ville, le 2 prairial an 79.
Le Comité de salut public.
A la séance de l'Assemblée nationale, M. Thiers, après avoir donné quelques détails sur l'entrée des troupes dans Paris, ajoutait:

« a A la résistance que nous rencontrons, nous pensons que bientôt Paris « sera rendu à son vrai souverain, c'est-à-dire à la France. (Applaudisse« ments.) »

« Nous sommes d'honnêtes gens; c'est par les voies ordinaires que « justice sera faite. Nous n'aurons recours qu'à la loi, mais la loi sera « appliquée dans toute sa rigueur. C'est par la loi qu'il faut frapper les « misérables qui ont détruit les propriétés privées, et faisant ce qu'aucun

« peuple sauvage n'avait fait, ont renversé les monuments de la nation. « L'expiation sera complète; elle aura lieu au nom des lois, par les « lois, avec les lois. (Longs applaudissements sur tous les bancs.) »

M. Jules Simon proposait, au nom du président du Conseil, un projet de loi ordonnant la reconstruction de la colonne Vendôme, qui devait « être surmontée de la statue de la France. » Une inscription devait faire connaître la date de la destruction et celle du rétablissement. L'article 4 de ce projet portait que « le monu« ment expiatoire élevé à la mémoire de Louis XVI serait immédiatement réparé. » L'urgence mise aux voix, était adoptée à l'unanimité, moiss une voix, celle de M. Tolain.

Puis, sur la proposition de M. Cochery, l'Assemblée votait avec acclamation la motion suivante: « L'Assemblée nationale déclare « que les troupes de terre et de mer, que le chef du pouvoir exé« cutif de la République française ont bien mérité de la patrie. »
Mardi «3 mal 1871

Le Comité de salut public adressa le 23 mai, aux soldats de l'armée de Versailles, la proclamation suivante:

Soldats de l'armée de Versailles,

Le peuple de Paris ne croira jamais que vous puissiez diriger contre lui vos armes quand sa poitrine touchera les vôtres; vos mains reculeraient devant un acte qui serait un véritable fratricide.

Comme nous, vous êtes prolétaires;

comme nous, vous avez intérêt & ne plus laisser aux monarchistes conjurés le droit de boire votre sang comme ils boivent vos sueurs.

Ce que vous avez fait au 18 mars, vous le ferez encore, et le peuple n'aura pas la douleur de combattre des hommes qu'il regarde comme des frères et qu'il voudrait voir s'asseoir avec lui au banquet civique de la liberté et de l'égalité.

Venez à nous, frères, venez à nous; nos bras vous sont ouverts!
3 prairial an 79. *Le Comité de salut public.*
L'arrêté suivant était placardé en même temps dans la portion de Paris encore au pouvoir de la Commune.

Le Comité de salut public

Arrête: Art. 1er. — Let persiennes ou volets de toutes les fenêtres demeureront ouverts.

Art. 2. — Toute maison de laquelle partira un seul coup de fusil ou une agression quelconque contre la garde nationale sera immédiatement brûlée.

Art. 3. — La garde nationale est chargée de l'exécution stricte-du présent arrêté.

Hôtel-de-Ville, le 3 prairial an 79.
Le Comité de salut publie.
M. Thiers adressa le 23, à la province, les dépêches que nous reproduisons, destinées à la renseigner sur les mouvements de l'armée dans Paris pendant la journée.

Versailles, 23 mai, 1 *h.* 30, soir.

Les événements suivent la marche que nous avions le droit de prévoir: il y a quatre-vingt-dix mille hommes dans Paris. Le général de Cissey établi de la gare de Montparnasse à l'École-Militaire et achève de border la rive gauche de la Seine jusqu'aux Tuileries. Les généraux Douai et Vinoy enveloppent les Tuileries, le Louvre, la place Vcndôme, pour se diriger ensuite sur l'Hôtel-de-Ville.

Le général Clinchant, maître de l'Opéra, de la gare Saint-Lazare et des Batignollcs, vient d'enlever la barricade de Clichy; il est aussi au pied de Montmartre, que le général Ladmirault vient de tourner avec deux divisions. Le général Moutaudon, suivant par le dehors le mouvement du ginéral Ladmirault, a pris Ncuilly, Levallois-Pcrret, Clichy, et attaqué Saint-Ouen. Il a pris cent quinze bouches à feu et fait une foule de prisonniers.

La résistance des insurgés cède peu à peu, et tout fait espérer que si la lutte ne finit pas aujourd'hui, elle sera terminée demain au plus tard et pour longtemps.

Le nombre des prisonniers est de cinq à six mille et sera doublé demain. Quant au nombre des morts, il est impossible de le fixer, mais il est considérable.

L'armée, au contraire, n'a fait que des pertes très-peu considérables

Versailles, 9 h. 30, soir.

Le drapeau tricolore flotte sur la butte Montmartre et sur la gare du Nord; ces positions (.écisives ont été enlevées parles corps des généraux Clinchant et Ladmirault; on a fait environ de deux à trois mille prisonniers.

Le général Douay' a pris l'église de la Trinité et marche sur la mairie de la nue Drouol; les généraux de Cissey et Vinoy se portent sur l'HÔtelde-Ville et les Tuileries.

Toutes les opérations des différents corps de l'armée se soutenaient les unes les autres. Effectuées avec beaucoup d'ensemble et de méthode, elles méritèrent l'approbation et l'éloge de tous les hommes spéciaux.

Les chefs faisant preuve, à l'égard de leurs subordonnés, d'une sollicitude qui les honore, évitèrent, autant que possible, d'aborder de front les barricades. Le plus souvent on parvint à les tourner. Lorsque les fédérés s'apercevaient de cette manœuvre, ils s'empressaient ordinairement d'abandonner la barricade, qui tombait ainsi, sans collision très-meurtrière, au pouvoir des Versaillais. La nombreuse artillerie dont ceux-ci disposaient contribuait puissamment à accélérer leur succès, en le rendant pour eux moins pénible.

A la fin de la journée du mardi 23, les troupes de l'Assemblée s'étaient emparées de positions stratégiques extrêmement importantes. Montmartre, que l'on envahit à la fois du côté des fortifications et du côté de Paris, la gare du Nord, le nouvel Opéra, et sur la rive gauche, Montrouge, une grande portion

du faubourg SaintGermain, étaient en leur pouvoir. L'armée versaillaise s'avançait suivant une tactique habile, par quatre grandes voies: les boulevards extérieurs, le boulevard intérieur et les quais.

Délégué par la Ligue d'Union républicaine pour les Droits de Paris auprès de la Commune afin de s'informer si elle n'avait pas résolu de mettre fin à l'atroce lutte qui, depuis trois jours, ensanglantait Paris, le citoyen Bonvalet se rendit le 23 mai à l'Hôtelde-Ville. La Commune n'y siégeait plus. Elle ne siégeait nulle part, d'ailleurs. La plupart de ses membres étaient retenus dans leurs arrondissements, occupés de la défense. Parfois, quelques membres de la Commune vinrent de temps à autre, pendant les derniers jours de la lutte, soit à l'Hôtel-de-Ville, soit, plus tard, à la mairie du XI arrondissement, s'informer des nouvelles, du progrès de la marche des Versaillais; mais ils ne se rencontrèrent jamais en assez grand nombre à la fois pour délibérer.

Le 24 mai seulement, une douzaine de membres se trouvèrent réunis et eurent l'occasion de prendre une résolution en commun.

A défaut de la Commune, le citoyen Bonvalet fut reçu à l'Hôtelde-Ville par le Comité central, qui y avait transporté le siège de ses délibérations. Le citoyen Bonvalet fit part à ce comité du message dont il était chargé concernant la Commune. La plupart dé ses membres l'accueillirent assez mal; quelques-uns cependant manifestèrent leur dessein d'entrer en pourparlers, et leur désir de conclure un arrangement avec le gouvernement de Versailles. Ceux-ci demandèrent à l'envoyé de la Ligue d'Union pour les Droits de Paris, quels étaient les termes du traité à intervenir. M. Bonvalet fit justement remarquer que ce n'était pas à la Ligue à formuler, au nom du Comité central ou de la Commune, les conditions du traité, car ce n'était pas elle qui le proposait. Le citoyen Bonvalet invita le Comité central à faire connaître à la Ligue ses intentions.

Dans la soirée, trois délégués du Comité central, les citoyens Rousseau,

Grollard et Grêlier, vinrent en conséquence trouver la Ligue a" Union pour les Droits de Paris.

Au nom du Comité central, ils réclamèrent, tout d'abord, le changement du gouvernement. Incroyable aberration! Des hommes qui étaient manifestement vaincus prétendaient vouloir imposer à Versailles, à l'Assemblée, de semblables conditions de pacification immédiate. 11 y avait lieu de se demander si l'on n'avait point affaire à des fous, surtout lorsque le citoyen Rousseau ajouta, avec un ton affirmatif, péremptoire: « Du reste, nous ne « pouvons être vaincus; au besoin, nous aurons recours à des « moyens extrêmes. »

Les délégués du Comité central demandèrent à la Ligue de se charger de porter à Versailles leur proposition, qu'ils jugeaient conciliatrice, de changement gouvernemental. En présence de conditions aussi insensées, aussi inacceptables, la Ligue ne pouvait évidemment pas intervenir; les délégués du Comité central en parurent assez surpris.

La Ligue d'Union pour les Droits de Paris reçut également dans cette même soirée du 23 mai une délégation de l'Alliance républicaine des départements qui venait proposer à la Ligue de se ranger enfin du côté de la Commune, d'y faire une adhésion absolue.

Ces tentatives diverses manifestent à quel point certains groupes avaient alors perdu la notion des réalités, quelles étranges illusions ils se faisaient alors sur la situation.

Dans la soirée du 23 mai, un incendie formidable éclata au Ministère des finances. Déjà pendant la journée du lundi, de la fumée s'élevait de ce monument, du côté de la rue du Luxem bourg. On disait alors que le feu y avait été communiqué par les obus lancés par les batteries versaillaises. Maintenant il ne s'agissait plus d'un incendie localisé; c'était tout cet immense monument qui était la proie des flammes, et les fédérés étaient cause de cet horrible sinistre.

Hélas! ce n'est pas la seule dévastation, ce n'est pas la seule ruine que nous aurons à déplorer! En dehors de toute décision de la Commune, nous ne savons dans quel hideux conventicule, quelques êtres sauvages avaient formé le dessein d'anéantir tous les édifices qui sont la parure de la capitale, et les grandioses témoignages de son passé. Ces modernes barbares n'étaient pas que d'odieux iconoclastes; ils avaient la prétention insensée de détruire, aussi complètement que possible, toute trace des multiples rapports qui constituent la société civile contemporaine. « Après nous la fin du monde! » Telle était l'ignoble devise par eux adoptée, et dont ils poursuivaient la réalisation avec une implacable audace et une impassibilité qui stupéfie. *Impavidum ferient ruinœl*

Dans cette nuit du 23 au 24 mai, qui restera si douloureusement célèbre dans notre histoire, Paris apparut comme un immense foyer embrasé. Outre le Ministère des finances, une portion de la rue Royale brûlait, la bibliothèque du Louvre brûlait, les Tuileries brûlaient, le Palais-Royal brûlait.

Le procureur de la Commune, Raoul Rigault, se présenta dans la soirée à la prison de Sainte-Pélagie, et y fit fusiller Gustave Chaudey et quelques gendarmes considérés comme otages.

Cet acte de cruauté inouïe, ce meurtre inexpiable, fut la dernière action de l'ex-délégué à la préfecture de police.

Mercredi 84 mai 1891

Le *Journal officiel* du 24 mai, le dernier que la Commune ait fait paraître (il fut imprimé à l'Imprimerie nationale), contenait l'article suivant:

Paris, 3 prairial an 79.

L'ennemi s'est introduit dans nos murs plutôt par la trahison que par la force; le courage et l'énergie des Parisiens le repousseront.

A l'heure où toutes les grandes communes de la France entière se réveillent pour la revendication de leurs libertés, pour se fédérer entre elles et avec Paris, Paris la ville sainte, le foyer de la révolution et de la civilisation n'a rien à redouter.

La lutte est rude, soit; mais n'oublions pas que c'est la dernière, que c'est le suprême effort de nos ennemis.

A ces hommes que rien n'a pu instruire, à ces hommes qui ne tiennent

compte ni de la grande Révolution, ni de 1830; — à ces hommes qui ont oublié les luttes de 1848, les hontes de décembre 1851 et de Sedan; — qui ne savent pas même se souvenir du 4 septembre, des journées du siège et du 18 mars, nous allons donner la grande leçon de prairial de l'an 79!

Ouvrons nos rangs à ceux que les Versaillais ont enrôlés de force et qui veulent s'unir à nous pour défendre la Commune, la République, la France. Mais pas de pitié pour les traîtres, pour les complices de Bonaparte, de Favre et de Thiers.

Tout le monde aux barricades. Tous doivent travailler, de gré ou de force même, à les construire; tous ceux qui peuvent manier un fusil, pointer un canon ou une mitrailleuse, doivent les défendre.

Que les femmes elles-mêmes s'unissent à leurs frères, à leurs pères et à leurs époux.

Celles qui n'auront pas d'armes soigneront les blessés et monteront des pavés dans leurs chambres pour écraser l'envahisseur.

Que le tocsin sonne; mette en branle toutes les cloches, et faites tonner tous les canons tant qu'il restera un seul ennemi dans nos murs.

C'est la guerre terrible, car l'ennemi est sans pitié: Thiers veut écraser Paris, fusiller ou transporter tous nos gardes nationaux; aucun d'eux no trouvera grâce devant ce proscripteur souillé par toute une vie de crimes et d'attentats à la souveraineté du peuple. Tous les moyens seront bons pour lui et ses complices.

La victoire complète est la seule chance de salut que nous laisse cet ennemi implacable. Par notre accord et notre dévouement, assurons la victoire. Aujourd'hui, que Paris fasse son devoir, demain la France entièrc l'imitera.

Le Comité central adressa « aux soldats de l'armée de Versailles, » la proclamation suivante:

COMMUNE DE PARIS
FÉDÉRATION DE LA GARDE NATIONALE
Comité central
Soldats de l'armée de Versailles,

Nous sommes des pères de famille.

Nous combattons pour empêcher nos enfants d'être un jour comme vous sous le despotisme militaire.

Vous serez un jour pères de famille. Si vous tirez sur le peuple aujourd'hui, vos iils vous maudiront comme nous maudissons les soldats qui ont déchiré les entrailles du peuple en juin 1848 et en décembre 1851.

Il y a deux mois, au 18 mars, vos frères de l'armée de Paris, le cœur ulcéré contre les lâches qui ont vendu la Franci), ont fraternisé avec le peuple; imitez-les!

Soldats, nos enfants et nos frères, écoutez bien ceci, et que votre conscience décide: *Lorsque la consigne est infâme, la désobéissance est un devoir!* 3 prairial au 79.
Le Comité central.

Depuis la veille, le délégué à la guerre s'était transporté à la mairie du XI arrondissement, devenue le centre de la résistance. C'est de là qu'étaient expédiés tous les ordres. Dans la soirée, la Commission de la guerre fit placarder l'affiche suivante:

COMMUNE DE PARIS
ORDRE

Faire détruire immédiatement toute maison par les fenêtres de laquelle on aura tiré sur la garde nationale, et passer par les armes tous ses habitants, s'ils ne livrent ou exécutent eux-mêmes les auteurs de ce crime.

7 prairial an 79 (24 mai, 9 h. soir). *La Commission de la guerre.*

A la fin de la journée du mercredi 24 mai, l'armée versaillaise avait conquis le IX et le II arrondissements; l'Hôtel-de-Ville était cerné par la rive droite et par la rive gauche. De ce côté, les troupes aux ordres du général de Cissey s'étaient emparées de la barrière d'Enfer, du Luxembourg et du Panthéon.

De nouveaux incendies vinrent accroître l'horreur du spectacle que présentait alors Paris. Pendant la journée du 24 mai, des fédérés incendièrent, après les avoir préalablement enduits de pétrole, le palais de la Légion d'honneur, le palais du quai d'Orsay, où siégeaient la Cour des comptes et le

Conseil d'État, les Archives de la Cour des comptes, la Caisse des dépôts et consignations, un groupe de maisons situées au carrefour de la Croix-Rouge, des maisons particulières au coin de la rue de Rivoli, en face la colonnade du Louvre, la Préfecture de police, le Palais de Justice, la Cour de cassation et enfin l'Hôtel-de-Ville, ses dépendances et 9 quelques maisons l'avoisinant. En outre, ils faisaient sauter une poudrière installée presque en face la rue Vavin, dans les terrains vagues provenant de la démolition du jardin du Luxembourg.

Pour essayer de combattre tous ces désastres, le gouvernement faisait appel aux pompiers des communes environnantes et expédiait la dépêche suivante: 21 mai, 8 h. 30 m. du matin.

Intérieur à Maires: Sèvres, Meudon, Saint-Germain, Rueil.

« Insurrection vaincue à Paris se venge par l'incendie. Reunissez d'ur« gcnce les pompiers de votre commune et faites-les venir à Paris.

« Rendez-vous au Trocadéro avec pompes et costume de feu. Mettezvous à la disposition du maréchal Mac-Mahon. Prévenez-moi télégraphiqucment. »

Les pompiers des villes du Nord de la France, informés des affreux sinistres qui désolaient la capitale, s'empressèrent de venir à son secours, avec un dévouement digne d'éloge. Quelques grandes villes de l'étranger offrirent aussi le concours sympathique de leurs pompiers, qui ne fut pas utilisé parce que le feu avait alors terminé son œuvre de destruction.

Les otages gardés par la Commune, entre autres le président Bonjean, l'archevêque de Paris et le curé de la Madeleine, M. Deguerry, furent exécutés dans la journée du 24 mai. Cette scène horrible, qui fait frissonner d'épouvante et d'indignation, eut lieu, d'après les indications de quelques ecclésiastiques détenus qui en furent témoins, à la Roquette, conformément aux ordres du délégué à la Préfecture de police, Th. Ferré.

Dans la journée le Comité central, qui voulait poser des conditions de pacification à Versailles, ainsi que nous l'avons dit précédemment, fit placarder le manifeste suivant, qui indiquait a la « seule solution capable, suivant lui, d'arrêter l'effusion du sang. »

FÉDÉRATION RÉPUBLICALNE DE LA GARDE NATIONALE COMITÉ CENTRAL

Au moment où les deux camps se recueillent, s'observent et prennent leurs positions stratégiques,

A cet instant suprême où toute une population, arrivée au paroxysme de l'exaspération, est décidée à vaincre ou à mourir pour le maintien de ses droits,

Le Comité central veut faire entendre sa voix.

Nous n'avons lutté que contre un ennemi: *la guerre civile.* Consé quenls avec nous-mêmes, soit lorsque nous étions une administration provisoire, soit depuis que nous sommes entièrement éloignés des affaires, nous avons pensé, parlé, agi en ce sens.

Aujourd'hui et pour une dernière fois, en présence des malheurs qui pourraient fondre sur tous,

Nous proposons à l'héroïque peuple armé qui nous a nommés; nous proposons aux hommes égarés qui nous attaquent, la seule solution capable d'arrêter l'effusion du sang, tout en sauvegardant les droits légitimes que Paris a conquis: lo L'Assemblée nationale, dont le rôle est terminé, doit se dissoudre; 2o La Commune se dissoudra également; 30 L'armée dite *régulière* quittera Paris et devra s'en éloigner d'au moins 25 kilomètres; 4 Il sera nommé un pouvoir intérimaire composé des délégués des villes de 30,000 habitants. Ce pouvoir choisira parmi ses membres un gouvernement provisoire, qui aura la mission de faire procéder aux élections d'une Constituante et de la Commune de Paris; 5o II ne sera exercé de représailles ni contre les membres de l'Assemblée, ni contre les membres de la Commune, pour tous les faits postérieurs au 26 mars.

Voilà les seules conditions acceptables.

Que tout le sang versé dans une lutte fratricide retombe sur la tête de ceux qui les repousseraient.

Quant à nous, comme par le passé, nous remplirons noire devoir jusqu'au bout.

i prairial an 79. *Les membres du Comité central.*

Le Comité central restait encore constitué; le 24 mai, il délibérait rue Basfroy. Quant à la Commune, elle était introuvable. Quelques-uns de ses membres faisaient encore de courtes apparitions à la mairie du XI arrondissement.

Il est remarquable que, durant ces derniers jours de lutte dans Paris, les révolutionnaires les plus violents, les plus exaltés, furent généralement invisibles.

Quelques membres du Comité central, entre autres le citoyen Grêlier, désolés des incendies dont le nombre et l'intensité s'accroissaient d'heure en heure, vinrent, dans la matinée du 24 mai, faire appel, en leur nom individuel, à l'influence morale de la *Ligue d'Union républicaine,* et la prièrent de s'interposer pou» terminer cette lutte atroce, déclarant qu'ils se mettaient à sa disposition pour prévenir de nouveaux désastres.

La Ligue leur expliqua qu'avant d'entreprendre aucune démarche, il fallait, tout d'abord; mettre un terme aux sinistres, que cela était indispensable pour pouvoir entrer en pourparlers avec le gouvernement de Versailles.

Partageant l'opinion de la *Ligue,* le citoyen Grêlier pria celle-ci de désigner un délégué qui se rendrait avec lui à l'Hôtel-de-Ville pour essayer, s'il en était encore temps, de circonscrire l'œuvre dévastatrice des incendiaires. Le cit. Bonvalet se rendit, en compagnie du cit. Grêlier, à l'Hôtel-de-Ville. Tout y était dans un désordre indescriptible; le monument semblait désert. En se dirigeant vers l'ancienne salle du conseil municipal de l'Empire, le cit. Bonvalet aperçut un individu très-galonné qui se baissait et mettait le feu à un liquide qui recouvrait le parquet. Aussitôt, en un instant, des tourbillons de flammes s'élevèrent avec une telle intensité, avec une telle violence, que toute organisation de secours était impossible. Bientôt l'Hôtel-de-Ville ne fut plus qu'un énorme massif enflammé.

Le cit. Bonvalet chercha alors à empêcher que l'incendie ne fût communiqué à d'autres monuments. Il envoya immédiatement à la recherche du commandant du 15 bataillon, celui des artistes, et il lui fit comprendre qu'il était urgent de faire occuper certains édifices par ses hommes qui veilleraient à leur conservation et déjoueraient les projets odieux des incendiaires; le commandant Monplot détacha des hommes dans divers édifices, entre autres au Conservatoire des arts et métiers, aux Archives, à l'Imprimerie nationale, à la mairie du III arrondissement, au Temple, à NotreDame, et leur courageuse résistance parvint à préserver ces monuments de l'incendie.

D'autres délégués du Comité central se présentèrent dans la matinée à la *Ligue d'Union pour les Droits de Paris,* chargés de lui soumettre des propositions parmi lesquelles en figurait une assez étrange: celle de remettre tout pouvoir à la Ligue.

La plupart des membres du Comité central avaient alors atteint ce degré de surexcitation qui confine à la folie. Ils émettaient les idées les plus extravagantes. La proposition de cession du pouvoir à la *Ligue* en est un des plus curieux spécimens. Il va de soi que la *Ligue* ne pouvait l'accueillir qu'avec un sourire de pitié. Désireux cependant d'essayer de mettre fin à une lutte que chaque heure envenimait de part et d'autre, la *Ligue* demanda aux membres du Comité central qui lui étaient envoyés de lui fournir le moyen de parvenir jusqu'aux lignes versaillaises sans être inquiétée. « Prenez vos écharpes, vos insignes, dit-on aux « représentants du Comité central, et menez-nous ainsi jusqu'à la « dernière barricade des fédérés. Dès que nous serons arrivés « auprès des Versaillais, nous chercherons alors à franchir la « ligne de bataille, à parvenir à nos risques et périls au quartier *a* général, où nous tenterons une suprême entremise de pacifi« cation. » A cette déclaration, les membres du Comité central répondirent avec un ton désolé: « Nous n'avons plus aucune « action, aucune influence sur les fédérés. Nous ne serions pas « écoutés. L'irritation de la garde nationale est extrême; elle s'op« poserait probablement à notre

passage. »

En effet, l'exaspération était si intense parmi les fédérés, ils cédaient si facilement aux soupçons que même les membres du Comité central n'étaient plus assurés d'être en sécurité au milieu d'eux. La masse des fédérés qui luttait encore était comme affolée. Bien des causes avaient produit et entretenaient cette violence fiévreuse, regrettable, que la raison ne pouvait plus tempérer.

Les chefs eux-mêmes n'étaient pas exempts de ces accès d'aberration et de fureur.

Le cit. Grêlier avait annoncé à la *Ligue* que, dans la matinée, quelques membres du Comité central se fusillaient entre eux.

Ce citoyen apporta dans la soirée à la Ligue d'Union républicaine l'ordre de ne pas mettre le feu au Grenier d'abondance. Il ne crut pas devoir le porter lui-même aux fédérés qui étaient à ce poste, tant leur exaspération lui semblait dangereuse. Ce fut un ancien représentant du peuple, membre de la Ligue, qui se chargea de ce soin. Cet ordre n'eut, hélas! d'autre résultat que celui de retarder de vingt-quatre heures l'incendie du Grenier d'abondance.

Jeudi 5 mai 1891

Sur la rive gauche, les troupes versaillaises puissamment secondées par l'artillerie, s'emparèrent, après une lutte meurtrière, de la Butte-aux-Cailles. Ce fut un des points où les fédérés résistèrent le plus longtemps. En battant en retraite, ils mirent le feu aux Gobelins; les salles du musée furent complètement consumées.

En même temps, les forts de Bicêtre et d'Ivry tombaient au pouvoir des Versaillais; dès 1-rs, toute la rive gauche appartenait à l'armée.

Sur la rive droite, les troupes de l'Assemblée prenaient le Châteaud'Eau, position formidable. Les maisons situées sur la place, à l'entrée de la rue Turbigo et du boulevard Voltaire, étaient incendiées, comme l'avaient été la veille, le théâtre de la PorteSaint-Martin et les maisons de l'encoignure de la rue deBondy.

Le corps du général de Ladmirault s'était avancé jusqu'à La Chapelle et La

Villette, et celui du général Vinoy, longeant la Seine, opérait vers la Bastille.

Les fédérés se trouvaient dès lors acculés à l'est de Paris, des buttes Chaumont à Ménilmontant.

Le 25 mai, nouvelle scène de barbarie: quatre dominicains de l'École d'Arcueil, récemment faits prisonniers, sont fusillés par des fédérés à la porte du 9 secteur, avenue d'Italie.

La *Ligue d'Union républicaine pour les Droits de Paris* se trouva le jeudi dans les lignes versaillaises; dès lors elle fut dans l'impossibilité de continuer à exercer aucune action modératrice.

Vendredi «6 mal 1891

Dans cette journée, le général Vinoy s'empare du faubourg Saint-Antoine, de la gare de Lyon, que les fédérés incendient en se retirant, et de la place du Trône. De ce côté les troupes sont parvenues au pied du Père-Lachaise.

Les fédérés se maintiennent encore dans les buttes Chaumont et dans le Père-Lachaise, et, de ces hauteurs, projettent sur les quartiers du centre un grand nombre de projectiles.

Le général de Ladmirault s'avance dans La Villette et parvient jusqu'à la place de la Rotonde.

Le soir, l'horizon de Paris s'empourprait une fois encore; un nouvel incendie, horriblement grandiose, venait d'éclater: les docks de La Villette étaient la proie des flammes.

Pendant la nuit, les troupes de l'Assemblée arrêtèrent leur mouvement en avant afin de se reposer.

A la Roquette a lieu dans la journée une nouvelle exécution d'otages: sept personnes, jésuites ou prêtres, sont fusillées. La rébellion d'une partie des prisonniers et la prise de cette prison par les Versaillais, effectuée dans la journée, mettent heureusement fin à ces sacrifices humains.

Le ministre des affaires étrangères, M. Jules Favre, expédie, de Versailles, le 26 mai, aux représentants de la France à l'étranger, la dépêche suivante: Versailles, 26 mai 1871.

Monsieur,

L'œuvre abominable des scélérats qui succombent sous l'héroïque effort de notre armée ne peut être confondue avec un acte politique. Elle constitue une série de forfaits prévus et punis par les peuples civilisés. L'assassinat, le vol, l'incendie systématiquement ordonnés, préparés avec une infernale habileté, ne doivent permettre à leurs complices d'autre refuge que celui d'une expiation légale.

Aucune nation ne peut les couvrir d'immunité, et, sur le sol de toutes, leur présence serait une honte et un péril. Si donc vous apprenez qu'un individu compromis, dans l'attentat de Paris a franchi la frontière de la nation près de laquelle vous êtes accrédité, je vous invite à solliciter des autorités locales son arrestation immédiate et à m'en donner de suite avis pour que je régularise cette situation par une demande d'extradition.

Recevez, Monsieur, les assurances de ma haute considération.

Signé: Jules Favre.

Si nous ne nous trompons, aucune nation n'a fait jusqu'ici de réponse complétement favorable à la circulaire précitée.

Samedi S9 mal 1891

A la fin de cette journée le Père-Lachaise était au pouvoir des Versaillais; le général Douay s'était avancé dans le faubourg du Temple qui résistait avec fureur. Le général de Ladmirault, cheminant vers les buttes Chaumont, s'était emparé de l'abattoir et avait dépassé le marché aux bestiaux. Il continua son mouvement dans la nuit et aborda par le chemin de fer de ceinture la butte Chaumont dont il se rendit maître dans la matinée du lendemain.

M. Thiers adressa, le 27 mai, la dépêche suivante aux autorités civiles et militaires pour renseigner la province sur les mouvements de l'armée dans Paris:

Versailles, 27 mai 1871, 6 h. 10, soir.

Nos troupes n'ont pas cessé de suivre l'insurrection pied à pied, lui enlevant chaque jour les positions les plus importantes de la capitale et lui faisant des prisonniers qui s'élèvent jusqu'ici jusqu'à vingt-huit mille sans compter un nombre considérable de morts et de blessés.

Dans cette marche, sagement calculée, nos généraux et leur illustre chef ont voulu ménager nos braves soldats, qui n'auraient demandé qu'à enlever au pas de course les obstacles qui leur étaient opposés.

Tandis qu'au dehors de l'enceinte n"tre principal officier de cavalerie, le général du Barrail, prenait, avec des troupes à cheval, les forts de Bicêtic, de Montrouge et d'Ivry, et qu'au dedans le corps de Cisscy exécutait les belles opérations qui nous ont procuré toute lu rive gauche, le général Vinoy, suivant le cours de la Seine, s'est porté vers la place de la Bastille, hérissée de retranchements formidables, a enlevé celte position avec la division Vergé, puis, avec les divisions Bruat et Faron, s'est emparé du faubourg Saint-Antoine jusqu'à la place du Trône.

Il ne faut pas oublier, dans cette opération, le concours efficace et brillant que notre flottille a donné aux troupes du général Vinoy, Ces troupes ont aujourd'hui même enlevé une forte barricade au coin de l'avenue Philippe-Auguste et de la rue de Montrcuil. Elles ont aussi pris position à l'Est et au pied des hauteurs de Bellcville, dernier asile 'e cette insurrection qui, en fuyant, tire de sa défaite la monstrueuse vengeance de l'incendie.

Au centre, en tournant vers l'Est, le corps de Douay a suivi la ligne des boulevards, appuyant sa droite à la place de la Bastille et sa gauche au cirque Napoléon. Le corps de Clinchant, venant se rallier, à l'Ouest, au corps de Ladmirault, a eu à vaincre, aux Magasins-Réunis, une violente résistance qu'il a vaillamment surmontée. Enfin, le corps du général Ladui.rauli, après avoir enlevé avec vigueur les gares du Nord et de l'Est, s'est porté à la Villette et a pris position au pied des buttes Chaumonr.

Ainsi les deux tiers de l'armée, après avoir conquis successivement toute la rive droite, sont venus se ranger au pied des hauteurs de Belleville, qu'ils doivent attaquer demain matin. Pendant ces six jours de combats continus, nos soldats se sont montrés aussi énergiques qu'infatigables et ont opéré de véritables prodiges bien autrement méritoires de la part de ceux qui attaquent des barricades que de ceux qui les défendent. Leurs chefs se sont montrés dignes de les commander à de tels hommes et ont pleinement justilié le vote que l'Assemblée leur a décerné.

Après les quelques heures de repos qu'ils prennent en ce moment, ils termineront demain matin, sur les hauteurs de Bellcville, la glorieuse campagne qu'ils ont entreprise contre les démagogues les plus odieux et les plus scélérats que le monde ait vus, et leurs patriotiques efforts mériteront l'éternelle reconnaissance de la Franee et de l'humanité.

Du reste, ce n'est pas sans avoir fait des pertes douloureuses que notre armée a rendu au pays de si mémorables services. Le nombre de nos morts et de nos blessés n'est pas grand, mais les coups sont sensibles. Ainsi, nous avons à regretter le général Leroy de Dais, l'un des officiers les plus braves et les plus dislingues de nos armées.

Le commandant Ségoyer, du 26 bataillon de chasseurs à pied, s'étant trop avancé, a été pris par les scélérats qui défendaient la Bastille, ei, sans respect des lois de la guerre, a été immédiatement fusillé. Ce fai', du reste, concorde avec la conduite de gens qui incendient nos villes et nos monuments, et qui avaient préparé des liqueurs vénéneuses pour empoisonner nos soldats presque instantanément.

Dimanche S8 mai 1891

Les fédérés, resserrés en haut du faubourg du Temple, dans Belleville, sont complètement cernés. Maintenant ils ne possèdent plus d'artillerie, la lutte n'est plus possible; à quatre heures de l'après-midi, elle cesse. La guerre civile est terminée. Le maréchal Mac-Mahon porte cette heureuse nouvelle à la connaissance de la population parisienne par la proclamation suivante:

RÉPUBLIQUE FRANÇAISE

Habitants de Paris,

L'armée de la France est venue vous sauver. — Paris est délivré. — Nos soldats ont enlevé, à quatre heures, les dernières positions occupées par les insurgés.

Aujourd'hui la lutte est terminée; l'ordre, le travail et la sécurité vont renaître.

Au quartier général, le 28 mai 1871.
Le maréchal de France, commandant en chef,
DE MAC M.UION, DUC DE MAGENTA.

Tout le monde remarqua, dans cette proclamation, l'absence complète des déclamations et des intempérances de langage trop ordinaires en pareil cas.

Nous avonS rapidement retracé les faits de la lutte des sept jours dans l'intérieur de Paris. Pour compléter ce récit, il nous reste à parler de divers incidents qui la signalèrent, et à rectifier quelques appréciations erronées, selon nous.

Lorsque les troupes versaillaises étaient maîtresses d'un quartier, elles procédaient généralement à des perquisitions immédiates, et s'emparaient des armes de toutes sortes et des effets d'équipement appartenant aux gardes nationaux, même à ceux qui n'avaient point participé à la lutte. Ainsi s'effectua promptement le désarmement de la garde nationale.

Ces perquisitions, effectuées par des soldats inintelligents parfois, et généralement surexcités, furent l'occasion d'arrestations assez nombreuses dont beaucoup eurent lieu sans discernement.

Les arrestations opérées sans motifs sérieux, et les fusillades opérées sans jugement, même sans constatation d'identité, tels furent les événements particulièrement douloureux de ces jours de désolation et de deuil public.

Parlant du traitement à faire subir aux insurgés parisiens, M. Thiers avait dit, dans la séance du 22 mai, à l'Assemblée nationale:

« Nous sommes d'honnêtes gens/.... Le chà

« timent sera exemplaire; mais il aura lieu par les lois, au nom. « des lois. »

Fusiller, sans autre forme de procès, la plupart des fédérés pris les armes à la main, était-ce donc ainsi qu'on entendait appliquer la loi?

Fusiller, sur des indications anonymes ou sur des dénonciations à peine contrôlées, était-ce donc agir au nom des lois?

Ces fusillades sommaires que les organes respectables de la presse parisienne, quel que soit d'ailleurs le parti qu'ils représentent, ont unanimement réprouvées, furent surtout produites par l'inimitié dont la classe bourgeoise fit preuve alors à l'égard de la classe, prolétaire, inimitié qui revêtit, sous l'empire d'excitations multiples, un caractère de fureur meurtrière tout à fait indigne de notre degré de civilisation.

Pour atténuer l'horreur de ces exécutions sauvages, on fit remarquer qu'elles eurent lieu sous l'influence de l'exaspération bien légitime causée par les incendies criminels qui ont couvert Paris de ruines. L'invocation de cette circonstance atténuante n'est pas absolument fondée. Dès le lundi, dès le mardi, alors qu'aucun incendie n'avait encore été allumé, des fédérés furent fusillés sommairement; des citoyens qui n'avaient point participé à la lutte, furent exécutés de la même manière.

Les deux mots: *communeux, incendiaires,* sont devenus presque synonymes pour beaucoup de citoyens, affolés à la vue des ruines que les derniers jours de la lutte ont accumulées dans Paris.

L'impression de consternation et de stupeur causée par la succession d'incendies que nous avons eu la douleur de contempler, est certes bien naturelle, et nous n'aurions que du mépris pour celui qu'une telle catastrophe n'aurait pas navré et indigné. La responsabilité des criminels qui ont projeté la destruction des principaux monuments de la capitale et l'anéantissement de nos archives les plus importantes, est énorme devant la postérité; et la culpabilité de ceux qui se sont faits les exécuteurs de leurs sinistres résolutions est immense.

L'énormité de la faute exige que l'on en recherche les auteurs avec vigilance, et aussi qu'on n'applique pas légèrement, indistinctement à tous, le qualificatif infamant que quelques-uns seulement, croyons-nous, ont mérité.

Que quelques membres de la Commune aient prémédité la destruction des monuments de la capitale et l'aient systématiquement organisée, pour ainsi dire, cela est malheureusement trop vraisemblable. Mais en conclure que tous les membres de la Commune ont désiré cette mutilation de Paris, qu'ils en sont coupables, qu'ils sont solidaires des actes épouvantables de quelques-uns de leurs collègues, ce serait faire preuve de mauvaise foi et commettre une calomnie. Le citoyen Beslay, qui a préservé la Banque, et le citoyen Theisz, dont la courageuse intervention a empêché des fédérés d'incendier l'Hôtel des postes, ne peuvent certes point être considérés comme responsables des incendies et comme les ayant approuvés. Parmi leurs collègues de la Commune, surtout parmi la minorité socialiste, il en est beaucoup qui se sont efforcés d'empêcher ces sinistres qui les épouvantaient. Moins heureux que les citoyens Beslay et Theisz, leurs protestations ont été vaines, leurs admonestations sans influence. Cette constatation de leur impuissance, en présence de tentatives si criminelles et si désastreuses, a dû leur être particulièrement douloureuse.

Les faits d'incendie doivent être classés en deux catégories: les incendies de propriétés privées, de maisons attenantes le plus souvent à des barricades, dont la destruction par le feu, ordonnée afin d'entraver la marche des assiégeants, afin de protéger la retraite des fédérés, constitue des faits de guerre regrettables, certainement, comme toutes les horreurs engendrées par la guerre, mais à la rigueur compréhensibles; et puis les incendies de monuments publics, dont aucun ne pouvait avoir pour résultat d'entraver les opérations des Versaillais, et qui ne sont, dès lors, que des actes de vandalisme odieux.

Ceux qui, soit par démence, soit pour satisfaire une ignoble passion de destruction qui ne s'était point encore manifestée avec une intensité aussi effroyable, se sont rendus coupables de ces derniers incendies, ont ainsi contribué à diminuer le nombre des soutiens, des combattants de la Commune. Beaucoup de fédérés, en apercevant les flammes s'élever au-dessus des principaux monuments, abandonnèrent les barricades qu'ils étaient résolus à défendre, et cessèrent de participer à une lutte où l'on faisait usage de procédés aussi condamnables.

La plupart des faits qui se sont produits durant les derniers jours de combat dans Paris, sont encore généralement ignorés. Beaucoup de récits, assez souvent contradictoires, ont été publiés sur les dernières péripéties de la lutte, mais tous sont plus ou moins fantaisistes. L'impossibilité de circuler nous ayant empêchés d'aller nous renseigner par nous-mêmes, le lecteur comprendra notre réserve et nous en saura gré.

Chaque jour nous apporte quelques révélations intéressantes; chaque jour nous apprenons quelque détail important. Nous ne pouvons dès maintenant les consigner ici, soit parce qu'ils sont incomplets, insuffisants, soit parce que nous n'avons pas encore eu la possibilité d'en contrôler la véracité, l'authenticité. Plus tard, nous aurons peut-être l'occasion d'utiliser ces renseignements.

« La guerre civile est terminée, » avons-nous dit en achevant le récit de la lutte dans Paris. Oui, elle est terminée, en fait, mais les divergences d'opinions ont-elles disparu? l'irritation des esprits est-elle calmée? Non. Aucun accord n'est intervenu; un parti a vaincu l'autre, par la force. Après cette victoire matérielle, les questions qui avaient fait surgir ce débat sanglant restent entières, irrésolues.

On n'a pas donné satisfaction au légitime besoin d'autonomie communale, base d'un régime véritablement républicain, ressenti par Paris. On ne s'est pas préoccupé davantage des tendances à une modification sociale manifestées par la révolution du 18 mars.

Dès lors, quoi qu'il arrive, tôt ou tard, sous une forme ou sous une autre, cette idée d'autonomie communale, ce besoin d'amélioration dans la condition du prolétariat, s'affirmeront de nouveau, car on peut supprimer violemment des individus, mais on n'anéantit point de la même façon les idées qui expriment les tendances invincibles d'une époque, d'une situation sociale.

Noire lâche est terminée. Fidèles au but que nous nous étions proposé, nous avons retracé, sans nous départir d'une sérieuse impartialité, les événements qui se sont accomplis h Pari», depuis le 18 mars jusqu'au 28 mai 1871. Nous ne nous flattons pas d'avoir été complets; — comme nous l'avons dit déjà, l'histoire d'une révolution ne peut être faite au lendemain du jour où elle a pris fin, — mais nous espérons n'avoir du moins omis rien de capital.

Dans le cadre de ce que nous avons fait, nous ne prétendons pas non plus avoir été exempts d'erreur? — Qui pourrait s'en flatter? — Mais, dans les manquements que nous avons peut-être pu commettre, aussi bien que dans tout le reste, ceux qui nous liront avec attention se convaincront que notre bonne foi a été entière, parfaite.

Il nous reste maintenant pour compléter notre œuvre, à jeter un coup d'œil d'ensemble sur le mouvement dont nous avons dit les divers incidents, à en considérer d'une manière générale à la fois la marche et l'esprit, à en tirer, si c'est possible, un enseignement pour l'avenir.

Le temps du siège de Paris par les Prussiens fut un temps d'épreuve rude peur tous ceux qui vécurent enfermes dans ces murs-, pendant plu» de quatre mois infranchissables.

La population avait subi aivee un courage, an héroïsme audessus de tous les éloges, ies inexprimables souffrances morales et matérielles qu'entratrtait la situation terrible en la maTehe des événements militaires l'avait placée. .

Plein de foi en elle-même, pleine aussi d'espoir, an début, en Cjux qui la dirigeaient, elle eut une bien douloureuse déception quand elle s'aperçut des atermoiemenls, des hésitations, des défiances du Gouvernement de la défense nationale.

Lorsqu'emln Jes membres de ce gouvernement en vinrent;t capituler, sans avoir fait un sérieux usage des éléments puissants que leur offrait Paris, l'exaspération fut immense autant q-titi fut vive la douleur.

Ge résultat lamentable, après tant et de si horribles angoisses, après des souffrances aussi prolongées; aussi aîmères, après tant de courage, tant de véritables vertus montrées par tous les éléments de la population, engendra des regrets, et atrési des animosites dont on ne peut rendre l'intensité.

A l'issue des grandes crises comme cette que Paris venait do traverser» où les douleurs personnelles s'ajoutaient aux douleurs patriotiques, lorsque surtout la terminaison en a été aussi terrible, la plupart des hommes, et principalement ceux qui n'ont pas un grand développement intellectuel, une exceptionnelle fermeté de caractère sont, pour un temps plus ou moins long, absolument désespérés,

C'est l'état dans lequel se trouva la masse de la garde rratkrtMeV — c'est-à-dire de la population parisienne, — lorsqu'elle connut l'armistice du 28 janvier entraînant la capitulation; et cet état se prolongea longuement.

Les élections du 8 février en province, qui donnèrent la majorité aux candidats orléanistes et légitimistes, survinrent et produisirent un fâcheux effet à Paris, où on les regarda comme menaçantes pour la République.

Eu même temps courait vaguement, mais avec une certaine persistance, le bruit du désarmement prochain de la garde nationale.

Au moment où sombraient tant de choses, la garde nationale parisienne voulait conserver la République et ses armes. Dans ce double but, l'élément révolutionnaire qu'elle comprenait, songea à s'organiser. C'est de ce désir, principalement, que naquirent, comme nous l'avons dit précédemment, le Comité central, et la Fédération républicaine de la garde nationale.

D'autres sujets de mécontentement agissaient encore sur la population parisienne: le choix d'un certain nombre des membres du Gouvernement de la défense nationale pour composer le nouveau ministère, alors que des impressions toutes récentes leur étaient si défavorables; la manière dont l'Assemblée traitait les questions des loyers et des échéances; enfin, la répugnance, l'antipathie que cette même Assemblée manifestait pour Paris, et sa résolution, alors qu'elle quittait Bordeaux, d'aller siéger en un autre point que la capitale; autant de causes dont les effets s'ajoutaient.

Il s'était trouvé que, par une inconcevable négligence, des canons qui ne devaient pas être livrés aux Prussiens avaient été laissés en un lieu où, lors de leur entrée dans un coin de Paris, ils les auraient eus absolument sous la main.

La garde nationale les avait enlevés et transportés en divers points, principalement à Montmartre, où elle les gardait, — et où elle commençait à se lasser de les garder.

Le 18 mars, de grand matin, l'armée vint cerner les buttes Montmartre, afin de s'emparer de ces canons et de les réintégrer dans les arsenaux de l'État. On sait comment cette tentative échoua par la défection d'une partie de la troupe, qui refusa de tirer sur le peuple.

Le gouvernement ayant alors jugé à propos d'abandonner Paris, l'élément révolutionnaire de la population saisit avec empressement cette occasion d'affirmer sa volonté formelle de conserver et de consolider la République, que, depuis le 8 février, il regardait comme menacée.

Le Comité central prit la direction du mouvement populaire, et il fut écouté, il put agir, parce qu'à ce moment il représentait les idées de revendication politique et sociale de l'élément travailleur de la garde nationale. Il put agir, parce qu'il avait la confiance, — cette chose souvent mal ou peu raisonnée, mais immense pour la masse des ouvriers, indéveloppés et crédules, — chose que le Gouvernement de la défense nationale n'avait pas su mettre à profit, et que n'avait jamais possédée l'Assemblée nationale.

Le gouvernement, abandonné par une partie de l'armée, ne put parvenir à stimuler suffisamment la fraction conservatrice de la garde nationale pour qu'elle prît les armes et lui prêtât son concours. On eut ce spectacle: une classe se levant en armes, et celle qui avait le gouvernement, l'influence directrice, laissant triompher une insurrection menaçante pour sa suprématie.

Momentanément sans force qui lui servît de point d'appui, le gouvernement se réfugia à Versailles, auprès de l'Assemblée, laissant ainsi le champ libre à la révolution qui s'ébauchait, mais rendant en même temps plus difficile et plus improbable son propre renversement.

Sans cette fuite, que fut-il advenu? La garde nationale « d'ordre » trouvant un centre de ralliement, se fût-elle enfin groupée, assez à temps et en nombre suffisant, pour s'opposer au succès de l'émeute? L'inertie du parti conservateur, au contraire, fût-elle restée la même, et, le gouvernement étant alors sans peine renversé, la révolution parisienne, imitée par quelques grands centres, eût-elle été acceptée par l'ensemble du pays, — comme il arriva pour la révolution du 4 septembre et d'autres qui l'ont précédée? — Nul ne le sait.

Le fait est que cette fuite eut lieu et que le mouvement commencé, qui eût pu être plus étendu si les circonstances eussent été différentes, se localisa dans Paris.

L'opinion publique, en suite des vingt dernières années, était devenue fortement hostile à la centralisation, qu'elle ne comptait pas pour une part minime dans les causes des récents malheurs du pays. Aussi, la révolution du 18 mars se produisant par le concours des circonstances que nous avons dites, la formule mise en avant par ceux que les événements en firent tout d'abord les directeurs, fut-elle essentiellement vcentralisatrice: le Comité des résistances de l'Assemblée et du gouvernement, reçurent l'approbation des municipalités parisiennes alors en fonctions, ainsi que des principaux représentants de la Seine; tous gens qui n'étaient cependant point des insurgés, des agitateurs.

Le Temps, qu'on ne saurait soupçonner de partialité en faveur de l'émeute, s'exprimait ainsi à ce sujet:

« Que toisait l'Assemblée quand elle n'injuriait pas la ville, dépos« sédée par clic, elle rerusait de régler d'urgence une question dont a dépendait In paix des rues. En apparence, sinon on Tait, elle abnndon« naît Paris à lui-même et semblait attendre, on ne sait d'où, la solution « du problème qu'elle n'osait pas aborder.

« Que pouvaient donc Taire Paris et ses représentants légitimes? Se « montrer plus soucieux des prérogatives de l'Assemblée que du maintien « de la paix publique? Verser son sang pour maintenir des droits que « l'Assembléo ne savait pas faire valoir, qu'elle abdiquait en quelque « sorlo?

« C'eût été se montrer plus royaliste que le roi, et une Chambre qui « n'a jamais parlé de Paris qu'avec colère ou avec dédain, ne pouvait « ollendre do lui co degré d'abnégation-Paris ne l'a pas eu. » *Temps* du 58 mars 187t.)

On sait quelle fut la composition de la Commune élue: une minorité intelligente, sage, nullement violente, y fut écrasée, numériquement, par une majorité jacobine, formée spécialement d'anciens hommes de 1848 et d'orateurs de clubs.

La Commune débuta par la validation d'élections qui, selon la loi invoquée pour régir le vote qui lui avait donné naissance, ne pouvaient être valables; elle décida le secret de ses séances, Fâcheux début!

Sa première œuvre eût dû être de rédiger une sorte de charte, de formuler un programme des réformes qu'elle ambitionnait d'apporter dans les choses politiques ou sociales. Elle n'en fit rien; et, le 10 avril, alors que près d'un mois s'était écoulé depuis le commencement du mouvement, alors que depuis deux semaines on se battait avec acharnement, *la Vérilé* pouvait encore se demander quelle était *au juste* la cause pour laquelle tant d'hommes succombaient: a..... .

« Notre intention n'est pas do critiquer dos actes plus on moins orbi« traircs. La situation a sans doute des nécessités dont il faut tenir « compte. Seulement nous sommes bien forcés d'avouer que tout cela ne constitue pas, à proprement parler, un programme politique, et que « les citoyens immolés, à l'heure même où nous sommes, sur l'autel de « la patrie, par ordre de la Commune, sont en droit de se demander a quelle est au juste la cause qu'ils défendent, et dans quel but ils se « font tuer avec un héroïsme qui fait d'ailleurs notre admiration à tous. » *Vérité* du 16 avril 1871.)

Nous n'avons pas à revenir ici sur les actes de la Commune, suffisamment exposés et appréciés dans le cours de cet ouvrage.

En les envisageant d'une manière générale, on remarque une tendance à l'arbitraire et à la violence qui va toujours en croissant.

Ce sont d'abord des perquisitions et des arrestations que rien ne légitime, des mesures répressives contre la presse, pour lesquelles la qualification de « blâmables » est certainement modérée.

Puis, quand la guerre ouverte a commencé et que des citoyens veulent se grouper et manifester publiquement leur horreur pour la guerre civile, on les empêche de se réunir le 6 avril, et cette parole horrible est prononcée: « Conciliation, c'est trahison! »

En même temps, on arrête toujours, et principalement des prêtres, en haine sans doute de doctrines qui, par la progression des idées, sont devenues rétrogrades, oubliant en cela que: « on « ne détruit pas une religion, une église, un sacerdoce par des « persécutions et des diatribes. Ils se détruisent d'eux-mêmes, « par leur propre déraison, par l'abandon des peuples, surtout par « l'accroissement du principe appelé aies remplacer (1). »

Le décret sur les otages survient et stupéfie tous ceux qui, au milieu de ces événements sans précédents, ont à peu près conservé la raison.

Un moment vient où l'on s'en prend aux monuments. « Rompant « violemment avec le passé, voulant refaire et non continuer (2), » la Convention avait ordonné de détruire tous les documents qui rappelaient l'ère féodale. De même, la Commune, par haine pour le passé, entreprend d'anéantir les monuments qui le rappellent; elle décide la chute de la colonne Vendôme, la démolition de la Chapelle expiatoire de Louis XVI; un instant, on parle de faire (1) Proudhon. *Fédération et unité en Italie*, p. 194. Ed. Lacroix, Verboeckhoven.....

(2) E. Littré. *Les trois philosophies*, dans *Revue de philosophie positive*, vol. I, p. 39...,..-.. I. tomber toutes les statues

de rois qui sont sur quelques-unes de nos places publiques.

Lorsque, le 16 avril, ont lieu les élections complémentaires, l'impression produite sur la population par les actes de l'Assemblée communale se manifeste par l'éloignement du scrutin d'un grand nombre de citoyens qui y avaient pris part le 26 mars.

Le *Temps* apprécie comme suit la situation:

« La Commune cède visiblement à l'entraînement vertigineux qui « saisit, dans les temps difficiles, tous ceux qui ont cherché un point « d'appui en dehors des principes, et qui ne se sont pas fait du respect « des droits d'autrui une règle invariable et absolue: plus elle devient « faible, plus elle se fait violente.

« Abandonnée au scrutin par la presque unanimité des électeurs, la « Commune institue, sous le nom de Cour martiale, une sorte de tribunal a révolutionnaire. Vaincue à Asnièrcs par les troupes de Versailles, elle « se vengî en supprimant trois ou quatre journaux. Elle ne s'arrêtera pas « là; s'arrêter n'est plus en son pouvoir. Elle est vouée à la violence, « pour avoir méconnu la liberté, comme elle est vouée à l'insuccès, pour « avoir méconnu la justice. » (*Tempi* du 20 avril 1871.)

La *Vérité*, de son côté, publie ces quelques réflexions, qui s'adressent à Versailles aussi bien qu'à Paris:

« Jamais peut-être la liberté de la presse n'a reçu d'aussi rudes « atteintes que depuis la Révolution du 18 mars. Versailles et Paris rivait lisent d'ardeur dans leur lutte contre le journalisme. On supprime ici, « là on saisit. Tel journal déplaît, vite qu'il disparaisse! Tel autre se « permet de ne pas approuver les puissants du jour, qu'on le bâillonne. « Écrasons l'infâme! s'écrient avec éloquence les hommes de l'Hôtel-de-« Ville et les ministres de Thiers. L'infâme, c'est la presse. S'étonner de a semblables rigueurs serait puéril. Les deux gouvernements ennemis « ont également le bon plaisir pour guide, l'arbitraire pour règle. Ils « usent largement du pouvoir qu'ils détiennent et en ne peut raisonna« blement pas leur reprocher de sortir de la légalité, puisqu'il

n'y a pas « de lois. A Paris, elles sont abrogées sans qu'on semble s'occuper de les « remplacer; à Versailles on en fait quelques-uns, mais le fruit des dis« cussions de l'Assemblée est tellement déplorable que mieux vaudrai « ne rien faire du tout.

« Dans une telle situation, tout homme doué d'un tempérament despo« tique — qui est celui de la majorité des Français, — a beau jeu. (*Vérité* du 21 avril 1871.;

Le 1 mal, malgré la vive opposition do la minorité, la Commune, singeant de plus en plus la grande Révolution, institue un Comité de salut publie. Huit jours après, le 0, ce Comité n'a pas produit les résultats qu'on semblait en attendre, et sa composition est changée.

La Commune, en fait, n'existe plus; le Comité de salut public est investi de la dictature.

Le 15, découragée, la minorité déclare ne plus vouloir prendre part au séances, et se retire dans les municipalités.

Quelques jours après, le 21, l'armée versaillaise entre dans Paris, et quelques hommes, se sentant perdus, — nous disons quelques hommes: il ne faut pas rendre responsables de ces actes tous ceux qui furent membres de la Commune, — exécutent des hommes qui ne sopt pour rien dans la lutte, promènent l'incendie dans Paris, et semblent ne plus songer qu'à tout entraîner dans leur chute.

La répression, de son côté, est terrib'e; les exécutions sommaires se succèdent, sans souci des erreurs irréparables qu'entraîne une telle précipitation: un nombre énorme d'arrestations ont lieu, parmi lesquelles il en est certainement d'imméritées à tous les points de vue. 11 semble que des deux parts on soit revenu à l'antique barbarie, Et une inexprimable angoisse saisit tous ceux qu'une rage inhumaine, — rage de la défaite ou rage du triomphe, — n'a pas rendus complètement insensés; tous ceux qui oroyaient a plus de civilisation parmi nous.'

La Révolullon est écrasée, mais tous ceux qui l'ont faite ne sont pas pris; pour éviter qu'ils n'échappent à leurs vainqueurs, plusieurs gouvernements d'Europe déclarent qu'ils leur refuseront l'asile et qu'ils les livreront comme criminels de droit commun.

Peu de protestations s'élevèrent contre cette résolution.

Nous citerons celle de Victor Hugo, la seule qui fit quelque bruit et dont les suites contraignirent l'illustre poète à quitter la Belgique s

Monsieur le rédacteur de *VIndépendance belge,.,,*

Bruxelles, 2G mai 18:1,, Monsieur,... ....i...

Je proteste contre la déclaration du gouvernement belge, relative aux vaincus de Paris.

Quoi qu'on dise et quoi qu'où fasse, «es vaincu» sont de hommes politiques.

Je n'étais pas avec eus.

J'accepte le principe de la Commune, jo n'accepte pas las nommes,

J'ai protesté contre leurs actes, loi dos otages, représailles, arrestations arbitraires, violation dos libertés, suppression des journaux, spoliations, confiscations, démolitions, destruction de la colonne, attaques au droit, attaques au peuple.

Leurs violences m'ont indigné comme m'indigneraient aujourd'hui les violences du parti contraire...

La destruction de la colonne est un acte de lèse-nation, La dcstiuction du Louvre eût été un crime de losa-civiligution,

Mais do3 actes sauvages étant inconscients, ne sont point dos actes scélérats. La démence est une maladie et non un forfait. L'ignorance n'est pas le crime des ignorants. i..'

La colonne détruite a été pour la France une heure triste; le Louvre détruit eût été pour tous les peuples un deuil éternel.

Mais la colonne sera relevée, et le Louvre est sauvé.

Aujourd'hui Paris est repris. L'Assemblée a vaincu la Commune, Qui a fait le 18 mars? De l'Assemblée ou de la Commune, laquelle est la vraie coupable? L'histoire le dira.

L'incondie de Paris est un fait monstrueux, mais n'y u.l-il pas deux incendiaires? Attendons pour juger.

Je n'ai jamais compris Billioray, et Rigault m'a étonné jusqu'à l'indignation; mais fusiller Dillioray est un crime; mais fusiller Rigault est un crime.

Ceux de la Commune, Johannard et La Cécilla, qui font fusiller un enfant de quinze ans. sont des criminels; ceux de l'Assemblée, qui l'ont fusiller Jules Vallès, Bocquct, Parisel, Amouroux, Lcfrançais, Itrunol et Dombrowsky, sont des criminels.

Ne faisons pas verser l'indignation d'un seul côté. Ici le crime est aussi bien dans l'Assemblée quo dans la Communo, e le crime est évident.

Premièrement, pour tous les hommes civilisés, 1« peine do mort est abominable; deuxièmement, l'exécution sans jugement est infâme. L'une n'est plus dans le droit, l'autre n'y a jamais été.

Jugez d'abord, puis condamnez, puis exécutez.

Je pourrai blâmer, mais je ne flétrirai pas. Vous êtes dans la loi.:,,,,

Si vous tuez sans jugement, vous assassinez.

Je reviens au gouvernement belge,

Il a tort de refuser l'asile.

La loi lui permet ce refus, le droit le lui défend.

Moi, qui vous éeris ces lignes, j'ai une maxime: *Pro jure contra*

L'asile est un vieux droit. C'est le droit sacré des malheureux.

Au moyen âge, l'Église accordait l'asile même aux parricides.

Quant à moi, je déclare ceci:

Cet asile, que le gouvernement belge refuse aux vaincus, je l'offre.

Où? En Belgique.

Je fais à la Belgique cet honneur.

J'offre l'asile à Bruxelles.

J'offre l'asile place des Barricades, n 4.

Qu'un vaincu de Paris, qu'un homme de la réunion dite Commune, quc Paris a fort peu élue, et que, pour ma part, je n'ai jamais approuvée, qu'un de ces hommes, fùt-il mon ennemi personnel, surtout s'il est mon ennemi personnel, frappe à ma porte, j'ouvre. Il est dans ma maison. Il est inviolable.

Est-ce que, par hasard, je serais un étranger en Belgique? Je ne le crois pas.

Je me sens le frère de tous les hommes et l'hôte de tous les peuplesDans tous les cas, un fugitif de la Commune chez moi, ce sera un vaincu chez un proscrit; le vaincu d'aujourd'hui chez le proscrit d'hier.

Je n'hésite pas à le dire, deux choses vénérables,

Une faiblesse protégeant l'autre.

Si un homme est hors la loi, qu'il entre dans ma maison. Je défie qui que ce soit de l'en arracher..

Je parle ici des hommes politiques.

Si l'on vient chez moi prendre un fugitif de la Commune, on me prendra. Si on le livre, je le suivrai. Je partagerai sa sellette. Et pour la défense du droit, on verra, a coté de l'homme de la Commune, qui est le vaincu de l'Assemblée de Versailles, l'homme de la République, qui a été le proscrit de Bonaparte.,

Je ferai mon devoir. Avant tout, les principes.

Un mot encore:

Ce qu'on peut affirmer, c'est que l'Angleterre ne livrera pas les réfugiés de la Commune.

Pourquoi mettre la Belgique au-dessous de l'Angleterre?

La gloire de la Belgique c'est d'être un asile. Ne lui ôtons pas cette" gloire.

En défendant la France, je défends la Belgique.

Le gouvernement belge sera contre moi, mais le peuple belge sera avec moi.

Dans tous les cas, j'aurai ma conscience.

Recevez, monsieur, l'assurance de mes sentiments distingués.
i Victor Hugo.

Cette protestation, on le voit, porte à la fois contre les actes de la Commune, contre les exécutions sommaires qui suivirent l'entrée de l'armée versaillaise dans Paris, contre la résolution de poursuivre comme criminels de droit commun les hommes qui avaient pris part au mouvement, et contre le refus de la part de certains gouvernements étrangers d'accorder aux vaincus l'asile qu'on ne refuse pas aux hommes des partis politiques qui succombent.

A tous ces titres, nous n'hésitons pas à nous y associer.

Si, sans s'attacher aux faits, on considère plus particulièrement les idées, on aperçoit au début une fatigue profonde du mode politique de vivre des années précédentes. Paris est lassé de voir ses aspirations noyées dans les votes des campagnes; ayant plus que tout autre point du pays ressenti tous les inconvénients des régimes antécédents, il veut conserver la République qu'il a faite. Paris sait, par une longue et vieille expérience, que si l'apparence de la liberté a quelquefois existé en France, la liberté elle-même y a jusqu'ici été à peu près inconnue.

Le passage suivant, extrait de *la Vérité,* rend assez exactement la pensée générale:

« Depuis que des législateurs français consacrent leurs loisirs à la « fabrication des lois, leur unique souci a toujours ëlé de prohiber au « peuple, collectivement et individuellement, l'exercice de certaines « libertés. Ils se sont attachés à réglementer la vie du citoyen; ils lui « ont dit: tu feras ceci, mais tu ne feras pas cela; ou si tu le fais, lu « ne pourras le faire qu'en observant certaines règles bien et dûment « delinies. Aux écrivains, ils ont assigné des limites étroites in franchi s« sables. Au penseur, ils ont mesure l'espace. A l'ouvrier, ils ont imposé « des conditions de travail, d'association. A tous enfin, ils ont rivé des « menottes plus ou moins légères, suivant le temps et les circonstances.

« En revanche, nul n'a jamais songé à mettre un frein sérieux aux « empiétements du pouvoir, ou si quelqu'un y a songé, la plus grande « timidité a toujours guidé les efforts tentés dans ce sens. Il faut que le « gouvernement soit fort! Tel est l'axiome politique le moins discute en « France. C'est en partant de ce beau principe que les Assemblées ont « toujours investi le pouvoir d'attributions redoutables, mettant au con« traire, à sa merci, les droits des citoyens. Qu'en est-il résulté' C'est « que tous les gouvernements, quels que soient leur drapeau, leur pros« peetus, leur origine, ont été des gouvernements despotiques. Impatients « de toute contradiction, ignorants des véritables principes de la liberté « politique, rois,

empereurs, présidents, secondes par des Assemblées « nationales, constituante!!, législatives, n'ont eu qu'un souci: regîc« monter *et* réprimer. Cest ainsi qu'ayant eu quelquefois l'apparence de « la liberté, nous rlc l'avons jamais possédée' *et* fait. » *(Vérité an ît* avril m.)

Ceci étant la pensée du grand nombre à Paris, il était naturel que l'affaire avortée des canons de Montmartre et la fuite du gouvernement donnant prétexte à un mouvement populaire, fût mise en avant l'idée d'autonomie communale, équivalente aux idées de développement des libertés individuelles et de restriction dans les attributions du pouvoir.

La voie do la Commune était tracée: elle devait se borner a revendiquer les franchises communales.

Mais # f.i Cmrtmttnc de *Vsr*Is cirt fc fort d'égérer son rôle, «"« VOufWr « s'imposer comme m» apôtre *nttti6,* Htf Ifc » (fc?fl faire i'mitlfcteuY fwcl « Bqec de cette rtvendkatio si légitime; «u *Ykh* (l'un programme net, « simple, pratique, liien uVliur, d'une vraie charte *A* émancipation et d'/n« dépendance, elle lança le manifeste emphatique, confus, inapplicable, « que l'on connaît, et qui n'est même pas son œuvre.

« Paris aurait pu donner Pcxemp'c' et fa figte;

« par la faute des hommes qui se sont emparés du pouvoir Stf fS ffiafs, « il n'aura donné qu'une impulsion aveugle. » (F«W/cd4mai Wi.)

ï)'un autre côté, que faisait-on à Versailles? Songeaft-On à satisfaire dans une mesure quelconque, aux légitimes revendication» de Paris? Nullement. On les repoussait bien k)in, et la seule pensffqtt'om eût était d'écraser Paris par les armes. Nou» emprunte»»»» volontiers ses appréciations au journal *la Vérité,* qui,, parllisan de l'aatortomfe communale, noes paraît avoir toujours envisagé res choses sans autre considération qeie c«fle *âti* principe qui a îe's sympathies.

Ici encore, éC ce ne sera pas la d'ornière fois, nous tffcfbns quelques extraits de ce journal: Voifâ six scmatnfs que d'«n« gfluverr.émcïits se prn-fa-gcnt la France; « ft Parts, fa Cottimmirc; â YcYfliiffor, l'Assr'ntMée

nairoasrfc.......

.... Nous crt somme? encore à-nmis demander fcqrfcl des drux n pouvoirs est le plus impofitiqne, Je pltfs dépoun tt dff sens de fa féafia, « âa h cofttfttssance de fif fîtû'afi'ort, de fa sfcfrcc et de l'art de dfrtger « fcS Hommes. u...... . La Commune est une réunion de journalistes obscurs,

« de meneurs assez mal d'accord entre eux, des associations ouvrières, a et d'hommes qui ont mal étudié, plus mal compris encore l'histoire « de la dévolution. La Commune touche à tout, fait et défait, proclame « des principes et prend des résolutions contraires à ces principe»; «Ile « se déchire, se divise, suspecte tour à tour chacun de ses membres. « Dans ses boni joors, erre ne trouve rien de mieux que d'ouvrir One « histoire populaire de 1793 et d'en copier quelque motion insensée", « quelque décret atroce ou ridicule. C'est ainsi qu'a pris naissance, à « une faible majorité, après la plus confuse et la plus embrouillée des « discussions, cette parodie inutile et grotesque du fameux Comité de « salut public.

« Loi sur les otages, foî contre les réfraclaircf, foi pour juger les Siis« pocls, loi réglant mal à propos les conditions du travail, immixtion « dans le commerce et dans l'induUric, en attendant le maximum et les « assignats, réquisitions atr hrtsard, confiscations à peine déguisées, « comité de surctd gmérafe et comité de salut public, rien ne manque à « ce pastiche, rien, si ce n'est la conviction chez cenx qui en softt les « auteur», et ta sanction effective dan» la masse du peuple........

«..,..........i.......i r c Le spectacle que présente l'Assemblée de Versailles est plus triste « encore. Là no se trouvent pas seutement des individualités tirées de « leurs ténèbre» par le hasard d'élections plus ou moins contestables, a No»! L'Assemblée de Versailles est la quintessence du snffrage nni« Verse!, dans le pays entier elle compte tout ce qu'il y a de notable « ians la politique, l'intlnstrie, le commerce, la science; elle regorge « d'anciens ministres, d'anciens diplomates, d'anciens hommes d'État. « QtiefaU-clle?,...' »

«... Cette Assemblée accepte, comme textes sa"cTcV,

« les projets de lois sur les échéances et sur les loyers que M. Dofaurc « kii apporte, sans se soucier le moins du monde des réclamations; elle « accepte comme paroles d'Évangile les bulletins de victoire de soi « armée, qui prendra Paris certainement demain, a moins que ce ffe soit « après-demain; elle croit à M, Tkicrs généralissime, à M. Thiefs qui va « devenir, à son choix, Monk ou Warwickflo faiseur ou le restaurateur « de rois, à moins qu'il ne soit Washington, le fondateur de ta ftépu« blique, bien entendu, sans 1» moindre concession de franchises Cornet miinalcs. « «. .. ».... i « ià .....,..,.., ... Des fous qui tic savent que copier les

« folies do l'autre siècle, et des vieillards qui n'ont pas compris qu'il « but, à des temps nouveaux, des hommes et des principes tant « veaux. » *Vérité* du 5 mai 1871.)

Ni la Commune de Paris, ni l'Assemblée de Versailles ne furent à la hauteur des événements, et il ne faut pas se dissimuler la part de responsabilité qui incombera devant l'histoire à l'une comme à l'autre de ces assemblées dans les faits de la Révolution de 1871. C'est ce que fait ressortir l'adresse suivante, des délégués de la municipalité lyonnaise, qui fut rendue publique vers la fin d'avril.:

A L'ASSEMBLÉE NATIONALE A LA COMMUNE DE PARIS
Citoyens,

Délégués du conseil municipal de Lyon, nous n'avons pu voir, sans une profonde douleur, se prolonger la lutte sanglante entre Paris et l'Assemblée de Versailles.

Nous sommes accourus sur le champ de bataille pour tenter un effort suprême de conciliation entre les belligérants.

Où est l'ennemi? Pour nous, il n'y a parmi les combattants que des Français. Nous intervenons entre eux au nom d'un principe sacré: la fraternité. Nous trouvons en présence deux pouvoirs rivaux qui se disputent les destinées de la France: d'un côté, l'Assemblée nationale dans laquelle nous respectons le principe du suffrage universel; de l'autre, la Commune, qui personnilie un droit incontestable, celui qu'ont les villes de s'administrer cllcs-mômes. Nous venons leur rappeler, à tous deux, une chose plus sainte encore, le devoir d'épargner la France et la République.

A l'Assemblée nationale, nous dirons: Voici déjà trop longtemps que vous dirigez contre Paris des attaques meurtrières, que vous lui faites une guerre sans Ircvc. Le sang coule à ilôts. Après le siège des Prussiens, dont vous avez pris la place, le blocus des Français contre les Français!...

Qu'espérez-vous! Votre dessein est-il d'enlever Paris d'assaut? vous n'y entrerez, dans tous les cas, que sur des monceaux de cadavres et de ruines fumantes, poursuivis par les malédictions des veuves et des orphelins. Vous ne trouveriez devant vous qu'un spectre de ville. Et le lendemain d'une telle victoire, quelle serait votre autorité morale dans le pays? Ouvrez les yeux, il en est temps encore, reconnaissez qu'une ville qui se défend avec cet héroïsme contre tonte une armée française est animée par quelque chose de plus sérieux qu'une vainc passion et une aveugle turbulence. Elle protège un droit, elle proclame une vérité.

Ne vous retranchez pas derrière une analogie qui n'est que spécieuse.

Dans la guerre civile qui a désolé la grande République américaine, lo Sud combattait pour le maintien de l'esclavage; Paiis, au contraire, s'est soulevé au nom de la liberté. Si vous voulez emprunter des leçons à l'histoire, souvenez-vous plutôt des hommes d'État de la Piussc qui, au lendemain des désastres d'Iéna, donnèrent à leur pays meurtri et humilié les mâles consolations de la liberté qui relève et régénère les peuples.

A la Commune, nous dirons: Prenez y garde; en sortant du cercle de vos attributions, vous vous aliénez les esprits sincères et justes. Rentrez dans la limite des revendications municipales. Sur ce terrain, vous avez pour vous le droit et la raison. N'employez pas, pour défendre la liberté, des armes qu'elle désavoue. Plus de suppressions de journaux! Ce ne sont pas les critiques, ce sont vos propres fautes que vous devez redouter. — Plus d'arrestations arbitraires! Plus d'enrôlements forcés! Contraindre à la guerre civile, c'est violenter la conscience. Songez, du reste, aux dangers imminents et terribles que la prolongation d'une lutte fratricide fait courir à la République. Assez de sang répandu! Vous avez le droit de sacrifier votre vie et votre mémoire; Nous n'avons pas le droit d'exposer la démocratie à une défaite irréparable

Notre mission, on le voit, est toute pacifique. Aux uns et aux autres nous crions: Trêve! déposez les armes; faites taire la voix du canon et écoutez celle de la justice!

Paris réclame ses franchises municipales: le droit de nommer ses maires, d'organiser sa garde nationale, de pourvoir lui-même à son administration intérieure. Qui peut lui donner tort? Sontcc les hommes aujourd'hui au pouvoir, qui n'ont cessé de revendiquer pendant vingt ans le gouvernement du pays par le pays?

Que l'Assemblée nationale veuille bien y réfléchir. Sa résistance se briserait tôt ou tard contre la volonté des citoyens appuyée sur le droit; car la cause de Paris est celle de toutes les villes de France. Leurs revendications légitimes, étouffées aujourd'hui, éclateraient demain plus irrésistibles. Quand une idée a pris racine dans l'esprit d'un peuple, on ne l'en arrache point à coup de fusil.

C'est donc au nom de l'ordre, comme au nom de la liberté, que nous adjurons les deux partis belligérants de songer à la responsabilité de leurs actes. Derrière le voile de sang et de fumée qui couvre le terrain de a lutte, ne perdons point de vue deux choses sinistres: la République déchirée de nos propres mains et les Prussiens qui nous observent, la mèche allumée sur leurs canons.

Babobet, Crestin, Ferrouillat, Outhier, Vallier, *Conseillers municipaux de Lyon, délégués.*

L'iusuïïisancc de l'Assemblée comme de la Commune fut telle que, pour ceux du moins qui n'étaient ni des admirateurs quand même du passé, ni des utopistes rêvant à bref délai des transformations de fond en comble de notre état social et politique, il devint difficile, comme nous l'avons dit dans le cours de cet ouvrage, d'avoir, au fond du cœur, une réelle préférence pour l'une ou l'autre.

Si, en effet, on était d'un côté hostile à un progrès désirable, réclamé par la population parisienne, de l'autre on compromettait singulièrement la réalisation de ce progrès.

Nous citerons encore les justes réflexions de *la Vérité* à ce sujet: n Paris, abandonné à lui-même, est tombe au

« pouvoir des socialistes, qui jusqu'ici n'ont guère montré de cohésion « et de puissance que pour détruire. De pareils guides ne pouvaient que « compromettre le progrès raisonnable et réalisable, réclamé par la « revendication des franchises municipales; ils l'ont compromis, en effet, « à tel point que le triomphe définitif des hommes qui nuus gouvernent « en ce moment serait sans doute aussi funeste à la liberté que le triomphe « de la réaction versaillaise.

« La guerre civile qui nous désole n'est au fond qu'un épisode sanglant « de ce vieil antagonisme entre le passé, qui n'accepte aucune réforme « ou qui n'admet que des changements d'étiquettes, et l'avenir, qui exige « le renouvellement graduel, mais radical et complet de notre état social. « Que le passé ou que l'avenir triomphe par la force, cet antagonisme « ne cessera pas: il en faudra toujours redouter les explosions inat« tendues. » *Vérité* du 11 mai 1871.)

« 11 ne s'agil pas d'une émeute, comme persiste à le croire la majorité « de Versailles; il ne s'agit pas d'une palingénésic sociale, accomplie « à bref délai, comme le rêvent certains exaltés, en dedans ou en dehors « de la Commune de Paris. Nous sommes à l'aurore d'une révolution, et « l'histoire nous apprend par quelles voies de douleurs, d'épreuves, do « souffrances, avancent les révolutions; à travers quels élans inconsi« dérés, quels excès des deux partis, quels mouvements convulsifs d'action « et de réaction le progrès accomplit sa marche. » *(Vérité an 20 avril! 871.)*

En dehors de l'idée d'autonomie communale, la Révolution de 1871 manifesta aussi certaines aspirations vers une réforme sociale, aspirations mal ou peu définies, mais néanmoins très-réelles. Le lecteur atlenlif en aura remarqué la trace dans un certain nombre des documents que nous avons reproduits plus haut.

81 la question des rapports du capital et du travail île se dressa pas dans toute son énormité, cela lient à ce que la gravité de la situation politique absorbait plus spécialement toutes les préoccupations. Cependant, sans prendre toute l'extension qu'elle eût pu avoir au milieu de circonstances moins terribles, celte question se présenta; et les faits manifestèrent que si les travailleurs ressentaient le besoin d'une réforme, ils ne savaient comment la réaliser, comment l'amener.

Ainsi, en ce qui concerne les idées:

D'une part, revendication de libertés politiques nettement formulée par la population parisienne réclamant l'autonomie communale; en même temps, aspiration vague à une amélioration du sort des classes laborieuses, à une modification sociale;

D'autre part, opposition vive, acharnée, à ces revendications, à ces aspirations, et aussi, une sorte d'antagonisme défiant envers ceux qui les manifestent.

Dans les faits, des deux côtés, appel à la force, se compliquant d'un acharnement, d'une violence qui étonnent chez un peuple considéré comme un des grands promoteurs de la civilisation.

À qui incombe la responsabilité, dans l'ensemble du mouvement?

A l'ignorance générale, qui fait que l'on croit encore à des transformations sociales, se produisant tout d'un coup, par la vertu de certains systèmes tout faits; qui fait aussi, d'autre part, que l'on croit encore à l'efficacité de la force, laquelle ne peut cependant donner que des solutions momentanées et précaires. Les prolétaires surtout, peu éclairés parce qu'ils ont peu les moyens et le temps de s'instruire, donnent volontiers créance à ce qui leur est présenté comme devant apporter à leur sort des améliorations désirables. Ils sentent qu'ils ont plus particulièrement à souf-

frir de l'état social actuel, et désirent vivement le modifier; mais ils Ignorent comment pourra se produire la réalisation de leurs désirs.

Pour cette réalisation, il semble qu'ils ne peuvent se résigner à rechercher les enseignements de l'expérience, qui chemine lentement mais sûrement; ils ont toujours une tendance, en dépit du passé qui aurait dû leur en montrer l'inanité, à s'en remettre aux systèmes socialistes, qui promettent beaucoup mais sont impuissants à tenir.

« Les systèmes socialistes, supprimant l'état présent, ou, « comme ils disent, le liquidant, prétendent établir un régime qui « ne l'ait point pour antécédent. Or, cela est impossible: tout est « gradation, transition, évolution; et l'on ne passera à une condi« tion meilleure qu'en partant très-exactement de tous les élé« ments que contient la condition présente (1). »

« Écartant la chimère, l'état social n'est trans

« formable que pas à pas et de proche en proche (2). »

Ceci n'est pas compris encore de la masse, dont les désirs sont grands, mais dont le savoir est minime. Aussi tout malaise social, tout besoin d'une modification se traduit par des secousses violentes en vue d'amener immédiatement l'état idéal que l'on a conçu, comme devant produire la satisfaction, le bonheur de tous. Et, naturellement, plus la souffrance est vivement sentie, plus est violent et pour ainsi dire exaspéré le mouvement tenté pour s'y soustraire.

Nous appuyons ici plus spécialement sur le côté social des choses, parce qu'à notre sens, c'est ce côté qui produisit *des deux* parts l'exceptionnelle énergie et, en certains de. ses épisodes, la véritable barbarie de la lutte que nous avons racontée dans cet ouvrage.

Les uns, souffrant et ne sachant comment faire cesser leur souffrance, y cherchent une fin immédiate, impossible à atteindre.

Les autres, plus heureux, voient dans les aspirations et les tentatives des premiers une entreprise contre un état de choses dont ils ne sentent pas également les inconvénients, et qui leur *est* favorable.

Les haines naissent et s'enveniment des deux côtés; et, une (1) E. Littré. Préambule à *Ce que c'est que le socialisme,* par F. Aroux. (2) E. Littré. *Socialisme,* dans sa *Revue de philosophie positive,* vol. IV, p. 416. occasion d'explosion se présentant, les conséquences sont ce que l'on a vu. Moins d'ignorance montrerait: aux uns, que le moyen de pallier sûrement leurs souffrances n'est pas de vouloir une transformation subite, radicale, mais bien de rechercher patiemment suivant quelles règles, conformément à quelles lois, doivent s'opérer peu à peu les changements sociaux qui peuvent améliorer leur situation; aux autres, qu'il est de leur devoir comme de leur intérêt de s'associer à cette recherche; à tous, que « on ne peut « pas plus se passer de science pour perfectionner le régime de la « société, qu'on ne peut s'en passer pour la construction d'une « machine à vapeur ou de tel autre engin compliqué (1). »

« Pour remplir les conditions du problème économique » a dit Proudhon, » il faut que la Révolution, prenant la société telle « qu'elle est, changeant les rapports sans toucher aux intérêts « immédiats et au matériel, réforme le système en le conti« nuant (2). »

Changer les rapports, réformer le système en le continuant, ce n'est pas œuvre de violence ou de force, c'est œuvre de patience et de savoir.

Le remède lent, mais sûr et d'ailleurs le seul efficace, à toutes nos misères sociales, c'est l'instruction, c'est la connaissance donnée à tous de ce que les recherches, les travaux des générations antécédentes ont amassé de savoir positif.

L'importance, capitale à notre sens, de ce point de vue, nous oblige à entrer dans quelque détail sur la manière dont nous considérons que cette instruction doit être entendue pour avoir une réelle efficacité, une influence salutaire sur la marche de noire développement social. Qu'on nous permette, en terminant, de reproduire ici ce que nous avons déjà dit ailleurs sur ce sujet (paul Corniez. *L'Instruction intégrale,* dans La Démo-

cratie du 19 juin 1870):

Il n'y a, à l'heure présente, aucun lien réel entre les diverses intelligences qui constituent notre société, et souvent aucune (1) E. Littré. Préambule à *Ce que c'est que le socialisme,* par F. Aroux. (i) Proudhon. *Confessions d'un révolutionnaire,* p. 277. Ed. Lacroix, Verboeckhoven.

i cohérence au sein de ces intelligences considérées individuellement.

La première partie de cette proposition n'est que trop justifiée par les expériences dont les événements politiques ont été l'occasion, chaque fois que la foule a été appelée à y jouer un rôle réellement actif. Ce qui aurait dû être un commun accord en vue du plus grand bien général, nous a toujours donné le spectacle d'une lutte entre des intérêts divers, entre dos partis opposés, inhabiles à s'entendre, à se comprendre même, parce qu'ils ne reconnaissent aucune donnée commune.

Chez les individus, même situation. Qui de nous ne rencontre à tout moment des gens qui, pensant sur tel point selon les données de la science, réservent de propos délibéré aux indications théologiques ou métaphysiques certaines parties de ce qui fait l'objet des connaissances humaines,— scindant ainsi ce qui est un,—pour foire d'une portion le terrain de la science, de l'autre le domaine d'une spéculation soumise à tous les risques de l'imagiuation?

De là des conflits intestins, assimilables aux conflits entre individus ou entre partis que présentent les choses sociales, et qui se traduisent dans la conduite par ces fluctuations, ces tergiversations dont nous avons si fréquemment lieu de nous affliger.

Assurément, un tel état de choses demande à être modifié, et c'est un des plus constants sujets de réflexion des esprits que préoccupe à quelque degré le bien de l'humanité.

Mais je ne suis pas de ceux (il y en a) qui pensent qu'une semblable modification peut être opérée à bref délai. L'anarchie sociale, conséquence de l'anarchie intellectuelle, ne pourra cesser que lorsque celle-ci aura pris fin. L'anarchie mentale, à son tour, ne peut

être corrigée que par une égalité d'instruction qui ne saurait se réaliser d'un jour à l'autre.

A côté des diversités que légitiment, que nécessitent les différentes fonctions sociales, il faut qu'un fonds commun de connaissances abstraites soit donné à chaque individu; c'est à cette condition qu'une suffisante communion d'idées s'établira entre les hommes. Il faut, en outre, que ce fonds commun comprenne tout ce qui a été reconnu et établi comme réel par les générations antécédentes; c'est à cette condition que les idées commune» auront à la fois solidité et efficacité pour guider vers l'avenir social.

On le voit, il ne s'agit de rien moins que de donner à tous une vue suffisante de l'ensemble des connaissances humaines. L'instruction primaire, dont on parle beaucoup, est assurément quelque chose, — et ce serait un résultat que nous serions loin de dédaigner, que d'amener promptement la masse absolument illettrée à savoir lire et écrire, — mais c'est quelque chose surtout en ce sens, que c'est l'échelon initial qui mène à tout le reste. D'une nation chez qui la majorité saurait lire et écrire, mais ne saurait rien d'autre, nous ne ferions pas un cas beaucoup plus considérable que de la nôtre propre, où une si forte proportion est encore absolument dépourvue de toute culture, même la plus élémentaire. L'instruction primaire, je le répète, est importante en ce qu'elle donne accès aux connaissances plus élevées; mais elle est complètement insuffisante à constituer un lien entre les hommes, elle ne saurait guider leur conduite, individuelle ou collective.

Ce qu'il faut que chacun possède, c'est, suivant l'expression de Molière, « des clartés de tout. » Certes, prétendre épuiser toutes les sciences serait absolument irréalisable; aussi, n'est-ce pas là ce dont il est question. Une distinction bien tranchée sépare ce qui doit devenir l'avoir intellectuel de tous, de ce qui doit demeurer l'objet des spécialités. Aug. Comte l'a établie sous les désignations caractéristiques de *savoir abstrait* et *savoir concret.*

Le savoir abstrait comprend les

sciences pures, lesquelles réunissent, sous des catégories peu nombreuses, toutes les lois qui régissent les phénomènes offerts à notre observation; le savoir concret comprend les sciences appliquées, les arts, et emprunte ses moyens à la connaissance des lois définies par le savoir abstrait.

Du dernier groupe je n'ai rien à dire, puisque je ne m'occupe ici que de ce qui doit être le lot de toutes les intelligences.

Toutes les lois dont les phénomènes sont les manifestations (c'est là, nous l'avons vu, le domaine de la science abstraite) font l'objet de six sciences qu'il n'est pas indifférent de ranger dans un ordre ou dans un autre. Aug. Comte, et c'est là un des grands services qu'il a rendus à la philosophie, en a établi la hiérarchie à la fois suivant l'ordre de complication croissante et de généralité décroissante; en outre, il a montré que cette classification est conforme à l'ordre suivant lequel ces diverses sciences se sont constituées. Cela fait l'objet d'une des leçons de son *Cours de philosophie positive,* et, dans l'impossibilité où je suis de donner ici de grands détails, j'y renvoie mon lecteur: il y trouvera un profit véritable en même temps qu'une vive satisfaction mentale.

Ces six sciences, rangées suivant la hiérarchie indiquée cidessus, sont: *La malhématique,* qui s'occupe du nombre, de l'espace et du temps; *L'astronomie,* dont l'objet est l'étude des astres qui circulent dans l'espace illimité et des lois qui règlent leurs mouvements; *La physique,* où l'on a en vue les propriétés qui appartiennent à toute matière considérée en masse: pesanteur, chaleur, son, lumière, électricité; *La chimie,* qui étudie les propriétés moléculaires des corps; *La biologie,* dont le champ plus restreint comprend l'étude des tissus organisés, où se manifestent les propriétés qui constituent la vie;

Enfin la *sociologie* ou science de la vie des sociétés, dans laquelle est incluse l'histoire.

Dans cette classification, chaque science est indépendante de celles qui la suivent, et, au contraire, absolument dépendante de celles qui la précèdent; nul, quelles que soient ses facultés, ne peut sans dommage aller de l'une à l'autre sans passer par les intermédiaires.

Cet ensemble constitue la préparation indispensable à tout homme, pour connaître le milieu dans lequel se passe son existence, en même temps que les conditions sous lesquelles il vit, tant comme individu que comme membre de l'humanité.

Mais, dira-t-on, il n'est pas possible de donner à tous une telle somme de connaissances: ceux qui sont condamnés au travail manuel, ceux qui accomplissent pour gagner de quoi vivre des fonctions qui absorbent un temps si long, n'ont guère le loisir d'acquérir tout ce bagage de sciences.

A l'heure présente, je le confesse, il est difficile de généraliser comme cela devrait être l'instruction scientifique; mais un temps viendra, et tout y tend, où le travailleur, après avoir accompli sa fonction quotidienne, aura encore le loisir de cultiver son intelligence.

Tout y tend, ai-je dit. En effet, d'un côté les progrès de l'industrie rendent chaque jour moins pénibles et moins absorbants Les travaux du prolétaire; d'autre part, et ceci n'est pas moins important, le discrédit s'attache de plus en plus à toute existence improductive, parasite, en sorte que le jour se rapproche où il n'y aura plus de ces gens si nombreux encore en ce moment qui consomment plus qu'ils ne produisent ou même consomment sans nullement produire.

Alors, la somme nécessaire de travail étant effectuée par un plus grand nombre, plus de loisir viendra à ceux qui, actuellement, passent leur vie dans un labeur abrutissant.

Un autre progrès aussi s'accomplit peu à peu: les méthodes d'enseignement se perfectionnent, et vienne l'instant, peut-être peu éloigné de nous, où paraîtront des ouvrages écrits non plus au point de vue de la spécialité, mais au contraire dans le but de répandre les connaissances générales; alors tout homme désireux de comprendre les choses de chaque jour pourra se donner à lui-même, en un petit nombre

d'années, l'instruction scientifique telle que j'ai tenté d'en donner une idée.

Alors s'ouvriront des perspectives nouvelles . plus de savoir amènera plus de moralité, et les conséquences de cela seront plus de justice et de meilleures conditions de vie pour tous et pour chacun. Alors des doctrines solidement assises rendront les esprits vraiment cohérents, et incapables des écarts dont chaque jour nous offre le spectacle attristant. Alors enfin, ces doctrines devenues communes seront un lien puissant entre les hommes, et l'état de lutte qui domine la société se changera en une action commune vers le progrès.

M. Littré l'a dit avec une autorité sous laquelle il m'est doux de m'abriter: « Pour quiconque jette un coup d'œil sur les asso« ciations psychologiques, il n'est pas douteux que le développe« ment moral ne tienne par un lien étroit au développement « scientifique. La science donne à l'esprit rectitude et impar« tialité; rectitude par le vrai qu'on atteint, impartialité pour les « résultats toujours finalement acceptés, bien qu'ils choquent « opinions, préjugés, croyances. Or, la rectitude et l'impartialité « ont une étroite affinité avec la justice qui, en définitive, est la « régulatrice des choses sociales. C'est ainsi que le vrai et le bon, a le progrès scientifique et le progrès moral se donnent la main, et « que les sociétés acquièrent, dans leurs rapports entre elles et

« avec leurs membres, plus d'équité et plus de bonté (1). »

« Les terreurs ne sont pas sans fondement qui assaillent parfois « l'homme réfléchi et les foules irréfléchies. En effet, que voit-on? « des ébranlements prolongés, des espérances déçues, des fluctua« lions sans arrêt, la crainte du retour d'un passé qu'on repousse « et l'incertitude d'un avenir qu'on ne peut définir. En cette insta« billté, la philosophie rattache toute la stabilité mentale et sociale « à la stabilité de la science, qui est le point fixe donné par la « civilisation antécédente (2), » (I) E. Littré. *Études sur les Barbares et le Moyen-Age,* p. 299.

(3) E. UtW. *Préface d'un disciple,*

Cours de philosophie positive, d'A. Comt.

FIN

TABLE DES MATIÈRES

rages.

LIBRAIRIE INTERNATIONALE A. LACROIX, YERBOECKHOYEN et C'", Éditeurs :3, *Faubourg Montmar're, à Paris*

PUBLICATIONS DE 1870

Motley. Histoire des Provinces-Unies des Pays-Bas. traduit de l'anglais par M. E. Rordy, 8 vol. in-8, le vol. S fr.

" Le Machiavel français, broch. in-8 de 150 p.. 2 fr.

Le Catholicisme romain et l'Orthodoxie russe. 1 fr.

Cit. Mlsmer. Soirées de Constantinople, 1 v. in-8. 6 fr.

Th. Fiinclt-Breiitano. La Pensée exacte en philosophie, 1 volume in-18 3 fr. 50.

A. de t'orrai. La Danse des Vivants, 1 v. in-18, 2 fr.

De l'Etang. l'Ouvrier, sa Femme et ses Enfants, 1 volume in-18 1 fr. 25.

Alphonse Esquiros. l'Emile du XIX siècle, 1 beau volume in-8 7 fr. 50.

Codimus. l'Esprit de Famille, 1 vol. in-18... 3 fr. Raymond François. Les Derniers Jours d'un

Empire, 1 volume in-18 3 fr. 50.

Iff. de fflontlfaiiil. Marie-Magdeleine, 1 b. v. in-8 5 fr. P. Foucher. Le Démon de l'Amour, 1 v. in-18. 2 fr.

Plouvler. Le Livre d'or des Femmes. 1 beau volume avec 40 gravures hors texte, broché 10 fr., relié 14 fr. JamiM. Le Pape et le Concile, traduit par Giraud Teulon, 1 volume in-18 3 fr. 50.

Pétruccelll délia Gratina. Histoire diplomatique des Conclaves, 4 forts volumes in-8.... 24 fr. Laurent. Le Catholicisme et la Religion de l'avenir, 2 volumes in-8... 15 fr.

Cnelst. La Constitution communale de l'Angleterre.

5 volumes in-8 25 fr. -2 Études politiques iur le second Empire, in-8. 2 fr. Armand Pommier. Les Monologues d'un Solitaire, 1 volume in-8., 7 fr. 50

Xavier Broca. Projet concernant l'extinction du

Paupérisme, in-8 t fr.

A. de liom-mel. Le Tir et la Chasse, 1 v. in-18, 2 fr. J. Iievallois. L'Année d'un Ermite, un v. in-18. 3 fr. 80. Jules Simon. Le Travail, un volume in-8.. 6 fr. Claire de « liam«neux. Les Remèdes contre l'Amour, 1 volume in-18 3 fr.

Adèle Daminots. Corps ei Ame, 1 Vol. in-18. 3 fr. mentait Chambellan. Les Deux Vicaires, 1 volume in-18 3 fr.

Ije Doux. La Bordelaise, 1 vol. in-18. illustré.. 3 fr. «e l'Etang. l'Ouvrière et ses Enfants, 1 v. in-18. 80 6. Armand Mayem. Quelques conséquences du principe des Nationalités. 1 volume in-18..... 2 fr. 80.

— La Démocratie représentative, 1 v. in-18. 1 fr. 80

— De la Représentation nationale. 1 v. in-18. 1 fr. 30. Docteur Olivier!. La Science devant la Philosophie et la Foi. 1 volume in-18 1 fr. 30

Amncrt. Portraits Républicain, 1 vol. in-18. 3 fr. 80Charles lielprat. L'art du Chant, 1 vol. in-8. 2 fr. Iaazare. La Légende des rues, 2 vol. in-18... 7 fr. Jules Simon. Le Travail, 1 vol. in-18.. 3 fr. 80.

— L'Ecole, 1 volume in-18 3 fr. 80

— L'Ouvrier de huit ans, 1 volume, in-18. 8 fr. 80.

— La Politique radicale, 1 volume in-18. 3 fr. 80. D. *F.* Le Sublime ou le Travailleur, comme il est en 1870, 1 volume in-8 7 fr. 80.

Jules Simon. Le Libre-Echange, 1 vol. in-8.. 6 fr.

— La Peine de mort, 1 volume gr. in-18... 1 fr. Edgar Quinet. La Création, 2 vol. in-8... 10 fr. Iéon Vaquez. Raymonde, 1 v. gr. in-18... 3 fr.

Réponse à Alexandre Dumas fils, à propos de la préface de *Y Ami des femmes,* 1 broch. in-12.. 80 c.

Paul Arène. Jean des Figues, avec une eau-forte d'Emile Benassit,. 1 volume gr. in-18..,. 3 fr. -3 —

Henri Cernuschl. La Mécanique de l'Échange, 1 volume in-8. 3 fr. 50.

— Contre le billet de banque, 1 vol. gr. in-18. 2 fr.

— Illusions des Sociétés coopératives, 1 v. in-18. 2 fr. 50. P.-J. Proutllton. *Œuvres posthumes) Théorie du Mouvement constitutionnel* au XIX siécle. Les

Contradictions politiques, 1 vol. gr. in-18. 3 fr. 50. Comtesse de Jiiitlnsi. Les Trois amours (Caprice.

Passion, Tendresse) 1 volume gr. in-18... 2 fr. Edmond Castellan. Recherches sur le Principe d'autorité, 1 volume gr. in-18 3 fr. 50.

Charles Gonraud. La Société française et la

Démocratie, 1 volume gr. in-18 3 fr. 50.

IJ. Quyot-IMontnayroux. La France du Suffrage universel, broch. in-8. I fr.

E. Darccy. Le Concile, satire, broch. in-8... 50 c« L'Empire austro-hongrois et la Politique du comte de Beust. Esquisse politique des hommes et des choses de 1866 à 1870, avec cartes, traduit, de l'anglais, 1 volume in-8 5 fr.

3. Hervé. La Question religieuse au point de vue de la

Conscience générale, 1 volume gr. in-18.. 3 fr. 50. Cl». Potvin. Les Prix quinquennaux et triennaux en Belgique. —Rapports officiels de 1850 à 1870. 1 volume in-8 6 fr.

CIi. Desmaze. Le Chatelet de Paris, son organisation, ses privilèges, 1 volume in-8 3 fr.

Hlnnolyte Bnbon. Les Amoureux de Mme de Sévi gné. Les Femmes vertueuses du grand siècle. 1 vol. in-8 3 fr.

Paul Herruau. L'Egypte contemporaine, de Méhé met-Ali à Saïd-Pacha. Nouvelle édition augmentée d'une

Étude sur l'Isthme de Suez, par Ferdinand de Lesseps, 1 volume in-8... 3 fr.

Louis Blanc. Histoire de la Révolution de Février 1848, 2 volumes gr. in-18 7 fr.

M"" Gagneur. Les Forçats du Mariage, 1 v. in-18. 3 fr. _ 4 —

Fr. Laurent. Études sur l'Histoire de l'Humanité. Histoire dû Droit des Gens. t. Tcvin. 1 v. in-8. 7 fr. 50.

— La Philosophie de l'Histoire, 1 vol. in-8. 7 fr. 50. Edouard Iangeron. Grégoire VII et les Origines de la Doctrine ultramontaine, 1 vol. in-8.. 5 fr.

X. Emmauuelll. Aux Paysans. Le vote du Plébiscite de 1870, brochure 50 cent.

Danger de la Médecine ot des Préparations pharmaceutiques, par un Philosophe, brochure.. 1 fr.

I/abbé C. Au Clergé français. — A bas les masques.

— Caractères et Portraits. — Études sur le Clergé, 1 volume gr. in-18 3 fr. 50.

Alexis Bouvier. Les Pauvres, 1 vol. in-18. 3 fr.

Ponson du Terrait. L'Héritage de la Maltote.

La Conspiration Cadoudal, 1 vol. gr. in-18.. 3 fr.

Ci. de Boistille. Mélanges. — Mémoires d'un Pion.

— Toullens ou une petite ville bretonne. — Études sur la Bible, 1 volume gr. in-18 3 fr.

Ernest Iitivigiie. Les Échos de Paris, 1 vol. gr. in-18 3 fr.

Georges IVfancel. Les Paysans de Paris, 1 volume gr. in-18 3 fr.

Auguste Desclianips. Eugène Cavaignac, 2 volumes gr. in-18 Jésus 7 fr.

Mannequin. Le Problème démocratique, 1 fort vol. iu-8....... 7 fr. 5Q.

Ijessing. Théâtre complet, traduit par F. Salles.

3 volumes gr. in-18 Jésus 10 fr. 50. Les Français sur le Rhin, broch. in-8.. 50 c. Ilndrlan Ségolllot. Lettres sur l'Espagne, 1 volume in-18. .'..'.'.'.'..'. '.'.'.. 3 fr. Martiueau. Richelieu, 3 vol. in-8..,. 22 fr. 50. Cl», de Coster. Le voyage de Noces, 1 volume gr. in-18 3 fr. 50.

Cli. Jolliét. Les Romans patrio'tique3.

— La Frontière.

— L'Occupation. — 1 vol. gr. in-18 3 fr.

Paris. — Imp. Emile Voftelaio el i, rue J.-J.-ftrMcau.
.1

Lightning Source UK Ltd.
Milton Keynes UK
UKOW06f2257011014

239523UK00010B/511/P